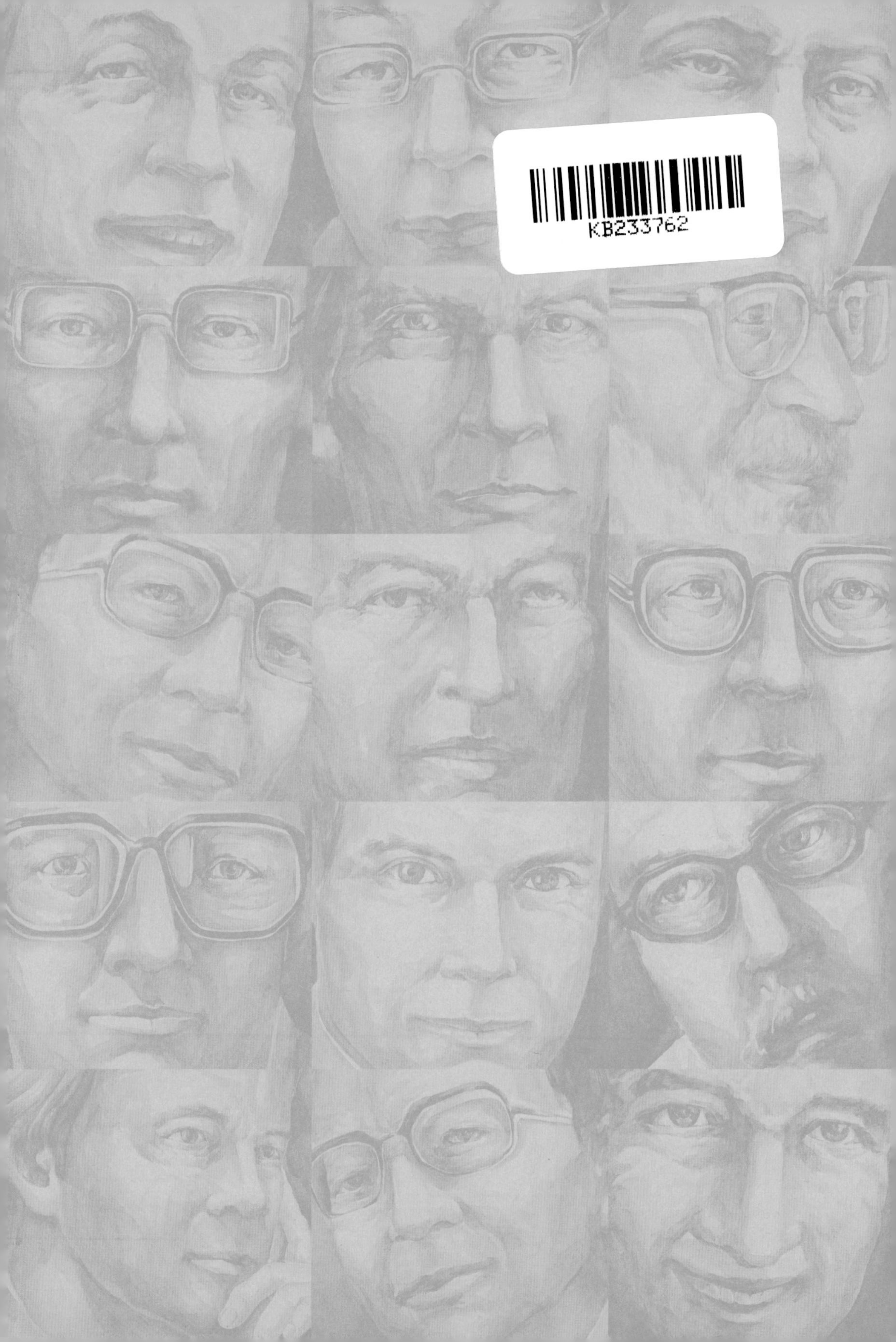

경영의 교양을 읽는다

현대인이 알아야 할 경영의 모든 것

경영의 교양을 읽는다

박기찬 · 이윤철 · 이동현 지음

더난출판

현대인이 알아야 할 경영의 모든 것 고전편

경영의 교양을 읽는다

초판 1쇄 발행 2005년 2월 21일
초판 13쇄 발행 2019년 3월 25일

지은이 박기찬 · 이윤철 · 이동현
펴낸이 신경렬

편집장 송상미
마케팅 장현기 · 정우연 · 정혜민
디자인 이승욱
경영기획 김정숙 · 김태희
제작 유수경

펴낸곳 ㈜더난콘텐츠그룹
출판등록 2011년 6월 2일 제2011-000158호
주소 04043 서울시 마포구 양화로12길 16, 7층(서교동, 더난빌딩)
전화 (02)325-2525 | 팩스 (02)325-9007
이메일 book@thenanbiz.com | 홈페이지 www.thenanbiz.com

ISBN 978-89-8405-297-3 13320

이 책을 펴내며

선정위원 임성준

현대사회의 모든 것은 경영되어야 한다. 국가와 기업은 물론 시민 단체, 학교, 병원, 교회와 사찰, 가정, 심지어는 친구와 애인까지도 경영되어야 할지 모르겠다. 현대사회에서 이제 경영이 필요하지 않은 것을 떠올리기는 오히려 쉽지 않은 일이다. 따라서 경영 능력은 더 이상 기업 또는 조직의 고위 경영자에게만 필요한 능력이라고 할 수 없다. 현대사회를 살아가는 모든 사람들은 경영의 개념을 보다 잘 이해함으로써 자신의 역할을 더 효과적으로 수행할 수 있을 것이다. 그러므로 이제 경영의 기본 개념과 배경을 이해하는 것은 경영 전문가나 경영학자들에게만 의미가 있는 전문 영역을 벗어났다. 그것은 모든 현대인들에게 필수적인 교양 영역의 문제가 되었다고 해도 과언이 아닐 것이다.

하지만 교양으로서 경영 개념을 깊이 있게 이해할 수 있도록 만들어진 단 한 권의 책도 찾아보기 어려운 것이 오늘의 현실이다. 필자는 경영과 관련된 수많은 책이 매일같이 쏟아져 나오는 상황에서도 경영학을 전공하고자 하는 경영대학의 신입생과 경영에 관심을 갖기 시작한 친지들로부터 경영이란 무엇인지 소위 감을 잡을 수 있는 책을 한 권 추천해달라는 요구를 받을 때마다 경영학자로서 늘 난감함을 느꼈었다. 왜냐하면 출간되어 있는 경영에 관한 많은 베스트셀러들이 나름대로 어떤 역할을 하고 있긴 하지만 수면 위에 보이는 빙산의 일각을 다루고 있을 뿐, 그 밑을 떠받치고 있는 경영 개념의 뿌리를 보여주고 있지는 못하기 때문이었다.

경영 개념의 발달 과정은 돌을 쌓아 산을 만드는 과정에 비유될 수 있다. 어떤 첨단 경영 개념도 뿌리 없이 갑자기 만들어질 수는 없다. 또한 새로운 경영 개념은 과거의 경영 개념들을 대체하는 것이 아니라 보완하고 확장하기 위해 개발된다. 예를 들면, 거의 1백 년 전에 개발되어 역사 속에만 남아 있는 것으로 오해받는 테일러의 과학적 관리에 관한 경영 개념은 전사적 자원관리 시스템ERP과 식스 시그마와 같은 첨단 경영혁신 기법들이 난무하는 오늘날의 기업 현장에서도 매일같이 적용되고 있다.

사실 오늘날 각광을 받고 있는 경영의 기법이나 아이디어는 수많은 시행착오를 겪으며 발전을 거듭해온 선각자들의 경영의 개념을 일부 보완하거나 현재 상황에 맞도록 재구성한 것이 대부분이다. 따라서 교양으로서 경영 개념을 깊이 있게 이해하기를 원하는 사람들에게는 경영 개념이 발달해온 흐름과 근거를 한눈에 알 수 있도록 한 권에 체계적으로 정리한 책이 필요할 것이다. 하지만 문제는 이런 책이 존재하고 있지 않다는 데 있다.

그런데 평소 가깝게 지내온 이동현 교수와 이윤철 교수로부터, 경영의 발달사와 그 핵심적인 개념들을 한 권의 책으로 정리하기 위해 경영학의 고전이라 할 수 있는 명저들을 선정해 요약하고 재해석한다는 이 책의 기획안에 대한 이야기를 들었고, 경영학의 고전들을 선정하는 작업에 함께 참여하자는 제안을 받게 되었다.

한편으로는 이렇게 중요하고도 필수적인 작업이 왜 이제까지 이뤄지지 못했는지 경영학자의 한 사람으로서 책임감과 부끄러움을 느꼈다. 그리고 다른 한편으로는 이와 관계된 내용의 외국 책을 단순히 번역하는 것이 아니라 우리 학계에서 이런 작업이 독자적으로 시도된다는 것이 우리나라의 경영학이 어느 정도의 수준에 올라 있음을 보여주는 것이라 생각되어 마음이 뿌듯했다. 더욱이 이 책의 집필진이 전략경영학회에서 활발한 학술활동을 하고 있음은 물론 많은 기업체들을 대상으로 교육과 자문활동을 하고 있는, 이론과 실무적 지식을 모두 겸비한 이동현, 이윤철 교수와 그 위에 경륜까지 갖추고 계신 박기찬 교수님으로 구성되었기 때문에 우리 경영학사에 획기적인 공헌으로 기록될 금쪽같은 책이 출간될 것임을 확신할 수 있었다.

하지만 막상 지난 한 세기 동안 발달되고 축적된 경영 개념의 핵심을 대표하는 고전적인 명저들을 선정하는 것은 쉬운 일이 아니었다. 경영학계에서 고전으로 알려진 책들만 꼽아봐도 대략 1백 권이 훌쩍 넘었다. 그러나 시간과 공간의 제약을 감안해 이 책에서는 30권의 고전만을 선정하기로 했는데, 이들 30권은 경영 개념에 관한 사고의 변화와 발달 과정을 시대적으로 단절됨 없이 물 흐르듯 포괄해야 하며 지난 한 세기 동안 확장되어온 경영 개념에 관한 사고의 범위를 빠뜨림 없이 포함하고 있어야 했다. 이런 전반적인 기준하에 다른 선정위원들과 여러 차례 토론과 협의를 거친 끝에 마침내 30권의 고전이 선정되었다.

이 책에 포함된 30권의 경영 고전들 중 제1부를 구성하고 있는 10권은 대량 생산과 소비가 시작되고 기업의 무한 성장이 이뤄졌던 1910년에서 1960년대 사이에 출간된 책들이다. 이 시기는 아직까지 본격적인 경쟁이나 환경의 변화가 일어나기 전이기 때문에 경영의 개념은 주로 기업 내부 조직 운영의 합리화나 효율성 향상에 초점이 맞춰져 있었다. 오늘날의 기업 환경은 당시보다 훨씬 더 복잡하고 경쟁적이지만 이때 발전의 근간을 마련한 합리적이고 효율적인 조직 운영의 방식들은 오늘날의 기업과 조직에서도 여전히 위력을 발휘하고 있다.

이 책의 제2부에 포함된 11권의 고전들은 본격적인 경쟁과 환경 변화가 시작된 1970년대와 1980년대에 출간된 책들이다. 성장 일변도로 달려온 기업들에게 환경의 변화는 분명 낯선 것이었다. 그리하여 이 시기에는 기업들로 하여금 내부적인 효율성의 추구뿐만 아니라 환경 변화와 경쟁자의 움직임을 예측하고 이에 대응할 필요성을 느끼게 했다. 즉, 외부 환경을 정확히 파악해 효과적으로 기업 내부의 역량을 집중하는 이른바 경영전략적 사고가 이 시대를 풍미한 것이다. 이러한 경영전략적 사고는 오늘날의 기업과 조직에서도 필수불가결한 것임은 모두가 아는 사실이다.

이 책의 제3부에 포함된 9권의 책은 1990년대 이후에 출간된 책으로서 진정한 경영의 고전으로 자리잡게 될지를 판단하기에는 다소 이른 감이 있는 것이 사실이다. 제3부에 포함된 책들은 주로 학문적인 이론에 근거하기보다는 실제 기업 현장의 경험을 토대로 씌어진 실용성이 높거나 발상의 전환을 선도하는 성격을 갖고 있다. 더욱 복잡해진 환경과 심화되는 경쟁, 그리고 축적된 경영적 지혜는 바야흐로 경영 개념 발전의 르네상스 시대를 열었고 이 책들은 르네상스 시대의 도래를 알리는 첨병으로 평가받게 될 것이다.

이 책은 모든 현대인들이 현대사회를 살아가기 위해 필수불가결하게 알아야 할 경영의 개념을 쉽고 체계적으로, 그러나 깊이 있게 이해할 수 있도록 하기 위한 교양서적으로 기획되었다. 오늘날 현대인들에게 필요한 진정한 경영적 교양을 쌓기 위해서, 거의 매일같이 새롭게 출현하는 경영혁신의 기법이나 컨설팅회사의 매출 증대를 위해 이름만 바꿔놓은 새로운 경영 용어들을 알기 위해 애쓰는 건 무의미하다. 그보다는 경영 개념의 발달 과정과 주요 논리를 이해하기 위해 노력해야 할 것이다. 다양한 환경 변화에 대응해 발달해온 경영 개념의 시대적 흐름과 그 시사점을 이해할 수만 있다면 구체적인 경영혁신 기법을 선택하고 적용하는 것은 오히려 부차적인 일이 될 수 있을 것이다. 이 책을 통해 진정한 경영적 교양을 갖춘 독자들이 많이 생겨날 수 있기를 기대한다.

이 책을 펴내며

선정위원 김재구

한국 경제는 이제 고도성장기도 끝났고, 고용 없는 성장의 덫에 걸린 것이 아닌가라는 우려의 소리가 높다. 각 경제 주체들의 의욕이 넘쳤던 지난 세기를 돌아볼 때 지금 우리 경제는 마치 짙은 안개 속을 헤매고 있는 형국이다.

이러한 때 우리나라가 어디로 나아가야 할 것인가라는 문제에 답하기 위해서는 혁신적 경영자들이 선도적으로 나서는 것이 필요하다. 경영자의 가장 주요한 임무가 바로 변화하는 환경 속에서 새로운 사업기회를 찾아 신속하게 자원을 동원함으로써 가치를 창출하는 것이기 때문이다.

기업경영의 역사는 당대의 문제에 도전하는 기업의 혁신 노력들을 보여주고 있다. 그리고 이러한 혁신을 뒷받침하거나 혹은 정리한 여러 선각자들이 그들의 역작을 남겼고, 우리는 그 기록을 통하여 그들의 문제의식과 대응방법을 알 수 있다. 바로 이 '경영의 고전'들을 읽으면서 우리는 지금 처한 상황에 대하여 냉정하게 평가하고 통찰력과 아이디어를 얻게 된다. 앞서 간 경영자 또는 경영학자들의 글을 통하여 우리는 역사의식을 갖게 되고, 경영이란 것이 구체적인 상황에 따라 적합한, '그때 그때 다른' 대책을 만들어왔다는 것을 알 수 있을 것이다.

20세기 초 물건을 만들기만 하면 팔리던, 생산자가 주도하던 시절에 이미 어떻게 효율적인 내부 조정을 행할 것인가를 고민하였던 사람들이 있었다. 이후 인간에 대한 재조명과 민권의식 성장, 노사관계의 발전은 인간관계론에 대한 연구와 실천으로 이어졌다. 그리고 1930년대와 1940년대에 들어서서 환경의 불확실성이 점점 더 커져감에 따라 기업을 개방적 시스템으로 이해하고, 의사결정자로서의 경영자 역할에 대하여 주목한 학자들이 나타났다. 이것이 발전된 '제한된 합리성'에 따른 경영 관점은 노벨 경제학상을 수상하게 되었고, 현대 경영이론의 초석이 되었다.

1970년대 이후에는 기업목적을 강조하고 유한한 자원을 효과적으로 배분하여 성과를 달성하고자 하는 전략적 관점이 대두되었다. 외부환경에 대한 효과적인 적응이 강조되고, 사업기회를 찾아 자원을 배분하고 배치하는 기업의 능력에 대하여 관심이 커지게 된다.

외부 환경으로서 가장 주요한 요소인 시장에 대하여 산업조직론 등을 활용하여 구조적인 분석이 행해지는가 하면, 한편에서는 시장의 실패에 대하여 살펴보고 이에 대한 대안을 모색하기도 하였다. 시장이 효율적인 자원배분 메커니즘이긴 하나 기업조직이 거래비용을 줄이는 대안이 될 수 있다는 문제제기로 역시 노벨상을 받았던 학자는 기업조직의 가능성과 함께 불완전성도 함께 제기하였다.

글로벌 시장이 성장하고 경쟁이 격화될 때 특히 일본 기업들이 경쟁력을 발휘하게 되면서 사람들은 기업의 고유한 역량과 문화에 대하여 관심을 갖게 되었다. 이는 기업이 가치를 창출하는 기제, 그리고 이러한 가치를 구현하는 핵심체인 조직의 설계 및 운영에 대한 검토로

이어지게 되었다.

1980년대와 1990년대를 거쳐서 늘 사람들의 관심을 끌어왔던, 성공기업에 대한 탐구는 변화관리와 경영혁신의 중요성을 재조명하게 만들었다. 지금까지도 경영자들이 가장 애독하는 베스트셀러들은 리엔지니어링, 조직학습, 로열티 경영, 지식창조 기업, 조직개발, 전략적 인적자원관리 등 다양한 혁신을 통하여 지속적인 경쟁우위를 획득하고자 하는 기업들의 노력을 소개하고 있는 것들이다.

경영의 역사는 기업들이 시대의 요청에 대하여 다양한 방식으로 대응하고 있음을 보여준다. 비록 경영활동에 있어서 하나의 정답이 있을 수는 없으나, 우리는 그 속에서 보편적인 원리를 찾아낼 수 있을 것이라고 기대한다. 우선 우리가 직면한 경영문제들을 어떻게 해결할 것인가에 대하여 시사점을 얻을 수 있을 것이다. 그리고 시장을 비롯하여 정부, 근로자, 주주 등 이 세상과의 관계를 어떻게 할 것인가에 대해서도 알게 될 것이다. 선구적인 경영자들은 인간의 욕구에 대해서도 깊은 이해를 갖고 있었지만, 거친 현실 속에서 자신의 일에 대하여 분명한 사명의식이 있었음도 알게 될 것이다.

이제 한국 사회도 지식 수요의 깊이와 폭이 넓어졌다. 그만큼 다양한 경험이 축적되었고, 또 다양한 경영 현안들이 우리 앞에 놓여져 있기 때문이다. 국가적으로는 성장을 지속할 동력을 창출해야 하며, 경제 양극화를 극복하고 대기업과 중소기업, 제조업과 서비스업, 해외부문과 내수 부문, 그리고 노사가 동반성장해나가야 할 때다. 불확실성이 커질 때일수록 경영의 역할도 커진다. '누워서 떡 먹기식' 경영이 아닌 다음에야 어려운 과제들을 해결해나갈 때 비로소 경영의 묘미가 나타나는 것이 아니겠는가? 그래서 경영활동을 예술과 같은 창조적 과정이라 하는 것이다.

경영자는 전문지식뿐만 아니라 시대정신을 읽을 수 있는 교양, 시장과 고객들의 흐름을 잡아내고 이끌어가는 통찰력을 가져야 한다. 뿐만 아니라 사람들을 감동시키며 일을 추진해나가는 열정도 갖추어야 한다. 이 책은 경영자에게 필요한 지식과 함께 자질과 소명의식에 대해서도 들려줄 것이라고 믿는다.

에드워드 카는 "역사란 과거와 현재의 대화"라고 하였다. 과거를 돌아보면서 오늘날 우리의 문제를 해결하는 데 적용할 수 있다면, 고전을 읽는 것만큼 유용한 것은 없다고 본다. 《경영의 교양을 읽는다》가 우리에게 비전을 제시해주고, 한국이 지금 어디에 서 있고 어디로 가야할 것인지에 대한 지도를 제공해주며, 각 경영 주체의 입장에서 로드 맵을 수립하는 데 도움이 되기를 소망한다.

이 책을 펴내며

선정위원 박기찬

1980년대 초 프랑스 유학 시절 첫번째 시험 문제는 "과연 사회주의 체제하에서도 마케팅활동이 가능한가?"라는 것이었다. 모든 경영이론을 바탕으로 답하라는 황당하기 그지없는 문제였다. 서투른 프랑스어로 내가 답한 요지는 소련현 러시아에서도 테일러리즘이 도입되었으며, 중공현 중국에서도 갓나온 소니 워크맨이 인기가 있다는 귀동냥으로 들은 소리, 그리고 공산주의 체제일수록 그들의 정치를 국민이라는 고객들에게 판매하고 있으므로 마케팅활동은 당연히 존재한다는 거의 궤변에 가까운 것이었다. 두번째 시험 문제는 "과연 테일러리즘은 현대경영에 적합하지 않은 빛 바랜 사상인가?"라는 점에 대해 논하라는 것이었다. 자신 있게 적어낸 나의 답변은 20세기 초기에는 사용자들이 이를 맹신적으로 받아들였지만 이제는 더 이상 배울 것이 없는 한물간 사상이라는 교과서 같은 내용이었다. 그런데 엉뚱하게도 자신없이 치른 첫 시험은 최고 점수를 받은 데 비해 한국에서 배운 대로 장황하게 답변을 적어낸 두번째 시험 성적은 꼴찌에 가까웠다. 프랑스어

실력이 부족해 교수한테 따지지는 못했지만 오랫동안 왜 그런 점수를 받았는지에 대한 의문이 풀리지 않았다.

이제는 경영학을 가르치지 않는 4년제 대학이 없을 정도로 경영학이 인기를 끌고 있으며 야간 경영대학원 역시 산업체 관리자들로 성시를 이루고 있다. 글로벌 경영을 내세운 대기업은 물론 정계와 정부에서도 경영 마인드를 갖춘 기업가와 정치인, 관료들을 요구하고 있다. 그럼에도 불구하고 경영학을 전공한 학생들이 다른 학생들보다 조직에서 더 뛰어난 능력을 발휘한다는 결과는 찾아볼 수 없다. 아직도 학교 교육과 기업 현장의 실태 간에는 그만큼 큰 괴리가 존재하며, 경영학을 전공해도 경영의 기본 교양에 대한 이해가 부족하다는 목소리가 높다.

그렇다면 모든 조직에서 요구하고 있는 교양으로서의 경영관리와 경영학에 대한 이해를 위해서는 무엇부터 살펴봐야 할 것인가? 이 책은 이에 대한 답을 제시하기 위한 것이다. 그것은 바로 "경영의 고전으로부터 평생을 위한 지식과 지혜를 구해보라."라는 것이다.

프랑스에서 귀국한 후 경영의 고전과 최신 서적을 번갈아 섭렵하면서 기업 현장을 살펴본 나의 첫번째 결론은 "아직도 한국 기업들이 테일러리즘을 극복하지 못하고 있다."라는 것이었다. 극단적으로 표현한다면 한국에서는 과학적 관리는커녕 적용조차 하고 있지 못했던 것이다. 학문적으로는 테일러리즘에 대한 비판만 있을 뿐 그의 사상과 철학적 관점에 대한 이해가 부족했다. 또 실천적 측면에서 보면 우리처럼 비과학적인 경영과 국적 없는 경영을 해온 나라도 드물었다. 1930년대에 이미 버나드가 시스템에 대한 개념을 확립했다는 사실은 그 어떤 책에서도 찾아볼 수 없었으며, 수많은 강좌에도 불구하고 대학원에서조차 이를 심도 있게 다뤄주는 과정은 찾기 힘들었다. 대가들이 집필한 첫번째 책들에는 특히 그들의 독창적 지혜와 경험이 풍부하게 담겨 있다. 물론 무르익지 않은 논지도 있지만 그들의 첫 저서만큼 강렬한 충격을 주는 책들은 드물다. 문제는 이런 대가들을 일정 잣대에 맞춰 종합적으로 연구하고 평가한 책들은 즐비하지만 그들의 첫 저서들을 통해 경영의 흐름과 사상을 살펴보고자 하는 노력은 학교나 출판사 그 어느 곳에서도 하지 않았다는 데 있다.

대가들의 첫 저서들을 위주로 경영의 교양을 종합해보자는 이동현, 이윤철 두 분 교수의 제안과 더난출판의 지원은 그래서 더욱 값지고 또한 반가운 것이었다. 전적인 동감하에 진행된 작업이었지만 사실 시대를 초월해 살아 있는 경영의 고전을 시대별로 구분하고 정리하는 작업은 결코 쉽지 않았다. 초기에 나열해본 저서는 가히 1백여 권을 넘었다. 하지만 박사과정을 마치고 교수생활을 20년 넘게 하면서 이러한 책들 중 처음부터 끝까지 탐독한 서적은 열 손가락으로 꼽을 수 있을 정도에 지나지 않았다. 그만큼 약 3개월에 걸친 토의 끝에 경영의 사상과 새로운 논지를 개척한 대가들의 첫 저서 30권을 선정하는 데에는 많은 고통이 따랐다. 왜냐하면 경영학의 아버지라고 불리는 테일러의 과학적 관리법을 다루면서 앙리 파욜의 경영관리원칙을 제외시킬 수는 없었으며, 또한 효과적인 공식 조직을 제시해준 베버의 경제와 사회에 대한 사상을 제외시킬 수는 없었기 때문이다. 그리고 일반 교과서 체제에 따른다면 테일러와 메이오를 비교해 다뤄야 하겠지만 메이오의 논지는 어설픈 실험의 결과로 과대 포장된 측면이 많으므로 이보다는 매슬로의 동기유발에 대한 저서가 훨씬 종합적이고 실천적이라는 점에서 매슬로의 책을 포함시켰다. 진정한 현대적 경영의 출발점은 드러커 교수의《현대 경영의 실제*The Practice of Management*》라는 책에서 시작되었다는 스튜어트 크레이너의 혜안을 존중했으며 마이클 포터의

《경쟁 전략Competitive》과 제프리 페퍼의 《사람이 경쟁력이다Competitive Advantage Through People》라는 저서의 가치를 높이 사 이 책에서 다루기로 결정했다.

이처럼 대가들의 사상과 경영 현장에 미친 실천적 효과를 고려해 이 책에 포함시킬 책을 30권으로 압축하면서 필자들은 나름대로 새로운 관점을 정립하게 되었다. 첫째는 '고전은 결코 죽지 않는다' 는 것이며, 둘째는 '환경 변화에 적응하는 전략적 활동' 이 현대 경영의 요체라는 점, 그리고 셋째는 '훌륭한 저서는 출간되면서 바로 경영의 고전이 된다' 는 점이었다.

막스 베버의 책 한 권을 종합적으로 평가하고 시사점을 현대적으로 재해석하는 데만 해도 세 달 이상 걸렸지만 아직도 다시 살펴보고 싶은 생각이 든다. 많은 경영학 서적들은 이들 대가들의 책에 대해 지식 전달 차원에서만 간략하게 언급하고 있을 뿐 그들의 책에 들어 있는, 지식보다는 지혜로운 내용의 풍부함을 이해시키고 있지는 못하다. 이 책은 대가들의 첫 저서에 제시되어 있는 지혜와 사상을 하루 만에도 파악할 수 있도록 정리했지만 그 결과는 평생 독자와 함께할 수 있기를 바란다.

주로 서양의 경영 사상과 기법이 정리된 이 책에서는 한국적 경영에 대한 논의가 충분히 이뤄지지 못한 것이 사실이다. 그래서 이 책의 구상을 논의하면서 다음 책으로 경영과 관련해 어떤 교양서적을 만들어 볼 것인가 하는 것에 대해 논의를 하기도 했다. 결론은 한국의 경영을 성립시킨 인물 위주로 그들의 경영철학과 사상을 정리해보자는 것이었다. 솔직히 이 책은 독자들을 위해 정리되었지만 그 과정을 통해 필자들이 더 많은 지식과 지혜를 갖추게 된 것도 사실이다. 이 책이 경영의 고전을 종합 정리한 또 하나의 고전이 되었으면 하는 바람은 감출 수 없는 필자들의 욕심이다.

이 책을 펴내며

선정위원 이윤철

경영은 과학인가 예술인가? 경영이라는 지식은 과연 대학에서 배울 수 있는 것인가? 필자가 1980년대 초반 경영대학에 입학하여 경영학을 처음 접했을 때 받았던 질문들이다. 당시 다른 전공을 선택했던 필자의 친구들은 경영학은 과학적이지도 않고, 대학에서 배우는 내용은 고스란히 쓰레기통에 버리고 기업현장에 가면 새롭게 배워야 한다고 핀잔을 주기도 했다. 20여 년이 지난 지금 돌이켜보니 경영은 과학적인 면과 예술적선택적인 면이 상존하고, 기업현장에서의 경영경험도 중요하지만 경영학적 지식 또한 중요하다고 판단된다. 재미있는 것은 경영에 그렇게도 비판적이었던 당시의 친구들 대부분(무엇을 전공했건 간에)은 지금 경영과 관련된 일에 종사하고 있고, 또 그중 일부는 특수대학원에 진학하거나 경영자 과정 등을 통해 새로운 경영기법에 대해 배우고 있다는 사실이다. 경영은 이제 학문적 지식의 영역을 뛰어넘어 일반적인 교양에 가까운 존재로 발전했다. 조그만 점포를 지닌 상인에서 약국이나 병원을 운영하는 약사나 의사, 자동차 부품을 생산하는 중소기업, 자동차를 생산하는 대기업에 이르기까지 모든 경제적인 주체는 경영에서 자유로울 수 없다. 심지어 치열한 입시와 취업전쟁을 벌여야 하는 학생이나, 가정을 꾸려나가는 주부도 시간과 자원을 경영해야 한다.

이처럼 현대에 있어 경영은 필수적인 교양이 되어버렸다. 그러나 경영처럼 설명하기 어려운 개념도 없다. 사람에 따라서 강조하는 내용이 다르고, 시기에 따라 새로운 내용이 끊임없이 쏟아지기 때문이다. 약어로 표시되는 수많은 경영 전문용어들은 따라잡는 것도 힘들다. 이러한 현상은 경영이 학문의 세계보다는 기업현장에서 더 빨리 변했기 때문이기도 하다. 상황 변화에 따라 새로운 개념이나 원리가 현장에서 제안되어졌다. 경영의 태동이라 할 수 있는 테일러의 과학적 관리법이 그러했고, 최근 우후죽순처럼 쏟아지는 신경영기법의 많은 부분이 경영 컨설턴트에 의해 만들어졌다. 그러나 기업현장에서 적용되는 많은 경영기법들은 변화 속도가 빠르고 유행을 따르는 경향이 있지만, 경영의 기본 지식은 과거부터 변하지 않고 지속되어왔다. 다만 기업 경영자를 포함해서 경영에 관심을 기울이는 사람들이 대부분 최근에 제시되는 개념이나 지식만을 보기 때문에 경영의 역사적인 뿌리를 보지 못하고 있을 뿐이다.

경영에 대한 정보와 지식이 난무하는 오늘날 역설적으로 수많은 기업이나 경영돼야 할 조직들이 경영 지식을 잘못 적용하고 있는 것은 안타까운 일이다. 필자는 몇 년 전 한국 모 대기업의 경영혁신 사례를 개발한 적이 있다. 이때 필자가 인터뷰한 실무자들은 필자가 듣기에도 어려운 새로운 경영기법들을 많이 알고 있었으며, 전문 컨설턴트를 능가하는 분석력과 보고서 작성능력을 지니고 있었다. 재미있는 것은 이들이 많은 컨설팅을 받으면서 마치 약물중독과 같은 현상에 빠져 있었다는 것이다. 항상 새로운 것을 제안하는 컨설턴트들의 지도를 받은 그들은 수많은 경영기법을 익혔지만, 이들이 익힌 개념들은 서로 중복되고 심지어는 상충되어 이로 인한 비효율이 심각한 수준이었다. 무엇이 문제인가? 필자는 이들이 기본 원리보다는 유행을 좇아갔기 때문이라고 진단했다.

경영의 핵심적인 지식들은 비록 현장에서 발견되었지만, 1백여 년에 걸쳐 수많은 사람들이 이를 정리하고 해석하여 근원적인 지식은 연결되어 있다. 이 책은 이에 착안하여 기획되었다. 경영을 이해하기 위해서 알아야 할 가장 기본적인 상식은 무엇인가? 아마도 그러한 상식은 고전으로 분류될 수 있는 명저들에 녹아 있을 것이다. 필자를 포함한 박기찬, 이동현 교수와 선정위원으로 수고해주신 임성준, 김재구 교수가 머리를 맞대고 고민한 결과가 바로 이 책에서 다루어진 경영 대가들의 저서 30권이다. 물론 필자들과 선정위원들의 선택을 반박하고 다른 대가들의 저서들을 제시할 수도 있을 것이다. 그러나 과연 현실적으로 그리고 학문적으로 얼마나 큰 영향을 미쳤는가에 관한 기준으로 본다면 이 책에서 소개하는 30권은 분명 기업이나 사회 전반에 큰 파급효과를 지닌 고전들임에 틀림없다. 다만 최근에 발간된 저서들에 대한 평가는 엇갈릴 수 있다. 이들은, 분명히 영향력은 있지만 이를 검증할 수 있는 시간이 상대적으로 짧았다는 데 한계가 있다. 하지만 최근의 저서들은 가장 발전한 지식을 압축적으로 요약하고 있고, 기술 발전으로 1990년대 이후 나타난 현상을 가장 잘 설명하고 있기 때문에 이들을 제외할 수는 없었다. 이러한 차원에서 제3부에서 다루는 책들은 시기적으로 고전이라 분류하기는 힘들지만, 미래 경영이 나아갈 방향을 예측하는 데 필수적인 논의를 담고 있는 명저 위주로 선정하였다.

한편 경영의 고전 및 명저들을 선정하면서 한국 저서 중에서는 끝내 적절한 책을 발견하지 못했다. 세계 10대 경제대국으로 발돋움하고, 특정 분야에서는 세계 최고로 기업으로 부상한 한국 기업의 경영에 대해 서술된 책을 선정할 수 없었다는 것은 정말 안타까운 일이었다. 이는 한국 기업이 전통적으로 미국식 경영을 배워왔고, 1970년대 이후에는 일본식 경영을 학습하였기 때문에 나타난 현상이기도 하다. 또한 외국으로 소개되어 글로벌 차원에서 경영의 고전이라 할 수 있는 저서로 발돋움하지 못한 것도 이유일 것이다. 그러나 한국의 기업, 한국의 경영 주체들이 미래 경영의 청사진을 마련하기 위해서는 서구와 일본의 책을 뛰어넘는 한국의 경영에 대한 명저가 탄생해야 할 것이고, 그렇게 되리라 기대한다.

작년에 처음 이 책을 기획할 때 평소 어느 정도 경영 관련 주요 고전들을 알고 있다고 여겼던 필자는 집필을 하면서 그동안 얼마나 무지했었는지를 스스로 반성해야 했다. 정독하고 정리할수록 고전들은 현재 우리가 당면한 다양한 문제들에 대한 나름의 해답들을 제시하고 있었다. 그리고 비교적 최근에 발간된 책들은 고전에서의 지식을 현대적인 시각에서 재해석하고 있었다. 경영 대가들의 책 30권을 모아서 그 흐름과 사상을 살펴본 이 책을 처음부터 마지막까지 정독하면서 모든 내용을 다 소화할 수 있다면 분명 경영의 고수가 될 수 있을 것이다. 설사 종합적 사고를 필요로 하는 경영과 관련된 1백 년간의 지식을 담은 이 책을 전체적으로 다 소화하지 못한다 해도 각 장들 중 자신과 관련이 있고 관심이 가는 주제들만으로도 큰 도움을 얻을 수 있을 것이라 기대된다. 부디 이 책을 통해 현대인의 필수 교양으로서의 경영 지식을 높일 수 있는 계기를 마련했으면 하는 바람이다.

이 책을 펴내며

선정위원 이동현

과연 우리나라에 경영과 전혀 관련이 없는 사람들이 있을까? 직장에 다니는 샐러리맨들을 떠올려 보자. 그들이야말로 경영지식과 직접적으로 관련 있는 당사자들일 것이다. 그들은 자신의 삶의 가장 중요한 시기를 대부분 직장에서 보내고, 직장이야말로 경영지식이 가장 직접적으로 언급되고 적용되는 장소다.

전문직으로 구분되는 변호사, 의사, 약사들에게도 경영이 중요한 것은 마찬가지다. 변호사들이 개인 사무실을 운영하기보다 법인이라는 조직을 만들어 활동하기 시작한 것은 이미 오래전 이야기다. 병원이나 약국 경영이라는 말이 생겨났고, 브랜드, 프랜차이즈, 파트너 등 다양한 경영 용어들이 의사나 약사들이 숙지해야 할 중요한 개념으로 자리잡았다. 동네에서 흔히 볼 수 있는 편의점, 미용실, 식당, 비디오 가게, 서점, 옷가게 등은 어떤가? 가게 주인이건 점원이건 관심사는 온통 어떻게 하면 매상을 올릴 것인가 하는 것이다. 그들 역시 엄연히 경영의 세계에서 숨쉬는 사람들이다.

최근 정부도 경영의 문제에 우선적으로 관심을 쏟고 있다. '로드맵', '혁신', '다면평가', '역량 강화' 등의 용어가 자연스럽게 사용되고 있고, 이를 통해 정부도 공무원 조직의 효율성을 높이기 위해 노력하고 있다. 공무원들 사이에 경영이나 혁신 관련 서적들이 인기를 끈 지는 꽤 오래되었다. 학교는 또 어떠한가? 필자가 몸담고 있는 대학은 물론 초등학교에서 고등학교까지 이제 경영이라는 단어는 필수적인 개념으로 자리를 잡고 있다. 심지어 교육부에서는 대학 총장이나 초·중·고등학교 교장들에게 경영자로서의 안목과 리더십을 요구하고 있다. 이미 언론에도 공표되었지만 구조조정이나 M&A 등은 많은 대학들의 현안 과제로 떠오르고 있다.

어디 그뿐인가? 우리나라에 산재한 수많은 종교 관련 단체들은 어떤가? 어찌 보면 그들은 경영과는 가장 동떨어진 집단처럼 보일 수도 있다. 물론 그들은 분명 이익을 추구하는 영리 집단과는 속성이 다르다. 하지만 조직을 관리하고, 구성원들에게 비전을 제시해야 한다는 점에서 경영의 세계와 맞닿아 있다. 실제로 필자는 가끔 종교 단체의 초청을 받아 리더십이나 조직관리를 주제로 특강을 하곤 한다. 심지어 주부를 대상으로 한 '가정 경영'이라는 말까지 있으니 지구상의 거의 모든 사람들이 직·간접적으로 경영의 세계에 발을 담그고 있는 것이 분명하다.

이제 문제는 필자를 포함해 경영의 지식을 개발하고 정리해 전파하는 사람들에게로 옮겨진다. 혹시나 그들은 사회의 많은 구성원들에게 널리 알려야 할 경영 지식들을 이해하기 힘든 용어와 어려운 개념들로 포장하고 있는 것은 아닐까? 이 책의 기획은 바로 이러한 문제의식에서 출발했다. 특정 계층을 위한, 전문 지식으로서의 경영 지식이 아니라 평범한 사람들을 위한, 교양으로서의 경영 지식을 정리해보자는 것이 우리의 취지다. '경영의 교양을 읽는다'라는 이 책의 제목은 이렇게 정해진 것이다. 대기업의 샐러리맨이건 중소기업의 사장님이건 상관없이, 미용실 원장에서 중국집 배달원에 이르기까지 경영과 조금이라도 관계가 있는 사람들이 쉽게 읽을 수 있는, 아니 읽어야만 하는 책을 만들어보자는 것이었다.

다음으로 직면한 문제는 교양으로서의 경영 지식을 어떻게 정리하느냐는 것이었다. 경영 지식의 범주가 워낙 방대하고 다양해서 이를 일반인들이 이해하기 쉽게 정리한다는 것은 만만찮은 작업이었다. 여러 가지 방안들이 논의되었지만 그중에서 최선의 방안으로 선택된 것은 약 1백 년의 역사를 갖는 경영 관련 서적들 중에서 고전에 속하는 책들을 엄선해 일반인들이 이해하기 쉽게 정리하자는 것이었다. '최신', '첨단'이라는 단어만이 어울릴 듯한 경영 분야에 필자들은 '고전classic'이라는 카드를 뽑아 들었다. 여기서 말하는 고전이란 단순히 책이 출간된 지 오래되었다거나 최초라는 것만을 의미하는 것은 아니다. 오히려 영향력이 가장 중요한 고려 요소였다. 고전의 저자가 교수이건, 컨설턴트이건, 아니면 기업을 직접 운영하는 경영자이건 간에 당시의 기업 혹은 사회에 큰 반향을 일으킨 책 위주로 선정 작업을 진행했다.

또 한 가지 중요한 기준으로 삼은 것은 책의 내용이 지금의 기업이나 사회에도 교훈을 줄 수 있느냐는 것이었다. 한때 반짝하고 사라져버리는 경영이론들이나 기법들은 수도 없이 많다. 그러나 적어도 경영의 고전이 되기 위해서는 책의 출간 연도와 관계없이 오늘날까지도 기업이나 사회에 큰 메시지를 전달할 수 있어야 한다고 생각했다. 경영의 다양한 분야별로 선정된 약 1백 권의 책들은 이러한 기준에 의해 선정위원들 간의 치열한 토론을 거쳐 하나하나 평가되었으며, 그 결과 최종적으로 30권의 책들이 엄선되었다. 이 과정에서 필자들이 발견한 놀라운 사실은 경영의 고전으로 선정된 30권의 책들은 출간 연도와 관계없이 책이 출간된 당시는 물론이고 오늘날까지도 많은 시사점을 주고 있다는 것이었다. 1911년 경영학의 아버지라 불리는 테일러의 《과학적 관리법*The Principle of Scientific Management*》에서 시작해 가장 최근인 1996년에 출간된 《균형성과표*The Balanced Scorecard*》에 이르기까지 경영의 고전들은 지금까지 1백 년뿐만 아니라 앞으로 1백 년 후에도 독자들에게 교훈을 줄 수 있는 책이라는 확신이 들었다.

끝으로 이 책은 독자들에게 최대한 쉽게 경영 지식을 전달하는 데 초점을 맞췄다. 사실 일반인들도 최근 인터넷의 확산은 물론 '부자아빠', '재테크', '자기계발' 등의 유행과 함께 엄청난 양의 경영 지식들을 접할 수 있게 되었다. 이제는 지식의 수집보다는 지식을 소화하는 것이 관건이 되는 시대가 되었다. "구슬이 서 말이라도 꿰어야 보배"라는 속담이 있듯이 아무리 좋은 경영 지식이라도 이를 제대로 소화하지 못하면 아무 소용이 없다.

1백 년의 역사를 가진 경영의 방대한 지식을 30권의 책으로 모두 이해한다는 것은 애초부터 욕심일지도 모르겠다. 그러나 이 책에서 소개한 30권의 고전을 꼼꼼하게 읽어서 자신만의 지식으로 소화할 수 있다면 그 독자는 분명 이 책의 마지막 페이지를 덮을 때쯤 교양 경영학의 전문가가 되어 있을 것이라는 사실을 믿어 의심치 않는다. 소위 전문가라고 자부해온 필자도 고전을 정리하는 과정에서 엄청난 학습을 했다는 점을 솔직히 밝히는 바다. 여러 가지 갈등으로 우리 사회가 어려움을 겪고 있지만 고전만은 독자를 가리지 않는 것 같다.

이 책의 구성과 내용

《경영의 교양을 읽는다》는 총 3부로 구성되어 있다. 독자들이 지난 1백 년 동안의 경영학의 흐름을 쉽게 이해할 수 있도록 시대적 흐름에 따라 목차를 구성했다. 제1부에서는 경영학의 태동에서부터 그 기반이 갖춰지는 1960년대까지의 고전 10권을 소개했다. 제1부에서 독자들은 초기 경영학에서 주창된 다양한 사상들을 접할 수 있다. 주먹구구식 경영에 경종을 울리고 과학적 경영의 필요성을 주장한 테일러를 비롯해, 관료제라는 현대 조직의 원형을 설명한 베버, 제한된 합리성이라는 인간의 본성에 대한 통찰력을 보여준 사이먼, 경영자의 책무와 역할에 대한 날카로운 지적이 돋보이는 바너드, 경영의 구루라고 불리는 드러커, 마케팅의 개념을 창안한 코틀러에 이르기까지 경영의 본질에서 경영자, 조직구조, 인간 행동, 전략, 마케팅에 이르는 현대 경영학의 기반이 된 다양한 사상들은 독자들에게 골라 읽는 재미를 선사할 것이다.

제2부에서는 현대 경영의 큰 전환점인 1970년대에서 1980년대를 배경으로 탄생한 고전 11권을 정리했다. 그 시기에는 경기 침체와 함께 국경을 넘어서 글로벌 경쟁이 치열해지고, 일본 기업의 눈부신 성장과 함께 일본식 경영이 큰 화두가 되었다. '경쟁전략', '글로벌 경영', '무형자산', 'Z이론' 등의 개념이 등장했고, 특히 전략이라는 개념이 경영 전반에 확산되었다. 또 하나 재미있는 사실은 미국에서만 7백만 부 이상이 팔린 것으로 추산되는 《초우량 기업의 조건*In Search of Excellence*》의 빅 히트로 미국 출판시장에 경제경영이라는 분야가 새로이 생겨났다는 점이다. 이로부터 경영에 관련된 다양한 지식들이 책이라는 매개체를 통해 경영자들에게 전달될 수 있는 확실한 통로가 마련된 것이다.

제3부에서는 1990년대 이후에 출간된 경영의 고전 9권을 소개했다. 이 시기에는 르네상스 시대에 비유될 수 있을 정도로 경영에 관한 지식이 폭발적으로 증가해 핵심역량, 학습조직, 지식경영, 리엔지니어링, 브랜드 경영, 변화관리, 균형성과표 등 다양한 경영이론들이 소개되었다. 1990년대의 가장 큰 특징은 경영혁신에 관한 책들이 경영 서적 분야를 주도했다는 것이다. 1980년대까지는 상대적으로 개념적이고 거시적인 관점의 책들이 많았다면 1990년대에는 성과와 직결되는 구체적인 방법론을 다루는 미시적인 관점의 책들이 인기를 끌었다. 이는 1980년대까지 총론 수준에 머물던 경영 서적들이 1990년대에는 각론 수준으로 발전했고, 이들 연구들이 '경영혁신'이라는 주제하의 다양한 기법들을 중심으로 한 책으로 결실을 맺었다는 사실을 말해준다.

여기에 소개하는 30권의 책들은 독자들이 이해하기 쉽도록 각각 핵심 아이디어, 시놉시스(구성), 리뷰(주요 내용), 현대적 시사점, 저자 소개 및 도서 정보 등 다섯 가지 세부 항목을 중심으로 정리되어 있다.

먼저 책의 핵심 아이디어 항목에는 각 책의 저자들이 전달하고자 하는 핵심 개념과 주장들이 소개되어 있다. 막스 베버의 관료제, 매슬로의 욕구 5단계, 포터의 경쟁, 노나카의 지식, 아커의 브랜드 자산 등의 개념을 모르고서는 저자들의 책을 제대로 이해하기 힘들 것이다. 하지만 이러한 핵심 아이디어들을 정리한 그림이나 표는 이러한 중요한 개념들을 이해하는 데 큰 도움을 줄 것이다. 또한 각각의 장을 처음부터 끝까지 읽을 시간이 없거나 고전의 핵심 내용을 빠른 시간 내에 파악하고 싶은 독자들은 각 장의 핵심 아이디어를 읽는 것만으로도 충분히 목적을 달성할 수 있다.

시놉시스 항목에서는 목차를 중심으로 각 고전의 전체적인 구성을 설명하고 있다. 이처럼 핵심 아이디어와 시놉시스만 읽으면 책의 대략적인 개요를 파악할 수 있을 것이다.

책의 내용을 심층적으로 알기 위해서는 리뷰 부분을 숙독할 필요가 있다. 물론 방대한 내용의 책을 짧게 축약하는 것은 쉽지 않은 일이지만 도서의 구성을 중심으로 말 그대로 원전原典의 주된 내용을 정리했다. 특히 이 책은 원전의 핵심 내용을 충실히 요약하기 위해 최선을 다했다. 요약이라고는 하지만 방대한 책의 내용이 너무 요약되다 보면 저자의 본래 뜻이 독자들에게 제대로 전달되지 않을 수도 있기 때문에 가능하면 저자의 주장이 그대로 전달될 수 있도록 핵심 내용을 구체적으로 요약했다. 뿐만 아니라 필자들은 현대적 시사점을 정리하는 데도 많은 공을 들였다. 고전의 내용을 충실히 요약하는 것 외에 이 책이 현대를 살아가는 우리들에게 어떤 시사점을 주는지를 정리했다. 책이 출간된 연도와 관계없이 고전들은 우리에게 아직도 많은 시사점을 던져주고 있다. 물론 고전이 주는 시사점을 정리하는 것은 원래 독자들의 몫이지만 필자들은 현대적 시사점 정리를 통해 몇 가지 화두를 미리

던져주고자 했다.

끝으로 추가적인 학습을 하고자 하는 독자들을 위해 저자 소개는 물론 각종 도서 관련 정보들을 제공했다. 저자가 쓴 또 다른 책이나 관련 서적을 소개함으로써 심화 학습을 원하는 독자들에게 가이드를 제공하고 있는 것이다.

이 책은 특별한 독자층을 염두에 두고 씌어진 책은 아니다. 제목에서 알 수 있듯이 경영과 관련이 있는 사람들은 누구나 쉽게 읽을 수 있도록 하자는 취지에서 기획된 책이다. 하지만 독자가 누구냐에 따라 책을 활용하는 방법에는 조금씩 차이가 있을 수 있다. 예컨대 학생들에게는 전공을 불문하고 정독할 것을 권하고 싶다. 학창시절은 공부를 통해 중요한 이론에 대한 지식을 쌓고 개념을 정립하는 시기인 만큼 처음부터 끝까지 내용을 정독함으로써 착실하게 지식을 쌓을 것을 권한다. 더 나아가 특정한 고전에 관심이 있다면 이 책의 안내에 따라 원전을 구해서 읽는 것도 권장하는 바다.

현실적으로 공부할 시간이 부족한 직장인이나 자영업에 종사하는 독자들의 경우에는 키워드를 중심으로 자신이 관심 있는 분야를 골라 읽는 것도 좋은 방법이다. 고전의 제목이나 핵심 아이디어 또는 각 장에 수록된 그림을 통해 고전의 키워드를 파악하고, 그중에서 자신에게 당장 필요하다고 판단되거나 관심이 있는 분야를 먼저 읽는 것이다.

스스로가 경영이라는 분야와 비교적 거리가 있다고 생각하는 변호사, 의사, 약사 등 전문가 집단에 속한 사람들이나 학교 및 정부와 같은 특수 조직에 속해 있는 독자들은 책의 구성과는 반대되는 순서로 이 책을 읽을 것을 권하고 싶다. 아무래도 가장 최근에 출간된 책들을 소개하고 있는 제3부에 현업에 당장 접목시킬 수 있는 기법들이 가장 많이 담겨 있고, 기업은 아니지만 본인들이 속한 조직에 접목시킬 수 있는 내용들을 찾기도 쉬울 것이다. 예컨대 정부 부처나 공무원 조직, 공기업 등에 종사하는 분들은 《리엔지니어링 기업 혁명》이나 《기업이 원하는 변화의 리더》, 《균형성과표》 등의 책을 먼저 읽을 것을 권하고 싶다. 또한 학교나 종교 단체 등 비영리 조직에 종사하는 분들에게는 《기업이 원하는 변화의 리더》나 《학습조직 구축을 위한 제5경영》, 《데이비드 아커의 브랜드 경영》 등의 책을 권하고 싶다.

반대로 경영이나 조직의 본질 혹은 경영 사상에 관심이 있는 독자들은 책의 제1부를 먼저 읽는 것이 좋다. 출간된 지 오래된 책들이지만 기업이라는 조직이 이제 막 생겨났을 당시의 문제점들을 정리하고 있기 때문에 고전을 읽는 색다른 재미를 느낄 수 있다. 게다가 현재의 각종 문제점들이 20세기 초기부터 존재해왔다는 사실에 독자들은 새삼 놀라게 될 것이다. 특히 《과학적 관리법》, 《동기유발과 개인의 성격》, 《경영자의 기능》, 《관료적 현상》 등의 책에서는 기업, 인간, 경영자, 조직에 대한 원저자들의 탁월한 안목을 느낄 수 있을 것이다.

필자의 경험에 비춰보면 책을 읽을 때 가장 효과적인 방법은 책을 그냥 읽어 내려가는 것보다는 책을 읽는 중간 중간에 자기의 생각을 정리해나가는 것이다. 책의 핵심 내용이나 현대적 시사점을 읽으면서 감명받은 내용에 밑줄을 치거나 느낀 점을 책 한쪽에 메모하는 습관은 책에 담긴 지식을 자신만의 지식으로 소화시키는 데 큰 도움이 된다.

아무쪼록 지난 1백 년간 경영에 큰 영향을 미친 주요 도서 30권을 정리한 이 책이 사회 각 분야에서 경영의 질quality of management을 높이는 데 좋은 밑거름이 될 수 있었으면 하는 바람이다.

이동현

prolog

경영의 고전 읽기란 무엇인가

경영management 현상 자체는 인류의 역사와 그 궤를 같이할 정도로 오래된 것이지만 연구 대상으로서 경영을 논하기 시작한 것은 한 세기가 채 되지 않는다. 인간으로 형성된 조직의 효과적인 관리를 위한 노력은 때로는 분석적 차원에서 개인과 집단 및 조직 전체에 대한 연구를 통해, 때로는 종합적 차원에서 경영상의 문제를 해결하기 위한 학파 형성을 통해 이뤄져왔다. 또한 경영 현상에 대한 연구는 학제 간의 차원에서 심리학, 사회학, 경제학, 정치학, 문화인류학으로부터 큰 영향을 받은 것도 사실이다. '과거는 과거일 뿐' 이라는 말도 있지만 공자의 '온고이지신溫故而知新'이라는 말처럼 과거와 고전 속에서 새로운 관점과 지혜를 만들어가는 것 역시 중요하다 할 것이다. 이러한 취지로 이 책에서는 경영 개념의 출범기1910년대~1960년대, 경영전략의 출현기1970년대~1980년대, 경영활동의 지배기1990년대~2000년대로 구분해 일반인들의 교양 차원에서 경영의 고전들을 정리했다.

1. 경영학의 발전과 사회에 대한 기여

사람들은 흔히 테일러의 과학적 관리법을 통해 경영학이 시작되었다고 말한다. 하지만 산업혁명의 아버지라 불리는 뉴커먼이 증기기관을 발명한 지 2세기나 지나서야 능률적인 공장관리에 대한 관심이 고조되었다는 것은 그동안 결과로서의 생산성만을 중시하고, 관리 과정과 인간에 대한 이해는 부족했다는 사실을 보여주는 것이다. 경영학은 이처럼 인간과 조직에 대한 이해에서 시작되었으며, 과거 경제학자들이 보여주지 못했던 인간의 욕구와 모티베이션, 사회학자들이 놓친 집단 내의 비공식적 인간 관계의 중요성, 그리고 문화인류학자들이 간과한 경영 현상의 일반성과 특유성을 밝혀내면서 자본주의 사회에서 주체적인 역할을 하고 있는 기업조직을 위한 실천 학문으로 자리매김해왔다.

그러나 기업조직을 대상으로 발전해온 경영학은 가정, 교회, 군대, 그리고 행정부를 중심으로 한 국가 경영이나 세계 경영, 그리고 나아가서는 미래 경영과 환경 경영이라는 영역으로 그 적용 범위가 넓어짐으로써, 존재하는 모든 시스템뿐만 아니라 다가올 미래 사회에 대해서도 경영을 문제 대상이자 가장 중요한 해결방안으로 간주하는 종합과학으로서 그 영향력을 발휘하고 있다.

고전적 생산 함수로서의 경영

경제학적 관점에서의 투입 요소는 주로 자본Kapital과 노동Labor을 중심으로 구성되어 있다. 그러나 경영학은 그 위에 마케팅marketing, 정보information, 조직문화culture, 시간time, 능력ability, 네트워크network, 지식knowledge, 그리고 신뢰trust까지 창조적 투입 변수를 모두 다루고 있다. P=f(K.L) 즉, 자본과 노동이 생산의 원천이라는 단순 논리에서

P=f(K.L.M.I.C.T.A.N.K.T)라는 제반 생산 요소를 시대에 따라 다르게 종합적으로 다루고 있는 것이다. 포드의 T형 모델 차가 쇠퇴하고 제너럴 모터스가 부각된 배경에서 시작된 마케팅의 중요성, 정보의 신속성과 충분성 및 정확성이 의사결정의 핵심이 된다는 정보와 의사결정의 중요성, 조직문화가 바로 제5의 생산 요소라는 문화의 중요성, 업무관리의 신속성과 적시성을 중시한 JIT just in time의 중요성, 그리고 최근 들어 갈수록 중시되고 있는 구성원의 능력 개발, 휴먼 네트워크, 지식 경영, 그리고 신뢰 경영 등은 글로벌 시대의 경쟁력을 보장해주는 원천변수로서 경영활동의 핵심을 이루고 있다.

현대적 경쟁 논리로서의 경영

경영학 역시 생산성 향상에 기반을 둔 능률 향상에서 출발했다. 경영학의 모태가 된 테일러의 과학적 관리법이나 파욜의 관리원칙은 바로 '능률의 논리'에 입각한 그들의 경험과 분석을 종합해 도출된 것이다. 이후 이러한 기계적 능률의 논리를 대체하면서 인간관계학파를 연 엘턴 메이오를 포함한 인본주의적 경영학자들은 '감정의 논리', 즉 인간과 조직 간의 관계를 중시한 경영활동을 중시함으로써 1960년대 후반까지 경영학의 신고전학파를 이루는 토대를 마련했다.

1970년대와 1980년대는 시스템이론과 상황이론의 영향을 받은 경영전략 및 조직과 외부 환경 간의 관계에 대한 관점이 전개되면서 오늘날과 같은 격심한 경쟁 시대에 요구되는 경쟁과 게임의 논리가 정립되었다. 특히 원가 절감을 중시하던 초기의 관점으로부터 구성원이라는 내부 고객의 동기유발과 리더십에 치중한 시대를 지나, 외부 고객을 위한 새로운 가치 창조에 주력하고 있는 최근의 논리들은 타학문에 비해 시대와 환경 변화에 적극적으로 적응해나가고 있는 경영학과 경영활동의 동태적 측면을 보여준다.

2. 경영은 교양이다

사실을 전달하는 기사를 정리할 때 흔히 육하원칙이 그 기본이 된다. 언제, 어디서, 누가, 무엇을, 왜, 어떻게 했는가 하는 것 말이다. 이들 여섯 가지 중 단 한 가지에 대한 대답만 미흡해도 사실이 그대로 전달될 수 없으며, 때로는 오해와 갈등을 불러일으키기도 한다. 학교에 있는 연구자나 학생, 아니면 기업에서 실무를 맡고 있는 경영자와 종업원을 불문하고 경영의 고전을 단 한 권이라도 정독하면서 저자의 철학과 논지를 음미해본 적이 있는 사람을 찾기란 사실 쉽지 않다. 솔직히 학창시절에는 과제물이나 발표를 위해서 주마간산식으로, 연구자로서는 논문의 참고자료 정리를 위해서 한번 훑어보는 식으로, 그리고 일반 회사원으로서는 새로운 경영기법만을 중시해 고전은 아예 멀리함으로써 결국 단 한 권의 고전도 숙독해보지 못하고, 경영의 진실이 무엇인지도 깨닫지 못하는 경우가 대부분인 것이다. 그러나 변화의 시대와 혼돈의 시대일수록 "기본으로 돌아가자."라는 말에는 바로 고전에 해결책이 있다는 뜻이 담겨 있다. 스스로에게 다음과 같은 질문을 던져보자.

- 파욜의 열네 가지 관리원칙이 조정과 협력을 바탕으로 한 것이라는 사실을 알고 있는가?
- 바너드가 이미 1930년대에 시스템적 관점을 확립했다는 것을 알고 있는가?
- 고객 중심의, 진정한 의미의 현대 경영학이 피터 드러커에 의해 시작되

었다는 것을 알고 있는가?

- "경영학의 고전이론은 죽지 않는다."라는 허버트 사이먼의 말을 알고 있는가?
- 경영학자보다 컨설턴트에 의해 경영의 글로벌화가 진행되어왔다는 사실을 알고 있는가?
- 마이클 포터의 경쟁 전략이 하버드학파의 산업조직론에서 나왔다는 것을 알고 있는가?
- 하멜과 프라할라드가 "익숙한 것과 이별하라."라고 한 이유를 알고 있는가?
- 콜린스와 포라스가 "시간을 알려주기보다 시계를 만들도록 해야 한다."라고 주장한 이유를 알고 있는가?

물론 아는 것과 실천하는 것은 다르지만 "역사를 움직이는 것은 다름 아닌 바로 아이디어다."라는 필립 코틀러의 말처럼 어려움에 직면한 경영자일수록 고전에서 더 많은 새로운 아이디어와 지혜를 얻을 수 있을 것이다.

교양이란 '학문, 지식, 사회생활을 바탕으로 이뤄지는 품위 또는 문화에 대한 폭넓은 지식'을 의미한다. 자본주의나 사회주의라는 이념에 관계없이, 그리고 일정한 시스템을 대상으로 하는 학문의 폭과 내용에 관계없이 조직사회에는 경영활동이 요구된다. 이처럼 인간에 대한 이해, 집단과 조직 및 사회에 대한 이해, 그리고 나아가서는 우리를 둘러싸고 있는 환경에 대한 이해를 위해서 경영은 가장 근본적인 교양의 영역으로 정립되어가고 있다. '국민의, 국민에 의한, 국민을 위한' 민주 국가를 내세운 링컨 대통령의 말에 비유하자면 경영이란 '조직의of the people, 구성원에 의한by the people, 고객을 위한for the people' 것이라고 재해석할 수 있을 것이다.

자본주의의 발달과 사회주의의 몰락은 사유재산을 인정하고, 자유경쟁을 바탕으로 영리를 추구한다는 자본주의 정신이 인간의 성취지향적 성향을 대변한다는 사실을 의미하는 것으로 해석될 수도 있지만 그렇다고 인본사상이나 기업의 사회적 책임, 그리고 평등의식이 간과되는 사회가 바람직하다고 할 수는 없을 것이다. '관료제는 조직 경영을 위한 필요악이다'라는 현대적 해석에서 보듯이 경영의 고전에서 제시된 논지와 원리는 제거의 대상이나 무조건적인 비난의 대상이 아니라 새롭게 되새길 만한 지혜의 원천으로 간주되어야 할 것이다.

3. 경영의 고전을 필독해야 하는 이유

20세기의 산물인 경영학과 21세기에도 역시 산업사회의 주역을 담당하고 있는 경영자의 역할은 갈수록 그 중요성이 커지고 있다. 인류가 존재하는 한, 사람과 조직을 경영하고 다루는 일은 피할 수 없는 과제이기 때문이다. 경영의 뿌리를 찾고, 시대를 달리하면서 뻗어온 가지를 살펴봄으로써, 영근 과실을 탐구하기 위한 이 책은 비록 서양에서 나온 30권의 경영 고전만을 다루고 있지만 엄청난 지식과 지혜가 담겨 있다. 사실 위대한 경영학자들의 철학과 경험이 담긴 책을 간략하게 요약하고 정리하는 것은 쉬운 일이 아니었다. 하지만 이 책은 결코 경영학 고전들의 짬뽕이나 뷔페가 아니라 각각의 장에 저자 특유의 시대를 초월한 뛰어난 요리 비결을 담고 있는 경영 고전들의 결정체라 할 수 있다.

이 책이 다루고 있는 책들의 저자는 경영의 대가들에서부터 학문적 또는 실무적 배경이 비경영 분야, 즉 공학, 경제학, 심리학, 환경론자 및 미래학자들까지 매우 다양하며, 이 책의 독자층 역시 다양한 분야에서 다양한 업무를 하고 있을 것이다. 그만큼 이 책은 현재 다양한 일들을 하고 있는 사람들이 여러모로 도움을 받을 수 있었으면 하는 바람에서 씌어졌다. 또한 경영의 고전을 통해 경영의 미래를 밝히는 것은 원저자와 이 책의 필자, 그리고 독자 모두의 바람일 것이다.

테일러와 파욜에서 출발한 경영의 고전 1910년대~1960년대

19세기 말까지는 경영과 경제의 구분이 명확하지 않았으며, 단지 회계와 제조 및 판매를 중심으로 한 상학commerce 교육과 연구가 부분적으로 이뤄졌을 뿐이다. 이러한 19세기 말의 제반 노력은 작업현장에서의 인간에 대한 이해, 그리고 나아가서는 시장에 대한 이해를 위한 과학적 관리와 고객 중심의 사상을 태동시키는 원천이 되었다. 특히 드러커의 《경영의 실제》(1954)는 현대적 경영관리 사상의 출발점으로 평가받게 되면서 목표관리의 확산은 물론 전통적 관료주의의 병폐를 재인식시켜주는 계기가 되기도 했다. 독자들도 미국의 임금제도가 아직도 1백 년 전 테일러의 차별성과급제에 기반을 두고 있다는 점과 최근 들어 강조되고 있는 고객 만족과 고객 중시 사상은 1960년대에 이미 코틀러가 주장했다는 사실을 이 책을 통해 명확히 알 수 있을 것이다.

경영전략의 개념을 주장한 경영의 고전 1970년대~1980년대

1970년대부터는 오일쇼크와 외환 위기 등 기업 경영의 외부 환경의 변화가 급격하게 이루어지면서 경영에 전략 개념과 선택, 그리고 자원 의존 개념이 강하게 도입되었다. 이처럼 경영전략, 전략 경영, 경쟁전략, 경쟁우위 등 유형 및 무형의 자산을 활용해 환경 변화에 보다 잘 적응하는 조직만이 경쟁우위에 설 수 있다는 적자생존의 경영철학과 조직문화가 강조되면서 기업조직의 내부 효율성보다 외부 효과성에 대한 저서가 주를 이뤘다. 조직의 구조와 전략, 그리고 기업 환경과 사회적 책임에 대한 이 시기의 경영 고전에는 각각의 책마다 독립된 사상이 깃들어 있지만 이를 종합적으로 살펴보면 상호단절보다는 오히려 상호보완적이라는 점을 알 수 있게 될 것이다.

경영 지배의 시대를 연 경영의 고전 1990년대~2000년대

내부 환경과 외부 환경을 구분하고, 지식에 대한 이해와 변화에 대한 적응을 더욱 강조하고 있는 최근의 경영 서적에서는 경영혁신의 확산과 인적자원에 대한 재인식을 강조하고 있다. 이 책의 후반부를 통해서는 소위 경영으로부터 자유로운 조직이란 존재할 수 없다는 '경영이 지배하는 시대'를 독자들도 공감할 수 있게 될 것이다. 이처럼 이 책에서는 경영의 고전을 다루고 있지만 기업뿐만 아니라 모든 조직의 구성원들이 교양으로 알고 있어야 할 내용이 담겨 있다.

삼국지를 세 번 이상 읽은 사람과는 논쟁을 하지 말라는 격언이 있듯이, 《경영의 교양을 읽는다》를 세 번 이상 읽은 사람과는 함부로 경영을 논하지 말라는 말이 나올 만큼 이 책이 널리 읽혀지기를 바란다.

박기찬

contents

2

경영의 전략을 발견하다_1970~1980년대

contents

경영의 르네상스가 시작되다_1990~2000년대

3

I

1910년대~1960년대

he Principle of Scientific Management, Taylor, 1911 General and I
938 The Theory of Social and Economic Organization, Weber, 1947
rucker, 1954 Administrative Behavior, Simon, 1956 The Bureaucrati
Management, Kotler, 1967

경영의 시대를 열다

trial Management, Fayol, 1925 The Functions of the Executive, Barnard
ivation and Personality, Maslow, 1954 The Practice of Management
henomenon, Crozier, 1964 Corporate Strategy, Ansoff, 1965 Marketing

경영의 태동과 이론적 기반을 마련해준 3대 인물을 들라면 거기에는 단연코 프레더릭 테일러F.W. Taylor : 1856~1915, 막스 베버M. Weber : 1864~1920, 그리고 앙리 파욜Henri Fayol : 1841~1925이 포함될 것이다. 경영학의 아버지라 일컬어지는 테일러는 하버드대학을 중퇴하고 철강회사의 엔지니어로 일하면서 현장 중심의 과학적 관리법을 제창했으며, 베버는 법학과 경제학을 전공한 전형적인 학자로 이상적인 조직으로서 공식적 권한에 기반을 둔 관료제 조직을 표방했다. 파욜은 공학도로서 최고경영자의 자리에 오른 다재다능한 인물로 관리자를 대상으로 한 열네 가지 경영관리의 원칙을 제시했다. 19세기 중반에 태어난 이들 세 사람의 출생 연대는 다소 차이가 있지만 우리 곁을 떠난 연도는 각 5년의 차이가 있다.

하버드대학을 중퇴한 후 현장에 바로 진출한 테일러는 1881년 만 25세의 나이에 이미 미드베일 철강회사에서 〈시간 연구*time study*〉라는 논문을 발표하면서 과학적 관리법의 기초를 닦았지만 1911년 만 55세에 그의 역작 《과학적 관리법》이 세상에 출간되었으므로 우리는 이때를 경영의 시대가 열린 해로 보고 있다. 한편 베버의 수많은 논문은 그의 사후 부인과 제자들에 의해 1921년부터 유고작으로 출간되는데 1940년대까지 영어로 번역되어 전 세계로 전파되었다. 또한 책자 출간 이전인 1908년 논문으로 발표된 파욜의 14대 관리원칙은 국내외적으로 빛을 보지 못하다가 한 세대가 지난 1940년대에 미국에서 관리 과정 및 의사결정학파 학자(무니, 레일리, 어윅, 바너드 등)들에 의해 재조명되었다. 이처럼 경영학의 태동과 초기 50년간의 발전 과정은 시대적으로 순서가 뒤바뀐 경우도 있지만 중요한 점은 이들 내용이 상호보완적으로 하나씩 도출되었다는 데 있다.

미국 중심의 경영학을 도입한 우리나라의 수많은 경영학 저서에서는 이러한 대가들의 논지가 탄생되고 확산된 배경과 연대에 대한 고려 없이, 결정론적인 관점에서 기계적 인간관을 제시한 테일러, 이를 비판하고 사회적 인간관을 제시한 인간관계학파의 메이오, 앞의 양자를 종합해 조직적 인간관을 제시한 의사결정의 대가 사이먼 등과 같이 헤겔의 변증법적 논리에 의해서 그 유형만을 구분해 설명하고 있다. 그러므로 경영의 초기 고전에 대한 충분한 이해 없이 미국의 경영학사에만 치중해온 기존의 논지들을 다소나마 새로운 관점으로 조명하는 것이 이 책 제1부의 취지다.

영국의 산업혁명 이후 꾸준히 지속되어온 생산성 향상에 대한 관심과 연구는 19세기 말 생산 현장의 능률 향상에 대한 연구와 사무실의 관리원칙 정립에 대한 연구로 발전했는데 이것이 20세기 초에 다시 미국에서는 테일러의 과학적 관리법으로, 그리고 프랑스에서는 파욜의 관리원칙으로 정립되었으며, 여기에 베버의 관료제라는 이상형 조직이론이 결합되어 1950년대까지 'One Best Way', 즉 능률 향상을 위한 최선의 해결방안을 마련하는 데 치중하게 되었던 것이다.

이에 비해 1954년에 출간된 피터 드러커의 《경영의 실제》는 경영자의 역할을 강조한 예언적 실무서로서 '경영이 바로 현 시대 최고의 예술이자 과학'이라는 점을 피력해 앞의 3대 거장이 기반을 닦은 고전적 경영관리 사상에서 탈피해, 현대적 경영관리 사상을 일깨워주는 새로운 방향서가 되었다. 한편, 일찌감치 1930년대에 경영자의 기능에 대한 본인의 경험을 정리한 바너드의 논지를 이어받은 허버트 사이먼은 'One Best Way'를 탈피한 '제한된 합리성Bounded Rationality'을 제시했으며, 프랑스 사회학자로서 미국의 행동과학 발전에 영향을 미친 미셸 크로지에는 인간 행위의 제약이 합리성뿐만 아니라 관료제적 합법성의 한계에 의해서도 나타난다는 점을 대규모 공공조직의 사례를 통해 '관료제적 현상'이라는 용어로 정리했다. 1960년대에는 이처럼 환경의 제약과 환경에의 적응 문제가 중시되기 시작하면서 기업전략의 중요성과 고객 중심의 마케팅활동이 부각되어 앤소프와 코틀러 등 1970년대 이후 경영전략의 발전에 영향을 미친 학자들의 연구물이 나오기 시작했다.

그러므로 이 책의 제1부 경영의 시대를 연 초기 60년 동안에서도 테일러(고전 경영)와 드러커(현대 경영), 그리고 앤소프(전략 경영)는 다시 경영의 새로운 문을 열어준 사람으로 구분될 수 있다.

1 과학을 바탕으로 한 과업의 관리

The Principles of Scientific Management
Frederick W. Taylor

keyword
과업관리
태업방지
차별성과급
능률의 논리
노사 공존공영

카테고리 관련성	
경영전략, 경영혁신	
생산관리	★★
변화관리	
조직관리, 인사관리	★★★
마케팅	
리더십	
동기부여, 인간관계	★
기업성공	

핵심 아이디어 《과학적 관리법*The Principles of Scientific Management*》은 프레더릭 테일러가 스스로 결론 내린 바와 같이 결코 완전히 새로운 사실을 담은 책이 아니다. 그보다는 이미 존재하고 있었으나 사용되지 않았던 요소들을 분석하고 분류해, 새로운 법칙과 규칙을 만들어가면서 정립한 체계적인 과업관리의 과학을 담은 책이다. 과업관리의 과학을 실현하기 위해서는 관리자와 노동자들의 역할 분담과 협력이 요구되며, 이를 통해 과학적 관리법의 지속적 발전이 가능하게 된다.

테일러의 과학적 관리법은 하루의 공정한 작업량을 과학적으로 정하고, 태업soldiering을 방지함으로써 고능률과 고임금을 동시에 보장하자는 것을 주된 내용으로 하고 있다.

테일러는 과학적 관리법의 기본 요소를 다음의 다섯 가지로 정리하면서 유능한 한 사람의 지도자에 의한 관리보다 종업원들 개개인이 독창성과 창의성을 발휘하면서 상호 협력하도록 해야 함을 강조했다.

1. 주먹구구식이 아닌 과학적 방법
2. 불화가 아닌 화합
3. 개인주의가 아닌 상호 협력
4. 제한된 생산 대신 최대의 생산
5. 개별 종업원의 최대 능률과 번영 등

테일러는 과학적 관리법의 핵심을 과업관리와 차별성과급에 두고 그것이 세상 사람들이 비판하는 대상인 기계적 인간관과는 다름을 제시했다. 그리고 종업원의 창의력을 무시하는 방법이 아니라 오히려 교육과 지식 공유를 통해 보다 인간적으로 창의성의 발휘를 촉진시켜주

▶ 과학적 관리법의 주요관점

과학적 관리법	주요관점
과학적 관리법의 정의	노동자와 사용자 간 협력을 통하여 이익을 공정하게 분배하는 과학
과학적 관리법의 목적	노사 간의 최대 번영과 함께 종업원의 최대 번영을 창출
과학적 관리법을 집필하게 된 근본 취지	1. 비능률적 행동이 초래하는 국가적 차원의 손실을 규명 2. 과학적 관리만이 비능률을 제거할 수 있다는 점을 인식 3. 최선의 관리는 명확한 법칙과 원리에 바탕을 둔 과학이라는 점을 증명
과학적 관리법의 기법	1. 과업관리 2. 하루의 공정한 작업량 3. 차별 성과급제
과학적 관리법의 대상	과학적 관리법은 1911년 미국기계공학회ASME에 제출한 것을 1913년 출판한 것으로, 관리자는 물론 모든 종업원들에게 적용할 수 있는 사례를 제시하였으며, 회사뿐만 아니라 가정관리, 농장관리, 도소매업 및 교회나 대학, 그리고 정부에도 적용 가능하다는 점을 강조
과학적 관리법의 내용	현장 경험을 사례로 정리하여 과학적 관리법의 제반 원칙을 도출

는 수단임을 부각시키고자 했다. 특히 과학적 관리법은 점진적으로 도입하는 것이 바람직하며, 과학적 관리법에 의해 높아진 생산성이 가져다준 이익은 내부 종업원뿐만 아니라 외부 소비자에게까지 공평하게 분배되도록 해야 한다는 그의 논지는 오늘날에도 변함없이 중요한 의미를 갖고 있다.

시놉시스

테일러가 《과학적 관리법》을 집필하면서 가장 중요하게 생각한 것은 "눈에 보이는 물적자원보다 눈에 보이지 않는 인간의 노력이 더 크게 낭비되고 있다."라는 점이다. 즉, 인재를 지속적으로 양성하고 관리하는 것이 무엇

포드 시스템

1911~1920년대는 테일러의 과학적 관리를 기초로 한 20세기 대량생산체제가 정착된 시기라 할 수 있다. 그리고 테일러리즘이 포드의 자동차 공장과 같은 대규모 자동화 설비에 접목된 소위 '포드 시스템'이 절정을 이룬 시기다. 당시 포드는 한 사람이 하던 모터 조립을 84개 작업으로 나누고 컨베이어를 도입함으로써 조립 시간을 10분의 1로 줄이고, 1천 달러가 넘던 자동차 가격을 3백 달러로 낮추는 등 전 세계 자동차 시장을 석권해나갔다.

보다 중요하다는 것이다. 인재 양성을 통한 능률의 향상은 바로 시스템, 즉 제도 확립에 의해 가능해질 수 있으며, 과학적 관리법은 비능률 제거를 위한 대안으로 제시되었다. 전체 2개의 장으로 구성된 이 책의 내용은 다음과 같다.

제1장에서는 과학적 관리법의 기초에 대해 언급하고 있다. 테일러는 생산성과 능률 향상을 저해하는 주범으로 다양한 형태의 태업을 지목하면서 태업 방지야말로 노사 간의 공존공영을 위한 열쇠이자 과학적 관리법이 반드시 해결해야 할 문제라고 주장한다.

제2장에서는 과학적 관리를 위한 4대 원칙을 제시하면서 당시에 통용되었던 일반적 관리방식과의 차이점을 설명하고 있다. 즉, 그는 선배나 상사들로부터 물려받은 지식과 업무방식으로 개개인이 자발적으로 높은 성과를 올릴 것을 기대하고 그에 상응하는 부가적인 보상을 해주는 일반적 관리법은 너무나 체계적이지 못한 방법으로 생산 현장에 적용하기 힘들다는 점을 지적하고 있다. 또한 인센티브를 부여하는 것만으로는 종업원들의 적극적인 헌신을 이끌어내는 데 한계가 있다는 점을 강조한다.

제2장의 대부분은 테일러가 현장에서 직접 실시한 연구 사례를 소개하는 데 할애하고 있다.

첫째, 선철 운반 사례를 소개하고 있는데 그 내용은 하루에 1인당 평균 12.5톤을 운반하는 대가로 1.15달러를 받았던 사람들이 과학적으로 고안된 작업방식으로 일하게 됨으로써 하루에 1인당 평균 47톤을 운반하고 1.85달러를 받을 수 있게 되었다는 것이다. 또한 종업원 스스로 작업량을 결정하고 정해진 임금을 받는 공장에서의 작업의 피로도와 소요 에너지를 과학적으로 분석한 결과, 선철 운반시 그 무게와 옮기는 동작을 조화롭게 구성하면 종업원의 피로도는 상당히 낮아지며,

성과는 기대 이상으로 올라갈 수 있다는 점을 수치로 증명해 보이고 있다.

둘째, 삽질 작업의 사례를 소개하면서 삽의 무게와 사용 방식, 그리고 작업 계획에 따라 단순한 노동활동도 과학적 관리법을 도입하면 훨씬 더 효율적으로 이뤄질 수 있음을 증명해 보이고 있다. 즉, 선철이나 입탄粒炭을 담은 삽의 무게가 21파운드가 될 때 가장 능률적이라는 사실과 옮기는 내용물에 따라 다른 모양의 삽을 사용하는 것이 보다 능률적이며, 집단적으로 획일화된 작업방식보다는 개별적으로 방식을 달리할 경우 능률이 크게 향상된다는 점을 보여주고 있다.

셋째, 테일러의 과학적 관리법을 신봉해 벽돌공의 벽돌 쌓는 방법을 연구한 프랭크 길브레스의 과학적 동작 연구motion study의 사례를 소개하고 있다. 여기서 테일러는 불필요한 동작을 없애고 표준화시킴으로써 벽돌 쌓기에도 과학이 있음을 증명하고 있다.

넷째, 자전거 베어링 검사 작업에 대한 노동 시간 단축 사례를 소개하고 있는데 하루 10시간 반이나 일하는 여공들의 작업 시간을 8시간 반으로 줄이자 산출량은 오히려 늘어났다는 결과를 보여주고 있다. 물론 테일러는 작업 시간의 단축에도 불구하고 과거와 동일한 임금을 지불하도록 했다. 즉, 작업 시간과 휴식 시간을 명확히 구분하는 과업관리를 통해 생산성과 종업원의 만족도를 동시에 높이는 과학적 관리법의 효과를 다시 한번 증명해 보인 것이다.

마지막 사례는 금속 절삭 작업에 대한 것으로 절삭해야 할 금속의 특성과 종류에 따라 절삭기의 크기와 각도를 결정하는 척도를 마련함으로써 복잡한 기술이 요구되는 과업에도 과학적 관리법이 적용될 수 있음을 증명해 보이고 있다. 테일러는 이러한 사례들을 통해 새로운 방법 그 자체보다 연구와 교육 및 훈련, 그리고 전문가 양성이라는 과학적 관리의 기본 원리가 중요하다는 점을 강조한다.

책을 마감하면서 테일러는 과학적 관리법을 성공적으로 도입하기 위한 방안과 함께 제반 효과에 대해 구체적으로 설명하고 있다. 우선 새로운 연구 결과는 조속히 실천되어야 하며, 시간 및 동작에 관한 연구나 공구의 표준화 등 과학적 관리법은 구성원들의 동기유발을 위한 방법들과 함께 적용되어야 한다는 점을 강조하고 있다.

과학적 관리법을 주창해 '경영학의 아버지'로 불리는 테일러의 사상을 음미해보자

능률의 향상은 왜 중요한가

테일러는 당시 루스벨트 대통령이 "국가적 자원을 보존하는 것보다 더 중요한 것이 바로 국가적 능률을 향상시키는 것이다."라고 강조한 것처럼 "사람들로 이뤄진 조직을 잘 관리해 상호 협력 체제를 구축하면 뛰어난 지도자의 독단적 리더십에 의해 사람들을 관리하는 것보다 훨씬 높은 능률을 올릴 수 있다."라고 말한 바 있다. 이는 지도자의 리더십도 중요하지만 과학적인 관리제도가 하나의 시스템으로 정립되어야 조직의 능률 향상이 가능하다는 뜻이다. 테일러는 《과학적 관리법》을 집필한 목적을 다음과 같이 세 가지로 정리했다.

- 비능률적인 작업 방식이 초래하는 국가적 차원의 손실을 증명
- 비능률 제거는 오직 과학적 관리의 도입으로만 해결 가능하다는 사실을 알림

- '최선의 관리는 명확한 법칙과 원리에 기반을 둔 과학'에 의한 것이라는 점을 증명

테일러는 또한 《과학적 관리법》이 가정이나 농장, 도소매업체, 교회나 대학 및 정부 등 모든 사회활동 영역에 적용될 수 있음을 역설했다.

생산성
생산적인 조직이란 최저의 비용으로 투입물을 산출물로 전환시킴으로써 조직의 목적 또는 목표를 달성하는 것이다. 초기 경영학자들은 생산성과 능률을 동일시하였으나, 1970년대 이후에는 생산성을 능률과 효과성이 모두 포함된 의미로 해석하고 있다. 효율성은 이를 최저 비용으로 실현하는 수준을 말한다.

과학적 관리법은 노사 공동 번영을 목적으로 한다

과학적 관리법을 통해 능률 향상을 추구하게 된 배경에는 노사 및 종업원의 공존공영과 태업 방지, 그리고 관리자와 근로자 간의 역할을 명확히 해야 한다는 조직관리의 철학이 포함되어 있다.

>> 고임금 · 저노무비 시스템이 노사 화합을 실현한다

테일러는 일반적으로 "노사관계는 대립되는 이해관계에서 출발한다."라는 고정관념이 잘못된 것이며, 능률 향상을 통한 고임금 및 저노무비 시스템을 구축함으로써 노사 간 공존공영을 실현할 수 있다는 확신을 갖고 있었다. 즉, 과학적 관리는 "종업원의 번영이 있어야만 사용자의 번영이 보장되며, 또한 사용자의 번영을 통해 종업원의 번영이 가능하다."라는 공생의 철학을 고임금·저노무비 시스템으로 실현시킨 것이다. 이는 노동의 성과를 모두 노동자의 몫으로 여기거나 투자한 자본의 대가로 노동자의 몫 대부분을 차지하려는 사용자들이 상호 대립적인 태도를 노사 화합을 구하는 쪽으로 전환시켜야 한다는 선구적 노사관계관이라 할 수 있다. 결국 경쟁력의 원천을 생산성 향상에 둔 과학적 관리의 기본 철학은 "다른 국가나 다른 기업에 비해 최고의 생산성을 실현하는 것이 최대의 노사 번영을 보장한다."라는 것이며,

테일러는 이 책에서 실례를 통해 증명해 보이고 있다.

>> 태업 방지는 노사 공동 번영의 지름길이다

테일러는 재미로 하는 야구 경기에서는 승리를 위해 전력을 다하는 종업원들이 막상 공장에서 작업을 할 때는 비난받지 않을 정도로만 적게 일하려 한다는 사실을 발견했다. 이처럼 고의적으로 느릿느릿 일하는 태업은 결국 노동자들 자신에게 고통으로 돌아오게 된다. 당시 미국과 영국에서는 관세 인하, 대기업 및 경영권 세습 규제, 사회주의식 세제 개혁 등의 정책이 강력하게 추진되었지만 정작 번영을 촉진하고 가난과 고난을 극복할 수 있게 해주는 원동력인 태업 방지에 대해서는 아무도 관심을 갖지 않았다. 이에 테일러는 기업 내에서의 태업을 제거해 생산비 감소, 국내외 시장 확대, 그리고 실업과 빈곤에서 벗어나고자 했다. 그 결과 노동 시간은 단축되고 고임금이 보장되었으며 직장 및 가정환경도 개선되었다. 그럼에도 불구하고 대다수의 노동자들은 번영을 저해하는 태업을 계속했는데 이는 다음과 같은 세 가지 원인 때문이었다.

1. 태업의 제1원인: 개인 또는 기계의 생산량이 증가할수록 실업률도 증가한다는 고정관념
2. 태업의 제2원인: 기존의 관리방식 아래에서는 태업만이 각자의 이익을 지켜준다는 생각
3. 태업의 제3원인: 노동자의 노력을 낭비시키는 비능률적인 주먹구구식 방법의 사용 등

《과학적 관리법》은 이처럼 주먹구구식 관행 때문에 만연하고 있는

태업을 제거하면 구성원 모두에게 이익이 된다는 사실을 증명해 보이려 했다.

>> 수요량은 생산량에 비례한다

노동자들이 일반적으로 생각하는 것처럼 생산력이 커진다고 해서 실업자가 늘어나는 것은 아니다. 오히려 생산력 증대는 원가 절감을 통한 가격 인하로 이어져 더 많은 수요와 고용을 창출한다. 테일러는 구두 생산 공장의 사례를 통해 이를 증명해 보이고 있다. 즉, 구두를 기계화로 대량 생산하게 되면서 평균 5년에 한 켤레 정도 구입하던 소비자들이 1년에 두어 켤레나 구입할 수 있을 만큼 가격 인하를 함에 따라 수요가 크게 늘어난다는 것이다. "과도한 노동에 대한 동정보다는 과소한 임금에 대한 동정이 더 절실하다."라는 테일러의 논지는 결국 저임금의 원인이 태업에 있음을 강조한 것이다.

>> 잘못된 관리방식이 태업을 부추긴다

테일러는 태업에는 두 가지 형태가 있다고 보았다. 하나는 자연적 태업으로 천성적으로 안이한 성격이 그 원인이며, 다른 하나는 조직적 태업으로 인간관계를 위한 조그마한 배려가 그 원인이다. 원래 부지런한 사람이라도 혼자 너무 열심히 일하면 다른 동료들로부터 비난을 받게 되고, 그것을 피하기 위해 곧바로 하향 평준화식의 조직적 태업을 하게 된다. 조직적 태업은 게으름을 피우면서도 사용자의 눈에는 일을 하고 있는 것처럼 보이기 때문에 자연적 태업보다 문제가 더 심각하다.

노동자들은 만약 모두가 두 배로 열심히 일하면, 결국 두 배로 일을 해야만 과거와 같은 수준의 임금을 받게 될 것이라고 생각한다. 일급제 임금이 정해진 상태에서는 하루에 해야 할 작업량이 적을수록 유리하다는 노동자들의 생각은 무엇보다 고정급이라는 잘못된 관리방식 때문에 생긴 것이지만 조직적 태업은 사실상 능률급제도 아래에서 오히려 극성을 부린다. 그러므로 테일러는 하루의 공정한 작업량을 정확하게 파악하지 않으면 사용자와 노동자 간에 서로가 서로를 속이는 불신풍조가 만연하고 천성적으로 부지런한 사람들까지도 조직적 태업에 동조하게 되는 악순환이 거듭된다고 주장했다.

>> 최선의 방법은 오로지 한 가지밖에 없다

테일러는 아주 사소한 일이라 해도 주먹구구식 관행을 버리고 과학적 방법을 적용하면 노사 양자에게 큰 이득이 돌아온다는 자신의 주장을 동작 연구 및 시간 연구의 결과를 통해 증명해 보이고 있다.

직종별로 수백 가지의 작업방식이 있을 수 있지만 가장 빠르고 좋은 방법이나 수단은 결국 한 가지밖에 없다. 그러나 노동자들은 교육을 잘 받지 못했거나 지식이 부족하기 때문에 과학적 관리법을 숙지하고 있는 상급자로부터 지원과 지도를 받으면서 최선의 한 가지 작업방법을 찾아야 한다. 관리자와 노동자 간에 역할 분담이 분명하게 이뤄져야 한다는 논지는 바로 관리자에게는 과학적 관리법을 발전시키고 숙지해야 할 책임이, 그리고 노동자에게는 상사의 지도와 친절한 지원을 받아들여야 할 책임이 있다는 것이다.

테일러는 과업관리의 본질을 이와 같은 상사의 부하에 대한 지도와 부하의 상사에 대한 의존에 두고, 이를 관리자와 노동자 간에 친밀한 협력관계를 구축시키는 과학적 관리방식으로 보았다.

>> 과학적 관리법이 필요한 이유

19세기 후반에 기업들이 일반적 관리법을 과학적 관리법으로 바꾸는 데는 약 30년이라는 시간이 걸렸다. 과학적 관리법을 적용한 기업에서 생산성이 배가되고 임금 역시 30퍼센트에서 2백 퍼센트 증가하게 된 이유 역시 과학적 관리 덕분에 적대적 노사관계가 협력적 노사관계로 정착되었기 때문이다. 그러나 현장에 적용될 경우에는 과학적 관리의 배경 원리나 철학은 무시한 채 구체적 수단만 적용하는 폐단이 생기기도 했다. 테일러는 "능률 향상을 위한 만병통치약이란 없다."라는 점을 강조하면서 한 사람 또는 하나의 시스템이 주도하는 방식보다는 여러 사람이 참여하고 다양한 과학적 관리방법이 적용되어야 한다고 강조하고 있다. 그리고 아무리 좋은 방법도 사용하기에 알맞은 시기가 있으므로 때로는 노사 모두가 인내하며 때를 기다리는 것도 중요하다는 점을 피력하고 있다.

과학적 관리를 위한 네 가지 임무

테일러의 과학적 관리법은 다음과 같은 세 가지 의문을 풀기 위한 노력에서 시작되었다.

1. 과학적 관리법의 원리와 전통적 관리법의 근본적인 차이점은 무엇인가?
2. 다른 방식보다 과학적 관리법을 적용하면 더 좋은 결과를 얻을 수 있는 이유는 무엇인가?
3. 적당한 인물을 채용해 모든 관리활동을 맡기는 것이 가장 중요한 일은 아닌가?

이러한 의문 사항은 과학적 관리가 일반적 관리보다 우수하다는 점을 증명해 보이기 위한 기본 가정에 해당하는 것으로, 과거 비과학적

역할

조직구성원 또는 조직 단위에 부여되는 역할은 권한과 책임으로 구성된다. 역할 분담의 제1원칙은 "권한에는 책임이 따른다."라는 것이며, 제2원칙은 "권한은 부하에게 위임하여도 책임은 상사에게 남게 된다."라는 것이다.

관리법이 강조하는 '솔선과 격려'라는 방식이 구전으로 전해오는 방식을 통해 노동자 스스로 열심히 일하도록 내버려둠으로써, 결국은 임금 수준은 그대로인데 일만 더 하도록 한다는 문제점을 비판하고 있다. 물론 이를 극복하기 위해 임금 인상 또는 상여금으로 솔선해 일하도록 유도하지만 인센티브에 의한 솔선수범에는 분명 한계가 있음을 밝히고 있다.

>> 과학적 관리의 4대 원리

주먹구구식 관리법을 탈피하고, 계량적으로 증명 가능한 과업관리의 과학을 발전시키기 위해서는 먼저 다음과 같은 네 가지 새로운 임무를 수행해야 한다.

1. 개별 과업에 대한 과학의 발전
2. 과학적인 인재의 선발 및 육성
3. 과학적 원리에 대한 상호 공감
4. 관리자와 노동자 간의 역할 분담

>> 관리자와 노동자 간의 역할 분담과 과업관리

솔선과 격려에 의한 관리법은 모든 계획활동과 기계의 사용에 대한 부분까지 노동자 스스로 수행하고 책임지는 것을 그 전제로 한다. 그러나 과학적 관리법은 육체적 근로자인 노동자와 정신적 근로자인 관리자의 역할을 구분하고, 계획을 하는 데 적합한 관리자와 실천을 하는 데 적합한 노동자를 구분함으로써 관리자의 역할을 매우 중시한다. 또한 과학적 관리법은 관리자가 일을 시킬 경우에는 결코 노동자의 건강을 해칠 정도의 속도로 일을 하도록 해서는 안 된다는 과업의 개념을 강조한다. 과학적 관리법은 관리자들이 바로 이러한 적정 과업량과 과업을 하기 위한 방법을 수립하고, 노동자들은 이를 실천하도록 해야 한다는 것을 분명히 하고 있다.

모든 작업에는 '과학'이 요구된다

테일러는 우선 선철 운반과 공장에서의 단순노동 사례를 통해 업무 수행을 효율적으로 할 수 있는 과학적 방법, 즉 과학의 논리가 있다는 점을 증명해 보이고 있다.

>> 선철 운반의 경우 : 과학적인 작업량 설정과 개별 노동자 설득

싸구려 선철 운반 작업은 사실 힘만 들지 큰 수익은 기대하기 어렵다. 테일러는 건장한 청년을 골라 그들의 하루 선철 운반량을 조사했는데 당시 하루 평균 작업량인 12.5톤의 거의 4배에 해당하는 47톤에서 48톤이나 되었다. 즉, 선철 운반 작업을 하는 사람들은 실제로는 개당 무게가 평균 43킬로그램 정도인 선철 덩어리를 두 팔로 하루에 1천여 개 옮길 수 있음에도 불구하고 그동안 하루 평균 3백 개 정도만 옮기고 있었던 것이다.

테일러는 우선 슈미트라는 노동자를 설득해서 작업 중 쉬는 시간을 적당히 집어넣어 무리없이 하루 47.5톤의 선철을 운반하게 했다. 그와 동시에 그에 대한 대가로 기존의 하루 1.15달러보다 무려 60퍼센트나 많은 액수인 1.85달러를 지불해 소위 '윈윈 게임'이라는 것을 보여줬다. 이처럼 노동자 스스로는 결코 사용하려 하지 않는, 그리고 생각하지도 못한 방법으로 과학적 관리법은 엄청난 성과를 거둘 수 있게 만들어준 것이다.

길브레스Frank B. Gilbreth

1868~1924, 미국의 공장관리 기사로 과학적 관리법의 기초가 되는 동작연구 'motion study'를 통하여 '작업수행의 유일·최선의 방법'을 강조하였다. 그의 이름을 거꾸로 써서 부른 서블리그therblig는 인간의 동작 요소를 구분하여 능률 향상을 추구하는 방식이다. 저서로는 그의 부인과 함께 쓴 《피로연구》(1919)와 《시간연구》(1920) 등이 있다.

>> 기계 공장의 경우 : 노동자 집단 설득과 공정한 하루의 작업량 설정

테일러가 오랫동안 몸담고 있었던 미드베일 철강회사도 능률급제도를 적용하고 있었지만 작업 속도와 작업량은 전적으로 노동자들이 결정하고 있었다. 특히 고참사원들은 신참사원이 들어오면 절대로 기존의 작업량보다 더 많이 일하지 않도록 주의를 줬다. 집단 따돌림을 당하지 않기 위해서는 결국 적정 작업량의 3분의 1정도만 일해야 했던 것이다. 심지어는 고의로 기계를 고장 내서라도 작업량이 늘어나지 못하도록 했다. 테일러는 하루의 공정한 작업량을 정하기 위해 개인별로 천차만별인 피로도, 작업량 및 작업 속도를 3차에 걸쳐 분석했는데 그 결과 피로도와 작업량 간에는 아무런 관계가 없으며, 작업 시간과 휴식 시간의 적절한 배분에 의해서 하루의 1인당 전체 작업량이 대부분 비슷하게 나올 수 있다는 점을 확인했다.

테일러는 이들 사례를 통해 과업별로 적임자를 잘 선별해야 한다는 점과 하루의 공정한 작업량을 측정해 그만큼의 작업을 하도록 하는 것이 인재관리 원칙임을 밝혔다. 즉, 누구나 43킬로그램이나 되는 선철 덩어리를 하루에 1천여 개나 운반할 수는 없으므로 이를 달성할 수 있는 사람을 선발하는 것이 중요하며, 다른 사람은 각각 그 사람에게 적합한 과업을 맡겨야 한다는 인사관리의 원칙을 제시한 것이다.

>> 삽질의 경우 : 개인별 역량 차이를 인정한 과학적 관리

테일러는 선철 운반 이외에 단순 삽질에도 과학이 적용되면 훨씬 더 큰 성과를 거둘 수 있다는 점을 확인했다. 이 경우에는 건장한 사람이 한 삽의 무게가 어느 정도일 때 가장 효율적으로 일할 수 있는지를 분석했다. 무게가 다른 여러 종류의 삽을 실험해본 결과, 21파운드일 때 가장 효율적으로 일할 수 있으며, 삽질의 속도와 경사각 등이 작업

▶ 단순작업에 적용된 과학적 관리의 성과의 예

구분	과거의 작업방법	새로운 작업방법
작업장의 노동자 수	400명 ~ 600명	140명
1인당 하루 평균 작업량	16톤	59톤
1인당 하루 평균 임금액	1.15달러	1.88달러
1톤(2,240파운드)의 평균 작업 비용	0.072달러	0.032달러

능률에 큰 영향을 미친다는 사실을 발견했다. 특히 표준 작업량을 종업원 모두에게 일률적으로 적용시키기보다 개인차를 고려한 차별성과급제를 실시함으로써 3년 만에 다음과 같이 새로운 제도가 과거의 제도보다 훨씬 더 효율적임을 증명해 보였다. 실제로 테일러의 삽질에 대한 과학을 베들레헴 철강회사에 적용한 결과 당시 돈으로 연 8만 달러나 절약할 수 있었다.

>> 벽돌 쌓기의 경우 : 길브레스의 동작 연구에 대한 소개

테일러의 과학적 관리법을 신봉한 길브레스는 벽돌 운반을 위한 동작을 18번에서 5번으로 줄일 수 있는 방법을 제시했는데 그것은 작업대에 벽돌을 가지런히 쌓아둠으로써 필요한 곳에 벽돌을 옮기는 작업을 단순화시키는 것이었다. 즉, 작업하기 편리한 위치에 벽돌을 내려놓는 판을 마련하는 등 간단한 도구를 고안해 수천 년간 해온 불필요한 동작을 없앰으로써, 1인당 한 시간에 쌓을 수 있는 벽돌의 개수가 120개에서 350개로 늘어난 것이다. 그러므로 벽돌 쌓기 작업에 있어서도 이처럼 작업의 표준화와 노동자들이 협력적으로 작업하도록 관리하는 감독자의 역할이 중시된다.

테일러는 '동작 연구'라 불리는 길브레스의 과학적 관리법이 다음과 같은 네 가지 요소를 그 바탕으로 하고 있다고 분석했다.

1. 관리자가 개발한 벽돌 쌓기의 과학을 하나의 규칙으로 만들어 모든 도구와 작업 조건을 표준화한다.
2. 엄선된 벽돌공을 전문가로 훈련시켜 관리자의 지시에 따르도록 한다.
3. 관리자의 지시에 충실한 사람에게는 성과급을 지불한다.
4. 관리자와 벽돌공이 함께 작업하면서 책임을 똑같이 나눈다.

>> 베어링 검사 작업의 경우 : 간트와 톰슨의 시간 연구에 대한 소개

당시 매년 생산량이 수백만 개에 달했던 자전거용 볼베어링은 하루에 10시간 반 일하는 여공들에 의해 제조되었다. 간트의 지도하에 톰슨이 진행한 시간 연구의 결과 하루 10시간 반의 작업 시간을 10시간, 9시간 반, 9시간, 그리고 8시간 반으로 단축하면서 동일한 임금을 지불하면 산출량은 오히려 증가한다는 사실이 증명되었다. 즉, 일하는 시간과 쉬는 시간을 분명히 하고, 볼베어링의 잘못된 곳을 발견해 반응하는 데 걸리는 시간에 따라 개인계수를 측정해 개인계수가 낮은 여공, 즉 신속히 반응하는 여공을 볼베어링 작업에 투입한 결과 이러한 결론을 내릴 수 있었다.

길브레스의 동작 연구 및 간트와 톰슨의 시간 연구를 바탕으로 테일러는 과학적 관리법의 근간이 되는 과업관리 방법을 제시했는데 이는 불필요한 동작을 제거하고 작업 시간과 휴식 시간의 적당한 배분을 통해 여종업원은 높은 임금을, 그리고 사용자는 좋은 품질의 많은 생산량을 낮은 비용으로 얻을 수 있도록 해줬다. 과업관리를 적용한 결과 임금이 평균 80퍼센트 내지 1백 퍼센트 인상되었고 하루 노동 시간의 20퍼센트 단축 및 4회의 휴식, 관리자의 확실한 지원, 매월 이틀간의 연휴 등이 주어짐으로써, 종래 120명을 필요로 했던 작업이 35명만으로도 충분할 만큼 능률이 향상되었다.

>> 금속 절삭 작업의 경우 : 구성원의 정신적 태도 변화가 더욱 중요한 과학적 관리

단순 작업의 경우뿐만 아니라 고난도의 작업을 수행하는 숙련공의 경우에도 상급자가 제시하는 과학적 작업방식을 받아들일 경우 훨씬 높은 성과를 거두게 된다.

이 점을 증명해 보이기 위해 테일러는 금속 절삭 숙련공들이 일하는 기계 공장의 사례를 들고 있다. 즉, 정밀 절삭기의 성능을 측정하는 네 가지의 계산자를 새롭게 고안하고 이를 통해 절삭 선반 작업을 수행하게 함으로써 작업 속도가 적게는 2.5배, 많게는 9배나 빨라진다는 사실을 증명해 보였다. 또한 그 과정에서 뛰어난 기술자나 숙련공일수록 협력을 구하기가 힘들고 자신들이 사용해온 방법보다 우수한 과학적 관리법이 있다는 점을 인정하지 않으려는 태도가 큰 장애 요인으로 작용한다는 사실도 깨달았다.

미드베일 철강회사에서 이뤄진 이 연구는 선반 기계의 절삭 속도와 절삭된 금속의 송출방법에 대한 것으로 강철에 비해 연철은 1백 배나 빠른 속도로 절삭할 수 있다는 점, 탄소강의 공구에 비해 강철강의 공구는 7배 더 높은 강도를 갖고 있다는 점, 금속의 두께별 절삭 시간, 공구 날의 날카로운 정도에 따른 절삭 속도 등 열두 가지의 특성 분석을 통해 금속 절삭의 효율을 최대화할 수 있는 계산자를 고안해낸 것이다. 이처럼 숙련공들이 나름대로 생각해낸 주먹구구식 방식과 비교할 때 테일러의 새로운 계산자에 의한 과학적 관리법은 아무리 복잡한 작업이라 할지라도 과학적 관리가 적용되면 능률이 훨씬 높아진다는 점을 증명했다.

테일러는 이들 사례 연구를 통해 종래의 '솔선 및 격려' 방식에 비해 과학적 관리법이 우수하다는 사실 이상으로 과학적 관리법의 근본

철학이 중요하다는 점을 강조했다. 우선 종업원의 개인적 판단보다는 과학적 방법을 채택한 것 둘째, 종업원의 자율적 작업보다는 연구와 교육훈련 그리고 실험을 거친 결과를 종업원에게 적용하는 관리자의 역할을 분명히 한 것 셋째, 관리자와 종업원이 협력해 과학적 관리법을 적용한 것, 그리고 공동으로 결과에 대한 책임을 지도록 한 것 등 과학적 관리법의 근본 철학이 더 좋은 성과를 거둘 수 있도록 했다는 사실을 강조했다.

과학적 관리법의 성공적인 적용방법

결론적으로 테일러는 "관리 과학의 개발에는 투자할 만한 가치가 있다."라는 말로 과학적 관리법의 중요성을 역설했다.

>> 과학적 관리법은 과업관리와 차별성과급을 그 바탕으로 한다

과학적 관리법은 과업관리와 차별성과급제도를 그 바탕으로 하고 있다. 테일러는 이를 위해 생산기획부의 설치, 정확한 시간 연구, 작업방법 및 도구의 표준화, 공정 계획 시스템, 직능별 관리감독자와 교사에 대한 훈련, 그리고 작업지시서 및 계산자 등이 구비되어야 한다는 점을 강조했다.

테일러는 자신의 과학적 관리법이 결코 유일한 대안이 아님을 밝히면서 개인의 능력 차이는 인정해야 한다고 주장하고 있다. 그렇지만 관리자의 과학적 관리에 대한 학습과 이해, 그리고 이를 통한 사용 도구의 표준화와 과업을 부여하는 작업지시서 등은 결국 과학적 관리를 위한 하나의 지침으로서 종업원의 동기와 사기를 관리하는 데 있어 매우 유용하다는 점 역시 환기시키고 있다.

>> 과업을 완수한 사람에게는 반드시 보상을 해준다

테일러의 과학적 관리는 주어진 과업을 성의껏 수행한 노동자는 지속적으로 임금이 인상되도록 해줘야 한다는 생각을 그 바탕으로 하고 있다. 즉, 과학적 관리법이 높은 성과의 산출과 이에 따른 높은 보상, 그리고 높은 보상이 주어진다는 확신에 의한 높은 성과의 재창출이라는 하나의 선순환을 위한 것이 되어야 한다는 점을 강조한 것이다. 이를 위해서는 각각의 작업에 따라 명확한 업무 지시를 내릴 수 있는 관리자가 있어야 하며, 관리자 또는 교사는 과학적 관리법의 도움을 받아야 한다고 했다.

>> 노동자를 꼭두각시로 만든다는 비판에 대해 반박한다

관리자에 의한 세밀한 학습과 지도를 받도록 하는 과학적 관리법은 흔히 "이러한 시설과 방법으로 우리를 마치 기계처럼 움직이는 꼭두각시로 만드는 것은 아닌가?" 하는 의구심과 "스스로 생각하고 자발적으로 일하려 하면 반드시 누군가가 간섭하거나 다른 사람이 그 일을

'모던 타임스'에서 찰리 채플린은 중절모와 헐렁한 바지 대신 노동자 복장으로 등장하며 자본주의의 생산 양식에 비판을 가했다. 이 작품은 포드주의가 최악으로 치달았을 때에 나온 비판적 작품으로, 컨베이어 시스템에 매달려 마치 기계의 부품처럼 변질되어 가는 노동자의 모습을 상징적으로 표현하며 당시의 사회상을 꼬집고 있다.

해버린다."라는 불만에 부딪히게 된다. 테일러는 이러한 비판에 대해 외과의사가 선배들이 지금까지 해온 방식만 답습해 전문의가 되기보다 과학적으로 표준화된 방법부터 배우면 훨씬 빨리 역량 있는 전문의가 될 수 있다는 사실을 들어 반박하고 있다. 즉, 과학적 관리법이라는 지식을 가르쳐주는 학교와 선생님의 존재가 중요하다는 것이다. 단지 일반 학교의 경우에는 학생이 선생님한테 가서 배우지만 과학적 관리법이 요구되는 직장에서는 선생님이 학생, 즉 종업원한테 가서 가르쳐줘야 한다는 점이 다르다고 지적했다.

결국 급속히 발전하고 있는 과학의 도움과 선생님의 지식 전수에 의해 학생(종업원)들이 상당한 지식을 갖추게 되면 보다 흥미롭고, 협력적이며 높은 임금을 받을 수 있는 일을 할 수 있다는 것이 과학적 관리법의 핵심이라는 것이다.

>> 노동자의 창의성을 저해한다는 데 대해 반박한다

과학적 관리가 연구와 학습의 결과 표준화된 방식을 적용함으로써 노동자의 창의적인 활동을 방해한다고 볼 수 있을지도 모르지만 이 방식을 적용한다 해도 노동자들은 과업 수행방식이나 작업 도구의 개량을 위한 제안은 얼마든지 할 수 있다. 즉, 기존의 방식보다 우수하다는 점이 인정되면 이를 채택해 전체 공장에 적용하는 것이 과학적 관리법이므로 오히려 개인적인 업무방식의 변환보다 효율적이며 또한 종업원의 창의성을 높여준다는 것이 테일러의 주장이다.

과학적 관리법이 사용하는 주요 기법(시간 연구, 직능별 관리감독제, 도구와 동작의 표준화, 생산기획부의 설치, 예외의 원칙 인정, 계산자 등 시간 절약 방법 도입, 과업지도서, 과업관리 및 지속적 임금 인상 보장, 차별성과급제, 제품 및 도구의 체계적 코드 분류방식, 작업 순서 및 작업 공정도, 근대적 원가 시스템 등)을 개선하기 위한 노력과 창의적인 활동도 매우 중요하지만 그보다 중요한 것은 과학적 관리법의 4대 원리(진정한 과학의 발전, 과학적인 노동자 선발 및 학습, 노사 간의 우호적인 협력, 관리자와 노동자 간의 책임 분담 등)를 지키는 것이다. 테일러는 과학적 관리의 원리는 무시한 채 몇 가지 기법만 도입한다고 해서 결코 좋은 결과가 나오는 것이 아님을 역설했다.

>> 합리적으로 성과를 배분한다

솔선과 격려라는 종래의 방식을 사용하다가 갑작스럽게 과학적 관리법을 도입하면 노동자들이 이를 따르지 못해 결국 실패할 수 있다. 그러므로 4년에서 5년 정도 여유를 두고 서서히 도입할 것이 요구되며, 적어도 구성원의 25퍼센트 정도가 설득이 되었을 때 도입에 박차를 가하는 것이 바람직하다. 이를 위해서는 실제적인 경험이 있는 사람들을 중심으로 추진하되, 경영층의 이해와 신뢰가 뒷받침되어야 한다는 것도 잊지 말라고 당부하고 있다. 또한 과학적 관리법을 통해 얻은 추가 이익의 배분은 단순히 노사만 서로 나눠 갖는 것이 아니라 국민이라는 소비자들도 함께 향유해야 한다는 점을 지적했다. "소비자가 노동자의 임금과 사용자의 이익을 지불한다."라는 테일러의 표현은 제3의 단체인 국민, 즉 소비자에게 대부분의 이익이 배당되어야만 실제로 삼자 간에 공평한 이익 분배가 이뤄진다는 뜻이다.

현대적 시사점

소위 '경영학의 아버지'라 불리는 테일러에 의해 집필된 《과학적 관리법》이 경영학

인본주의 humanism

'인간성'을 의미하는 라틴어 'humanista'에서 유래되어 인간성의 해방과 옹호를 이상으로 하는 사상이다. 그리스 · 로마시대의 인본사상은 14~15세기 르네상스 운동으로 부활되었으며, 17세기에 전성기를 맞았다. 19세기 중엽부터는 사회주의적 휴머니즘이 부각되었으나, 20세기 중반 이후 인간의 기계화 방지 및 환경보존과 반핵평화운동 차원의 다양한 인본주의 운동이 전개되고 있다.

에 있어서 최고의 고전이라는 사실에 대해서는 논의의 여지가 없을 것이다. 그러나 그에 대한 '조직 내부에 한정된 능률의 논리'에 의한 노동 착취와 인간의 기계화를 주도한 주범이라는 비판 역시 끊임없이 제기되어왔다. 과연 테일러의 과학적 관리는 능률만 추구한 비인간적인 방식인가?

수많은 경영학자와 경영학 책들이 과학적 관리법, 즉 테일러리즘을 폄하시킨 배경에는 마르크스와 막시스트가 다르듯이, 테일러Taylor와 테일러리스트Taylorist가 전혀 다름에도 불구하고 그 둘을 구분하지 않은 것, 그리고 19세기 말 당시 미국에서 능률 운동이 태동된 시대적 배경을 무시한 점, 무조건적으로 인본주의를 신봉하려는 연구자들의 반대 등이 있다. 그러나 21세기에 와서도 과학적 관리법은 거기에 내포된 철학과 방법론, 그리고 제도적 측면 등에서 다양한 의미를 갖는다.

첫째, 과학적 관리법의 목표관리에 입각한 과업관리라는 방법론과 조직적 태업을 방지함으로써 능률 증진과 노사 간의 공존공영을 추구한다는 목표는 오늘날의 기업들 역시 중시해야 할 사항이다. 특히 대립적 노사문화가 조성되어 있는 우리나라 기업에서는 반드시 테일러의 말을 가슴에 새겨야 한다. 투명 경영과 사회적 책임, 그리고 경영자의 윤리 경영이 사회적 화두가 되고 있지만 이를 증명해 보이기 위한 분석 지표와 과학적 계량화를 위한 노력은 여전히 부족하기 때문이다.

둘째, 관리자의 역할과 노동자의 역할을 똑같이 나눠 과학적 관리의 지식 창출과 지식 공유를 관리자의 역할로, 그리고 학습된 지식의 실천을 노동자의 역할로 구분한 과학적 관리법의 책임균형론은 최근 확산되고 있는 지식 경영의 효시라 할 수 있다. 또한 적재적소에 인재를 배치하기 위해 종업원을 선발할 때부터 신중하게 인재를 고르고, 이들을 지속적인 학습과 지도를 통해 최고의 전문가로 육성해야 한다는 테일러의 주장은 오늘날 초우량 기업들에게 그대로 받아들여지고 있다.

셋째, 하루의 공정한 작업량을 설정하고, 작업량에 따른 차별성과급을 지속적으로 인상해줘야 한다는 과학적 관리법의 방법론은 개별 및 집단이 거둔 성과에 따른 성과급 또는 연봉제를 추구하고 있는 우리나라 기업이 반드시 적용해야 할 부분이다. 보상의 공정성과 객관성을 위해 과학적 관리법이 제시한 직무급 위주의 차별성과급제도는 직무급에 바탕을 두지 않은, 연공이 가미되어 있는 한국식 연봉제의 문제점을 지적해주고 있기도 하다.

주먹구구식 관리방식을 탈피하고자 작업방식의 표준화와 단순화, 그리고 숙련과 학습에 의한 전문화를 강조한 테일러의 과학적 관리법은 육체적 근로자가 대부분이었던 19세기 말과 20세기 초 미국 노동시장의 특성이었던 건장한 노동자는 얼마든지 구할 수 있다는 전제하에서 생겨났다는 사실을 인정해야 한다. 그러나 갈수록 세계적으로 경쟁이 치열해지고 있는 오늘날, 또다시 지식근로자의 글로벌 표준화와 단순화 및 전문화가 요구되고 있는 것이 사실이다. 테일러리즘으로 불리기도 하는 테일러의 과학적 관리법은 막스 베버의 관료제 방식이 그러하듯이 기업조직과 경영활동이 존재하는 한 영원히 사라지지 않을 하나의 필요악이라고 할 수 있다.

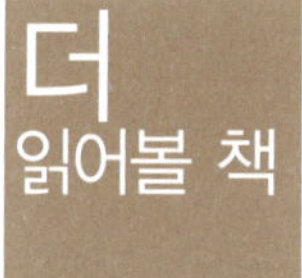

경영학 100년의 사상 미야타 야하치로, 일빛, 2001

경영의 세기 스튜어트 크레이너, 더난출판, 2001

My life and work Henry Ford, Kessinger publishing, 2004

저자 소개 및 도서 정보

프레더릭 테일러 Frederick W. Taylor

《과학적 관리법 *The Principles of Scientific Management*》, Happer Collins, 1947.

1856년 미국 필라델피아에서 출생한 테일러는 하버드 대학에 합격했지만 시력 악화로 진학을 포기해야 했다. 하지만 그의 작업방식에 대한 탐구적인 자세는 생산 현장의 직공, 관리자, 엔지니어, 그리고 연구원 생활을 하면서 크게 빛을 발했다. 다양한 사회적 현상을 논리적으로 증명해야 한다는 실증주의 사회학자 콩트가 사회학의 아버지로 불리듯이, 모든 작업활동에 태업 방지와 생산성 향상을 위한 과학적 관점이 도입되어야 한다는 주장을 펼친 테일러는 흔히 '경영학의 아버지'로 불린다. 특히 베들레헴 철강회사의 엔지니어로 근무하면서 그의 동료 화이트와 공동으로 발명한 고속 금속 절삭기는 당시 기계의 생산성을 눈부시게 향상시켰으며, 그가 고안한 컨베이어 벨트에 의한 작업방식은 후세에 테일러리즘으로 일컬어지게 되는 과학적 작업방식의 효시가 되었다.

과학적인 관리법의 핵심은 무엇보다도 기계 및 도구의 효용성의 극대화, 철저한 전문화 및 불필요한 작업활동의 제거, 그리고 차별성과급제도를 통해 궁극적으로는 생산성을 증대시키는 것이라 할 수 있다. 작업방식의 단순화와 경제성의 원칙에 치중한 테일러의 과학적 관리법은 전문적 지식과 역량이 요구되는 업무에는 적합하지 않으며, 또한 종업원들의 자율성과 창의성을 무시한 표준화된 기계적 효율성, 즉 능률의 논리만 강조했다는 비판을 받고 있다. 그러나 태업과 주먹구구식 관리방식을 탈피하고 과학적 관리와 공정한 보상으로 생산성 향상을 추구하는 것이 기업과 구성원 모두가 공존공생할 수 있는 길이라는 점을 밝혀준 테일러의 사상은 결코 간과되어서는 안 될 것이다.

《과학적 관리법》은 테일러가 미드베일 철강회사에 근무하면서 발표한 〈시간연구〉(1881)를 비롯한 그의 수많은 연구 결과를 집대성한 책이다. 1911년 미국기계공학회에 제출된 《과학적 관리법》은 2년 뒤 하퍼 콜린스 사에서 단행본으로 출간되었다. 우리나라에서는 1988년 한국능률협회의 신영철이 이 책을 편역했고 1994년 서울대학교 박진우 교수가 번역했다.

2 프랑스의 경영관리론

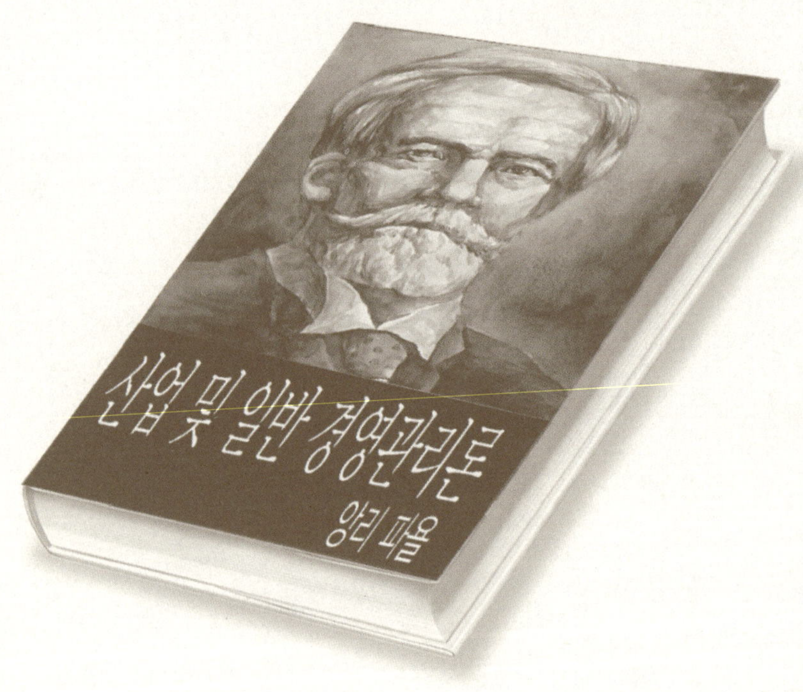

General and Industrial Management
Henri Fayol

keyword
기업의 6대 기능
14가지 관리 원칙
관리의 5대 요소

카테고리 관련성	
경영전략, 경영혁신	★★
생산관리	
변화관리	
조직관리, 인사관리	★★★
마케팅	
리더십	
동기부여, 인간관계	★
기업성공	

핵심 아이디어 테일러와 마찬가지로 파욜의 사상 또한 과학으로서의 조직이론 발전에 커다란 영향을 미쳤다(테일러가 오늘날 모르는 사람이 없을 정도로 유명한 데에 비해 파욜이 상대적으로 유명하지 않은 이유는 이론적 가치에 의한 평가보다 언어(프랑스어)라는 핸디캡에 그 원인이 있다). 현장의 공장관리에 치중된 테일러의 과학적 관리가 미국에서 활발히 전개되고 있는 동안 유럽에서는 경영관리 전반에 대한 이론이 전개되었는데 이것이 바로 프랑스의 파욜에 의해 제창된 경영관리론이다. 특히 인사·조직·관리·명령·통제 등 경영의 인적 요소와 관련된 개념 정립은 아마도 파욜의 노력이 없었으면 불가능했을지도 모른다. 드러커와 함께 목표관리를 주창한 쿤츠는 "진정한 경영학의 아버지는 테일러가 아니라 파욜이다."라는 표

기업조직의 기능과 경영관리의 원칙

기업조직의 6대 본질적 기능

1. 기술적 활동(생산, 제조, 가공)
2. 영업적 활동(구매, 판매, 교환)
3. 재무적 활동(자본의 조달과 관리)
4. 보전적 활동(재산과 종업원 보호)
5. 회계적 활동(재고관리, 대차대조표, 원가계산, 통계자료)
6. 경영관리적 활동(계획, 조직화, 명령, 조정, 통제)

경영관리의 14대 기본원칙

① 분업의 원칙 ② 권한·책임의 원칙 ③ 규율의 원칙
④ 명령일원화의 원칙 ⑤ 지휘통일의 원칙
⑥ 개별이익의 전체이익에의 종속 원칙 ⑦ 적정보상의 원칙
⑧ 집권화의 원칙 ⑨ 계층화의 원칙 ⑩ 질서유지의 원칙
⑪ 공정성의 원칙 ⑫ 고용안정의 원칙 ⑬ 자발성의 원칙
⑭ 종업원 단결의 원칙

현으로 경영관리론을 경영학의 시초로 정의했다.

'경영관리론이란 광범위하고도 적합하며 새롭고도 중요한 과학'이라는 학설을 수립하려 했던 파욜의 관점을 이해하기 위해서는 당시(19세기 중반 이후)의 역사적 배경과 관리원칙이라 불리는 파욜의 경영관리론의 구조 및 성격을 살펴봐야 한다. 특히 테일러와의 비교분석을 통해서 프랑스적인 기업의 특징에 적합한 파욜의 사상과 그 역사적 한계점도 함께 조명해야 할 것이다.

시놉시스

경영관리는 모든 조직에 있어서 매우 중요한 역할을 한다는 점을 강조한 파욜은 이러한 경영관리의 역할이 어떻게 수행되어야 하는가에 대한 자신의 견해를 모두 4개의 부로 구분해 《산업 및 일반 경영관리론*General and Industrial Management*》의 제1권에 1, 2부, 그리고 제2권에 3, 4부를 수록하고자 했으나 결국 제2권은 집필하지 못했다. 원래 3부에는 개인적 관찰과 경험, 그리고 4부에는 전쟁의 교훈을 담으려 했다. 1부와 2부로 구성된 《산업 및 일반 경영관리론》의 내용은, 1908년 생테티엔느에서 개최된 프랑스 광업학회의 50주년을 기념하는 그의 강연 내용을 보완한 것이다.

이 책 제1부는 3장으로 이루어져 있으며 경영관리 교육의 필요성과 가능성 문제를 다루고 있다. 1장은 기업에서 수행되는 모든 활동을 6개의 활동 부문으로 구분하고, 부문별로 세부 구성 요소를 제시한다. 기술, 영업, 재무, 보전, 회계, 경영관리의 6대 부문 중 특히 경영관리 활동은 다른 다섯 가지 기능과는 확연히 구분되는 기능으로서 기업 전체를 대상으로 관리, 계획, 조직화, 명령, 조정, 통제활동을 수행하는 것으로 정의하고 있다.

2장에서는 종업원의 자질을 구성하는 다양한 능력 요인을 기업조직의 규모별, 직급별, 직능별, 형태별로 구분해 그 상대적 중요성에 대해 자세히 설명하고 있다. 마지막 3장에서는 초등학교부터 대학 교육에 이르기까지 경영관리 교육이 단계적으로 이뤄져야 한다는 경영관리 교육의 필요성과 중요성을 강력하게 주장하고 있다.

제2부는 2장으로 이루어져 있는데, 파욜이 이룩한 최고의 업적이 담겨 있다고 할 만하다. 파욜은 1장에서 경영관리를 위한 14개의 일반원칙을 소개한 다음 2장에서 이 책의 3분에 2에 해당하는 방대한 양을 경영관리의 요소 문제를 다루는 데 할애하고 있다. 즉, 파욜은 경영관리의 14대 원칙보다 계획, 조직화, 명령, 조정, 통제라는 경영관리의 요소에 초점을 둔 것이다.

경영관리의 원칙과 요소에 대한 파욜의 관점은 프랑스판 원전에 명쾌하게 제시되어 있다. 그러나 프랑스어로 출간된 이 책의 태동 배경과 경영학에 미친 업적을 종합적으로 살펴보기 위해 프랑스판 원전은 물론, 미국판과 일본판 및 편역서, 그리고 원전을 한국어로 번역한 경상대학교 김홍길 교수의 역서를 종합했다.

이 책에서는 먼저 파욜의 경영관리론의 의의를 설명하고 근대 경영학에 있어서 파욜의 중요성에 대해 언급했다. 둘째는 경영관리론의 성립, 셋째는 경영관리론의 기본 개념과 함께 경영관리 교육의 필요성과 가능성(관리 교육은 실제 경영 과정에 있어서의 관리직능과 관리능력의 중요성을 그 바탕으로 하고 있다) 등을 제시했으며, 넷째는 경영관리의 일반적 원리와 방법, 다섯째는 경영관리의 5대 요소에 대해 설명했다. 마지막 부분은 독자들의 이해를 돕기 위해 프랑스에 관한 내용, 테일러와의 비교 및 파욜 경영관리론의 한계점을 제시했다.

경영관리

경영 조직의 제반 업무 수행을 목적에 따라 효과적으로 달성하도록 하는 활동으로서, 경영 조직을 관리하는 의미와 경영과 관리를 의미하는 두 가지로 구분된다. 첫번째 의미의 관리는 영어로 management에 해당하는 넓은 의미이며, 두번째 의미의 경영과 관리는 management를 계층적으로 그 기능을 구분한 것으로서, 경영은 administrative management, 관리는 operative management로 출현된다.

리뷰 한 세대 앞서 경영활동의 예술성과 과학성을 함께 보여준 파욜의 관리원칙을 벗겨본다

파욜 경영관리론의 시발점

프랑스 경영학은 산업혁명에 반기를 든 노동혁명과 관리혁명의 일환인 '관리학'에서 출발했으며, 바로 '관리학의 창시자'인 파욜의 연구에 그 바탕을 두고 있다. 파욜은 객관적인 지표를 사용하지는 않았지만 명확한 관리원칙을 수립했고 이에 대한 실천과 검증을 통해 관리기능의 중요성과 관리 교육의 필요성을 깨달았다. 1900년 국제광산 및 금속학술대회에서 발표한 "경영관리의 기능은 종업원 교육, 모집, 조직 및 기능과 예산, 조정, 통제, 질서 및 통제활동으로 구성된다. 이러한 경영관리적 기능은 기술적, 영업적, 재무적 기능 못지않게 중요하므로 관리적 문제 해결에 항상 유의하도록 해야 한다."라는 파욜의 논지는 16년 후 논문으로 출간된 이 책에 그대로 담겨 있다. 파욜의 학설이 성립하는 데는 '경영관리 교육의 필요성과 가능성'에 대한 인식과 제1차 세계대전이 중요한 계기가 되었다(테일러의 과학적 관리법이 제1차 세계대전을 계기로 전파된 것과 일치하며, 파욜도 '전쟁의 교훈'을 총 4부의 내용으로 정리하고자 한 바 있다).

경영관리란 무엇인가

파욜이 독창적으로 제시한 '경영관리론'은 테일러의 과학적 관리와는 달리 '경영관리에 대한 정의의 확립'에서 출발했다는 점에서 높이 평가된다. 파욜은 모든 조직에 있어서 중요한 의미를 갖는다는 관리활동의 보편성과 중요성을 강조하면서 다음과 같이 여섯 가지 부문으로 체

계화시켜 합리적인 관리 교육을 통해 조직의 효율성을 제고시켜야 한다는 교육의 필요성을 역설했다.

1. 기술적 활동(생산, 제조, 가공)
2. 영업적 활동(구매, 판매, 교환)
3. 재무적 활동(자본의 조달과 관리)
4. 보전적 활동(재산과 종업원 보호)
5. 회계적 활동(재고관리, 대차대조표, 원가계산, 통계자료)
6. 경영관리적 활동(계획, 조직화, 명령, 조정, 통제)

이들 본질적 관리 기능은 어떤 사업체에나 항상 존재하는데 파욜은 관리 기능을 다음과 같이 정의하고 있다. "관리란 계획 · 조직 · 명령을 하고 조정 및 통제를 하는 활동을 의미한다. 계획은 미래에 대한 연구와 예측 및 예산의 수립, 조직화는 사업의 물적 및 사회적 유기체의 형성, 명령은 종업원에게 개별 직능을 부여하는 것을 말한다. 조정이나 협력은 모든 행위 및 노력을 연결하고 조화시키는 활동이며, 통제란 결정된 규칙이나 주어진 명령에 따라 모든 것을 실천할 수 있도록 감시하는 것이다."

한편 파욜은 관리와 경영을 명확히 구별해 '경영이란 기업이 운영하는 모든 자산을 활용해 최고의 이익 실현 및 기업의 목적 달성을 위해 사업을 운영하며 지도하는 것'으로 정의하고 있다. 이에 비해 관리란 여섯 가지 본질적 기능 중 하나에 불과하지만 경영자의 주요 역할은 바로 관리활동이라 할 수 있을 정도로 큰 비중을 차지한다고 보았다. 즉, 경영과 관리의 차이는 전자가 기업의 전략적 의사결정, 후자가 그것의 일상적 실현 활동에 있는 것으로 파악하고 있지만 관리의 기능

안에 '계획'과 '조직화'가 있으므로 여기에 전략적 의사결정이 포함되면 이 둘 사이의 차이는 거의 사라지게 된다는 점도 강조하고 있다.

경영관리에도 원칙이 있다

모든 것이 정도의 문제고 수많은 요소의 변화를 고려해야 하며, 상황 변화에 따라 기준도 변화해야 하므로 관리원칙에는 숫자적인 제한은 없다고 할 수 있다. 이를 인정하면서도 파욜은 관리의 주요 원칙(파욜의 이론은 1940년대에 들어와서 무니, 레일리, 어윅, 바너드 등을 거치면서 원칙과 기능이 새롭게 보완되어 보다 현실성 있는 이론으로 정립되었다)으로 다음의 열네 가지를 제시했다.

1. 분업의 원칙 : 생산과 품질의 향상을 위한 전문화를 의미하며 구성원들에게 세분화된 직무를 배정해야만 조직의 능률과 생산성이 향상되고 사회도 발전하게 된다는 것이다. 분업의 주요 효과로는 기능의 전문화와 권력의 분산화를 들고 있다.
2. 권한·책임의 원칙 : 권한에는 책임이 수반되고 권한과 책임 간에는 균형관계가 성립되므로 많은 권한이 부여되면 책임도 그만큼 커져야 한다. 책임은 그것이 추구하는 권한만큼 두려움의 대상이 되지만 책임에 대한 두려움은 인간의 자발성을 무력화시킬 뿐만 아니라 다양한 자질이 제 기능을 하지 못하도록 만들기도 한다. 그러므로 훌륭한 리더란 용감하게 책임을 지고 또한 주위에 이를 두루 알리는 사람이다.
3. 규율의 원칙 : 규율이란 본질적으로 명령에 대한 복종과 인내, 실천과 지속성, 그리고 상호 존중의 기준 등에 대해 기업과 종업원 간에 체결된 협약을 준수하는 것을 말한다. 기강이 확립되지 않거나 상하가 서

로 화합하지 못하면 잘못된 규율에 대한 책임을 전가하는 현상이 나타나므로 효과적인 기강 확립을 위해서는 각 계층에 뛰어난 상사를 배치하고, 명확하고 공정한 협약 체결, 그리고 정확한 판단에 따른 제재가 이뤄지도록 해야 한다.

4. 명령 일원화의 원칙 : 어떠한 행동을 하든 간에 부하는 한 사람의 상사로부터만 명령을 받아야 한다. 두 명의 상급자가 동시에 같은 부하 또는 같은 업무에 대해 그들의 권한을 행사하게 되면 상황이 복잡해지면서 혼란과 기능 장애 현상이 나타난다. 어떤 경우에도 사회적 유기체는 이러한 명령의 이원화 현상에 적응할 수 없다.

5. 지휘 통일의 원칙 : 동일한 목적을 지향하는 여러 활동의 통합체는 단 한 사람의 상사에 의해 단 하나의 계획만을 추구해야 한다. 이는 행동의 통일, 조직력의 안배 및 노력의 집중을 위한 필수 조건이다. 한 상사가 하나의 계획이나 방안만을 지향해야 한다는 지휘 통일의 원칙은 한 부하가 한 명의 상사로부터만 명령을 받아야 한다는 명령 일원화의 원칙과 혼동되어서는 안 된다.

6. 개별 이익의 전체 이익에의 종속 원칙 : 한 기업에 있어서 종업원 개인이나 종업원 집단의 이익이 해당 기업의 이익을 초월해서는 안 된다. 즉, 가족의 이익이 가족 구성원 중 한 사람의 이익보다 커야 하며, 국가의 이익이 시민 한 사람 또는 시민 집단의 이익보다 커야 한다. 이를 실현하기 위해서는 상급관리자의 단호함과 솔선수범, 공정한 협약의 적용 및 주의 깊은 감독활동이 요구된다.

7. 적정 보상의 원칙 : 보상이란 제공된 서비스에 대한 대가다. 보상은 반드시 공정해야 하며, 전체 종업원과 기업, 사용자와 근로자들에게 동시에 만족을 줘야 한다. 이를 위해서는 공정 보상의 확립, 노력에 대응하는 대가 지불에 의한 의욕의 고취가 요구되며 또한 한계를 넘어선

초과 보상이 이뤄지지 않도록 유의해야 한다. 현장근로자들에게는 일급제, 직무급제, 성과급제를 기본으로 적용하되 상여금, 이익참여제도, 현물 보조금, 명예나 칭찬에 의한 만족도 고취 등의 방법을 적절히 사용해야 한다.

8. 집권화의 원칙 : 분업처럼 집권화도 자연적 질서의 한 현상이다. 이는 사람의 두뇌나 조직의 중앙통제기구가 모든 부문을 움직이게 하는 명령을 내리는 것을 의미한다. 그러나 집권화와 분권화는 정도의 문제지 절대적인 것이 아니므로 조직 전체의 성과를 높이는 조치를 취하느냐의 여부가 부하의 역할을 중시하는 분권화 또는 이를 감소시키는 집권화의 성패를 좌우하게 된다. 그러므로 관리자는 조직 내의 정연한 질서와 높은 성과를 목적으로 적절한 집권화 체계를 구축해야 한다.

9. 계층화의 원칙 : 관리 계층이란 조직의 최상위에서 최하위에 이르는 직무 담당자의 계열을 말한다. 계층의 통로는 상급자와 커뮤니케이션하기 위한 통로로서 확실한 정보 전달과 명령의 일원화를 동시에 달성하기 위한 필수 조건이다. 계층화의 성패는 정보 전달의 신속성에 의해 결정된다.

10. 질서 유지의 원칙 : 물리적 질서처럼 사회적 질서도 똑같이 중요하다. 그러므로 각자의 직무 내용이 분명히 정해져 서로 자연스럽게 연결되도록 해야 하며, 이를 조직도에 표시해 모든 활동이 질서 있게 전개되도록 해야 한다. 완벽한 질서는 그 자리에 그 사람이 적합하며, 그 사람은 그 자리에 부합되기를 원할 때 구현된다.

11. 공정성의 원칙 : 종업원들이 그들의 능력을 자발적으로 최대한 발휘할 수 있도록 사기를 북돋워주기 위해서는 경영자의 온정이 필수적이다. 정의는 협약 사항을 실천함으로써 실현될 수 있지만 공정성은 이러한 정의의 실천에 온정의 배려가 더해져야 확립될 수 있다.

12. 고용 안정의 원칙 : 종업원의 직무를 불안정하게 배치하면 능력이 발휘되지 않고 조직이 약해진다. 일반적으로 번창하는 기업의 경영자층은 안정되어 있으며, 한 사람의 최고경영자를 만들어내는 데는 엄청난 비용이 소요된다는 점을 염두에 둬야 한다. 그러므로 상황을 고려해 인사 교체를 하는 지혜가 요구된다.
13. 자발성의 원칙 : 계획을 구상해 확실하게 성공시키는 것은 지적 인간이 추구할 수 있는 가장 생생한 만족감 중의 하나다. 경영자는 부하들에게 창의력의 발휘라는 만족감을 주기 위해서 어느 정도 자기 정서를 희생시키지 않으면 안 된다. 구성원의 열의와 활동성은 이러한 창의력이 발휘되도록 해주는 자발성에 의해 증대되기 때문이다.
14. 종업원 단결의 원칙 : 경영자는 종업원의 화합에 의해 조직의 힘을 키워야 한다. 이를 위해서는 명령 통일의 원칙을 주의깊게 살펴봐야 하며, 부하들 간의 분열을 방지하고 문서화된 커뮤니케이션이 남용되지 않도록 해야 한다.

파욜의 관리원칙은 어느 조직에서나 적용 가능한 보편적인 사항을 규명한 것으로 특히 조직의 합리적 운영을 위해 경영자들이 지켜야 할 일반 원칙을 제시하고 있다. 물론 경영관리의 원칙은 고정된 것이 아니므로 기업의 형태나 특성에 따라 탄력적으로 운영되어야 한다는 점도 강조하고 있다. 파욜은 '관리원칙을 실현하는 수단' 으로서 다음의 다섯 가지를 제시하고 있다.

1. 연구활동 : 연구로부터 행위 계획의 기초가 되는 일반적 관념이 나온다.
2. 실행계획 : 다양한 예측(1년, 장기, 단기, 특수 계획)의 결합 및 종합에 의한 계획을 통해 사전 준비를 하는 것은 기업의 당연한 도리다.

유기체론

1920년대 말부터 버틀랜피, 우저, 메이오, 베일리 등에 의해 주장된 유기체론은 기계론과 생기론의 대립을 계기로 하여 지금까지 많은 지지를 받고 있는 관점이다. 생명을 가진 모든 유기체는 부분적 하위 시스템으로 구성되어 고유한 균형 및 변화를 한다는 생물학적 방법론에 입각한 관점이다.

3. 보고 활동 : 계획의 보조 및 실천과 관련된 보고는 통제의 수단이자 성과를 향상시켜주는 중요한 수단이다.
4. 부서별 회의에 대한 토의 : 협조와 통제의 수단으로 경영 지도 업무를 담당하고 있는 사람들에게 매우 효과적이다.
5. 조직도 : 조직 전체 및 부문과 업무 영역, 계층 단계, 담당 직위 및 부서장이나 부하 종업원 등의 내용을 개관한 조직도는 권한의 중복이나 월권, 명령의 이원화, 담당자가 없는 직능 등을 파악하고 각자의 권한을 명확히 규정하는 데 도움을 준다. 조직도는 책임의 명확화와 특정 문제를 처리하기 위한 인재 확보를 신속히 해결해주는 수단이 된다.

경영관리를 구성하는 다섯 가지 요소들

>> 계획

파욜은 경영관리의 개념을 계획 · 조직화 · 명령 · 조정과 협력 · 통제 등 다섯 가지 요소로 구분하고 각각의 원리와 방법에 대해 설명하고 있다. 그의 관리요소론은 경영관리의 일반 원칙에 한정된 문제만 다루고 있는데 경영활동에 '예측 가능하다' 라는 말이 있듯이, 계획의 중요성을 강조하였다. 예견이라는 것은 미래를 예측해 준비한다는 것을 의미한다. 가장 일반적인 수단으로 사용되고 있는 실행계획에는 통일성 · 연속성 · 탄력성 · 정확성 등이 요구되는데 이러한 사항은 오늘날에 있어서도 경영관리의 기초가 되는 개념이다. 실행계획의 수립을 위해서는 예산의 파악과 함께 장단기적 추진 과제를 확정할 필요가 있고 갑작스런 상황에서도 실행계획에 입각해 기업 경영을 지속할 수 있어야 한다(실행계획에는 금전적으로 환산된 예산계획 및 비상사태에 대비한 특별 예산계획, 그리고 시간계획으로서 예산상의 연차계획, 10개년 계획 등이 있다. 이들 예산은 상호 연계 및 융합된 하나의 활동계획으로 움직여야 한다).

헨리 포드는 특별히 내세울 만한 경영이나 체계화된 조직 없이 비즈니스에 성공한 케이스다. 그는 야심 많고 비전 있는 자동차맨이긴 했으나 경영보다는 생산과 관련해서 조직보다는 야심과 관련해서 더 높은 평가를 받고 있다.

>> 조직화

조직과 관리는 서로 의존관계에 있지만, 예측이 잘 이뤄지는 조직이 앞서나간다는 것은 분명한 사실이다. 사회적 유기체로서의 조직을 사회체라 정의한 파욜은 조직론을 1) 조직을 하나의 구성인자로서 호의적·동태적으로 파악하는 관점, 2) 조직을 인위적으로 구성된 사회적 유기체에 한정시키는 관점, 3) 조직을 관리 기능에 초점을 둔 관리 조직의 문제로만 한정시키는 관점, 4) 조직을 유기체설에 입각해 자연체와 사회체로 구별하는 관점 등 네 가지로 구분하고 있다.

한편 파욜은 관리 기능을 '조직 행위를 지도하는 원칙'으로서 종업원이 수행하지 않으면 안 되는 임무로 파악하고, 이를 수행할 수 있는 조직 구성, 즉 조직구조론에 대한 문제로 1) 사회체의 형태 결정 문제, 2) 사회체로서의 조직의 구성과 기능 문제, 3) 종업원의 채용과 양성 문제 등 세 가지를 제시했다.

조직의 형태는 대부분 종업원 수에 따라 결정되며 종류나 규모와는 관계가 없다고 한 파욜은 종업원의 숫자도 간접적으로 매개 역할만 할 뿐 직접적으로 조직의 형태를 규정하는 것은 아니라고 했다. 즉, 효과적인 사회체를 형성하기 위해서는 적합한 인재의 확보와 이들을 적절한 지위에 배치하는 것이 가장 중요하다는 점을 강조한 것이다. 한편 종업원의 자격 수준이 사회적 지식의 형태와 가치에 영향을 미치게 되므로 모든 지위에 1) 건강과 체력, 2) 지능과 지력, 3) 도덕성, 4) 일반적 교양, 5) 관리적 지식, 6) 다른 직능에 대한 지식, 7) 사업의 특성과 관련된 전문적 능력 등의 요소를 고려해 가장 적합한 사람을 채용해야 한다는 점을 강조했다.

>> 명령, 조정, 통제

세번째 관리요소인 명령은 리더십과 관련된 문제로서 그 특성상 일정한 법칙을 파악하기가 매우 어렵다고 보았으며 조정과 통제는 가장 두드러진 관리활동이자 연구도 가장 많이 진행된 관리요소라고 설명하고 있다. 모든 사회체는 조직화되는데 파욜은 조직을 활동시키는 조직화의 원천이 바로 명령이므로 기업의 이익을 위해서 상사는 명령을 통해 업무를 수행해야 한다는 점을 강조한 것이다. 네번째 관리요소인 조정이나 협력활동은 조직의 성과 향상을 위해 전체 사업이 서로 조화를 이루도록 하는 것으로 각 직능별로 경제적 역할 수행에 요구되는 자원이 적절한 비율로 배분되어야 한다고 주장하고 있다. 통제는 관리의 다섯번째 요소로서 다른 관리요소들을 통제하는 활동을 의미한다. 파욜은 특히 각 부문 간의 원활한 조정과 협력으로 기업조직 전체의 원활한 운영을 위한 내부적 통제에 초점을 맞췄다.

프랑스적 성격이 강한 파욜의 경영관리론

파욜의 경영관리론은 프랑스적 경영과 사상 및 학문적 정통을 바탕으로 성립된 것으로 프랑스의 국민성이 잘 나타나 있다. 명령에 대한 개념만 보더라도 테일러리즘에 비해 파욜리즘에는 명령을 실행하는 대신에 이를 서로 분담해야 한다는 프랑스적 사상이 담겨 있다.

물론 파욜은 본인이 창시한 경영관리의 원칙과 요소 및 수단의 보편성을《산업 및 일반 경영관리론》의 첫 페이지에서부터 강조하고 있지만 시대가 변화했기에 부적합한 개념도 발견된다. 그러나 가계에서 국가에 이르기까지 특정 관리원칙이 사업의 특성이나 목적 및 규모에 관계없이 파욜의 경영이론만큼 그 타당성을 인정받은 경우는 그리 많지 않을 것이다. 또한 파욜의 경영관리론이 경영 실무 경험에서 출발해 경영관리 교육의 필요성에 의해 형성되었다 해도 경영의 인적 요소에 대한 그의 종합적 이해와 과학적 인식은 그 역사적 가치는 물론 이론적 가치의 대부분을 여전히 인정받고 있다. 나아가 경영자의 관리기능을 체계화하고 경영자의 역할 수행에 도움이 되는 여러 원칙들을 구체적으로 제시함으로써 관리이론의 발전에도 크게 기여했다.

프랑스 철학

프랑스 철학의 특징은 합리주의와 정신주의로 양분되어 발전되어왔으며, 경험적 사실보다 내성적 사고에 치중된 연역적, 직관적 사색방법이 주를 이루고 있다. 17세기의 데카르트, 18세기의 로크, 몽테스키외, 볼테르, 루소, 19세기의 콩트, 20세기의 베르그송, 뒤르켕, 사르트르 등이 현대 인류 역사에 큰 영향을 끼친 대표적 인물이다.

파욜 이론과 테일러 이론의 차이점과 유사점

경영학을 태동시킨 양대 산맥으로서 테일러와 파욜의 업적을 비교하고 상호 보완관계를 살펴보는 것은 관리론적 관점을 종합하는 데 큰 도움이 될 것이다. 가장 현저한 차이점은 테일러의 경우에는 조직의 낮은 단계에 있는 노동자를 중심으로 한 현장 조직의 공헌을 중시한 반면, 파욜은 조직의 높은 단계에 있는 경영자를 중심으로 한 관리 조직의 공헌을 중시했다는 데 있다(테일러의 과학적 관리론이 노동 및 생산의 과학화를 추구한 데 비해 파욜의 경영관리론은 관리의 과학화를 추구한 것으로 볼 수 있다는 것이다). 즉, 테일러는 관리활동의 기술적 능력을 중시해 노동자의 수준 및 생산의 기술적 측면에 관심을 둔 데 비해 파욜은 관리활동의 경영적 능력을 중시해 모든 조직에 건전한 관리원칙과 관리요소를 적용할 것을 강조함으로써 위로부터 아래로의 리더십 측면에 관심을 둔 연구를 했다는 것이다.

프랑스와 미국에서 서로 반대되는 방향에서 각각 경영관리론과 과학적 관리법을 탄생시킨 동시대 인물 파욜과 테일러는 서로 폭넓은 보완관계에 있다. 작업 환경 문제를 다룬 테일러리즘과 경영관리 문제를 다룬 파욜리즘은 분명히 구별되지만 양자는 결코 서로 대립적이거나 모순되지 않았다. 그 둘은 상호 보완적이며 오히려 보다 높은 견지에서 통합되어야 할 원칙들인 것이다. 결론적으로 파욜리즘과 테일러리즘은 각각 독자적인 의의를 갖고 발전하면서 통합을 통해 경영학의 체계, 특히 경영관리론의 기초가 되었다고 할 수 있다.

현대적 시사점

파욜의 경영관리론은 우선 엘턴 메이오 등에 의한 인간관계학파들이 인간의 사회적 특성과 인적자원의 중요성을 주장한 것보다 20년 이상이나 앞서 그러한 내용을 체계적으로 정리했다는 점에서 높은 평가를 내릴 수 있다. 그리고 한 세기가 지난 21세기에 와서도 그의 관리원칙과 관리요소에 대한 관점이 더욱 현실적이고 참신한 것으로 평가받고 있다는 데서 다른 어떤 경영의 고전보다 중요한 의의를 갖고 있다고 할 수 있다.

파욜은 자신의 경험을 바탕으로 정립한 경영관리론을 책으로 발간했으며 기회가 있을 때마다 강연이나 논문을 통해 자신의 관리 학설을 설파했다. 그의 경영관리론은 관리활동의 보편성과 관리 교육에 대한 필요성을 바탕으로 처음으로 최고경영자의 관점에서 전개한 경영관리의 일반 이론이라 할 수 있다. 그러나 파욜은 자신의 이론을 사기업뿐만 아니라 공기업, 국가 행정은 물론 군수 물자 관리에까지 적용하려 했는데, 이러한 그의 노력은 이론의 심화보다는 논지의 보급에 중점을 뒀다는 점에서 한계를 갖고 있다.

파욜의 관점은 테일러의 기계적 인간관처럼 그 철학적 논지가 강하지는 않다. 그러나 현장보다는 최고경영층을 대상으로 5개 관리요소 중에서도 계획화와 조직화 활동에 초점을 둔 조직 전체 차원의 효과성을 추구했다는 점에서 1백 년 전에 이미 현대 경영학을 정립한 것으로 평가받을 수 있다. 테일러의 과학적 관리법이 다양한 곳에 복합적으로 활용될 수 있는 데 비해 파욜의 경영관리론은 어디에나 보편적으로 적용될 수 있다는 점과, 테일러가 원칙을 고집한 데 비해 파욜은 원칙 적용의 유연성을 강조한 점도 높이 평가받을 만하다. 특히 파욜은 5대 관리요소에 대한 지식만 갖고서 원칙을 고수하는 경영자는 결코 성공을 거둘 수 없다는 점을 누누이 강조했다.

파욜 사후 그의 논지는 제자인 바뉘쌩에 의해 심도 있게 연구되었지만 1940년대에 미국에서 관리과정학파가 태동되기 이전까지는 상대적으로 빛을 보지 못했다. 게다가 프랑스어로 정리된 만큼 번역이나 해석을 하는 과정에서 다소의 문제가 생기기도 했는데, 'administration'의 개념을 'management'보다 큰 개념으로 보거나, 관리요소의 다섯번째 요소로 다루는 등 시각차가 나타나기도 했다. 실제로 프랑스의 경영학은 파욜리즘과 테일러리즘의 통합 및 통일에 의한 경영관리론에 기반하고 있으므로 경영

제너럴 모터스의 1927년형 폰티악. 포드가 모델 T에만 매달려 있는 동안 제너럴 모터스는 계속적인 혁신을 통해 폰티악이라는 모델을 내놓았고, 이를 통해 1927년에는 비로소 포드의 자동차 판매량을 앞지르게 되었다.

자체보다는 경영에 있어서의 관리 문제에 치중되어 있다. 즉, 파욜을 비롯한 프랑스식 경영학은 경영에 있어서 관리의 중요성과 특이성을 강조하며 관리자의 견지에서 관리원칙을 다루고 있는 것이다. 물론 프랑스식 경영학을 중심으로 하는 파욜리즘이 아무리 독창성이 뛰어나고 관리론의 핵심 영역을 구축했다 해도 결코 경영학 그 자체라고 할 수는 없을 것이다. 그러므로 파욜의 경영관리론 역시 세계화 시대에 보다 일반적인 경영학과의 관련성 아래서 연구되고 보다 종합적인 차원에서 해석되어야 할 것이다.

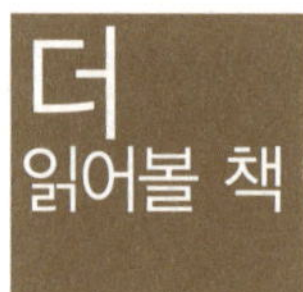

경영학 100년의 사상 미야타 야하치로, 일빛, 2001

현대기업입문 박기찬, 매경문고, 1990

Le management, la pensée, les concepts, les faits Michel Weill, Ed, Armand Colin, 1994

저자 소개 및 도서 정보

앙리 파욜 Henri Fayol

《산업 및 일반 경영관리론 *General and Industrial Management*》, Dunod, 1925.

프랑스의 대표적 경영학자인 파욜은 1841년 프랑스 리옹의 한 부유한 가문에서 태어났다. 그는 생테티엔느의 국립광업대학교를 졸업한 후 코망트리푸르샹보 광산회사에 입사했으며, 회사가 부도 직전에 놓였던 1888년 사장직을 맡아 1918년 77세로 은퇴할 때까지 그 기업을 프랑스에서 재무 상태가 가장 건전한 기업으로 성장시켰다.

파욜은 최고경영자로서의 경험을 바탕으로 이 책과 같은 불후의 명작을 남겼을 뿐만 아니라, 1893년에는 공학도에게 있어 큰 영예라 할 수 있는 들라스 기술상과 금탑산업훈장을 받는 등 지질학과 금속공학 분야에서도 탁월한 기술 개발 업적을 이룩했다. 현장 차원의 관리를 대상으로 한 테일러의 관리이론과는 달리 파욜의 관리이론은 경영 차원의 전체적·기본적 관리원칙을 추구해 경영활동의 초점을 인간 문제, 특히 지휘 통일의 문제에 뒀다. 또한 파욜은 경영관리의 보편성을 주장하고 이를 체계화시켜 합리적인 경영관리를 통해 조직의 효율성을 드높였을 뿐만 아니라 경영관리 교육의 필요성을 역설해 경영교육을 촉진시킨 공로를 인정받아 모국인 프랑스로부터 최고 훈장을 받기도 했다. 그는 67세 때 이 책의 핵심이 되는 14대 관리원칙을 논문으로 발표했으며, 75세가 되던 해에 이 책을 출간해 노익장을 과시하기도 했다. 은퇴 후에는 경영관리연구소를 설립해 파욜리즘의 발전에 기여했으며, 이를 테일러리즘 연구회와 통합해 프랑스 국립조직연구회를 출범시켰다. 이 연구회는 프랑스 경영학과 파욜리즘의 발전에 커다란 영향을 미쳐 초기에 테일러리즘과 반대되는 것으로 여겨졌던 파욜리즘을 테일러리즘과 상호 보완적인 것으로 정립했다. 파욜의 저서로는 《Administration Industrielle et Générale》(1916), 《L'Eveil de l'esprit Public》(1917), 《L'Industrialisation de l'État》(1921) 등이 있다.

3 조직 내 경영자의 역할은 무엇인가

The Functions of the Executive
Chester Barnard

keyword
조직의 내적 균형
권한수용설
비공식 조직
의사결정 활동

카테고리 관련성	
경영전략, 경영혁신	★
생산관리	
변화관리	
조직관리, 인사관리	★★★
마케팅	
리더십	★★
동기부여, 인간관계	★★
기업성공	

핵심 아이디어

조직에 대한 바너드의 관점은 다분히 이분법적인 논지에 입각해 있다는 한계를 갖고 있다. 그러나 조직 내 공식 조직과 비공식 조직의 존재, 상급자와 하급자의 역할 분담, 개인과 조직 간의 균형 등의 내용을 담고 있는 이 책은 이후 조직을 사회적 협력 시스템의 하나로 보는 새로운 관점을 제공했다는 점에서 실용적 측면과 이론적 측면을 결합한 탁월한 업적을 이룩한 것으로 평가받고 있다.

첫째, 바너드는 먼저 조직의 내적 균형이라는 개념을 강조하고 있다. 조직의 생존과 성장을 위해서는 내부 구성원을 비롯한 이해관계자 간의 협력이 필수적이며, 이들 조직에 공헌하는 개인이나 집단은 조직으로부터 이에 상응하는 보상을 받음으로써 서로 균형을 이룬다는 것이 그가 말하는 주요 논지다. 개인에 대한 조직 차원의 보상은 인센티브 시스템을 통해 이뤄지도록 해야 한다는 논지 역시 현대 보상체계의 근간이 되는 개념이다.

둘째, 바너드는 조직 내에서 발휘되는 영향력을 권한수용설이라는 개념을 통해 표현하고 있다. 다시 말해 공식적 지위로부터 나오는 권한은 구성원들에 의해 이해되고 수용될 경우에만 영향력을 가질 수 있다는 것이다. 이는 계층 조직의 실질적 업무관계에 대한 것으로 사이먼을 비롯한 조직 관리 연구자들에게 매우 중요한 기본 원리를 제공했다.

셋째, 바너드는 공식 조직 내 비공식 조직의 존재와 그 중요성을 강조했다. 즉, 비공식 조직을 통해 이뤄지는 커뮤니케이션 활동이 조직 활성화의 핵심이 되며, 이는 공식 조직의 규범적 활동 이상으로 중요한 역할을 한다는 것이다.

바너드가 《경영자의 기능*The Functions of the Executive*》을 집필하게 된 동기는 조직 개념에 대한 기존의 혼란과 불명확성을 해소하고, '사회적 동물'로서 조직의 구성원들이 공식 조직에 의해 과연 어느 정도 합목적적이고 바람직한 활동을 전개하게 되는가 하는 조직사회적 메커니즘을 밝히기 위해서였다. 이를 위해 바너드는 자신의 주요 논문 두 편을 총 4부 18장으로 정리해 이 책의 근간이 되는 내용을 집필했다.

제1부와 제2부는 협력과 조직에 관한 이론 부분을 중점적으로 다루

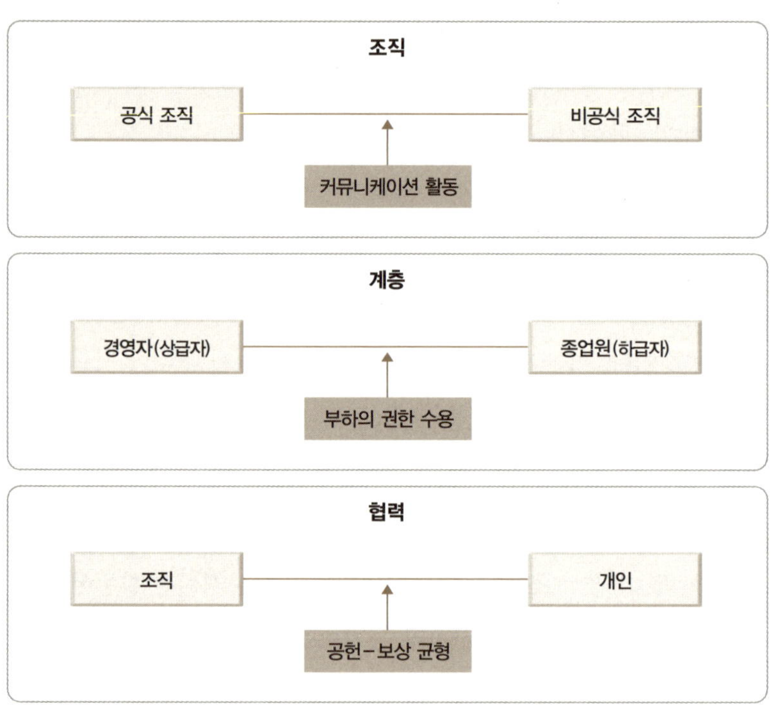

고 있다. 그리고 제3부와 제4부에서는 공식 조직에서의 경영자(또는 관리자)의 기능과 활동에 관해 논하고 있다. 1937년 말 바너드는 로웰 연구소의 초청을 받아 경영자의 기능이라는 주제로 8회에 걸쳐 강연을 하게 되었는데 논문으로도 발표된 강연 원고를 재정리해 다음해에 이 책을 출간했다.

경영자로서의 개인적인 경험을 바탕으로 자신의 이론과 그에 관한 사례 및 논지를 정리했기 때문에 18개 장이 체계적이지 못한 것이 사실이지만 협력체계의 중요성과 공식 조직에 대한 개념 및 주요 이슈를 정리해가면서 조직이론의 기초가 되는 조직의 균형이론, 권한수용론 및 커뮤니케이션의 역할을 강조한 점은 특기할 만하다.

제1부의 1장~5장에서는 "조직의 구성원인 개인의 진정한 역할은 다양한 형식의 협력활동을 통해서 드러난다."라는 점을 강조해 효과적인 협력 행위를 유도하기 위한 기본 원리를 제시했다.

제2부의 6장~9장에서는 공식 조직에 대한 제반 이론을 인용하면서 공식 조직의 구조와 비공식 조직과의 관계를 논했다.

제3부의 10장~14장에서는 현재와 같은 조직을 만들어준 전문화의 원리에 대해 설명하고 있다. 그런 후 보상체계로서의 인센티브 시스템을 결합한, 공식 조직 운영의 핵심이 되는 권한과 의사결정활동에 대한 이론 및 사례를 담고 있다.

마지막 제4부의 15장~18장에서는 경영자의 기능과 의사결정활동으로서의 관리 과정 및 경영자의 도덕적 책임 문제에 관해 논하면서 경영자들이 해야 할 가장 중요한 역할은 이해관계자들이 수용할 수 있는 권한 행사를 통해 상호 협력을 유도하는 것이라는 결론을 내리고 있다.

협력과 균형을 바탕으로 한 조직운영의 성공조건을 구체적으로 밝힌다

《경영자의 기능》은 수많은 학자와 실무자들이 부분적 또는 피상적으로만 조직의 특성에 대해 논했을 뿐 그 본질적 속성인 협력 시스템으로서의 조직, 그리고 의사결정 프로세스로서의 조직 관리활동에 대한 심도 있는 연구는 찾아볼 수 없었다는 바너드의 비판에서부터 시작된다.

조직에 대한 일반 이론이 정립되지 않은 이유로 바너드는 다음과 같은 것들을 들고 있다. 첫째, 협력 체계를 전제로 한 기업이나 대학, 군대 등에 대한 연구보다 오랫동안 인간사회를 지배해온 국가나 교회, 즉 국가적 법제도와 종교적 교리에 대한 연구가 더 많이 이뤄졌고 그에 대한 관심이 더 컸기 때문이다. 둘째, 18세기 말 이후 애덤 스미스와 그 후학들이 인간 행위의 사회적 측면으로부터 경제적 측면을 떼어내 경제적 동물로서의 인간 행위를 지나치게 강조했다. 그리고 경제적 이익 창출을 추구하는 기업의 경우에도 경제적 요인 이외에 비경제적인 동기와 관심이 중요하다는 것을 인식하지 못한 점 등이 그 요인이다.

공식 조직은 왜 단명하는 것일까

본인 스스로 조직에 대한 풍부한 경험을 갖고 있다고 말한 바너드는, 역시 이 책을 통해 다른 책들이 조직이 무엇인지 독자들이 '심미적으로 느끼도록 해주지 못한다는 점'을 지적했다. 그리고 이는 몇 가지 악기의 특성은 알지만 오케스트라 전체의 구조와 곡조 및 연주 기법은 이해하지 못하는 것과 마찬가지라고 꾸짖었다. 바너드는 국가, 기업, 군대, 종교 단체뿐만 아니라 가족과 친목회, 사교 클럽까지 포함하면 공식 조직의 숫자는 사실 총인구의 숫자보다 많을 수도 있다는 점을 지적하면서 왜 공식 조직에 대한 연구가 이토록 부족한가 하는 문제를 제기했다.

실제로 로마 가톨릭교회를 제외하면 2백 년 이상 이어져 내려온 공식 조직이 과연 몇 개나 될까? 그리고 공식 조직은 왜 단명하는 것일까? 바너드는 그 원인과 해결방안을 조직 내부적으로는 조직구조와 조직 기능 및 단결력에 있어서의 결함 또는 리더십과 관리활동상의 결함 등을 조정하는 데서 찾으려 했다. 그리고 조직 외부적으로는 외부 세력의 영향과 제약, 즉 외부 환경과의 균형을 유지하는 활동에서 찾고자 했다. 이처럼 바너드는 조직의 내적 균형과 외적 균형을 명쾌하게 설명하면서도 외적 균형을 위해서 다시 요구되는 것이 조직의 내적 균형임을 내세워 결국 조정과 협력활동이 가장 중요하다는 점을 강조했다.

그 결과 그의 이론은 폐쇄적 조직관에 입각한 경영자의 기능을 나열하는 데 그치고 말았다. 즉, 경영자의 기능은 공식 조직에서 요구하는 통제와 관리 감독 및 내부 조정과 상호 협력 등과 같은 조직 내부의 경영활동에 있다고 봄으로써 그 한계를 드러낸 것이다.

권한의 원천

조직 내 공식적으로 인정되는 권력이 권한이다. 이러한 권한의 원천에 대해서는 권한법정설formal theory, 권한수용설acceptance theory, 직무기반설job-based theory 등의 세 가지 상이한 관점이 있다.

협력이 없으면 조직도 없다

개인이란 도대체 무엇인가? 그리고 조직 내에서 개인에게 어느 정도의 발언권과 자율성을 부여해야 하는가? 바너드가 마치 철학자들이나 던질 만한 질문을 한 데는 이유가 있다. 분명 개개인의 정체성에는 차이가 있지만 조직에서 경영자가 이들을 교육시키고 관리하는 과정에서 점차 각자의 특수성은 무시되고 하나의 비인격체처럼 다뤄지기 때문이다. 조직 내 개인의 위상과 그에 대한 배려와 조정이 결여될 경우에는 개인주의, 집단주의, 중앙집권주의, 방임주의, 사회주의, 주권주의, 파시즘, 독립, 자유, 조직화 등 이견과 갈등, 그리고 무질서와 혼돈의 상태가 초래된다. 그러므로 조직 내 관리 과정을 논하기 위해서는 바로 개인에 대한 정의와 위상 정립이 전제되어야 한다는 것인데, 내용은 다음과 같다.

첫째, 개인은 독립된 물리적 실체로 존재한다. 하지만 물리적 생체 조직으로서의 개인은 육안으로 볼 수 없는 수많은 가치와 사상과 능력의 집합체다.

둘째, 유기체로서의 인간은 다른 인간과 협력하지 않고서는 그 기능을 제대로 발휘할 수 없는 복잡한 사회적 관계를 맺고 있지만 군중 속의 한 사람 또는 통계상의 한 사람으로 다룰 경우에는 하나의 점과 같은 조직 구성원에 불과하기도 하다.

셋째, 이러한 개인의 특질은 활동과 행위, 제한적 선택권(의사결정 능력), 그리고 일정한 목적을 통해 나타난다. 《경영자의 기능》에서는 개인은 상호 협력 시스템하에서의 사회인 또는 비인격화된 독립체로 다뤄지고 있다.

바로 이러한 개인의 특질에 통제 또는 영향력을 행사함으로써 개인의 행동방식을 의도적으로 수정하는 것이 바로 바너드의 조직관이며, 그는 이것을 경영자의 주요 기능으로 정의했다. 여기에서 경영자에 의해 개인이나 조직의 행위가 목적을 달성했을 경우에는 효과적effective, 추구하는 목적과는 다른 결과가 나타날 경우에는 비효율적inefficient, 그리고 기대하지 않았던 결과에 의해 동기나 욕구가 만족될 경우에는 효율적efficient이기는 하지만 효과적이지는 않다는 말로 행위 결과의 효과성과 효율성을 구분해 설명하고 있다.

협력 시스템의 물리적 · 생물학적 한계

개인의 행위에는 어느 정도 제약이 따르게 마련이므로 이를 극복하기 위한 협력활동과 적절한 선택활동이 요구된다. 만일 인간의 심리적 요인만족을 제외한 비인격화된 개인의 목적 달성만을 다룬다면 목적 달성의 한계는 물리적 환경과 개인의 생물적 능력에 의해 달라질 것이다.

그와 같은 경우의 예를 들어보면 다음과 같다.

첫째, 타인과의 협력이 불가능하다고 판단될 경우에는 인간의 노력에 의해 극복될 수 있는 물리적 한계를 발견하는 데 초점이 맞춰지게 된다. 둘째, 상호 협력이 가능하다고 판단될 경우에는 우선 물리적 한계의 발견에 이어 자신의 생물학적 한계의 발견에 초점을 두게 되며, 연이어 협력활동의 한계와 협력활동에 의해 극복될 수 있는 물리적 한계를 인식하는 데 초점을 맞추게 된다. 이처럼 인간의 만족도와 같은 사회적 요소가 배제된 협력 체계는 단순히 기계적 차원에서 물리적 한계를 변경하거나 개인의 생물학적 한계를 극복하기 위해 도입되지만 목적의 내용과 범위가 증대됨에 따라 협력활동 자체가 불안정해지거나 목적이 불명확해짐에 따라 특별한 관리 프로세스를 도입하거나 새로운 관리 조직이 필요하게 된다.

협력 시스템과 심리적·사회적 요인

개인의 목적 달성에 제약을 가하는 물리적 · 생물학적 한계를 극복하는 데는 협력활동이 요구되지만 인간의 협력 시스템에는 예외 없이 심리적 · 사회적 요인이 개입되게 마련이다. 즉, 개인 행위의 목적에는 분명히 한계가 따르지만 여기에는 주어진 제약에 적응하는 개인의 선택 능력이 동시에 작용하므로 협력 시스템은 서로 만족할 만한 관계를 정립하는 식으로 마련된다. 그 결과 협력 시스템의 목적 또는 목표가 새롭게 정립되며, 이러한 협력 시스템의 목적이나 목표가 달성될 경우 그것을 효과적이라 한다. 이에 비해 개인의 다양한 욕구 만족 수준을 단순 집계한 결과는 효율성이라 해석된다. 그리고 협력 시스템의 효율성은 특정 개인이 지각하는 만족도, 즉 개별 효율성에 의해 좌우된다.

인간의 협력 시스템을 전제로 한 바너드의 조직관은 일부 비판의 여지가 있지만 바너드는 다음과 같은 기본 가정에 입각해 이 책의 전반에 걸쳐 그 타당성을 증명해 보이려 했다. 첫째, 개인 행위의 목적에는 일정한 제약이 따르며, 이러한 제약하에서 한정된 선택권만을 갖고 있다. 둘째, 개인에게 가장 심각한 제약이 되는 것은 생물학적 한계인데 이를 극복하기 위한 최선의 방법은 바로 협력이다. 셋째, 협력은 전체 환경 중 사회적 측면에 해당하며, 협력으로부터 사회적 요인이 발생한다. 넷째, 협력 시스템이 유지되기 위해서는 사회적 성격을 지닌 협력 목적의 달성과 관련된 효과성, 그리고 개인적 동기 및 만족과 관련된 효율성이 모두 충족되어야 한다. 바너드는 이처럼 협력 시스템이 지속될 수 있도록 환경을 조성하고, 한편으로는 구성원의 만족을 창출 및 분배하는 과정을 효과적으로 선택하는 것을 바로 경영자가 해야 할 일로 본 것이다.

사람이 있어야만 조직도 있다

바너드는 협력 시스템을 "두 사람 이상이 협력을 목적으로 일정 목표 달성을 위해 서로 구체적이며 체계적인 관계를 유지하는 물리적·생물적·개인적·사회적 요소로 구성된 하나의 복합체"라 정의했다. 그리고 그 시스템은 더 큰 시스템에 속해 있으며, 보다 작은 보조 시스템을 포함하고 있다고 했다. 그리고 '두 사람 이상의 협력'이 이뤄지는 시스템을 조직, '의식적으로 조정된 두 사람 이상의 활동'이 이뤄지는 시스템을 공식적 조직이라 정의하고 있다. 이는 1970년대의 시스템이론이 확산되기 이전에 명확하게 시스템의 목표성과 기능성, 그리고 구조성과 전체성을 표현한 것으로 조직에 대한 그의 내적 균형과 외적 균형이론의 근거가 되는 정의이기도 하다.

시스템이론
하나의 전체를 이루고 있는 각 요소 간의 유기적 상호 작용 관점에서 전체를 파악하려는 이론으로서, 구성요소들 간의 상호 의존 관계를 충분히 고려하지 않은 전통적 연구방법을 비판하고 있다. 여기에서 시스템이란 여러 구성인자가 모여 일정 목표 달성을 위하여 유기적인 상호 작용을 하는 실체를 의미한다.

조직으로서의 협력 시스템은 물리적 환경, 사회적 환경, 구성원으로서의 개인, 그리고 기타 사항 등 네 가지 구성 인자에 의해 형성되는데 바너드는 조직이라 불리는 하나의 시스템을 추상적으로 상징화, 인격화해 조직은 개인들의 집단이라는 일반적인 개념을 그대로 사용했다. 특이한 것은 조직의 구성원을 이 책에서는 조직의 공헌자라 표현했으며, 구성원들의 활동을 조직에 대한 공헌이라는 말로 표현했다는 점이다.

공식적 조직이 되기 위한 조건

조직이 성립되기 위해서는 서로 커뮤니케이션을 하기 위한 구성원들이 있어야 하며, 이들이 공동의 목적을 달성하기 위해 자발적으로 공헌 행위를 해야 한다. 그러므로 조직이 새롭게 탄생하기 위해서는 커뮤니케이션 활동과 공동의 목적 및 구성원들의 공헌 의지라는 세 가지 사항이 요구되며, 또한 조직이 지속적으로 존속하기 위해서는 효과성과 효율성에 의한 조직의 균형이 유지되어야 한다. 조직의 균형 상태는 주로 내적 균형 문제와 관련이 있지만 보다 근본적으로는 외부 환경과 조직의 외적 균형과 관련이 있다. 즉, 조직 목적과 외부 환경과의 적합성 여부에 의한 효과성, 그리고 조직과 개인 간의 교환적 구성에 의한 효율성을 갖춰야 한다는 것이다.

공식적 조직이 성립되는 조건과 이를 유지하기 위한 조건을 구체적으로 살펴보면 다음과 같다.

>> 협력 의지

협력 시스템으로서의 조직에는 공동의 목적 달성을 위한 구성원들의 협력 의지가 필수적이다. 공헌 의지는 헌신, 자기 희생, 개인 행위의 비개성화 등을 의미하며, 공헌 의지의 효과는 단결력으로 표출된다. 실제로 공헌 의지는 개인차가 심하며 공식 조직에서는 극히 소수의 개인들만이 적극적인 협력 의지를 나타낸다. 때문에 조직으로서는 개인별 동기와 욕구를 고려한 보다 객관적인 유인 방안을 강구해야 하는 것이다.

>> 협력 목적

협력 의지는 협력의 목적이 있을 때에만 생겨날 수 있는데 이것이 바로 조직의 목적이다. 목적을 수용할 때 협력의 의지가 나타나므로 조직의 구성원인 개인들은 협력적 차원과 주관적 차원을 동시에 고려한 협력의 목적을 공유하게 된다. 그러나 흔히들 조직의 목적과 개인의 동기가 일치해야 한다는 점을 강조하지만 애국 단체나 종교적 조직을 제외하고는 그 가능성은 너무나 희박하다. 또한 조직의 목적이 변화하기도 하므로 개인과 조직의 일체화를 위한 관리활동이 바로 경영자의 몫이 되는 것이다.

>> 커뮤니케이션

공동의 조직 목적을 달성하려는 개인의 잠재적 협력 의지는 목적에 대한 이해와 공유를 위한 커뮤니케이션 활동에 의해 드러난다. 언어를 수단으로 하는 커뮤니케이션의 기법에 따라 조직의 구조와 범위 및 내부 효율성이 전적으로 달라지므로 커뮤니케이션은 조직이론의 핵심 중에서도 핵심이 되는 부분이다.

>> 협력의 효과성

조직의 존속 여부는 목적 달성 능력에 달려 있으며, 목적 달성 능력은 다시 협력 행위와 환경 조건에 의해 좌우된다. 교량을 건설하는 경우처럼 목적이 구체적인 목표로 제시되면 협력의 효과성이 분명하게 나타난다. 그러나 종교 단체나 사회적 조직처럼 추상적 목표를 갖고 있는 조직의 효과성은 모호하게 나타나게 마련이다. 여기서 조직은 목적을 달성할 수 없으면 해체되지만 목적을 달성했을 경우에도 해체된다. 그러므로 기업조직처럼 영속적인 조직을 추구하기 위해서는 조직의 목적을 보다 일반화시켜 정립할 것이 요구된다.

>> 조직의 효율성

바너드는 효율성을 일반적인 '투입 및 산출'의 관계로 본 것이 아니라 협력 시스템으로서의 조직에 요구되는 개인의 노력을 유인하고 확보하는 문제로 보았다. 즉, 조직 시스템의 균형 유지에 필요한 개인의 협력 의지를 강화시키기 위한 조직 능력을 조직의 효율성으로 본 것이다.

공식적 조직에서 가장 중요한 것은 커뮤니케이션이다

바너드는 복합체를 전국, 지방 등을 포함하는 사회라는 거대한 비공식 조직으로 보았으며, 이러한 거대한 비공식 조직 내에 국가나 교회와 같은 공식적으로 조직화된 단체가 포함된다고 말했다(그러므로 엘턴 메이오 등이 강조한 공식 조직 내의 비공식 집단의 존재에 대한 의미와는 완전히 다른 관점에서 바너드는 비공식 조직의 개념을 정의한 것이다. 그의 정의는 복잡다단하게 운영되는 사회적 메커니즘의 존재를 간단하게 비공식 조직으로 표현한 것이라 볼 수 있다). 물론 국가나 교회는 각각 최상위 조직으로서 계층 구조를 통해 하부 조직을 운영하므로 개인의 경우에는 국가의 구성원이자 교회의 구성원 또는 기업의 구성원이라는 매우 복잡한 종속관계를 맺게 된다. 또한 상위 조직은 하위 조직의 복합체로 구성되므로 공식 조직으로서 국가의 성공적 운영은 국민들이 다양하게 구성원으로 소속되어 있는 하위 조직들의 성격과 활동에 의해 좌우되게 마련이다.

이러한 공식적 복합 조직은 구성원 개개인의 노력과 공헌활동을 유인하기 위해 서로 경쟁을 하게 되므로 개인으로서는 불가피하게 어느 조직에 더 충성해야 할 것인가 하는 갈등을 하게 된다. 그리고 중간 단위에 있는 공식 조직 간의 충성 경쟁과 갈등도 불가피하다. 복합 조직으로서 가장 중시해야 하는 문제는 효과적인 커뮤니케이션에 있으므로 이를 위해서는 리더의 관리 범위를 15명 이내, 실제로는 5명 내지 6명 이내로 제한해야 한다. 상위 조직이든 하위 조직이든 간에 인간관계의 복잡성은 구성원의 숫자에 따라 크게 달라지기 때문이다.

그러므로 단위 조직의 규모는 커뮤니케이션 활동에 지장이 없도록 정해져야 한다. 단위 조직에는 필히 수행해야 하는 관리 기능이 주어지므로 전문적으로 이를 담당하는 조직이 형성된다. 그러므로 복합 조직 내의 단위 조직은 '작업 단위'와 '관리 단위'라는 두 개의 조직 단위를 동시에 운영하는 주체 집단이 되며, 복합 조직의 구조적 특성은 단위 조직의 규모에 따라 커뮤니케이션 활동이 어느 정도 활성화되느냐에 의해 결정된다.

보이지 않는 손
영국의 고전학파 경제학자인 애덤 스미스가 《국부론》에서 그의 자연법 사상을 상징적으로 표현한 개념으로 개인의 이기적인 경제활동이 결과적으로는 사회의 생산력 증대와 계급 간의 이해조정을 통한 번영이라는 자연적 조화를 성립시킨다는 것이다. 이러한 자연적 조화와 번영은 자유경쟁 시장에서의 가치법칙과 이윤동기에 의한 자연적 질서, 즉 신神의 보이지 않는 손에 의한 것으로 본 관점이다.

공식 조직을 역동적으로 만드는 비공식 조직

비공식 조직이란 공식 조직과는 대조적으로 비의식적인 만남이나 상호작용 또는 친교관계를 맺고 있는 사람의 집단을 총체적으로 표현한 것으로 확정성이나 구조성, 그리고 하위 조직이 없다는 특징이 있다. 그러나 비공식 조직은 공식 조직이 형성되기 위한 조건을 만들어주며, 태도, 이해, 관행과 습관, 규범 또는 제도를 만들어주는 중요한 역할을 한다. 한마디로 공식 조직만으로 구성된 사회는 존재하지 않으며, 비공식 조직에 의해 공식 조직은 더욱 역동적으로 된다는 것이다. 반면에 공식 조직은 활동을 해나가는 과정에서 '보이지 않는 손', '보이지 않는 정부'와 같은 비공식 조직을 다양하게 만드는데, 이러한 비공식 조직은 공식 조직 내 커뮤니케이션의 활성화, 개인의 공헌 의지의 유도, 공식적 권한의 안정화, 구성원 간의 유대 강화 및 탈개성화되기 쉬운 공식 조직 내 개인의 고유한 성격을 유지시켜주는 핵심적 수단이 된다.

효과적인 공식적 조직이 되는 데 필요한 요건

바너드는 공식 조직이 보다 효과적이고 효율적으로 되기 위해서는 전문화, 인센티브, 권한체계, 의사결정, 그리고 환경적 기회 요인 등의 역할이 결정적이라는 점을 강조하고 있다.

>> 전문화

분업, 전문화, 직능화 등은 원래 서로 다른 의미지만 유사하게 사용되고 있다. 바너드는 전문화가 과업 수행의 장소와 시간, 공동 작업 동료와 작업의 대상, 과업 수행의 방식과 과정별 전문화 등을 바탕으로 하고 있다고 보았는데 전문화와 기술혁신에 의해 협력 시스템의 효과가 달리 나타난다고 했다. 일반적으로 전문화는 개인보다는 단위 조직의 전문화와 분업화를 의미하므로 전문화는 바로 조직화와 동의어로 사용된다. 그러므로 공식 조직은 전문화를 통해 각 단위 조직에 목적을 부여하는 복합 조직의 형태를 띠게 된다.

>> 인센티브

조직 에너지의 원천인 구성원들의 노력과 공헌도는 조직에서 제공하는 인센티브에 의해 결정되므로 인센티브는 조직의 존립을 결정하는 핵심 변수라 할 수 있다. 인센티브는 돈과 같은 객관적 유인과 설득과 같은 주관적 유인으로 대별되는데 기업조직에서는 주로 전자를 활용하며, 종교 단체에서는 전자보다는 후자를 더욱 중시한다. 그러나 기업조직도 물질적 보상 못지않게 명예와 위신, 권력 등 비물질적 유인을 중시해야 한다. 비물질적 유인의 핵심인 설득에는 강압에 의한 방법, 논지의 합리화에 의한 방법, 동기유발에 의한 방법 등이 있는데, 노예제하의 강제 노동이나 공산주의하의 사상 주입과 같은 강압이나 합리화보다는 애사심 고취와 같은 동기유발에 의한 방법이 더 효과적이다.

>> 권한

권한은 조직 구성원의 공헌 행위를 지배하는 것으로 공식 조직 내에서는 상사의 명령이라는 커뮤니케이션과 이를 받아들이는 구성원의 수용활동에 의해 결정된다. 그러므로 부하들에게 이해될 수 없거나 조직 목적에 어긋나거나, 아니면 능력 범위 밖의 커뮤니케이션을 시도할 경우에는 권한이 수용되지 않으며, 결국 상사의 권한은 행사될 수 없다.

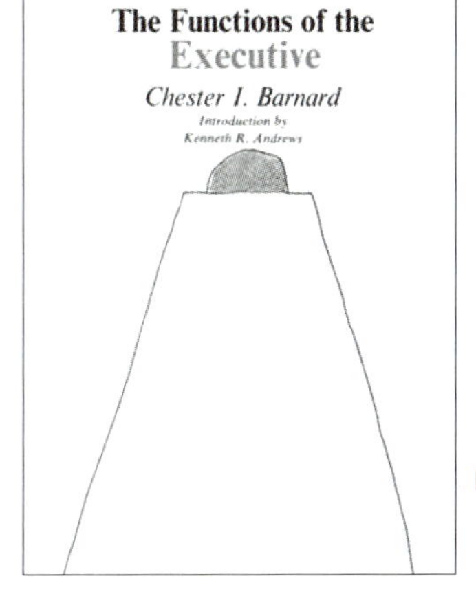

《경영자의 기능》의 원서 표지. 1968년판.

권한은 부하에 의해 수용될 경우에만 행사된다는 바너드의 권한수용설은 바로 이러한 논지에 입각한 것이다. 바너드는 권한이 수용되는 범위를 '무관심 영역'이라 표현했는데 군대 조직에서는 그 영역이 매우 넓게 존재한다. 반면에, 어렵게 채용한 기업의 전문 인력들로 구성된 조직에서는 그 영역이 매우 좁으므로 후자의 경우에는 상사의 권한이 그만큼 제약된다는 점을 강조하고 있다.

상하 계층을 불문하고 권한은 '공적인 성격'이 부여된 커뮤니케이션이 이뤄질 경우 행사되므로 우선 공식적 직위로부터 나오는 직권이 존재한다. 한편 직위와는 관계없이 개인의 지식이나 덕망을 높이 사는 다른 사람들이 부여해주는 소위 리더십 권한이 존재한다. 그러나 이들 양대 권한 모두 개인에 의해 수용되어야 영향력을 갖게 되므로 공식 조직에서는 다음과 같은 커뮤니케이션 시스템을 통해 권한 수용도를 높이는 통제를 가해야 한다.

- 공식 조직도 등 커뮤니케이션의 채널을 보여주는 권한 라인을 명확히 해야 한다.

- 직권 등 객관적 권한을 갖기 위해서는 누구에게나 공식적 커뮤니케이션 채널이 필요하다.
- 커뮤니케이션 라인은 가능한 한 직접적이고 짧아야 한다.
- 커뮤니케이션을 위해서는 원칙적으로 권한 단계의 전체 라인을 사용해야 한다.
- 커뮤니케이션의 요충지에 있는 경영자와 감독자가 그에 알맞은 능력을 갖고 있어야 한다.
- 조직 기능이 수행되고 있는 동안 커뮤니케이션 라인이 단절되어서는 안 된다.
- 모든 커뮤니케이션은 직권 내에서 이뤄진다는 점을 확실히 입증해야 한다.

바너드는 "지금까지 강압적 권한에 순종하기보다 차라리 죽음을 택함으로써 전달된 권한을 파괴시킨 사람들은 얼마든지 있다."라는 말로 커뮤니케이션에 의한 권한 수용을 강조하고 있다.

>> 의사결정

공식 조직의 의사결정을 위해서는 달성해야 할 목표와 그를 위한 수단이 요구되는데 조직 목표는 공식화되어야 하므로 개인 목표와는 달리 매우 논리적이어야 한다. 조직 목표의 달성을 위해서는 구성원들의 협력활동이 절대적인데, 여기에는 개인적 공헌 의지와 관련된 의사결정 문제와 조직의 목적 달성과 관련된 의사결정 문제라는 두 가지 의사결정 문제가 포함되어 있다. 전자의 개인적 공헌은 인센티브와 연계되어 의사결정이 개별적으로 이뤄지게 되며, 후자의 조직적 의사결정은 커뮤니케이션 라인상의 핵심적 지위를 차지하고 있는 경영자의 기능에 위임되어 이뤄진다. 그러므로 경영자의 가장 중요한 기능은 바로 다음과 같은 요소들을 고려해 의사결정 과정의 한 전문 영역을 대표해 수행되어야 한다.

의사결정decision making 특정 상황을 고려하여 목표를 설정하고, 그 시점에서 이용 가능한 여러 수단 중 특정 수단을 선택하는 것이 의사결정이다. 기업 내 의사결정은 통상적인 업무와 관련된 업무적 의사결정, 자원의 효과적인 의사결정, 다각화 전략 등 기업의 성격을 좌우할 수 있는 전략적 의사결정으로 구분된다.

1. 의사결정의 기회 : 경영자(관리자)는 상사로부터의 명령 사항, 하급자로부터 위탁된 사항, 주요한 도전 등 다양한 의사결정의 기회를 자신의 직책과 관련된 한정된 범위 내에서 균형을 깨뜨리지 않으면서 포착할 수 있어야 한다. 일반적으로 최고경영층에서는 조직 목적과 관련된 의사결정, 중간관리층은 목적의 구체화 및 경제적·기술적 문제에 대한 의사결정, 그리고 하급관리층은 구성원의 공헌 의지와 직결된 과학적·기법적 의사결정을 다루도록 해야 한다.
2. 의사결정의 증거 : 경영자의 의사결정에는 확실한 자료보다는 간접적 자료의 종합에 의한 유추적인 것이 많지만 거기에는 그 결정을 대외적으로는 완벽하게 보이도록 해야 한다는 고민이 따르게 마련이다. 여기서 경영자의 예술적인 의사결정이란 "현재 적절치 않은 사항은 연기하고(통찰력과 분별력의 발휘), 너무 때 이른 의사결정은 삼가하며(선입견과 편견의 배제), 효과적일 수 없는 사항은 제외하고(직권과 리더십의 유지), 타인의 영역에 속하는 것은 다루지 않도록 해야 한다(책임 한계와 권한 보전)"는 것을 의미한다.
3. 의사결정의 환경 : 조직 목적과 조직 환경 모두 의사결정의 중요한 환경이 된다. 이러한 목적과 환경은 연차적으로 진행되는 의사결정활동에 의해 다시 후속 단계에 영향을 미친다.

바너드는 기타 조직에 규범적으로 부여되어 있는 목적이나 목표를 도덕적 요소, 이에 반대되는 것으로 현재의 상황이나 수단 및 제약 조

톰 피터스 Tom Peters

맥킨지 컨설팅회사에서의 연구 결과를 《초우량 기업의 조건*In Search of Excellence*》이라는 책으로 출간하여 일약 세계적 경영 컨설턴트로 명성을 떨치게 되었다. 비합리, 비도덕, 비이성적인 경영을 타파하려는 톰 피터스의 주요 저서로는 《초우량 기업의 조건》(1982), 《초우량 기업이 되기 위한 열정》(1985), 《해방경영*Liberation Management*》(1992), 《경영 창조*The pursuit of Wow!*》(1994), 《혁신의 고리*The Circle of Innovation*》(1997) 등이 있다.

건을 기회적 요소로 구분해, 현재 의사결정 행위가 이뤄지는 과정은 바로 기회적 요소에 해당하는 것으로 파악했다. 또한 이러한 상황의 기회적 요소에 대한 분석을 위해서는 전략적 요인과 제약 요인에 대한 분석 기법이 요구된다는 점을 강조했는데, 바너드의 이러한 관점은 허버트 사이먼의 '의사결정에 있어서의 제한된 합리성' 이라는 이론의 기초가 되었다.

조직은 구성원 간의 협력을 기초로 형성된다

이 책의 제4부는 앞에서 강조한 사항을 관리 기능과 관리 과정의 효과 및 경영자의 책임 부분으로 다시 정리한 것이므로 마지막 18장의 결론까지 포함하면 내용이 매우 중복되어 있다. 이는 이 책의 제목이기도 한 경영자(또는 관리자)의 기능을 강조하기 위해 종합적으로 다시 정리해 발표한 논문을 그대로 실었기 때문일 것이다. 저자 스스로 특히 제7장과 제8장에서 설명한 것을 다시 강조했음을 밝히고 있는데 이들 재차 강조한 사항을 정리하면 다음과 같다.

- 조직은 구성원 간의 협력을 기초로 형성되며 협력은 물리적, 생물적, 사회적 요소가 결합되어 행동화되는 과정이다.
- 조직의 경제적 발전의 원천이 되는 자본은 물리적 환경의 일부지만 한편으로는 자연 환경이 조직에 부과하는 제반 제약을 감소시켜주는 인센티브의 수단이 된다.
- 공식 조직은 단위 조직으로부터 성장하며, 여러 단위 조직(하위 조직)

으로 구성된다. 바로 이들 단위 조직의 특성이 복합적 공식 조직의 성격을 결정한다.

- 단위 조직 역시 물리적·생물적·사회적 요소에 의해 그 특성이 결정되므로 조직에 대한 연구는 이들 3대 요소에 대한 분석과 이해에서 출발해야 한다.
- 비공식 조직으로서의 사회를 이해하기 위해서도 제도나 관습보다는 먼저 사회를 다양한 공식 조직이 형성시킨 복합체로 파악하는 것이 필요하다.
- 비공식 조직은 공식 조직의 활성화에 영향을 주며, 공식 조직은 명령체계와 일관성을 유지시켜주므로 이들은 상호 협력 및 상호 의존관계에 있다.
- 리더나 관리자의 이념과 가치관이 허구적일 경우에는 조직, 즉 협력시스템의 균형이 사라져 개인적 편견과 이기주의적 갈등이 고조된다.
- 조직이 균형을 잃으면 경제성만 강조하는 현상이 나타나고, 비공식 조직을 간과하거나 직권과 리더의 권한에 대한 혼란 및 도덕성과 책임성에 대한 혼란을 일으키는 등 경영자가 그릇된 행동을 하게 된다.
- 조직관리는 제반 요소들에 대한 선택 행위, 즉 적극적 의사결정활동에 의해 환경에 적응하는 과정으로서 그 결과는 복합체의 효과성과 효율성으로 평가된다.
- 환경을 지각하는 능력의 차이 때문에 의사결정의 한계가 발생하며, 이로 인해 조직의 성공적인 협력활동에 한계가 생기게 된다.
- 협력의 전략적 요소인 리더십에는 도덕적 차원의 복잡성을 극복하는 능력 이상으로 과학적 차원의 기술력을 키울 수 있는 능력이 요구된다.

바너드 역시 환경의 제약 속에서 최선의 의사결정을 하기 위해서는 보다 과학적이고 분석적인 경영자의 기능이 필요하다고 역설하고 있다. 또한 이러한 체계적이고 과학적인 지식만으로 극복할 수 없는 의사결정의 문제는 직관적인 지식, 즉 끊임없는 경험의 축적에 의한 행동 지식behavioral knowledge으로 해결할 것을 강조했다(직관력 역시 축적된 경험의 산물이라 해석한 바너드의 관점은 허버트 사이먼에게도 그대로 전수되어 나중에 사이먼과 헨리 민츠버그 간의 논쟁으로 비화하게 된다).

현대적 시사점

실천 학문으로서의 경영학이 강조된다면 아마도 바너드의 업적이 테일러보다 중시되어야 할 것이다. 뉴저지 벨의 사장으로 취임한 바너드는 미국 기업의 경영자 중 지적 수준이 가장 높은 인물로 평가된 바 있다.

톰 피터스가 "이 책은 경영학 분야의 불후의 명작임에도 불구하고 거의 읽혀지지 않는 운명을 타고났다."라고 말했듯이, 이 책에서 강조하고 있는 조직의 내적·외적 균형, 권한의 수용, 시스템, 리더십, 커뮤니케이션, 의사결정, 협력과 인센티브, 목표 설정 등은 모두 조직이론으로 정립되어 오늘날에도 여전히 이어지고 있다.

물론 이 책이 씌어진 1930년대와 21세기라는 현재의 시대적 차이를 극복할 수 없는 내용도 많다. 개인보다는 조직을 중시하고 공식 조직의 중요성을 언급한 부분이나 비공식 조직의 유기적 측면을 구체적으로 설명하지 않은 점 등은 비판의 대상이 될 수 있다. 하지만 그 당시에 이에 관한 개념을 정리했다는 사실만으로도 그는 높이 평가되어야 할 것이다. 또한 바너드가 이 책에 담은 내용의 대부분이 허버트 사이먼 등 의사결정학파에게 큰 영향을 줬다는 점도 간과해서는 안 된다.

특히 윤리 경영과 투명 경영이 강조되고 있는 우리의 현실을 고려하면 경영자의 기능으로서 도덕적 측면을 강조한 그의 주장은 시대를 뛰어넘어 오늘날에도 그대로 적용되고 있다고 볼 수 있다. 커뮤니케이션활동이 바로 조직활동이라는 점을 강조해 이를 통한 부하의 권한수용과 협력 의지의 유인, 그리고 의사결정과 리더십의 중요성을 연계적으로 설명한 내용은 다른 어느 책에서도 찾아보기 어려운 조직관리의 정수라 할 수 있다.

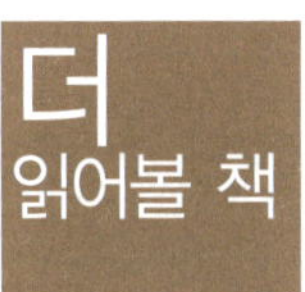

Organization Learning Argyris, Addison Wesley, 1978

Organization and management Barnard, Harvard University Press, 1948

한권으로 만나는 경영대가 50인 스튜어트 크레이너, 세종연구원, 1999

저자 소개 및 도서 정보

체스터 바너드 Chester Barnard

《경영자의 기능 *The Functions of the Executive*》, Harvard University Press, 1938.

1886년 매사추세츠 주 몰던에서 태어난 바너드는 하버드대학교 경제학과를 3년 만에 우등으로 졸업한 후, 1948년 은퇴할 때까지 39년간 미국전신전화회사에서 근무했다. 1927년 41세의 나이에 뉴저지 벨전화회사의 초대 사장으로 부임하면서 조직관리에 관한 연구와 집필활동을 본격화했다. 또한 1931년부터 5년간은 뉴저지 주정부의 구호관리국장, 1942년부터 1945년까지는 미국장병위문협회 사장을 맡았으며, 은퇴 후 1948년부터 1952년까지는 록펠러 재단 이사장을 역임했다. 그리고 1946년 대통령 훈장과 함께 7개나 되는 명예 박사학위를 받았다. 평생을 경영 실무자로 살다 간 바너드의 학문적 업적은 이 책 외에 주로 수많은 연구 논문으로 발표되었다. 이러한 그의 업적은 메리 폴렛과 함께 사회적 인간관계학파, 그리고 허버트 사이먼 등과 의사결정학파를 형성시키는 데 주요한 역할을 했다. 이 책은 인하대학교 최병용 교수가 경북대학교 재직시 번역해 1978년 박영사에서 출간된 바 있다.

이상적 조직으로서의 관료제 4

The Theory of Social and Economic Organization
Max Weber

keyword
자본주의의 유형
관료제
합법적 권한
사회적 관계

카테고리 관련성	
경영전략, 경영혁신	★
생산관리	
변화관리	★
조직관리, 인사관리	★★★
마케팅	
리더십	★★
동기부여, 인간관계	★
기업성공	

핵심 아이디어 사회학자로 잘 알려져 있는 막스 베버가 경제학 분야에 남긴 가장 큰 업적은 가부장적 체제를 대신할 조직형태인 관료제를 제안하고 그 유용성을 다각적으로 분석한 것이라 할 수 있다.

그는 성공적인 관료제의 운영을 위해서는 사회적으로 수용되는 세 가지 유형의 합법적 권한, 즉 1)합리적-법적 권한, 2)전통적 권한, 3)카리스마적 권한 중 합리적-법적 권한이 모든 조직에 적용되어야 한다고 주장했다. 막스 베버는 또한 이상적 관료제 조직의 핵심 구성요인으로 1)분업의 원칙, 2)명령 체계 및 계층의 원칙, 3)공개 채용의 원칙, 4)임명직 관료의 원칙, 5)경력에 따른 고정급 원칙, 6)사용자와 종업원의 구분 원칙, 7)통합제도에 의한 통제의 원칙 등을 제시했다.

21세기에 들어서면서 조직 운영의 '필요악'으로 불리는 관료제에 대해 베버는 주관적 합리성이 배제된 공식적 합리성이 보장되어야 한다는 논지하에 이를 위한 8대 조건을 제시했다. 즉, 1)사용자에 의한 생산수단의 점유, 2)사용자의 관리방식의 전담, 3)사용자에 의한 노동소유 배제, 4)소비 생산 및 가격에 대한 규제 폐지, 5)숙련 및 기술의 측정 가능성, 6)행정 및 법제화 활동의 측정 가능성, 7)예산활동과 관리활동의 구분, 8)공식적, 합리적 금융 시스템 운영 등을 피력하기도 했다.

또한 베버는 당시의 사회 및 경제 시스템을 자본주의로 정의하고, 이윤추구를 지향하는 여섯 가지 자본주의 유형, 즉 1)시장경제 체제에 의한 기업활동, 2)신용확대를 위한 자본 거래 및 투자활동, 3)정치적 권력집단에 의한 기회의 약탈, 4)특권에 의해 보장된 이윤의 원천 활용, 5)정치적 집단의 비일상적 거래활동, 6)이윤추구활동에 대한 지원 및 규제활동 등을 구분해 설명함으로써 근대 자본주의의 특성을 형성

자본주의 체제하의 합리적 관료제 조직

"관료제가 가장 이상적인 조직형태다"

소규모 조직의 가부장적 체제를 대체하는 대규모 조직의 이상적 조직형태

합법적 권한의 3대 유형

① 합법적-법적(rational-legal) 권한
② 전통적(traditional) 권한
③ 카리스마적(charismatic) 권한

관료제 조직의 7대 원칙

① 분업의 원칙 ② 명령체계(계층)의 원칙
③ 공개채용 원칙 ④ 임명직 관료채용 원칙
⑤ 경력에 따른 고정급 지급의 원칙
⑥ 사용자와 직원(구성원) 구분 원칙
⑦ 통합적 제도에 의한 통제의 원칙

합리성 보장의 8대 조건

① 사용자에 의한 생산수단의 독점
② 사용자에 의한 관리방식의 전담
③ 사용자에 의한 노동력 소유 배제
④ 소비 · 생산 · 가격관련규제의 폐지
⑤ 숙련과 기술에 대한 측정가능성
⑥ 행정 및 법제활동의 측정가능성
⑦ 예산활동 및 관리활동의 이원화
⑧ 공식적 · 합리적 금융시스템 운영

이윤추구적 자본주의의 6대 유형

① 시장경제 시스템에 의한 기업활동
② 신용확대를 위한 자본거래 투자활동
③ 정치권력 집단에 의한 기회의 약탈
④ 특권으로 보장된 이윤의 원천 활용
⑤ 정치적 집단의 비일상적 거래활동
⑥ 이윤추구에 대한 지원과 규제활동

시키는 계기를 마련했다.

시놉시스

막스 베버의 유작 원고 중 제1부만 영어로 번역한《경제와 사회 I *The Theory of Social and Economic Organization*》의 앞부분에는 탤컷 파슨스가 쓴 서문과 함께 역자들의 해설과 비평이 담겨 있다. 그리고 본문은 1장 사회학적 개념의 기초, 2장 경제적 활동의 사회학적 범주, 3장 권한의 유형과 강제적 조정, 4장 사회적 신분 및 계급구조 등의 내용으로 구성되어 있으며 방대한 분량의 내용이 총 434페이지에 담겨 있다.

독일의 관념론

칸트 이후 19세기 중반까지 독일 철학의 주된 사상으로서, '이상이 현실을 지배한다'라는 사고에 기반하므로 독일 이상주의로도 불린다. 핵심은 자아중심주의에 있는데, 피히테가 자아중심을 일관성 있게 유지한 데 비해 셸링은 신과 자연, 헤겔은 국가와 역사로 자아의 장을 확장하였다. 이는 각각 쇼펜하우어의 비합리주의와 마르크스의 사회주의에 큰 영향을 미쳤다.

19세기 말, 조셉 프루동, 카를 마르크스 등 사회적 지배 구조의 혁명을 부르짖은 사회주의 사상과 자본주의 시장경제 체제에 의한 생산성 증대 운동이 공존하던 시대에 등장한 막스 베버의 경제관, 사회관 및 조직관은 그의 유작인 이 책이 보여주듯이 완결을 보지는 못했다. 하지만 이 책이 합리성을 추구하는 행정 및 경영 조직에 큰 영향을 미쳤다는 사실은 부인할 수 없는 그의 위대한 업적이라 할 수 있다.

리뷰 자본주의 사회를 이끌어가는 베버의 이상적 조직 형태, 관료제의 본질을 다시 본다

사회학적 개념

사회과학에 대한 베버의 방법론은 '역사적' 사상의 조류에 큰 영향을 받았다. 당시 독일에서는 '자연과학'과 '인문사회과학'이라는 '급진적 이분법'에 의거해 모든 학문이 발달하고 있었으며, 실제로 칸트의 선험적 관점이 과학적 방법론으로 통용되고 있었다(칸트는 현상세계의 영역을 하나의 폐쇄적 시스템으로 다뤄 논리적, 경험적 측면에서만 바라보았다). 바로 이와 같은 이분법적 관점에 대해 베버는 강력하게 반박하고 나섰다.

베버가 인간의 행위와 문화에 대한 주관적 관점의 필요성을 강조한 데 비해 전통적으로 지배해온 사상은 이를 역사적으로 진화되어온 객관적 관점으로만 보려 했던 것이다. 주관적 관점을 인정해야 한다는 베버의 논지는 역사학파의 관점을 전면적으로 비판한 것으로서 인간 행동 및 문화적 영역에서도 자연과학에서와 마찬가지로 인과관계를

증명해야 한다는 점을 전제로 하고 있다. 특수한 상황에서 인간의 관심에 따라 달라지는 주관적 관점을 중시한 베버는 결국, 조직사회의 다양한 문제를 해결해줄 수 있는 하나의 '이상적 형태', 즉 합리성과 연계된 문제나 사회학과 심리학과의 관계 등과 관련된 문제를 해결해 줄 수 있는 가장 바람직한 형태의 답을 찾으려 노력했다.

시장경제
경제의 모든 활동을 시장에 맡기는 것을 시장경제라 하여, 이는 순수 자본주의를 대표하는 개념이다. 이에 비해 수정 자본주의에서는 시장경제에 사회주의적 계획경제를 혼합한 방식을 적용하는데, 이들 순수 자본주의와 수정 자본주의를 통틀어 자유시장경제로 부른다.

>> 인과관계 파악을 위한 합리적 이상형

베버는 인간의 행위를 연구하는 사회과학에도 자연과학과 유사한 방법을 적용해야 하며, 사회과학을 예술이 아닌 체계적 학문으로 정립해야 한다는 점을 중시했다. 특히 그의 초기 연구는 모든 인과관계 파악에 활용될 수 있는 방법론을 정립하는 데 역점을 두고 다음과 같은 세 가지 사항을 강조했다.

1. 모든 조직의 현상은 추상적 · 선별적으로 묘사되어야 한다.
2. 세부사항은 비교 가능한 일반이론으로 정립되어야 한다.
3. 가정 또는 실제 사건은 동일 범주에서 다루도록 해야 한다.

베버가 지적하는 '의미'에는 두 가지가 있는데 하나는 특정 개인에게 구체적으로 '실존하는 의미'이며, 다른 하나는 '이론적으로 수용되는 주관적인 의미'다. 여기서 바로 이 순수 유형이 일반적으로 베버의 이상적 유형이라 불리는 것이다.

이들 두 가지 유형의 의미는 이 책에 혼재되어 있지만 베버의 방법론의 기초인 '행위'의 기준은 철저히 규범 지향적인 데 있다. 즉, 사람은 단순히 자극에 반응만 하는 존재가 아니라 이상적인 형태를 추구하는 노력의 주체라는 것이다. 또한 이상적 유형이란 단순히 추상적인 개념이 아니라 특정한 추상성을 지닌 것으로서 규범적인 것과 이상적인 것이 완벽하게 일치된 유형으로 보고 있다. 이처럼 베버의 방법론에는 항상 합리적 이상형이라는 개념이 자리잡고 있다.

베버의 이상형은 추상적, 일반적 형태로서 행위주체를 구속할 수 있는 규범적 양식과 특정 목적을 향한 규범적 행위 과정을 의미하는 것이므로 특정 개인에 대한 것이 아니라, 하나의 전형적인 행동방식이라 할 수 있다. 그러므로 이상형은 '객관적으로 가능한' 행동방식으로 해석되어야 하며, 일반 서적에서 보듯이 베버가 제시한 이상형을 하나의 잘못된 관점으로 평가하기보다는 다소 한계가 있는 규범적 관점으로 파악할 필요가 있는 것이다.

합리성에도 다양한 유형이 있다

관료제를 이상형 조직형태로 제시하고 시장경제의 새로운 질서를 합리성에서 찾으려 했던 베버는 합리성의 개념을 다음과 같은 네 가지 유형으로 구분하고 있다.

1. 치러야 할 대가를 고려하지 않고 하나의 절대적 가치 달성을 추구하기 위한 수단을 선택하는 합리성Wertrationalitat
2. 치러야 할 대가나 다른 선택을 포기하는 대가 등 복합적 가치 달성을 추구하기 위한 수단을 선택하는 합리성Zwecktrationalitat
3. 타고난 감성과 가치관을 구분하지 못하는 비논리적인 방식으로서 합리적 유형에 속한다고 볼 수 없는 유형Affectual type
4. 실증연구에 있어서는 매우 중요한 유형이지만 앞의 세 가지 합리성 구분과는 차원을 달리하는 영역의 유형Traditional action

이들 네 가지의 합리성 유형을 구분한 다음, 베버는 곧이어 사회적 관계에 대한 이상형을 구축하는 작업에 들어갔다. 이 책의 1장에서 가장 중요한 이슈로 다루고 있는 사회적 관계와 정당한 질서에 대한 논의는 사회학적 이론 발전을 체계화시켜주는 데 큰 역할을 했지만 근본적으로 다음과 같은 여러 가지 문제점이 내포되어 있는 것도 사실이다.

베버는 산업이 성장함에 따라서 비인격적인 현상이 불가피함을 제시했다. 그에 반해 산업화를 노동의 소유권에 대한 유린으로 보았던 카를 마르크스의 견해는 좀더 비판적이랄 수 있다.

첫째, 사회적 관계의 유형을 분류하는 데 필요한 논리적 배경인 전체 사회 시스템의 구조를 분석하지 않았다. 그 결과 베버 스스로 이분법적 양극화 논리에 빠져들어 실제로는 존재하지 않는 이상형과 그 반대의 부정적 형태만 다루고 말았다. 둘째, 특히 합리적 이상형만을 강조함으로써 실제 행위 과정에서 나타나는 오차 수준을 고려한 합리성은 간과했다. 여기서 베버식의 극단적인 이분법, 즉 '합리적인 것'과 '비합리적인 것'만 구분하는 방식이 생겨났다.

베버가 주창한 합리성의 개념은 첫째, 완벽하게 모든 모호성을 배제시킨 목표를 지향하거나 또는 명백하게 짜여지거나 논리적으로 일관성이 있는 가치체계를 지향하는 것이다. 둘째, 선택된 수단은 목표달성에 적합한 방식으로 최선의 모든 지식을 통해 달성되어야 한다는 것이다. 그러나 실제로 이 책에서 합리성을 규정하는 데 있어서 당시로서는 모든 학자들이나 실무자들이 중시했던 능률에 대한 언급이 2장까지는 아예 없었으며, 그것도 매우 제한적으로 이뤄졌다는 한계가 있다.

1장과 2장을 통해 베버는 이상적 유형에서 어긋난 것을 비합리적인

사회 구조

구성원들의 주요 생활 요구가 자족적으로 이루어지는 생활 범위로서의 전체 또는 특정 집단의 내부 구조를 말한다. 파슨스는 이를 각 요소(특히 역할)의 제도화에 의한 균형 시스템으로 본 데 비해, 마르크스는 경제적 상부구조가 아닌 하부구조에서의 생산활동을 통하여 사회구조의 역동성이 필연적으로 나타난다는 역동 시스템으로 보았다.

것으로 보았다. 그러나 실제로는 합리성의 구성요인을 기준으로 비합리성을 판별하기보다는 훨씬 복잡다단한 것으로 해석할 것이 요구된다. 예를 들어, 테러 방지를 위해 이슬람교도의 면사포나 유대교인들의 모자 및 십자가의 착용을 공식적으로 금하는 법이 시행될 경우, 과연 그것이 왜 합리적인가 또는 왜 비합리적인가 하는 문제는 사실 쉽게 판단하기 어렵기 때문이다.

사회 시스템은 사람들이 만든 살아 있는 실물이다

베버의 사회 시스템 개념은 개인과 개인의 역할 및 행동방식이라는 두 가지 요소로 구성되어 있다. 그리고 역할을 구성하는 요소 중 하나인 권한을 인간관계를 조직적으로 구축시키는 하나의 양식으로 보았다. 이처럼 베버는 개인이 처한 상황을 하나의 단편적인 것으로 보았지만 실제로는 여러 행위주체가 서로 연계되어 있으므로 개인의 행동방식을 구체적으로 파악하기란 사실 쉬운 일이 아니다.

사회과학적 연구방법론상 베버가 실증연구를 중시한 근간에는 제도적 변화에 초점을 둔 그의 관점이 큰 영향을 미쳤다. 베버는 현대 서구사회의 구조적 특수성을 파악하는 데 심혈을 기울여, 과연 사회구조가 무엇에 의존하고 있으며, 그 안정성과 변화의 조건은 무엇인지를 알아보려 했다. 이를 위해 베버는 시스템 전체의 동태적 문제와 개인의 동기를 연계시켜봐야만 진정한 과학적 수준의 설명이 가능하다고 했다. 이러한 베버의 논지는 분명 옳다고 볼 수 있다. 그러나 이를 설명하기 위해 베버는 당시의 폐쇄적 측면에서 바라본 기능주의적 관점을 도입할 수밖에 없었으며, 그 결과 사회 전체 시스템에 대한 보다 엄격하고 체계적인 분석은 할 수 없게 되었다.

사회는 경제와 정치를 포함한다

비록 완성된 내용은 아니지만 베버는 2장과 3장에서 '이상적 시스템' 이론을 개발하기 위해 사회적 생활영역을 크게 경제적 분야와 정치적 분야로 나눠 다뤘다. 베버의 주안점은 한편으로는 경제적 활동 및 이해관계가 제도적으로 구조화되어 가는 유형에 대한 분석, 다른 한편으로는 정치적 권한 및 그것을 행사하는 방식이 제도적으로 구조화되어 가는 유형을 분석하는 데 있었다.

베버의 지배적 사고방식으로는 첫째, 조직은 기본적으로 변화하는 특성을 갖고 있다는 확신과 둘째, 사회 구조에는 필히 내재적 불안정성이 존재한다는 확신을 들 수 있다. 그러므로 베버에게 '전통주의'란 구태의연하다는 부정적인 의미이기 이전에 가장 안정된 하나의 사회적 상황을 의미한다. 이에 비해 일반적으로 전통주의는 원시적 또는 과거 지향적이라는 의미로 해석되고 있다. 이러한 베버의 관점은 경제적 사고에 있어서도 다른 유명학자와 그 궤를 달리하고 있다.

화폐의 세 가지 역할

베버는 경제 시스템에 대해 무엇보다 경제주체들이 비용과 효용을 합리적으로 비교해서 의사결정을 내린다는 상당히 합리화된 경제관을 갖고 있었다. 베버의 합리적 경제관은 종교사회학적 개념, 즉 '자본주의 정신'에 기반을 두고 있으며, 경제 주체들이 전통주의적 관점이 아닌 합리적 관점으로 문제를 해결하려 한다는 점을 강조했다. 이를 베버는 '소명' 의식이라 불렀는데 그만큼 경제주체들이 보편적 기준에 의해 전문화된 역할을 맡을 준비가 되어 있다고 본 것이다. 또한 현대의 경제 시스템에는 정치적 조직 및 특정 법 질서가 존재한다고 봤다.

구조 기능주의

사회체계의 요소 간 상호 의존 관계를 제도적 측면에서 분석하는 사회학적 연구방법론으로서, 막스 베버, 탤컷 파슨스, 에밀 뒤르켐 등이 대표적 학자들이다. 파슨스는 사회현상 그 자체가 실체가 아니라 이를 구성하는 제반 변수의 활동과 상호 의존관계가 실체로서의 사회체계라 하였다. 이는 미국 사회학의 기능주의로 발달되었다.

베버는 현대 경제의 사회적 구조에 다음과 같은 두 가지 정책 분야가 포함되어 있다고 말했는데 그 하나는 화폐의 사용, 시장의 구조 및 이에 대한 시장 단위 간의 관계에 대한 것이며, 다른 하나는 보유 자산의 '보전appropriation' 과 관련된 것이다. 그는 특히 화폐의 역할을 중시해 다음과 같은 화폐의 세 가지 역할에 대해 설명했다.

1. 화폐는 재화나 용역의 교환관계를 대폭 확산시켜준다.
2. 화폐는 교환적 기능 외에 경제활동의 구매적 기능을 확장시켜준다.
3. 화폐는 재화나 용역의 경제적 가치를 비교 가능하게 해주는 공통분모로서의 척도적 기능을 한다.

이들 세 가지 역할은 오늘날에도 변함없이 강조되고 있는 사항이기도 하다.

합리적 경제활동의 두 가지 양식

화폐의 사용과 관련해 베버는 합리적 경제활동의 서로 다른 두 가지 양식을 구분했다. 하나는 개별 또는 집단 차원으로 다양한 소비자들에게 가용자원을 합리적으로 배분하는 활동이며, 또 다른 하나는 이윤창출의 기회를 활용하는 활동이다. 이윤창출과 관련해, 베버는 현대 경제가 인간의 이윤추구적인 성향에 기반을 두고 있으며, 심지어는 자본주의와는 거리가 먼 인도 사람들도 이윤추구적인 성향이 서구인들 못지않게 강하다는 점을 강조했다.

이러한 관점에서 베버는 현대 경제가 안고 있는 핵심 문제를 경제의 공식적 합리성과 실질적 합리성 간의 대립관계에서 찾았다. 특히 이들 합리성 간의 긴장 상태가 유발되는 원인을 특정한 조건하에서만 공식적 합리성이 두드러지게 나타나는 데서 찾을 수 있다고 했다. 자본시장과 실물시장의 구분 및 괴리 현상이 뚜렷하게 나타나고 있는 최근 시장경제의 실태를 고려하면 베버가 제시한 현대 경제의 핵심적인 문제는 오늘날 오히려 더욱 심각해지고 있다.

시장
경제활동을 구성하는 시장은 크게 실물시장과 금융시장으로 나눠진다. 실물시장은 재화와 용역 등 실물 자산이 거래되는 시장, 그리고 금융시장은 주식이나 채권 등 금융 자산이 거래되는 시장을 말한다.

현대 자본주의는 합리성의 산물이다

베버는 2장에서 자본주의의 발달과 함께 오늘날까지도 그 한계가 계속해서 문제가 되고 있는 사유재산의 개념을 다루고 있다. 베버는 사회적 관계의 폐쇄성과 개방성 정도에 따라 사유 독점 체제와 자유시장 체제가 구분된다고 했는데, 폐쇄적 사회관계는 오로지 질서, 특히 합법적 질서에 의해 형성된다는 점을 강조하고 있다. 이와 관련해 2장의 결말 부분에서 베버는 경제 시스템의 공식적 합리성을 최대한 보장하기 위한 제도적 조건으로 다음과 같은 사항을 들었다.

- 사용자에 의한 모든 물질적 생산 수단의 완전한 소유
- 경영방식을 전적으로 사용자가 결정하도록 함
- 노동자가 일을 사유화하지 못하듯이 사용자가 노동자를 소유하지 못함
- 실질적 계약의 자유처럼 소비 · 생산 · 가격 등에 대한 실질적 규제의 폐지
- 생산 과정(숙련 과정 포함)의 기술 조건에 대한 측정 가능성
- 정부 행정, 법 질서, 법적 계약 보장활동에 대한 측정 가능성
- 예산부서와 기업활동의 분리

• 공식적 · 합리적 금융 시스템 등

현대 자본주의를 바라보는 베버의 견해에는 논의의 여지가 있지만 베버는 자본주의의 유형을 다음과 같이 세분해 설명했다.

• 구매와 판매활동이 시장 또는 기업에 의해 이뤄지는 형태
• 자본의 거래와 투자가 신용확대 방식으로 이뤄지는 형태
• 정치집단 또는 정치적 권력가에 의해 기회가 약탈되는 형태
• 특정 권력(식민자본주의 등)이 특별 보장된 이윤의 원천을 활용하는 형태
• 자금확보의 경쟁 등 정치적 집단에 의해 비일상적인 거래가 활용되는 형태
• 투자 및 기업의 이윤추구적 활동에 규제가 가해지는 형태 등

결국 현대 자본주의 체제하에서 베버는 개인의 이윤추구에 대한 관심과 동기, 즉 '합리적인 개인의 이해관계'를 바로 경제활동의 원천이자 사회적 지위 향상의 원동력으로 보았던 것이다.

권한은 합리적이고 합법적이어야 한다

일반 경영학 또는 사회학, 정치학 관련 서적에서 볼 수 있듯이 현대의 사회적, 경제적 사고에 대한 베버의 관심은 역시 '권한' 에 대한 정의 및 유형 구분에 있다.

>> 권한의 세 가지 유형

베버는 권한의 기본 유형을 다음의 세 가지로 구분해 설명했다.

1. 합리적–법적 권한 : 합리적-법적 권한은 법적 질서 안에서 행사되는 권력의 행사 형태로서 그 원천은 개인이 아닌 일반적 질서에서 나온다고 했다. 합리적–법적 권한은 일정 법칙에 의거해 공식적으로 부여된 지위가 있을 경우에만 개인한테 주어지게 되는데 그러한 경우에도 업무 질서에 따른 능력의 범위 내에서만 보장된다. 그러므로 공식적 활동의 범주를 벗어나면 사적인 활동으로 간주되고 그 개인은 사인으로 구분되므로 사무실에서의 공적인 업무를 수행하는 형태와 그 밖의 사적 업무는 분명히 구분되어야 한다는 것이다. 베버는 합리적–법적 권한이 주어지는 행정 조직에 바로 '관료적' 조직구조가 형성된다고 말했다. 업무의 부여는 특히 기술적 능력 수준 및 형태에 의해 결정되며, 충분한 교육을 받은 후, 시험과 같은 합리적 평가 절차를 통해 결정하는 것이 바람직하다고 했다. 또한 이상적 조직구조로 제시한 관료제는 대규모 조직에 보다 적합하다고 주장했다.
2. 전통적 권한 : '전통적'이라는 개념 속에는 부정적인 의미가 포함되어 있는데 여기에는 여러 가지 복합적 기준이 적용된다고 했다. 즉, 첫번째의 합리적-법적 권한에 비해 전통적 권한은 기존에 형성된 질서에 의해 주어지는 것으로서 전통적 권한 체제하에서는 결코 새로운 법제화가 이뤄지지 않는다고 했다. 또한 비록 법이 존재한다 해도 구체적이거나 명확하지 않으며, 전통적 권한은 분명히 이를 갖춘 개인에게 부여되므로 개인의 능력과 개인의 권한 사이에 구분이 없게 된다. 베버는 이상 두 가지 유형의 권한을

안정된, 그리고 영속적인 사회 시스템을 영위하려는 조직에 보다 적합한 형태로 보았다.

3. 카리스마적 권한 : 카리스마적 권한은 앞의 두 가지 권한 유형과 근본적으로 그 속성이 다르다. 즉, 카리스마적 권한은 완전히 직관적 질서에서 나오므로 기존에 구축된 합법적 기반에서 나오는 권한과는 다르다는 것이다. 카리스마적 리더는 항상 혁명적이고, 일반적으로 기존의 사회적 고정관념과는 상충되는 입장을 내세운다. 또한 카리스마적 리더는 '도덕적 권한'을 강조하면서 그의 추종자들에게 이를 통해 명령을 내리는 정당성을 갖는다는 것이다. 베버는 개인에게 카리스마적 권한이 주어지는 것으로 보았으므로 추종자들로부터 그의 천부적인 재능이 '증명된' 상태를 중시했다. 카리스마적 리더의 권한은 그렇다고 추종자들의 '의지'를 의미하는 것이 아니라 오히려 추종자들의 임무나 의무를 의미하

1939년 출간된 조지 오웰의 《1984》는 현대사회의 병적 징후를 읽어내는 교과서로 평가받고 있는 작품으로 미래소설이자 정치소설이라 할 수 있다. 이 책은 가상의 미래사회를 담고 있는데, 이는 베버가 그려낸 관료주의적 세상과 닮아 있으며, 관료주의적 시스템이 지속되었을 때 나타날 수 있는 결과를 극단적으로 보여주고 있다.

는 것으로 볼 것을 강조했다. 카리스마 역시 정당한 권한의 원천이 된다고 주장한 베버의 논지는 카리스마에 대한 그보다 더 중요한 두 가지 측면을 밝히고 있다. 즉, 카리스마는 혁명적 힘으로서 기존의 안정된 제도적 질서를 뒤집어버린다는 사실, 그리고 카리스마는 심층적인 구조적 변화를 겪지 않고서는 안정된 새 질서를 구축하지 못한다는 점 등이다. 그러므로 카리스마적 권력은 완전히 다른 조직이나 사회 구조에로의 변혁을 통해 합리적-법적 또는 전통적 유형의 권력으로 변환된다고 했다. 그러므로 혁명과 혁신에는 그만큼 카리스마적 리더가 요구된다는 논지가 포함된 것으로도 해석될 수 있다.

정체 forms of government
한 나라의 정치형태 또는 통치형태를 가리키는 말로서, 아리스토텔레스는 군주제 · 귀족제 · 민주제의 세 가지 종류의 정체를 구분하여 이들이 타락된 형태는 각각 전제정치 · 과두정치 · 중우정치로 나타난다고 환기시켰다. 그러나 20세기에 들어서면서 파시즘, 나치즘, 사회주의, 제3세계 정치형태 등이 나타나 그의 고전적 구분법으로는 더 이상 설명이 어렵게 되었다.

>> 현대 민주주의

베버의 권한에 대한 종합적 분석 배경에는 현대 민주주의에 대한 관점도 내포되어 있다. 우선 중앙집권적 권한의 존재와 권력 분립에 의한 집단적 권력 기구의 존재라는 두 가지 주요 형태는 대부분 민주적 정체보다 귀족적 정체를 띠고 있다는 점에 주의해야 한다는 것이다. 특히 역사적으로 관료적 행정부의 강화 및 왕권과 분리된 합리적-법적 권한의 발달 현상을 전통적 권력으로부터의 탈피로 보거나 현대 민주주의, 즉 새로운 사회 계층의 탄생을 의미하는 것으로 보았다.

현대적 시사점

베버는 이 책을 통해 현대의 질서를 자본주의 체제로 단언했다. 그의 종교사회학에 대한 첫번째 저서인 《프로테스탄티즘의 원리와 자본주의 정신*The*

Protestant Ethic and the Spirit of Capitalism》은 자본주의적 시장관계 시스템에 적합한 동기유발의 원동력 파악에 역점을 뒀다. 이와 유사하게 경제활동의 사회적 기반을 다룬《경제와 사회 I》에서는 시장관계 시스템, 즉 화폐와 화폐 단위 및 소유관계 등 기업의 이윤추구적인 활동과 관련된 이슈에 초점을 두었다. 그러나 이 책에서 베버가 말하는 자본주의의 개념은 합리적 부르주아 자본주의나 단순 경제 시스템이 아닌 전체 사회의 특정 형태를 의미한다.

이 책에 정리되어 있는 베버의 다양한 사회·경제적 관점이 갖고 있는 문제점은 매우 많지만 가장 큰 취약점만을 요약하면 다음과 같다.

- 베버는 현대 경제를 시장관계 시스템으로 파악했다. 그러나 이상형 조직으로서 관료제는 그토록 강조하면서도 실제로 기업활동의 합리적 생산활동에 대한 언급은 거의 없다. 즉, 베버는 정부의 정치적 권력에 기반을 둔 경제 시스템과 종교적·문화적 전통으로부터 비롯된 가치 시스템 간의 상호 충돌 문제에 대해서만 특별한 관심을 갖고 합리적 경영활동에 대한 사항은 너무 소홀히 했던 것이다. 그 결과 베버의 관료제는 극복과 청산의 대상일 뿐 원칙이나 모델이 될 수 없다는 비판을 받고 있다.
- 또한 직업 문제나 분업에 대해서도 거의 언급이 없다가 책의 마지막 부분에서 아주 간단히 다루고 있다. 그러므로 베버의 '가치관적 태도' 문제 역시 경제적 활동의 문제로 보기보다는 직업이나 분업 관련 문제로 보는 것이 훨씬 타당할 것이다.
- 베버는 정부 부서와 기업조직을 모두 포함한 개념으로 관리 계층 시스템을 언급했지만 실제로 기업활동과 같은 비즈니스 직업세계에 대해서는 거의 문외한이었다고 할 수 있다. 그러므로 베버의 방법론과

사상은 공공조직을 위해서는 아직도 살아 있는 기준이 될 수 있지만 기업조직을 위해서는 다소 구시대적 유물이라 할 수도 있을 것이다.

그러나 우리가 아무리 베버를 비판하고 다른 눈으로 그의 논지를 해석한다 해도 베버의 선각자적인 위대한 업적과 명성은 결코 부인될 수 없을 것이다. 베버는 제1차 세계대전을 정확하게 진단해 인류 문명의 가장 비극적인 위기라고 말했으나, 이를 구체적으로 분석하기 전에 세상을 떠났으므로 그의 관점을 자세히 파악하기란 사실 쉽지 않다. 하지만 다른 학자들에 앞서 이를 예측하고 분석한 그의 통찰력은 높이 사야 할 것이다.

비록 나치즘이나 히틀러의 출현을 직접적으로 예견하지는 않았지만 현대적 자유주의의 신장에 대응하는 세력으로서 대대적인 카리스마가 출현하게 될 것이라는 말로 사회적 변혁을 예견했으며, 또한 그러한 변혁 속에서도 민주적 발전의 요소가 있음을 제시해준 점 등은 경제상황뿐만 아니라 정치적 · 사회적 혼란이 거듭되고 있는 우리에게 시사하는 바가 크다고 할 수 있다.

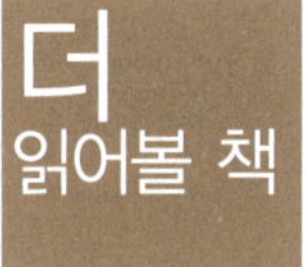

프로테스탄티즘의 윤리와 자본주의 정신 박성수 역, 문예출판사, 1996

베버와 마르크스 칼 뢰비트, 문예출판사, 1992

막스 베버의 학문과 사상 이종수, 한길사, 1992

저자 소개 및 도서 정보

막스 베버 Max Weber

《경제와 사회 | *The Theory of Social and Economic Organization*》, Free Press, 1947.

1864년에 태어나 1920년에 작고한 베버는 원래 법학을 공부해 베를린대학에서 연구 교수로 재직했다. 1894년 전공을 달리해 프라이부르크대학의 경제학 교수로 임명되었으나, 곧 카를 크니스를 이어 하이델베르크대학의 경제학 석좌교수로 임명되었다. 그러나 건강이 악화되어 약 4년간 사직하고 휴식을 겸한 집필 작업에 들어가면서 엄청난 분량의 책을 저술하게 된다. 제1차 세계대전 말에는 빈대학에서 잠시 동안 시간강사 생활을 했으며, 이후 1919년에는 뮌헨대학에서 정식 석좌교수에 임명되었으나, 다음해 갑작스런 폐암으로 그의 지적 활동이 절정에 이르렀을 때 세상을 뜬다.

베버는 학구적인 생활을 했으나 원래는 정치에 관심이 많아 유명 정치인과의 교류를 통해 당대의 정계에 큰 영향을 미쳤다. 또한 결코 좌익 성향은 없었지만 빌헬름 2세 정권에 강하게 반발하는 논지를 펴기도 했다. 공식적인 법제도 요인에 대한 연구보다는 서구의 자본주의 발달 및 경제학에 대해 보다 큰 관심을 가졌던 베버의 초기 연구는 카를 마르크스의 관점을 따르기도 했으나, 곧바로 프로테스탄티즘의 윤리라는 종교적 측면이 서구의 자본주의 발달에 미친 영향을 실증적으로 파헤치기 시작하면서 근대 자본주의 형성과 종교적 영향 간의 관계를 밝혔다. 물론 21세기 첨단 기술경제 사회에 베버의 논지를 적용하는 것에는 무리가 따르고 한계가 있지만 사회과학 연구방법에 새롭고 종합적인 기틀을 마련한 베버의 사상은 현대 사회를 이해하기 위한 이론적 근거를 마련해준 선구적 견해라 할 수 있을 것이다.

막스 베버는 프레더릭 테일러나 앙리 파욜과 동시대의 인물이지만 파욜의 사상이 전파되기까지 한 세대를 기다려야 했듯이, 그의 사상도 1940년대와 1950년대에 가서야 미국을 통해 전 세계로 전파되었다. 1947년 핸더슨과 파슨스에 의해 《경제와 사회 · I》이 《사회 및 경제에 관한 조직이론》이란 이름으로 번역됨으로써 드디어 사회과학에 대한 베버의 종합적인 공헌을 영어판으로 읽을 수 있게 되는데, 그 전에 그의 대표적 저서 중 하나인 《프로테스탄티즘의 윤리와 자본주의 정신*The Protestant Ethic and the Spirit of Capitalism*》이 파슨스에 의해 영어로 번역되어 전 세계에 그의 업적이 소개된 바 있다.

베버가 저술한 책들을 순서대로 살펴보면 《The General Economic Theory》에서 보다 폭넓은 경제 및 사회에 대한 이론이 전개되었으나 이를 종합한 것은 그의 제자들이 강의 노트를 정리한 것으로 영어로는 《Essays in Sociology》라는 이름으로 1946년에 출간되었다.

베버의 사상은 경영학의 모든 분야에도 큰 영향을 미쳤다. 그 스스로 과학적 이론의 '틀'을 완성하고자 했지만 제1차 세계대전 직후 폐암으로 타계함으로써 체계적인 완결을 보지는 못하고 지금까지 그의 부인 마리안네 베버와 후학들에 의해 다양한 해석과 편집 및 번역이 이뤄지는 형태로 소개되어왔다. 그러므로 베버의 사회학적 이론은 베버가 독자적으로 정립한 것이라기보다는 현대의 경제적, 사회적 질서에 대한 베버의 방대한 사회학적, 제도적 연구물에 기반한 후학들의 서론 정도로 이해할 수 있다.

특히 《경제와 사회 I》에는 베버의 사회과학 연구방법론, 이론 및 실증연구에 핵심이 되는 기법들이 담겨 있는데 이는 수많은 사람들의 해석과 편집을 거치면서 세부적으로는 다른 견해가 존재하는 난해한 연구물이 되었다. 우리나라에서는 《경제와 사회 I》의 1장에 해당하는 '사회학적 기본 개념'만 번역한 것(《사회과학 논총》, 양희수, 을유문화사, 1975, pp. 73~135)과 4장을 번역한 것(《막스 베버 선집》, 임영일 · 차명수 · 이상률, 까치, 1991, pp. 147~153), 그리고 빈켈만이 편집한 《경제와 사회》의 독일어 제5판(1972)을 직접 번역한 것(《경제와 사회 I》, 박성환, 문학과 지성사, 1997) 등이 출간되었다.

5 매슬로의 욕구단계설

Motivation and Personality(2nd)
Abraham H. Maslow

keyword
욕구단계
자아실현
동기유발
인본주의 심리학

카테고리 관련성	
경영전략, 경영혁신	
생산관리	
변화관리	
조직관리, 인사관리	★★
마케팅	★
리더십	★
동기부여, 인간관계	★★★
기업성공	

핵심 아이디어

인간의 본성을 규명하려는 심리학의 새로운 영역으로 매슬로는 인간이 고차원의 욕구를 지니고 있으며, 이것이 바로 인간의 본성이란 점을 강조했다. 이러한 인본주의적 세계관을 한마디로 정의하면 바로 모든 학문 분야에서 인간의 직업과 인간이 형성하고 있는 사회제도를 낙관적이고 긍정적으로 봐야 한다는 것이다. 즉, 정직성과 순진성, 그리고 낙천성이 강한 사람을 냉소적으로 비판하는 사회에는 희망이 없다는 점과, 약탈과 절망, 그리고 더 강력한 보복이 이뤄지는 하급문화가 주류를 이루는 사회를 그대로 받아들여서는 안 된다는 점을 강조한 것이다.

시놉시스

행동과학이 태동하면서 세상에 소개된 책들 중 하나인 매슬로의 《동기유발과 개인의 성격*Motivation and Personality(2nd)*》은 총 16개 장과 두 개의 부록으로 구성된 방대한 심리학적 연구서적으로 여기에는 행동과학의 주요개념과 인간심리의 동태성 문제에 대한 분석이 담겨 있다. 매슬로의 연구를 집대성한 책으로 볼 수 있는 이 책의 1, 2장과 '부록 B'는 과학에 대한 인본주의적 심리학의 중요성과 총체적 접근방법의 필요성을 피력하면서 전통적 뉴튼식 분석기법을 비판하고 있다. 후에 욕구단계설로 널리 알려지게 된 개념은 주로 3장에서부터 7장까지 다뤄지고 있다.

3장에는 프로이트, 아들러, 레비, 프롬, 호니, 골트슈타인 등의 논지를 통합적 차원에서 정리하고 비판한 내용이 담겨 있는데, 그러한 논지들이 실험적 검증과 지지가 부족하다는 점을 강조하고 있다. 4장에서는 인간의 타성과 게으름, 감각적 쾌락과 자극, 공포와 불안 등의 문

뉴턴Isaac Newton

1642~1727, 영국의 물리·천문·수학자로 근대 이론과학의 선구자이다. 물리학에서 뉴턴의 역학체계 확립, 수학에서 미적분법 창시, 그리고 역학적 자연관을 정립하여 18세기 계몽주의 발전에 지대한 영향을 주었다. "자연은 일정한 법칙에 따라 운동하는 복잡하고 거대한 기계이다."라고 한 그의 관점은 20세기 아인슈타인의 상대성 이론이 나타날 때까지 근대 과학 정립의 최고 공로자로 평가되었다.

제를 임상적으로 치료하기 위해서는 인간이 지니고 있는 최상의 가치, 즉 미와 진리의 추구, 우수성과 성취성, 정의와 질서 및 일관성과 조화성 등이 동원되어야 한다고 주장하고 있다.

5장에서는 인간의 기본 욕구를 충족시켜주는 방법에 대해 논하고 있다. 특히 욕구충족이 이뤄진 후 방심하는 사이에 비극적인 현상이 나타날 수도 있음을 상기시키면서 욕구만족이 반드시 행복의 수단이 아니라는 점을 지적하고 있다. 여기서 매슬로는 자아실현의 욕구를 가장 본질적인 욕구로 제시한다.

6장은 기본 욕구의 본성에 대한 내용은 초판에서와는 달리 유전공학에 대한 최근의 이론을 통해 인간의 본능은 동물의 본능보다 강하지 않다는 점을 밝히고 있다. 9장에서 '파괴적 성향이 과연 본능적인가' 하는 문제를 다루는 데 있어서도 문화와 환경의 유전적 잠재력이 보다 큰 영향을 미친다는 점을 새롭게 부각시키고 있다.

7장에서는 상위욕구와 하위욕구를 구분해 비교 설명함으로써 상위

인간욕구의 다섯 가지 단계

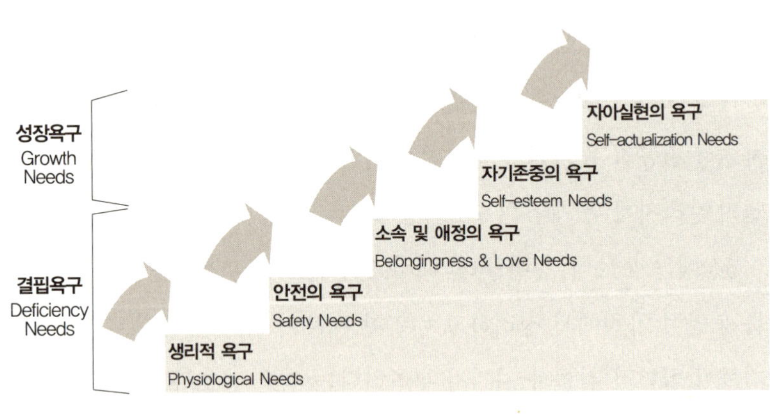

욕구의 중요성을 설명했다. 한편 8장에서는 인간 욕구의 좌절 현상 및 갈등 문제를 다뤘으며, 9장에서는 동물과 아동에 대한 최근 이론과 임상 연구 결과를 보여주고 있다. 10장에서는 인간의 행동 표현 요인, 11장과 12장에서는 자아실현의 욕구에 대한 세부 내용을 사례와 함께 설명했다. 13장에서 16장까지는 개인의 인지활동, 동기와 반응, 정신치료 및 정상적인 상태에 대한 심리적 연구 결과를 하나씩 보여주고 있다. 1954년에 발간된 초판에 비해 1970년 발간된 제2판에서는 2개의 부록을 통해 심리학적 접근방법에서 유발되는 연구 과제 및 새로운 성격증후군에 대한 내용을 다루고 있다.

리뷰 인간이 추구해야 할 가장 바람직한 충동, 자아실현의 욕구에 도전한다

인본주의적 심리학을 열다

매슬로는 과학자들의 연구활동 역시 그들이 지닌 욕구, 즉 호기심에서 시작되며, 이성적 에너지와 본능적 에너지는 서로 대립되는 것이 아니라 상호 보완작용을 하므로 이 두 가지가 조화를 이루도록 해야 한다고 강조했다.

다원화된 과학은 마치 모든 사람이 드럼만 다루려 하거나 바이올린만 맡겠다고 하면 오케스트라를 이룰 수 없는 것처럼 각자의 개인적 욕구 차이를 인정하는 인본주의적 접근방법을 필요로 한다. 한마디로 과학은 인간의 가치에 기반을 둬야 하며, 개인의 다양한 욕구를 충족시켜주는 것이 바로 '가치'라는 점을 강조했다. 결국 과학에 의한 지

식 습득과 진리 추구의 길은 다양하다고 봐야 하며, 창조적 예술가나 철학자와 같은 인문과학을 연구하는 사람들도 진리 발견을 위한 과학자로 봐야 한다는 것이다. 그러나 매슬로는 불안정하고 걱정이 많은 사람보다 침착하고 건강한 사람이 과학자로서 보다 적합하다는 점을 들어, 진리를 추구하는 과학자는 심적으로 건강해야 하며 이를 위해 조직에서는 학문의 자유, 종신 재직권, 충분한 연구비 등을 보장하도록 권유하고 있다.

분석 기법에만 의존하는 과학의 문제점

세련되고 정교한 분석 기법만 중시하는 기존의 방법론은 오히려 창의적이지 못한 사람들을 과학자로 만드는 문제점을 갖고 있으며, 자신도 모르게 기법에 맞춘 논리를 전개하는 오류도 범하게 된다. 이를 극복하기 위해서는 문제를 중심으로 인간관계를 서로 협력적 관계로 파악해 과거 위대한 철학자나 예술가들이 접근한 회의론적 방법을 채택할 것을 권하고 있다. 결국 과학적 법칙은 인간의 가치를 담지 않은 하나의 표준으로 형성되기 쉬우므로 기존에 구축된 법칙을 그대로 적용하는 방식보다는 이에 대한 의문과 회의를 갖도록 함으로써 새로운 독창성과 발명이 이뤄질 수 있도록 해야 한다는 것이다.

동기유발의 기본 개념

매슬로는 인간의 동기유발 문제를 종합적으로 이해하기 위한 열여섯 가지의 논지를 제시했다. 대부분은 사실적인 내용을 담고 있으나, 이에 대한 논쟁은 지금도 계속되고 있다.

1. 개인은 하나의 종합적 실체다: 동기유발은 개인의 일부분에 국한되어 나타나는 것이 아니라 통합된 전체로서 그 욕구와 만족이 나타난다.
2. 배고픔의 욕구도 복합적으로 나타난다: 모든 욕구는 생리적 충동의 결과가 아니라 유기체로서의 복합적, 역동적 관계로 표출된다.
3. 욕구의 수단과 목적은 구분되어야 한다 : 자동차를 구입하기 위한 수단으로 돈이 필요하지만 그 목적은 편리성 또는 이웃과 비교해 열등감을 갖지 않기 위함인 경우가 많다.
4. 문화적 차이는 있어도 욕망의 근본은 동일하다 : 시대나 문화권에 따라 훌륭한 사냥꾼, 의사 또는 무사가 존경받게 되지만 그 바탕에는 욕구 만족이라는 동일한 범주의 욕망이 있다.
5. 욕망이나 행동은 복합적 동기로부터 나온다: 성적 본능과 의식적 성적 욕망에 잠재적, 무의식적 동기가 복잡하게 내재되어 있듯이 다양한 동기가 결합되어 욕구가 형성된다.
6. 유기체는 본질적으로 동기화된 상태에 있다 : 인간의 동기는 정태적인 상태가 아니라 지속적으로 변화하는 매우 복합적이고 역동적인 상태로 존재한다.
7. 하나의 욕구가 만족되면 다른 욕구가 발생한다 : 인간의 욕구는 상대적, 단계적으로 만족될 수 있으며, 일련의 상하 우선순위로 구분되어 나타난다.
8. 충동은 상대적이며 복합적이다: 다양한 충동 간에는 서로 배타성이 없으며, 이들 충동을 분리하는 작업은 거의 불가능하다.
9. 인간의 동기화는 욕구의 목적별로 구분된다 : 내면 의식으로부터 나타나는 충동과 동기화된 행동은 구분하기 어려우나 욕구의 목적은 분류가 가능하다.
10. 인간과 동물의 본능이 달라지고 있다 : 인간의 계통적 진화 및 원시

충동

유기체의 행동을 유발시키는 내적 상태로 욕구, 욕망, 동인動因 등과 유사어이다. 일반 심리학에서는 동기動機를 의미하며, 정신분석학에서는 충동이라 한다. 영어로 'drive', 독일어로 'trieb'에 해당하는 의미인데, 반성이 따르지 않는 순간적 · 무의식적 충동에 대해서는 영어로 'impulse', 독일어로 'drang'이란 다른 의미를 부여하고 있다.

적 본능의 소멸현상에 따라 인간은 배고픔보다 문화와 학습에 의존된 욕구를 보인다.

11. 인간의 동기는 환경과 문화에 의해 나타난다 : 완전히 결정적인 요인은 아니지만 동기와 환경 요인은 별개로 구분되며, 환경 특성에 의해 동기화가 달라진다.

12. 개인의 전반적인 삶이 편할 때 많은 일을 할 수 있다: 인간이라는 유기체는 행복감, 창조적 순간 또는 위협을 받거나 위험한 경우에 통합이 잘 이뤄진다.

13. 모든 행위나 반응이 동기화되는 것은 아니다: 승리보다는 가능하면 고통 없는 패배를 기대하는 선수처럼 더 이상의 만족을 추구하지 않는 방어적 욕구도 있다.

14. 인간은 달성 가능성을 의식적으로 갈망한다: 정신분석학자들이 무

비엔나에 있는 프로이트 박물관. 욕구와 인간의 본성에 대한 수많은 논문을 통해 매슬로는 현대 심리학의 양대 주류라 할 수 있는 행동주의적 실험심리학과 프로이트식 정신분석학의 단편적 분석 방법을 비판하면서 보다 종합적이고 긍정적인 차원에서 인간을 이해해야 한다고 강조했다.

의식적 소망에 몰두하는 것보다 인간은 실제로 소망에 대해 보다 강한 현실성을 갖고 있다.

15. 원초아id도 현실적 에너지의 영향을 받게 된다: 프로이트는 원초아가 완전히 별개의 에너지라고 했으나 현실적 조건에 의해 원초아도 다양한 영향을 받는다.
16. 건강한 사람의 동기를 연구하도록 해야 한다: 많은 학자들이 병적 현상에 몰입하지만 그보다는 위대한 인간이나 건강한 사람의 동기를 연구할 것이 요구된다.

매슬로의 욕구단계설

매슬로는 자신의 욕구단계설을 듀이의 기능주의, 베르트하이머와 골트슈타인의 전체주의, 그리고 프로이트, 호니, 라이시, 융, 아들러의 역동주의를 결합한 '총체적 · 역동적 이론'이라 칭했다. 매슬로가 주장한 인간의 욕구단계는 다음과 같다.

1. 생리적 욕구: 피로, 졸음, 모성애적 반응, 식욕, 성욕, 갈증 등 인간의 욕구 중 가장 강한 욕구로서 유기체가 생리적 욕구의 지배를 받게 되면 다른 모든 욕구는 존재하지 않거나 뒤로 밀려나게 된다.
2. 안전 욕구: 생리적 욕구가 충족되면 안전성, 의지나 보호, 공포 및 불안, 법 질서, 안전장치 등과 같은 일련의 안전에 대한 욕구가 새롭게 생겨나게 된다. 건강한 사회에서 고용안정이나 예금 및 사회보장이 강화되는 것도 이에 해당한다.
3. 소속 및 애정 욕구: 생리적 욕구와 안전 욕구가 만족되면 애정과 호의 및 소속감이 나타나며 친구나 애인, 아내와 자식의 필요성을 느끼게

원초아id

프로이트의 정신분석 용어로서, 인간의 심리 중 의식적으로 통제할 수 없는 머리의 힘, 즉 타고난 충동으로서 본능적 에너지의 원천을 의미한다. 프로이트는 이드에서 현실적 에너지의 원천인 자아ego가 발생하고, 양심적 에너지의 원천인 초자아superego는 자아의 일부로서 최종적으로 발생한다고 하였다.

된다. 여기서 애정은 성욕과 다르며 상호 간에 주고받는 사랑으로 해석된다.

4. 자기존중의 욕구 : 자기존중의 한 부류는 강인함과 성취감, 타당성, 전문성과 적성, 자신감, 독립성과 자유 등으로 구성되며, 또 다른 부류는 명망, 존경, 신분, 명성과 명예, 우월감, 인정, 관심과 중요성, 존엄 및 진가의 인정 등으로 구성되는 욕구다. 자기존중이 부족할 경우에는 열등감, 나약함, 무력감을 느끼게 된다.
5. 자아실현의 욕구 : 위와 같은 욕구가 모두 충족되더라도 자신에게 가장 적합한 일을 하지 않으면 불만과 불안이 새롭게 나타나게 된다. 궁극적으로 개인의 평화를 구하기 위해서 음악가는 음악을, 그리고 시인은 시를 써야 한다는 식으로 인간은 자신이 할 수 있는 것을 해야 하며 자신의 본성에 진실하도록 해야 한다.
6. 다섯 가지 기본 욕구 만족의 전제 조건 : 의사 표현의 자유, 타인을 방해하지 않는 범위 내에서 자신의 일을 할 수 있는 자유, 정보 탐색의 자유 및 질서 유지를 위한 자유 등이 보장되어야만 기본 욕구가 충족될 수 있다.
7. 지식과 이해를 위한 욕구 : 일하고자 하는 욕구와 이해하고자 하는 욕구는 그 자체가 능동적인 것으로 인간은 기본적 욕구만큼이나 강한 노력하려는 욕구를 갖고 있다.
8. 심미적 욕구 : 인간은 미를 추구하려는 욕구가 있으며, 미적 충동은 고대 동굴벽화에서도 나타나는데 일반적으로는 건강한 어린이들에게서 잘 나타난다.

그러나 흔히 알고 있듯이 욕구의 단계가 실제로는 고정되어 있는 것이 아니라, 오히려 순서가 달라지기도 한다는 점을 매슬로도 강조하고 있다. 즉, 실제로 정상인이라면 다섯 가지 기본 욕구에 대해 부분적으로 만족하는 동시에 불만족도 느낀다는 것이다. 예컨대 보통 사람들은 생리적 욕구에 85퍼센트, 안전의 욕구에 70퍼센트, 소속 및 애정의 욕구에 50퍼센트, 자기존중의 욕구에 40퍼센트, 그리고 자아실현의 욕구에 10퍼센트 정도의 만족도를 보인다고 한다. 즉, 우선적인 욕구 A가 10퍼센트만 충족될 경우에는 욕구 B가 나타나지 않지만 욕구 A가 75퍼센트 만족되면 욕구 B가 50퍼센트 나타날 수도 있다는 것이다.

심리적 안정은 기본적 욕구의 충족에서 출발한다

매슬로도 하위욕구가 충족되어야만 상위욕구가 나타나는 것이 아니라, 강요적이거나 자발적인 결핍, 포기, 억압 또는 충족(금욕, 승화, 거부, 훈련, 박해, 고립 등이 강화된 결과)에 따라 상위욕구가 나타날 수 있다는 점을 강조했다. 즉, 자신의 책에서 다룬 기본 욕구의 충족이라는 정상적인 방식 외에 비정상적인 욕구의 표출과 욕구의 만족 방식이 따로 존재한다는 점을 지적한 것이다.

1. 욕구의 과잉 만족에 따른 현상 : 일반적으로 인간은 충족되지 않은 욕구는 과대평가하고 이미 누리고 있는 축복에 대해서는 과소평가 내지 평가절하하는 경향이 있다. 그러나 욕구의 충족은 인간의 성격을 건전하게 만드는 데 큰 영향을 미친다.
2. 기본 욕구의 만족과 학습 효과 : 과식 후의 식욕 저하, 안전의 욕구가 충족된 이후의 방어방식이나 수준이 달라지는 현상 등은 충분한 학습(반복, 습관, 실습)과 충분한 보상(만족, 칭찬, 재강화)으로 욕구가 소멸된다는 점을 증명해준다.

3. 욕구 만족과 성격 형성 : 개인의 성격 발달과 욕구 만족 간에는 매우 밀접한 연관성이 있다. 친절성, 관대함, 비이기적인 성향, 포용력, 평정성이나 침착성, 행복감 등은 일반적으로 심리적 넉넉함에서 오는 것으로 볼 수 있다.
4. 욕구의 만족도에 따른 심리적 건강도 : 기본 욕구의 충족 수준에 따라 개인의 심리적 건강은 확실하게 향상된다.
5. 욕구단계설의 다양한 활용 방안 : 기본 욕구의 충족은 심리 치료, 개인의 가치관이나 태도 형성, 성격의 분류, 권태나 흥미도 파악, 그리고 긍정적인 감정 형성에 도움을 준다.
6. 심리적 풍요로움의 병리학 : 물질적 하위욕구의 충족뿐만 아니라 심리적 풍요로부터 나오는 과잉보호나 지나친 애정의 표현은 오히려 성취욕을 저하시키는 원인이 된다.
7. 상위욕구의 자율화 : 하위욕구가 충족될 경우 자연스럽게 상위욕구가 발현되지만 한편으로는 그것이 과거의 하위욕구 자체를 멸시하는 형태로 표출되기도 한다. 재벌 2세가 성공한 부모의 과거를 무시하는 행태도 이에 따른 것이다.
8. 기본 욕구의 만족이 유발하는 여러 가지 현상 : 욕구 만족이나 불만족은 다양한 감정을 인지하도록 해주며, 성격상의 특징이나 대인관계의 방식에 영향을 미친다.

기본 욕구의 본능적 성질

프로이트와 맥두걸에 의해 제기된 본능이론은 인간이 스스로 움직이고 성장한다는 사실, 즉 환경뿐만 아니라 본성도 인간의 행동을 결정하는 데 도움을 준다는 점을 지적하고 있다. 본능에 대한 이론은 주로 동물의 본능에 초점을 둔 것으로 이러한 원시적 충동은 탐욕스럽거나 나쁘다거나 이기적 또는 적의를 가진 것으로 믿어져왔다. 신학자들은 이를 원죄 또는 악마라고 했으며, 프로이트는 '원초아id'라고 불렀다. 문제는 같은 동물적 본능도 온순한 동물이 아니라 늑대, 호랑이, 뱀 등과 같은 '나쁜 동물'의 본능으로 해석한 데 있다. 본능을 이처럼 나쁜 동물의 특성으로 해석함으로써 일반적으로 본능은 정신 이상, 신경증세, 범죄, 나약한 정신 상태, 자포자기 등과 관련 있는 것으로 봐 이를 억제하기 위한 수단으로 문명과 문명이 만든 제반 제도(학교, 교회, 법정, 입법 등)만 내세우는 오류를 범하고 있다. 이러한 오류는 신성한 권리에 대한 신념, 특정 종교나 특정 정당만이 배타적 타당성을 가진다는 맹신, 진화를 부정하는 신념, 지구가 평면이라는 확신 등과 같은 비극적인 현상을 초래한다.

교육과 문화, 합리성, 종교, 법률, 정부는 모두 본능을 억제하고 억압하는 힘을 가진 것으로 여겨왔지만 만일 본능이 '본능으로부터의 문명화'보다 '문명화로부터의 두려움' 쪽에 더 치우쳐 있다는 매슬로의 관점을 따른다면 과거 철학적 모순을 담고 있는 생물과 문화, 천성과 학습, 주관적인 것과 객관적인 것, 특수한 것과 보편적인 것 등을 초월하기가 훨씬 더 수월해질 것이다. 매슬로는 생물학이 객관적인 학문일 뿐만 아니라 주관적인 학문일 수도 있음을 상기시키면서 매클리시의 시를 인용해 "인간은 의미가 아니라 존재A person doesn't mean: A person is"임을 역설했다.

욕구 need

유기체의 생리적 또는 심리적 상태가 어떤 의미에서 불균형이 된 상태로 요구라고도 한다. 유기체의 행동이 불균형적 상태에서 균형회복을 위해 나타나는 경우 욕구는 행동을 유발시키는 잠재적 긴장력이라 할 수 있다. 행동의 원동력이 되는 상태를 동기 또는 동인이라고 한다.

하위욕구는 상위욕구보다 강하다

살아 있는 유기체의 기본적인 욕구들은 상대적으로 명확하게 구분된다. 즉, 생리적 욕구는 안전의 욕구보다 강하며, 안전의 욕구는 애정의 욕구보다, 애정의 욕구는 존경의 욕구보다, 그리고 존경의 욕구는 자아실현의 욕구보다 강하다.

- 진화론적으로도 상위욕구는 한참 나중에 나타난다.
- 개체발달상에도 상위욕구가 훨씬 나중에 나타난다.
- 상위욕구일수록 절대적으로 필요한 것이 아니므로 아예 소멸할 수도 있다.
- 상위욕구 수준의 생활은 무병장수와 함께 생존 가치 이외의 성장 가치를 추구한다.
- 상위욕구일수록 절박하게 필요하지 않으며, 불명확하고 혼동이 따르며 암시적이다.
- 상위욕구의 만족은 주관적으로 심오한 행복, 평온함 및 내적 풍부함을 가져다준다.
- 상위욕구의 추구와 만족은 일반적으로 정신건강 상태를 보여준다.
- 상위욕구는 하위욕구 만족이라는 더 많은 선행 조건이 따른다.
- 상위욕구의 만족을 위해서는 보다 나은 외부 환경 조건이 필요하다.
- 상하위욕구를 모두 만족시켜본 사람은 상위욕구에 더 큰 가치를 부여한다.
- 욕구 수준이 높은 사람일수록 사랑(사랑하는 사람)의 범위는 넓어진다.
- 성취욕구의 추구와 만족은 바람직한 사회와 사회인을 배출시킨다.
- 상위욕구의 만족은 하위욕구의 만족보다 자아실현에 더욱 가깝다.
- 상위욕구의 추구와 만족은 보다 진실한 개인주의로 인도해준다.
- 욕구 수준이 높을수록 정신 요법이 보다 쉽고 효과적으로 이뤄진다.
- 하위욕구는 상위욕구보다 훨씬 제한적이며 매우 현실적으로 표출된다.

이처럼 상위욕구는 식욕, 성욕, 생리적 욕구와는 대립적이며, 서로 배타적으로 나타나므로 모든 문화는 생물학적 욕구와는 반대되는 상위욕구와 부합하는 산물이라는 것이다.

욕구불만은 정신병적 현상을 유발시킨다

동기유발이론은 욕구의 좌절, 갈등 및 위협의 성질뿐만 아니라 정신병적 현상의 원천을 이해하는 데 중요한 도움을 주고 있다. 여기서 단순한 결핍에 의한 욕구 좌절과 위협에 의한 심각한 욕구 좌절은 구분되어야 한다는 점을 강조하고 있다.

>> 결핍과 위협

욕구의 좌절은 단순히 바라는 것을 얻지 못하는 결핍 현상과 아예 개인의 인생 목표나 자아실현이 위협받음으로써 나타나는 현상의 두 가지로 구분되어야 한다. 지배와 복종의 관계에 있는 원숭이가 복종적인 자세를 보이며 바나나를 먹으려 할 경우 이는 지배권에 도전하는 것이 아니므로 허용해주지만, 만일 그 바나나가 지배권을 상징하는 것일 경우에는 당장 지배하는 위치에 있는 원숭이로부터 공격을 받게 된다.

아이스크림을 사달라고 보채는 아이의 요구를 엄마가 거절할 경우, 그 아이는 단순히 아이스크림을 못 먹게 되었다고 생각할 수도 있지만 본능적 가치 외에 심리적 가치의 매개체로서 아이스크림의 상실을 엄마의 사랑을 상실한 것으로 받아들일 수도 있다. 특히 정신건강이 취약한 아이일수록 쉽게 위협을 느끼게 된다.

방어기제

정신분석에서 사용되는 핵심개념으로, 불안 때문에 인격의 통합성을 유지하기 어렵게 되면 무의식적으로 이를 방지하기 위한 자아 ego의 활동이 나타나는데 이를 방어기제라고 한다. 즉, 외부로부터의 위협이나 자기 내부의 원초아 또는 초자아의 위협으로 불안, 고통, 죄의식 등이 발생할 때 자신의 인격상 통일성을 유지하려는 메커니즘이 나타난다는 것이다.

>> 갈등과 위협

갈등은 선택 과정에서 나타나는데 불가피한 선택일 경우에는 위협적인 갈등으로 병의 원인이 되며, 나아가서 곧 죽임을 당할 동물이나 사형수처럼 선택의 여지가 아예 없을 경우에는 파국적인 갈등, 즉 단 하나의 결정만 남게 된다. 삶을 통해 사랑을 받고 있거나 사랑의 가치를 느끼는 사람 또는 스스로 남성다움이 충만하다고 느끼는 사람에게는 사랑의 감소가 그다지 큰 위협이 되지 않지만 사랑이 결핍된 자에게 사랑의 감소는 엄청난 위협이자 정신병적 현상을 유발시키는 원인이 된다.

파괴성은 과연 본능으로부터 나오는가

기본적 욕구(동기, 충동, 욕망)는 본질적으로 선도 악도 아닌 상태로 존재한다. 그러므로 인간성 또는 인간의 본성 자체는 인류의 역사상 또는 개인의 특성에서 분명히 찾아볼 수 있는 선과 악을 스스로 설명해 주지는 못한다. 실제로 우리 인간에게는 신체적 질병, 성격적 결함, 무지와 우매함, 미숙함과 잘못된 사회적 제도 등을 죄악시하는 속성이 있지만 과연 그것이 얼마나 나쁜 것인지 충분히 안다고 할 수 없다. 건강과 치료, 지식과 지혜, 심리적 성숙, 훌륭한 정치 · 경제 · 사회적 제도로 이러한 경향을 개선할 수는 있겠지만 과연 얼마나 죄악시하는 속성을 줄일 수 있을지는 알 수 없다는 것이다. 또한 인간이 나쁜 행동을 하려는 본능이 전혀 없다고 단정할 수도 없다. 그러므로 우선 도대체 무엇이 선이며, 무엇이 악인지부터 구분할 것이 요구된다는 것이다.

>> 동물의 본능

닭장에 침입한 족제비가 먹을 양보다 더 많은 닭을 죽이는 행동, 쥐를 갖고 노는 고양이, 수컷들이 발정할 때 싸울 대상을 찾아다니는 행동, 노년기에 접어들면서 체질 변화와 함께 사나운 성격을 갖게 되는 것, 거칠고 사나운 수컷의 부신이 온순한 수컷의 그것보다 더 큰 사실 등을 통해 볼 때 동물의 공격성은 생존 가치 및 지배계급 체제와 연관되어 있음을 알 수 있다.

>> 아동의 본능

정신분석학자들은 아동을 원죄와 증오를 지닌 작은 악마라고 부르지만 실제로 아동의 적대심은 본능이라기보다는 애정 결핍이나 위협받는 생활에서 나오는 반동적, 도구적, 방어적 자세라고 봐야 한다. 즉, 아동이 순전히 악의적인 파괴의 쾌락을 위해 고의로 파괴적 행동을 한다고 봐서는 안 된다. 어린아이가 새로 태어난 동생에게 적대적인 태도를 보이는 이유는 엄마가 동시에 두 아이를 사랑할 수 있다는 생각을 하지 못하기 때문이며, 그 아이의 난폭한 행동은 동생에게 상처를 입히는 것이 목적이 아니라 엄마의 사랑을 지키기 위한 것이다.

행위를 표현하는 요인

매슬로는 행위를 표현행위와 대응행위로 구분해 그 차이를 비교함으로써 보다 인본적이고 바람직한 쪽으로 행동을 유도하는 것이 중요하다고 강조했다. 대응행위의 결정 요인으로는 충동, 욕구, 목적, 기능 등이 있는데 이는 문제해결을 위한 시도행위로 표출된다.

이에 비해 표현행위는 일반적으로 비동기화된 것으로 건강한 사람의 웃음, 친절한 사람의 온정적인 태도, 여성의 아름다움, 우울증에 걸린 사람의 활력 없는 표정 등 비목적적이고 목표가 없는 것이다. 표현행위와 대응행위의 차이는 다음과 같다.

- 대응행위는 목적 지향적으로 동기화되지만 표현행위는 흔히 동기화되지 않는다.
- 대응행위는 외부 환경과 문화적 요인에 의해 결정되며, 표현행위는 유기체의 상태에 의해 결정된다. 특히 표현행위는 개인의 성격 구조와 밀접한 관계가 있다.
- 대응행위는 학습된 것이지만 표현행위는 학습도 무질서도 억제된 것도 아니다.
- 대응행위는 억제나 저지로 쉽게 조절되지만 표현행위는 조절이나 통제가 어렵다.
- 대응행위는 환경 변화를 위해 고안되어 실제로 환경 변화를 일으키게 되지만 표현행위는 목적 지향적으로 형성되지 않는다.
- 대응행위는 수단 행위로서의 특성을 가지며 만족 증대나 위협 감소를 목적으로 한다.
- 대응행위의 구성요인은 대부분 의식적인 데 비해 표현행위는 무의식적이다.
- 대응행위에는 노력이 요구되지만 표현행위에는 특별한 노력이 요구되지 않는다.

여기서 의도적, 의식적인 대응행위 이상으로 무의식적인 표현행위가 중요한 이유는 그것이 프로이트와 브로이어가 처음으로 정의 내린 복합적 욕구의 발산, 즉 카타르시스를 통해 긴장 해소와 정서적 안정을 찾는 수단이 되기 때문이다.

자아실현으로 심리적 건강이 완결된다

매슬로는 주변 동료와 학생 3천여 명을 대상으로 한 실험에서 젊은층에게서 자아실현의 욕구를 거의 찾아볼 수 없다는 결론을 내렸는데 그러한 실험의 결과는 다음과 같은 자아실현자에 대한 특성을 파악하는 데 큰 도움이 되었다. 즉, 자아실현자들은 추상적인 것, 중요하다고 인정된 것, 참신하고 의미 깊은 것을 남들보다 쉽게 구별해내며, 판에 박힌 삶보다는 진정한 자연의 세계에 사는 사람들로서 문화적 집단의 이론과 신념에 의지하기보다는 있는 그대로를 인지하는 '순진한 눈'을 가졌다는 것이다. 그들의 특성을 구체적으로 살펴보면 다음과 같다.

- 그들은 애매모호하거나 구조화되지 않은 것을 너그럽게 받아들인다. 아인슈타인도 "우리가 경험할 수 있는 가장 아름다운 것은 신비로움이다. 신비로움은 모든 예술과 과학의 근원이다."라는 표현으로 자아실현자를 표현했다.
- 자아실현자들은 관습에 얽매이지 않으며 내면적으로 매우 자발적인 모습을 보인다. 관습이라는 외투가 그들에게는 결코 무겁지 않으며 언제라도 벗어버릴 수 있다.
- 자아실현자들의 건강함은 선입견 없이 현실을 수용하므로 충동이나 욕망, 의견이나 주관적 반응에 있어서 일반인들보다 훨씬 뛰어난 인지력을 보여주는 데서 찾아볼 수 있다.
- 일반인들이 자주적인 의사결정보다 매스컴과 선동가 또는 부모의 영향을 받아 그들의 담보물처럼 피동적 행동을 보이는 데 비해 자아실현자들은 이에 초연하며 스스로 결정을 내린다.
- 초연함과 자율성, 능동성, 신비로운 경험의 추구, 인류애를 가진 자아실현자들의 대인관계는 그만큼 깊고 심오하게 이뤄진다.

- 자아실현자들은 권위적 성향보다 매우 민주적인 성향을 보인다. 이들은 또한 수단과 목적, 그리고 선과 악을 분명하게 구분해 생활하는 윤리적인 인간이기도 하다.
- 자아실현자들은 익살맞거나 적개심에 찬 유머보다는 하나의 철학에 가까운 유머를 즐긴다. 마치 링컨 대통령의 유머처럼 교육적 해학이 담긴 이솝우화 같은 유머를 좋아한다.
- 자아실현자들은 뛰어난 창조성과 독창성을 갖고 있다. 바로 모차르트식의 특별히 타고난 창의성이 그것이다. 반면에 이들은 사회화에 대해서는 강한 저항감을 보인다. 때로는 권위에 대한 반발이나 레지스탕스 운동에 적극 동참하기도 하며, 기존 문화로부터의 내적 초연함이 두드러지기도 한다.
- 그러나 자아실현자들도 분명 죄의식과 근심 또는 내면적 갈등을 갖고 있는 불완전한 인간임에는 틀림없다.
- 자아실현자들의 경우에는 이분법적인 논리, 즉 마음과 머리, 이성과 본능, 인지와 의욕 등이 대립적인 것이 아니라 보완적으로 상호작용을 하므로 갈등은 근원적으로 사라지게 된다. 성 아우구스틴의 "신을 사랑하시오. 그러면 당신도 하고자 하는 대로 될 것입니다."라는 말처럼 이들에게는 욕망이 바로 이성이 된다.

이처럼 자아실현을 추구하는 욕구야말로 인간이 지향해야 할 가장 바람직한 충동이라는 점을 강조한 매슬로의 욕구단계설은 다소 비현실적인 주장이기도 하지만 인간적인 배려와 상위욕구를 중시하는 그의 인본주의적 접근방법은 높이 평가되어야 할 것이다.

《동기유발과 개인의 성격》의 12장에서는 자아실현에 이른 사람의 성생활과 사랑에 대한 내용을 다루고 있지만 과학적으로는 분석의 체계성이 부족하며, 예술적으로는 상당히 초보적인 개인 경험에 의존한 내용을 열거했다고 볼 수 있다. 이후 13장에서 부록까지는 현대 심리학, 특히 인본주의적 심리학의 기초 개념을 풀이한 내용을 담고 있다. 즉, 이 책의 후반부는 이미 언급한 그의 동기이론에 대한 세부 사항을 추가적으로 정리하면서 행태론적 심리학을 다루고 있다.

인본주의 심리학

인간의 자아실현 욕구를 강조하는 심리학의 한 분야다. 외적 자극에 대한 반응을 강조한 형태론적 행동주의 심리학이나 정신분석학의 결정론적 관점에 반발하여 나타났으며, 인간의 가치와 주관적 경험을 강조한다. 매슬로가 바로 그 기초를 마련하였다.

현대적 시사점

동기유발에 대한 이론은 매우 다양하다. 일반적으로는 동기유발에 대한 이론들은 내용이론과 과정이론으로 구분되고 있는데 매슬로의 욕구단계설은 내용이론에 속한다. 동기유발을 촉진시켜주는 인간의 욕구와 충동을 파악하고 그 우선순위를 살피는 데 초점을 둔 내용이론에도 여러 가지가 있으나 매슬로의 욕구단계설이 가장 중시되는 이유는 인간의 욕구를 설득력 있게 구분해 설명함으로써 인간에 대한 연구를 하는 데 큰 도움을 줬고 이후 동기유발에 대한 연구의 시발점이 되었기 때문이다.

반면에 매슬로의 욕구단계설에 대한 비판도 끊임없이 제기되고 있다. 첫째는 다섯 가지 욕구가 구분되어 나타나는 것이 아니라 동시에 한 가지 이상의 욕구가 작용할 수 있다는 비판이다. 둘째는 생리적 욕구 이상의 상위욕구에는 욕구단계가 존재하지 않는다는 비판이고, 셋째는 개인의 욕구는 상황에 따라 언제든지 변화할 수 있다는 비판이다. 또한 하위욕구가 만족되어야 상위욕구가 나타나는 것은 아니라는 비판 등이 오히려 오늘날 설득력 있게 받아들여지고 있다. 그럼에도 불구하고 매슬로의 욕구단계설은 인본주의 심리학에 기반해 다소 규범적으로 인간의 동기를 유발하는 데 큰 기여를 한 것으로 평가되며 그 구체적인 내용을 살펴보면 다음과 같다.

1. 경영자들이 종업원들의 욕구를 쉽고 체계적으로 인식하도록 설명함.
2. 인간의 욕구는 매우 다양하며, 상위욕구와 하위욕구가 구분된다는 점을 강조함.
3. 개인의 욕구 차를 고려해 적합한 욕구 충족 수단을 사용해야 한다는 점을 역설함.
4. 지속적인 동기유발을 위해서는 상위욕구를 충족시켜주는 여건 조성의 필요성을 강조함.

특히 일단 욕구가 만족되면 동기유발의 잠재력은 소멸된다는 그의 논지는 지금도 중요하게 받아들여지고 있다. 즉, 종업원들의 동기유발을 위해서는 새롭게 표출되는 욕구나 아직 충족되지 않은 욕구를 대상으로 새로운 프로그램 및 제도를 정비해야 한다는 것이다.

기타 학문의 조류에서 보면 인본주의 심리학자로서 매슬로는 자아실현 욕구의 중요성과 긍정적 관점으로 인간의 동기를 유발시키는 것이 무엇보다 중요하다는 점을 강조했다는 것을 알 수 있다. 이는 당시 맥그리거, 아지리스, 그리고 그의 제자 알더퍼 등과 함께 규범론적 인간 존중 사상에 기반한 것으로 인간의 부분적 문제점부터 살펴본 정신분석학파의 병리학적 관점과는 거리가 먼 총체적 개인이라는 관점에서 인간의 욕구와 동기 및 충동성을 파헤친 점에서 매우 가치가 있다.

더 읽어볼 책

자아실현의 심리 박아청, 교육과학사, 1988
가치와 존재 이재봉 역, 교육과학사, 1994
인간의 동기와 성격 조대봉 역, 교육과학사, 1992
행동심리학 이중석, 협신사, 2000

저자 소개 및 도서 정보

아브라함 매슬로 Abraham H. Maslow

《동기유발과 개인의 성격 *Motivation and Personality(2nd)*》,
Harper & Row, 1970.

아브라함 매슬로는 미국 브루클린 태생으로 1950년대 인본주의 심리학을 주도한 후기 인간관계학파에 속하는 인물이다. 위스콘신대학을 졸업한 후 콜럼비아대학 사범대학 연구원을 거쳐 1937년부터 1951년까지 브루클린대학 교수를 지냈고 1951년부터는 브랜다이스대학의 사회심리학 교수로 재직했다.

매슬로는 1943년에 욕구단계설을 제안해 유명해졌으며, 1954년 출간된 《동기유발과 개인의 성격》 초판에서 이를 상세하게 다뤘다. 그가 작고한 해인 1970년에 출간된 개정판에서는 이에 더해 심리학의 다양한 측면과 새로운 과제들을 2개의 부록에서 다루고 있다. 동기이론과 자아실현에 대한 그의 사상을 집대성한 이 책 외에도 캘리포니아 주에 있는 한 전자회사에서의 경험을 바탕으로 자기계발 관리방안을 일기식으로 정리한 《Eupsychian Management》(1965), 그리고 《The Psychology of Science》(1966), 《Religion, Value and Peak Experiences》(1964), 《The S-I test:Measure of psychological security-insecurity》(1952), 《Toward a Psychology of Being》(1968), 《Principles of Abnormal Psychology》(1951), 《New Knowledge in Human Values》(1959) 등의 저서가 있다.

또한 매슬로는 욕구와 인간의 본성에 대한 수많은 논문을 통해 현대 심리학의 양대 주류라 할 수 있는 행동주의적 실험심리학과 프로이트식 정신분석학의 단편적 분석방법을 비판하면서 보다 종합적이고 긍정적인 차원에서 인간을 이해해야 한다는 점을 강조했다.

6 우리의 사업은 무엇이어야 하는가

The Practice of Management
Peter F. Drucker

keyword
경영
MBO
지식근로자
경영자

카테고리 관련성	
경영전략, 경영혁신	★★★
생산관리	
변화관리	★★
조직관리, 인사관리	★★
마케팅	★
리더십	★
동기부여, 인간관계	★
기업성공	

핵심 아이디어 1954년에 출간된 《경영의 실제*The Practice of Management*》는 기업과 경영에 대한 드러커의 위대한 저작 중 하나로 시어스 백화점, 포드 자동차, IBM 등 그가 직접 경험하고 관찰한 기업 사례를 포함해 사업 경영, 경영자 관리, 근로자 관리, 경영 구조 등에 대한 그의 생각이 담겨 있다. 특히 드러커는 이 책에서 다음과 같은 세 가지 핵심적인 주제를 다루고 있다.

첫째는 사업관리에 관한 것이다. 그는 이 주제를 통해 경영자에게 "우리의 사업은 무엇인가?" "우리의 사업은 무엇이어야만 하는가?"라는 가장 기초적인 질문을 던지고 있다. 드러커는 이 질문에 대한 대답이 매우 어렵다고 말한다. 그리고 기업이 좌절하고 실패하는 가장 큰 이유는 아마도 사업의 목적과 내용에 대해 생각이 분명치 않기 때문일 것이라고 얘기한다.

드러커는 또한 이 책에서 '기업은 이윤을 추구하는 조직'이라는 일반 명제를 부정한다. 물론 이윤은 기업 경영에서 가장 중요한 주제다. 하지만 이윤은 단지 경영의 결과일 뿐이지 기업의 목적은 아니다. 그는 기업의 목적이 기업 외부에 있다고 주장했다. 기업은 사회의 한 기관이므로 기업의 목적 역시 사회에 있어야 한다는 논리인 것이다. 또한 고객을 창출하고 그들에게 가치를 제공하는 것이야말로 기업이 존재하는 목적이라고 주장했다.

둘째는 경영자 관리에 관한 것이다. 특히 드러커는 이 책에서 목표에 의한 경영MBO:Management By Objectives이라는 개념을 소개했고, 이를 통해 경영자가 담당해야 할 임무와 역할에 대해 설명하고 있다. 목표는 경영활동과 과업 할당을 위한 기초가 되며, 기업의 구조를 결정하고, 수행되어야 할 주요 활동들을 결정한다. 그리고 각 과업들에 어떻게 인적자원을 할당할 것인가를 결정한다. 목표는 기업 구조의 설계와

경영활동의 세 가지 핵심 주제

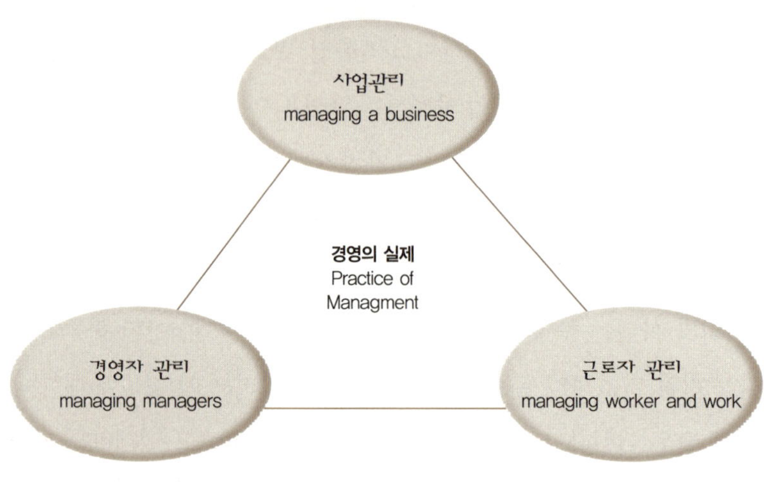

각 단위 조직 및 경영자들의 과업 설계에 있어서 꼭 필요한 토대가 된다. 또한 각 사업의 경영자들에게 부과되는 목표는 기업 전체의 목표에서 도출되어야 한다. 예컨대 사업부제로 운영되는 기업에서 한 사업부를 맡고 있는 경영자의 목표는 그가 맡은 사업부가 기업 전체의 목표달성을 위해 해야 할 공헌이 무엇인가에 의해 규정된다. 한마디로 기업 경영에서는 부분 최적화보다는 전체 최적화가 더 중요하다. 목표와 관련해서 한 가지 중요한 사실은 목표는 절대적으로 주어지는 운명이 아니라는 점이다. 기업 스스로 그 방향을 설정하는 것이 바로 목표다. 목표는 기업과 구성원들을 구속하는 존재가 되어서는 안 되고, 그들에게 공헌해야 한다. 물론 목표만으로는 미래를 결정하지 못한다. 목표는 기업의 미래를 창조하기 위해 자원을 동원하는 수단일 뿐이기 때문이다.

셋째는 근로자의 관리에 대한 것이다. 테일러가 노동의 과학적 관리법을 제시한 이래로 인적자원 관리의 핵심은 육체노동자의 생산성이었다. 하지만 오늘날에는 지식근로자의 생산성이 인적자원 관리의 핵심이 되고 있다. 또한 인적자원 관리의 중심이 육체노동자의 생산성에서 지식근로자의 생산성으로 이동함에 따라 조직의 구성원들과 그들이 수행하는 직무에 대한 전혀 새로운 가정들이 요구되고 있다.

결국 인적자원 관리란 사람을 통제control하는 것이 아니라 사람을 이끄는lead 것이며, 인적자원 관리의 목표는 각 개인이 갖고 있는 특유의 강점을 생산적으로 만드는 것이다. 인사관리를 효과적으로 수행하는 유능한 경영자는 근로자의 약점을 찾는 일부터 시작하지 않는다. 약점을 활용해서는 업무의 목적을 이룰 수 없으니까 말이다. 업무 목적은 오직 강점을 통해서만 이룰 수 있다. 만일 어떤 근로자가 업무 수행에 필요한 강점을 갖추고 있다면 나머지 다른 약점들은 조직이 보완해줄 수도 있다. 그러나 강점이 없다면 나머지 다른 능력들은 아무런 쓸모가 없다. 결국 경영자들이 염두에 둬야 할 가장 중요한 질문은 "각 근로자들이 갖고 있는 강점은 무엇이며, 그것들 가운데 새로운 직무에 가장 적합한 강점은 어떤 것인가?"일 것이다.

시놉시스

피터 드러커의 《경영의 실제》는 경영의 본질을 설명하는 도입부와 경영 또는 기업의 책임을 언급한 결론 부분을 제외하면 전체가 5부 29장으로 구성되어 있다. 제1부는 사업관리라는 제목으로 주로 사업이란 무엇이며, 사업의 목적은 무엇인지에 대해 서술하고 있다. 드러커는 특히 제1부에서 사업의 본질에 대한 그의 뛰어난 통찰력을 보여주고 있다.

제2부는 경영자 관리라는 제목으로 목표에 의한 관리, 경영자의 직

무, 경영자 육성 등의 주제들을 다루고 있다. 이 중에서도 목표에 의한 관리는 드러커가 처음 제시한 개념으로 경영에 있어서의 목표의 역할과 중요성을 강조하고 있다. 그가 중시한 목표관리는 각 부문 경영자들의 노력을 한 방향으로 통합하는 데 큰 도움을 주며, 나아가 자기관리를 하도록 하는 데 필수적인 개념이다. 드러커가 제시한 목표에 의한 경영의 주요한 공헌 가운데 하나는 명령에 의한 경영을 자기관리에 의한 경영으로 대체할 수 있도록 해준다는 데 있다.

제3부는 경영의 구조라는 제목으로 구조의 유형, 조직 구축 등에 대해 설명하고 있다.

제4부는 근로자와 업무에 대한 관리라는 제목하에 인사관리, 동기부여, 프로페셔널 근로자 등에 대한 내용을 다루고 있다. 특히 그는 근로자들을 소모품이라기보다는 자원으로 인식했으며, 프로페셔널 근로자의 등장과 이들의 필요성을 주장했다.

끝으로 제5부는 경영자가 된다는 것의 의미라는 제목으로 경영자의 과제, 의사결정 등의 주제 등을 통해 제4부까지의 논의를 종합·요약하고 있다. 결론적으로 볼 때 드러커에게 있어 경영자는 보스가 아니고 리더라고 말할 수 있다.

리뷰 기업에 있어 경영이란 무엇이며, 무엇이 되어야 하는지 살펴보자

기업의 목적은 무엇인가

오늘날 기업은 사회의 그 어떤 기관보다도 많은 일을 하고 있고 영향

력 또한 엄청나다. 현대 기업의 모습은 20세기 초에 정립된 후로 오랜 기간 동안 끊임없이 발전되어왔기 때문에 대기업의 경우 기업 내부의 구성원조차도 회사가 무엇을 하는지 정확히 알지 못하는 일이 생긴다. 이 같은 상황에서 경영자들에게 "기업이란 무엇인가?"라는 질문을 하면 대부분 "이익을 추구하는 조직"이라고 대답한다. 하지만 드러커는 이것이 틀린 대답일 뿐만 아니라 기업이라는 조직을 설명하는 데 적합하지도 않다고 주장한다. 물론 이익은 기업 경영에서 중요한 주제다. 하지만 이익이 기업이나 기업 경영의 목적은 될 수 없으며 그것은 단지 제약 조건일 뿐이다.

드러커는 기업의 목적이 기업 외부에 있다고 주장한다. 기업은 사회의 한 기관이므로 기업의 목적은 사회에 있어야 한다는 논리다. 그의 주장에 따르면 기업 목적에 관한 타당한 정의는 오직 단 하나, 시장을 창조하는 것이다. 시장을 창조하는 것은 신이나 자연의 힘이 아니고 바로 기업이다. 기업이 충족시키고자 하는 욕구들 가운데 어떤 것은 기업이 그 욕구를 충족시켜줄 수단을 만들기 전에 이미 고객들의 잠재적인 욕구로 존재하기도 한다. 또한 기업이 충족시키고자 하는 욕구들 가운데 어떤 것은 아직 잠재적 고객에 의해 인식되지 않은 것일 수도 있다. 예컨대 복사기나 컴퓨터가 실제로 등장하기 전에 고객들은 아무도 자신이 그것들을 필요로 한다는 사실을 알지 못했다. 이처럼 결국 기업이 무엇인지를 결정하는 것은 고객이다. 왜냐하면 제품과 서비스에 대해 대가를 치를 의향이 있는 고객만이 기업이 갖고 있는 단순 자원을 재화로 전환시켜주기 때문이다.

여기서 시장을 창출하기 위해서 기업이 해야 하는 가장 기본적이면서 가장 중요한 두 가지 활동이 정리된다. 하나는 고객이 뭘 좋아하는지 발견하는 마케팅이며, 다른 하나는 고객들이 깨닫지 못하는 욕구를 찾아내는 혁신이다. 마케팅은 고객이 원하는 가치를 발견하는 활동이다. 판매와 마케팅은 동의어가 아니며 서로 보완적이지도 않다. 마케팅이 궁극적으로 지향하는 것은 고객을 충분히 알고 이해함으로써 제품과 서비스를 적절하게 제공해 그것들이 스스로 팔리도록 만드는 것이다. 이런 점에서 마케팅은 판매활동과는 오히려 반대되는 의미를 갖고 있다. 따라서 이상적인 마케팅이란 판매활동을 필요 없도록 만든다. 진정한 마케팅은 "우리가 팔고자 하는 것은 무엇인가?" 라고 질문하지 않는다. 대신 "고객이 구입하려는 것이 무엇인가?" 라고 질문할 것을 요구한다.

반면에 혁신은 고객이 생각지 못했던 새로운 가치를 만드는 활동이다. 즉, 지금까지 없었던 새로운 경제적 만족을 창출하는 것을 뜻한다. 혁신의 결과는 새롭고도 남다른 제품, 새로운 용도 또는 새로운 욕구의 발견일 수도 있다. 가장 생산적인 혁신은 단순히 기존의 욕구를 향상시키는 것이 아니라 새로운 만족을 제공할 수 있는 잠재력을 가진 남다른 제품이나 서비스를 창출하는 것이다. 혁신은 고객이 미처 생각하지 못했던 신제품이나 새로운 서비스를 제공하는 것만을 의미하지 않는다. 기존 제품이나 서비스일지라도 새로운 용도를 찾아낸다면 이 역시 혁신이다. 사실 혁신은 기술적인 개념이 아니라 경제적인 개념이라고 봐야 한다. 에스키모에게 냉장고를 어떻게 팔 것인가? 그들에게 식품 냉동 방지용으로 냉장고를 판매하는 데 성공한 세일즈맨은 새로운 생산 기법이나 신제품을 개발한 사람과 똑같이 혁신가로 대접받아야 한다. 이는 기존 제품에 대한 새로운 시장을 개척한 것과 마찬가지기 때문이다. 결국 기업활동이란 마케팅과 혁신을 통해 고객과 시장을 창조하는 일이다.

우리가 하는 사업은 무엇이고, 무엇이어야만 하는가

기업의 목적을 달성하기 위해서는 우리가 하고 있는 사업이 무엇인지를 구체적으로 파악할 필요가 있다. 기업에서 의사결정을 내리는 모든 사람은 막연하게나마 사업에 대한 어떤 정의를 갖고 있다. 그런데 기업 내부의 구성원들은 직급의 고하를 떠나 서로 다르거나 또는 모순된 사업의 정의에 근거해 의사결정을 하게 된다. 그렇게 되면 자연히 그들은 서로의 차이점을 깨닫지 못한 채 계속해서 서로 다른 방향으로 가게 될 것이다. 따라서 기업이 공통의 목적과 사명을 가지려면, 그리고 기업 구성원들의 행동과 노력을 통합하려면, 결국 "우리의 사업은 무엇인가? 그리고 무엇이어야만 하는가?"에 대한 명확한 정의가 필요한 것이다. 기업의 사업이 무엇인지를 아는 것은 매우 쉬운 일처럼 보인다. 철강회사는 철강을 만들고, 철도회사는 화물과 승객을 수송하고, 손해보험회사는 화재 위험에 대한 보증을 해주고, 은행은 돈을 대출해주는 것이 각자의 사업으로 간주된다. 그러나 실제로는 그렇게 간단하지 않다.

기업의 목적과 사명이 무엇인가에 대한 정의를 내리기 위한 유일한 출발점은 앞서 설명한 바와 같이 고객이다. 고객에 의해 사업의 내용이 규정된다. 회사의 상호나 설립 취지 또는 정관 같은 것으로는 사업의 내용을 알 수가 없다. 사업의 내용은 고객이 그 회사의 제품 또는 서비스를 구입함으로써 충족시키고자 하는 욕구가 무엇인지에 의해서만 정의될 수 있다. 그러므로 "우리의 사업은 무엇인가?"라는 질문에 대한 대답은 그 기업의 고객과 시장의 관점에서 검토되어야 한다.

따라서 사업에 대한 정의를 내리는 과정에서 "우리의 고객은 누구인가?"라는 질문은 필수적으로 제기되어야 한다. 사업의 정의를 위한 또 다른 질문은 "우리의 고객은 무엇을 구입하는가?"라는 것이다. 제

마케팅 근시안

마케팅 분야의 선구자인 레비트 교수는 사업을 공급자 입장에서 좁게 정의하는 문제점을 지적하였다. 오히려 고객 입장에서 사업을 재정의할 때 새로운 기회가 포착될 수 있다. 철도사업이 아니라 수송사업, 영화사업이 아니라 엔터테인먼트사업으로 재정의하면 근시안적 시각에서 벗어날 수 있는 것이다.

너럴 모터스의 새로운 캐딜락 모델을 7천 달러에 구입한 사람은 운송 수단을 구입한 것인가, 아니면 높은 품위를 구입한 것인가? 캐딜락의 경쟁 상대는 시보레인가 혹은 다른 회사인 포드나 폭스바겐인가? 아니면 다이아몬드나 밍크코트인가? 결론적으로 말하면 캐딜락의 고객은 운송 수단이 아닌 사회적 지위를 구입한 것이라고 할 수 있다.

사실 "우리의 사업은 무엇인가?"라는 질문은 사업을 시작하는 초창기에 해야만 한다. 그러나 드러커는 역설적으로 "우리의 사업은 무엇인가?"라는 질문을 진지하게 던져봐야 할 가장 중요한 시기는 회사가 성공적으로 운영되고 있을 때라고 강조한다. 이 질문에 대한 대답의 유효 기간은 아무리 성공적인 기업이라 할지라도 그리 길지 않다. 조만간 진부해지기 때문이다. 한 기업의 목적과 사명에 대한 정의는 50년은 고사하고 30년도 그대로 유지되지 못하는 경우가 대부분이다. 드러커는 대략 10년 정도 그 대답이 유효할 것이라고 언급한 적이 있다. 따라서 경영자는 "우리의 사업은 무엇인가?"라는 질문을 하는 동시에 "앞으로 우리가 할 사업은 무엇인가?", "우리 사업의 성격과 사명, 그리고 목적에 큰 영향을 줄 것으로 확실시되는 환경 변화에는 어떤 것들이 있는가?"라는 질문을 추가로 던져야 할 것이다.

목표에 의한 관리를 하다

어떤 기업이든 성과를 올리기 위해서는 기업의 각 구성원들이 서로 다른 분야에서 일하면서도 공동의 목표를 달성하기 위해 공헌해야만 한다. 그들의 노력은 같은 방향으로 모아져야 하고, 또한 그들의 공헌은 공동의 목표를 달성하는 데 도움이 되어야 한다. 구성원들 사이에 견해차나 마찰이 없어야 하고 불필요한 노력이 중복되는 일도 없어야 한다. 그러므로 기업이 성과를 올리기 위해서는 각각의 직무가 기업 전체의 목표와 부합되어야 한다. 특히 경영자의 직무는 기업 전체의 성공에 초점이 맞춰져 있어야 한다. 따라서 각 사업 부문의 경영자들에게 부과되는 목표는 기업이 달성해야 할 전체 목표에서 도출되어야 하며, 그들 각자의 성과는 그것이 기업 전체의 목표달성에 공헌한 정도에 따라 평가되어야 한다.

경영자들은 기업 목표달성을 위해 자신에게 기대되는 성과가 무엇인지 알고 또 이해해야 한다. 기업 전체의 목표달성에 필요한 이러한 요구들이 제대로 충족되지 않으면 경영자들이 그릇된 방향으로 나아갈 수도 있다. 그렇게 되면 경영자의 노력이 헛수고가 될지도 모른다.

드러커에게 있어서 경영자란 자신과 자신이 맡은 사업 부문이 상위 부문의 목표달성과 더 나아가 회사 전체의 목표달성을 위해 공헌하는 데 있어 책임을 지는 사람을 의미한다. 따라서 경영자의 성과 목표는 아래가 아니라 위를 향해야 한다. 그것은 각각의 경영자가 수행하는 직무의 목표가 그들이 속한 상위 부문의 성공을 위해 해야 할 공헌에 의해 규정됨을 의미한다.

지역 영업부의 영업부장이 수행하는 직무의 목표는 영업 부문 전체의 성과를 위해 그가 해야 할 공헌이 무엇인가에 의해 규정되어야만 한다. 마찬가지로 기술 개발 프로젝트 책임자가 수행하는 직무의 목표는 그와 그의 부하 종업원인 엔지니어들이 기술 부문 전체를 위해 해야 할 공헌이 무엇인가에 의해 규정되어야 한다.

각각의 경영자는 자신이 책임지고 있는 부문의 목표를 스스로 개발하고 설정해야 한다. 물론 상위 부문은 하위 부문의 목표를 승인하거나 거부할 권한을 갖고 있다. 하지만 목표의 개발 자체는 각 부문의 경영자가 책임져야 할 부분이다. 이것이 경영자의 첫째 책임이다. 또한

SMART한 목표 설정

경영자에게 목표는 구체적이고Specific 측정할 수 있으며Measurable, 달성할 수 있고Achievable, 기업 전체 목표에 부합하며 Relevant, 시한이 분명 Timely할수록 좋다.

모든 경영자는 자신이 속해 있는 상위 부문의 목표를 개발하는 일에 참여하고 책임을 져야 한다. 단순히 참여의식을 갖는 것만으로는 충분치 않다. 경영자가 된다는 것은 철저하게 책임을 전제로 하기 때문이다. 경영자의 목표가 단순히 경영자 개인이 원하는 바가 아닌 기업의 객관적 필요를 반영해야 한다는, 바로 그 사실 때문에 경영자는 상위 부문의 목표 개발에 적극적으로 동참해야 하는 것이다.

경영자는 기업의 궁극적인 목표를 이해해야 하고 또한 그 내용을 알고 있어야 한다. 상위 부문에 공헌해야 하는 경영자들은 모두 그 상위 부문의 목표가 무엇인지 철저히 고민해야 한다. 그들은 상위 부문의 목표를 설정하는 일에 적극적으로 참여해야 하고 또한 책임을 져야 한다. 하위 부문의 경영자가 상위 부문의 목표 설정에 참여를 해야만 그의 상사도 부하 경영자에게 무엇을 기대할 수 있을지, 어떤 엄격한 요구를 할 수 있을지 알 수 있게 된다. 부하 경영자가 상사의 목표 설정에 참여하고 책임을 지는 것은 매우 중요한 일이다.

경영자가 자신의 성과를 스스로 관리하는 데 있어 자신의 목표가 무엇인지 아는 것만으로는 충분하지 않다. 그는 자신이 창출한 성과와 결과를 스스로의 목표와 비교해 측정할 수 있어야만 한다. 그러기 위해서는 기업의 주요 영역을 평가하기 위한 공동의 명확한 기준이 있어야만 한다. 그러한 평가 기준은 반드시 숫자화되어야 하거나 정밀할 필요는 없다. 그러나 평가 기준들은 분명하고, 단순하고, 또한 합리적이어야 한다. 평가 기준은 경영자가 주의와 노력을 기울여야 하는 대상들과 관련이 있어야 하고, 또한 그것들을 지향하고 있어야 한다. 평가 기준은 신뢰할 수 있는 것이어야 한다. 그리고 평가 기준은 복잡한 해석이나 철학적 논의가 필요 없을 만큼 분명하면서도 쉽게 이해할 수 있는 것이어야 한다.

올바른 조직구조는 어떤 것인가

올바른 조직구조의 모습은 지금까지 몇 번의 변화를 겪었다. 올바른 조직구조에 대한 탐구는 지금까지 계속되어왔고, 오늘날에도 여전히 계속되고 있다. 조직구조의 중요성은 제1차 세계대전을 계기로 명확히 인식할 수 있게 되었다. 한편으로 앙리 파욜과 앤드류 카네기가 주장한 기능별 조직구조가 단 하나의 올바른 조직구조가 아니라는 사실을 알려준 것도 제1차 세계대전이었다. 제1차 세계대전 직후 피에르 뒤퐁과 앨프레드 슬론은 분권형 조직구조를 개발했다. 이처럼 단 하나의 올바른 조직구조라는 것은 존재하지 않는다. 존재하는 것은 특유의 강점과 약점을 가진 개별 조직에 각각 적용할 수 있는 특정한 구조들이다. 조직이 어떤 절대적인 것이 아니라는 점도 분명한 사실이다. 조직구조는 사람들이 함께 작업함으로써 생산성을 올리도록 하는 하나의 도구다. 따라서 특정 조직구조는 특정 상황과 시기에 수행할 특정 과업에 적합한 것이어야 한다. 조직구조와 관련해 모든 조직이 반드시 준수해야 할 원칙들로는 다음과 같은 것들이 있다.

첫째, 조직화의 목적은 사업의 성과와 직접 연계되어야 한다. 조직구조는 구성원들의 모든 활동을 사업의 성과로 전환시키는 자동차 변속기와 같은 역할을 한다. 따라서 조직구조가 구성원들의 노력을 잘못된 성과를 내는 방향으로 이끌어서는 안 될 것이다. 분명히 조직구조는 사업 성과를 위한 수단일 뿐이다.

둘째, 관리 계층의 수를 최소화해야 한다. 조직을 가능하면 수평적으로 만드는 것이 합리적인 조직구조의 원칙이다. 그 이유는 정보이론이 주장하는 "모든 명령이 한 단계 전달될 때마다 잡음은 두 배로 늘어나고, 메시지는 반으로 줄어든다."라는 원칙만으로도 충분히 설명될 수 있을 것이다. 관리 계층이 늘어날수록 공통의 방향을 정립하고, 구

《경영의 실제*The Practice of Management*》 원서 표지. 1993년판.

성원들 간의 이해가 증진되는 것이 어려워진다. 마찬가지로 관리 계층이 늘어날수록 목적이 왜곡되고 관심이 벗어나 다른 곳으로 이동할 가능성이 높아진다. 관리 계층이 늘어날수록 조직의 스트레스가 증대하고 조직의 관성도 증대될 것이다. 경영자들은 가장 오래되었고, 가장 크며, 가장 성공한 조직인 서구의 가톨릭교회처럼 관리 계층의 수가 최소인 조직구조를 만들기 위해 노력해야 할 것이다.

셋째, 조직구조는 미래의 최고경영자들을 훈련시키고 시험할 수 있어야 한다. 조직구조는 실제 경영자들이 자율적으로 직접 책임을 지고 경영을 할 수 있는 여건을 제공해야 한다. 젊고 경험이 부족한 경영자들이 육성될 수도 있지만 이들이 사업을 책임지고 이끌 수 있는 능력이 있는지를 테스트할 수 있는 조직구조가 필요한 것이다.

원칙 중심의 인사관리를 하라

경영에 있어서 수행해야 할 중요한 과업은 조직이 행하는 작업의 생산성과 그 작업을 수행하는 사람들의 성취 능력을 높이는 것이다. 기업이 보유하고 있는 단 하나의 진정한 자원은 바로 사람이다. 모든 조직은 인적자원을 더욱 생산적으로 만듦으로써 성과를 달성할 수 있다. 즉, 모든 조직의 성과는 그 구성원이 수행하는 작업을 통해서만 달성될 수 있는 것이다. 그러므로 작업의 생산성을 높이는 것은 모든 조직의 본질적인 기능이다. 따라서 경영자들은 다른 어떤 업무보다도 사람을 선발하고 관리하는 일에 많은 시간을 투입해야 한다. 경영자가 해야 할 의사결정들 가운데, 그 결과가 인사 문제만큼 조직에 오랫동안 영향을 미치는 것은 없다. 인사관리에 대한 의사결정은 한 번 내려지면 다시 그러한 결정을 수정하는 데 큰 어려움이 따른다. 하지만 대부분의 경영자들은 아직도 승진과 충원에 대한 의사결정을 그다지 효과적으로 하지 못하고 있다. 여러 가지 경영활동들 가운데 잘못된 인사처럼 형편없는 성과를 내는 것도 없을 것이다.

물론 인사관리를 완벽하게 할 수 있는 사람은 드물다. 그런데도 인사관리에 대한 의사결정을 좀더 효과적으로 하기 위해 진지하게 고민하는 경영자가 많지 않은 것이 사실이다. 조직의 역할에서 구성원으로 하여금 성취감을 느낄 수 있도록 해주는 일이 더욱 중요해지고 있으며, 그것은 또한 조직의 성과를 평가하는 척도가 되고 있다. 구성원의 성취감을 충족시켜주는 것은 경영이 수행해야 할 과업으로서 그 비중이 점점 더 커지고 있다.

효과적인 인사관리를 위해서는 무엇보다도 직무의 내용을 철저하게 고려해야 한다. 새로운 판매 책임자를 선발하는 데 있어서도, 그 책임을 맡은 경영자가 가장 먼저 파악해야 할 사항은 그 사람에게 맡길 직무의 핵심 내용이다. 예컨대 새로운 판매원을 모집하고 훈련시키는 일인가? 아니면 새로운 성장 가능성이 있는 시장을 개척하는 일인가? 혹은 신제품의 개발을 기획하는 일인가? 이러한 직무들은 각각 성격이 다르므로 당연히 다른 특성을 지닌 사람을 필요로 한다. 특히 새로 임명된 사람의 경우엔 그가 직무의 내용을 제대로 이해하는지 확인해야 한다. 어떤 사람이든 새로운 직무를 3개월 내지 4개월 동안 수행한 후에는 과거의 직무가 아니라 새로운 직무가 요구하는 것에 초점을 맞추어야 한다.

새로운 직무를 수행하는 사람에게 그가 해야 할 일을 이야기해주는 것은 경영자의 책임이다. 만일 이런 단계를 제대로 밟지 않았다면 새로

잭 웰치의 조언

조직 계층은 스웨터에 비유할 수 있다. 하나의 스웨터를 하나의 계층으로 본다면, 10개의 계층은 10개의 스웨터를 입고 있는 것과 같다. 이러한 조직은 아무리 추워도 추위를 느끼지 못할 것이다.

임명된 사람이 미미한 성과밖에 올리지 못한다 해도 경영자는 그를 비난할 수 없다. 경영자는 임무 수행에 실패한 자신을 비난해야 할 것이다. 승진 인사에 있어 실패하게 되는 중요한 이유 중의 하나는 승진을 한 사람이 새로운 직무가 요구하는 바에 대해 깊이 생각하지 않았기 때문이고, 경영자가 그렇게 하도록 요구하지 않았기 때문이다.

결과적으로 경영자에게 있어 인사관리에 대한 올바른 의사결정은 조직을 효과적으로 통제하는 궁극적인 수단이다. 또한 인사관리에 대한 의사결정은 경영자가 얼마나 유능한지, 그의 가치관은 무엇인지, 그가 자신의 직무를 얼마나 진지하게 수행하는지를 분명하게 알려준다. 경영자들이 자신들의 결정을 비밀로 유지하기 위해 아무리 애쓴다 해도 인사관리에 대한 의사결정만큼은 비밀로 숨길 수 없다. 그들의 결정은 즉각 드러나고 만다. 공정한 인사를 위해 최선의 노력을 기울이지 않는 경영자는 조직에 큰 해를 끼칠 것이다.

현대적 시사점

드러커에 의하면 기업의 존재 이유는 고객이고 기업의 목적은 시장을 창조하는 것이다. 고객은 자신이 필요하다고 느끼는 것을 충족시키기 위해 기업이 제공하는 제품과 서비스를 구입하기 때문에 오직 고객만이 기업이 무엇인지를 결정할 수 있다. 따라서 적어도 드러커에게 고객은 거창한 구호가 아니라 기업의 본질과 직결되는 핵심 개념이다. 또한 경영자들도 단순히 제품과 서비스를 판다고 생각하기보다는 고객들이 원하는 효용과 가치를 제공한다고 생각하는 것이 바람직할 것이다. 예컨대 스타벅스를 고급 커피를 파는 사업으로 보기보다는 커피와 함께 제공되는 분위기와 사람들과의 만남을 제공하는 문화 사업으로 간주하는 안목이 필요하다. 사정이 이렇다 보니 드러커는 경영자들에게 "우리의 사업은 무엇인가? 그리고 무엇이어야만 하는가?"라는 질문을 놓고 끊임없이 고민해야 한다고 충고한다.

모든 가치 창출의 원천은 바로 고객이다. 드러커는 사업을 정의하기 위해서는 고객이 누구인지, 혹은 고객이 원하는 가치가 무엇인지 정확히 인식하는 것이 필요하다고 역설했다. 사업의 본질을 이해하는 것은 경영자들에게 필수적인 능력이다. 특히 기술 변화가 심하고 사업의 불확실성이 높을 때는 더욱 그러하다. PC 사업에서 IBM이 어려움을 겪었던 것도 결국은 IBM의 경영자들이 PC 사업의 본질을 제대로 파악하지 못했기 때문이다. 대형 컴퓨터 사업에 익숙한 IBM은 PC 사업의 본질을 하드웨어 조립 사업이라고 파악했지만 실제 고객이 중시했던 것은 컴퓨터 본체가 아니라 소프트웨어였다. IBM이 PC 사업에서 소프트웨어 부문을 마이크로소프트에 넘겨버린 사건은 역사의 아이러니로 남을 것이다.

기존의 사업을 혁신하려 하거나 새로운 사업을 계획하고 있는 우리나라 경영자들도 이와 같은 고민에 직면해 있다. 1960년대 이후 줄곧 정부 주도의 경제 개발 계획에 의존해 사업을 확장해온 우리나라 경영자들은 이제 스스로의 판단과 결정에 따라 새로운 사업을 선택해야 한다는 부담을 안게 되었다.

최근의 불확실한 환경 변화에 대응해 많은 기업들이 안정적인 경영과 동시에 새로운 성장을 강조하고 있지만 여전히 새로운 사업의 성공 확률은 높지 않다. 예전처럼 정부나 금융권으로부터 무조건적인 혜택을 받을 수 없기 때문에 그만큼 새로운 사업에 대한 위험이 커진 것이다. 따라서 막연히 산업의 성장률이 높다고 해서 충분한 역량을 갖추지 못한 채로 전혀 알지 못하는 사업에 진출하기보다는 오히려 자신이 현재 운영하고 있는 사업의 본질을 충분히 검토해서 이와 관련 있는 분야로 진출하는 것이 성공 확률이 훨씬 높은 것이다. 이런 측면에서 드러커가 우리에게 던진 질문들은 다시 한번 우리의 사업들을 되돌아보게 만든다.

시장 창조가 기업의 목적이라면 기업이 수행해야 할 핵심 활동은 자연스럽게 마케팅과 혁신활동으로 귀결된다. 드러커는 "우리가 팔고자 하는 것은 무엇인가?"를 질문하지 말고 "고객이 구입하려는 것은 무엇인가?"를 질문하라고 권한다. 마케팅활동은 궁극적으로 고객을 충분히 알고 이해함으로써 제품과 서비스를 적절하게 제공해 그것들이 스스로 팔리도록 만드는 것을 의미한다. 마케팅활동이 고객이 원하는 가치를 찾는 작업이라면 드러커가 설명하는 혁신활동은 고객에게 제공할 새로운 가치를 창출하는 작업이다. 고객이 미처 생각하지 못했던 신제품이나 새로운 서비스를 제공하는 것뿐만 아니라, 기존 제품이나 서비스일지라도 새로운 용도를 찾아내면 이것 역시 혁신인 것이다.

특히 우리가 한 가지 주목할 점은 혁신의 주체를 연구개발이나 마케팅 등 특정 부서에 국한시키지 말아야 한다는 점이다. 기업의 혁신은 기업의 모든 부문이나 활동에서 이뤄져야 한다는 것이다. 그동안 우리나라 기업들은 혁신보다는 모방에 의존해 기업을 운영해온 것이 사실이다. 물론 6 · 25 전쟁 이후 아무것도 없는 상황에서 우리나라 기업들이 혁신을 생각하기는 힘들었을 것이다. 그 당시에는 선진 기술과 제품을 도입하고 모방해서 개조하는 것이 유일한 생존 수단이었다. 하지만 이제 중진국의 대열에 들어선 우리 기업들은 모방으로는 더 이상 글로벌 시장에서 생존할 수 없다는 것을 깨닫기 시작했다. 경쟁국인 중국의 무서운 추격을 뿌리치고, 아직도 멀게만 느껴지는 일본과 미국 기업을 따라잡기 위해서는 혁신을 통해 우리만의 새로운 가치를 창조해야 할 것이다.

또 한 가지 경영자들이 이 책에서 배울 수 있는 점은 혁신이라는 것을 기술적인 의미로만 너무 좁게 해석해서는 안 된다는 것이다. 기술혁신뿐만 아니라 햇반, 포장 김치, 김치 냉장고처럼 고객들의 관점에서 제품을 새롭게 해석하거나, 스타벅스나 델 컴퓨터처럼 새로운 비즈니스 모델을 개발하는 것도 기술혁신 못지않게 중요한 혁신인 것이다.

드러커는 경영에서 목표의 중요성을 유난히 강조했다. 기업이 성과를 올리기 위해서는 기업 구성원들의 직무가 기업 전체의 목표와 부합되어야 하기 때문이다. 특히 경영자의 직무는 당연히 기업 전체의 성공에 초점을 맞춰야 한다. 각 사업 부문의 경영자에게 부과되는 목표는 기업이 달성해야 할 전체 목표로부터 도출되어야 하며, 그들이 거둔 성과도 기업 전체의 목표달성에 공헌한 정도에 따라 평가되어야 한

스타벅스는 고급 커피를 파는 사업이라기보다는 커피와 함께 제공되는 분위기와 사람들과의 만남을 제공하고 문화적 가치를 판다. 이는 오직 고객만이 기업이 무엇인지를 결정할 수 있다는 드러커의 논리를 대변하는 아주 대표적인 예다.

다. 경영자란 자신이 맡은 사업 부문이 그보다 상위 부문의 목표달성, 그리고 궁극적으로는 기업 전체의 목표달성에 공헌할 수 있도록 만드는 책임을 지고 있는 사람이다.

하지만 현재 우리나라에서 자신이 맡은 사업부나 회사보다 기업 전체, 그룹 전체의 목표를 먼저 생각하는 경영자가 과연 몇 명이나 될까? 혹시 전체 최적화보다 부분 최적화에 집착하는 경영자가 더 많은 것은 아닐까? 부서 이기주의나 사업부 이기주의를 극복하고 회사 전체의 목표를 최우선으로 하는 의사결정은 말처럼 쉽지 않다. 기업 전체 목표에 대한 공감대가 중요시되는 것은 바로 이러한 이유 때문이다. 한 명의 최고경영자나 소수의 경영진들에 의한 의사결정이 가져오는 폐단도 바로 이러한 측면에서 쉽게 발견할 수 있을 것이다. 특정 소수의 판단에 따른 목표를 강요한다면 누구도 그러한 목표를 위해 자신의 목표를 수정하지 않을 것이다. 오히려 전문 경영자 입장에서는 기회주의적으로 행동하면서 자신의 이익을 극대화하는 것이 더 유리할 수도 있다.

여러 개의 사업부를 갖고 있는 기업의 경영자라면 항상 고민하게 되는 시너지의 문제도 역시 목표와 관련해서 해석할 수 있을 것이다. 기업 전체 차원에서 시너지 효과를 얻으려면 기업의 각 부분이 전체를 위해 존재해야 하고, 기업 전체도 부분에게 뭔가 도움을 줘야 할 것이다. 만약 각 사업부가 전체 목표를 고려하지 않고 각자의 목표달성을 우선시해서 부분 최적화에만 골몰한다면 결코 기업 차원의 전체 최적화는 물론 시너지 효과도 기대하기 힘들어진다. 또한 드러커는 경영자들이 기업 전체 차원의 목표에 관심을 가지려면 이러한 목표 설정에 참여해야 한다는 점을 강조한다. 위에서 일방적으로 하달한 목표는 이해하기도 힘들 뿐만 아니라 자신의 목표로 수용되기도 힘들 것이기 때문이다.

우리나라 기업에서 변화 관리가 잘 이뤄지지 않는 것도 같은 이유에서다. 우리나라 기업에서 과연 누가 진정 변화를 원하는 것일까? 변화가 중요하다고 강조하는 겉모습과 달리 실제로는 자신의 재산을 지키려는 소수의 그룹들만이 변화와 혁신을 위해 노력하고 있다. 변화한다고 해서 달라질 것이 없는 나머지 구성원들은 솔직히 말해 변화에 관심이 없다. 혹시나 변화를 원한다고 해도 그들에게는 소수 경영진들처럼 변화를 추구할 수 있는 권한이 없다. 이래저래 피곤할 뿐이다.

정말로 기업에서 변화가 일어나기를 원한다면 구성원들이 변화의 비전에 대해 공감을 해야 한다. 더 나아가 구성원들이 변화의 비전을 만드는 데 참여해야 할 것이다. 그렇지 않은 상황에서 만들어진 변화의 비전은 한낱 구호에 지나지 않을 것이다. 진정 변화를 원하는 경영자가 있다면 왜 변화가 마음먹은 대로 이뤄지지 않는지 곰곰이 생각해봐야 할 것이다. 변화의 가장 큰 걸림돌은 다수의 구성원들이 아니라 소수의 경영자 그들에게 있는 것인지도 모른다.

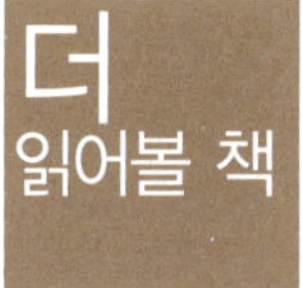

프로페셔널의 조건 피터 드러커, 청림출판, 2001
변화리더의 조건 피터 드러커, 청림출판, 2001
Next Society 피터 드러커, 한국경제신문사, 2002
깨달음이 있는 경영 이동현, 바다출판사, 2003

저자 소개 및 도서 정보

피터 드러커 Peter F. Drucker

《경영의 실제*The Practice of Management*》, Harper & Row, 1954.

피터 드러커는 현존하는 경영학자 중에서 가장 막강한 영향력을 행사하는 인물이다. 제너럴 일렉트릭의 전 회장인 잭 웰치도 자신의 자서전에서 가장 존경하는 경영학자로 피터 드러커를 꼽았을 정도다. 그가 이처럼 엄청난 영향력을 행사하게 된 것은 공교롭게도 그의 생애가 현대 기업의 성장과 맞물려 있고, 또한 자신의 연구와 실제 체험을 왕성한 저술활동을 통해 세상에 널리 알렸기 때문이다. 실제로 그는 30여 권에 달하는 책을 저술했지만 다른 사람이 그의 이름을 걸고 쓴 책까지 합치면 그 숫자는 헤아리기 힘들 정도다.

그는 경영학자로 분류되지만 사회, 역사, 문화에 대한 해박한 지식 덕분에 그의 책은 언제나 폭넓은 독자층의 관심을 끌었다. 그의 왕성한 연구와 저술활동은 현대 경영학의 기초가 되었고, 경영학을 대중에게 널리 알리는 데도 결정적인 역할을 한 것으로 평가된다.

1909년 오스트리아의 빈에서 태어난 피터 드러커는 독일 프랑크푸르트대학에서 법학 박사학위를 취득했고, 신문 기자, 금융 분석가, 철학 및 정치학 교수 등의 다양한 경력을 갖고 있다. 1937년 미국으로 이주한 드러커는 1939년 최초의 저서인 《The End of Economic Man》을 출간했고, 이때부터 그의 방대한 저술 작업이 시작되었다. 그는 1950년부터 1971년까지 뉴욕대학 경영학과 교수로 재직했고 1971년부터 현재까지 캘리포니아 주 클레어몬트대학의 피터 드러커 경영대학원 석좌교수로 재직하고 있다. 드러커는 전세계 경영자들에게 가장 큰 영향을 끼치는 것으로 알려져 있는 하버드 비즈니스 리뷰에 가장 많은 글을 기고한 학자이며, 《Concept of the Corporation》(1946), 《The Practice of Management》(1954), 《Managing for Results》(1964), 《피터 드러커의 자기경영노트*The Effective Executive*》(1967), 《The Age of

Discontinuity》(1969), 《Management: Tasks, Responsibilities, Practices》(1973), 《The Frontiers of Management》(1986), 《The New Realities》(1989), 《자본주의 이후의 사회*Post-Capitalist Society*》(1993), 《21세기 지식경영*Management Challenges for the 21st Century*》(1999), 《넥스트 소사이어티*Managing in the Next Society*》(2002) 등 수십 권의 베스트셀러를 저술했다. 이러한 드러커의 연구와 저술활동은 현대 경영학이론 정립의 기초가 되었고, 경영학이라는 학문을 대중화하는 데도 결정적인 기여를 했다.

드러커가 워낙 방대한 저술활동을 했기 때문에 딱 꼬집어 그의 대표 저서를 소개하는 것은 쉽지 않다. 그러나 출간 당시 학계나 산업계에 미쳤던 파장과 출간 이후 지금까지의 평가를 종합하면 1954년 출간된 이 책, 《경영의 실제*The Practice of Management*》와 1973년에 출간된 《Management: Tasks, Responsibilities, Practices》, 그리고 1993년에 출간된 《자본주의 이후의 사회》 등을 가장 뛰어난 저서로 꼽을 수 있다. 여기서 집중적으로 소개한 《The Practice of Management》 외에 《Management: Tasks, Responsibilities, Practices》는 드러커 경영학의 결정판이라고 할 수 있을 만큼 방대한 내용을 담고 있다. 사실 1946년 제너럴 모터스에 대한 연구를 기초로 《Concept of the Corporation》이라는 책을 출간한 후 드러커는 경영의 본질과 경영자의 역할에 대해 꾸준히 저술을 해왔다.

《The Practice of Management》가 이러한 그의 사상을 정리한 최초의 작업이었다면 《Management: Tasks, Responsibilities, Practices》는 그의 사상을 집대성한 책이라고 볼 수 있다. 국내에는 수십 권의 드러커 책들이 번역되었으나 정작 《The Practice of Management》나 《Management: Tasks, Responsibilities, Practices》 등의 고전들은 소개되지 못했다.

7 조직의 의사결정 과정에는 제약이 따른다

Administrative Behavior : A study of Decision-Making Processes in Administrative Organization

Herbert A. Simon

keyword
합리적 의사결정
제한된 합리성
가치 변수
공식적 권한

카테고리 관련성	
경영전략, 경영혁신	★★★
생산관리	
변화관리	★★
조직관리, 인사관리	★★★
마케팅	
리더십	★
동기부여, 인간관계	★★
기업성공	

핵심 아이디어 조직 내 인간 행위의 합리성에 관한 연구를 의사결정활동으로 분석한 《관리 행위 *Administrative Behavior*》은 인간으로 구성된 조직을 효과적으로 운영하기 위한 구성원들의 의사결정 프로세스를 명확하게 보여주는 데 초점을 두고 있다. 즉, 의사결정 과정을 통해 대규모 조직의 구성원들이 보여주는 관리활동의 효율성과 합리성, 그리고 동태성 및 그 종합적 측면을 해석한 것이다. 경영학사적으로 볼 때 의사결정학파의 창시자이자 태두인 허버트 사이먼은 모든 인간 행위를 의사결정의 연속으로 보았다. 그리고 축적된 지식과 정보, 그리고 경험이 합리적인 의사결정이나 효율적인 의사결정을 위한 원천이 된다는, 관리활동의 점진적 개선을

의사결정 프로세스상의 주요 이슈

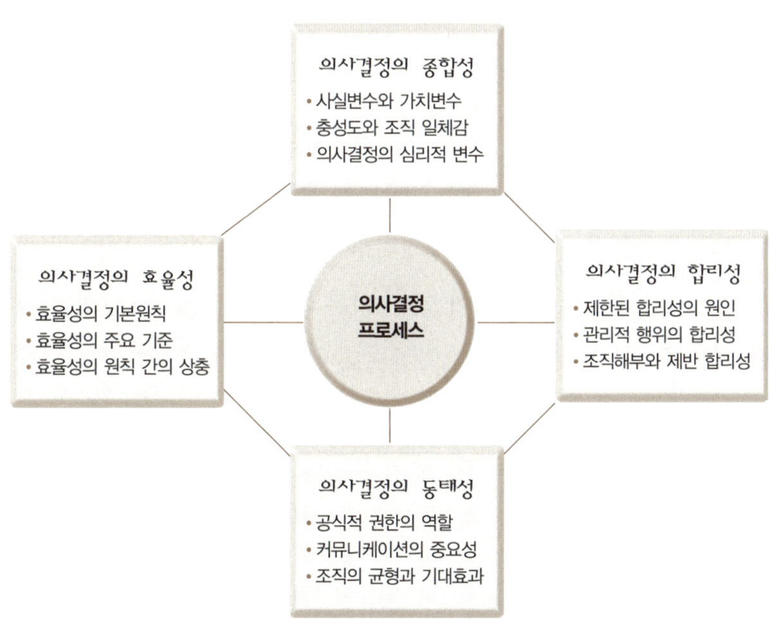

추구하는 관점을 고수했다.

1978년 노벨 경제학상을 수상하는 배경이 된 그의 '제한된 합리성 bounded rationality'의 관점은 누구에게나 의사결정에 있어서 나름대로의 제약이 주어지게 된다는 사실을 밝힘으로써 이러한 제약 조건을 점차적으로 개선해나가는 것이 경영자의 역할이라는 것을 밝히고 의사결정에 있어서 계량적 분석활동의 한계를 지적했다.

바너드로부터 큰 영향을 받은 사이먼의 조직관은 바너드의 조직 내부 균형이론이나 권한수용설 등을 그대로 이어받았으며, 동태적 조직의 특성을 권한관계와 의사소통활동 등을 통해 재정리했다. 그리고 보다 종합적 차원에서 조직의 관리활동을 파악하기 위해 사실 변수에 대한 분석과 함께 가치관과 가중치를 고려한 분석을 해야 하며 의사결정의 과정에서 구성원들의 심리적 변수까지 다뤄야 한다는 점을 강조했다.

시놉시스

이 책은 총 11개의 장으로 구성되어 있는데, 1997년에 초판 발행 50주년을 기념해 발행된 네번째 개정판에서는 각 장마다 시대 변천에 따른 사이먼의 새로운 논지가 별도로 정리되어 있다. 다른 저서의 구성과는 달리 사이먼은 첫 장에서 전체 내용을 요약함으로써 앞부분만 잘 이해하면 자신의 핵심 논지를 알 수 있게 했다.

2장과 3장에서는 선택의사결정 행위 구조의 기본 개념을 설명하고 있다. 2장은 흔히 '관리의 원칙'으로 불리는 기존 이론들의 부적절성에 대한 비판을 담고 있으며, 3장은 관리적 의사결정활동에서 제기되는 사실 분석의 문제점과 가치 분석의 중요성을 다뤘다.

4장과 5장은 조직환경의 영향하에 있는 의사결정활동의 실태에 대한 조직이론을 다루고 있으며, 특히 5장은 조직이 개인의 의사결정 행위에 미치는 영향력에 관해 논하고 있다.

《관리 행위》의 원서 표지. 1997년에 발행된 네 번째 개정판.

6장에서는 개인과 조직 간의 동기유발 문제는 공식적 권한 덕분에 바람직한 방향으로 이끌어갈 수 있다는 논지를 제시하였다.

7장에서 10장까지는 조직이 개인의 의사결정 프로세스에 어떻게 영향을 미치는가 하는 조직 영향력의 주요 행사 과정을 권한, 커뮤니케이션, 효율성 및 조직 충성도 등을 통해 자세히 설명하고 있다. 마지막 11장에서는 의사결정과 연계된 조직의 생리를 해부하듯 기존의 조직구조이론에서 제기된 이슈를 중심으로 분석했다.

리뷰

인간의 모든 행위를 의사결정의 연속으로 본 사이먼의 '제한된 합리성'을 해부한다

이 책은 조직을 이해하는 데 있어 의사결정 프로세스가 관건이 된다는 기본 가정하에 공공 행정조직 등 대규모 조직을 대상으로 한 연구 결과를 정리한 것이다. 물론 기업조직에 대한 사례와 연구가 함께 들어 있지만 원래 'Administrative Behavior'란 이 책의 제목은 비대해진 대규모 행정조직의 권한체계와 의사소통 활동 및 내부 구성원들의 가치

관과 심리적 변수 등이 의사결정 과정에 미치는 영향을 의미한다. 이후 개정판에서는 기업 조직을 포함한 일반적 관리 행위에 대한 원칙과 의사결정의 프로세스를 강조함으로써 '행정행위' 가 아닌 '관리 행위'로 그 폭을 넓게 해석했다. 일반적으로 관리활동은 일이 실천되도록 하는 기교로 표현되고 있으나 사이먼은 이러한 일상적인 개념보다 "어느 일부터 실천해야 하는가?" 하는 의사결정 프로세스의 문제로 본 것이다.

사이어트, 마치 등과 함께 의사결정학파를 연 사이먼은 스스로를 신고전학파라 주장하며 테일러 이후 제시된 관리원칙과 제반 관리이론을 반박하는 연구 결과를 집약해 이 책의 초판에 담았다. 하지만 1980년대 중반 이후 민츠버그 등으로부터 합리적 의사결정 프로세스에 대한 강력한 반박을 받았다. 결국 노벨 경제학상을 받은 사이먼도 1996년 이 책의 4판을 통해 환경 변화와 기술 발전에 따라 의사결정활동이 단절적, 혁신적 차원에서 이뤄질 수도 있다는 관점을 인정하기도 했다.

경제인의 의사결정은 능률 향상이 기준이 된다

직접 자동차를 만드는 사람은 현장의 종업원이며, 화재 현장에서 불을 끄는 사람은 소방수들이다. 그렇다면 높은 자리에 앉아서 차도 만들지 않고 불도 끄지 않는 관리자와 소방서장이 조직 내에서 하는 일은 도대체 무엇인가? 그들은 조직의 목표달성을 위한 관리활동을 한다. 이처럼 조직에는 물리적으로 업무를 수행하는 현장의 종업원이 있는가 하면, 조직 차원의 영향력과 부여된 권한을 행사해 이들을 관리하는 상급자들이 있다.

관리자들이 수행하는 선택행위가 바로 의사결정 활동으로 이들이 조직 내 관리 프로세스로 나타난다는 것이 사이먼의 주장이다. 의사결정활동은 마치 타이피스트가 거의 무의식적으로 타자를 치는 행위처럼, 목적지향적이며 합리적이지만 매우 단순한 형태가 있는가 하면, 건축설계사들이 하는 것처럼 엄청난 분석과 도면을 바탕으로 복잡한 계획과 설계가 동반되는 형태도 있다.

그리고 설계행위는 집이나 다리를 짓는 현장의 복합적 행위로 이어지게 된다. 이처럼 매우 다양한 선택행위, 즉 의사결정 행위의 연속에 의해 조직의 관리활동이 이뤄지게 된다. 그리고 이런 관리 행위가 공통적으로 갖고 있는 특성은 어떤 시점의 어떤 행위에 있어서도 여러 가지 대안이 존재하며, 개인은 이들 중 하나의 대안을 의식 또는 무의식적으로 선택하게 된다는 것이다.

사이먼은 능률적인 의사결정활동을 위한 다양한 관리의 원칙을 제시하고 있는데 집단 내 과업의 전문화, 구성원 간 권한의 계층 결정, 상급자 관리 범위의 제한 및 작업 집단의 구성방법 등이 여기에 포함된다. 하지만 이들 관리원칙 간에도 상충되는 내용이 있다. 그래서 사이먼은 관련된 모든 평가 기준을 열거한 다음, 관리 환경에 대한 분석을 하고, 각 평가 기준별 가중치를 배분해 종합적인 평가에 의한 의사결정을 하기 위한 일련의 프로세스를 제시했다.

능률 향상에 치우친 의사결정활동을 경제인의 대표적인 모습으로 정의한 사이먼은 이를 대체하는 관점으로 관리인의 모습을 제시했다. 그는 관리인이란 투입과 산출 간의 관계를 따지는 효율성의 원칙에 입각하지 않고, 결과의 질적·양적 제약 요인, 즉 성과 창출 수행 능력의 한계, 올바른 의사결정을 하는 판단 능력의 한계 등을 고려한 제한된 합리성에 입각한 의사결정자라고 정의했다.

경제인 home economicus
경제적 이익극대화를 유일한 합리적 행위 기준으로 삼아 행동하는 인간의 유형으로, 고전학파 경제학자들이 경제사회의 법칙을 설명하면서 그 이론적 전제로 내세운 인간상이다. 즉, 이기적이고 합리적인 경제인의 활동을 자연적·필연적인 결과로 보는 관점이다.

제한된 합리성 또는 합리성의 한계를 다루면서는 테일러리즘에 입각한 동작 및 시간 연구에서 제시한 효율성 추구에 한계가 있다는 점을 지적했다. 또한 팀워크와 가치관 또는 조직 충성도를 중시하는 메이오 등의 인간관계론에 입각해 인간성에만 호소하는 방법에도 한계가 있음을 말하고, 나아가서는 자신의 일에 대한 지식과 정보의 한계라는 본원적 문제도 존재한다는 점을 지적하고 있다.

의사결정에는 가치 변수와 사실 변수가 개입된다

조직 내에서 발생하는 모든 개인의 행위는 의도적, 즉 목적이나 목표 지향적으로 표출된다. 바로 인간행위의 의도성이 관리활동의 출발점이므로 "왜 그 일을 하는가?" 라는 행위의도가 "무슨 일부터 실천해야 하는가?" 의 핵심 기준이 된다. 크고 작은 의사결정 행위의 의도와 방법은 목표와 수단의 연계성에서 찾아볼 수 있다.

예를 들면, 어떤 사람이 한 발 내딛기 위해서 다리의 근육을 사용하고, 편지를 부치기 위해 우체통을 향해 걸어가고, 누군가에게 정보를 전달해주기 위해 편지를 부치는 행위를 한다고 할 때 그 사람은 각 단계마다 추구하는 목적이 있다. 그리고 그 목적은 그 다음의 목적달성을 위한 수단이 되어 궁극적으로 지향하는 목적을 이루게 된다.

여기서 마지막 단계의 목적을 향한 선택, 즉 의사결정을 '가치적 판단' 이라고 하며, 궁극적 목적에 포함되는 중간 과정상의 크고 작은 단계별 목적을 달성하기 위한 의사결정들을 '사실적 판단' 이라고 한다.

하지만 행정 조직만 보더라도 이러한 가치적 요인과 사실적 요인이 완벽하게 분리되어 나타나지는 않는다. 궁극적 목표로서의 목적, 즉 가치적 요인은 매우 일반적이고 모호한 개념—사회 정의의 구현, 국리민

복의 달성, 자유주의의 실현 등—으로 제시된다. 그리고 목적 달성 수단으로서의 각 단계별 목표 역시 하나가 아니라 경제적 동기, 안전, 편의, 그리고 출세지향처럼 다양하게 나타난다. 그러므로 의사결정의 단계와 요소에 대해 좀더 구체적으로 파악할 필요가 있는 것이다.

최적화

목적달성에 가장 적절한 방침이나 계획을 세워 설계 또는 선택하는 것이다. 공학 일반에서는 기본적 과제로 되어 있으며 시스템 공학의 3대 축 중 하나이다(simulation, evaluation, optimization). 합리적 의사결정을 위하여 최적화는 자연과학뿐만 아니라 경제 · 경영 등 사회과학 분야에서도 널리 적용되고 있다.

>> 의사결정의 계층

의도성이라는 개념에는 의사결정의 계층이라는 의미가 담겨 있다. 즉 하위 단계에서는 상위 단계의 목표나 목적달성을 추구하며, 모든 행위는 추구하는 바가 분명할수록 의도성이 높아진다. 또한 목표달성을 위한 대안을 잘 선택할수록 행위의 합리성이 커진다. 하지만 문제는 의사결정의 계층이 이처럼 의도성과 합리성을 갖춘 체계적인 방식으로 구성되기가 어렵다는 데 있다.

>> 의사결정의 요소

모든 의사결정은 타협의 산물이며, 최종적으로 선택한 안이 결코 목표달성을 위한 완벽한 대안은 아니다. 즉, 최종안은 주어진 상황을 전제로 한 최적의 안이지 최선의 대안은 아니라는 의미다. 그만큼 환경에 의한 의사결정의 제약이 존재하므로 가치와 사실적 요소를 바탕으로 하는 의사결정은 상대적인 관점에서 최적의 대안을 추구한 결과 나타나게 된다.

가치적 요소는 정책적 의사결정을 하는 데 중요하며, 사실적 요소는 관리적 의사결정을 하는 데 더 필요하지만 이들 간의 범위가 모호한 경우가 많다. 그래서 사이먼은 제한된 합리성하에서 최적의 안을 추구하는 논리적 접근 방법이 심리적 접근 방법보다 중요하다는 분석적 체제를 중시했다.

관리 프로세스도 일련의 의사결정 프로세스다

관리활동은 집단적 활동이다. 개인 행위의 환경은 단순할 수도 있지만 집단 작업을 위해서는 조직적인 노력을 투입하기 위한 프로세스가 마련되어야 한다. 의사결정 프로세스가 바로 관리 프로세스라고 하는 이유도 여기에 있다. 조직적 차원의 관리 프로세스가 정립된 다음에는 개별 구성원들에게 이를 실천하기 위한 자율성이 부여되도록 해야 한다.

일반적으로 개인에 대한 조직의 관리활동은 첫째, 임무의 범위와 속성 등 개별 구성원에 대한 특정 기능을 분담하고, 둘째, 구성원별로 누가 어떤 의사결정권을 가져야 하는가에 대한 권한을 배분한 다음, 셋째, 구성원들이 관리활동을 추진하는 데 있어서 조정을 거쳐 의사결정이 이뤄지도록 하는 것이다.

관리 조직은 노동의 수직적 분화 형태로 특정 부서에 특정 업무를 부과하는 전문화를 추구함으로써 상하 구성원들 간에 권한체계의 구축, 공식화 및 의사결정 기능이 배정된다. 한편 대부분의 조직론자들은 작업의 수평적 분화, 즉 수평적 전문화를 강조하고 있다.

이에 비해 사이먼이 수직적 분화를 중시한 이유는 수평적 분화에 따른 개인이나 집단 간의 조정활동, 기능 인력의 숙련도 제고 및 상하 간 책임성 증대를 위한 수직적 역할 분담이 요구된다는 데 있다. 이처럼 집단적 관리활동에서는 올바른 의사결정을 하는 것도 중요하지만 의사결정 사항에 대한 전체 구성원들의 수용도, 숙련도, 책임성 여부가 더 중요하다는 것이다.

상사의 권한은 부하들이 수용할 때 실현된다

최고경영자라 해도 조직 구성원들과 의사소통을 하지 않으면 의사결정활동이 아무런 효과도 거두지 못한다. 그러므로 관리 프로세스에 있어서 구성원들이 의사결정에 어떻게 영향을 받고 있는가를 이해하는 것이 중요한데, 의사결정의 영향력은 크게 두 가지 형태로 구분된다. 첫째는 구성원 스스로 조직을 위한 의사결정을 유도하도록 바람직한 태도와 습관 및 자세를 갖추는 것이며, 둘째는 구성원들의 의사결정활동이 조직 전체에 영향을 미치도록 하는 방식이다. 첫번째 유형은 자기계발 및 능률 향상과 연계된 조직에 대한 충성도를 유도하는 것이며, 두번째 유형은 주로 공식적 권한, 자문 및 정보 서비스 시스템에 의한 영향력을 의미한다. 이들 두 가지 영향력의 형태는 서로 배타적인 것이 아니라 복합적으로 작용하는 경우가 많다.

1. 조직 충성도란 구성원이 조직 집단의 구성원임을 확인하는 방식으로 행동할 경우 나타나는 특성으로 조직 충성도가 높을수록 조직을 위한 의사결정 행위를 하는 경향이 커진다. 그러나 조직에 대한 관점보다 부서 이기주의에 입각한 관점이 부각될 경우에는 오히려 부정적인 효과를 나타내기도 한다.
2. 공식적 권한에 대해서는 바너드의 권한수용설을 그대로 제시하고 있는데, 상사의 권한은 부하들이 이를 수용하는 만큼 영향력을 발휘하게 된다는 것이다. 권한에 대한 학자들의 과장된 해석과 적용을 문제삼은 사이먼은 권한수용의 영역은 부하들에 의해 좌우되며 그 대신 불복종에 대한 제제를 가하는 활동은 상사의 권한이라고 봤다. 또한 권한의 행사는 단순히 하향적으로만 이뤄지는 것이 아니라 좌우간 또는 상향적으로도 작용할 수 있음을 강조했다. 공식적 권한체계에 대해서는 이미 당시부터 비공식 권한관계에 대한 연구를 통해 보다 포괄적으로 연구되었으며, 아직까지 논쟁의 이슈가 되고 있는 사항이기

도 하다.

3. 능률 평가의 기준은 조직 충성도나 권한의 행사 등을 통해 의사결정을 할 때 그것이 개인의 가치관에 어느 정도 영향을 주는가 하는 문제로서 합리적 행위의 지표로 사용된다. 능률에 대한 광의의 해석은 기대 목표달성에 있어서 최단 코스를 택한다든지, 최소의 비용이 드는 수단을 선택하는 것으로서 '능률적으로 실천' 하라는 의미에는 모든 조직 구성원들의 의사결정 행위에 부과되는 조직 차원의 핵심 영향력이 내재되어 있다.
4. 조언과 정보가 중시되는 이유는 의사소통 네트워크를 통해 의사결정 활동에 가장 큰 영향을 미치기도 하는 것이 정보 변수이기 때문이다. 비록 책임자는 아니라 할지라도 정확한 정보를 보유한 자가 실제로 의사결정을 주도하게 된다.
5. 훈련을 통해 공식적 권한의 행사나 조언 없이도 조직 충성도에 의한 자율적인 방식처럼 만족할 만한 의사결정에 이를 수 있다. 그러므로 조직으로서는 사전에 충분한 훈련을 받은 유자격자를 채용해야 하며, 채용한 이후에도 계속해서 바람직한 관리활동, 즉 효율적인 의사결정 활동을 유도하기 위한 훈련을 시켜야 한다.

공헌에는 보상이 따라야 한다

왜 조직 구성원들은 조직의 영향력을 수용하며, 조직이 요구하는 행위를 연출해내려 하는가? 이에 대한 답을 얻기 위해서는 개별 구성원의 모티베이션 상태와 조직이 지향하는 목표 간의 관계에 대한 연구가 요구된다.

기업조직의 이해관계자로서는 사업가와 종업원 및 고객 집단이 있다. 사업가의 의사결정은 종업원들에게 직접 영향을 미치며, 종업원들은 임금에 상응하는 노력과 시간으로 조직에 공헌하고, 고객은 제품을 구입함으로써 기업 조직에 기여하는 활동을 한다. 이들 각 집단의 행위는 서로 다른 동기에서 비롯되는데 간략하게 보면 사업가는 이익, 종업원은 임금, 고객은 가격대비 제품의 매력도를 추구한다. 조직에 참여하는 집단이 추구하는 바가 서로 다른 만큼 이익창출과 임금보상, 그리고 제품의 매력도 간에 균형이 이뤄지지 않으면 결국 조직은 사라질 수밖에 없다.

모티베이션motivation 행동을 유발시키는 내적 메커니즘으로 동인drive과 유인incentive을 총칭하는 동기부여를 의미한다. 동기부여는 계획과 실천행동 사이의 중간 역할을 하는 기구에 해당한다.

우선 조직의 목표는 간접적으로 모든 구성원들의 목표에 내재되어 있는 만큼, 조직의 관리활동은 구성원들의 다양한 동기를 만족시키는 방향으로 이뤄져야 한다. 한편 고객의 목표는 직접적으로 조직의 목표와 밀접한 관계에 있으며, 조직의 목표를 대표하는 사업가의 목표는 조직의 생존과 직결되어 있다. 이에 비해 종업원의 목표는 고객의 목표나 조직의 생존 문제와 직결되어 있는 것이 아니라 담당 영역 내에서 부분적으로 수용하는 정도에 그친다는 차이점이 있다. 그러므로 개인과 조직 간에는 개인의 공헌에 대한 조직의 보상을 통한 만족 부여라는 균형이 이뤄져야 하며, 조직과 고객 간에는 매력 있는 제품을 제공함으로써 외부 고객들의 구매활동을 통해 조직이 생존하는 균형이 정립되어야 한다. 바너드에 의하면 전자는 조직의 내적 균형, 후자는 조직의 외적 균형에 해당하는 사항이다.

조직은 개인보다 중요하다

초판 출간 이후 50년이 지나면서 사이먼도 컴퓨터와 인공지능의 발전 등 과학기술에 힘입어 조직의 관리활동이 혁신적으로 변화했다는 사실에 수긍했다. 그리고 그의 초기 논지를 수정하고 보완해 제4판을 통해 그 내용을 조목조목 소개했다. 그러나 제4판에서도 의사결정활동은 합리성을 추구하는 인간의 축적된 지식과 경험을 기반으로 한다는 점을 강조함으로써, 민츠버그 등이 제시한 인간의 직관적 판단 능력에 의한 혁신적 의사결정활동을 결국 인정하지 않는 한계를 보이기도 했다. 하지만 심리학, 경영학, 컴퓨터공학, 정치학, 경제학, 행정학 분야를 통달한 석학으로서 사이먼이 보여준 업적은 몇몇 학자의 반박에 의해 섣불리 부정될 수 없을 것이다.

사이먼 역시 대기업이나 정부 조직처럼 대규모 조직일수록 관료적이며 비능률적이라는 비판적 시각에 동감하고 있다. 또한 조직 자체가 문제의 대상이 아니라 구성원의 개인적인 성격이 문제이므로 능력과 의지가 있는 사람이라면 어느 조직에서나 훌륭한 성과를 낼 수 있다는 관점에 대한 다른 사람들의 비판도 인정하고 있다. 그러나 이러한 비판적 시각에 대한 사이먼은 "조직이란 구성원들의 역량과 습관을 만들어주는 주체이며, 권한과 정보 및 지식을 부여해주는 주체이므로 개별 구성원에 비교되어서는 안 되는 중요성을 지니고 있다."라는 점을 확고히 했다.

>> 조직 개념의 중요성

사회학자들이 역할 시스템을 조직이라 부르듯이 사이먼에게 조직의 의미는 의사소통의 유형으로 받아들여졌으며, 이를 통해서 의사결정활동이 이뤄진다고 보았다. 사이먼은 인간의 의사결정 행위가 제한된 합리성 아래에서 실제로 어떻게 이뤄지는가에 대한 연구와 함께 조직의 목표달성을 위한 충성심의 개발에 역점을 두었다. 특히 컴퓨터의 발전에 따라 지식과 정보 및 능력의 한계는 다소 극복되었지만 또 하나의 중요한 변수로 시간의 제약이 강하게 개입된 합리적 의사결정의 한계를 제시함으로써, 제한된 합리성의 원인 변수로 지식정보, 능력, 시간이라는 3대 제약 변수를 새롭게 재정리한 점도 눈여겨봐야 할 사항이다.

제도학파 경제학
다윈의 진화론과 듀이의 실용주의에 바탕을 두고, 전통적 주류를 이루어온 경제학이 변화하는 사회의 경제현상을 분석하기 위한 효과적 도구를 제시하지 못한다는 비판에서 태동되었다. 제도주의는 경제를 동태적 개념, 프로세스적 패러다임으로 인식하고, 문화결정론적 관점에서 사회경제적 변화를 설명하였다.

>> 연구 관점의 중요성

의사결정의 프로세스에 대한 연구 관점이 사회학적인 것인지 아니면 심리학적인 것인지에 대한 논의는 사실 사이먼에게 중요하지 않으며, 굳이 대답한다면 이들 두 가지 학문에 모두 연계되어 있다는 점을 부연하고 있다. 즉, 의사결정학파가 조직 연구에 유일한 접근 방법을 제공하는 것은 아니지만, 조직이란 시스템 디자인의 연구대상으로서 다양한 구성원들의 상하좌우 간 관계를 고려한 의사결정 프로세스를 살펴봄으로써 조직의 실체를 이해하는 데 초점을 둔 것으로 재해석해주고 있다. 사이먼은 흔히들 고전학파, 신고전학파, 의사결정학파 등으로 나눠 부르는 것이 구태의연한 방식이라고 말하면서 스스로 고전학파의 이론을 그대로 받아들여 새로운 관점을 추가했다는 학문의 점진적 발전론을 강조하고 있다. 한마디로 테일러리즘을 비롯한 고전이론은 아직도 살아 있으며, 조직이론을 구성하는 중요한 부분이 된다는 것이다.

>> 조직 변화의 중요성

사이먼은 이 책의 초판에서 "수천 년 전의 조직이나 알 수 없는 미래의 조직은 현 조직 구성원들의 의사결정 영역 밖에 있다."고 강조했으나, 커뮤니케이션 네트워크와 컴퓨터 기술의 발전이 몰고 온 조직과 작업특성의 혁명적 발전을 인정하면서 그가 그토록 강조해온 점진적 사이먼은 의사결정에 활용되는 좌뇌와 우뇌의 기능을 상호 조화의 관점으로 본 반면, 민츠버그 등은 우뇌의 독특한 기능으로서 직관적 의사결정 영향력을 중시했다.

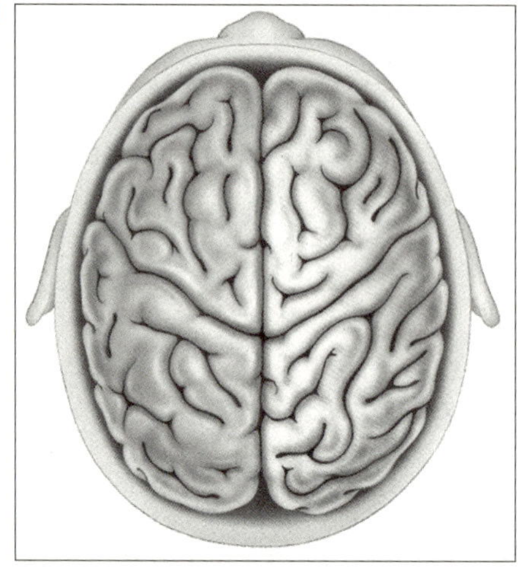

의사결정 프로세스 이외에 혁신적 의사결정 프로세스의 필요성과 존재성도 받아들였다. 즉, 수직적 분화에 의한 역할 분담과 같은 사이먼의 논지는 정보화 시대의 진척에 따라 그 중요성이 퇴색되고 있다는 점을 인정한 것이다. 하지만 본인 스스로 의사결정 프로세스의 점진적 개선만이 가능하다고 한 이 문제에 대해 더 이상 언급하지 않겠다는 점을 밝히면서 다른 학자들이 다른 관점에서 연구해줄 것을 권유하고 있다.

고전이론은 죽지 않는다

인간관계론에서 상황이론에 이르기까지 이 책에 인용된 모든 조직이론과 커뮤니케이션, 조직 충성도, 조직문화 및 권한체계 등은 상황 변화에 따라 그 중요성이 변화될 뿐이지 결코 관리활동상의 논의에서 제외되어서는 안 된다는 것이 사이먼의 일관된 주장이다. 나아가서 경영학과 행정학 등 조직관리 활동을 연구하는 학문이 하나의 과학으로 정립될 수 있는가에 대해서는 과학의 실천적 측면과 이론적 측면이 구분되므로 실천학문으로서의 경영학 역시 분명한 과학으로 존재한다고 주장했다.

사회과학으로서 경영학이 순수 자연과학과 다른 점이 있다면 지식과 기억력 및 기대의 영향을 받은 인간의 의식적 행위에 관한 연구를

카네기 공과대학의 캠퍼스 전경. 사이먼은 1949년 카네기 공대에 산업경영대학원을 설립하는 책임을 맡은 후 효과적인 관리 활동에 의해 조직 운영을 성공으로 이끌었다.

하는 실천적 학문이라는 데 있다. 의식적 행위로서 관리활동, 즉 의사결정활동은 자신의 역할을 명확하게 알고 있는 자에 의해 이뤄지며 이러한 구성원이 많을수록 조직의 효과성이 증대될 수 있다. 초기의 조직이론에서는 윤리적, 가치적 요소보다 사실적 요소만 중시한 과학적 연구에 몰입되어 있었으나, 경영학의 발전과 함께 이론적 측면 이상으로 실천적 측면이 중시되면서 경영사회학, 기업윤리학, 경영실무론 또는 경영사례를 통해 가치적 요소가 갈수록 많이 도입되고 있다. 경제학자들이 경제이론 및 제도경제학적 관점에 입각해 일반적으로 시장에서 나타나는 인간의 행위를 연구하는 데 비해 경영학자들은 이윤의 극대화를 추구하기 위한 관리이론에 입각한 보다 실천적이며 실용적인 측면을 중시하고 있다.

사이먼은 1996년판 수정본에서 자신이 1949년 카네기 공대에 산업경영대학원을 설립하는 책임을 맡은 후 효과적인 관리활동에 의해 조직 운영을 성공으로 이끈 사례를 소개하며 이 책의 결론을 맺고 있다. 경영학의 실용성이 중시되는 만큼 사이먼은 경영대학원의 특성을 1) 실용적 정보기반 교육, 2)개방적 전문교육, 3)실천적 연구지식 활동,

4)타대학원에의 동일기준 적용, 5) 실무 경력자에 의한 교수진 강화, 6) 교수진의 컨설팅 및 현장연구 강화, 7) 경영학 관련 순수과학 연구자도 교수로 채용하는 것으로 정리하고 이를 통해 카네기멜론 경영대학원을 세계적인 경영학 전문 학교로 발전시켰다.

예술과 과학으로서의 양면성을 가진 경영학은 의사결정활동을 통해 조직을 운영하는 데 있어서도 과학적 지식을 창출하는 시스템과 전문적 실무운영 시스템 간에 마치 물과 기름 사이와도 같은 괴리가 존재한다는 점을 인식해야 한다. 사이먼은 경영대학원이나 연구개발센터를 운영할 경우에는 필히 상충되는 시스템이나 기준을 이해해야 하며, 대립되는 관리원칙 또는 의사결정의 기준이 존재하는 상황에서 성공적인 조직운영의 여부는 바로 관리자의 역동적인 의사결정활동에 달려 있다는 내용을 이 책의 마지막 부분에서 강조하고 있다.

현대적 시사점

의사결정활동으로서의 관리 행위에 대한 이 책의 논지는 수정본을 통해 21세기 정보화 시대에도 변함없이 요구되는 관리자의 책임으로 재정리되었다. 초판이 출간된 지 벌써 60년이 지났지만 사이먼의 '합리성의 한계', '관리인', '역할 시스템과 수직적 전문화', 그리고 기업가와 종업원 및 외부 고객을 조직의 3대 참여 주체로 본 관점 등은 여전히 조직관리의 주요 기준이 되고 있다.

이 책의 현대적 시사점을 정리하면 다음과 같다.

• 역할에 대한 이해: 역할은 권한과 책임으로 구성되지만 사이먼 역시

조직의 공식적 지위로부터 나오는 권한에 초점을 둬 상하 간의 권한 배분에 의한 조직의 개인에 대한 영향력 문제를 다뤘다. 그러나 수직적 권한 배분에 의한 상급자의 책임을 중시함으로써 권한행사 중심의 공식적 조직활동뿐만 아니라 권한이 부하에 의해 수용되고 책임이 공유되어야만 조직의 존재 의미가 있다는 사이먼의 주장은 현재 우리나라 기업들에게 요구되고 있는 투명경영, 책임경영, 윤리경영, 참여적 리더십 구축 등을 위한 전제 조건이 될 것이다.

- 이론에 대한 이해: 사이먼은 고전이론을 결코 무시하거나 묻어버릴 것이 아니라 비중에 따라 활용해야만 경영활동의 예술성과 과학성을 만족시킬 수 있다는 조직이론의 점진적 개선 방안을 강조했다. 특히 초판에서는 다루지 못했던 상황이론에 대한 보완적 언급을 통해, 과학의 세계와 실무의 세계에서 골고루 교수들이 배출되도록 조직을 설계해 가치와 사실, 연구와 개발, 관리자와 종업원이 양립하도록 함으로써 업무 조정과 정보공유를 해야 한다고 한 사항 역시 지식경영과 신뢰경영의 핵심이 되는 논지라 할 것이다.
- 사실적 분석의 한계: 인과관계의 증명 및 논리실증주의에 입각한 경영학 분야의 연구에도 가치적 분석과 사실적 분석이 모두 요구되지만 어느 것을 사용하든 간에 진리와는 다른 결과가 나올 수 있다는 점을 강조하고 있다. 이는 의사결정자로서 인간의 한계를 지적한 것으로서 바로 사이먼의 유명한 제한된 합리성 이론이다. 사이먼은 이 이론을 통해 우리에게 지식과 정보, 가치관과 충성심, 그리고 시간과 노력이라는 제약 요인을 극복하도록 요구하고 있다.
- 합리성에 대한 이해: 합리성은 객관적-주관적, 의식적-습관적, 조직적-개별적 차원 등 다양한 방식으로 표출되며, 지식이나 경험 또는 대안의 부족 때문에 한계가 존재할 수밖에 없다는 관점이다. 이러한 사

이먼의 관점은 지위가 높은 정치인이나 경영자일수록 필히 고려해야 할 의사결정 시의 아킬레스건이다.

노벨 경제학상을 수상한 대학자가 쓴 글임에도 불구하고 이 책이 담고 있는 관리 행위에 대한 논지에 강하게 반박하는 사람들도 있다. 조직을 의사결정의 프로세스로 본 관점은 가장 중요한 비판의 대상이자 사이먼의 가장 큰 업적이라 할 수 있을 것이다. 특히 의사결정에 활용되는 좌뇌와 우뇌의 기능을 상호 조화의 관점으로 본 사이먼의 주장에 비해, 우뇌의 독특한 기능으로서 직관적 의사결정 영향력을 중시한 민츠버그 등은 사이먼의 점진적 조직 발전관에 대립되는 직관과 종합적 판단에 의한 조직의 혁신적 발전관을 표방하고 있다.

권한수용설이나 조직의 균형이론에 있어서는 그의 친구 바너드의 연구 결과를 그대로 활용함으로써 이 책의 6장 이후부터는 독자들로 하여금 학문적 호기심을 잃게 만들었다는 문제점을 갖고 있기도 하다. 그러나 이미 60년 전에 합리적 의사결정을 위한 체계적 관리활동의 중요성을 피력하고, 또한 인간의 제한된 합리성 아래에서 이뤄지는 의사결정활동의 문제점을 인식한 사이먼의 업적은 컴퓨터에 의해 의사결정 지원 시스템이 바뀌고 세기가 바뀌어도 여전히 의사결정활동의 중심으로 남게 될 것이다.

인공과학 이종범 역, 삼영사, 1987

The Legaey of Herbert Simon in Economic Analysis E. Peter, Edward Elgar, 2002

Herbert A. Simon : The Bounds of Reason in Modern America C. Hunter, Johns Hopkins Univ. Press, 2005

저자 소개 및 도서 정보

허버트 사이먼Herbert A. Simon

《관리 행위: 조직의 의사결정 과정*Administrative Behavior: A study of Decision-Making Processes in Administrative Organization*》, The Free Press, 1947, 1996(4th Ed.).

1916년 미국 밀워키에서 출생한 사이먼은 심리학, 수학, 통계학, 경영분석학, 정치학, 경제학 등 다양한 분야에서 업적을 세운 학자로 유명하다. 그는 시카고대학 정치학과 졸업, 시카고대학 박사, UC 버클리 행정연구소 연구원, 일리노이대학 교수, 카네기멜론대학 경영학 및 행정학 교수, 카네기멜론대학 컴퓨터 사이언스 및 심리학 교수를 역임했다.

행동과학적 조직 이론가로서 의사결정학파를 창시한 그는 《관리 행위: 조직의 의사결정 과정》에서 단원적 선택으로 기업의 이윤을 극대화시키려는 전통적 경제인 모델 대신 '불완전한 정보와 다원적 선택이라는 조건에서 표출되는 인간의 행동방식으로서 만족화의 행위원리'를 정립했다. 1958년 마치와 함께 출간한 《Organization》에서 조직이론의 체계화를 통한 의사결정자의 모델이론을 전개했으며, 그 연구 업적을 인정받아 1978년 노벨 경제학상을 받았다.

사이먼은 이윤 극대화를 유일한 경제적 동기로 보는 전통적 접근법과는 달리, 위험과 복잡성을 최소화시키면서 조직의 경제적 이윤 및 조직 충성도와 같은 사회심리적 요인을 의사결정 프로세스에 적용한 새로운 접근법을 제시했다. 이후 인공지능 개발 작업을 주도해 의사결정 프로세스상의 제한된 합리성을 극복하려는 노력과 함께 정보화 사회에 대한 예측을 한 선각자이기도 하다.

8 관료제의 실상을 파헤치는 방법

The Bureaucratic Phenomenon
Michel Crozier

keyword
전략적 행위
소시오그램
불확실성의 영역
권력관계

카테고리 관련성	
경영전략, 경영혁신	★★
생산관리	
변화관리	★
조직관리, 인사관리	★★★
마케팅	
리더십	★
동기부여, 인간관계	★★
기업성공	

핵심 아이디어 조직의 제도와 현실 간에는 항상 괴리가 있게 마련이다. 크로지에는 조직의 살아 있는 실태를 파악하기 위한 상대론적 연구방법론을 정립하기 위해 노력했는데 그의 저서인 《관료적 현상*The Bureaucratic Phenomenon*》은, 학계에서 실제 사례 분석을 통해 관료제의 실상을 파헤친 최고의 연구물로 인정받고 있다.

관료제론은 크게 세 가지 세대로 구분된다. 막스 베버에 의해 제안된 합리적·합법적 조직 체제로서의 관료제가 제1세대, 관료제의 병폐와 악순환을 비판적으로 고찰한 셀즈닉, 머턴, 굴드너 등의 관료병리학이 제2세대, 그리고 구성원들의 전략적 행위 결과가 바로 관료적 풍토로 나타난다고 한 크로지에 교수의 논지는 제3세대 관료제론에 해당한다.

즉, 베버가 합리적 공식 조직도를 처음으로 그려준 사회학자라면 셀즈닉 등은 실제 조직 운영과 공식조직 간의 차이를 기술적으로 분석해 그 병폐를 밝혀준 사회학자들이며, 크로지에는 한 단계 더 나아가 주어진 공식조직의 룰과 제도하에서 표출되는 구성원들의 전략적, 능동적, 주관적 행위가 초래하는 구체적이고도 실질적인 현상을 파헤친 사회학자라고 할 수 있다.

구성원들 간의 업무관계는 합리적·이성적으로 운영되는 것처럼 보이기도 하지만 자신이나 부서의 이익을 지나치게 강조한 나머지 업무 효율을 떨어뜨리는 모습도 쉽게 찾아볼 수 있다. 그러므로 이러한 현실을 무시하고 규범적인 방법만으로 부서구성원 간의 관계를 설명하려 하면, 설사 논리적으로는 가능하다 해도 이론과 현실 간의 괴리는 더욱 커지게 된다는 것이다.

크로지에는 이 책을 통해 "관료적 병폐 현상이 생기는 주요 원인은

조직의 실태 분석을 위한 전략적 접근 방법

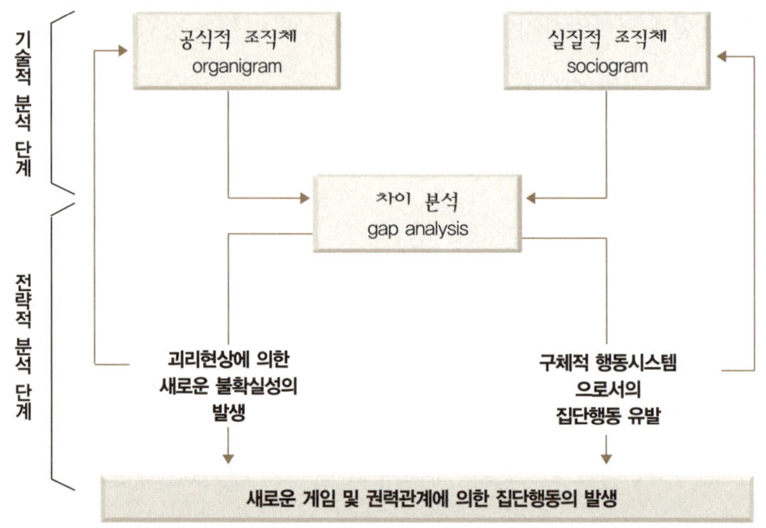

행위 주체들이 모두 자신을 둘러싼 환경을 분석하고 자신들에게 가장 유리한 결과가 나타나도록 행동하기 때문이다."라는 점을 밝히고 있다. 그러므로 관료적 현상을 올바르게 이해하기 위해서는 행위 주체들이 어떤 상황에 놓여 있는지를 파악하고, 또한 현실적으로 표출되는 조직적 현상을 철저히 추적해 분석해야 한다고 강조하고 있다.

시놉시스

총 4부로 구성되어 있는 이 책은 2개의 구체적 사례분석에 내용의 절반 가량을 할애하고 있다. 이를 바탕으로 제3부에서는 권력과 불확실성에서 형성되는 관료적 조직 시스템, 즉 관료제의 악순환 현상에 대한 이론적 체계를 제시했다.

그리고 제4부에서는 다시 프랑스의 관료적 현상이 하나의 풍토가 되어 있다는 점을 요약해 설명하고 있다. 저자가 이름을 밝히지 않은 두 기관에 대한 연구 프로젝트는 정부 산하 생산성향상특별위원회의 지원을 받아 이뤄진 것으로, 그 기관이 국세청과 전매청의 산하 기관임을 짐작할 수 있다.

제1부 국세청 산하 기관의 사례에서는 세무기관의 특성과 사무직 공무원들의 업무 적응방식을 분석함으로써 대인관계의 실상 및 고정업무 때문에 나타나는 제반 문제점을 파헤치고 있다.

제2부 전매청 산하 기관의 사례에서는 공장 차원의 특이한 조직문화, 즉 공식적 권한체계에 의거해 조직의 실태를 분석함으로써 조직 내 구체적 권력관계가 상하 직급 및 관련 부서 간에 어떻게 형성되어 흘러가는지를 보여준다.

제3부 방법론 부분에서는 권력과 불확실성 간의 관계, 그리고 관료적 시스템이 왜 악순환되는지를 '규범 중심, 집권화 현상, 권력 투쟁의 악순환' 등 관료제가 근본적으로 지니고 있는 특성을 통해 면밀하게 파헤치고 있다.

제4부는 사례와 이론적 체계를 재음미한 부분으로 관료제가 하나의 문화적 현상으로 정착된 당시 프랑스의 교육 시스템 및 정치행정 시스템에 대한 사례를 중심으로 내용이 이뤄져 있다. 그리고 산업화가 진전되면서 강화되어온 통제활동, 선동활동, 유일한 대안의 추구 등 관료제적 현상에 대한 비판과 이를 극복하기 위한 방법론을 제시하고 있다.

관료제의 역기능

막스 베버의 관료제론은 1930년대를 전후하여 머턴, 굴드너, 셀즈닉 등의 학자들의 의해 그 문제점이 강하게 제시되었는데, 이러한 관료제의 역기능으로서는 수단과 목적의 전치 현상, 능력과 무관한 승진 현상, 권력집중에 의한 의사결정 현상, 불필요한 업무의 증대 현상 및 개성이 무시된 비인간화 현상 등이 있다.

리뷰

권력 게임의 관점으로 관료제의 실상을 파헤침으로써 조직 사회학의 새로운 장을 열다

조직과 사회가 대규모화되어감에 따라 그 복잡성은 상상을 초월할 정도로 심화되어가고 있다. 그러므로 현대인의 행동방식을 이해하기 위해서는 대규모 조직을 대상으로 연구할 수밖에 없는데 대규모 조직은 바로 복잡성과 표준화, 그리고 개인의 존재를 부정하는 관료제를 의미하는 것이 되기도 한다. 한마디로 관료화는 대규모화의 산물이라는 것이다. 그렇다면 도시가 커가고, 초국적 대기업이 늘어날수록 관료적 현상은 급증할 수밖에 없는가?

'이상적 민주주의'로부터 갈수록 멀어지고 있는 대규모 조직의 관료적 현상은 이미 진단의 대상을 넘어 개혁의 대상이라는 데 모두들 동감하고 있다. 그러나 이 책에서 크로지에의 입장은 "관료제라는 병을 치유하기 위해서는 돌팔이 의사들이 진단한 기능적 해석을 과감히 버리고 인간관계적 접근법에 의해 보다 엄밀하고 종합적인 진단을 받아야 한다."라는 점을 피력하고 있다. 이를 입증해 보이기 위해 그는 대규모 행정조직을 연구 대상으로 삼아 이론적, 문화적 관점에서 조직의 실태를 파헤쳤다.

크로지에는 관료제를 세 가지로 구분했는데, 첫째는 흔히 관습적으로 전해져 내려오고 있는 정치적 의미로서의 관료제이며, 둘째는 집단행위의 합리화를 위해 막스 베버가 제시한 사회역사적 의미로서의 관료제, 셋째는 느리고, 답답하고, 틀에 박힌 절차를 따라야만 하는 비판적 의미로서의 관료제다. 이 책에서 크로지에는 비판적 관점에서 관료제를 바라보면서 그 역기능적 현상을 임상실험을 통해 진단했다.

문제는 복잡한 인간관계에 있다

파리 지역 국세청 산하 세무서에서 일하는 약 4천5백여 명에 달하는 종업원들의 작업방식은 근 35년 동안 변함없이 단순 업무 형태로 이뤄졌으며 현장에서 일하는 종업원들은 모두 여성으로 이 세무서는 관료조직의 전형이었다. 즉, 1명의 상급관리자가 10명의 주임을 관리하고, 이들 10명의 주임들이 1천 명이나 되는 현장근로자들을 통제하는 방식으로 철저한 계층조직 형태로 운영되고 있었다.

계층제

상하 간 질서관계를 형성하는 피라미드형 조직으로서, 권력의 구성 원리 및 기구의 조직 원리로 사용된다. 전자의 대표적 형태는 중세 봉건국가, 후자는 관료제나 군대에서 볼 수 있다. 막스 베버에 의해 계층제는 합목적적 관점에서 직무와 권한 체계로 정식화되었다.

파리 지역 세무 공무원 조직의 특성은 공공기관의 이미지, 표준화된 세무 정산 관련 업무 수행, 종업원의 입출이 빈번한 불안정성, 강성 노조에 의한 대립적 분위기, 거의 군대와 같은 경직된 계층제 조직 등

집권적 계층제 조직의 사례

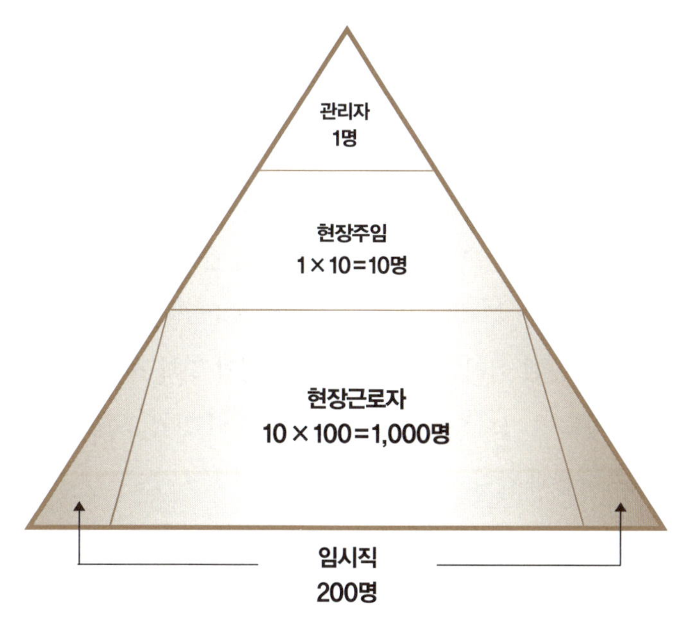

▶ **대규모 사무직 조직에 대한 직무 만족도 분석 결과(현장의 단순 노무직 대상에 국한)**

	만족(%)	보통(%)	불만(%)
파리 지역의 일선 세무서	12	55	33
파리 지역의 6대 보험회사	25	37	38
주요 시중 은행의 파리 본점	21	57	22
미국의 보험회사(미시간대 연구팀이 실시)	23	36	41

으로 집약될 수 있다. 그 결과 조직 분위기는 항상 침체되어 있었으며, 특히 중간 라인에 있는 현장주임은 항상 괴로운 업무를 맡고 있다는 불만에 싸여 있었다.

직무 만족도 및 인간관계에 대한 설문을 실시한 결과 세무 공무원들의 직무 만족도는 보통 수준이 대다수였으며, 인간관계의 경우 현장주임과 현장근로자 사이에 있어서는 상당히 양호한 측면을 보였으나 관리자와 현장근로자들 간에는 매우 악화된 인간관계를 보여줬다.

상급관리자와 현장근로자의 경우 현장의 생산성이 곧 관리자의 책임이기 때문에 관리자는 더 많은 노력을 요구하고, 근로자들은 노동강도에 대한 불만이 갈수록 고조되고 있었다. 한편 현장주임들은 상급관리자의 눈치를 보면서 생산성 향상을 독려할 수밖에 없으므로 중간에서 많은 애로가 있었으며, 하급근로자들과의 관계 역시 양호하게 유지하려 하고 있었다. 그러나 생산성에 대한 모든 책임이 상급관리자 한 사람에게 집중된 이러한 집권적 조직 운영의 결과 중간 계층에 있는 현장감독자들이 기회주의적인 태도를 갖게 되었다. 그 구체적인 예를 살펴보면 다음과 같다.

- 현장감독자들은 상급관리자로부터 하달받은 정보(생산성 향상을 위한 독려 등)를 왜곡 또는 과장해 현장근로자들에게 전달하는 일이 빈번하

게 발생했다.

- 현장감독자들 간에 생산성 향상을 위한 치열한 경쟁의식이 표출되면서 힘들고 긴장된 상태로 근무하고 있다는 불만이 고조되었다.
- 현장감독자마다 자기의 반에서 최고의 성과를 내기 위해 현장근로자들에게 압박을 가하는 현상이 나타났으며, 상급관리자에 대한 보고는 상사의 기분이 좋은 날을 택하는 등 눈치보기식의 행태가 많았다.
- 보다 심각한 문제는 이들 현장감독자들이 현장의 하급근로자들과의 양호한 관계를 유지하기 위해서 과실이나 오류에 대한 책임을 예외없이 상급관리자 탓으로 전가시켜버린다는 데 있다.

상급관리자 역시 다르지 않았다. 그들은 집권적 조직 운영 때문에 단단히 곤혹을 치르고 있었는데 그 예는 다음과 같다.

- 현장감독자들이 던져주는 왜곡된 정보를 바탕으로 주요 의사결정을 할 수밖에 없는 상황이었고, 그 때문에 현장의 근로자들만 탓하고, 일상적인 지시만 반복함으로써 결국 현장의 감독자들과 근로자들이 결탁하도록 하는 빌미를 줬다.
- 그러면서도 상급관리자는 이들 10명의 현장감독자들과 우호적인 관계를 유지하기 위해 업무관계 이외의 좋은 인간관계를 위해 엄청난 개인적 노력과 희생을 해야 했다.
- 상급관리자로서 최종 책임은 혼자 져야 하므로 비능률적이고 비합리적인 업무 메커니즘 속에서 선순환적인 관리활동보다는 성과의 하락과 함께 악순환적인 관리감독 활동만 강화되는 현상이 나타났다.

한편, 현장의 근로자들은 그들의 직속 상사인 감독자들이 상급관리

게임이론

수학자 노이만과 경제학자 모르겐슈테른의 저서 《게임이론과 경제행동》(1944)이 발표된 뒤 널리 확산된 응용수학의 한 분야로서 경제학, 심리학, 경영학, 정치학, 군사학, 공학 등에 광범위하게 적용되고 있다. 이 이론은 게임에 참여하는 자가 상대편의 대처 행동을 고려하면서 자신의 이익을 극대화시키는 전략을 택한다는 전제에서 출발한다.

자에게 어느 정도 적극적으로 그들을 변호해주는가에 따라 신뢰 수준을 달리하는 약삭빠른 태도를 보였다. 설문 분석을 통해 크로지에는 각각의 직급에 있는 사람들이 주어진 상황, 즉 특정 제약조건하에서 자신의 권익과 이해관계를 대변하기 위한 나름대로의 합리성을 갖고 조직 차원의 게임을 하고 있다는 사실을 밝혀준 것이다. 즉, 관료제하에서 구성원들의 행동방식은 단순히 제도와 규정에 따라 피동적으로 움직이는 것이 아니라, 각자가 자유로운 행위주체로서 합리적 전략을 구사하는 능동적 존재라는 사실을 증명해 보인 것이다.

관료제라는 위계질서와 제도적 제약 아래서도 인간은 조직적 게임에 능동적으로 참여하는 주도적 행위주체임을 강조한 그의 논지는 "지위고하를 막론하고 누구나 나름대로 행사할 수 있는 권력의 원천이 있다."라는 점을 보여줬다. 그리고 그런 점에서 과거 하급자일수록 무능하고 무력한 존재로 파악했던 연구자들의 관점과는 차원이 다름을 보여주고 있다.

인간은 본연적으로 능동적이고 자유로운 행위주체이기 때문에 관료제보다 더 규범적인 제약 아래서도 나름대로 합리적이고 전략적인 행동을 하게 된다. 그러므로 조직의 실태를 이해하기 위해서는 객관적으로 합리성이 인정되는 제도에 대한 분석보다 주관적으로 형성되는 각 행위주체의 특정한 합리성과 전략적 행동방식에 주의를 기울여야 한다. 그만큼 모든 행위주체는 게임의 자유도를 서로 제약하는 전략적 게임에 능동적으로 참여하고 있다는 것이다.

그러므로 조직의 실태를 파악하기 위해서는 언뜻 영향력이 없어보이는 행위주체에 대해서도 관심을 기울여야 하며, 하급자가 상급자를 얼마든지 곤혹스럽게 만들 수도 있다는 점을 이해해야 한다는 것이다. 이러한 예는 바로 상대론적 관점에서 인간의 행위를 바라봐야 하며,

또한 행위주체의 주관적 전략성과 합리성, 그리고 능동성을 강조한 것이라고 이해할 수 있다. 이는 관료제 속에서 행위주체들 간의 복잡한 게임 현상을 파악할 수 있게 해주는 분석의 틀과 관점을 마련해준 데 그 의의가 있다.

실질적인 조직의 운영권은 누가 쥐고 있는가

크로지에가 분석한 프랑스 전매청 소속 담배 제조공장의 사례는 행위주체 간의 서로 다른 권력의 원천을 바탕으로, 공식적 권한관계(상사-부하)를 초월해 상호 보완적이며 협력적인 관계가 형성되는 현상을 파악한 것으로, 전략적 권력관계 분석의 효시로 평가받고 있다.

프랑스 전매청은 담배라는 단일 제품을 만드는 30여 개의 공장에 1천2백 명의 종업원을 거느리고 있는 국영 회사다. 광고나 판촉활동 없이도 엄청난 수익을 올리며, 공장별로 소수의 현장감독자와 60명에서 1백20여 명에 달하는 생산직 근로자 및 12명 정도의 기계수리공이 있다. 현장감독직에는 생산반장 또는 사무직 주임이 보임되었고, 생산직 근로자들은 주로 단순기능공인 여성으로 구성되었으며, 기계수리공 집단은 고도의 전문기술을 갖춘 자들로서 관리층의 엔지니어들에게 의존하고 있었다.

설문조사에서 시작된 이러한 사례 연구에서도 아래의 표와 같이 각

▶ 직급 간 인간관계의 양호성 비교

	현장감독	기계수리공	생산직 근로자(직공)
현장감독	○		
기계수리공	- -	○	
생산직 근로자(직공)	+ + +	-	○

집단 간의 관계가 고착되어 있음을 알 수 있었다. 즉 현장감독과 생산직 근로자들 간에는 양호한 관계가 형성되어 있지만, 기계수리공과 생산직 근로자는 긴장이 고조된 잠재적 갈등관계에 놓여 있었다.

행위주체별 권력의 원천을 살펴보면 감독자는 조직으로부터 직위 권력(피감독자들을 감독할 수 있는 권한)을 부여받았다. 그리고 부하인 기계수리공은 전문 권력을 바탕으로 한 불확실성에 대한 대처 능력(기계에 대한 전문지식과 기계가 불시에 고장났을 때 대처할 수 있는 능력)을 보유하고 있다.

이들은 각기 자신들이 지니고 있는 권력의 원천을 바탕으로 서로에게 권력을 행사하게 된다. 즉, 감독자는 직위 권력을 바탕으로 기계수리공들을 통제·관리하며, 기계수리공들은 기계수리 시간의 고의적인 지연을 통해 감독자를 난처하게 만드는 것이다. 이러한 일련의 과정을 통해 감독자는 기계수리공만이 기계를 수리할 수 있다는 사실과 기계수리공과의 갈등은 기계수리 시간의 지연을 의미한다는 점을 깨닫게 된다. 또한 기계수리공은 평상시 자신들의 활동을 통제할 수 있는 사람이 감독자라는 것과 감독자와의 갈등은 업무 통제를 의미한다는 것을 깨닫게 된다. 즉, 서로가 원하는 것을 상대방이 갖고 있다는 사실을 인식하게 되는 것이다.

결국 감독자와 기계수리공은 서로의 이해관계, 즉 감독자는 기계수리공과의 원만한 관계를 유지함으로써 불시의 기계 고장으로 인한 생산 중단의 불안감에서 벗어나기를 희망했고, 기계수리공은 감독자와의 원만한 관계를 유지함으로써 감독자로부터의 인간적인 대우를 받고, 업무에 대한 억압적 통제에서 벗어나고 싶어했던 것이다. 감독자의 통제 범위에는 기계수리공과 직공들이 포함되어 있는 것처럼 보이지만 실제 업무관계에 있어서는 감독자와 기계수리공은 대등한 관계

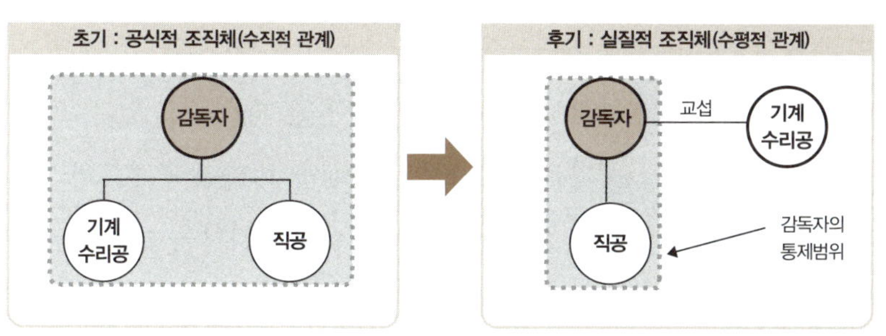

권력의 기반
권력의 기반은 공식적 원천으로서 강요적, 보상적, 합법적 및 정보적 권력이 있으며, 개인적 원천으로는 전문적, 준거적, 카리스마적 권력 등을 들 수 있다.

에 있었다. 오직 직공만이 감독자의 실질적인 통제 범위에 놓여 있는 것이다.

결국 크로지에는 '기계의 고장'이라는 불확실성이 존재하는 한 실질적 조직의 운영권은 하급자인 기계수리공이 쥐고 있다는 사실을 밝혔다. 그리고 이러한 실질적 운영 메커니즘은 자율적으로 형성되며, 메커니즘을 이해하게 되면서 상급자인 현장감독 역시 하급자인 기계수리공을 대등한 관계 내지는 상급자처럼 모시게 되는 관료제 속의 숨겨진 악순환을 밝힌 것이 바로 크로지에가 세운 커다란 업적이라 할 수 있다.

이와 같은 사례를 통해 "행위주체 간의 협력을 통해 서로가 원하는 것을 얻을 수 있게 된다."라는 전략적 권력관계 분석의 핵심 논지를 살펴볼 수 있다. 만약 외부의 연구자가 이상과 같은 '감독자–기계수리공–직공' 간의 관계를 간과하고 공식적 권한과 지위만을 고려해 규범적이고 기능적인 분석만 한다면 조직 내에서 발생하는 실제 현상을 결코 제대로 파악할 수 없을 것이다.

문화의 양식에 따라 관료제도 달라진다

《관료적 현상》의 제3부에서는 앞의 사례 분석 결과와 조직이론을 결합해 복합조직의 복잡성과 불확실성을 중심으로 형성되는 살아 있는 조직의 권력관계를 분석하기 위한 연구의 틀을 제시하고 있다. 또한 동태적으로 변화하는 관료적 시스템의 특성을 1930년대 관료병리학자들의 논지를 비판하고 보완해, 관료제 속에서 나타나는 실질적 악순환 현상을 다시 정리해줬다. 복잡성과 불확실성, 그리고 변화라는 개념에 기반을 둔 크로지에의 연구방법론은 1977년에 출간된 그의 저서 《Actors and Systems》에 집대성되어 있으므로 여기서는 사례 분석의 결과를 해석하는 선에서 그쳐 중복을 피했다.

제4부에서는 프랑스의 경우 관료적 현상이 하나의 문화적 산물이자 문화적 현상으로 표출되고 있다는 점을 보여주고 있다. 즉, 프랑스에서 관료적 현상이 부각되는 이유는 다음과 같은 두 가지의 결정적 원인 때문이라는 것이다.

첫째, 프랑스인들은 직접 대면해 부딪히는 관계를 두려워하며, 서로 의존하는 상태에서 정면충돌하는 갈등을 회피하려 하기 때문에 오히려 숨겨진 잠재적 관료제의 악순환이 끊임없이 창출된다.

둘째, 기존의 권력관계도 피할 수 없는 변화에 직면하게 되면 완전히 달라지게 마련인데, 프랑스인들은 권력의 원천 중 하나인 상하 간 공식적 권한 체제를 절대적으로 신봉하므로 관료적 현상을 더욱 강화시키고 있다.

크로지에는 한 단계 더 나아가 이러한 현상의 결정적 이유의 근원은 바로 프랑스의 독특한 문화적 유산이라 할 수 있는 엘리트주의와 추상적 사고활동에 초점을 둔 프랑스식 교육 시스템에 있다는 점을 밝혔다. 그리고 교육 시스템의 근본적인 개혁 없이는 프랑스식 관료적 현상은 계속될 것임을 주장하고 있다. 즉, 관료적 조직을 점진적으로 개선시킬 수 있는 방안은 없으며, 그 어떤 새로운 경영기법이나 경영철학도 결국은 또 다른 문제와 위기를 조장할 따름이라는 것이다. 그러므로 관료적 현상 때문에 끊임없이 생기는 문제와 위기를 극복하기 위해서는 문화의 양식이 변해야 한다는 점을 강조하고 있다. 그가 주장하는 새로운 문화의 양식은 조직과 사회를 분권적, 그리고 참여적으로 변혁시키는 것이다.

현대적 시사점

관료적 현상의 원인과 극복 방안을 다룬 이 책은 새로운 조직 연구방법으로 구성원들 간의 전략적 권력관계 분석의 필요성을 제안했다. 크로지에는 대규모 복합조직에 대한 사례 분석을 통해 공식적 조직과 실질적 조직 간에 괴리가 있음을 밝혀냈다. 그리고 괴리 뒤에 숨어 있는 관료제의 악순환적 현상을 파악하기 위해서는 미국적인 기술적·계량적 접근방법, 즉 결정론적 연구 모델을 탈피하고 문화적 차원에서 권력관계에 대한 인터뷰와 관찰, 그리고 끊임없는 지적 성찰을 하도록 요구하고 있다.

특히 미국 의존적 학문연구에 치우쳐 있는 우리나라의 경우, 설문지와 통계분석을 통한 연구모델 및 가설검증에 한정된 연구가 아직도 학계를 지배하고 있으므로 살아 있는 조직의 실태를 파악하기 위한 크로지에식 전략적 권력관계 분석방법이 더욱 중시되어야 할 것이다.

숨겨진 실태를 파헤치는 새로운 연구방법론

컨설턴트라면 누구나 개선방안이나 모델을 제시하기 이전에 실태에 대한 진단활동과 그 결과 도출된 방안들의 실현 가능성에 대한 연구를 수행했다고 주장한다. 예를 들면, 전략 수립을 전문으로 하는 컨설턴트의 경우에는 우선 BCG 매트릭스, 이고르 앤소프의 SWOT 분석, 마이클 포터의 경쟁분석 또는 다른 분석 모델 등이 요구하는 정보 수집에 몰두하게 마련이다. 그러나 이와 같이 널리 알려져 있는 분석 및 진단 모델들은 '의도된 변화'를 달성하기 위해 사전에 준비된 규범론적 분석법들이라 할 수 있다.

이에 비해 관료적 현상이 표출되는 조직 내 권력관계의 실태 파악에 초점을 둔 크로지에식 '행위주체의 능동적·합리적·전략적 행동 시스템 분석' 방법은 기존에 정립된 분석 모델과 해결방안을 갖고 접근하지 않았다. 그보다는 오히려 특정 시스템 속에서 활동하고 있는 행위주체들 간의 타협과 제약관계를 밝혀내는 데 초점을 둔 현상론적이며 상황론적 분석방법이라 할 수 있다. 즉, 전통적 관점에서는 시스템이 행위자에게 일정한 제약을 부여(구조적 상황이론)하는 것으로 보

행위주체와 행동 시스템 간의 관계

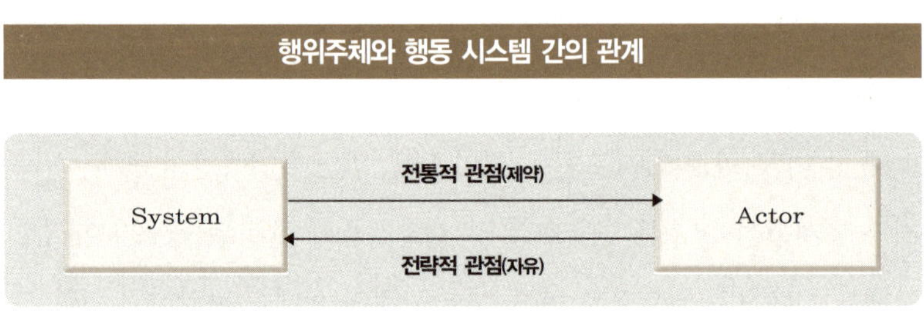

- System은 결코 조직구성원을 완전히 제약(통제)할 수 없다.
- 조직 내에서는 자유로운 행위의 기회가 복잡 다양하게 존재한다.
- Actor는 전략적으로 자신의 자유도를 넓혀가려고 노력한다.

는 반면, 이 책에서 제시하고 있는 전략적 권력관계 관점에서는 개인이 행위주체로서 시스템에 능동적으로 반응한다는 점을 피력한 것이다.

권력관계를 분석하는 새로운 틀을 제시하라

관료제적 현상의 내면을 살펴보기 위한 크로지에의 전략적 권력관계 분석방법은 적어도 다음과 같은 세 가지 중요한 사항을 시사하고 있다. 첫째, '맞춤식 해결방안'은 경영자 또는 의사결정자 스스로 정립하도록 해야 한다. 컨설턴트나 연구자들이 해야 할 일은 오히려 가려져 있거나 비공식적으로 형성되어 있는 규제 메커니즘의 내용과 권력 게임의 실태를 심층적으로 분석하는 것이다. 둘째, 행위주체들의 반발적 또는 협력적 행동은 그들이 지니고 있는 목표 및 행동 논리, 그리고 과거의 성공과 실패에 대한 지각(경험, 가치관, 문화적 풍토 등)과 같은 원인 변수에 의해 결정된다. 셋째, 이 책에서 든 사례를 통해 알 수 있듯이 우선 '실태를 그대로 보여주는 것'이 가장 쉽고도 강력한 수단이 된다는 점을 인식하고, 모든 이해관계자들에게 분석 결과를 제시한 후 이를 받아들이도록 하는 방법을 도입해야 한다. 더불어 일부의 반발과 저항세력에 대해서는 설득과 재해석 활동을 통해 이들을 회유하는 작업이 필요하다.

관료제를 중심으로 사회학적 조직 진단 및 분석방법론을 제창한 크로지에는 행위주체의 행동 논리에 대한 분석이 이뤄지면 진정한 문제점이 드러나게 된다고 했다. 그는 현실적 규제 메커니즘 및 규제 비용의 실태를 모든 이해관계자들에게 보여줄 수 있음을 일관성 있게 주장하고 있다. 결국 조직의 모든 구성원들이 그들의 책임에 대해 공감하고 상호 비방적인 활동을 자제하게 되면, 새롭고도 보다 효과적인 해결방안은 얼마든지 나올 수 있다. 그러므로, 경영학자들이 흔히 빠지기 쉬운, 분석 없이 사전적으로 제시되는 해결방안만을 활용하는 모델과 설문 분석의 위험에 빠지지 않도록 항상 유의해야 할 것이다.

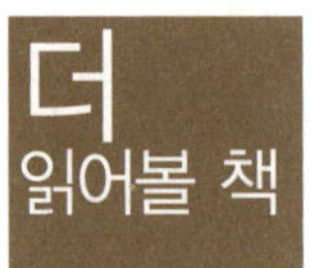

국가경영 혁신전략 박기찬 역, 서울경제경영, 1998

Actors and Systems 미셸 크로지에 외, 시카고 프레스, 1980

조직정치론 박기찬, 경문사, 1993

저자 소개 및 도서 정보

미셸 크로지에 Michel Crozier

《관료적 현상 *The Bureaucratic Phenomenon*》, University of Chicago Press, 1964.

1922년생인 미셸 크로지에는 프랑스의 전통적 사회학과 미국에서 발달한 행동과학을 결합해 새롭게 조직사회학 분야를 개척했다. 구조주의자인 부르디외, 행위주의자인 투렌, 방법론적 개인주의자인 부동과 함께 20세기 프랑스를 대표하는 사회학자로서 가톨릭 사회주의를 표방하는 〈에스프리*Esprit*〉 지를 통해 마르크스주의에 대한 비판적 태도를 보이기도 했다.

특히 1964년에 출간된 《관료적 현상》과 1977년에 출간된 《행위주체와 행동 시스템*L'Acteur et le sytème*》에서는 '행위주체, 시스템, 권력' 등의 3대 개념을 중심으로 행위주체뿐만 아니라 행동 시스템도 상대론적 비결정주의 원칙의 영향을 받게 된다는 점을 주창함으로써 전략적 사회학의 장을 열었다.

1947년에서 1948년까지 미국 문화교류 장학생으로 미국의 노동조합 실태를 연구한 것을 토대로 1951년 《미국의 공장 및 노동조합*Usines et syndicats d'Amérique*》을 출간했으며, 그 전에 이미 《노동자 및 사회주의 운동 *Mouvements ouvriers et socialistes: chronologie et bibliographie*》을 출간해 미국의 노동조합 운동에도 영향을 미쳤다. 1952년부터 프랑스 국립과학연구원CNRS에 근무하면서 10여 개의 정부 행정기관, 보험회사 및 대기업의 조직운영 실태에 관한 연구활동을 통해 관료적 조직의 문제점을 파헤치는 전략적 사회학의 방법론을 제시했다. 그리고 1960년에는 다시 미국으로 건너가 포드 자동차의 조직운영 문제를 집중적으로 연구하기도 했다. 1964년 프랑스판으로 《관료적 현상》을 출간했으며, 이후 《사무직 종업원의 세계*Le monde des employés de bureau*》(1965), 《단절된 사회*La société bloquée*》(1970), 《프랑스 정부는 어디로 가고 있는가*Où va L'Administration francaise?*》(1974), 《민주주의의 위기*The crisis of Democracies*》(1975), 《행위주체와 행동 시스템》(1977), 《법령으로 사회를 변화시키지는 못한다 *On* *ne change pas la société par décret*》(1979), 《미국병*Le mal américain*》(1980), 《경영혁신의 교훈*L'Entreprise à l'écoute*》(1989) 등의 저술을 통해 미국과 프랑스의 대규모 조직 및 사회 전체에서 찾아볼 수 있는 관료병적 현상을 명확히 밝혀줬다.

프랑스 파리 정치대학의 조직사회학과 교수이자 국립과학연구원의 종신 연구원으로 재직하면서 프랑스 문화의 하나로 고착되어 있는 관료병을 치유할 수 있는 대안을 찾기 위해 노력했다. 그는 관료들부터 엘리트주의와 정부 개입주의를 거부하고 철저한 겸손의 미덕을 보일 것과 '이론적 이상주의'를 탈피해 상대론적·상황적 접근방법에 의한 행위주체들의 행동 시스템을 파악할 것을 일관성 있게 주문하고 있다.

전략 수립 과정에 대한 최초의 분석

9

Corporate Strategy
Igor Ansoff

keyword
기업전략
다각화
시너지

카테고리 관련성	
경영전략, 경영혁신	★★★
생산관리	
변화관리	
조직관리, 인사관리	
마케팅	
리더십	
동기부여, 인간관계	
기업성공	★

핵심 아이디어 전략적 의사결정에 관한 분석적 모델

앤소프는 《기업 전략Corporate Strategy》에서 최초로 전략적 의사결정에 관한 분석적 모델을 제시했다. 이 책이 출간된 1960년대 중반에 이미 경영자들은 전략 혹은 전략 계획 문제에 관심을 갖고 있었고 이를 실제 경영에 도입하고 있었지만 당시만 해도 경영자들이 참조할 만한 전략에 관한 책이나 논문이 부족했다. 특히 이 책에는 1960년대 미국 경영자들이 가장 큰 관심을 갖고 있었던 주제인 기업 성장, 그중에서도 사업 확장과 다각화에 관한 모델이 제시되어 있어 상당한 인기를 끌었다.

앤소프는 이 책에서 다양한 의사결정 중 전략적 의사결정을 다른 수준의 의사결정과 구분하고, 바로 이러한 전략적 의사결정 과정을 모델화하는 데 초점을 맞췄다.

그림에서 보는 바와 같이 앤소프 모델의 특징은 다음의 네 가지로 요약할 수 있다.

우선 앤소프는 이 책에서 자신의 모델을 단계별 접근법cascade approach이라고 강조했다. 즉, 단계별 접근을 통해 의사결정 사항을 계속적으로 좁히고 가장 좋은 방향으로 몰아간다는 것이다. 그의 모델에 따르면 1단계에서는 기업이 다각화를 할 것인지 아닌지를 결정한다. 다음으로 2단계에서는 진출하려는 산업 내의 특정 제품과 시장 영역을 결정한다. 그리고 마지막으로 3단계에서는 특정 영역 내에서 전략을 마련하는 식이다.

예컨대, 어떤 기업이 기초 화학산업에 속해 있다면 우선 과거의 성과나 미래 전망 등을 종합해 다각화를 할 것인지 아닌지를 고민해야 할 것이다1단계. 만약 다각화를 하기로 결정한다면 분석을 통해 관련 산업 중에 화학비료 사업에 진출하기로 결정할 수 있다2단계. 끝으로 경영자는 화학비료 사업의 경쟁 특성을 고려함은 물론 기업에 대한 세부적인 분석을 통해 새로운 사업 전략을 마련할 것이다3단계.

두번째 특징은 단계별 접근법에 따라 전개되는 각 단계별로 피드백이 이뤄진다는 것이다. 단계별 접근법은 최선의 대안을 찾는 과정이므로 다음 단계에서 발견된 정보는 이전 단계의 의사결정에 영향을 미치게 된다.

세번째 특징은 각 단계별 의사결정 과정은 차이를 줄이는 과정으로 요약된다는 점이다. 기업의 목적을 설정하고, 현재 기업의 위상과 목표 간의 차이를 분석한 뒤, 한 개 이상의 전략을 마련하고 이 중에서 차이를 줄이는 의미 있는 전략 방안을 선택한다.

마지막 특징은 앤소프 모델은 분석 결과에 따라 애초의 기업 목적이나 시작 단계에서의 평가가 수정될 수 있다는 점이다. 바로 이러한 특징들이 앤소프의 전략 모델을 '적응 탐색 기법adaptive search method' 이라고 부르는 주된 이유다.

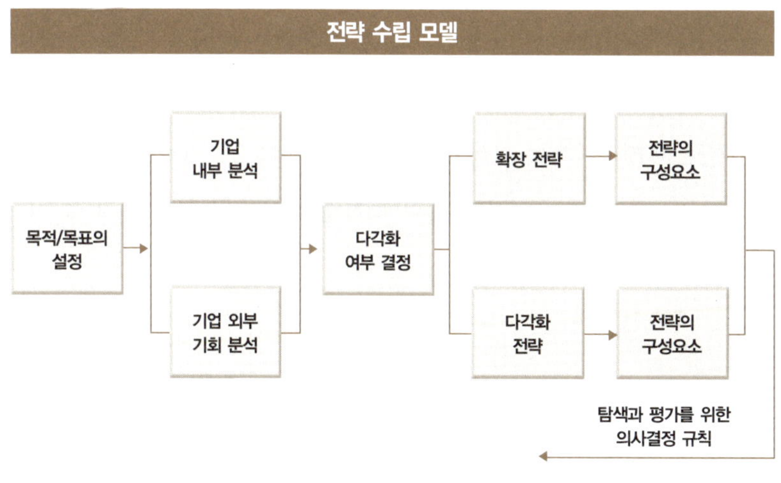

이 책은 총 10장으로 구성되어 있다. 이 중에서 1장과 2장은 전략적 의사결정의 정의를 소개하는 도입 부분이다.

1장에서는 의사결정을 전략적, 관리적, 운영적 의사결정으로 나누고 이 중에서 전략적 의사결정의 특성을 소개했다. 2장은 앞서 설명한 그림을 중심으로 전략적 의사결정을 위한 모델과 그 특징을 설명하고 있다. 3장과 4장은 앤소프 전략 모델의 출발이라 할 수 있는 목적에 관한 내용이다. 특히 4장에서는 다양한 기업의 목적을 체계화했는데, 예컨대 목적을 책임이나 제약 조건과는 다른 개념으로 구분한 것에 더해 목적을 경제적 목적과 비경제적(사회적) 목적으로 분류했다.

5장과 6장에서는 전략의 구성 요소를 소개하고 있다. 즉, 제품시장 영역, 성장 벡터, 경쟁우위, 시너지 등의 개념을 소개하고 있다. 특히 시너지는 앤소프에 의해 최초로 경영 분야에 도입된 개념이다. 또한 7장에서는 앤소프가 이 책에서 가장 중요하게 생각한 다각화에 대한 내용을 소개했다.

8장에서는 전략에서 가장 기초적인 분석에 해당되는 기업 내부 능력과 외부 환경 평가에 대한 내용을 설명하고 있다. 9장에서는 전략의 선택이라는 제목으로 네 가지 전략의 구성 요소에 대한 내용을 종합하고, 끝으로 10장에서는 전략의 실천이라는 제목으로 수립된 전략이 개별 투자안 평가나 연간 사업 계획에 어떻게 적용될 수 있는지 설명하고 있다.

의사결정의 세 가지 유형

앤소프는 의사결정을 전략적 의사결정, 관리적 의사결정, 운영적 의사결정 등의 세 가지로 구분하고, 전략적 의사결정의 특징을 규명하는데 힘썼다.

전략적 의사결정에서는 기업이 무슨 사업을 하고 있는지를 정의하고, 어떤 종류의 사업에 진출할 것인지를 고민한다. 또한 전략적 의사결정은 기업의 목적 혹은 목표를 설정하는 기능과, 그렇게 설정된 목적이나 목표를 달성하기 위해 기업이 갖고 있는 자금과 인력 등의 자원을 최적으로 배분하는 기능을 포함한다. 따라서 전략적 의사결정은 비일상적이고 일회적인 의사결정이라고 할 수 있다. 전략적 의사결정은 새로운 사업 진출이나 설비 투자, 기업 인수 등과 같이 기업 성장에 결정적인 영향을 미치는 중요한 판단을 말한다. 특히 앤소프는 전략적 의사결정에서 기업이 선택한 '제품과 시장의 결합' 을 가장 대표적인 산출물로 강조하고 있다.

이에 반해 운영적 의사결정이란 기업 현장에서 일어나는 생산, 판매 등 구체적인 행위와 관련된 것으로 일단 관리상의 지침이 설정된 후에 행동 하나하나에 대한 의사결정이 하부로 위양될 수 있는, 단순하고 일상적이며 반복적인 기업활동에 관한 의사결정을 의미한다. 즉, 현재 기업을 운영함에 있어서 수익성의 극대화를 목적으로 한 예산 할당이나 제품 라인과 기능별 분야에 대한 자원 배분을 주로 다루게 된다. 예컨대 운영의 스케줄링, 성과 모니터링, 가격 설정, 생산 스케줄링, 재고 관리 등이 일상적이고 반복적인 운영적 의사결정의 대표적인

전략과 운영의 차이

전략은 일회적이고 비일상적인 의사결정이 요구되므로 정형화가 곤란한 반면, 운영은 반복적이고 일상적인 의사결정을 주로 다루며 매뉴얼화가 가능하다.

사례다.

전략적 의사결정과 운영적 의사결정의 중간 지점에 관리적 의사결정이 있다. 관리적 의사결정은 결정된 목표와 전략을 가장 효과적으로 달성하기 위한 활동들과 관련이 있다. 대표적인 예가 조직화다. 조직화는 권한과 책임을 구조화해서 전략과 운영 사이의 갈등을 조정하고 최적의 성과를 거둘 수 있도록 조정하는 역할을 한다. 또한 과업의 흐름이나 유통 채널, 설비의 위치 등을 결정함으로써 자원이 효율적으로 배분될 수 있도록 하고, 더 나아가 원재료 획득, 인력 훈련과 개발, 자금 조달, 설비와 장비의 획득 등과 같이 자원의 획득과 개발에 대한 문제도 다루게 된다. 따라서 관리적 의사결정은 전략과 운영 간의 갈등은 물론 개인과 조직 목표 간의 갈등 문제도 다루게 된다.

앤소프는 이 중에서도 전략적 의사결정에 주목하고 이를 모델화했다. 앞의 그림(p. 217 참조)에서 알 수 있듯이 앤소프의 전략 수립 모델은 기업 목적과 목표를 달성하기 위해 기업의 제품과 시장 영역을 찾는 과정으로 요약할 수 있다. 따라서 앤소프 모델을 이해하기 위해서는 기업의 목적에 대한 이해가 선행되어야 할 것이다.

기업의 목적과 그 체계

기업의 목적이 무엇인가에 대해서는 여전히 논란이 많다. 가장 대표적인 예가 이익 극대화, 주주 가치 극대화 혹은 기업의 다양한 이해관계자의 만족 등이다. 그러나 기업의 목적이 무엇이어야 하는가를 정의하는 것은 쉽지 않다. 앤소프는 기업의 핵심 목적이 장기적인 수익성 확보라는 가정하에 '기업 목적의 체계'를 제시했다. 앤소프가 제시한 목적의 체계를 이해하기 위해서는 다음과 같은 몇 가지 전제 조건들을 이해해야 한다.

첫째, 기업은 경제적 목적과 사회적 또는 비경제적 목적을 동시에 갖고 있다. 이때 경제적 목적이란 효율성을 뜻하는 것으로 전반적으로 자원이 전환되는 과정상의 효율성을 강조한다. 반면 비경제적(사회적) 목적이란 기업 구성원들의 개인적인 목적의 상호작용 결과다.

둘째, 대부분의 기업에서는 경제적 목적이 기업 행동에 가장 큰 영향을 미치며, 기업을 이끌고 조정하는 중요한 명시적 목표도 바로 이 경제적 목적과 관련이 깊다. 또한 비경제적 목적은 기업 행동이나 경영자의 의사결정에서 경제적 목적에 이어 두번째로 강력한 영향을 미친다.

셋째, 목적과 구별되는 개념으로 책임과 제약 조건이 있으며, 이들도 경영자의 행동에 영향을 미친다. 목적은 경영자가 기업을 이끌고 기업의 성과를 측정하는 의사결정 규칙으로서의 역할을 한다. 반면에 책임은 일종의 의무로서 경영자의 행동에 영향을 미치는 것은 사실이지만 기업을 이끌고 조정하는 역할을 하지는 못한다. 포드 자동차의 전략적 의사결정에 책임의 일종이라 할 수 있는 포드 재단의 운영이 직접적인 영향을 미치지는 않는 것과 같은 이치다. 마찬가지로 제약 조건도 기업의 자유로운 행동을 제한할 뿐 목적이 될 수는 없다.

위와 같은 논의하에 앤소프는 기업의 전체적인 목적 체계도를 제시하고 있다. 앤소프에 따르면 기업의 목적은 크게 경제적 목적, 비경제적 목적, 책임과 제약 조건 등 세 가지로 구분된다. 이 중에서 경제적 목적은 다시 장기적인 목적, 유연성 목적, 근접한 목적 등의 세 가지로 나뉜다. 근접한 목적이란 10년 이상의 장기적인 기간의 목적과 달리 3년에서 10년이라는 기간의 목적을 의미하는 것으로 투자수익률ROI을 대표적인 지표로 사용한다.

장기적인 목적은 외부적인 차원에서 경쟁력을 나타내는 지표들과 내부적인 차원에서 효율성을 나타내는 지표들로 구성된다. 예컨대 경쟁력 지표는 매출 성장률이나 시장점유율 증가와 같은 성장 지표와, 매출의 안정성이나 설비 가동률과 같은 안정성 지표를 포함한다. 반면에 효율성 지표는 재고 회전율과 같은 각종 회전율이나 R&D 수준, 자산의 진부화 정도 등을 포함한다. 유연성 목적은 예측하지 못했던 갑작스런 내·외부 환경 변화에 대응하는 것을 의미하는 목적이다. 유연성 목적에는 외부적인 돌발 상황에 대응한다는 차원에서 축적된 R&D 역량이나 독자적으로 확보한 고객 등과 같은 지표가 있고, 내부적인 측면에서는 각종 유동성 지표들이 포함된다.

앤소프의 목적 체계를 요약하면 다음과 같다. 우선 앤소프는 기업 목적을 설정할 때 경제적 목적 외에 비경제적 목적은 물론 사회적 책임과 제약 조건이라는 항목까지 고려했다. 오늘날 많은 기업들이 주로 경제적 목적에만 치중해서 전략을 수립하는 것이 현실인 데 반해, 앤소프가 비경제적 목적이나 사회적 책임까지도 전략 수립에서 고려해야 할 목적으로 명시했다는 것은 매우 의미 있는 일이다. 특히 앤소프가 지적한 비경제적 목적은 주로 조직보다는 조직 구성원들의 요구, 예컨대 소득, 직업 안정성, 직업 윤리 등을 포괄하고 있다.

앤소프가 설명한 경제적 목적도 음미해볼 필요가 있는데 그는 장기적인 목적과 유연성 목적을 구분하고 있다. 장기적인 목적이란 기업이 장기적으로 수익성을 달성하는 데 필요한 내용으로 앤소프는 경쟁력과 효율성을 대표적인 목적 지표로 제시하고 있다. 기업이 지속적으로 수익을 창출하기 위해서는 대내적으로 효율성을 달성하고 대외적으로는 경쟁력을 갖춰야 할 필요성이 있다는 것이다. 또한 그는 유연성 목적도 별도로 구분해서 강조하고 있는데, 시간이 지남에 따라 발생할 급격한 환경 변화에 효과적으로 대응하기 위해서는 현금 유동성이나 적절한 부채 비율, R&D 역량 등을 갖춰야 한다는 것이다. 이처럼 앤소프는 기업의 목적을 다양하면서도 체계적으로 제시함으로써 기업을 이끌어야 할 경영자들에게 균형 잡힌 시각을 제공하고 있다.

전략은 네 가지 요소로 구성된다

앤소프에게 있어 전략은 잘 정의된 사업 영역과 성장의 방향을 의미한다. 그는 사업의 영역을 정의하고 성장의 방향을 제시할 수 있는 의사결정의 규칙을 '전략'이라고 정의했다. 즉, 전략은 사업의 개념 내지 정의이기도 했다. 앤소프는 전략의 개념을 보다 구체화하기 위해 전략의 네 가지 구성 요소를 제시했다.

첫번째 구성 요소는 제품시장 영역이다. 제품과 시장(혹은 고객)이라는 두 축을 중심으로 특정 사업의 영역을 구체화하는 것이다. 예컨대 전자산업에는 광학 전자와 같이 기술적으로 복잡한 고성장 영역이 있는 반면, 라디오나 텔레비전과 같이 저성장하는 영역도 있다. 경영자는 제품과 시장이라는 측면에서 자신의 사업 영역을 정의할 수 있고, 정의하는 것이 필요하다.

두번째 구성 요소는 성장 벡터다. 성장 벡터란 현재의 제품과 시장 영역에서 어떤 방향으로 나갈 것인가를 의미하는 요소다. 한마디로 성장의 방향이라고 할 수 있다. 224쪽의 표에서 보는 바와 같이 성장 벡터에는 세부적으로 네 가지가 있다. 이 중에서 시장 침투는 현재의 제품과 시장 영역에서 시장점유율을 높이는 성장 방향을 의미한다. 반면에 시장 개척은 기존 제품으로 새로운 시장을 개척하는 것이고, 제품개발은 기존 제품을 대체할 만한 신제품을 개발해 기존 시장에서의 시

▶ **앤소프의 성장 전략**

임무Mission \ 제품Product	기존 제품	신제품
기존 임무	시장 침투 Market Penetration	제품 개발 Product Development
새로운 임무	시장 개척 Market Development	다각화 Diversification

장점유율을 새로운 제품으로 확대하는 전략을 의미한다. 끝으로 다각화 전략은 새로운 제품으로 새로운 시장을 공략하는 전혀 새로운 차원의 성장 방향을 뜻한다.

세번째 구성 요소는 경쟁우위다. 경쟁우위는 제품시장 영역과 성장 벡터에 의해 결정된 특정 사업 영역에서 기업이 강력한 경쟁적 위치를 확보하는 것을 의미한다. 다만 독자들이 한 가지 주의할 점은 앤소프가 언급한 경쟁우위는 오늘날 우리가 갖고 있는 경쟁우위의 개념과는 미묘한 차이가 있다는 것이다. 통상 경쟁우위라고 하면 특정 사업이 시장에서 성공하기 위해 필요한 핵심 성공 요인을 뜻하거나, 아니면 경쟁자와의 시장 경쟁에서 승리를 가져다줄 수 있는 무기를 뜻한다. 반면 앤소프가 강조한 경쟁우위는 이와 유사하면서도 외부 환경의 기회라는 측면도 포함하고 있다. 즉, 제품시장 영역이 기업이 탐색하는 범위를 정의하는 작업이라면 성장 벡터는 그러한 영역에서 성장의 방향을 결정하는 것을 의미하며, 경쟁우위는 선택된 특정 제품시장 영역에서의 훌륭한 기회를 의미한다. 예컨대 성장 방향으로 제품 개발이 선택된다면 그 영역에서 훌륭한 기회를 확보하기 위해 특허 보호나 연구 역량의 확보에 중점을 두게 된다.

끝으로 네번째 구성 요소는 시너지다. 시너지는 새로운 제품시장 영역에서 상품을 만들 수 있는 기업의 능력을 측정하는 개념이다. 즉,

기업이 다각화를 실시했을 때 기존 기업이 갖고 있는 역량이 새로운 사업에 얼마나 도움을 주는지를 나타내는 개념이다. 앤소프가 당시 기업 경영자들의 가장 큰 고민을 성장의 방향, 그중에서도 다각화 문제로 간주했다는 측면에서 시너지 개념이야말로 다각화 문제를 고민하는 경영자들이 가장 염두에 둬야 할 핵심 개념일 것이다. 새로운 사업에 성공적으로 진출하기 위해서는 기업이 현재 보유하고 있는 역량 중에서 새로운 사업의 성공에 도움을 줄 수 있는 역량이 무엇인지를 판단하는 것이 매우 중요한 의사결정이라 할 수 있다. 시너지를 염두에 두지 않는 무분별한 비관련 다각화보다 시너지를 활용한 관련 다각화의 성과가 더 높은 것도 바로 이러한 시너지 효과 때문일 것이다.

1 + 1 > 2
시너지는 독립된 두 단위의 협력을 통하여 단순합 이상의 효과를 내고자 하는 개념이다.

다각화는 언제, 왜, 어떻게 하는가

앤소프가 《기업 전략》을 쓸 당시에 기업 경영에서 가장 중요한 화두는 성장의 문제였다. 따라서 앤소프도 이 책에서 당시 기업이 당면한 성장의 문제를 해결에 도움을 줄 수 있는 다양한 내용을 소개하고 있다. 그 중에서도 당시의 기업들에게 가장 큰 도움을 준 부분이 바로 다각화에 대한 내용일 것이다. 7장에서 집중적으로 다루고 있는 다각화에 대한 내용에서 우선 눈길을 끄는 대목은 기업 성장을 사업 확장과 다각화로 구분한 것이다. 사업 확장이란 앞서 성장 벡터에서 설명했던 시장 침투, 시장 개발, 제품 개발을 의미한다. 앤소프가 강조한 다각화는 신제품으로 새로운 시장을 공략하는 경우만을 의미한다. 또한 다각화의 경우는 여타 세 가지 전략과 달리 제품과 시장 측면에서 동시에 현재와 다른 새로운 영역으로 진출하는 것이기 때문에 위험 부담도 그만큼 크다. 따라서 앤소프의 전략 수립 모델에서는 다각화의 여부를

관련 다각화의 우세
많은 학자들에 의해 다각화 전략의 유형과 성과 간의 관계를 규명하는 연구가 진행되었고, 그 결과 대체적으로 관련 다각화가 비관련 다각화보다 성과가 높은 것으로 나타났다.

결정하는 것이 기업 성장에서 가장 중요한 의사결정 중의 하나로 자리 잡고 있다. 이는 당시의 시대적 배경을 정확히 반영한 결과라고 할 수 있다.

그렇다면 기업은 왜 다각화를 하게 되는가?

일단 기업은 자신이 정의한 제품시장 영역에서의 확장을 통해서 자신의 목적을 달성할 수 없을 때 다각화를 하게 된다. 기존 시장이 성숙되거나 시장 수요가 감소하고 경쟁이 치열해져서 도저히 기존의 제품시장 영역에서는 기업의 장기적인 혹은 근접한 목적을 달성할 수 없을 때 결국 경영자는 다각화를 통한 성장을 고려하게 된다.

둘째, 확장의 기회가 매력적이라 해도 확장에 필요한 자금보다 훨씬 많은 현금을 보유하게 되면 다각화를 고려하게 된다. 즉, 사업 확장에 투입되고 남은 자금을 좀더 수익성이 높은 분야에 투자하고 싶어지는 것이다.

셋째, 확장의 기회가 매력적이라 해도 다각화 기회가 훨씬 더 큰 수익성을 보장하기만 한다면 경영자는 다각화에 관심을 갖게 된다. 다만 이 경우는 다각화의 기회가 낮은 시너지 효과를 커버하고도 남을 만큼 충분히 매력적이어야 하고, 기업의 R&D 능력이 다각화에 필요한 새로운 제품을 잘 만들어낼 수 있어야만 한다.

마지막으로 기업은 사업 확장과 다각화를 정확히 비교할 수 있는 정보가 충분하지 않을 때 계속 다각화에 관심을 갖게 된다.

앤소프는 이처럼 경영자들이 관심을 갖는 다각화 전략 대안을 네 가지로 구분했다. 수평적 다각화는 신제품으로 새로운 시장을 공략하는 전략 중에서도 같은 유형의 고객을 공략하는 경우를 의미한다. 이 경우는 기존의 마케팅 채널을 통해 신제품이 판매되기 때문에 마케팅 시너지가 중요한 역할을 한다. 예를 들어, 자동차회사가 오토바이 사업에 진출하는 경우가 바로 수평적 다각화에 해당된다. 제품은 신제품이지만 오토바이를 구매하는 고객이나 자동차를 구매하는 고객이나 같은 유형의 고객이기 때문이다.

반면 수직적 다각화는 신제품으로 진출한다는 측면에서 수평적 다각화와 유사하지만 기업 자신이 고객인 분야로 진출한다는 측면에서 수평적 다각화와 구분된다. 자동차회사가 엔진이나 자동차 바퀴 혹은 변속기 사업으로 진출하는 경우가 바로 여기에 해당한다. 이들 모두는 자동차 부품으로 자동차회사 스스로가 부품업체로부터 구입하던 제품이다. 따라서 자동차 부품을 구매하지 않고 직접 제조하면 수직적 다각화 전략이 되는 것이다.

끝으로 집중적 다각화와 비관련 다각화는 시너지 효과의 정도로 구분된다. 비관련 다각화는 기술적으로 전혀 관련이 없는 신제품으로 완전히 새로운 고객을 공략하는 경우다. 자동차회사를 계속 예로 들면, 자동차회사가 석유화학 사업이나 제약산업에 진출하는 것이 여기에 해당한다. 반면에 집중적 다각화는 관련 기술을 기반으로 다각화하거나 기술적으로 전혀 관련이 없는 신제품이라도 유사한 고객층을 공략하는 경우를 의미한다. 즉, 기술이나 마케팅 측면에서 관련성이 있는 경우다. 자동차회사가 관련 기술을 이용해 디젤 기관차를 생산하거나 컴퓨터를 생산해서 자동차 고객에게 판매하는 경우가 대표적인 예다.

니콜로 마키아벨리. 기업활동은 흔히 전쟁에 비유되는데, 마키아벨리의 전략적 통찰력은 정치뿐 아니라 기업활동에도 상당 부분 영향을 미치고 있다.

다각화와 관련해서 마지막으로 언급할 내용은 기업 인수와 내부 성장에 관한 것이다. 새로운 사업을 하는 방법에는 기존 기업을 인수하는 방법도 있고 직접 설비에 투자해서 사업을 시작하는 방법도 있을 것이다. 기업 인수에는 라이센싱, 개발된 제품의 구입, M&A 등 다양한 방법이 있으며, 이러한 방법들을 사용하면 새로운 사업 전개를 위한 시간을 단축할 수 있다는 장점이 있을 것이다. 반면에 내부 성장은 시간도 많이 걸리고 제품 개발이나 설비 투자에 비용도 많이 들지만 시너지 효과를 최대한 활용할 수 있다는 장점이 있다. 따라서 관련된 기술을 활용하는 수평적, 수직적 다각화의 경우는 시너지 효과를 최대한 활용하는 차원에서 기업 인수보다는 내부 성장이라는 방법이 훨씬 더 유리하고, 비관련 다각화나 집중적 다각화의 경우는 시너지 효과가 없거나 적기 때문에 기업 인수 방법이 더 유리할 수 있다.

현대적 시사점 **어떻게 성장할 것인가**

앤소프는 전략 분야를 개척한 선구자다. 물론 그보다 몇 년 앞선 1962년에 하버드대학의 챈들러가 《Strategy and Structure》라는 책을 통해 전략의 개념과 전략 및 조직의 중요성 등을 언급했지만 앤소프가 출간한 《기업 전략》이라는 책을 통해 비로소 공식적이고 분석적인 전략 수립 과정에 대한 최초의 분석이 이뤄졌다. 특히 앤소프의 책은 당시 기업 성장의 문제에 골몰하고 있던 경영자들에게 실제 전략 경영에 도움이 되는 내용들을 소개했다. 앤소프처럼 전략에 있어 공식적, 분석적 과정을 지지하는 사람들은 전략적 사고의 질을 높이기 위해서는 기업의 모든 계층의 경영자들에게 유용한 분석적 도구들과 방법론들을 제공해야 한다고 강조한다. 이 책도 이러한 맥락에서 기업 경영자들에게 도움이 되는 전략 수립의 모델과 각종 도표, 특히 의사결정의 흐름도를 많이 제시하고 있다.

앤소프가 이 책에서 제시한 내용 중에서 우리의 주목을 끄는 부분은 의사결정의 종류에는 세 가지가 있다고 본 점이다. 그가 제시한 전략적 의사결정, 관리적 의사결정, 운영적 의사결정은 기업 조직의 계층과 관련해서 몇 가지 시사점을 던져준다. 일단 조직의 계층에 따라 의사결정의 내용이 달라질 것이다. 아무래도 경영의 상층부로 갈수록 전략적 의사결정의 비중이 커질 것이며 경영의 하층부로 내려올수록 운영적 의사결정이 커질 것이다. 흔히 망하는 기업의 특징은 사장이 과장의 일을 하고 과장이 사원의 일을 하는 것이라는 우스갯소리가 있다. 이는 앤소프가 제시한 세 가지 의사결정의 내용이 조직 계층에 제대로 접목되지 못할 때 발생하는 문제점이라 할 수 있을 것이다.

전략적 의사결정과 운영적 의사결정의 비교도 많은 시사점을 던져준다. 앤소프는 전략적 의사결정을 비일상적이고 일회적인 의사결정이라고 언급했다. 반면 운영적 의사결정은 일상적이며 반복적인 기업활동에 관한 의사결정이라고 설명했다. 하지만 오늘날에도 실제 경영에 있어서 운영적인 의사결정 이슈를 전략적 의사결정 이슈라고 착각하는 경우가 많다. 즉, 운영의 효율성을 높이기 위한 의사결정들을 전략이라고 착각하는 것이다. 벤치마킹, 품질관리, 재고관리, 물류관리 등을 포함한 각종 개선활동들은 운영의 효율성을 높이기 위한 노력일 뿐이지 결코 전략적 의사결정은 아니다. 하지만 상당수의 경영자가 이를 전략으로 착각한다. 물론 운영적 의사결정이 필요 없다거나 운영의 효율성을 높이는 노력이 무의미하다는 뜻은 결코 아니다. 다만 운영적 의사결정에 파묻혀 정작 고민해야 할 전략적 의사결정을 빼먹거나 간과하는 우를 범해서는 안 된다는 것이다.

앤소프가 주장하는 전략적 의사결정에서 가장 중요한 것은 기업이 선택한 제품과 시장의 결합이다. 그는 제품과 시장 영역에 대한 검토를 통해 기업이 성장해야 할 방향을 결정하는 것을 가장 중요한 의사결정 중의 하나로 제시하고 있다. 이러한 앤소프의 주장은 오늘날에 그대로, 아니 더욱 중요한 과제로 여겨지고 있는데, 1960년대보다 훨씬 기술이 복잡해지고 시장이 급변하는 상황에서는 더더욱 자신의 제품과 시장 영역을 면밀히 검토하는 작업이 중요할 것이다. 왜냐하면 환경이 급변하는 상황에서는 전혀 예상하지 못했던 영역에서 경쟁자가 나올 수 있기 때문이다.

예컨대 디지털 기술의 보급으로 디지털 카메라가 유행하면서 디지털 사진을 프린터로 출력하고 싶은 고객의 새로운 욕구가 생겼고 이러한 제품을 개발한 휴렛 패커드는 디지털 사진 분야의 새로운 경쟁자로 등장하게 되었다. 기업 성장의 방향을 결정하는 일이야말로 영원한 전략의 주제이고 앤소프는 이를 일찍이 간파했던 것이라고 할 수 있다.

끝으로 앤소프가 제시한 전략의 구성 요소도 많은 시사점을 던져준다. 앞서 설명한 제품시장 영역 외에 성장 벡터라고 명명한 내용도 기업 성장 전략의 고전적인 모델로서 경영자들에게 큰 도움을 준 모델이다. 앞에서 언급한 바와 같이 그는 이 도표를 통해 기업 성장의 방향을 사업 확장과 다각화로 구분하고 사업 확장의 방법으로 시장 침투, 제품 개발, 시장 개척 등 세 가지를 제시하고 있다. 이는 오늘날에도 가장 보편적으로 적용되는 성장 전략으로서 기업에서 흔히 사용하는 전략들이다.

예컨대 TV에서 쏟아지는 각종 광고와 매장에서의 다양한 판촉활동을 통해 기존 제품의 시장점유율을 높이는 전략이 전형적인 시장 침투 전략의 사례일 것이다. 또한 기존의 휴대폰업체들이 유사한 기술이나 제품을 쓰면서도 고객층을 10대, 20대, 30대 등 연령이나 여성과 남성 등의 성별 또는 주부와 직장인 등의 직업별로 세분화해서 공략함으로써 새로운 시장을 창출한 사례는 대표적인 시장 개척 전략의 예다. 반면에 삼성이나 LG 등의 가전업체들이 드럼 세탁기, 양문형 냉장고, 김치 냉장고 등의 새로운 제품을 출시함으로써 가전제품시장에서 획기적인 성장을 달성한 사례는 제품 개발 전략이 성공한 경우다. 사실 앤소프가 이 책을 쓸 당시의 화두가 성장이었기 때문에 이 책의 핵심 내용도 이러한 기업의 성장 전략에 초점이 맞춰져 있는 것은 사실이다. 그의 다각화 전략이나 시너지 개념이 주목되는 것도 바로 이러한 시대적 배경과 무관하지 않다.

앤소프 자신이 책에서 밝혔듯이 1960년대는 전 세계적으로, 아니 적어도 미국 기업들에게는 호황기였다. 두 번의 오일쇼크가 일어났던 1970년대와 그로 인한 구조적인 불황에 접어들었던 1980년대와는 근본적으로 상황이 달랐다. 따라서 많은 미국 기업들이 다각화를 통한 기업 성장에 열을 내던 시대였다. 이런 상황에서 앤소프는 오늘날에도 그대로 적용되고 있는 가장 중요한 개념을 제시했는데 그것이 바로 시너지다. 물론 그에게 있어 다각화 전략은 신제품으로 새로운 시장을 공략하는 전략이었지만 이러한 다각화 전략에는 그만큼 많은 위험이 따른다는 것을 앤소프도 알고 있었던 것 같다. 그래서 그는 다각화를 다시 네 가지 유형으로 나눴는데, 이렇게 다각화 전략을 세분하는 가장 중요한 기준이 바로 시너지의 유무다. 그는 신제품의 경우에는 관련 기술을 활용하는지의 여부를, 새로운 시장의 경우에는 기존 고객을 활용하는지 혹은 새로운 고객을 공략하는지 구분해서 수평적, 수직적, 집중적, 비관련 다각화로 구분했다. 이 중에서 기술이나 고객의 유형 측면에서 시너지가 거의 없는 경우만을 비관련 다각화로 구분했다. 나

핵심 사업의 중요성

세계적인 컨설팅 회사인 베인의 조사에 의하면 초우량 기업의 78퍼센트가 단 1개의 강력한 핵심 사업만을 가지고 있었다.

머지 세 가지 다각화 전략은 기술이나 고객 유형 측면에서 시너지 효과를 볼 수 있는 관련 다각화로 분류할 수 있을 것이다.

물론 오늘날과 달리 1960년대 미국 경제계의 초점은 일방적인 성장에 맞춰져 있었고 워낙 다각화가 유행이기는 했지만 앤소프는 이러한 대표적인 성장 전략인 다각화를 보다 면밀히 구분해서 전략을 수립하는 경영자들에게 도움을 줬다. 오늘날은 말할 것도 없고 1980년대 이후 전략 분야에서는 분명히 비관련 다각화의 위험성과 실패를 경고하고 관련 다각화를 권장하는 흐름이 명백하지만 당시만 해도 그와는 달리 성장을 미덕으로 여겼기에 그러한 시점에서 나온 그의 주장이 더욱 돋보인다.

오늘날 나이키, 질레트, 디즈니 등의 기업이 뛰어난 성과를 거두고 있는 것도 강력한 기반의 핵심 사업을 중심으로 관련성 있는 인접 분야로 다각화를 했기 때문이다. 이들이 꽤 많은 사업을 하면서도 고객들에게 전문 기업으로 인식되는 것도 바로 이러한 관련 다각화에 주력해서 성공을 거뒀기 때문이다. 앤소프가 시너지의 문제를 굳이 전략의 구성 요소로 추가한 것은 바로 이 다각화 전략을 염두에 둔 것이며, 그의 전략 수립 모델에서도 다각화의 여부가 기업 성장 전략에서 가장 중요한 의사결정으로 자리잡고 있다.

또한 그는 이 책의 5장에서 시너지를 분석할 수 있는 틀을 제시하고 있는데 R&D, 마케팅, 생산, 일반 관리 등 기능별 시너지의 원천뿐만 아니라 설립상의 시너지와 운영상의 시너지로 시너지 효과를 구분하고 있다. 경영자들에게 시너지의 중요성을 인식시키고 이를 분석할 수 있는 틀을 제공하려는 앤소프의 노력이 돋보이는 대목이다. 시너지를 발휘할 수 있는 인접 분야로 진출하는 것도 다각화에서 중요한 고려 요인이지만 다각화된 다양한 사업에서 시너지를 만들어내는 것도 관런 다각화 못지않게 중요한 경영자의 과제일 것이다.

경영의 세기 스튜어트 크레이너, 더난출판, 2001년 7월

핵심에 집중하라 크리스 주크, 제임스 앨런, 청림출판, 2002년 10월

핵심을 확장하라 크리스 주크, 청림출판, 2004년 10월

저자 소개 및 도서 정보

이고르 앤소프 Igor Ansoff

《기업 전략 *Corporate Strategy*》, McGraw-Hill, 1965.

이고르 앤소프는 국내에서는 그리 널리 알려지지 않은 학자지만 서구에서는 '전략 경영의 아버지'로 칭송받는 인물이다. 1918년 러시아 블라디보스토크에서 태어난 앤소프는 17세 때 부모님을 따라 미국으로 이주했다. 그는 미국 뉴저지에 있는 스티븐슨 기술대학에서 수학과 물리학, 그리고 엔지니어링으로 석사학위를 받았고, 1948년 미국 브라운대학에서 응용수학으로 박사학위를 받았다. 경영학자인 앤소프의 책에 각종 다이어그램이나 흐름도, 수식이 많이 등장하고, 논리의 전개는 매우 치밀하지만 글이 좀 복잡하고 딱딱한 것은 이러한 그의 교육 배경과 무관하지 않다.

브라운대학을 졸업한 그는 미국 최대의 정책 연구기관인 랜드에서 근무하다가 1956년 록히드 사로 옮겨 후에 부사장이 된다. 록히드 사에 계획 전문가로 입사한 그는 그곳에서 현실 경영세계의 복잡성과 기업 경영의 각종 문제점들을 몸으로 느끼게 된다. 1963년 카네기멜론 경영대학원으로 간 그는 이곳에서 경영전략 분야의 고전이라고 할 수 있는 《기업 전략》을 발간했다. 14개 국어로 번역된 이 책은 미래의 불확실한 환경 변화에 대응해 기업을 성장시키고자 했던 당시 기업 경영자들의 고민을 잘 반영한 책으로 오늘날까지도 영향을 갖고 있는 전략 경영 분야의 핵심 개념들을 포함하고 있다. 그는 이어 밴더빌트대학 경영대학원의 초대 대학원장 겸 경영학 교수로 근무했고 1975년부터 1983년까지는 벨기에에 있는 유럽 경영대학원의 교수로 재직했다. 그러나 1983년 다시 미국 샌디에이고에 있는 미국국제 대학으로 자리를 옮겼고 여기서 17년간 학생들을 가르치다가 2000년에 은퇴했다.

앤소프는 그의 경력이 말해주듯이 학문적인 연구 외에도 실제 기업 경영에 많은 관심을 기울였다. 그는 컨설팅회사인 앤소프 어소시에이츠를 설립했으며, 이를 통해 제너럴 일렉트릭, 필립스, IBM, 걸프 오일, 제너럴 푸드,

웨스팅하우스 등을 컨설팅했다. 그동안 앤소프는 11권의 책과 120편이 넘는 논문을 저술했는데 《기업 전략》 외에도 《Business Strategy》(1969), 《From Strategic Planning to Strategic Management》(1976), 《최신전략경영*Strategic Management*》(1979), 《Implemeting Strategic Management》(1984) 등의 책을 썼으며, 1988년에는 초기 저서인 기업 전략을 새롭게 개정한 《The New Corporate Strategy》(1988)라는 책을 출간하기도 했다. 국내에는 앤소프 어소시에이츠 한국의 박동준 대표에 의해 앤소프의 대표 저서들이 몇 권 번역되었으나 대중에게 널리 소개되지는 못했다. 앤소프는 2002년 7월 14일 83세의 나이로 세상을 떠났다.

10 진정한 고객 가치 창조를 위한 마케팅

Marketing Management : Analysis, Planning, and Control
Philip Kotler

keyword
마케팅
4P
시장 세분화

카테고리 관련성	
경영전략, 경영혁신	
생산관리	
변화관리	
조직관리, 인사관리	
마케팅	★★★
리더십	
동기부여, 인간관계	
기업성공	

핵심 아이디어 마케팅의 아버지라 불리는 코틀러의 대표적 저작인 《마케팅 관리*Marketing Management*》에서 그는 경영 의사결정 가운데 가장 중요하면서도 어려운 의사결정들 대부분이 마케팅에 관련된 것이라 주장하고 있다. 마케팅 의사결정에는 주로 계량적 분석의 속성과 관련된 생산, 회계 및 재무 등과는 달리 태도 및 자세 등과 관련된 속성들이 영향을 미치기 때문이라는 것이다.

코틀러는 새로운 이론이 필요하다는 많은 경영자와 학자들의 주장에 일침을 가하면서 마케팅활동을 보다 분석적인 방법을 적용해 마케팅 담당자의 의사결정과 관련된 이슈를 중심으로 입체적으로 파악하면 효과적인 마케팅 프로그램의 수립 및 실행이 가능하다는 관점에서 이 책을 썼다.

코틀러의 주장을 도식화하면 다음 페이지에 나와 있는 그림과 같다. 그는 분석, 조직화, 계획 및 통제라는 경영관리 과정을 마케팅활동에 적용시켜 기업의 마케팅 관리활동을 크게 마케팅 기회 분석, 마케팅활동의 조직화, 마케팅 프로그램 계획 및 마케팅활동 통제로 구분해 설명했다.

그는 마케팅 관리를 외부의 기회를 위해 내부의 자원을 효율적으로 활용하는 방법을 연구하는 것으로 보았는데 그에 따르면 이를 효과적으로 달성하기 위해서는 우선 외부의 마케팅 기회를 분석하는 것이 필요하다.

마케팅 기회 분석은 시장의 구조적 특성과 기술 수준, 경제적 · 사회적 · 문화적 특성 등에 따른 시장의 이해, 사회적 · 경제적 특성 혹은 개인적 성향 및 구매 행동 특성 등에 의한 시장 세분화, 구매자의 실질적인 구매 과정에 대한 이해, 그리고 시장 규모 및 고객 유형의 측정 및

마케팅관리의 체계

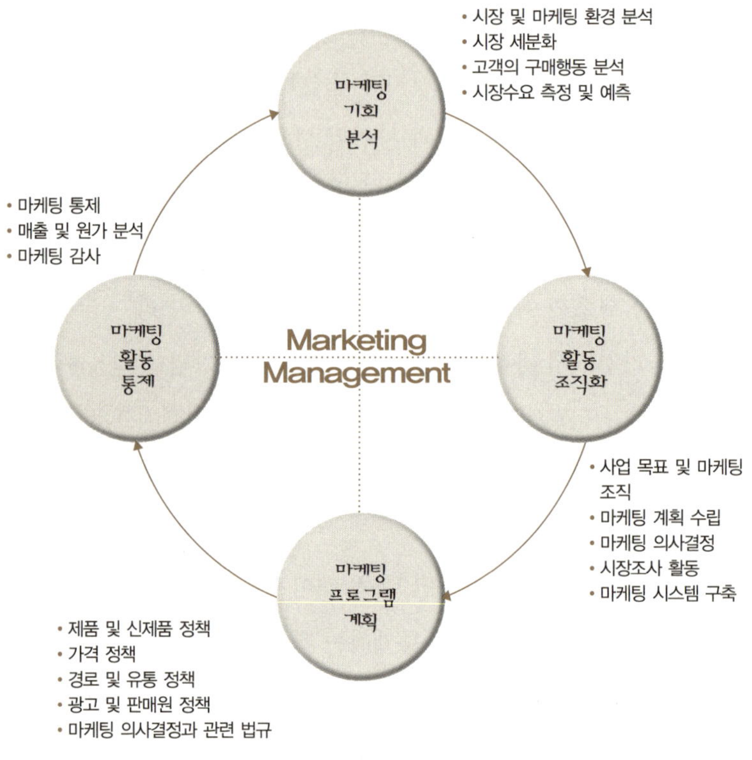

예측 등을 통해 이뤄진다. 이러한 과정은 내부적으로 보유하고 있는 자원을 활용할 기회를 찾아내기 위한 분석 과정이라고 할 수 있다.

이러한 과정을 통해 마케팅 기회를 포착하게 되면 마케팅 자원의 배분을 위한 능동적 활동을 준비해야 하는데 이를 코틀러는 마케팅활동을 위한 조직화라는 개념으로 정리하고 있다. 그는 기업의 목표를 명확히 정의하고 이를 가장 효과적으로 달성할 수 있는 마케팅 조직을 구성하며, 장 · 단기의 구체적 활동 내용을 정하는 마케팅 계획을 수립하고, 계획을 구체적으로 실행에 옮기기 위한 시장 조사 활동 및 이러한 일련의 조직화된 마케팅활동을 기업 내부에 시스템화하기 위한 노력들이 여기에 포함된다고 보았다.

환경 분석을 통해 기회를 포착하고 기회를 활용하기 위한 계획을 수립한 다음 필요한 것이 구체적인 마케팅활동이다. 코틀러는 이것을 크게 여섯 가지로 분류하고 있다. 신제품 정책을 포함한 제품 정책, 가격 정책, 경로 정책, 물리적 유통 정책, 광고 정책, 판매원 정책이 바로 그것이다.

또한 그는 효과적인 마케팅 프로그램이 지속적으로 실행되도록 하기 위해서는 마케팅활동에 대한 통제가 필요하다고 주장하고 있다. 매출 및 원가 분석 혹은 마케팅 감사 등의 통제 수단을 활용해 내부적으로 변화하는 마케팅 환경에 적절히 대응할 수 있는 역량을 구축할 것을 강조하고 있는 것이다.

시놉시스

《마케팅 관리》는 총 23장으로 이뤄져 있으며 분석, 조직화, 계획 및 통제라는 경영관리 과정에 따라 크게 4부로 나눠져 있다.

제1부의 1장은 마케팅의 현대적 개념과 구성 요소에 대한 설명에서부터 시작해 주로 마케팅 기회를 분석하는 데 초점이 맞춰져 있다. 2장에서는 주요 시장의 특성 및 외부 환경의 영향 요인에 대한 분석을 통해 효과적인 마케팅 기회의 포착이 가능하다는 점을 설명하고 있으며, 3장에서는 시장을 각기 다른 특성을 지닌 세분화된 시장으로 구분할 수 있다는 내용을 다루고 있다. 4장과 5장에서는 효과적으로 마케팅활

동을 실행하는 데 필요한 고객의 구매 행동에 대한 분석과 세분 시장을 계량적으로 측정하는 것이 필요하다는 점을 역설하고 있다.

제2부에서는 이렇게 포착된 마케팅 기회를 효과적으로 활용하는 데 필요한 마케팅 담당자의 임무 및 역할에 대해 설명하고 있다. 6장에서는 사업 목표를 설정하고 이를 달성하는 데 필요한 조직의 구성을 다루고 있으며, 7장에서는 이를 위해 필요한 자원 배분의 수단으로서의 마케팅 계획에 초점을 맞추고 있다. 8장에서는 마케팅 계획을 위해 요구되는 의사결정의 내용을 다루고 있으며, 9장과 10장에서는 마케팅 정보 및 마케팅 전략 수립에 있어서 모델 구축의 중요성을 설명하고 있다. 마지막 11장에서는 마케팅 담당자에게 요구되는 창의적 사고의 중요성을 언급하고 있다.

제3부에서는 주요한 마케팅 의사결정의 구체적인 내용을 다루고 있다. 우선 12장에서는 마케팅 의사결정을 수립하는 데 어떤 원칙을 적용해야 하는지를 설명하고 있으며, 뒤이어 13장에서 19장까지는 구체적인 마케팅 의사결정의 내용을 보다 자세히 설명하고 있다. 13장과 14장은 제품 및 신제품 관련 의사결정을, 15장에서는 가격 정책을, 16장에서는 경로 의사결정을, 17장은 물리적 유통 정책을, 18장에서는 광고 정책을, 19장에서는 판매원 정책을 다루고 있다. 20장에서는 마케팅 의사결정과 법적 · 제도적 요인의 관계를 언급하고 있다.

마지막 제4부에서는 마케팅활동의 목표달성에 대한 측정 및 평가에 대한 내용을 다루고 있다. 21장에서는 마케팅 통제의 중요성 및 통제 이론에 대해 설명하고 있으며, 22장에서는 매출 및 원가 분석을 통해 마케팅활동의 효과성을 평가하는 내용을, 23장에서는 정기적으로 마케팅 목표의 달성 수준을 평가하는 마케팅 감사를 다루고 있다.

리뷰 통합적 관점에서 정의된 마케팅활동으로서의 마케팅에 대해 알아본다

코틀러는 '고객을 찾아내는 역할을 담당하는 기능별 활동의 하나' 라는 기존의 마케팅 개념을 '단기적으로는 기존에 존재하는 제품에 고객의 요구를 반영하며, 장기적으로는 고객의 요구에 (새로운) 제품을 맞추는 활동' 이라고 새롭게 정의했다. 그는 고객지향적 사고, 통합적 마케팅 및 고객 만족 개념을 중심으로 '마케팅이란 선택되어진 고객들의 요구를 충족시킨다는 관점에서 기업이 보유한 자원, 정책 및 활동들을 분석 및 조직화하고 계획하며 통제하는 것' 이라고 정의하고 있다. 이 책에서 다루고 있는 내용도 기업이 수행하는 한 가지 기능활동 차원에서 정의된 마케팅이 아니라 '통합적 관점에서 정의된 활동'으로서의 마케팅 개념과 '세분 시장' 및 '마케팅 믹스' 개념을 바탕으로 분석, 조직화, 계획 및 통제라는 관리 과정을 중심적으로 설명하고 있다.

마케팅 기회를 분석하라

코틀러는 어떻게 하면 기업이 설정한 목표와 보유한 자원을 외부에 존재하는 기회를 위해 가장 적합한 방법으로 사용할 수 있는지에 관한 연구를 마케팅 관리의 영역으로 정의했다. 그에 따르면 마케팅 관리는 기업 외부에 존재하는 다양한 기회를 파악하는 것에서부터 시작된다. 이러한 마케팅 기회의 포착은 기업 외부의 시장 환경, 구체적으로 마케팅 환경에 대한 분석과 그가 제시한 개념인 시장 세분화, 구매자의 구매 행동 분석 및 시장 규모의 측정과 예측 등을 통해 이뤄진다.

우선 마케팅 환경은 기본적으로 국내 소비재시장, 국내 산업재시장

및 국제시장으로 구분해 살펴볼 수 있다. 국내 소비재시장은 인구 증가, 연령 구조의 변화, 지역 간 이동 가능성 증대, 소득 수준, 교육 수준 및 여가 시간의 증대 등에 따라 변화하는 특징을 갖고 있다는 점에 주목해야 한다. 한편 국내 산업재시장은 소비재 시장과 달리 구매활동에 대한 만족보다 경제적인 구매에 보다 더 관심을 두며, 대규모 구매 및 집중 구매, 경기 변화에 대한 민감한 반응 등과 같은 특징을 갖고 있다. 국제시장에서의 마케팅 기회 분석에 있어서는 각 국가의 인구, 산업구조, 소득 수준 및 문화적 특성 등을 고려하는 동시에 정치적, 사회적 변화 요인을 정확히 파악하는 것이 중요하다. 이러한 요소들 외에도 기술 수준, 유통 경로 및 문화 등도 마케팅 환경을 분석함에 있어 반드시 포함되어야 할 중요한 항목들이다.

이러한 마케팅 환경에 대한 분석은 일반적인 시장 환경에 대한 분석이므로 개별 기업 들은 이러한 다양한 마케팅 환경의 영향 요인들에 효과적으로 대응하기 위한 기업 나름의 정책을 수립할 필요가 있다. 이를 위해 코틀러가 제시한 개념이 바로 '시장 세분화' 다. 개별 기업의 입장에서 시장의 모든 요구를 충족시키는 것은 불가능하기 때문에 언뜻 같아 보이지만 서로 다른 특성을 가진 시장 각각의 요구를 충족시키는 정책을 수립할 수 있도록 해주는 것이 바로 '시장 세분화' 다. 일반적으로 사회경제적 특성 혹은 지리적 위치, 고객들의 개인적 성향, 구매 행동의 특성 등이 시장 세분화의 기준이 된다. 이 책에서는 아스피린과 자동차, 트랜지스터, 항공 운송 서비스 등의 예를 들어 시장 세분화의 다양한 사례를 보여주고 있다.

이러한 시장 세분화에 있어 주의해야 할 점은 세분화된 시장고객이 요구하는 제품 특성 및 활용할 수 있는 마케팅 믹스 전략들은 다른 세분 시장을 위한 그것과 서로 달라야 하며, 각 세분 시장은 측정할 수 있고, 접근할 수 있으며 충분한 중요성을 갖고 있어야 한다는 것이다. 한편 이러한 서로 다른 세분 시장을 공략하기 위해 기업들은 다양한 마케팅 전략을 실행하고 있는데 세분 시장의 존재를 무시하는 무차별 마케팅 전략, 세분 시장만의 독특한 요구에 대응하기 위해 다양한 제품을 개발하고 특정 세분 시장에 적합한 마케팅 프로그램을 사용하는 차별적 마케팅 전략, 그리고 몇몇 특정 세분 시장에 집중하는 집중화 마케팅 전략 등이 그것이다. 이러한 전략들 중 어떤 전략이 다른 전략에 비해 반드시 우수하다고는 할 수는 없다. 다만 기업이 보유한 자원, 제품의 동질성, 제품의 수명주기 단계, 시장의 동질성 및 경쟁 상황 등을 고려해 가장 적합한 마케팅 전략을 사용하는 것이 중요하다. 즉, 마케팅 목표 설정 및 자원 배분을 하기 전에 서로 다른 세분 시장에 대한 매력도 분석이 반드시 선행되어야 하는 것이다.

STP
마케팅 사고의 대표적인 개념으로 시장세분화Segmentation, 목표시장 설정Targeting, 포지셔닝Positioning을 의미한다. 즉, 고객의 요구를 바탕으로 시장을 세분화해서 공략한다는 의미다.

이러한 시장 세분화는 기업에게 가장 적합한 목표 시장을 선택할 수 있게 해준다. 하지만 기업이 제공하는 제품이나 서비스의 구매자들이 원하는 바를 더욱 효과적으로 충족시키기 위해서는 마케팅 경로를 선택하거나 광고 메시지, 가격 및 다른 마케팅 정책을 수립할 때 구매자들의 욕구나 태도, 구매 행동들을 더욱 잘 이해할 필요가 있다. 왜냐하면 마케팅 계획은 구매자의 행동에 대한 몇 가지 가정을 바탕으로 세워지기 때문이다. 또한 구매자의 구매 과정을 너무 단순하게 파악하면 마케팅 기회를 놓칠 가능성이 높다는 것은 두말할 필요가 없는 일이다.

코틀러는 구매자들의 구매 프로세스를 인지된 구매 욕구, 구매 전 활동, 구매 의사결정, 제품 및 서비스 사용, 구매 후 느낌이라는 다섯 단계로 구분했다. 여기서 구매 의사결정에는 구매 영향자, 의사결정자, 구매자 및 사용자 등 다양한 참여자가 영향을 미친다. 구매자의 구매 행위를 설명하는 이론으로는 마셜의 경제인 모형, 파블로프의 학습 모형, 프로이트의 정신분석학 모형 베블런의 사회심리학 모형, 홉스의 조직 요인 모형 등이 있다. 이러한 이론 모형들의 발전으로 인해 구매자의 구매 행위에 대한 이해의 폭이 넓어졌다는 사실은 부인할 수 없지만 소비자의 행동을 보다 엄밀히 분석하기 위해서는 행동과학 분야에서의 이론적 발전이 요구된다.

마케팅 기회 분석의 마지막 내용은 제품의 유형, 수요 및 영역(시장 규모), 고객 유형 등에 대한 계량적 분석에 대한 내용인데 이를 시장 측정이라고 한다. 이는 시장 기회 분석, 마케팅 프로그램 수립 및 마케팅 활동 평가를 위해 반드시 필요하다. 이를 위해 활용되는 기법은 크게 여섯 가지로 구분되는데 구매 의향 설문, 판매원의 예측, 전문가 의견, 시장 실험, 고전적 시계열 분석 및 통계적 수요 분석 등이 그것이다. 이러한 기법들은 마케팅 계획 및 통제의 개선과 시장 예측의 정확성 증대 등에 효과적으로 활용될 수 있다.

마케팅활동을 위해 조직화하라

앞서 설명한 시장 및 마케팅 기회의 분석은 기업 외부의 마케팅 환경을 다루는 내용으로 기업이 통제할 수 없는 환경에 대해 설명하고 있지만 여기서 다루는 마케팅활동 조직화에 관한 내용은 기업이 통제할 수 있는 내용, 즉 마케팅 목표를 달성하기 위한 기업의 다양하고도 능동적인 활동에 대한 내용이다. 이 책에서 코틀러는 마케팅활동을 위한 조직화에 필요한 항목을 다음의 여섯 가지로 나눠 설명하고 있다. 그것들을 살펴보면 다음과 같다.

첫번째 항목은 사업 목표 설정과 마케팅 조직의 구성에 관한 내용이다. 우선 사업 목표는 외부의 마케팅 환경을 인식하고 이를 해석해 마케팅 기회를 탐색하고 포착하는 데 매우 중요한 역할을 한다. 즉, 설정된 기업의 목표가 무엇이냐에 따라 마케팅 조직의 구성 및 마케팅 계획이 달라지기 때문이다. 예를 들면, 대부분의 기업이 그러하듯 이익을 기업의 가장 중요한 목표로 설정한다면 마케팅활동을 포함해 기업의 모든 활동에 있어 의사결정의 기준이 이익을 창출하기 위한 것으로 좁혀질 것이다. 하지만 실제로 기업은 다양한 목표를 추구하며 이러한 목표들 가운데는 서로 상충되는 것들도 있기 마련이다. 어떠한 목표를 추구하느냐에 따라 마케팅활동의 구체적인 내용 및 방향이 결정되므로 사업 목표를 명확히 정의하는 것이 중요하다. 또한 이러한 기업의 목표는 조직화된 노력에 의해 달성되므로 효율적으로 조직을 설계하는 것도 매우 중요한 일이다. 효율적인 조직 설계의 원칙으로는 전문화와 조정, 권위의 적절한 균형을 들 수 있다.

《마케팅 관리》의 원서 표지. 2002년판.

한편 마케팅 조직의 위상에 관한 의사결정에 있어 고객 만족의 논리와 비용 최소화의 논리는 일반적으로 서로 상충되는 경우가 많다. 기업의 마케팅 과정이 효율적으로 전개되기 위해서는 사업 목표를 달성하는 데 가장 효과적인 마케팅 부서의 위상이란 어떤 것인지를 결정하는 것과 같은 조직적 과제를 현명하게 해결해야 한다.

두번째 항목은 마케팅 계획에 관한 내용이다. 여기서 말하는 마케팅 계획은 마케팅 기회를 효과적으로 포착하기 위해 기업이 활용하는 구체적인 실행 도구 혹은 수단을 의미한다. 앞서 설명한 것과 같이 목표가 명확하게 설정되고 이를 달성하기 위한 효과적인 마케팅 조직이 구성되면 기업 전반의 전략 계획 수립이라는 틀 안에서 마케팅 계획 수립의 구체적인 내용이 설계되어야 한다. 마케팅 계획은 크게 장기 계획, 단기 계획, 전사적 계획, 마케팅 부서 계획의 네 가지로 나뉠 수 있으며, 이러한 마케팅 계획은 일반적으로 회사의 현황에 대한 파악, 회사의 지향점에 대한 분석, 회사가 달성하고자 하는 목표 설정, 어떻게 목표를 달성할 것인가와 관련된 전략의 수립, 목표를 달성하기 위한 수단의 명확화 및 이러한 계획의 진척 상황에 대한 평가의 6단계를 거쳐 수립된다. 기업들은 이를 위해 최적 경로 분석 등과 같은 기법들을 활용하고 있다.

세번째 항목은 마케팅 의사결정에 관한 내용이다. 기업 내부에서 마케팅활동을 담당하고 있는 관리자는 끊임없이 의사결정을 해야 하는데 신제품의 포장을 어떻게 할 것인가와 같은 조금 덜 중요한 의사결정도 있고, 제품을 생산할 것인가 혹은 생산하지 않을 것인가와 같이 매우 중요한 의사결정도 있다.

또한 광고 매체의 선택과 같이 매우 자주 해야 하는 의사결정이 있는가 하면 드물게 해야 하는 의사결정도 있고, 위험 부담이 적거나 반대로 위험 부담이 매우 큰 의사결정도 있다. 그 내용이나 빈도 혹은 수반되는 위험의 크기에 관계없이 일반적으로 마케팅 의사결정은 문제, 목표 및 제약 요인의 정의, 중요 대안의 연구, 예상되는 불확실성의 파악, 필요한 정보의 수집, 대안의 결과에 대한 예상 및 최적 대안 선택의 여섯 단계를 거쳐 이뤄진다.

네번째 항목은 마케팅 조사에 관한 내용이다. 시장 규모가 급속도로 커지는 상황에서 효과적인 마케팅 의사결정을 위해서는 마케팅 조사가 반드시 필요하며 그 중요성은 점점 더 커지고 있다. 마케팅 조사는 일반적으로 문제에 대한 명확한 정의, 조사 모델의 구성, 자료 수집 및 결과에 대한 해석이라는 4단계를 거친다. 마케팅 조사의 핵심은 마케팅 의사결정을 위해 필요한 자료를 수집하는 것인데, 관찰이나 실험, 설문 등과 같은 여러 가지 기법 가운데 조사 목적에 따라 각 기법의 강점과 약점을 정확히 비교해 가장 적절한 방식으로 자료를 수집해야 한다. 또한 이렇게 수집된 정보를 해석할 때도 마케팅 의사결정을 염두에 둬야 한다.

다섯번째 항목은 마케팅 시스템에 관한 내용이다. 마케팅 과정은 본질적으로 매우 복잡하기 때문에 규범적으로 적용할 수 있는 분석 모델을 구성하는 것이 중요하다. 이러한 모델 혹은 시스템을 활용하면 복잡하고 이해하기 어려운 마케팅 과정의 여러 가지 요소들과 요소들 사이의 관계를 보다 구체적으로 파악할 수 있다. 특히 마케팅 분야에서는 수리적 모델이 많이 활용되고 있는데 수리적 모델은 자원의 배분, 경쟁자에 대처하는 방법, 고객의 상표 전환에 대한 예측 및 대기 행렬의 예측 등을 가능하게 해준다. 또한 컴퓨터의 활용이 늘어나면서 시뮬레이션 기법도 다양하게 활용되고 있다.

마지막 항목은 마케팅 관리자의 창의성에 관한 것으로 마케팅 기회에 대한 인식 및 활용 가능한 전략의 수립에 있어서 마케팅 담당자의 창의적 사고가 중요하다는 점을 지적하고 있다. 마케팅 담당자의 머릿속에 잠재되어 있는 창의적 아이디어를 활용하기 위해서는 브레인스토밍과 같은 기법을 활용할 수 있으며, 이러한 창의성의 발휘는 마케팅활동의 성공을 결정하는 중요한 요소다. 앞서 설명한 마케팅 기회 분석을 바탕으로 지금까지 설명한 여섯 가지 항목들을 구체화시킨다면 뒤이어 설명할 실질적인 마케팅 프로그램을 보다 효과적으로 수립하고 실행할 수 있다.

4P
마케팅 믹스의 핵심 개념으로 제품product, 가격price, 유통place, 촉진promotion 등 네 가지 핵심 의사결정을 의미한다.

마케팅 프로그램을 계획하라

앞서 살펴본 내용이 마케팅 기회를 포착해 이를 활용하는 데 필요한 마케팅 계획과 의사결정에 관한 것이라면, 마케팅 프로그램의 계획은 구체적인 마케팅 도구에 관한 것으로 기회를 포착해 마케팅 목표를 설정한 다음 효과적인 마케팅 프로그램을 설계하는 것을 말한다. 이러한 마케팅 프로그램은 마케팅활동의 수준과 활동의 배치, 그리고 활동 내용으로 구성되는데 구체적인 프로그램을 구성하기 위해서는 원칙적으로 수요 관련 변수, 마케팅 의사결정 관련 변수, 마케팅 믹스, 마케팅 전략, 마케팅활동의 내용, 마케팅활동의 배치 및 시장의 반응 등을 고려해야 한다. 마케팅 프로그램의 구체적인 내용은 다음과 같이 여섯 가지로 나눠 살펴볼 수 있다.

첫째는 제품 믹스에 관한 의사결정인 제품 정책에 관한 내용이다. 제품 정책은 제품이 지니는 의미, 제품의 폭과 깊이, 제품 믹스의 일관성, 제품의 수명주기 단계 및 제품 라인 등에 관련된 일련의 의사결정을 포함하고 있는데 이러한 제품 정책은 제품의 개선을 위해 활용될 수 있도록 수립 및 실행되어야 하며, 제품 전략은 제품의 속성을 고려해 수립되어야 한다. 또한 사업 목표에 적합한 제품 믹스를 설계해야 하며, 제품의 폭과 깊이의 확대 못지않게, 제품 라인의 축소 의사결정 또한 중요하다는 점을 인식해야 한다. 한편 중요성이 더욱 커지고 있는 신제품 개발의 경우 혁신의 대명사라 할 수 있는 신제품 개발은 그 성과에 대한 불확실성이 너무 크기 때문에 의사결정에 있어 딜레마가 존재하는 것이 사실이다. 하지만 목표를 달성하기 위한 제품 믹스의 구성을 포함한 제품 정책의 수립 및 실행에 있어 신제품 개발은 필수불가결한 요소임을 인식해야 한다. 일반적으로 신제품 개발은 아이디어 제안, 아이디어 선별, 사업성 분석, 제품 개발, 시장 실험, 상업화 및 고객 채택이라는 과정을 거쳐 이뤄진다.

둘째는 가격 정책에 관한 의사결정이다. 경제학에서도 매우 중요하게 다루는 가격은 전체 마케팅 변수들 가운데 제품의 판매에 가장 큰 영향을 미치는 것으로 알려져 있는데 이 책에서는 초기 가격 설정, 가격 정책의 변화, 경쟁적 가격 변화 정책 및 전체 제품 라인의 가격 정책 등을 다루고 있다. 경제학에서는 단기적으로 이익을 극대화할 수 있도록 가격을 설정하지만 코틀러는 기업의 목표, 마케팅 믹스, 경쟁 상황, 시장 수요 및 비용의 변화 등을 고려해야 한다고 지적하고 있다. 또한 경쟁자의 가격 정책에 탄력적으로 대응하는 것이 중요한데 경쟁자를 선도하는 가격 변화 정책을 쓸 것인지, 경쟁자의 가격 정책에 대응하는 방식으로 가격 정책을 변화시켜갈 것인지를 사업 목표달성이라는 대전제 아래에서 가격 변화에 대한 고객 및 경쟁자의 반응을 예상해 신중하게 결정해야 한다.

셋째는 경로 정책에 관한 의사결정이다. 주된 내용으로는 경로의 유형, 경로 참가자의 수, 계약 내용의 구체화 및 경로 변화에 대한 대응 등을 들 수 있다. 마케팅 경로의 구성은 매출 및 비용에 매우 큰 영향을 미치는 동시에 매우 복잡한 속성을 갖고 있기 때문에 효과적인 경로를 구성하기 위해서는 고객 특성, 제품 특성, 경로 참가자middleman의 특성, 경쟁 특성, 자사 특성 및 환경 특성 등을 중요한 영향 요인으로 고려해야 한다.

넷째는 물리적 유통에 관한 의사결정이다. 여기에는 어떤 수단을 활용해 제품을 수송할 것인지, 어느 지역에 재고를 보관할 것인지와 같은 물리적 유통과 관련된 이슈가 포함된다. 물리적 유통 관련 의사결정은 서비스 수준과 서비스 비용의 균형을 고려해 결정해야 한다. 중요한 의사결정 이슈로는 공장의 수와 공급하는 시장의 수에 대한 의사결정 및 재고 관련 의사결정, 그리고 다양한 배치 관련 의사결정 등을 꼽을 수 있다.

다섯째는 광고 의사결정에 관한 내용이다. 제품 개발, 가격, 경로관리와 더불어 판촉 또한 기업의 중요한 활동 가운데 하나인데 여러 가지 판촉 수단(광고, 인적 판매, 홍보) 가운데 여기서는 광고를 중점적으로 다루고 있다. 광고 의사결정의 핵심 이슈에는 광고 예산의 크기와 광고의 배치, 광고 메시지의 내용, 광고 매체의 결정 및 광고 시기의 결정 등이 있으며, 이와 더불어 광고의 효과성에 대한 평가 및 피드백도 간과해서는 안 될 중요한 요소다.

여섯째는 판매원과 관련된 의사결정이다. 핵심 이슈는 판매원 선발, 훈련, 배치, 동기부여, 통제 및 역량 강화 등에 관련된 최선의 의사결정을 통해 효과적인 판매원 조직을 보유하는 것이다. 가장 먼저 판매원 조직의 규모 및 조직 구성의 원칙이 결정되어야 하며, 효과적인 판매원 조직으로 발전하는 데 있어 공정하고 객관적이며 정기적인 평가와 피드백 및 성과에 상응하는 적절한 보상 또한 중요하다는 점을 강조하고 있다.

마케팅활동을 평가하라

아무리 훌륭한 마케팅 프로그램을 수립해 실행해도 외부 환경이 예기치 못하게 변화한다면 마케팅 전략 및 전술의 적절한 수정이 필요하다는 것은 자명한 일이다. 즉, 기업의 목표를 달성하기 위해 수립된 효과적인 마케팅 프로그램은 적절한 통제를 통해 지속적으로 보완되어야 하는 것이다. 이러한 마케팅 프로그램 및 활동에 대한 평가는 크게 공식적인 마케팅 통제, 매출 및 원가 분석, 마케팅 감사라는 세 가지 방법으로 이뤄진다. 각각의 수단에 대해 보다 자세히 살펴보도록 하자.

마케팅 통제는 마케팅 정보 시스템의 핵심 개념으로 여기서 '통제'라는 것은 기업의 목표를 달성하기 위해 지속적으로 마케팅 프로그램을 외부의 마케팅 기회에 적합한 프로그램으로 유지시키고자 하는 일련의 노력을 총칭하는 말이다. 마케팅활동에서 통제는 서로 다른 여섯 가지 수준에서 이뤄지는데 가장 상위의 최고경영자 수준에서 마케팅 시스템에 대한 통제활동을 수행한다. 한편 모든 마케팅 통제 시스템은 목표와 표준 설정, 프로그램 구성, 실제 성과의 측정 및 필요할 경우 수정 활동의 실행이라는 네 가지 요소로 구성되어 있는데 이러한 마케팅 통제 시스템에서 가장 중요한 요소는 바로 정보다. 훌륭한 회사일수록 정보의 중요성에 대한 인식 수준이 높으며, 일반적으로 시의 적절한 정보를 효과적으로 활용할 수 있는 시스템을 갖추고 있다.

매출 및 원가 분석은 일상적인 마케팅활동에 대한 구체적인 평가 방법의 일례라 볼 수 있다. 마케팅활동을 통제하기 위한 수단으로 매출과 원가 정보를 활용함으로써 현재 실행되고 있는 마케팅 프로그램의 강점과 약점을 보다 명확히 파악할 수 있다. 또한 이는 계량화된 정보를 다루는 일이기 때문에 컴퓨터 등을 활용해 매우 빠른 속도로 일을 처리함과 동시에 그 결과를 조직 내의 다양한 이해관계자에게 전달할 수 있다는 장점이 있다.

마케팅 감사는 일상적인 마케팅활동에 대한 평가뿐만 아니라 수립된 목표를 달성하기 위한 기업 전반의 전략에 대해서도 정기적인 평가를 할 수 있는 매우 광범위한 통제활동이다. 여기서 감사의 유형에는 경영자가 스스로 하는 것에서부터 상호 감사, 상부 감사, 감사 부서의 활용 및 외부 감사 등이 있다. 마케팅 감사의 본질적인 목적은 마케팅 활동의 효과성에 대한 객관적인 평가를 위한 것이므로 감사활동을 통해 보다 효과적인 마케팅 프로그램이 실행될 수 있도록 긍정적으로 피드백을 받는 것이 중요하다.

현대적 시사점 '분석, 계획 및 통제' 라는 부제가 붙어 있는, 1967년에 출간된 코틀러의 《마케팅 관리》는 아마도 전 세계적으로 가장 많이 판매되는 마케팅 교재 가운데 하나일 것이다. 2002년에 출판된 11판에 이르기까지 이 책은 마케팅의 역사라 해도 과언이 아니며 '마케팅의 대부' 라 불리는 코틀러의 첫번째 저작이기에 그 자체만으로도 의미가 있다.

1967년에 출판된 이 책의 초판에서는 요즈음 마케팅이란 용어를 쓰는 사람이면 누구나 기본으로 알고 있는 개념인 STPSegmentation-Targeting-Positioning 분석이나 메카시가 정리한 4PProduct, Price, Place, Promotion에 대한 언급을 찾아볼 수 없다. 다만 시장 세분화에 대한 설명과 함께 비록 4P라고 명명하지는 않았지만 마케팅활동을 제품 정책, 신제품 개발 정책, 가격 정책, 경로 정책, 물리적 유통 정책, 광고 정책, 판매원 정책으로 나눈 것에 대한 자세한 설명이 담겨 있을 뿐이다. 현대적 의미에서 마케팅의 황금률과도 같은 4P라는 용어를 사용하지 않았을 뿐이지 모두 언급은 하고 있는 것이다. 이후 코틀러는 1972년에 출간된 2판에서 이미 4P에 대한 개념을 언급했다고 주장하고 있지만 그는 2002년에 나온 11판에서도 초판에서의 마케팅활동 구분 방식을 고수하고 있다. 대부분의 마케팅 교과서들은 메카시가 정리한 4P를 중심으로 마케팅 믹스의 각 요소를 설명하고 있지만 코틀러는 가장 최근에 출간된 11판에서도 자신의 방식대로 마케팅 믹스를 세분해 자세히 설명하고 있다.

1967년에 출판된 코틀러의 《마케팅 관리》는 크게 세 가지 측면에서 지금까지도 많은 시사점을 던져주고 있다. 첫번째는 1950년대까지 대부분의 학자와 경영자들이 갖고 있던 마케팅의 개념과는 다른 새로운 시각을 제시했다는 점이다. 코틀러가 새로운 마케팅 개념을 제시하기 전까지 일반적으로 받아들여졌던 마케팅의 개념은 어떻게 하면 제품을 많이 판매할 수 있을까에만 초점이 맞춰져 있었다. 당시의 시대적 상황을 한번 생각해보자. 1960년대 초반까지 기업 경영자들의 관심은 모두 제2차 세계대전 이후 유휴 설비를 최대한 효과적으로 가동하는 데 쏠려 있었다. 즉, 생산한 제품을 판매하는 데 모든 역량을 집중시켰던 것이다. 이런 시대에 코틀러는 자신의 책을 통해 고객 지향적 사고, 통합적 마케팅 및 고객 만족으로 대표되는 '고객들의 요구를 충족시킨다'라는 관점에서 마케팅을 재정의했다. 마케팅을 회사의 제품을 팔기 위해서 존재하는 것으로 알고 있거나, 종종 영업과 동일시하기까지 했던 현실을 생각할 때 코틀러의 주장은 정곡을 찌르고 있다. 마케팅과 영업은 반대되는 개념이 분명하다. 이러한 의미에서 "마케팅은 제품을 처분하기 위한 현명한 방법을 찾는 분야가 아니라 진정한 고객 가치를 창조하는 분야다. 이것은 고객이 더 나은 상태가 되도록 돕는 일이다."라는 그의 말은 시사하는 바가 크다.

두번째는 과학적 접근법을 마케팅 분야에 접목시켰다는 점이다. 코틀러는 분석, 계획, 조직화, 통제라는 경영관리 과정을 마케팅활동에 적용해, 마케팅 관리를 마케팅 기회 분석, 마케팅 프로그램 계획, 마케팅활동을 위한 조직화, 마케팅활동 통제로 체계화했다. 이는 마케팅이 재무관리나 인사관리, 생산관리와 같이 경영활동의 한 가지 기능으로 인식되던 때에 가치 창출을 위한 기업활동의 모든 활동은 마케팅으로 통한다는 관점을 정립시키는 데 큰 영향을 미쳤다. 또한 코틀러는 마

마케팅과 판매의 차이

마케팅은 고객이 원하는 가치를 발견하는 활동이다. 따라서 이상적인 마케팅이란 판매활동을 필요없게 만든다.

케팅 개념에 대한 설명에 이어 시장을 분석하기 위해 시장 세분화라는 개념을 제시했는데 이는 전체 시장을 상대할 것이 아니라 시장을 나눠 각각의 시장에 적합한 전략을 수립하고 실행할 것을 요구하고 있다. 이러한 세분 시장의 개념에 대한 제안과 세분 시장이 고객 중심의 마케팅 사고에서 지니는 의미 및 시장 세분화를 위한 구체적인 방법론의 제안 등은 향후 그의 개념이 전략적 마케팅 사고로 확장되는 데 큰 영향을 미쳤다.

세번째는 생산자 중심, 판매 중심에서 고객 중심으로 사고를 전환할 것을 역설한 점을 들 수 있다. "……이미 시장은 과잉 경쟁의 길로 들어섰다. 각 경쟁사들은 고객의 관심을 끌고 가격을 낮추기 위해 노력하고 이는 다시 각 업체의 수익성 악화로 이어진다. 마케팅은 바로 가격 이외의 요소에서 어떻게 경쟁할 수 있을 것인가에 대한 해답을 제공한다. 과잉 생산으로 인해 마케팅은 어느 때보다 더욱 중요해졌다……."라는 코틀러의 말에서도 알 수 있듯이 마케팅은 제품을 판매하기 위한 수단이 아니라 고객을 만족시키기 위해 기업이 어떤 활동을 해야 하는가에 대한 새로운 시각을 제시하고 있다. 고객을 만족시키기 위한 활동, 바로 그것이 코틀러가 말하는 마케팅이다.

오늘날의 비즈니스가 직면하고 있는 문제는 상품의 부족이 아닌 고객의 부족이다. 대부분의 산업에서 전 세계의 고객들이 구입할 수 있는 것보다 더 많은 양의 상품이 생산되고 있다. 이러한 과잉 생산은 자사의 시장점유율 제고가 가능하다고 믿는 업체들이 더 많은 생산을 하면서 발생한다. 그리고 이러한 현상은 다시 과잉 경쟁으로 이어진다.

과잉 생산으로 인해 마케팅은 어느 때보다 더 중요해졌다. 마케팅 부서는 회사의 고객 제조 부서인 것이다.

최근 들어 코틀러는 마케팅을 교환에서 사회적 관계 중심의 개념으로 확장시켰다. 그는 마케팅을 "개인이나 기업이 원하는 것을 다른 이들과의 관계에서 상품과 가치의 생성 또는 교환을 통해 획득하는 사회적, 관리적 과정이다."라고 정의한다. 그에 따르면 21세기의 마케팅을 이해하는 데 있어서 가장 중요한 개념은 '사회적' 또는 '관계' 일 것이다. 사회적이라는 의미는 대부분 기업이 창출한 수익의 일부를 사회에 환원한다는 뜻으로 해석되고 있으며, 기업활동의 터전을 마련해 시장에 재투자한다는 의미로 최근 많은 기업이 관심을 기울이고 있는 추세다.

더 읽어볼 책

필립 코틀러의 마케팅 A to Z 필립 코틀러, 세종연구원, 2003

포지셔닝 알리스, 잭트라우트, 을유문화사, 2002

미래형 마케팅 필립 코틀러, 세종연구원, 1999

저자 소개 및 도서 정보

필립 코틀러 Philip Kotler

《마케팅 관리 : 분석, 계획 및 통제*Marketing Management : Analysis, Planning, and Control*》, Prentice-Hall, 1967.

'마케팅의 대가' 혹은 '마케팅의 살아 있는 역사'라 불리는 필립 코틀러는 경영학계에서 가장 영향력 있는 학자 가운데 한 사람이며, 마케팅 분야에서는 독보적인 존재라고 해도 과언이 아닐 정도로 전 세계적으로 명성이 자자한 인물이다. 경영계를 주도하고 있는 세계적인 기업이나 컨실팅회사에서 일하는 수많은 인재와 리더들이 마케팅 하면 필립 코틀러 교수를 먼저 떠올릴 정도로 그는 마케팅 관리의 틀을 만들고 이끌어온 최고의 권위자다. 그는 1953년 시카고대학에서 경제학 석사학위를, 1956년 매사추세츠 공과대학에서 경제학 박사학위를 받았다. 이후 하버드대학에서는 수학으로, 시카고대학에서는 행동과학으로 박사 과정을 밟았다.

1962년부터 현재까지 노스웨스턴대학 켈로그 경영대학원 국제마케팅 학과의 석좌교수로 재직하고 있으며, 1985년에 미국마케팅학회로부터 최우수 마케팅 교육자 대상을, 1978년에 폴 컨버스 상을 수상했으며, 1975년에는 최우수 마케팅 사상가로 인정받았다. 이외에도 그는 1989년 애뉴얼 찰스 쿨리지 파린 마케팅 리서치 어워드를 수상했으며, 1995년에는 세일즈 앤드 이그제큐티브 인터내셔널로부터 최고의 마케팅 학자로 인정받았다. 또 2002년에는 미국마케팅과학학회로부터 올해의 마케팅 교육자 상을 수상했다. 그는 현재까지도 여러 비영리단체와 IBM, 제너럴 일렉트릭, 허니웰, 머크, 뱅크 오브 아메리카, AT&T 등 세계적인 기업의 마케팅 전략 및 계획, 마케팅 조직 및 국제 마케팅 자문을 맡아 정력적으로 활동하고 있으며 미국마케팅학회 이사, 마케팅 사이언스 인스티튜트 이사, MAC 그룹 이사, 코페르니쿠스 애드바이저리 보드와 드러커 재단의 자문위원회 회원으로도 활동하고 있다.

그는 〈파이낸셜 타임스〉가 선정한 역대 최고의 경영서 50에 포함된 《마케팅 관리, 1967, 1971, 1976, 1980, 1984, 1988, 1991, 1994, 1997, 2000,

2002》를 비롯해 37권의 책과 저명 학술지에만 125편에 달하는 학술 논문을 발표했으며, 그 가운데 몇 편은 최우수 논문상을 수상했다. 그의 첫 저서이며 현재까지 무려 11판이 나온 《마케팅 관리》는 프랑스어, 독일어, 포르투갈어, 일본어, 이탈리아어, 스페인어, 러시아어, 중국어, 핀란드어, 인도네시아어, 터키어, 히브리어, 슬로베니아어 및 한국어로 번역 출판되어 전 세계 유수 경영대학원의 주요 필독서로 채택되어왔다. 기업 경영 및 컨설팅업계의 리더들에게 귀중한 마케팅 지식과 비전을 제공해온 《마케팅 관리》는 마케팅 분야의 바이블이라 해도 손색이 없을 만큼 큰 의미를 지닌 책이라 할 수 있다.

그는 《마케팅 관리》 외에도 《미래형 마케팅*Kotler on Marketing*》(1999), 《Marketing for Nonprofit Organizations》(1975), 《Principles of Marketing》(1980), 《Marketing Essentials》(1984), 《Marketing-An Introduction》(1987), 《국가마케팅*the Marketing of Nations*》(1997), 《마케팅A to Z*Marketing Insights A to Z*》(2003), 《필립 코틀러의 마케팅 리더십*Marketing Moves*》(2002), 《Social Marketing》(1989), 《아시아 경제 보고서*Repositioning Asia*》(2000), 《The New Competition》(1985), 《Marketing Places》(1993), 《Marketing Asian Place》(2001), 《A Framework for Marketing Management》(2001), 《Marketing Global Biobrands》(2003), 《Marketing to the Capital Markets》(2003), 《수평형 마케팅*Lateral Marketing*》(2003) 등의 책들을 저술했다.

2 1970년대~1980년대

The Principle of Scientific Management, Taylor, 1911 General and
938 The Theory of Social and Economic Organization, Weber, 19
Drucker, 1954 Administrative Behavior, Simon, 1956 The Bureaucra
Management, Kotler, 1967

경영의 전략을 발견하다

ial Management, Fayol, 1925 The Functions of the Executive, Barnard
vation and Personality, Maslow, 1954 The Practice of Management
enomenon, Crozier, 1964 Corporate Strategy, Ansoff, 1965 Marketing

1970년대에서 1980년대에 출간된 고전들의 키워드는 크게 '경쟁'과 '일본 기업 배우기'로 압축될 수 있다. 당시 기업들은 1973년과 1979년의 두 차례 석유 파동으로 인한 경기 불황으로 큰 어려움에 빠져 있었다. 내수 경기가 침체되면서 코카콜라와 펩시콜라, 나이키와 리복, 제너럴 모터스과 포드 등 기업 간 경쟁이 더욱 치열해졌고, 이에 따라 경쟁과 전략에 대한 책들이 경영자들 사이에서 큰 인기를 끌었다.

경쟁에 대한 대표적인 저서로는 하버드 대학 마이클 포터 교수의 《경쟁 전략》과 《경쟁우위》를 들 수 있다. 포터는 기업이 경쟁이라는 개념을 제대로 이해해야만 올바른 전략을 수립할 수 있다고 주장했다. 왜냐하면 전략은 나 홀로 게임이 아니라 언제나 상대편이 존재하는 상황에서 벌이는 상대적 게임이기 때문이다. 그는 이 책에서 산업에서의 기업 간 경쟁을 분석하고 이에 대응하는 방법에 대한 이론적인 틀을 처음으로 제시했다.

이 밖에도 1980년대에 출간된 전략에 관한 또 다른 고전으로는 맥킨지 컨설턴트 출신으로 일본의 대표적인 경제 평론가가 된 오마에 겐이치가 1982년에 출간한 《기업경영과 전략적 사고》를 들 수 있다. 오마에에 따르면 전략가는 항상 회사의 상대적 우위를 위해 자사, 고객, 경쟁사 등 전략적 3C라 불리는 세 가지 필수적인 요소들을 분석하고, 그들 간의 관계에 영향을 미치도록 노력해야 한다. 결국 전략은 회사의 강점을 활용해 다른 경쟁자들에 비해 고객들의 욕구를 좀 더 만족시키기 위해서 자사의 사업을 차별화시키는 방법이다.

1970년대에서 1980년대는 일본 기업에 대한 연구서가 쏟아지기 시작한 시기였다. 특히 1980년대에는 미국 시장을 비롯한 글로벌 시장에서 일본 기업의 활약이 두드러졌다. 1981년에 출간된 오우치의 《Z이론》, 1987년 출간된 이타미 히로유키의 《무형자산, 경쟁력의 새로운 원천》 등이 그 대표적인 저서들이다. 물론 이 시기에 출간된 책에서 일본 기업의 성공을 바라보는 관점은 연구자에 따라 차이가 있다. 오우치는 종신고용제를 비롯한 독특한 일본식 인사관리 방법 등을 예로 들면서 일본 기업의 독특한 경영방식이 일본 기업의 성공 요인이라고 주장했다.

반면에 이타미는 기존 연구와 달리 일본 기업의 특수성보다는 보편성을 강조했다. 즉, 일본 기업 특유의 관행보다는 일본의 우수 기업들이 다른 기업들보다 우수한 점을 무형자산이라는 주제를 중심으로 서술하고 있다. 이때 무형자산은 고객의 신뢰, 상표 이미지, 유통관리, 기업문화, 관리 기술 등 눈으로 볼 수 없는 자산을 말한다. 이타미는 무형자산이야말로 경쟁력의 진정한 원천이며 이를 축적하기 위해서는 장기간에 걸쳐 지속적이고 의식적인 노력이 요구된다고 주장했다. 이러한 '일본 기업 배우기' 열풍은 1990년대까지 계속되었으며, 아이러니컬하게도 1990년대 미국 기업의 부활과 일본 기업의 추락을 설명하는 한 가지 요인이 되고 있다.

이 밖에도 2부에서 독자들이 눈여겨볼 만한 책으로는

《초우량 기업의 조건》과 《국경 없는 경영》을 들 수 있다. 《초우량 기업의 조건》은 당시 유행하던 일본 배우기 열풍과 달리 미국 기업을 대상으로 62개 초우량 기업을 조사해 공통적인 특징을 정리한 책이다. 저자들은 초우량 기업이 평범한 기업에서는 발견할 수 없는 특성을 가진 것이 아니라 평범한 기업에서도 하고 있는 활동을 초우량 기업이 전혀 다르게 하고 있다는 점을 강조하고 있다. 평범한 기업에서는 발견할 수 없는 특성이 초우량 기업에서 발견되었다기보다는 평범한 기업에서도 하고 있는 활동을 초우량 기업에서는 어떻게 다르게 하고 있는가라는 점이 독자들의 눈길을 끌 것이다. 반면에 《국경 없는 경영》은 1960년대에 태동되었고 1980년대에 더욱 활발해진 다국적 기업에 관한 책으로 미국, 유럽, 일본의 대표적인 다국적 기업을 연구해 글로벌 경영의 본질을 소개하고 있다.

만약 경영학을 본격적으로 공부하고 싶은 독자라면 거래 비용 접근법의 대표학자인 윌리엄슨과 조직론의 대가 민츠버그의 책을 읽어보면 도움이 될 것이다.

경영전략 분야의 초기 연구 11

The Concept of Corporate Strategy
Kenneth Andrews

keyword
전반경영자
SWOT
기업 전략

카테고리 관련성	
경영전략, 경영혁신	★★★
생산관리	
변화관리	
조직관리, 인사관리	
마케팅	
리더십	★
동기부여, 인간관계	
기업성공	

핵심 아이디어 하버드 경영대학원이 경영전략 분야의 발전에 미친 영향은 상당하다. 경영전략 분야가 제대로 정립되지 않은 1960년대부터 하버드 경영대학원에 소속된 한 무리의 학자들은 정책 그룹이라는 이름하에 이 분야를 집중적으로 연구하고 있었다. 당시에는 경영전략보다는 경영 정책이라는 이름이 더 널리 알려져 있었으며, 정교한 전략이론이 아직 발달하지 않은 상황이었기 때문에 사례 연구가 주류를 이루고 있었다. 앤드루스 교수는 바로 이러한 정책 그룹의 대표적인 학자 중 한 사람으로《기업 전략의 본질*The Concept of Corporate Strategy*》은 그가 연구했던 1960년대 경영전략 분야의 초기 연구 성과를 담고 있다.

특히 이 책에서 그는 경영전략의 중요성을 강조하면서 전반 경영자라는 개념을 제시하고 있다. 즉, 1960년대까지 기업 현장이나 경영 교육에 만연했던 전문가 육성에 대한 보완책으로 제너럴리스트의 육성을 강조했다. 생산이나 영업과 같이 고유한 전문 영역을 담당하는 전문가만으로는 해결할 수 없는 기업 경영의 문제가 존재하며, 이를 해결하기 위해서는 기업 경영 전반을 이해하고 조정할 수 있는 제너럴리스트가 육성되어야 한다는 것이 그의 핵심 주장이다.

예컨대, 전통적으로 생산관리를 담당하는 경영자는 '표준화'의 세계관을 갖고 있다. 가급적 표준화된 소수의 제품을 대량 생산함으로써 생산 공정의 효율성을 극대화하고 원가를 절감하는 것이 그의 주된 임무인 것이다. 반면에 영업을 책임지는 경영자는 '차별화'의 세계관을 갖고 있다. 가능하면 다양한 고객들의 욕구를 만족시킬 수 있는 차별화된 제품을 다양하게 판매함으로써 고객 만족을 극대화하고 매출을 향상시키는 것이 그의 주된 임무다.

이렇듯 전문 영역을 담당하는 경영자들은 전체 기업의 차원에서 의사결정을 하기보다는 자신이 맡은 좁은 전문 분야 수준에서 의사결정을 내리는 오류를 범할 수 있다. 기업은 상황에 따라 생산 담당자의 주장처럼 표준 제품, 대량 생산 전략이 유리할 수도 있고, 영업 담당자의 주장처럼 차별화된 다양한 제품 전략이 유리할 수도 있다.

예컨대 1920년대 미국 자동차산업의 주도권은 T형 자동차란 표준 제품을 대량 생산한 포드 자동차가 잡고 있었다. 하지만 그후 고객들의 다양한 요구에 맞춰 다양한 브랜드와 가격대의 자동차를 생산한 제너럴 모터스가 미국 자동차시장을 장악해버렸다. 따라서 기업이 나아가야 할 방향에 대한 올바른 의사결정은 오직 전체 기업의 차원에서 문제에 접근할 때만 제대로 이뤄질 수 있을 것이다. 바로 이러한 역할을 하는 경영자가 전반 경영자이며, 이러한 전반 경영자들에게 필요한 지식이나 기술을 제공하는 학문 분야가 경영전략인 셈이다.

또한 저자는 이 책에서 전략을 수립하는 데 있어 고려해야 할 네 가지 요소를 제안했다. 외부 환경이 주는 기회와 위험, 기업이 갖고 있는 다양한 자원과 역량, 상위 경영층의 개인적 가치와 열망, 기업의 사회적 책임 등이 그것이다. 특히 이 중에서도 외부 환경의 기회(opportunity, O)와 위협(threat, T), 기업 내부의 강점(strength, S)과 약점(weakness, W) 등은 전략 수립에서 가장 중요한 고려 사항으로 아직까지도 경영전략 분야에서 유효한 개념적 틀로 사용되고 있다. 흔히 영어의 머리글자를 따서 'SWOT' 분석이라고 불리는 이 분석은 보다 광범위한 차원에서 이뤄지는 상황 분석의 일부분으로 기업의 강점과 약점 등의 내부 역량과 기회, 위협과 같은 외부의 가능성 사이의 적합성을 평가하기 위해 사용되는 대표적인 기법이다.

이 외에도 우리의 주목을 끄는 부분은 전략 수립에 있어서 개인적 가치와 사회적 책임의 역할을 강조했다는 점이다. 개인적 가치란 기업

경영자들이 무엇을 원하는지를 나타내는 개념이고, 사회적 책임이란 기업이 무엇을 해야만 하는가를 나타내는 개념으로 전략 수립에 영향을 미치는 요인들이다. 결국 저자는 경영전략이 외부 환경이나 내부 능력 분석과 같은 지극히 합리적인 분석 외에도 경영자의 의지, 열망과 같은 심리적 요인이나 기업활동의 사회적 정당성과 같은 사회적 요인의 영향을 받는다는 점을 분명히 했다. 이때 전략 결정의 요소 중 외부 여건과 내부 여건은 객관적으로 분석이 가능한 반면, 개인적 가치와 사회적 책임은 주관적인 요소라 할 수 있다. 또한 외부 여건과 사회적 책임은 기업의 외부와 관련된 요소인 반면, 개인적 가치와 내부 여건은 기업의 내부적 측면과 관련이 있다. 아직도 수많은 전략이론들이 이 책이 제시하고 있는 네 가지 고려 요소에서 벗어나지 못하고 있다는 것은 매우 놀라운 일이다.

전략 수립의 고려 요소

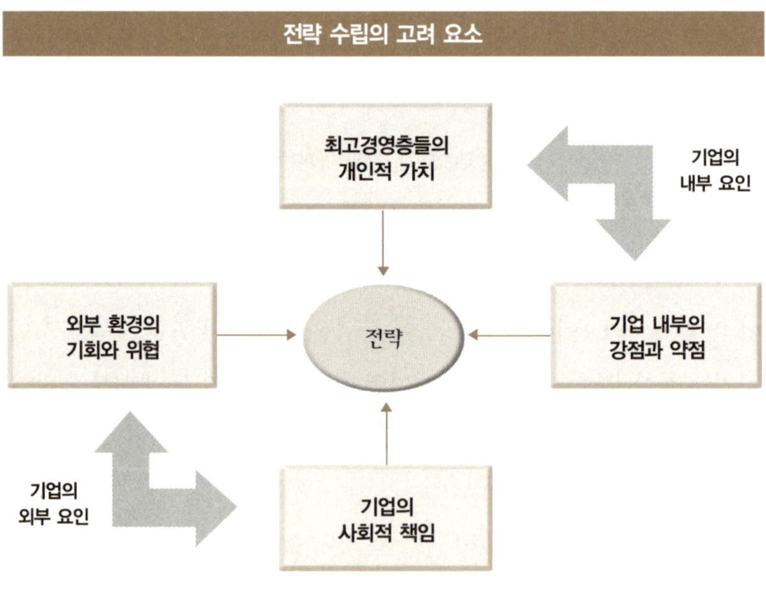

시놉시스

이 책은 총 8장으로 구성되어 있다. 1장과 2장은 책의 서론에 해당하는 부분이다. 1장에서는 기업을 전체적으로 보는 시각의 중요성을 설명하고, 기업활동의 특정 부분을 담당하는 전문가와 대비해서 전반 경영자의 개념과 역할에 대해 설명하고 있다. 2장은 이 책에서 가장 중요한 부분으로 전략을 수립과 실행으로 구분하고, 전략을 수립할 때 고려해야 할 네 가지 요소와 전략을 실천할 때 고려해야 할 세 가지 요소를 제시하고 있다. 3장부터 5장까지는 전략 수립과 관련된 네 가지 요소들을 각각 자세히 설명하고 있는데, 3장은 전략 수립에서 가장 중요한 외부 환경과 내부 자원을 고려한 경제적 전략 모델을 제시하고 있다. 또한 4장은 개인적 가치, 5장은 사회적 책임의 역할을 설명하고 있다. 6장부터 8장까지는 전략 실행과 관련된 세 가지 요소를 각각 설명하고 있다. 6장은 조직구조와 관계, 7장은 조직 프로세스와 행동, 끝으로 8장은 리더십에 대해 언급하고 있다.

리뷰

전략을 수립할 때 고려해야 할 요인들을 중심으로 내용을 살펴보자

전반 경영자의 개념

전반 경영자란 구체적으로 누구를 가리키는 말인가? 예를 들어 설명해보자. 기업은 이윤 극대화를 위해 매출액을 극대화시키거나 원가를 최소화시키고자 노력한다. 이를 위해 생산 책임자는 현재 회사가 보유하고 있는 생산 시설의 효율성을 극대화하는 데 노력을 집중시킬 것이

다. 즉, 주어진 생산 시설로 가장 많은 제품을 생산하는 것이 생산을 책임지는 경영자의 목표함수다. 자연스럽게 그는 원가를 관리하고 거기에 신경을 쓰는 사람이 된다.

반면에 영업 책임자에게는 가능한 한 다양한 제품을 판매해 시장점유율을 극대화하는 것이 가장 중요한 목표일 것이다. 그에게는 생산 담당자가 중시하는 생산성, 효율성 지표보다는 차별성과 다양성 지표가 더 중요한 관리 기준이 될 것이다. 또한 그의 역할은 판매를 극대화시키는 것이고, 전체 기업의 차원에서 볼 때 그는 원가보다는 매출을 책임지는 경영자가 되는 것이다. 이처럼 기업의 궁극적인 목표라고 할 수 있는 이윤 극대화라는 차원에서 볼 때 생산 책임자이건 영업 책임자이건 결국 그들은 기업활동의 일정 부분만 책임지는 전문가이자 부문 관리자에 지나지 않는다.

하지만 이들의 상급자, 예컨대 사장은 이윤 극대화를 도모하기 위해 매출액과 원가라는 두 가지 변수를 동시에 조정하는 역할을 담당하게 된다. 이처럼 부분이 아닌 전체라는 시각에서 자신이 맡은 업무를 진행하는 관리자를 '전반 경영자'라고 한다. 좀더 구체적으로 설명하면 전반 경영자는 여러 기능 부문을 관장하며, 독자적으로 사업 단위를 책임지면서 마케팅, 영업, 생산, 재무, 인사 또는 라인 부문과 스태프 부문 등 관리 부문 상호 간에 빈번히 일어나는 갈등을 조정하는 역할을 담당한다. 또한 전반 경영자는 자신이 책임지고 있는 조직이 나아갈 방향을 제시하는 책임을 맡고 있기 때문에 기업이 처한 환경에 맞는 전략을 수립하고 적절한 시기에 이러한 전략을 실천하는 역할을 하게 된다. 이렇게 볼 때 경영활동에 대한 포괄적인 판단과 결정은 기업을 전체적으로 내려다볼 수 있는 전반 경영자에 의해서 내려진다는 사실을 알 수 있다.

이때 전반 경영자가 반드시 최고경영자를 의미하는 것은 아니다. 엄격한 의미에서 최고경영자는 경영자의 계급 또는 직위를 나타낸 표현이고, 전반 경영자는 그의 임무 또는 직책을 나타낸 표현이다. 최고경영자는 문자 그대로 경영자 계층에서 가장 높은 자리를 차지하고 있다. 따라서 그의 임무는 주로 전략과 관련이 있으나 관리 및 업무에 대한 것도 있다.

전반 경영자의 역할

전반 경영자는 여러 기능 부문을 관장하여, 독자적으로 사업 단위를 책임지면서 기능 부문 상호간에 빈번히 일어나는 갈등을 조정하는 역할을 담당한다.

이에 비해 전반 경영자는 기업의 궁극적인 책임자로서 기업 목표를 선정하고 이를 달성하기 위한 전략을 짜는 임무를 맡는다. 따라서 전반 경영자는 대개의 경우 최고경영자이지만 반드시 최고경영자일 필요는 없다. 예컨대 이익을 책임지는 사업부 조직을 갖고 있는 기업의 경우 하나의 사업부를 담당하는 책임자가 부장의 직위에 있다면 사장, 부사장, 전무, 상무 및 이사를 포함하는 임원층까지를 최고경영자로 규정하는 일반적인 견해에서 볼 때 그는 최고경영자라고 할 수 없을 것이다. 그러나 사업 부장이 자신이 맡은 사업부의 매출과 원가, 그리고 결과물인 이익에 대해 전반적인 책임을 지고 있고, 이러한 책임을 완수하기 위해 독자적으로 전략을 수립해야 할 책임을 갖고 있다면 그는 전반 경영자의 역할을 맡고 있는 것이다. 이와 반대로 어느 제조업체의 공장장이 이사급 이상의 직위를 갖고 있을 경우 그는 당연히 최고경영자의 신분을 갖고 있다고 볼 수 있다. 그러나 그의 임무가 조직 전체의 전략을 수립한다기보다는 기업활동의 한 부분인 공장의 책임자로서 상부에서 결정되는 생산량, 품질, 원가 등에 대한 효율적인 관리 책임만을 갖고 있다면 그는 전반 경영자가 아닌 부문 경영자라고 할 수 있다. 이와 같이 최고경영자와 전반 경영자는 비록 중복되기도 하지만 그 적용 범위가 다르다는 점에서 엄격히 구분되어야 할 것이다.

전략 수립시 고려해야 할 SWOT 분석은 무엇인가

기업에서 경영전략을 수입하기 위해서는 무엇보다도 먼저 상대가 누구인지를 알아야 한다. 다만 여기서 말하는 상대자에는 경쟁 기업뿐 아니라 기업이 경영활동을 하는 데 영향을 미치는 거시 환경 요인인 정치, 경제, 기술, 사회, 문화 등의 모든 외적 여건이 포함된다.

기업의 외부 여건을 파악하고 나면 기업이 추구할 수 있는 기회는 저절로 포착된다. 외부 환경 분석에 의해 여러 개의 기회가 포착되었을 때 그중 하나를 선택하기 위해 경영자가 해결해야 할 첫번째 과제는 자신의 기업이 이러한 기회를 성공적으로 현실화할 수 있는 능력이 있는지를 판단하는 것이다. 외부에서 주어지는 기회와 내부에서 갖고 있는 능력을 알게 되면 기업이 선택할 수 있는 여러 가지의 기회 중에서 자신의 약점을 노출시키지 않으면서도 강점을 십분 살릴 수 있는 가장 좋은 기회를 택할 수 있기 때문이다. 때문에 전반 경영자는 기업이 갖고 있는 자금 능력을 포함한 재무 구조, 생산 시설 및 기술의 축적, 경영관리 능력, 업종 및 제품 구조 등에 관한 모든 내부적 능력과 한계점을 명확히 알고 있어야만 한다.

이때 기업의 능력은 환경의 문제점과 경쟁자를 동시에 극복해나가면서 기업이 성취하고자 하는 바를 과연 완수할 수 있는가에 의해 평가된다. 어떤 조직에나 강점과 약점이 동시에 존재하기 마련이다. 따라서 가능한 한 기업의 약점을 노출시키지 않고 강점만을 효과적으로 발휘하게 할 수 있는 전략이 수립되어야 한다.

이를 위해서는 기업이 갖고 있는 강점과 약점이 무엇인지를 파악해야 한다. 그러나 자기 회사의 능력이나 한계점을 파악한다는 것은 변화하는 외부 여건을 살피는 것만큼이나 어려운 일이다. 왜냐하면 자신이 속한 기업의 강점과 약점을 이해하는 데 있어서 자신의 주관적 편견을 배제하기 어려울 뿐 아니라 기업에서 어떤 기회를 선택하느냐에 따라 강점 및 약점의 판단 자체가 달라질 수 있기 때문이다.

기업의 강점 및 약점을 판단하는 데 있어서 공식적인 기준을 제시해줄 수 있는 이론적인 연구는 많지 않다. 다만 국제적인 조직망을 갖추고 있는 세계 굴지의 대기업인 싱거 재봉틀회사의 사장이 1959년 어느 중역 회의에서 행한 연설에서 비록 그의 회사에 국한된 것이긴 하지만 일정한 체계를 갖춘 내부 여건 분석 방법의 예를 살펴볼 수 있다. 그는 "우리 회사에서 경영의 다각화를 위한 새로운 사업 기회를 찾을 때에는 다음과 같은 조건이 고려되어야 한다."고 역설했다.

SWOT 분석

SWOT 분석은 기업의 강점과 약점을 기업이 당면하고 있는 외부 기회와 위협에 어떻게 일치시킬 수 있으며, 그 결과로 나타나는 전략이 무엇인지를 보여주고 있다.

첫째, 우리는 투자회사가 아니라 영업활동을 하는 회사다. 따라서 우리에게는 단지 투자에만 참여하는 소극적인 기회보다는 경영을 직접 담당할 수 있는 적극적인 기회가 더 적합하다. 투자만이 가능한 기회라면 우리 회사보다는 투자 전문 회사가 훨씬 낫지 않겠는가?

둘째, 새로운 사업 기회는 우리가 현재 갖고 있는 기술, 능력, 자산을 효과적으로 활용할 수 있는 것이어야 한다. 현재 우리가 갖고 있는 것이란 다음과 같은 것들을 의미한다.

1. 우리의 상표와 명성 : '싱거' 라는 상표는 이미 고객에게 널리 알려져 있으며 다른 경쟁 회사가 모방할 수 없다. 그러나 이 상표의 효력은 어떤 신제품에 사용되느냐에 따라 달라진다. 또한 싱거 상표가 미국 내에서보다 외국에서 더욱 인정을 받고 있다는 사실도 기억할 필요가 있다.
2. 국제 경영에 대한 우리의 능력과 경험 : 아마 이 점이야말로 우리의 가장 중요한 자산일 것이다. 우리 회사는 전 세계적으로 기술, 생산, 유

통, 마케팅, 재무, 그리고 일반 경영관리 분야의 활동을 전개하고 있으며 이러한 능력은 다른 어떤 경쟁 회사에서도 찾아볼 수 없는 것이다.

3. 수백 개의 미세한 부품을 조립해 우수한 품질의 기계 제품을 생산할 수 있는 정밀 공업 부문에서의 훌륭한 기술과 생산 능력 : 다만 여기서 주의할 점은 우리가 원가를 절감하는 능력을 갖고 있지 않다는 것이다. 즉, 우리의 강점은 원가보다 품질이 더 강조되는 제품의 생산에 있다.
4. 우수한 품질의 나무로 만든 제품을 생산하는 능력 : 강점은 여기서도 역시 원가 절감이 아니라 우수한 품질에 있다.
5. 데먼스트레이션 교육, 그리고 애프터서비스를 통한 마케팅 능력 : 다만 우리의 이와 같은 판매 방법은 많은 투자와 비용을 필요로 한다. 반면에 우리는 대량 판매를 통한 판매 원가 절감 기술을 갖고 있지 않다. 또한 우리 회사는 대리점이 아닌 일반 시장을 통해 판매활동을 하는 기술도 갖고 있지 않다.
6. 정밀 제품의 대량 구매자에 대한 마케팅 능력 : 내 생각으로는 이것이 일반 가정을 상대로 하는 마케팅 능력보다 경영을 다각화하는 데 더 효과적인 능력이다. 왜냐하면 대량 구매자에 대한 마케팅 기술은 일반 소비자에 대한 기술보다 훨씬 경제적이고 비전문적이기 때문이다.
7. 할부 크레디트제도에 대한 경험 : 할부 크레디트제도가 여러 기업에서 사용되고 있지만 외국에서는 이 제도를 쓰는 기업을 쉽게 찾아볼 수 없다.
8. 연구 담당 부서의 확충으로 인한 연구 개발 능력의 증대 : 비록 경비는 많이 들지만 앞으로는 여기서 신제품 개발을 담당할 수 있을 것이다.

셋째, 새로운 기회는 그 규모가 상당한 크기여야 한다. 규모가 작은 크든 새로운 기회를 추구하는 데 있어서는 상당한 경영관리 업무가 필요한 법이다. 우리의 경영관리 능력을 자질구레한 일에 분산시키는 것은 비경제적이고 비효과적이다.

넷째, 새로운 기회를 포착하는 데 필요한 기능과 책임을 기업 내부에서 충분히 부담할 수 있어야 한다. 예컨대 생산 능력이 있다고 해서 마케팅에 대한 충분한 대비를 안 한 채 뛰어든다면 그 사업은 반드시 실패할 것이다.

다섯째, 새로운 기회는 우리 회사에 높은 성장률을 가져다주는 것이어야 한다. 재봉틀시장은 이미 포화 상태에 있고, 낮은 수익성과 심한 경쟁, 그리고 새로운 기술 개발의 가능성이 거의 없는 산업이다. 따라서 높은 성장률을 갖는 신규 사업은 현재의 우리 회사의 재봉틀 제품에 좋은 보완적 효과를 가져다줄 것이다.

싱거 회사 사장의 기업 내부 여건에 대한 분석은 우리에게 이 회사의 약점이 무엇인가를 잘 보여준다. 즉, 싱거 회사는 그동안 고가 재봉틀시장을 주요 고객으로 삼은 결과 우수한 품질의 제품을 생산하는 능력은 개발했으나 저가 시장을 공략하는 데 필요한 원가 절감 능력과 같은 것은 갖추지 못했고, 이에 따라 결국 효과적인 통제 조직의 미비, 마케팅 기회에 대한 능동적인 자세의 결여, 그리고 기존 제품의 성숙 내지는 사양화라는 약점을 갖게 된 것이다.

이상의 사례와 같이 기업의 능력과 외부의 기회에 맞춰 전략을 수립했을 때 이것을 '경제적 전략' 또는 '바람직한 전략'이라고 한다. 이러한 전략은 기업이 외부 여건과 내부 여건을 객관적으로, 그리고 논리적으로 판단해 결정한 이상적인 전략이다.

전략 수립시 고려해야 할 요인 : 개인적 가치와 사회적 책임

현실적으로 전략 책임자는 개인적인 가치 판단, 야망 또는 금기 사항을 갖고 있으며 이러한 주관적 가치관이 기업 철학이 되어 의사결정에 영향을 미치게 된다. 앞서 외부 환경과 내부 역량의 결합에 의해 수립된 바람직한 전략이 세번째 고려 요인인 개인적 가치라는 주관적 가치 판단의 테스트를 통과하면 '내부적으로 실천에 옮길 수 있는 전략'이 성립된다. 이처럼 기업의 최고경영자가 어떠한 성격을 지닌 경영자냐에 따라 전략을 선택하는 방식이 바뀌게 된다. 일반적으로 대규모 기업의 전문 경영자는 자신이 가진 분석 능력과 스태프가 제공하는 계량적인 보고서를 근거로 최선의 경제적 전략을 선택하려는 경향을 보인다. 이에 비해 교육이나 자아의 인식보다는 개인적인 에너지와 추진력을 더 중시하는 경영자는 객관적 판단보다 주관적인 직관에 더 많이 의지한다. 물론 이 두 가지의 경영자 스타일 중에서 어떤 것이 더 좋다고 잘라 말할 수는 없을 것이다. 기업 내부 여건의 강점 및 약점과 마찬가지로 개인적 가치도 기업이 처한 외부 환경하에서 어떤 기회를 포착하려고 하는가에 따라 좋고 나쁨이 가려질 것이다.

또한 최고경영자의 가치관이 반복적인 의사결정과 경영활동을 통해서 조직 내에 깊숙이 스며들어 체질화된 회사에서는 경영전략이 최고경영자 개인의 의사 외에도 조직 전체의 풍토에 의해서 형성된 기업문화의 영향을 받기도 한다. 여기서 기업문화란 '하나의 기업에 속한 경영자들이 기업 외부의 환경을 받아들여 장시간에 걸쳐 시행착오를 거친 결과 형성된 공통의 가치관'을 말한다. 다시 말해서 기업문화는 기업에게 주어진 외부 환경 속에서 오랜 기간 시행착오를 되풀이한 결과 형성된 기업 나름대로의 특성으로 사람들이 각자의 개성을 지니고 있듯이 기업도 나름대로의 독특한 문화를 형성하고 있는 것이다. 이때 중요한 사실은 개성이 개인의 행동을 통해 직접적으로 표출되는 것처럼 기업문화도 기업 구성원들의 행동을 제약하고 구속함으로써 궁극적으로는 기업의 성과에까지 영향을 미치게 된다는 것이다.

마지막으로 고려되어야 할 요소는 기업의 사회적 책임이다. 기업의 활동이 국가의 번영 및 사회의 안녕과 질서 위에서만 성립된다는 엄연한 현실을 생각할 때 경영자가 기업의 사회적 책임을 망각한다는 것은 자신의 존재를 부정하는 것과 다를 바 없을 것이다. 인간과 달리 기업이 존재할 수 있는 권리, 다시 말해서 사업을 영위할 권리는 하늘 또는 자연에 의해 절대적으로 주어지는 것이 아니라 인간이 모여서 만든 국가의 법률을 통해서 주어지는 것이다. 따라서 기업은 직접적으로 법률의 구속을 받게 되나 근본적으로는 그 법률을 채택한 국가, 더 나아가서 국가를 구성하고 있는 인간에 대해 궁극적인 책임을 갖고 있다. 따라서 기업은 사업을 하는 권리를 보장받기 위해서 그 권리를 부여한 국가와 그 구성원인 인간에 대한 의무를 다해야 하는 것이다. 그렇다면 구체적으로 기업이 가진 사회적 책임은 무엇인가?

여기에는 기업의 행위가 사회에 나쁜 영향을 미치지 않는 한 기업은 자유롭다고 보는 소극적인 견해와 기업의 행위는 사회에 좋은 영향을 미쳐야 한다는 적극적인 견해 두 가지가 있다. 소극적인 견해에 의하면 자유 기업 제도하의 모든 이용 가능한 수단을 합리적으로 동원해 이윤을 극대화하는 것이 기업의 유일한 책임이다. 고전적 기업관에 따라 기업이 경제 기능을 하는 것이 기업이 수행해야 할 사회적 책임인 것이다. 다만 기업이 이러한 결과를 얻기 위해 구체적인 업무를 수행하는 데 있어서 성실하고 정직한 태도를 취하고 법규를 준수함으로써 사회적 책임을 다할 수 있다고 본다.

그러나 고전적 경제학자들의 견해와 달리, 이제 기업은 완전 경쟁하에서 시장에 영향을 주지 못하는 존재가 아니라 독점적인 위치에서 시장에 절대적인 영향력을 행사하는 엄청난 조직으로 발전했다.

이에 비해 소비자는 시장에 대한 완전한 지식을 갖지 못하고 기업에게 조종당하는 위치로 전락했다. 이에 따라 각 산업은 독점적인 생산 체제를 갖추게 되었으며, 생산 능력이 소비량을 따라가지 못하는 판매자 시장의 여건하에서 기업의 소비자에 대한 횡포가 커다란 사회문제로 등장하게 되었다. 이와 같이 경쟁 원리에 입각한 자본주의 체제를 채택하고 있음에도 불구하고 그 기본 전제인 완전 경쟁이 이뤄지지 못하는 나라에서는 기업의 사회적 책임이 이윤 극대화에 있다는 소극적인 견해보다 기업이 사회에 대해서 적극적인 책임을 져야 한다는 적극적인 견해가 더 타당할 수도 있다.

이상을 종합할 때, 처음 세 가지 고려 요인, 즉 외부의 기회와 위협, 내부의 강점과 약점 및 개인적 가치에 의해 구성된 '내부적으로 실천에 옮길 수 있는 전략'은 사회적 책임이라는 네번째 요소가 추가될 때 비로소 '외부적으로 실천에 옮길 수 있는 전략'이 된다. 다시 말해 네 가지 요소를 모두 고려할 때 기업에서는 '바람직하면서도 실천에 옮길 수 있는 전략'을 수립할 수 있게 된다.

전략 실행시 고려해야 할 요소

전략을 제대로 실행하기 위해 고려해야 할 중요한 요소로는 조직구조, 프로세스, 그리고 리더십을 들 수 있다. 우선 수립된 전략에 적합한 조직구조를 갖춰야 한다. 이러한 관점에서 보면 근본적으로 조직이란 시장을 공략하기 위해 채택하는 전략을 효과적으로 수행하기 위한 도구인 것이다. 시간이 지나면서 시장의 구조와 상황이 변함에 따라 기업은 성장을 추구하게 되고, 이에 따라 기업의 전략은 수정되며, 조직 역시 수정된 전략에 따라 변화해야 하는 것이다. 이렇게 볼 때 가장 훌륭한 조직구조는 기업의 전략에 의해 결정되며, 전략 수행을 위한 전반적인 틀을 제공해준다는 특성을 지닌다. 또한 전략에 의해 과업들이 배분되고 조정되어야 한다.

워튼 스쿨. 1960년대에는 경영대학원이 놀라운 속도로 세상을 뒤덮으며 전문가들을 배출해냈다. 1881년 펜실베이니아대학에 생긴 워튼 스쿨은 미국에서 처음 설립된 경영대학원이다.

전략이 제대로 실행되기 위해서는 중요한 과업이 선정되고, 각 부서 및 개인별로 이러한 과업이 배분되어야 한다. 뿐만 아니라 나뉘어 수행되는 과업들을 일관적으로 조정하는 활동을 통해서 전략을 효과적으로 실행해야 한다. 저자는 조직구조에서의 정보 시스템의 역할 역시 강조하고 있다. 실제 각 부문의 담당자들이 전략에 의해 맡겨진 과업을 효과적으로 수행하기 위해서 혹은 전반 경영자에 의해 각 부문의 과업들이 효과적으로 조정되기 위해서는 적합한 정보 시스템이 구축되어야 한다.

과업의 표준화, 조정 기능의 강화, 정보 시스템의 구축 등이 조직구조에 관한 중요한 이슈라면 전략을 효과적으로 실행하는 데 도움을 주는 조직 시스템에는 다음과 같은 여섯 가지 요소가 있다. 즉, 표준, 측정, 인센티브, 보상, 벌칙, 통제 등이 그것이다. 우선 표준을 설정하고 성과를 측정하는 시스템이 필요하다. 예컨대 전략에 의해 배분된 각 부문이나 개인의 과업들이 제대로 실행되기 위해서는 전략적인 목표를 나타내는 성과 표준이 설정되고 이러한 표준에 따라 과업들의 성과가 측정되어야 한다. 과업의 표준과 측정 시스템이 있어야만 전략이 제대로 실행되고 있는지를 체크할 수 있기 때문이다. 동기부여와 인센

조직은 전략을 따른다

미국 기업의 발전사를 연구한 챈들러는 '조직은 시장을 최대한 공략하기 위해 채택되는 전략을 효과적으로 수행하기 위한 도구' 라고 주장했다.

티브 시스템도 전략 실행에서 중요한 역할을 한다. 결국 전략을 실행하는 것은 조직 구성원들이며, 이러한 조직 구성원들이 자신이 맡은 과업을 열정적으로 실행하도록 하기 위해서는 적절한 인센티브 시스템이 이들에게 동기를 부여해야 한다.

물론 금전적 또는 비금전적인 인센티브 시스템을 설계하는 것이 쉬운 일은 아니지만 분명한 것은 긍정적인 인센티브 시스템은 전략의 실행에 상당한 효과가 있다. 제약과 통제 시스템도 전략의 실행에 있어서 중요한 역할을 한다. 물론 제약과 통제 시스템은 새로운 행동을 장려하기보다는 전략적으로 바람직하지 않은 행동을 억제하는 역할을 한다는 측면에서 다른 조직 시스템과는 다르다. 전통적으로 회계 시스템은 공식적이고 정량적인 통제 시스템의 대표적인 예라 할 수 있으며, 규범은 비공식적이고 정성적인 통제 시스템의 대표적인 예다. 이러한 통제 시스템은 조직 구성원들의 행동을 제약하고 지도하는 역할을 한다.

끝으로 앤드루스는 경영자를 선발하고 개발하는 시스템을 강조하고 있다. 아무래도 전략의 실행이라는 측면에서 경영자 또는 리더십의 중요성을 간과할 수는 없을 것이다. 전반 경영자는 전략을 수립하는 역할을 할 뿐만 아니라 수립된 전략을 실행하는 역할도 하기 때문에 전략의 실행에서 가장 중요한 역할을 한다고 해도 과언이 아니다. 따라서 전반 경영자는 전략의 설계자이자 전략의 실행자이기도 하다.

전략 설계자로서의 전반 경영자에게 분석 능력과 창의성, 사회적 기대에 대한 감수성 등의 역량이 요구된다면 전략 실행자로서의 전반 경영자에게는 이해관계를 조정하고 결과에 대해 책임지는 자세가 요구된다. 끝으로 전반 경영자는 '개인적인 리더' 의 역할을 한다. 전반 경영자는 다양한 개성을 갖고 있고 이에 따라 다양한 리더십 스타일을 갖고 있다. 이러한 리더십 스타일이 구성원들에 대한 동기부여와 구성원들의 행동에 영향을 미치고 그 결과 전략의 실행에도 영향을 미치게 된다.

현대적 시사점

이 책이 오늘날의 경영자들에게 시사하는 점은 크게 네 가지로 요약될 수 있다. 첫째, 저자는 기업 경영에 있어서 명시적인 경영전략의 중요성과 전반 경영의 기능 및 역할을 강조하고 있다. 경영전략이란 기업이 나아가야 할 방향이나 목적을 설정해주고, 이를 달성할 수 있는 수단이나 정책을 제안하는 것을 말한다. 따라서 기업이 나아가야 할 좌표를 정해주는 나침반 역할을 하는 전략 기능이 기업 경영에 반드시 필요한 것이다.

이 책에서 특히 중요하게 다루고 있는 것은 전반 경영자의 개념으로 그 기능과 역할을 설명하고 있다. 이 개념은 오늘날까지도 유효한 것으로 경영자들에게 나무보다는 숲을, 부분보다는 전체를 먼저 생각하는 사고방식과 자세를 갖출 것을 강조하고 있다. 실제 기업 경영에서는 이와 반대로 숲보다는 나무를, 전체보다는 부분을, 회사보다는 자신의 부서나 개인 이익을 우선시하는 경향이 있다. 현대 기업 경영의 출발점이 전문화와 부문화를 기반으로 하고 있기 때문이다. 하지만 경영전략에서는 이러한 전문화 혹은 부문 경영자의 관점보다는 전체적인 시각과 전반 경영자의 관점을 중시한다. 부분적인 시각 내지는 특정 부문만 고려해서는 기업의 올바른 방향을 제시할 수 없기 때문이다. 기업은 나아가야 할 방향과 목적에 맞게 기업의 모든 활동 혹은 모든 부서를 조정해야 한다. 이때 전반 경영자는 모든 기업이 당면하게 되는 아래의 세 가지 기본적 문제를 체계적인 방법으로 풀어 나아가야 한다. '우리 기업은 무엇을, 누구에게 파는 기업인가? 기업활동을 통해 달성하고자 하는 목표는 무엇인가? 설정된 목표를 성취하기 위해 어떻게 기업활동을 관리할 것인가?'

전반 경영자는 첫번째 문제에 대한 해답을 제시함으로써 그가 소속된 기업의 존재 이유와 기업활동의 구성과 범위를 결정한다. 또한 두번째 질문에 대한 생각을 정리함으로써 기업활동의 우선순위를 결정해 기업이 무원칙하게 운영되는 것을 막는다. 그리고 세번째 문제의 해결을 위해 목표를 달성하는 데 알맞는 각종 전략을 수립하고 이를 실천에 옮긴다. 이처럼 세 가지 전략적 문제를 해결하는 것이 바로 전반 경영자의 주요한 역할이라 할 수 있다.

물론 전반 경영자의 역할이 전략 수립에만 국한되는 것은 아니다. 전략을 수립하는 것이 전반 경영자의 가장 두드러진 역할이기는 하나 대부분의 전반 경영자는 최고경영자 내지는 사업부의 책임자이기 때문에 수립된 전략을 실행하고 그에 따른 결과에 대해서도 책임을 지게 된다. 이처럼 이 책은 다양한 기업 내부 활동이 기업의 방향과 목적에 맞게 조정되어야 한다는 점을 전반 경영이라는 차원에서 강조한 최초의 책이다. 아직도 많은 기업에 엄연히 존재하는 부서 이기주의라는 현실을 감안할 때 이 책이 전하는 메시지는 오늘날에도 여전히 유효하다.

둘째, 저자는 바람직한 전략 수립을 위해서는 외부 환경이 주는 기회와 위협, 기업 내부의 강점 및 약점을 함께 고려할 것을 강조하고 있다. 어쩌면 이는 전략 수립에 있어서 가장 기초적이면서도 가장 강력한 방법론 중의 하나일 수 있다. 무려 30년이 넘는 세월이 흘렀음에도 불구하고 SWOT 분석이 널리 애용되고 있는 것도 바로 이러한 SWOT

분석이 방법론적으로 간결하면서도 중요하고 핵심적인 개념이기 때문이다. 예나 지금이나 복잡하기는 마찬가지인 기업 현실에서 경영자들은 가끔 이러한 기본 공식을 잊어버리는 경우가 있다. 좋은 사업 기회가 있다는 생각만으로 자신이 거기에 적합한 능력이나 자원을 갖고 있는지는 생각해보지 않고 새로운 사업에 진출해서 실패하는 경우가 허다하다. 반대로 자신이 갖고 있는 장점을 충분히 감안하거나 활용하지 못한 채 자신의 내부 역량과 전혀 관계없는 시장에서 새로운 사업 기회를 찾는 데 시간을 허비하기도 한다. 그래서 앤드루스는 이 책을 통해 바람직한 전략은 이러한 외부 여건과 내부 여건이 맞아떨어질 때 비로소 수립될 수 있다고 말하고 있다. 또한 외부 환경에서 새로운 기회를 찾는 것만큼이나 내부에서 강점을 발견하는 것도 어려운 일이라고 주장했다. 그만큼 SWOT 분석 자체가 어려우면서도 명확한 시사점을 갖고 있다는 것이다. 이 책이 출간된 이후 1980년대 들어 경영전략이론을 주도했던 산업조직론이 산업 환경 분석을 중시했고, 1990년대의 경영전략이론을 주도했던 핵심역량이론이 내부 역량 분석을 중시했다는 사실은, 이들 이론들이 앤드루스가 제안한 SWOT 분석의 한 측면이라는 점에서 눈여겨볼 만하다.

하버드 비즈니스 스쿨은 1908년에 설립되었으며, 1910년에 최초의 경영학 석사학위를 수여하였다.

셋째, 이 책에서는 전략 수립에 있어서 SWOT 분석 외에도 개인적 가치와 기업의 사회적 책임을 강조하고 있다. 개인적 가치는 최고경영자 혹은 전략 담당자의 리더십이라는 차원에서 많은 연구가 진행되어온 것이 사실이다. 물론 리더십은 전략 수립뿐만 아니라 전략의 실행이라는 측면에서도 중요한 역할을 한다. 또한 우리나라의 경우에는 그동안 SWOT 분석과 같은 과학적이고 객관적인 접근보다는 창업자나 최고경영자의 직관이나 정보력 혹은 대정부 로비를 통해 사업의 방향을 정하는 경우가 많았다. 따라서 개인적 가치관이 전략 수립에 영향을 미친다는 사실은 어쩌면 우리나라 경영자들에게 새삼스러운 사실은 아닐 것이다. 반면에 경영전략을 수립함에 있어 기업의 사회적 책임을 고려한 경우는 그동안 별로 찾아볼 수 없었던 것 같다. 최근 들어 일련의 회계 스캔들이나 정치 스캔들 때문에 기업 윤리나 기업가의 도덕적 책임 등이 화두가 되고 있을 뿐이다. 그러나 이 책에서는 기업의 사회적 책임을 보다 적극적인 의미에서 강조하고 있다. 단순히 하나의 유행이 아니라 경영전략에서 SWOT 분석과 같은 비중을 두고 반드시 고려해야 할 변수임을 역설하고 있다.

물론 사기업의 사회적 책임은 이윤 추구 활동으로 국한되어야 한다는 소극적인 주장도 있다. 그러나 사기업이 규모가 커짐에 따라 사회와 국가의 공적인 조직으로서의 성격을 갖게 되고, 따라서 사기업의 경영자는 공적 기업 책임자의 역할도 동시에 갖게 된다. 만일 기업이 다른 공적 조직과 마찬가지로 국가의 철저하고 완벽한 법적 규제를 받는다면 경영자는 그 테두리 안에서 행동함으로써 사회에 대한 책임을 다할 수 있을 것이다. 하지만 오늘날과 같은 다원주의 사회에서 기업이 사회적 책임을 다하는 일은 기업의 장기적 생존을 위해서도 필수불가결하다는 점을 인식해야 한다. 단순히 기부금을 내거나 사회 지원 활동을 하는 데 그치는 것이 아니라 기업활동 자체가 사회적 정당성과 타당성을 확보하는 것이 중요하다. 기업도 사회의 한 기관임이 분명하므로 사회의 요구와 사회가 필요로 하는 활동에 기여하는 것은 너무나 당연한 일이다. 저자는 이 점을 이미 30년 전에 간파했던 것이다.

넷째, 저자는 전략의 수립과 실행을 구분하고 전략의 실행을 위해 조직구조는 물론 측정, 평가, 보상, 통제 시스템 등을 갖출 것을 주장했다. 전략이 아무리 훌륭해도 실천되지 않으면 아무런 의미가 없다. 따라서 저자는 전략을 효과적으로 실행하기 위해 다양한 요소들을 고려할 것을 제안하고 있다. 사실 앞서 열거한 전략 실행을 위한 요소들을 살펴보면 결국 사람의 문제로 귀착된다는 것을 알 수 있다. 기업활동은 대부분의 경우 사람이 하는 것이니 결국 전략의 실행도 기업 각 부문의 구성원들이 일을 제대로 할 수 있도록 도와주는 데 초점을 두고 있다. 조직구조는 물론이고 평가, 보상, 통제 시스템 등은 모두 구성원들의 행동에 영향을 미치는 변수들이다. 따라서 경영자들은 훌륭한 전략을 수립하는 것 외에도 수립된 전략이 제대로 실천될 수 있도록 해야 할 것이다. 책의 마지막에 리더십을 언급한 것도 바로 이러한 점을 간파한 저자의 배려인 듯하다.

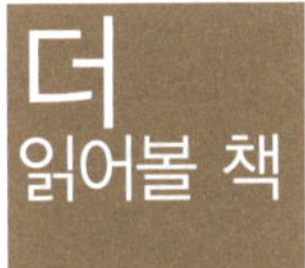

한 권으로 만나는 비즈니스 명저 40 이해익 외, 에코비즈, 2004

마켓 리더의 전략 마이클 트레이시 외, 김앤김북스, 2004

경쟁의 미래 C.K. 프라할라드 외, 세종서적, 2004

케네스 앤드루스 Kenneth Andrews

《기업 전략의 본질 *The Concept of Corporate Strategy*》, Homewood, 1971.

케네스 앤드루스는 1960년대 하버드 경영대학원을 대표하는, 전략(당시에는 정책이라는 용어가 더 일반적이었다)을 전공한 학자다. 하버드대학이 배출한 세계적인 경영학자인 마이클 포터 교수도 그의 베스트셀러인 《경쟁 전략*Competitive Strategy*》 서론에서 앤드루스를 포함한 하버드 경영대학원의 경영정책 그룹에게 감사를 표하고 있다. 특히 앤드루스가 1971년 이 책에서 제시한 전략 수립의 네 가지 요소는 지금까지도 전략 수립의 기본 분석틀로 사용되고 있다. 어쩌면 우리는 지금까지 그가 제시한 분석틀의 범위 내에서 경영전략을 연구하고 있는 것인지도 모르겠다. 1916년에 태어난 그는 오랫동안 하버드 경영대학원의 교수로 일했으며, 특히 1979년부터 1985년까지 세계적으로 유명한 경영 저널인 〈하버드 비즈니스 리뷰〉의 편집장을 맡기도 했다. 경영전략에 대한 그의 대표적인 저서로는 이 책 외에도 1965년 하버드 경영대학원 정책 그룹의 동료 교수들과 함께 펴낸 《Business Policy : Text and Cases》가 있다. 이 책 역시 당시 하버드 경영대학원뿐만 아니라 미국의 많은 경영대학원과 최고경영자 과정에서 경영전략 교과서로 사용된 명저다. 그는 경영 정책뿐만 아니라 기업윤리(혹은 사회적 책임) 분야에도 관심이 많아 1989년 《Ethics in Practice》라는 책을 직접 편집해 출간했다.

시장을 선택할 것인가 위계를 선택할 것인가 12

Markets and Hierarchies : Analysis and Antitrust Implications
Oliver E. Williamson

keyword
시장실패모형
거래 비용
위계적인 기업
수직적 통합
다사업부제 조직

카테고리 관련성	
경영전략, 경영혁신	★
생산관리	
변화관리	
조직관리, 인사관리	★★★
마케팅	
리더십	
동기부여, 인간관계	★
기업성공	★

핵심 아이디어

경제 관련 용어 중에서 우리가 일상생활 속에서 가장 많이 듣는 단어 중의 하나는 '시장'이다. 시장은 각종 생필품을 사고파는 어느 장소를 의미하기도 하고, 무형의 지식이 거래되는 가상의 공간을 의미하기도 한다. 유형 및 무형의 재화 내지는 서비스의 가치는 시장에서의 수요와 공급에 의해 결정되며 이는 가격으로 나타나게 된다. 그리고 공간적·비공간적 시장에서 유형 및 무형의 물품이나 서비스를 팔려는 쪽과 이를 적당한 대가를 지불하고 사려는 쪽이 만나서 교환이 이뤄진다. 이처럼 시장은 경제활동에 있어서 가장 기본적인 단위이며 가장 중추적인 기능을 담당한다.

시장은 경제활동에 필수적인 가격을 결정하는 주체다. 가격은 경제적인 가치 창출 활동이 원활하게 이뤄지도록 하는 윤활유의 역할을 한다. 예컨대, 생산에 필요한 요소들이 시장의 가격 결정 기능에 의해 생산자에게 공급되고, 이에 따라 가장 합리적인 수준에서 생산이 결정된다. 만약 이러한 시장 기능이 완벽하게 제 역할을 다한다면 어떻게 될까? 분필을 만드는 공장의 예를 들어보자. 만약 분필을 만드는 데 필요한 요소들을 시장에서 완벽하게 거래하는 것이 가능하다면, 그리고 이에 필요한 인적자원 또한 시장에서 완벽하게 거래될 수 있다면 기업과 같은 조직을 구성할 필요가 없을 것이다.

역설적인 이야기지만 시장경제의 중추인 기업이라는 존재는 바로 시장이 불완전하기 때문에 생겨난다. 시장에서의 거래가 불완전하다면 이를 보완하기 위해 장기적인 계약관계를 형성해 가치 창출 활동을 안정화시켜야 한다. 이것이 기업의 존립 근거다. 그러면 시장은 정말 불완전한 것일까? 신고전주의 경제학이론에서는 완전한 시장을 가정한다. 그러나 현실의 시장은 완전할 수가 없다. 왜 그럴까? 《시장과 위계*Markets and Hierarchies*》는 이에 대한 체계적인 설명을 시도하고 있다.

저자는 시장을 선택할 것인가, 위계를 선택할 것인가에 대한 물음에서부터 논의를 시작한다. 저자에 의하면 시장에서 일어나는 거래의 당사자인 인간은 완벽하지 못하고, 거래가 일어나는 상황도 복잡해 다양한 거래 비용이 발생하게 된다. 이러한 거래 비용은 결국 시장을 비효율적으로 만든다. 이렇듯 시장 실패의 이유를 거래 비용이라는 개념으로 설명하면서 시장을 대체하는 거래 구조로서 위계적인 기업이 생겨난다는 것이 이 책의 핵심 내용이다.

그렇다면 시장 실패가 발생하는 원인은 무엇인가? 이는 크게 거래의 주체인 인간적인 요인과 거래가 이뤄지는 환경적인 요인으로 구분된다. 첫번째 인간적인 요인으로는 제한된 합리성을 들 수 있다. 인간은 의도적으로는 합리적으로 행동을 하려고 노력하지만 현실에서는 제한적인 합리성을 지닐 수밖에 없다. 인간의 어쩔 수 없는 한계인 것이다. 이러한 제한된 합리성의 개념은 완전한 합리인을 가정한 고전파 경영관리이론의 인간관과 정면으로 배치된다. 제한된 합리성은 엄연한 현실이며 만약 거래 속성으로서의 불확실성과 결합될 경우 시장은 실패하게 된다. 두번째 인간적인 요인으로 기회주의를 들고 있다. 기회주의적인 행동은 손해보지 않고, 자기 입장에서 가장 효율적인 거래를 하고자 하는 인간의 이기적 본성이다. 이러한 기회주의적인 행동 때문에 거래 비용이 과다하게 발생하게 된다는 것이다.

한편 시장 실패가 일어나는 첫번째 환경적 요인으로는 불확실성을 꼽을 수 있다. 이는 시장에서 거래 당사자들이 특정 시간과 장소에서의 환경 변화에 대해 필요한 모든 대안을 이끌어내지 못하는 동시에 제대로 적응하지 못함으로써 발생하는 의사결정상의 불확실성을 의미한다. 불확실성은 시장이 실패하게 되는 가장 핵심적인 요인이기도

위계 hierarchies
여기서 위계는 영어의 'hierarchies'를 번역한 것인데 이는 기업조직과 같이 위계적인 구조를 지니고 장기적인 계약관계를 형성해 안정적인 가치활동을 해나가는 주체를 의미한다.

윌리엄슨의 연구에 가장 많은 영향을 미친 사람은 노벨경제학상을 수상한 로널드 코즈 박사다.

하다. 미래가 불확실하므로 순간순간 거래를 하는 것보다는 다소 비효율적이라 해도 장기 계약으로 거래의 안정성을 도모하게 되는 것이다. 예컨대, 아무리 높은 일당을 준다 해도 거래가 불확실한 상황에서는 안정적인 급여를 받는 장기 계약관계를 선호하게 된다. 두번째 환경적 요인은 소수의 교환관계 때문에 발생한다. 시장에서의 교환관계가 소수의 거래자에 국한되면 기회주의적인 거래의 상대와 그렇지 않은 상대를 구별하기 어렵다. 세번째는 정보 밀집성이다. 이는 거래와 관련된 중요한 정보가 어느 한쪽에 치우쳐 있는 정보 비대칭성에서 비롯된다. 이와 같은 시장 실패의 요인들 때문에 현실적인 시장은 완전하지 않게 되고, 이를 보완하기 위해 위계 조직인 기업이 필요해진다는 것이다.

거래비용이론의 본질은 시장 실패를 막기 위해 거래 비용을 최소화할 수 있는 최적의 거래 구조를 모색하는 것이다. 거래비용이론은 학제적인 성격을 띠고 있다. 즉, 제도주의 경제학파, 법학의 계약법, 그리고 조직이론이 결합된 이론인 것이다. 거래 비용과 관련해 교환을 경제 분석의 기본 단위로 파악한 최초의 연구자는 코먼스였다. 그리고 코즈는 기업의 생성을 시장 거래에 수반되는 거래 비용의 발생으로 설명했다. 이들의 이론을 집대성한 윌리엄슨은 이 책을 통해 거래 비용과 시장 실패의 개념을 제시하고, 대안적 구조를 모색하면서 거래 비용 경제학의 체계를 정립했다.

윌리엄슨은 특히 이 책에서 시장의 실패에 따른 대안적 거래 구조로서 위계 조직의 특성을 갖는 수직적 통합을 제시했다. 즉, 모호하고 불확실한 '시장'을 통한 거래에 의존하기보다는 통제 가능한 '위계 조직'을 통한 수직적 계열화가 현실적인 성과를 내는 데 유리하다는 것이다.

《시장과 위계》에서 제시된 시장 실패, 거래 비용, 위계 조직 등의 핵심 내용은 이후 많은 사회적, 경제적 현상을 설명하는 데 이용되었을 뿐만 아니라, 오랜 세월이 지난 오늘날까지도 시장 실패를 극복하고 보다 효율적인 거래 구조를 모색하는 것을 주제로 한 수많은 논문과 책들에 인용되고 있다.

시놉시스

이 책은 총 13장으로 구성되어 있다. 1장은 시장 실패의 개념적 틀을 제시하는 한편 그동안 맹신되어온 시장을 되짚어보고 그 기능적 한계를 지적하고 있다. 아울러 미시경제학적 분석에 있어서 거래 비용이 왜 중요한지를 설명하고 있다. 2장에서는 이 책의 가장 큰 기여라고 할 수 있는 시장 실패의 개념적 틀을 보다 심층적으로 살피고 있다. 여기서 저자는 시장이 실패할 수밖에 없는 근원적인 원인들을 제시하면서 위계 조직인 기업의 존립 근거에 대한 새로운 해석을 내리고 있다.

이어지는 3장에서 9장까지는 시장을 대체 내지 보완할 수 있는 위계 조직이 어떻게 형성되고, 어떤 형태를 지니는지를 보여주고 있다. 이를 위해 3장에서는 시장의 실패를 보완해줄 수 있는 대안으로 계층조직인 동류 집단을 소개하고 있다. 동류 집단은 시장에서 내부 조직기업으로 가는 중간 형태의 계층을 의미한다. 4장에서는 대표적인 계층이라고 할 수 있는 고용관계에 대해 설명하고 있다. 고용관계가 장기화되는 것이 기업의 가장 근본적인 존립 근거다. 아마도 완전 경쟁 시장에서는 고용조차도 장기가 아닌 초단기적인 계약에 의해 이뤄질 것이고, 이러한 상황에서는 기업 조직이 형성될 수 있는 존립 근거가 사라진다. 5장에서는 시장을 대체할 수 있는 가장 적절한 형태의 대안적 조직으로 수직적 통합을 제시하고 있다. 6장은 수직적 통합을 현실에 적용한 사례를 소개하고, 7장에서는 수직적 통합의 한계와 기업의 적당한 규모에 대한 논의를 전개하고 있다. 8장은 오늘날 대기업 조직의 근간이라 할 수 있는 다사업부제 조직에 관해 설명하고, 9장에서는 시장 실패를 극복하기 위한 조직 형태로서의 거대 복합기업의 등장과 한계를 다루고 있다.

마지막으로 10장에서 13장까지는 위계 조직이 거대화되는 데서 파생되는 문제들을 나열하고 시장과 위계가 적절한 조화를 이뤄야 한다는 사실을 지적하고 있다. 이를 위해 10장은 기술 발달과 조직 혁신에 따른 시장 구조의 변화에 대해 설명하고, 11장에서는 시장 지배적인 기업과 독점에 관한 문제를 언급하고 있으며, 12장에서는 소수 기업의 시장 과점 문제를 다루고 있다. 13장에서는 앞서 언급된 논의들을 종합하면서 시장 실패와 거래 비용의 논의들이 앞으로 어떤 방향으로 전개되어야 하는지를 말해주고 있다.

이 책은 이상과 같이 시장 및 위계 조직과 관련된 광범위한 주제를 다루고 있기 때문에 다소 난해한 부분이 많은 편이지만 윌리엄슨의 전문적인 경제학적 지식을 바탕으로 한 새로운 시각은 매우 큰 의의를 지니고 있다. 예컨대 시장은 완벽하지 않지만 조직 역시 완벽할 수는 없다. 가장 효율적인 경제 형태는 이러한 두 가지 체제가 적절히 조화를 이루면서 서로 견제하는 것이다.

리뷰 위계를 지닌 조직이 그렇지 않은 조직보다 더 효율적인 이유를 밝힌다

시장의 실패, 거래 비용, 조직의 등장

미시경제학, 경제학사, 지적 재산권, 비교경제학, 노동경제학, 산업조직론에 걸친 경제학의 여러 이론들을 광범위하게 포괄하면서 이를 집대성한 이론이 '신제도주의 경제학'이다. 신제도주의 경제학에 포함된 다양한 경제이론들은 크게 두 가지로 압축될 수 있다. 하나는 미시경제학이론이다. 이는 지나친 생략과 비현실적인 가정으로 인해 다양한 사회 현상을 설명할 수 없다는 한계를 지니고 있다. 다른 하나는 거래와 관련된 제도주의 경제학이론으로 이 또한 현실적으로 많은 한계를 지닌다. 예컨대 전통적인 경제학자들이 그토록 중요시하는 생산 비용에 관한 분석은 이론적으로는 완벽할지 모르지만 현실에 유용한 시사점을 주지는 못한다. 오히려 실질적인 경제활동을 분석하는 데는 생산 비용보다는 거래 비용이 더욱 적합하다. 이런 상황에서 이 책은 시장에서의 거래를 현실적으로 설명할 수 있는 이론적 토대를 마련하기 위해 씌어졌다.

오랫동안 시장은 경제학의 핵심 연구 주제였다. 전통적인 경제학에서는 완전 경쟁이 이뤄지고 있는 시장에서 경제성의 원칙에 따라 합리적으로 행동하는 경제인의 모습을 가정해왔다. 이는 이론적인 완결성을 보장할지는 모르지만 현실의 인간 행동을 설명하기에는 지나치게 추상적이며 단순하다는 한계를 갖고 있다. 이러한 단점을 극복하기 위해 조직이론에서 전제하고 있는 제한된 합리성이라는 가정이 도입된 것이다. 이는 물리적 한계를 지니고 있으며 감정의 논리에 따라 행동하는 사회인 내지 관리인을 경제학적 분석에 응용해 보다 현실적인 설

거래 비용

기업활동에 소요되는 비용을 크게 생산 비용과 거래 비용으로 나눌 때 거래 비용이란 경제 시스템의 운영에 필요한 비용으로서 상담 비용, 유통 비용, 정보탐색 비용, 계약 비용 등을 포함하는 개념을 의미한다. 전통 경제학에서는 완전 시장을 가정하고 있기 때문에 거래 비용이 없는 것으로 간주해왔으나 현실에서는 거래 비용이 엄연히 존재한다.

명을 시도하고 있다. 인간의 제한된 합리성이야말로 시장의 기능을 불완전하게 만드는 핵심 요인이다. 즉, 완전한 정보를 갖고 합리적으로 행동해야 할 시장 거래 참가자들이 실제로는 제한된 합리성만을 지니고 있어 시장 기능에 비효율성이 생겨나는 것이다.

저자는 이러한 불완전한 시장을 보완해주는 대안으로 위계적인 조직을 제시하고 있다. 조직이란 무엇이며 왜 존재하는가? 이에 대한 설명은 여러 가지 차원에서 이뤄질 수 있다. 개인의 능력으로 수행하기 힘든 과업이 있을 때는 이를 해결하기 위해 협동이라는 수단을 이용하며, 이 협동은 보통 공식적인 조직의 형태를 띤다는 것이 일반적인 조직의 존재 이유를 설명하는 이론이다. 하지만 이러한 이론은 조직이 지속되는 이유는 알려주지만 왜 조직이 생성되었는지에 대한 근원적인 설명을 해주지는 못한다.

조직이 존재하는 이유를 기존 관점과는 다른 새로운 각도에서 살핀 것이 바로 이 책이 제시하고 있는 '시장 실패의 개념적 틀'이다. 이 관점에 따르면 기업과 같은 조직이 필요한 이유는 기업이라는 존재가 시장 메커니즘을 통해 거래를 하는 것보다 훨씬 낮은 비용으로 구성원들 사이에서 경제적 거래를 할 수 있게 해주기 때문이라는 것이다. 전통적인 경제학에서 가정하고 있는 완전 경쟁 시장하에서는 경영자나 다른 종업원들에게 비용을 지불하지 않고도 거래를 중재할 수 있기 때문에 굳이 기업 조직이 필요하지 않다. 그러나 시장이 실패하는 상황이라면 오히려 시장 기능이 위계 조직인 기업보다 비효율적일 수 있다는 것이다.

시장 거래에 수반되는 비용, 즉 거래 비용 때문에 시장 기구 내에 기업이라는 조직 형태가 존재하게 된다. 만일 가격만으로 시장에서 거래하는 데 필요한 모든 정보를 충분히 파악할 수 있다면 경제활동의 주체는 개인들로만 구성될 수 있을 것이다. 하지만 현실적으로는 시장 거래를 함에 있어서 내재적으로 필요한 정보를 획득하는 데는 일정한 비용이 든다. 따라서 시장 거래에서 발생하는 거래 비용보다 거래를 조직 내부에 집중화하면서 발생되는 조정 비용이 더 저렴할 때 위계적인 기업은 효율적이게 된다. 이러한 배경에서 기업이 탄생하게 되는 것이다.

시장이 실패할 수밖에 없는 이유

고전 경제학에서 가정했던 시장은 거래 비용의 발생 및 증가로 인해 점점 더 비효율적으로 되어왔다. 조직은 거래를 실행하는 여러 형태의 하나로서 거래 비용을 최소화하기 위한 시장의 대안적 구조라고 볼

시장 실패 모형

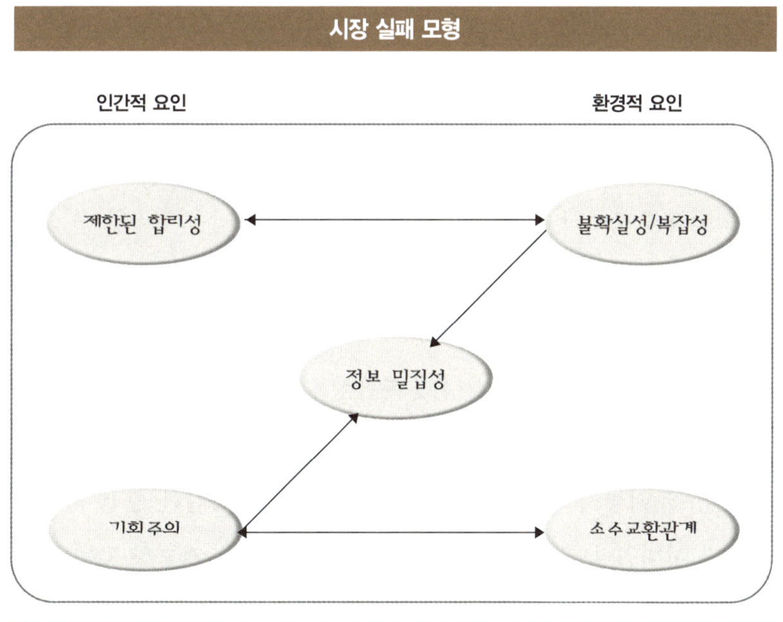

인간의 언어적 한계

단어나 숫자, 그림 등을 통해 타인이 이해할 수 있도록 인간의 지식이나 감성을 전달하는 데 있어 제약이 따른다는 것이다.

수 있다. 일정한 조건하에서는 기업이 오히려 시장보다 우월하다. 시장을 비효율적으로 만드는 핵심 요인은 제한된 합리성과 기회주의라는 인간적 요인과 불확실성 및 복잡성, 소수 교환관계라는 환경적 요인으로 나뉠 수 있다. 그리고 계약이 발생하는 과정에서의 정보 밀집성과 분위기가 시장 실패를 가속화시킨다.

>> 인간적인 요인 : 제한된 합리성과 기회주의

전통적인 경제이론에서는 인간은 합리적인 존재로서 경제 원리에 따라 행동한다고 가정한다. 그러나 현실에서의 인간은 그렇게 합리적이지 못하며 여러 가지 물리적 한계로 인해 그럴 수도 없다. 이러한 제한된 합리성으로 인해 완벽한 의사결정을 내리지 못하며, 결과적으로 시장 기능의 비효율화를 초래하게 된다. 이러한 인간의 제한된 합리성에는 인간의 신경 생리적 한계와 언어적 한계가 모두 포함된다.

시장 실패를 가속화시키는 또 다른 인간적인 요인에는 기회주의가 있다. 인간은 누구나 자기에게 이익이 되는 것을 얻기 위해 노력하기 마련이다. 기회주의란 경제 주체가 전략적 행위를 고려해 자기 이익을 추구한다는 전통적 가정을 확대한 것이다. 이는 상대방을 속여서라도 자기 이익을 추구하는 행위를 포함하는 것으로 시장을 왜곡할 수 있는 중요한 개인적 속성이다.

>> 환경적인 요인 : 불확실성 및 복잡성, 그리고 소수 교환관계

제한된 합리성은 환경적 불확실성 및 복잡성과 결합할 때 더욱 심각한 시장 기능의 실패를 가져온다. 불확실하고 복잡한 환경 속에서 거래가 이뤄진다면 인간의 제한된 합리성으로 인해 가능한 모든 경우의 수를 도출하는 게 불가능하거나 많은 비용이 소요되기 때문에 비합리적인 의사결정이 이뤄질 가능성이 그만큼 커지는 것이다.

그러나 시장 거래에 참여하는 당사자들이 기회주의적 성향을 가졌다고 해서 시장이 오염되는 것은 아니다. 거기에 소수의 교환관계가 성립해야 한다는 조건이 추가되어야 한다. 이 조건이 없다면 대다수 시장 참여자들의 경쟁으로 인해 기회주의적 성향이 무력화될 것이기 때문이다. 그러나 소수 거래 조건과 기회주의가 결합되면 거래 상황은 크게 변화한다. 이것은 쌍방 독점 상황에서 거래가 이뤄질 때 모든 종류의 어려움이 반복되는 것과 마찬가지다. 즉, 거래에 참여하는 소수의 집단이 자기에게 가장 유리한 조건을 추구하게 되고 이는 기회주의적 행동과 갈등을 유발하게 한다.

인간의 언어적 한계

단어나 숫자, 그림 등을 통해 타인이 이해할 수 있도록 인간의 지식이나 감성을 전달하는 데 있어 제약이 따른다는 것이다.

>> 정보의 밀집성

계약이 발생하는 과정에서 시장을 실패하게 만드는 중요한 원인은 정보의 밀집성이다. 가격이 시장에서 그 기능을 제대로 발휘하기 위해서는 시장에 참여하고 있는 당사자들이 모든 정보에 자유롭게 노출되어 있는 동시에 원하는 정보를 언제든지 얻을 수 있어야 한다. 그러나 현실에서는 정보가 자유롭게 유통되기보다는 한 사람 내지 소수 집단에 밀집되어 있으며, 이러한 정보를 상대적으로 많이 소유한 사람과 적게 소유한 사람 사이에는 불균형이 발생하게 되고 이로 인해 거래 비용이 생겨나게 된다.

정보의 밀집성은 의사결정 주체의 제한된 합리성 때문에 나타나기도 하지만 주로 불확실성과 기회주의로 인해 파생된다. 한편 정보의 불균등한 분포는 소수 교환의 맥락에서 더욱 중요성을 갖는다. 왜냐하면 여러 사람들이 경쟁하는 경우에는 독점적인 정보를 기회주의적으로 활용할 여지가 줄어들기 때문이다.

>> 분위기

시장 실패의 마지막 원인은 분위기다. 분위기란 거래를 둘러싸고 있는 환경 요인이 거래 형태와 내용에 영향을 미치는 것을 의미한다. 기존의 경제학에서는 이러한 감정적 요인이 합리적 거래에는 개입되지 않는다고 보았으나 실제 시장 거래에 참여하는 개인은 감정의 논리에 따라 행동하는 경우도 많으며 서로가 갖고 있는 태도나 가치관의 영향을 받기도 한다. 이러한 분위기를 선호한다는 것은 실질적인 혜택 대신 비화폐적인 만족감을 추구하게 된다는 것을 의미한다. 결국 이러한 성향이 합리적 선택을 가로막을 수 있는 요인으로 작용하기도 한다.

>> 내부 조직의 장점

시장 실패 요인으로 인해 시장은 결코 완벽하지 않으므로 이를 대체하는 내부 조직이 필요하다. 앞의 논의들을 종합해보면 시장과 비교해볼 때 내부 조직이 유리한 상황은 다음과 같다. 첫째, 상황이 매우 복잡하고 미래에 나타날 수 있는 모든 돌발적 상황을 계약 내용에 포함시키는 것이 불가능하면 시장 거래가 위험하게 된다. 이런 경우 내부 조직을 통해 환경 적응력을 높이는 동시에 연속적인 의사결정을 용이하게 해 제한된 합리성에 기초한 거래 비용을 최소화시키는 것이 유리할 수 있다. 둘째, 현재 또는 미래의 소수 교환관계 상황에 직면할 경우 시장보다는 내부 조직이 기회주의적 행동을 억제하기가 용이하다. 셋째, 내부 조직은 조직 구성원들로 하여금 일정한 기대감을 조성하게 해 환경 불확실성을 줄일 수 있다. 넷째, 내부 조직은 정보 밀집성을 비교적 쉽게 극복할 수 있고, 설령 정보 밀집성이 존재한다 해도 이를 이용하려는 전략적 행위를 억제하기가 용이하다. 다섯째, 시장 거래보다 내부 조직의 경우에 참여자들이 보다 만족스러운 분위기를 조성할 수 있다.

거래비용을 줄이는 수직적 통합

수직적 통합이란 생산의 전후 단계에 있는 기업들이 하나의 소유권에 의해 지배되는 것으로 그 종류에는 생산업자가 원재료 공급업자를 통합하는 후방 통합과 생산업자가 유통기관을 통합하는 전방 통합의 두 가지가 있다. 이 책에서 제시된 시장과 위계이론에 의하면 수직적 통합의 목적은 시장을 통해 거래하기보다 거래를 내부화시킴으로써 시장 교환에 드는 비용을 지불하지 않는 것이다. 특히 수직적 통합은 소수 거래의 환경이나 상황적 불확실성이 커졌을 때, 그리고 급변하는 상황에 적응해야 할 필요성이 높아졌을 때 더욱 유효하다.

수직적 통합을 통해 매번 거래에서 발생할 수 있는 거래 당사자들의 이해관계를 조정할 수 있음은 물론, 민감한 이익 문제 등을 보다 포괄적으로 통제할 수 있다. 일반적으로 시장을 통해 거래할 경우 당사자들 간의 이해관계가 첨예하게 대립할 가능성이 높고, 이로 인해 갈등이 증폭되는 경향이 있다. 그러나 시장 거래를 수직적 통합을 통해 내부화할 경우, 외부적 불확실성이 대폭 줄어들고, 거래 당사자들 간에 발생할 수 있는 도덕적 해이 및 기회주의를 차단할 수 있다. 결국 수직적 통합은 거래 비용으로 인한 시장 기능의 왜곡 현상을 바로잡을 수 있는 중요한 수단이라 할 수 있다.

수직적 통합에는 기본적으로 여러 기업 조직이 관련되어 있다. 여기에는 단순한 적응 행위 이상의 조정활동이 요구된다. 수직적 통합을 함에 있어서 발생할 수 있는 주요 이슈는 다음과 같다.

첫째, 수직적 통합을 통해 구축되는 내부 자원의 풀pool을 적재적소에 배분하는 것이 중요하다. 거래 비용의 발생을 막기 위해 거래를 내부화하는 수직적 통합이 잘못될 경우에는 내부의 비효율성을 유발해 시장 거래보다 많은 비용을 발생시킬 수도 있다. 따라서 통합된 내부 자원을 어떻게 배분하느냐가 가장 중요한 이슈다.

두번째로 혁신을 포함한 전략 계획의 수립이 요구된다. 수직적 통합은 장기적인 거래관계를 형성하는 과정이다. 따라서 효율성을 높이기 위한 내부 혁신이 수반되어야 하고, 이러한 혁신은 단기간에 이뤄지기보다는 장기간에 걸친 전략 계획의 테두리 안에서 이뤄져야 한다.

세번째로 수직적 통합으로 전체 기업 집단의 규모가 커지더라도 개별 기업 간 환경은 그대로 보존되어야 한다. 통합은 시너지 효과를 높이고 거래의 안정성을 확보하기 위한 것이지 관료화되기 위한 것이 아니다. 따라서 수직적 통합 후에도 외부 경쟁관계에 따른 경쟁우위의 확보가 우선되어야 할 것이다. 결국 수직적 통합으로 생겨난 조직은 완전할 수 없다. 거대화는 내부 조정 비용이 증가하고 관료화될 수 있다는 근본적인 한계를 갖고 있다. 따라서 내부 조정 비용이 거래 비용을 초과하지 않는 범위 내에서 적절히 운영되어야 할 것이다.

수직적 통합이 경제의 전체적인 효율성을 위해 항상 좋은 것만은 아니다. 수직적 통합을 하는 기업의 입장에서는 이를 통해 거래 비용과 불확실성을 줄일 수 있겠지만 그것은 자칫 시장 독점으로 변질시킬 가능성이 있다. 수직적 통합을 통해 덩치를 키운 기업 집단은 시장 지배력을 남용해 공정 경쟁을 방해하거나 결과적으로 소비자에게 피해를 줄 수도 있다. 이러한 수직적 통합의 부작용을 효과적으로 감시하고 예방할 수 있다면 수직적 통합은 시장 거래의 비효율성을 대체할 수 있는 좋은 거래구조가 될 것이다.

수직적 통합은 거래 비용이 수반되는 시장을 통한 거래보다 여러 가지 면에서 이점이 많다. 이론적으로는 수직적 통합을 거듭하면서 기업은 무한대로 그 범위를 확장시킬 수 있다. 하지만 현실적으로 시장보다 더 큰 기업은 없다. 그렇다면 수직적 통합을 통해 기업이 커지는 것을 가로막는 요인은 과연 무엇인가? 첫번째로 제한된 합리성을 들 수 있다. 조직을 구성하는 것은 사람이다. 인간은 물리적, 인지적 한계로 인해 통제할 수 있는 범위가 제한되어 있다. 따라서 제한된 합리성으로 인해 조직은 무한대로 확대될 수 없다.

두번째로는 관료적 편협함을 들 수 있다. 제한된 합리성으로 인해 조직 통제의 범위가 한정되기 때문에 현실의 조직은 여러 계층으로 분화하게 된다. 이렇듯 조직 내 계층의 수가 많아지면 정보나 의사결정이 효율적으로 이뤄질 수 없으며, 이는 결국 관료제의 폐해가 된다. 따라서 시장 거래 비용을 초과하는 비효율성이 발생해 궁극적으로는 조직의 성장이 어렵게 된다.

수직적 통합은 근본적으로 생산 과정에서의 조직 간 협력을 전제로 한다. 그런데 조직의 규모가 확대되면 조직 구성원 개인은 전체 조직에서 봤을 때 매우 미미한 비중을 차지하게 된다. 이로 인해 구성원 개개인의 협력이 제대로 이뤄지지 않거나 수동적으로 이뤄진다 해도 전체 성과에 미치는 영향은 아주 적게 느껴지게 된다. 이러한 사소한 비효율이 합쳐져 전체적인 조직 비효율성은 증가하게 되고 결국 조직의 확장이 힘들게 되는 것이다.

조직의 확장을 가로막는 것은 결국 과도한 내부화라 할 수 있다. 시장보다 효율적인 내부 활동의 경험으로 인해 조직은 편견에 빠지게 되고 심각한 목표 왜곡 현상이 나타난다. 이러한 편견은 내부 조달, 내부 확장, 사업 집착성 등의 모습으로 나타난다. 아울러 의사소통의 왜곡

이 이들 세 유형의 편견을 더욱 심화시킨다. 대부분의 경영자들은 그들의 직무가 줄어드는 것을 꺼린다. 따라서 전체적인 효율을 고려하지 않은 채 기업 내부에서 자원을 조달하고 이용하는 성향이 있다. 더구나 내부 확장의 압력이 있을 경우에는 경영자의 보상심리 때문에 합리성에 관계없이 내부 조직을 지속하려는 경향이 있다.

효율적인 조직 형태를 대표하는 다사업부제 조직

이 책의 논리에 따르면 조직은 시장보다 거래 비용이 훨씬 적게 들기 때문에 우월하다고 볼 수 있다. 일반적으로 시장에서는 자원의 효율적 분배가 가격 메커니즘에 의해 이뤄지는 반면, 조직에서는 계획과 통제 기능에 의해 자원의 분배가 이뤄진다. 조직 내부의 계획 및 통제 기능이 실패한 시장의 가격 메커니즘보다 효율적이라는 것이다. 또한 내부 조직을 활용하게 되면 거래 당사자들 간의 기회주의를 막을 수 있고, 외부 환경의 불확실성을 피할 수 있다.

그러나 조직이 항상 효율적이지는 않다. 조직이 시장보다 우월할 수 있는 조건을 지닌다고 해서 항상 시장보다 효율적인 것은 아니다. 수직적 통합과 이에 따른 기업 규모의 확장에서도 살펴봤듯이 조직에도 비효율이 발생할 여지가 많다. 따라서 조직이라는 테두리 안에서 여러 활동들을 체계적으로 조직화시킬 수 있는 효율적인 관리 형태가 필요하다. 이 책에서는 이러한 능률적인 조직형태로 M형multidivisional form(복합사업부 형태)을 제시하고 있다. 저자는 M형 조직을 구축함으로써 내부 조직의 효율성을 극대화할 수 있다고 주장하고 있다. 이렇듯 M형의 조직구조를 갖는 기업이 다른 형태의 구조를 갖는 기업보다 성과 면에서 우월할 것이라는 가설이 M형 가설이다. 기업 규모가 어느 수준 이상으로 커지게 되면 단순한 분화가 아닌 구조적 재편성이 필요하고, 이로 인해 단일화된 구조에서 복합적 구조인 M형으로 변형되는 것이다.

단일화된 구조는 본점과 기능적으로 분화된 몇 개의 사업부로 이뤄진 전통적인 조직 형태를 말하며, 일반적으로 기능적인 조직을 의미한다. 이러한 형태의 조직은 하나의 단위체로서만 그 기능을 발휘할 수 있다는 점에서 통일된 형태라는 의미를 지닌 U형unitary form이라 불린다. U형 조직에서는 어떠한 하부 기구도 독자적으로 존재할 수 없다. 또한 U형 조직의 최고경영자는 각 부문의 활동을 긴밀하게 파악해 언제 활동이 강화되어야 하는지, 언제 활동을 늦춰야 하는지를 알고 있어야 한다. 앞에서 살펴본 바와 같이 U형 조직은 규모가 확대되고 다양화될 경우 일종의 비효율이 나타나게 된다. 각 부문 간 조정이 기하급수적으로 증가하고 이로 인해 간접 비용이 증대되는 것이다. 또한 강요된 상호 의존성으로 인해 혼란이 가중되며, 구성원들은 기회주의적인 하위 목표의 추구에 급급하게 된다. 이런 상황에서는 전략적 결정과 업무적 결정을 구분할 수 없게 되고 그 결과 조직 목표가 혼란에 빠진다.

반면 M형 조직에서는 최고경영자가 일상적인 업무 부담을 덜고 전략적 의사결정에 몰두할 수 있다. 각 사업 부문은 준기업quasi-firm의 지위를 갖게 되며 중앙 본점은 자원의 배분 기능만을 수행하게 된다. 이렇게 되면 목표의 혼란을 방지할 수 있으며, 자기 이익을 추구하는 행위도 생산 목적에 흡수될 수 있다.

대규모화된 현대 기업은 대부분 M형 조직의 형태를 지니는데 이러한 조직은 여러 개의 사업 단위로 구성되어 있으며 고용된 경영자의 위계 조직에 의해 관리된다. 현대 기업은 이처럼 여러 개의 독립적 기업들이 수행해오던 활동과 거래를 하나의 조직에 내부화시킴으로써 거대화되고 있다. 분권화된 시장 메커니즘보다는 집권화된 관리적 위계 조직을 통해 운영하는 것이 우월할 것이라는 맥락에서 탄생한 복합사업부제 구조는 제1차 세계대전 직후 미국의 듀폰, 제너럴 모터스, 스탠더드 오일과 같은 대기업들을 중심으로 도입되었다. 또한 이와 같은 분권화된 업무 결정과 집권화된 정책 통제를 결합시킨 복합사업부 구조는 이제 다국적기업의 전형으로 자리잡고 있다.

현대적 시사점

이 책은 기업 조직이 왜 존재할 수 있고, 어떤 변화를 통해 효율적인 조직을 구성할 것인지에 대한 유용한 시사점을 제공하고 있다. 거래 비용이 도입된 후 경제학적인 거래 비용의 차원에서 기업의 규모와 조직구조, 그리고 복합기업의 효율성에 대한 검증은 수많은 책들과 논문을 통해 계속되어왔다. 저자가 제기한 의문은 이렇듯 경영의 기본이 되는 기업 조직의 본질에 대한 이론적 설명을 시도했다는 차원에서 의미를 지닌다.

이 책이 현대 기업 경영에 제공하는 시사점은 크게 세 가지 차원으로 분류될 수 있다.

첫째, 현대적인 조직구조가 어떤 방향으로 진화해야 할 것인가에 대한 통찰력을 제공한다. 시장의 비효율로 인해 기업 조직이 탄생하고, 이렇게 탄생한 기업 조직의 규모가 커짐에 따라 여러 기능들이 분화되는 과정은 대부분의 기업이 성장하면서 겪게 되는 일반적인 과정이다. 이러한 단일 사업부 조직이 사업 영역의 확장으로 효율성의 한계에 다다르면 M형 조직 등 새로운 조직구조를 모색하게 되는데 이는 기업이 거래 비용을 최소화하기 위해 적합한 조직형태를 탐색하는 과정이라 할 수 있다. 저자는 일반론적인 차원에서 거래의 내부화, 업무의 분화, 다사업부제 조직의 등장을 제시하고 있지만 현대 기업 조직의 경우 더욱 다양한 선택을 할 수 있을 것이다. 기업이 속한 산업의 특성, 경쟁관계, 기술의 변화 등 외생적인 변수들과 인적 구성, 지배 구조, 보유 자원 등 내생적 변수를 고려해 성장 과정의 적정 시기에 가장 적합한 조직의 형태를 선택할 수 있을 것이다.

이러한 조직구조의 선택에 있어 근원적으로 고려해야 할 사항이 바로 특정 조직구조를 선택했을 때의 거래 비용과 내부 조정 비용이다. 거래 비용 경제학의 논리는 기업의 입장에서 가장 유리한 조직구조가 어떤 형태인지를 판단하기 위한 기준을 제공한다. 한편 조직구조의 선택과 함께 특정 형태의 조직에 어떤 형태의 지배 구조를 선택할 것인가 하는 문제도 거래 비용의 절감 여부에 의해 결정된다.

한국의 대기업 지배 구조는 과연 거래 비용을 절감하는 효과가 있을까? 여러 사업부 내지는 계열사를 지닌 대기업들의 통제와 지배 구조는 궁극적으로 거래 비용을 절감해 경제 전반의 효율성을 높이는 방향으로 재조정되어야 할 것이다. 이는 역설적으로 지나치게 거대화되고, 중앙집권적으로 지배되는 대기업 조직의 한계를 극복하기 위해서는 다시 시장의 기능으로 돌아가야 한다는 것을 의미하기도 한다. 한국 기업의 경우에는 시장 실패 요인보다는 기업 실패 요인이 더 많기 때문이다. 기업은 시장 실패를 보완하는 차원에서 존립해야지 시장 자체를 완전히 대체해서는 곤란하다.

둘째, 기술혁신은 기존의 시장 실패를 많은 부분 극복할 수 있게 해준다. 정보통신 기술의 발달에 따른 정보 공유의 일상화는 기존에 소수에게 집중되어 있었던 정보를 대중화시키고, 이로 인해 시장은 점차 효율적으로 변신하고 있다. 인터넷의 보급으로 전통적인 형태의 기업 조직보다 훨씬 저렴한 내부 조정 비용과 거래 비용으로 유지되는 새로운 형태의 기업이 등장하게 되고, 이들 기업은 시장 지향적인 성향이 강하다. 예컨대 아마존닷컴과 같은 온라인 서점의 등장은 기존의 오프라인 서점보다 거래 비용을 대폭 낮추면서 시장 거래를 촉진시키는 경향이 있다.

거래 비용의 구조도 기술의 진보에 따라 끊임없이 진화하게 되었다. 이에 따라 과거의 거대화된 중앙집권적인 조직의 비효율성이 증대되고 거래 비용을 획기적으로 낮추면서 내부 거래보다 시장 거래를 선호하는 새로운 형태의 기업이 등장하게 되는 것이다. 한편 기술 발전에 따른 정보의 공유는 개인의 합리성을 높여주기도 한다. 인간은 근원적으로 제한된 합리성만을 지니지만 정보의 공유가 원활할수록 합리적으로 행동할 가능성이 높아진다. 보험료 비교 사이트를 통해 보험사 간의 차이점을 쉽게 비교해볼 수 있는 소비자들은 그렇지 못한 소비자보다 더 합리적인 선택을 할 수 있을 것이다. 이러한 개인의 합리성이 개선될수록 기업보다는 시장 거래가 더 효율적일 수 있게 된다.

셋째, 거래 비용의 관점은 정부의 정책 방향이 어느 쪽을 향해야 하는지에 대한 시사점을 제공한다. 전통적인 정부 정책의 기본 철학은 시장에서의 공정 경쟁을 촉진하고 독과점 행위를 규제하는 것이었다. 이는 시장이 기업 조직보다 더 효율적이라는 기본 가정에서 출발한다. 그러나 특정 시장은 구조적으로 시장 거래가 비효율적일 수 있다. 특히 기술 발전과 이에 따른 경쟁 구도의 다원화로 정부는 어떤 경우에 어떻게 기업을 규제하는 것이 효율적인지를 판단하기가 점점 더 어려워지고 있다. 이 책의 논리에 따르면 정부의 정책은 산업의 거래 비용이 총체적으로 최소화되는 방향으로 기업의 규모와 조직구조를 유도해야 한다. 따라서 정부 정책도 거래 비용의 최소화라는 명확한 목적 함수를 갖고 기업에 대한 규제와 지원을 선택해야 할 것이다. 물론 기술혁신에 따라 거래 비용의 구조는 지속적으로 변할 수 있으므로 정부의 정책 방향도 이에 따라 탄력적으로 수정되어야 할 것이다.

신조직환경론 신유근 외, 다산출판사, 1999

죽은 경제학자의 살아있는 아이디어 토드 부크홀츠, 김영사, 1994

Theory of the growth of the firm R. H. Coase, Oxford Univ Press, 1995

Transaction Cost Economics Oliver E. Williamson, Edward Elgar Pub, 1995

저자 소개 및 도서 정보

올리버 윌리엄슨 Oliver E. Williamson

《시장과 위계 *Markets and Hierarchies : Analysis and Antitrust Implications*》, Free Press, 1975.

이 책의 저자인 올리버 윌리엄슨은 70세가 넘는 고령의 나이에도 불구하고 아직까지 정력적으로 연구활동을 하는 한편 버클리대학의 석좌교수로 학생들에게 경제학 강의를 하고 있다. 윌리엄슨은 50년이 넘는 기간 동안 250여 편의 논문과 10여 권의 저서를 발표했는데 《시장과 위계》는 그의 대표적인 저서다. 그는 이 책을 통해 신고전주의 경제학이 주류를 이뤘던 학계에 산업조직론적인 접근의 필요성을 역설했다. 그리고 경제학과 경영학의 경계를 넘나드는 다양한 저술로 기업의 경쟁과 협력에 대한 새로운 학문적 기반을 마련했다.

윌리엄슨의 연구에 가장 많은 영향을 미친 학자는 노벨 경제학상을 수상한 코즈였다. 코즈에 의해 주창된 거래 비용 경제학은 윌리엄슨에 의해 집대성되었고, 이 책에 제시된 시장 실패 모형은 기업 조직의 이론적 존립 근거를 확립하는 데 기여했다. 이 책의 핵심 개념인 거래 비용은 1960년대 초반, 지금은 카네기멜론대학으로 이름을 바꾼 카네기테크대학의 연구팀에 의해 그 기초가 다져졌다. 당시의 주요 연구진은 노벨상을 수상한 사이먼과 마치, 사이어트 등이었고, 윌리엄슨은 이들의 강의를 들으면서 연구에 참여한 학생이었다.

이 책은 순수 이론서이기 때문에 경영학을 전공하지 않은 일반 독자들에게는 많이 읽혀지지 않았다. 그러나 산업조직론과 경영전략 분야의 수많은 저서들이 이 책의 기본 아이디어를 인용하고 있으며 이 책은 이 분야 전공자들의 필독서이기도 하다. 하지만 안타깝게도 국내에는 번역본이 나와 있지 않다.

효과적인 조직구조의 설계방식 13

Structure in Fives: Designing Effective Organization
Henry Mintzberg

효과적인 조직 설계
헨리 민츠버그

keyword
조직구조 설계
조정 메커니즘
관료제
사업부제

카테고리 관련성	
경영전략, 경영혁신	★★
생산관리	
변화관리	★
조직관리, 인사관리	★★★
마케팅	
리더십	
동기부여, 인간관계	★
기업성공	

핵심 아이디어 민츠버그는 이 책을 통해 효과적인 조직구조의 설계방식을 다섯 가지 유형으로 구분해 설명하고 있다. 그는 '5'라는 숫자에 특별한 의미를 부여하고 있는데 이 책 역시 다섯 가지의 기본 조정 메커니즘, 조직의 다섯 가지 기본 구성요인, 다섯 가지 분권화의 유형 등을 바탕으로 한 다섯 가지 조직 구조화 방법을 통해 조직구조의 모든 측면을 설명하고 있다.

그는 《심벌 사전*Dictionnaire des Symboles*》에서 "5는 인간을 상징하며, 우주와 마찬가지로 질서와 완벽을 추구하는 신성한 숫자다."라는 내용을 인용하면서까지 조직구조의 기본 유형은 다섯 가지로 거의 완벽하게 표현될 수 있다는 점을 강조하고 있다. 이 책은 또한 복잡한 조직의 기본 구성요인과 기본 유형을 그림을 통해 제시하고 이를 비교해

조직의 5대 부문 및 부문별 핵심 역할

각 유형별 특성을 하나의 도표로 정리했다는 점에서 매우 흥미로운 책이라 할 수 있다.

이 책의 핵심은 조직의 5대 구성요인인 최고경영층, 중간관리층, 현장관리층, 그리고 전문 스태프 및 지원 스태프의 구성 형태에 따라 조직구조의 유형이 다섯 가지로 나뉜다는 것이다. 그리고 그 다섯 가지 유형은 단순구조, 기계적 관료제, 전문적 관료제, 사업부제, 그리고 임시적 조직으로 구분된다는 논지에 있다.

시놉시스

그동안 조직구조의 설계에 대해 실무보다는 대부분 이론 위주로 접근함으로써 실천성과 종합적인 관점이 부족했다는 민츠버그의 비판적인 관점은 이미 1979년에 출간된 그의 역작 《The Structuring of Organizations》에서 찾아볼 수 있다.

그러나 내용이 너무 복잡해 독자의 이해가 어렵다는 평을 받게 되자 출판사의 권유로 내용을 요약 정리해 1983년에 이 책을 출간하게 되었다. 그는 총 13장으로 구성된 이 책을 뷔페 음식이나 햄버거를 먹듯이 아무데나 골라서 읽거나 성급히 읽어서는 안 되며, 정식 코스에 따라 전채와 식사, 그리고 후식을 먹듯 차근차근 정독할 것을 권하고 있다.

1장은 분업과 조정이라는 두 가지 핵심 개념을 통해 《효과적인 조직 설계》 전체의 기반이 되는 내용을 요약하고 있다. 2장부터 5장까지는 조직 설계의 매개변수를 분석적 차원에서 하나씩 다루고 있다. 6장에서는 다양한 상황 속에서 이들 매개변수들이 어떻게 달리 나타나는지를 상황이론적 차원에서 살펴보고 있다. 7장에서는 조직구조의 구성 형태에 관해 논하고 있으며, 8장부터 12장까지는 각 장별로 단순 구조, 기계적 관료제, 전문적 관료제, 사업부제, 임시적 조직 등 다섯 가지 조직구조의 유형을 다루고 있다.

전체적으로 보면 앞의 6개 장은 다음의 6개 장을 위한 구성요인을 다룬 것으로 볼 수 있다. 마지막 13장은 이 책의 핵심사항인 다섯 가지 조직구성 형태 간의 관계에 관해 살펴봄으로써 또 다른 유형 도출의 가능성에 관해 논하고 있다.

리뷰

이름 없이 조직의 어긋난 뼈대를 맞추어가는 조직 디자이너의 예술을 본다

모든 조직화된 인간의 행동은 다음 두 가지의 상반되는 조건을 필요로 한다. 그 하나는 분업에 의한 과업의 실천이며, 또 다른 하나는 조정에 의한 목표달성이다. 전통적인 조직론자들은 규범 및 확고한 권한체계 하에서 6명 이하의 통제범위가 형성되기만 하면 최선의 분업체제가 구축될 수 있다고 했다. 또한 장기 계획, 직무 충실화 및 매트릭스 구조를 통해 원활한 조정활동이 가능하다고 주장했다. 그러나 민츠버그는 이에 대응해 효과적인 조직구조는 상황 적합적이며 내적 일관성, 즉 조화로운 조직구조 변수를 선택해야만 가능하다는 논지를 펼쳤다. 결국 조직구조는 매개변수와 상황변수 간의 결합에 의해 그 형태가 결정된다는 것이다.

다섯 가지 조정활동과 다섯 가지 조직 부문

조직 내 조정활동은 1)상호 조정, 2)상하 감독, 3)종업원 투입 기술의 표준화, 4)작업 프로세스의 표준화, 5)작업 성과의 표준화 등에 의해 이뤄지는데 일반적으로 조직활동이 복잡해지면 상호조정방식에서 상하 간 직접 감독방식 및 표준화(투입, 프로세스, 산출) 방식으로 전환되며, 이는 또다시 상호 조정방식으로 돌아가는 순환체제를 이룬다.

20세기 초 앙리 파욜의 관리원칙이나 테일러의 과학적 관리법에서는 공식 조직에 초점을 둔 권한체계와 작업방법을 제시해 직접적인 감독활동 또는 작업 표준화에 의한 조정활동을 강조했다. 한편 20세기 중반부터는 엘턴 메이오의 연구를 이어받은 사회심리학자들에 의해 감독과 표준화의 문제점이 부각되고, 비공식 조직에 초점을 둔 상호 조정활동의 필요성이 강조되었다. 그러나 최근 들어서는 공식-비공식 조직의 구분이 모호해지고 이들이 함께 존재한다는 점이 강조되면서 비공식 조직에도 감독과 표준화에 의한 조정활동이 활용되며, 공식 조직에는 반대로 상호 조정활동이 도입되는 것을 볼 수 있다.

민츠버그는 조직을 구성하는 부문을 최고경영층, 중간관리층, 현장관리층을 연결하는 의사결정의 라인 조직과 의사결정권 없이 전문적 분석활동만 담당하는 전문 스태프 및 법률 자문이나 홍보팀과 같은 지원 스태프 등 다섯 가지로 나눠 설명했다.

엘턴 메이오Elton Mayo
1880~1949, 웨스턴 일렉트릭 사의 시카고 공장에서 1927년부터 1932년까지 종업원들의 사기와 생산성 간의 관계에 대한 연구Hawthorne Experment를 통하여 테일러식 '능률의 논리'를 대체하는 '감정의 논리'를 제시함으로써 경영학 분야의 인간관계학파를 여는 대표적 인물이 되었다.

1. 최고경영층SA: strategic apex은 최고경영자와 이사회 등 조직의 전반적 책임을 맡고 있는 집단으로 직접적인 감독활동, 외부 환경과의 상호작용 활동 및 전략 수립 활동이라는 3대 핵심 과제를 추진하는 사명을 맡고 있다.
2. 중간관리층ML: middle line은 최고경영층과 현장관리층을 공식적 권한

체계를 통해 연계하는 역할을 맡고 있으며, 상하 간 명령의 전달이나 피드백뿐만 아니라 전문 스태프와 지원 스태프의 연계 및 최고경영자와 마찬가지로 부분적 전략 수립 활동도 맡고 있다.

3. 현장관리층OC : operating core은 재화와 용역의 산출 업무와 직결된 기본 업무를 담당하며, 표준화를 통해 외부 환경의 영향을 최소화시키는 조직의 핵심 임무를 맡고 있다.

4. 전문 스태프TS : technostructure는 작업 연구, 기획 평가 및 인사 정책 등과 관련된 전문적 분석을 통해 조직활동의 표준화에 기여하는 임무를 맡고 있다. 성숙한 조직에서는 모든 부문에 전문 스태프가 개입하며, 현장관리층에는 품질관리 시스템을, 중간관리층에는 정보 및 지식관

조직 부문별 구성 단위 및 구성원 : 제조기업의 예

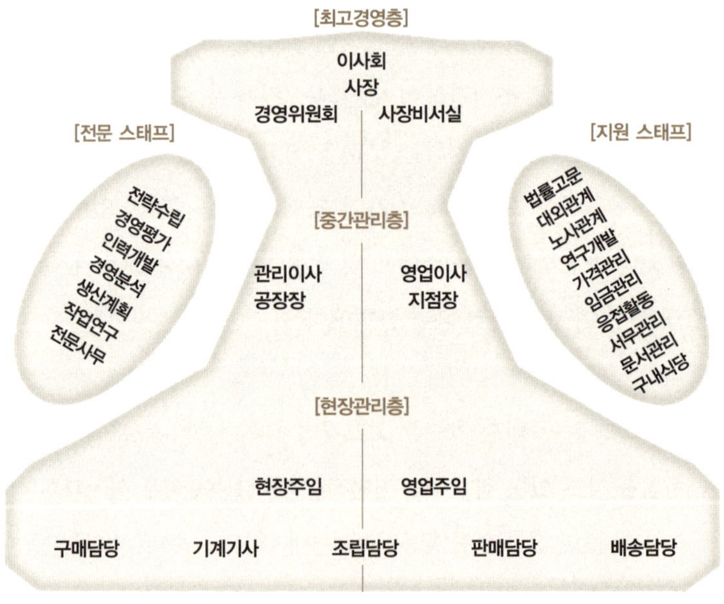

리 시스템을, 최고경영층에는 전략적 계획 수립 시스템 및 재무 시스템을 확립해준다.

5. 지원 스태프SS : support staff는 조직의 일상적 활동이나 전문 스태프와는 구분되며, 독립적인 소규모 집단으로 현장관리층과 비슷한 역할을 맡고 있다. 대학출판사나 교수협의회 등이 이에 해당한다.

애덤 스미스Adam Smith
1723~1790. 영국의 고전학파 경제학자. 경제학의 고전이라 할 《국부론》에서 국민의 노동과 분업에 의한 노동생산력 증대가 국부國富의 원천이라고 하였다.

이러한 조직 부문은 다섯 가지 흐름의 내용에 따라 서로 다른 기능을 갖게 된다. 즉, 공식적 권한, 현장에 주어진 활동, 비공식 의사소통, 작업 집단, 임시적 의사결정 과정 등의 흐름에 따라 조직의 기능이 달라짐을 말하는 것이다. 이 책의 구성은 이들 매개변수에 대한 설명과 조직구조의 형태에 대한 내용을 그 중심으로 하고 있다. 그에 대해서 자세히 알아보자.

조직 디자인의 매개변수

허버트 사이먼의 말대로 인간이 만든 과학의 핵심은 디자인에 있다. 디자인이란 시스템을 변화시키는 판단과 능력을 의미한다. 조직을 디자인, 즉 설계하는 작업에서도 전문화, 표준화, 기술 및 지식 수준, 조직 규모, 관리의 범위, 상호 조정 메커니즘, 의사결정력 등이 주요 이슈로 부각되는데 민츠버그는 이들 아홉 가지 조직 설계 매개변수를 4개의 디자인 집단으로 구분해 설명했다.

1. 직무 표준화job specialization : 직무는 폭이나 범위 혹은 깊이에 의해 구분되는데 전자는 수평적 직무 전문화 또는 수평적 직무 확대, 그리고 후자는 수직적 직무 전문화 또는 수직적 직무 확대와 관련이 있다. 이

▶ **조직구조 디자인의 매개변수**

디자인 집단	디자인 매개변수	디자인 관련 개념
1. 개별지위의 설계	1) 직무의 전문화 2) 행위의 표준화 3) 훈련 및 주입화	• 기본적 분업 • 직무내용의 표준화 • 현장업무 흐름의 표준화 • 기술수준의 표준화
2. 상위구조의 설계	4) 단위별 집단화 5) 단위조직의 규모	• 직접적 감독 • 관리적 분업 • 공식권한, 현장업무 흐름, 비공식적 의사소통 및 작업군락 시스템 • 공식 조직도 • 비공식적 의사소통 시스템 • 직접적 감독 • 통제의 범위
3. 수평관계의 설계	6) 계획 및 통제 시스템 7) 연계 방식	• 제품 및 서비스의 표준화 • 현장업무 흐름의 표준화 • 상호 조정활동 • 비공식적 의사소통, 작업군락 및 임시적 의사결정 프로세스 시스템
4. 의사결정의 설계	8) 수직적 분권화 9) 수평적 분권화	• 관리적 분업 • 공식권한, 현장업무 흐름, 작업군락 및 임시적 의사결정 프로세스 시스템 • 관리적 분업 • 비공식적 의사소통, 작업군락 및 임시적 의사결정 프로세스 시스템

들 중 애덤 스미스가 제시한 것으로 가장 널리 사용되는 분업방식이 바로 수평적 직무 전문화다. 이들 전문화의 방식은 조직의 부문 및 수준별로 달리 나타난다.

2. 행동방식의 공식화behavior formalization: 직위, 업무 프로세스 및 작업 규정 등에 대한 명세서를 통해 구성원들의 행동을 표준화하고 규제함으로써 예측 가능한 행동을 유발시키는 방식이다. 반복적인 작업이 이뤄지는 현장관리직에서 가장 많이 나타나는 공식화는 관료적인 성

격을 띤다는 비판과 함께 최근에는 이를 보다 유기적으로 운영하기 위한 창의력과 도전정신이 강조되고 있다.

3. 훈련과 주입화training and indoctrination : 훈련은 직무 관련 기술과 지식을 습득하도록 하는 것이며, 주입화는 조직의 규범을 숙지하도록 하는 것을 말한다. 이는 둘 다 구성원들이 표준화를 어느 정도 개인적으로 내면화시키는가 하는 문제와 관련이 있다.

4. 집단화unit grouping : 조직 내 업무 조정활동의 근간이 되는 집단화는 첫째, 직위와 단위조직 간에 공통적인 감독체계를 형성시켜주며 둘째, 직위 및 단위부서의 공통 자원을 공유하도록 하고 셋째, 공통적인 성과평가 기준을 마련해주며 넷째, 상호 조정활동을 활성화시키는 효과가 있다. 그러므로 집단화는 직접적 감독, 상호 조정 및 성과물의 표준화 등 조정 메커니즘을 구축하기 위한 주된 수단이 된다. 조직구조를 결정짓는 집단화는 지식과 기술, 기능 및 작업 프로세스, 시간 및 기간, 산출물, 고객 및 지역별로 구분되며 이를 복합적으로 활용한 집단화, 즉 조직구조의 설계도 가능하다.

5. 조직 단위의 규모unit size : 조직의 하급 단위에서 상급 단위로 올라가면서 단계별 조직 단위의 직무, 작업반 및 하급 조직 단위를 몇 개 정도 포함하는가에 관한 것으로서 통제의 범위는 6명에서 10명 정도로 제시되고 있다. 그러나 직접적 감독체계가 확립되어 있고 조정을 위한 표준화가 잘 되

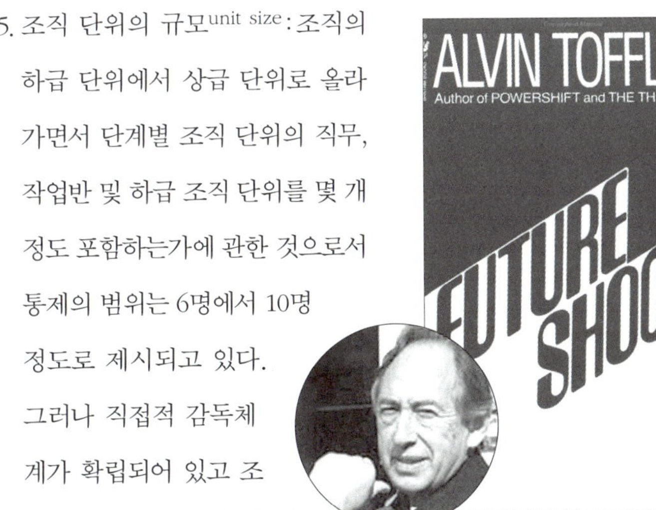

앨빈 토플러와 그의 저서 《미래 쇼크》. 1998년판.

어 있으면 작업 단위의 규모를 얼마든지 크게 잡을 수도 있다. 마찬가지로 산출물의 표준화 수준 및 자동화 수준이 높을수록 단위조직의 규모는 커질 수 있다.

6. 계획 및 통제 시스템planning and control system : 계획활동은 전문 스태프에 의해 수립되어 단계별로 실행계획에 따라 이뤄진다. 한편 통제 시스템은 성과에 대한 평가, 특히 시장 및 고객 중심으로 이뤄지며, 이들 모두 상하 전략적 또는 업무적 차원에서 상호작용을 통해 실천된다.

7. 연계방식liaison devices : 조직의 공식화 작업으로 개별 업무의 부여와 하위 단위조직의 구성 및 모든 표준화 과정을 마련한 후, 갈수록 중시되는 것이 이들 간의 연계에 의한 고객만족과 성과 향상을 위한 상호 조정활동이다. 1960년대부터 태스크포스팀, 특별위원회, 매트릭스 조직 또는 통합 관리자 등의 연계방식은 주로 수평적 전문화 조직, 복합 조직 및 독립 채산제가 강하게 부각된 조직에 적용되고 있다.

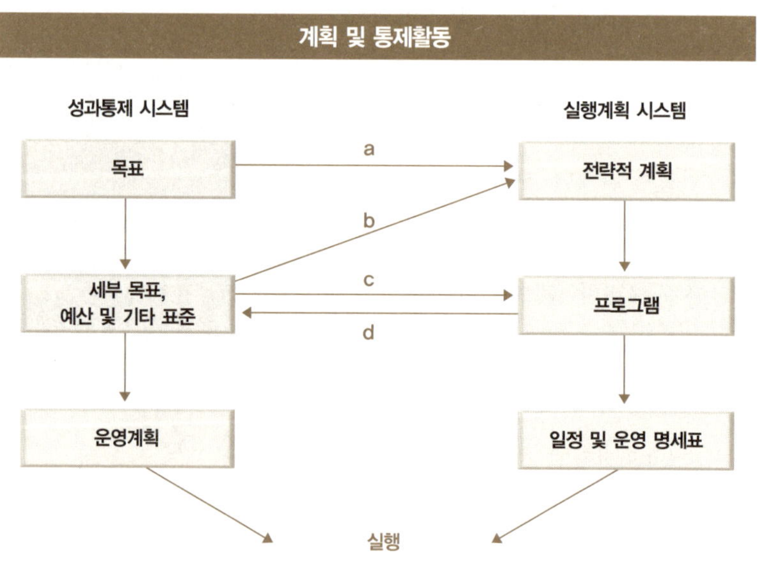

▶ **전문화의 방식**

	높은 수평적 전문화	낮은 수평적 전문화
높은 수직적 전문화	미숙련직 (현장관리직 및 스태프 단위)	일정 하급 관리직
낮은 수직적 전문화	전문직 (현장관리직 및 스태프 단위)	기타 모든 관리직

8. 수직적 분권화vertical decentralization : 의사결정 권한을 공식적 권한체계를 통해 최고경영층에서 중간관리층으로 이양하는 수직적 분권화는 권한이양의 내용과 범위 및 위양 이후의 통제나 조정활동에 대한 사전연구와 함께 이뤄져야 한다.
9. 수평적 분권화horizontal decentralization : 관리자로부터 비관리자, 즉 라인의 관리자로부터 스태프의 관리자나 분석가, 지원 전문가 및 담당자에게로의 권력이전 방식을 말한다. 또한 집권화의 반대 개념인 분권화는 이처럼 수평적 분권화와 수직적 분권화가 별도로 또는 복합적으로 이뤄지면서 다양한 형태의 조직구조를 이루게 된다.

상황 적합형 조직설계

조직구조가 경영 성과에 미치는 영향을 조직의 구조적 효과성이라 하는데 민츠버그는 기존의 연구물들을 종합해 우선 상황변수와 조직 설계의 매개변수 간의 적합성, 그리고 다음으로 조직 설계의 매개변수들 간에 내적 일관성internal consistency이 확립되어야만 조직의 구조적 효과성이 달성될 수 있다고 주장하고 있다. 이를 증명해 보이기 위해 민츠버그는 열여섯 가지의 가설을 제시해 대부분의 가설이 수용되고 있음을 밝히고 있다.

가설 1. 조직의 역사가 오래될수록 행동방식은 공식화된다.

가설 2. 조직구조는 해당 산업의 역사에 따라 전문화된다.

가설 3. 조직규모가 클수록 조직구조의 전문화와 차별화가 강화된다.

가설 4. 조직규모가 클수록 단위조직의 평균 규모도 커진다.

가설 5. 조직규모가 클수록 행동방식은 공식화된다.

가설 6. 기술 시스템이 단순화될수록 현장의 작업과 구조는 공식적으로 관료화된다.

가설 7. 기술 시스템이 복잡할수록 스태프 조직과 분권화 및 연계 조정 방식이 강화된다.

가설 8. 현장관리층이 자동화될수록 관료적 관리구조가 유기적으로 변화한다.

가설 9. 환경이 동태적일수록 조직구조는 보다 유기적이어야 한다.

가설 10. 환경이 복잡할수록 조직구조는 보다 분권화되어야 한다.

가설 11. 시장이 다양화될수록 단위조직은 시장 위주로 더욱 세분화되어야 한다.

가설 12. 환경이 극도로 악화되면 조직구조는 일시적으로 집권화된다.

가설 13. 환경적 불균형이 발생하면 분권화에 의한 작업군락이 재형성되어야 한다.

가설 14. 조직 외적 통제가 강할수록 조직구조는 집권화 및 공식화된다.

가설 15. 구성원들의 권력 욕구가 강할수록 조직구조는 극도로 집권화된다.

가설 16. 비록 자사에 적합하지 않더라도 유행에 따라 새로운 조직구조를 택하기도 한다.

결국 민츠버그는 조직의 나이와 규모, 기술 시스템, 조직환경 및 권력변수에 의해 조직구조가 달라진다고 보고 그중에서도 특히 환경적 특성과 그에 적합한 조직구조를 다음과 같이 요약하고 있다.

▶ **환경 특성과 조직구조 간의 적합성**

	안정적인 환경	동태적인 환경
복잡한 환경	분권적, 관료적 조직구조 (현장기술의 표준화)	분권적, 유기적 조직구조 (부서 간의 상호 조정)
단순한 환경	집권적, 관료적 조직구조 (작업 과정의 표준화)	집권적, 유기적 조직구조 (직접적인 상하 감독)

구성 형태로서의 조직 설계

앞에서 말한 조정 메커니즘, 조직 설계의 매개변수 및 상황변수 등은 모두 조직구조를 구성하는 형태, 즉 자연스러운 직무군락을 형성하는 데 요구되는 변수들이다. 여기서 직무군락을 형성시키는 다섯 가지 방향의 힘이 어떻게 형성되는가에 따라 다섯 가지 조직구조의 구성 형태가 달라지며, 그 각각의 특성은 다음과 같다.

1. 단순형 구조the simple structure : 스태프 조직이 거의 없으며, 최소한의 관리 계층만 갖춘 창업형 조직으로 모든 조정활동은 상하 감독체계로 이뤄진다. 단순하면서도 동태적인 특성이 있으므로 창업을 할 때뿐만 아니라 기업환경이 악화될 경우에도 활용되는 유일한 집권적 조직 형태다.
2. 기계적 관료제the machine bureaucracy : 대규모 조직에서 고도로 표준화가 이뤄진 형태로서, 막스 베버가 주장한 관료제와 거의 동일한 형태에 해당한다. 공식적 권한체계에 따라 의사소통과 의사결정이 이뤄지

며, 전통적 분업의 논리와 통제 중심의 관리원칙이 중시된다. 관료 병리 현상을 유발시킨다는 비판에도 불구하고 안정적인 환경, 성숙된 조직, 통제적 조직 및 대량 생산이 중시되는 조직에 적합한 유형으로 사람보다는 시스템에 의한 운영을 중시할 때 기계적 관료제가 강화된다. 지금까지의 연구 결과 이들 기계적 관료제가 성공하기 위해서는 보다 유연하고 단순한 조직으로 변화되어야 함이 밝혀졌다.

3. 전문적 관료제the professional bureaucracy : 병원이나 대학 등에서 찾아볼 수 있는 조직 유형으로 기술의 표준화와 고객 중심의 서비스활동이 중시된다. 기계적 관료제에서는 권력의 원천이 공식적인 지위에서 나오지만 전문적 관료제에서는 전문성으로부터 나온다는 차이가 있다. 이는 표준화되어 있지만 엄청난 학습과 시간이 투입되어야만 숙지할 수 있는 과업을 담당하는 현장의 숙련공이나 전문인력에 의해 주도되며, 전문적, 민주적, 분권적, 자율적, 협력적인 특성을 지니고 있으므로 전문적 관료제는 현장을 중시하는 현 상황에 가장 적합한 조직 유형으로 평가받고 있다.

4. 사업부 형태the divisional form : 산업사회의 민간기업에서 가장 널리 사용되고 있는 조직구조로 다른 조직 형태와는 달리 최고경영층으로부터 일선 관리자에 이르는 일관성을 찾아볼 수 없으며, 사업부별로 독

▶ 조직설계의 목적에 따른 조직구조의 특성

구조 형성의 방향	조직구조의 형태	핵심 조정 메커니즘	조직의 주요 부문	분권화의 유형
집권화 추구	단순형 구조	직접적 감독체계	최고경영층	수직 · 수평 집권화
표준화 추구	기계적 관료제	작업 과정 표준화	전문형 스태프	제한 · 수평 분권화
전문화 추구	전문적 관료제	직무기술 표준화	현장관리층	수직 · 수평 분권화
분권화 추구	사업부 형태	산출물의 표준화	중간관리층	제한 · 수직 분권화
협력화 추구	임시적 조직	부서 간 상호 조정	지원형 스태프	선별적 분권화

자적인 조직구조를 갖추고 있다. 한편 사업부별 내부 조직의 형태는 기계적 관료제를 택할 때 가장 효과적이며, 경제적 성과에 치중된 목표관리를 중시하는 특징을 갖고 있다. 이 때문에 사업부제 조직은 경제적 성과는 양호하지만 사회적 책임은 지지 않는, 즉 자본주의의 전형적 산물이라는 강한 비판을 받기도 한다.

목표관리 MBO : Management By Objectives
피터 드러커의 '목표 설정과 자기통제에 의한 관리' 개념에서 출발하였다. 조직 전체 및 부문별 목표 설정, 그리고 이를 달성하기 위하여 주어진 작업 범위 내에서 개인별 목표를 구체적으로 설정하여 자율적으로 수행하는 방식을 의미한다.

5. 임시적 조직adhocracy : 다양한 분야의 전문가들이 혁신 과제를 수행하는 형태로 고도의 유기적 구조, 행동규범의 공식화 배제, 고도의 수평적 직무 전문화, 전문가 상호 간의 조정을 위한 연계와 분권화가 이뤄지므로 전통적 관리원칙은 아예 적용되지 않는다. 환경이 복잡하고 동태적일 경우 매트릭스 조직, 프로젝트팀 또는 태스크포스팀 등의 형태를 띠는 임시적 조직은 고도의 불확실성을 다뤄야 하는 만큼 갈등과 대결 양상이 강하게 표출된다는 문제를 안고 있기도 하다.

이상의 다섯 가지 조직형태 외에 또 다른 유형도 존재할까? 민츠버그는 스스로 이러한 질문을 던지면서 자신이 제시한 다섯 가지 유형들은 단지 순수한 이론적 유형에 불과하다는 것과 혼합형 방식으로 다양한 조직구조의 형태가 얼마든지 존재하고 또한 새로운 환경 요인에 의해 다른 모습을 띨 수도 있다는 점을 강조하고 있다.

현대적 시사점

거시 조직이론에 해당하는 조직구조의 설계 문제는 기술, 환경, 전략, 공식화, 집권화, 전문화 수준 등의 문제를 중심으로 다양하게 연구되어왔다. 민츠버그의 업적은 바로 이러한 환경변수와 매개변수(이 책에서는 조직 설계의 매개변수로 칭함), 그리고 이들 변수의 조합에 의한 조직구조의 형태 등을 그의 '신성한' 5라는 다섯 가지 유형의 구분으로 체계적으로 종합하고 분석한 데 있다.

민츠버그 스스로 가장 실용적인 조직구조의 유형을 열거했으나 이는 순수하게 이상적 5대 유형에 불과하다고 말한 것처럼 실제 기업에서 찾아볼 수 있는 조직구조의 형태는 매우 다양하다. 그러나 구조적 효과성, 즉 조직구조와 경영 성과 간의 관계를 적합성과 내적 일관성에 의해 최적화할 수 있다는 이 책의 논지는 그가 제시한 열여섯 가지 가설을 통해 대부분 설득력을 갖게 되었다.

민츠버그의 학문적 연구방법은 축적된 지식과 정보로부터 가장 합리적인 의사결정의 원천이 구축된다는 허버트 사이먼의 논지를 뛰어

스태프 조직의 새로운 조합구상 사례

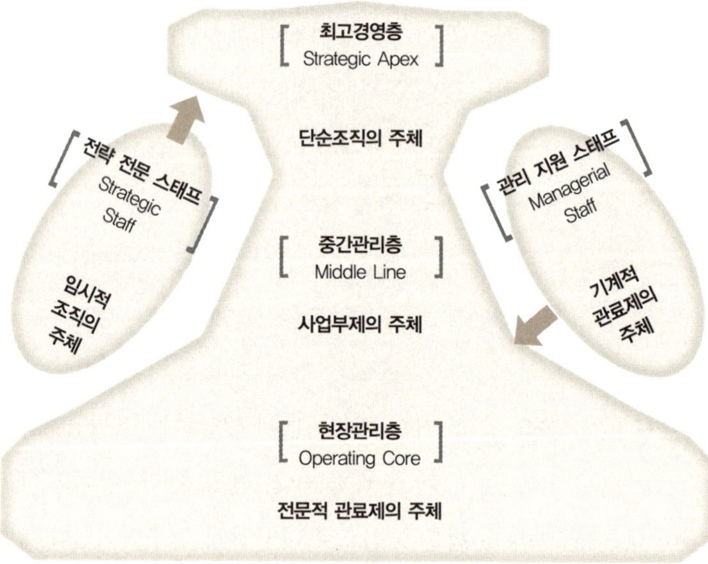

[최고경영층 Strategic Apex]
단순조직의 주체
[전략 전문 스태프 Strategic Staff]
임시적 조직의 주체
[관리 지원 스태프 Managerial Staff]
기계적 관료제의 주체
[중간관리층 Middle Line]
사업부제의 주체
[현장관리층 Operating Core]
전문적 관료제의 주체

넘어, 단순 직관력으로부터도 예상 밖의 합리적 의사결정이 이뤄질 수 있다는 직관의 경영 및 새롭게 태동되는 창출적 전략의 중요성을 강조하고 있다. 이러한 민츠버그의 논지가 합리적 · 분석적 판단을 주관하는 좌뇌의 기능과 종합적 · 직관적 판단을 주관하는 우뇌의 기능이 조직구조에서도 구분되어 나타나야 한다는 그의 후기 연구물과 결합된다면, 이 책이 소개하고 있는 조직구조의 구성형태를 좌뇌의 기능을 하는 전략 전문 스태프와 우뇌의 기능을 하는 관리 지원 스태프로 구분하는 새로운 조합도 생겨날 수 있다.

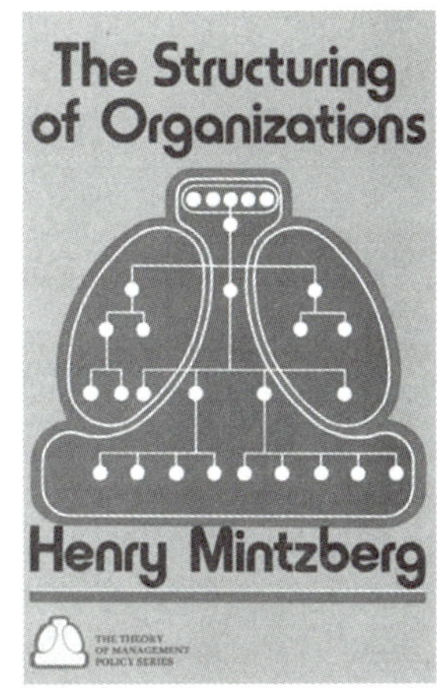

헨리 민츠버그의 또다른 책 《The Structuring of Organizations》의 원서 표지. 조직구조와 경영 전략에 관한 그의 독창성과 혜안이 돋보이는 책이다.

비록 이 책의 마지막 13장에서 민츠버그가 이러한 새로운 조합의 가능성을 강조하고 있으나 "조직도 사람과 마찬가지로 좌뇌의 기능과 우뇌의 기능이 조화된 균형형태가 바람직하다."라는 논지를 찾아볼 수 없는 것은 이 책의 한계라 할 수 있다. 이 책의 개념을 초월한 관점, 즉 민츠버그가 후에 저술한 《Mintzberg on Management : Inside Our Strange World of Organizations》(1989)의 논지를 적용한다면 조직의 5대 구성 부문은 다음과 같은 형태가 될 것이다.

1. 테크노스트럭처에서 전략 전문 스태프로 : 조직의 불확실성을 분석해 최고경영층에 제시함으로써 가장 합리적인 전략적 의사결정을 유도하는 기능을 수행하는 전문 스태프로서 기업 조직의 기획실, 홍보팀, 연구개발팀 등이 여기에 속한다. 이는 바로 민츠버그가 강조한 좌뇌의 기능을 담당하는 스태프 조직에 해당한다.

2. 지원 스태프에서 관리 지원 스태프로: 조직의 복잡성을 종합적 또는 직관적으로 평가해 현업부서의 인적, 물적, 금전적 자원을 효과적으로 지원해주는 관리 스태프로서 기업 조직의 인사팀, 재무팀, 구매팀, 회계팀 등이 여기에 속한다. 이는 민츠버그가 강조한 우뇌의 기능을 하는 스태프 조직에 해당한다.

이처럼 조직구조에 대한 관심이 있는 독자라면 누구나 원인 또는 매개변수를 달리한 조직구조의 형태를 조합해볼 수 있을 것이다. 이 책이 우리에게 주는 가장 중요한 시사점 역시 다섯 가지로 구분한 조직구조 유형 외에 이를 바탕으로 얼마든지 다양한 조직구조를 만들 수 있다는 점을 일깨워준 데 있다.

Power in and around organizations 민츠버그, 프렌티스홀, 1983

Mintzberg on Management 민츠버그, 사이먼 앤 슈스터, 1989

팀 업적평가 박기찬, 한국능률협회, 1997

현대조직론 최종태, 경세원, 1997

저자 소개 및 도서 정보

헨리 민츠버그Henry Mintzberg

《효과적인 조직 설계 : 조직구조의 5대 유형*Structure in Fives : Designing Effective Organization*》, Prentice-Hall, Inc., 1983.

1939년 캐나다 몬트리올에서 태어난 민츠버그는 맥길 대학의 기계공학부를 졸업하고 3년간 캐나다 철도회사에서 근무한 뒤 미국으로 건너가 MIT 슬론 스쿨에서 경영학 박사학위를 받았다. "현실의식이 부족한 인력을 2년간의 학내 교육으로 훌륭한 경영자를 만들 수는 없다."라는 비판을 해온 그는 경영학 분야에서도 대가의 학설을 따르지 않고 오히려 허버트 사이먼이나 유명한 학자의 논지를 끝까지 반박해 자기의 논지를 확고하게 정립한 독창적인 학자다.

그는 '5'라는 숫자에 매료되어 이 책에서의 주장 외에도 글로벌 비즈니스 스쿨을 전 세계에 5개를 세워 사고적 마인드, 분석적 마인드, 세속적 마인드, 협력적 마인드, 촉매적 마인드라는 다섯 가지 마인드 함양에 매진할 것을 강조하기도 했다. 이러한 그의 독자적인 성격은 기존에 당연시되었던 학설이나 경영의 지혜에서 잘못된 부분을 예리하게 파헤친 그의 관찰력에서 잘 나타나고 있는데 그 예로 "전략상 가장 심각한 문제는 자신이 전략 전문가라고 믿는 최고경영자에게서 시작된다.", "직관력이란 축적된 지식으로부터 나오는 것이 아니다."라는 표현으로 노벨 경제학상을 수상한 사이먼의 의사결정론을 근본적으로 비판한 것을 들 수 있다.

1973년 자신의 박사학위 논문을 정리한 《The Nature of Managerial Work》가 10만 부 이상 판매되면서 유명세를 탄 민츠버그는 1979년 《The Structuring of Organization》, 그리고 이 책 《효과적인 조직 설계 : 조직구조의 5대 유형》(1983), 《Power In and Around Organizations》(1983), 《Mintzberg on Management : Inside Our Strange World of Organizations》(1989), 《The Rise and Fall of Strategic Planning》(1994) 등 독창성과 혜안이 돋보이는 조직구조 및 경영전략 관련 저서와 논문을 통해 현대 경영학의 새

로운 학파를 만들어가고 있다. 그의 창의적 논지는 죽어가는 자료를 바탕으로 좌뇌의 분석활동에 입각한 계획 수립 활동보다는 살아 있는 환경을 통합적으로 바라보는 우뇌의 직관력을 가동한 창출적 전략을 만들어가야 한다는 데서도 찾아볼 수 있다.

미국 기업을 위한 일본식 경영방식 14

Theory Z: How American Management Can Meet the Japanese Challenge
William G. Ouchi

keyword
Z조직
일본식 인적자원관리
신뢰형성
동기유발

카테고리 관련성	
경영전략, 경영혁신	★★
생산관리	
변화관리	
조직관리, 인사관리	★★
마케팅	
리더십	
동기부여, 인간관계	★
기업성공	

핵심 아이디어 1970년대에 발생한 두 차례의 석유 위기로 인해 기간산업의 대부분을 석유에 의존하던 서구 경제는 전반적인 불황과 인플레이션으로 경제 성장이 급속히 둔화되었다. 이러한 총체적인 위기를 능동적으로 극복하기 위해서는 개별 기업의 생산성 향상이 필수적이었다. 전통적인 미국 기업들은 생산성을 향상시키기 위해서는, 기술을 개발해야 한다는 과학적이고 합리적인 생각을 중시했다. 반면 일본 기업들은 인사관리 및 조직관리의 개선을 토대로 전체 종업원이 효율적으로 협동 작업을 할 수 있는 분위기를 중시했다.

생산성 향상이란 관점에서 두 나라의 경영관리 시스템을 비교한 많은 조사 및 연구 결과, 미국식 경영 시스템보다 일본식 경영 시스템이 우월하다는 사실이 드러났다. 실제로 1970년대의 석유 위기를 전환점으로 주요 산업에서 미국 기업은 생산성 향상에 실패해 경쟁력이 저하되었고, 일본 기업은 탁월한 생산성 향상을 바탕으로 경쟁력이 강화되었다. 이로 인해 제2차 세계대전 이후 세계 경제에서 주도적 역할을 해왔던 미국 기업의 위상은 위축되었고, 일본 기업이 새로운 강자로 부상했다.

1970년대 이전에는 그다지 두각을 나타내지 못했던 일본 기업들이 1970년대 이후 급속히 발전하게 된 이유는 무엇일까? 실제로 도요타, 혼다, 닛산 등의 자동차회사나 소니, 마쓰시타, 산요 등의 가전제품회사들은 우월한 경쟁력을 바탕으로 미국 시장을 적극적으로 공략하기 시작했다. 이에 따라 전반적인 생산성 하락과 일본 기업의 도전에 직면한 미국 기업의 경영자들은, 자신들이 처한 위기를 극복하기 위해서는 부상하는 일본 기업의 장점을 배워야 한다는 사실을 깨닫기 시작했다. 그러나 양국은 사회적 · 문화적 구조가 서로 달랐고, 때문에 일본의 경영방식을 미국 기업에 직접 이식하는 것은 불가능하다는 인식이 팽배해 있었다. 이러한 편견을 타파하고, 일본식 경영방식의 장점이 미국 기업에 접목될 수 있으며, 또 접목되어야 함을 강조한 것이 바로 Z이론이다. 1981년 저자에 의해 제기된 Z이론은 미국식 기업 조직A조직과 일본식 기업 조직J조직의 장점을 통합해 새로운 경쟁력을 창출할 수 있는 Z형 조직을 구성해야 한다는 것이 그 주된 내용이다.

오우치는 미국과 일본의 48개 기업체에 대한 조사를 바탕으로 생산성을 향상시키는 효율적인 특성을 갖고 있는 기업 조직을 'Z형 조직'이라 정의했다. Z이론의 핵심은 최신 생산 설비나 기술과 같은 물적자원보다는 구성원들의 동기를 유발시키는 인사관리와 조직관리가 더 중요하다는 것이다. 이러한 사고는 일본식 인적자원 관리에 그 뿌리를 두고 있다.

예컨대, 많은 일본 기업체들은 본국에서뿐만 아니라 미국에 진출해서도 특유의 관리 형태를 바탕으로 성공을 거뒀다. 미국 내 일본 회사에 근무하는 미국인들을 조사한 결과, 그들이 과거 미국 기업에서는 느낄 수 없었던 가족과 같은 일체감을 일본계 기업에서는 일상적으로 느끼게 되었음이 밝혀졌다. 그리하여 그들은 조직의 일원으로서 만족감을 갖게 되었던 것이다. 저자는 Z이론을 통해 일본의 경영방식이 미국의 기업 풍토에도 적용될 수 있음을 강조하면서 휴렛 패커드, 인텔, P&G 등을 미국 기업 중 Z형 조직에 근접한 예로 들고 있다.

그러면 Z형 조직으로 변신하기 위해서는 어떤 노력이 필요할까? 저자는 가장 먼저 기업 내 '신뢰'를 강조하고 있다. 노조, 정부, 사용자 단체 간의 불신이야말로 생산성 향상을 가로막는 가장 큰 장애물이라는 것이다. 두번째는 종업원들 각각의 개성을 파악하고 이를 바탕으로 인간적인 신뢰를 구축하기 위해 미묘한 인간관계를 '민감성'을 갖고

Z형 조직의 개발

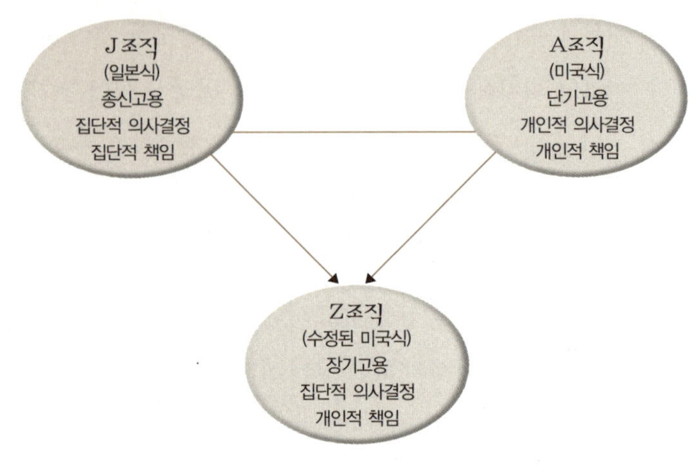

다루는 것이다. 마지막으로 서로 돕고 돌보며 이기적인 태도를 절제할 수 있는 '친밀감'이 기업 내부에 형성되어야 한다.

Z이론은 궁극적으로 일본의 경영관리 방식의 어떤 면이 미국 기업에 성공적으로 적용될 수 있는가에 대한 것이다. 보편적으로 기존의 미국 기업은, 기술이나 과학적인 방식을 중시하고 인적인 부분에는 별다른 관심을 기울이지 않았다. 그래서 보다 효율적인 협동 작업을 가능하게 하는 일본식 인사관리 방식을 배워서 실천해야 한다는 것이 이 책의 주된 논지다. 종신고용과 집단적 의사결정, 그리고 집단적 책임에 근거한 일본식 J조직과 단기고용, 개인적 의사결정, 개인적 책임을 추구하는 미국식 A조직을 결합한 것이 장기고용, 집단적 의사결정, 그리고 개인적 책임을 추구하는 Z형 조직이다. 저자는 미국 기업이 Z형 조직으로 변신해야 일본 기업의 도전을 능동적으로 극복할 수 있다고 주장하고 있다.

시놉시스

《Z이론 *Theory Z*》은 총 2부로 나뉘어 있다.

제1부에서는 일본 경영방식의 어떤 점을 배워야 하는지를 살펴보기 위해, 일본 기업과 미국 기업의 경영활동을 비교해 Z형의 조직형태를 제시하고 있다. 저자는 먼저 일본 경영방식의 특징으로 종신고용제, 연공서열제, 종업원 능력평가제도, 경력계획제도, 의사결정 과정, 목표 설정 과정, 경영통제기구, QC서클활동, 재벌들과 하청업자 간의 관계, 노사관계 등을 자세히 고찰하면서 일본 고유의 전통과 문화, 그리고 사회 환경이 어떻게 이러한 경영관리제도에 영향을 미치고 있는지를 연구했다.

연구 결과에 의하면 일본의 기업조직J조직은 종신고용, 느린 승진, 비전문적인 승진 코스, 비명시적 관리 기구, 집단에 의한 의사결정, 집단 책임, 전면적인 인간관계를 특색으로 하고 있다. 이에 반해 전통적인 미국의 기업조직A조직은 단기고용, 빠른 승진, 전문화된 승진 코스, 명시적 관리 기구, 개인에 의한 의사결정, 개인 책임, 부분적인 인간관계를 특색으로 한다. 그리고 이 두 유형 조직의 우월한 특질을 조화시킨 것이 Z형 조직이고, 미국 기업 중에서 성공적인 기업이 이러한 Z형 조직의 특징에 근접해 있다는 것이 저자의 논리다.

전반적으로 일본 기업은 미국 기업과 고용 기간, 의사결정 형태, 책임의 소재, 평가와 승진 속도, 통제 기구, 경력관리, 종업원에 대한 관심의 성격 등 일곱 가지 측면에서 매우 다르다. 예를 들어, 일본 기업은 종신고용제와 집단적 의사결정으로 특징지어지는 데 반해 미국 기업의 경우에는 단기고용제와 개인적 의사결정이 일반적이다. 그러나 IBM, 휴렛 패커드, 코닥, P&G 등과 같이 성공적인 미국 기업들은 전형적인 A형 조직과는 다른 특징을 갖고 있다. 따라서 A형 조직과 J형 조직의 중간 형태가 존재할 수 있고, 그 중간 형태에 해당하는 Z형 조직

QC서클 활동

제2차 세계대전 후 일본에서는 품질관리 개념이 강조되었다. 당초 경영간부나 일부 기술자가 중심이 된 품질관리활동으로 출발했으나, 점차 직장 QC quality control검토회란 명칭으로 현장에서 직장 및 조장과 작업부원이 함께 참여하였다. 이후 전 구성원이 참가하는 전사적 품질관리로 발전하면서 'QC써클'이라 명명되었다.

이 미국 조직에 적합한 것이다. Z형 조직은 집단적 의사결정, 장기적 평가와 승진, 전반적 관심이라는 세 가지 측면이 J형 조직과 일치한다. A형 조직과는 개인적 책임이라는 한 가지 측면만이 일치할 뿐이다. 나머지 세 가지 측면에 대해서는 중간적인 입장을 취하고 있는데 예를 들면, 장기고용은 A형 조직에서의 단기고용과 J형 조직에서의 종신고용의 중간 형태라고 할 수 있다.

제2부에서는 Z이론의 실용화를 위해 A타입에서 Z타입으로 전환하는 단계와 Z형 기업문화를 제시하고 있다. 아울러 Z이론의 실용화가 가능하다는 전제하에 미국 기업이 생산성 높은 Z형 기업으로 전환하기 위해서는 13단계를 거쳐야 함을 강조하고 있다. 그리고 종업원 복지, 사회에 대한 기업의 책임, 종업원들의 기업에 대한 헌신과 충성심과 같은 점들이 특히 Z형 기업에서 보다 두드러진다는 점을 지적하고 있다. 한편 Z형 조직의 내부에는 종업원들이 서로 높은 수준의 정신적 조화를 이루는 동류 조직이 존재하는데, 이러한 조직은 기업의 범위를 넘어 하나의 거대한 산업적 동류 조직을 형성한다.

Z형 조직의 문화는 상호 신뢰감, 상호 인간관계의 민감성, 그리고 서로의 친밀감을 그 바탕으로 하고 있다. 이는 동질성, 정착성, 집단주의적인 의식에서 비롯된 것이다. 이러한 요소는 조직의 응집력을 강화시키고 생산성을 향상시킨다. 그리고 그 결과 Z형 조직은 상호 신뢰와 협력을 주축으로 한 집단적 경영의 모습을 띠게 된다. 이러한 집단적 경영을 위해서는 장기 계획 및 노사 간의 협력적 인간관계가 요구된다. 보다 구체적으로는 장기고용, 근면 중시의 인사고과, 느린 승진제도, 정기 이동, 비전문적 경력, 집단적 의사결정, 명시적 관리 시스템, 개인 책임 등을 채용해야 한다. 궁극적으로 Z이론이 추구하는 것은 생산성 제고다. 그런데 생산성은 조직적인 특징과 문화적인 특징이 적

절히 조화되어 개개인의 노력을 생산적인 방식으로 통합, 조정하고 근로자들에게 인센티브를 제공하는 방향으로 지속적으로 유도되어야 한다.

부록에서는 미국 기업 중 성공적인 성과를 달성한 기업들의 철학을 소개하고 있다. 휴렛 패커드, 데이튼 허드슨, 로크웰 인터내셔널, 인텔, 일라이 릴리가 표방하는 기업 목표와 경영철학 등을 소개하면서 이들 기업의 특성이 전형적인 Z형 기업에 가깝다는 것을 보여주고 있다. 그리고 이 책의 뒷부분에서는 일본의 경영관리 기법 가운데 Z이론에 가장 적합한, QC서클이라는 이름의 품질관리 분임조를 소개하고 있다. 일본 경영의 성공신화를 단적으로 보여주는 QC서클은 1949년 1월에 처음 그 모습을 드러냈는데, 1979년 12월의 공식 집계에 따르면 일본과학기술연맹에 공식적으로 10만 개의 분임조가 등록되어 있다고 한다.

리뷰

일본적 경영의 특성이 가장 잘 드러난 Z이론에서 경영의 성공요인을 찾아낸다

구미 지역의 사회가 A형 조직을 선택하고 있다면 미국에서 경영활동을 하고 있는 일본 기업들의 성공은 어떻게 설명해야 할까? 순수한 일본형 조직에서 다소 변화했다고는 하지만 여전히 일본적 특성을 많이 갖고 있는 J형 조직이 A형이 주류인 환경에서 어떻게 성공할 수 있을까? 일본형 조직으로 명명되는 특성들은 과연 일본 기업에만 적용되는 것인가? 아니면 성공 조직의 일반적인 특성인가? 오우치는 이런

의문에서 출발해 미국 기업이지만 일본 기업과 유사한 특성을 많이 지니고 있는 기업조직을 Z형 조직이라 명명했다.

이러한 특징들을 도출하기 위해 먼저 일본 기업과 미국 기업의 경영활동을 수평적으로 비교하고 거기서 Z형 조직을 도출하고 있다. 또한 저자는 1973년부터 1974년에 걸쳐 20개 이상의 미국 기업과 일본 기업을 방문해 정리한 내용을 이 책에 담았다. 이들 기업들은 상대국에 지점 또는 합작투자 회사를 갖고 있는 기업들로 저자는 경영진을 대상으로 한 직접 면접과 광범위한 설문을 통해 양국 기업의 경영 특성을 파악하고자 노력했다.

일본 기업과 미국 기업의 차이

어떤 조직의 특성을 파악하기 위해서는 전형적인 양 극단의 모형을 추출해 그 차이점을 부각시키는 것이 효과적이다. 이 경우 아마도 양극단의 특징을 그대로 지니고 있는 기업은 찾아볼 수 없겠지만 모형에 제시된 기본적인 특성들은 유사한 형태로 갖고 있게 마련이다. 다음의 표는 일본 기업조직과 미국 기업조직의 전형적인 모형을 대조한 것이다.

▶ **일본 기업과 미국 기업의 조직구조**

일본 기업	미국 기업
• 종신고용 • 완만한 능력 평가 및 승진 • 포괄적인 업무 숙달 및 비전문성의 경력 계획 • 집단적인 의사결정 • 공동체적인 가치기준 • 노사관계의 통합적 결합	• 단기고용 • 급속한 능력 평가 및 승진 • 업무 능력의 전문성 및 특수성의 경력 계획 • 개인적인 의사결정 • 개인적인 가치기준 • 노사관계의 부분적 결합

>> 고용 기간

일본 기업과 미국 기업의 가장 큰 차이점은 고용 기간에 있다. 일본 기업들은 장기적인 성장을 추구하기 위해 종신고용을 채택하고 내부에서는 연공서열을 통해 조직의 안정성을 구축하기 위해 노력한다. 종신고용제는 일본이라는 특이한 사회와 경제적 구조에서만 가능한 것으로 미국 기업이 이를 모방하기란 쉬운 일이 아니다.

일본 기업의 종신고용이 유지되기 위해서는 첫째, 주기적인 상여금 형태의 보상금을 통해 회사에 대한 일체감을 강화해야 한다. 보통 1년에 두 번 정도 지급되는 보상금의 액수는 한 번에 5개월 내지 6개월분 급료에 해당하는 거액이다. 이러한 보상금은 능력에 따른 성과급이 아니라 기업의 수익에 따라 배분하는 것이다. 따라서 이는 주주가 부담해야 할 경영상의 위험을 사원들에게 전가시키는 개념이기도 하다. 한편 사원들은 상여금을 받으면 상당액을 저축하기 때문에 일본의 저축 및 내자 조달률은 미국의 네 배에 달한다.

일본의 대기업들이 종신고용제를 유지할 수 있는 두번째 요소는 많은 수의 임시종업원을 고용하고 있다는 것이다. 이들은 대부분 여성으로, 전문직이나 관리직이 아닌 생산직이나 단순사무직에 종사해 남성들의 직업 안정성을 지지해주고 있다. 이런 여성 인력은 불황기에는 즉시 해고되기도 한다.

세번째 요소는 하청 기업을 활용해 경기 변동을 완충시키는 것이다. 일본은 소수의 대기업들이 주요 산업을 장악하고 있어 중소기업이 활동할 수 있는 영역이 극히 제한되어 있다. 이렇듯 종신고용은 회사에 대한 신뢰를 지닌 충성심 높은 핵심 인력의 근로 의지를 높일 수 있는 사회 전반의 합의를 바탕으로 이뤄지는 것이다.

아마도 이러한 사회적 합의는 미국 사회에서는 결코 이뤄질 수 없을 것이다. 미국 기업들은 단기이익을 중시하기 때문에 보다 기계적이고 관료적인 성격의 시스템을 갖고 있다. 경영자도 장기적인 발전보다는 단기적 이익에 의해 평가받는 경향이 강하다. 그래서 미국 기업은 탄력적인 인력 운영을 위해 단기고용을 선호한다. 미국 기업의 노무직 및 사무직 종업원의 이직률만 봐도 알 수 있다. 그들의 이직률은 매년 최소 50퍼센트에서 최고 90퍼센트에 달할 정도로 매우 높고, 경영진의 이직률도 25퍼센트에 달한다. 이는 일본 제조업 연평균 이직률의 네 배에서 여섯 배에 이르는 수준이다. 이로 인해 회사 전체의 관리체제가 그만큼 불안하게 된다. 아마도 종신고용 자체를 미국 기업들이 그대로 받아들이기는 어려울 것이다. 따라서 일본식 고용 시스템이 창출한 신뢰와 회사에 대한 충성심을 유발시키는 방법을 어떻게 미국 기업에 맞게 도입하느냐가 관건이 된다.

>> 능력 평가와 승진

일본 기업과 미국 기업은 능력 평가와 승진제도에서도 차이를 보인다. 일반적으로 일본 기업은 완만한 능력 평가와 승진을 그 바탕으로 하고 있으며 이러한 제도는 단기적인 기업 성과를 추구하는 데는 적합하지 않다. 그러나 경영 목표의 우선순위를 장기적인 성장에 두고 있는 일본 기업의 경우 장기 전략에 입각해 관리 시스템을 탄력적으로 운영하고 최고경영자는 일반 주주의 감시를 크게 의식하지 않으므로 단기 성과에는 그다지 비중을 두지 않는다. 따라서 개개인에 대한 평가보다는 집단에 대한 소속감을 키우게 한 후, 함께 일하는 동료들에게 강한 애착을 갖도록 가르친다.

일본 기업의 경우 일정 기간이 경과하기 전까지는 아무리 능력이 뛰어나도 공식적인 평가를 받지 못한다. 결국 동료를 희생시켜가면서 자신의 출세를 도모할 수도 없고 그렇게 할 이유도 없다. 그렇다고 일본 기업의 평가가 함량 미달인 것은 아니다. 개방형의 사무실 내에서 구성원들은 다른 동료들의 업무 성과를 손쉽게 알 수 있다. 과장이 장부를 갖고 와서 부장에게 장황하게 판매 실적을 설명할 필요도 없다. 이미 서로 다 알고 있는 내용이기 때문이다. 이런 상황에서 개개인이 관심을 기울이는 것은 공식적인 평가나 보상이 아니라, 동료들의 친밀하고 민감한 반응이나 평가다. 따라서 이러한 조직 내에서는 상사와 부하 간에 전통적이고 가부장적인 권위의식과 온정적인 인간관계가 유지되게 마련이다.

학문적 괴짜의 전형으로 꼽히는 에드워즈 데밍. 그는 NBC 팀의 한 명에게 자신이 일본 경제의 부흥에 중심적 역할을 했다고 말한 적이 있는데, 실제로 그는 일본에서 존경받는 학자였다.

승진의 경우도 마찬가지다. 유능한 사원은 빠른 시일 내에 중요한 업무를 맡을 수는 있지만 승진만큼은 능력이 확실하게 인정된 후에나 가능하다. 입사단계부터 학연, 지연으로 연결되어 있는 종업원들은 기업에 대해 충분한 귀속의식 및 충성심을 갖고 있다. 마치 미국 해병대의 문화처럼 동료 간의 친밀하고 민감한 교류를 통해 조직이 운영되는 것이다.

한편 이직률이 높은 미국 기업에서는 사원들의 능력 평가와 승진도 급속하게 이뤄진다. 중간관리층의 자리가 비면 입사한 지 얼마 안 된 사람도 바로 승진할 수 있다. 또한 빠른 승진과 이동이 보편화되어 있어 3년 동안 승진하지 못한 사람은 무능력자로 낙인찍히기도 한다. 경영학 석사의 대량 배출도 이런 분위기를 고조시키는 데 일조한다. 1980년에만 4만 5천 명의 경영학 석사가 기업에 취직했고, 이들은 학력과 능력에 큰 자부심을 갖고 있어 자신들이 빨리 승진해 결국 최고

경영층에 오르게 될 것이라고 기대하고 있다. 만약 그 기대가 깨지면 새로운 기회를 찾아 직장을 옮기게 된다.

대부분의 경영학 석사 소지자는 10년 동안 세 차례 정도 직장을 옮기는 것으로 조사되고 있다. 1980년대까지의 결과를 보면 기업에 대한 충성도가 높은 평균적인 일본 종업원이 충성도가 낮은 우수한 미국 종업원보다 우수한 경영 성과를 달성한 것을 알 수 있다. 중요한 것은 일본 기업의 이러한 근로 의욕을 미국 기업이 어떻게 도입할 것인가다. 그리고 첨단기술이 핵심 변수로 등장한 2000년대의 기업 경영 환경에서 이러한 추세가 계속 지속될지도 알 수 없다.

경력관리와 업무전문성

일본 기업은 전문적인 업무보다는 전사적인 경험을 쌓도록 경력관리를 하는 반면, 미국 기업은 전문적인 업무 지식이 축적되는 방향으로 유도한다. 고도 성장시기 직업 안정성이 보장되었을 때는 일본식 경력관리가 유효했으나, 구조조정기에는 일본식 경력관리를 거친 인력은 전문성이 결여되는 한계가 있었다.

>> 경력관리

일본 기업은 전문성을 강조하지 않는 사원 양성 방식을 선호한다. 종업원들이 가급적 여러 직무를 경험할 수 있도록 하고, 회사 전반에 대한 폭넓은 지식을 얻게 한다. 이러한 제도는 특정 업무에 있어서는 지식이 축적되지 못해 단기적인 효율성이 저하될 수 있다는 위험을 갖고 있다. 전문성을 강조하지 않는 사원 양성 방식은 비록 어느 특정 부문에 정통하지는 않지만 업무를 두루두루 이해하는 인재를 육성할 수 있다.

입사해서 퇴사할 때까지 계속 여러 부서에 순환 근무를 시켜 사원들이 회사에 강한 소속감을 갖게 하고, 또 경영자는 특정 업무에 능통한 전문가가 이직할 염려가 없으므로 안심하고 사원들의 능력 개발을 위해 투자할 수 있다. 아울러 장기간에 걸쳐 조직의 여러 부분을 두루 섭렵하게 되어 부서 간의 경직성을 예방할 수도 있다.

일본 기업의 경우 거의 모든 부서의 근무자들이 다른 부서의 업무 절차나 당면한 문제를 잘 알고 있기 때문에 부서 간의 업무 조정이나 협조가 원활하다. 따라서 어떤 문제를 해결하는 데 있어 회사 전체의 이익을 고려하는, 넓은 시각에서 관련 부서 간 협력을 도모하기 쉬운 구조다.

반면에 미국 기업은 참모를 통해 최대한 업무의 전문성을 기한다. 이는 개인의 과도한 전문화를 초래함으로써 직무 변화에 대한 적응력과 관련성을 상실하게 하는 한계를 갖고 있다. 미국 기업들의 경우 승진이라는 수평이동에는 익숙해도 수평이동의 가능성은 전혀 고려하지 않는다. 개개인이 고도로 전문화되어 있기 때문에 그러한 전문성이 쓸모없게 되는 경우 다른 직무를 맡지 못하고 사직해야 하는 경우가 많다. 이러한 불안감 때문에 칵테일 파티장과 같은 사교 모임에서 끊임없이 다른 직장에 자신을 위한 자리가 있는지를 타진해야 하는 것이다. 경영자 입장에서도 특수한 능력을 개발하기 위한 사원 교육에 지속적으로 투자하는 게 쉬운 일만은 아니다. 교육 후 다른 회사로 이전하면 쓸모없는 투자가 되기 때문이다.

>> 의사결정

두 모델은 의사결정에 있어서도 극명한 차이를 보인다. 일본 기업의 경우 의사결정에서 있어 참여적인 집단 의사결정을 선호한다. 일본 기업에서는 의사결정을 내릴 때 이 결정에 영향을 받는 모든 사람들이 결정에 참여하게 된다. 그들이 중점을 두는 것은 의사결정 자체보다는 의사결정 과정에서 모든 사람들에게 세부적인 내용을 전달하고, 그 결정을 철저히 실행시키겠다는 합의를 유도하는 것이다. 그러나 참여적 의사결정이 이뤄지면 책임 소재가 명확하지 않게 된다. 일본 기업의 이런 의사결정에는 의도적으로 책임 소재를 모호하게 하려는 측면이 있다. 이런 방식은 책임을 미루는 단점도 있지만 책임을 분담시킴으로써 의사결정이나 문제 해결 과정에 많은 사람을 참여시킬 수 있는 장점도 있기 때문이다.

그래서 그들은 개인에 의한 독단적인 방법이 아닌, 구성원들의 참여에 의한 공동 의사결정 과정을 거침으로써 전체가 합의하는 분위기를 조성하고, 조화를 추구하는 집단주의적인 의식구조를 지니게 된다.

미국 기업의 경우 사무용품 구매는 누가 담당하고, 사무기기 조달은 누가 담당하는 식으로 업무가 명확하게 분담된다. 이 경우 책임 소재는 명확하지만 이중 어느 한 사람이 다치거나 회사를 그만두게 되면 회사 전체가 영향을 받게 될 위험이 상존한다. 그리고 어떤 의사결정이 어떻게 내려졌는지를 담당자밖에 알지 못해 전체적인 의사소통이 단절되는 문제도 발생한다.

>> 가치기준

일본 기업은 공동체적인 가치기준을 중시하는 데 반해 미국 기업은 개인적인 가치기준을 중시한다. 이는 일본인들의 특성 중 서양 사람이 가장 이해하기 어려운 측면이기도 하다. 미국 전자회사가 일본에 설치한 전자제품 공장의 성과급제도가 어떻게 변화하게 되었는지를 살펴보자.

먼저 이 공장의 미국인 경영자는 작업 분량에 따른 성과급 지급으로 근로 효율성을 높이고자 했지만 일본인 근로자들은 이를 완곡히 거절했다. 일본인 근로자의 관점에서는 18세 여공은 16세 여공보다 근속연수가 오래되었으므로, 더 많은 임금을 받아야 마땅한 것이다. 어느 한 사람이 더 열심히 일을 해서 공정이 빨리 진행되더라도 다른 공정의 속도가 이를 뒷받침하지 못하면 전체적인 효율성은 떨어진다는 논리다. 따라서 다 같이 열심히 할 수 있어야 하고, 그러기 위해서는 서열에 맞게 보상되어야만 조직이 화합하는 분위기가 조성된다는 것이다. 이렇듯 일본의 경우 산업활동 자체가 상호 의존적이고 조정적인 형태를 중시하기 때문에 집단적인 공동체 의식을 바탕으로 조직이 운영될 수밖에 없다.

반면에 미국 기업에 있어서는 개인 중심의 효율성 향상을 바탕으로 상호 경쟁적인 요소가 부각된다. 그러나 경쟁적인 노력으로 부분적인 업적이 좋아진다 하더라도 전체적인 효율성은 떨어질 수 있다.

>> 노사관계

일본 기업은 사원에 대해 통합적인 관심을 지닌다. 예를 들어, 한 일본은행의 신입사원 교육에서 은행장이 강단에서 신입사원들의 부모들에게 자녀들을 맡아 성실하게 일을 시키고 육체적, 정신적, 도덕적 성장을 유도하겠다고 다짐한다고 하자. 그리고 부모 대표가 자녀들이 은행에서 일할 수 있게 해준 데 대해 감사하고, 은행을 새로운 가정으로 알고 열과 성을 다하라고 당부한다. 이런 것이 일본식 통합적 접근 방식이다. 이에 따라 일본에서는 노사관계도 모두 포괄적인 형태를 취한다. 이러한 통합적인 전체성을 강조하는 분위기는 봉건제도 아래 오랫동안 억눌려 있다가 일시적인 개방에 의해 산업화된 역사적 특성에서 기인한 것이기도 하며, 극단적인 노사 대립을 예방하기 위해서이기도 하다.

미국 기업의 경우 사원은 주어진 업무와 관련해서만 기업과 관계가 있다. 기업과 구성원들의 결합이 부분적으로 이뤄지는 것이다. 아마도 일본적인 전인적 관계와 친밀성은 미국 기업에게는 접목되기 가장 어려운 특징일 것이다. 이러한 부분적인 관심은 노사관계에도 영향을 미쳐 특정 사안에 있어서는 극단적인 노사 대립을 야기시키기도 한다.

일본 기업의 장점을 가미한 Z형 조직형태

미국 기업이 일본 기업에서 무엇인가를 배우기 위해서는 과연 두 기업이 어떤 면이 다른지를 면밀히 파악해야 할 것이다. 앞에서 미국 기업과 일본 기업 사이에서 나타나는 뚜렷한 관리 시스템의 차이를 살펴보았다. 여기서는 일본 기업의 장점을 많이 가미한 Z형 조직의 특징을 살펴보도록 하자.

Z형 조직은 장기적인 고용관계를 지속하는 경향이 있다. 종신고용제도는 업무의 복잡성에서 비롯되는 경우가 많으며 능력 평가나 승진 과정도 비교적 완만하게 진행된다. Z형 조직은 전형적인 일본 기업에 비해서는 평가나 승진 주기가 빠르지만 미국의 일반적인 기업에 비해서는 늦는 경향이 있다.

이러한 Z형의 기업에서는 흔히 공개적인 실적 평가 인터뷰를 갖는 것이 상례로 되어 있다. Z형 조직의 사원 양성 방식은 일본 기업에서 전형적으로 나타나는 직무 간 또는 본지점 간의 '순환근무제'를 많이 채택하고 있다. 이러한 제도는 그 회사에 국한된 기능성을 강화시키는 데 효율적이어서 기획, 생산, 유통 과정의 여러 단계에서 긴밀한 조정을 가능하게 해준다. Z형 조직에서는 이윤 그 자체가 목적이 아니다. 기업이 고객들에게 지속적으로 진정한 효용가치를 제공하고 사원들의 성장을 도우며 기업인으로서 책임 있게 행동할 때 이윤은 기업에 대한 자연스러운 보상으로 돌아온다는 것이다.

한편 Z형 조직에서는 의사결정이 합의적이고 참여적인 특성을 갖고 있다. Z형 조직의 의사결정 과정은 집단적으로 이뤄지지만 이 결정에 대한 궁극적인 책임은 특정 개인에게 돌아간다. 집단적인 의사결정이 개인의 책임 부담으로 돌아가기 위해서는 상호 신뢰하는 분위기가 조성되어야만 한다. 모든 이들이 공동의 목표를 갖고 누구도 이기적인 행동을 하지 않는다는 확실한 신념이 있을 때, 각 개인들은 공동 의사결정의 결과에 책임을 갖고 과업 수행에 열의를 보이게 되는 것이다.

맥그리거의 'X이론'과 'Y이론'은 'Z이론'이 발전할 수 있는 토대가 된다.

기본적으로 통합적인 관계를 지향하는 Z형 조직에서는 계층의식을 억제시켜 보다 평등한 관계를 유지한다. 평등주의란 개개인이 서로 신뢰하기 때문에 엄격한 감독 없이 스스로 판단하고, 자율적으로 일을 처리할 수 있다는 뜻이다. 또한 신뢰는 모두가 동일한 목표에 상응해 누구도 다른 사람에게 해를 끼치지 않는다는 믿음을 뒷받침해준다. Z형 조직에서는 이러한 신뢰가 무엇보다도 회사에 대한 충성과 생산성 제고에 크게 기여한다.

관료주의적인 조직과 Z형 조직의 가장 큰 차이는 Z형 조직이 조직 내부의 긴밀한 정신적 조화를 중요시한다는 것이다. 이를 가장 적절히 표현한 것이 '동류 조직'이다. 동류 조직은 계층 조직과 구분되며, 시장에 모인 사람과도 구분된다. 동류 조직은 팀워크를 통해 작업을 해나가며 동류 조직에 속한 개개인은 자기가 원하는 방향으로 행동한다. 이 경우 모든 사람은 철저하게 공동의 목표를 지향한다. 또 장기간에 걸쳐 개개인의 조직 기여도를 정확하게 평가할 수 있는 시스템을 갖추고 있기 때문에 인간의 잠재능력을 발현시키고 개인의 자유를 극대화시킨다. 이렇듯 Z형 조직에서는 개인의 자율성과 재량의 폭이 더 넓어질 수 있다. 이들이 다른 조직의 구성원보다 훨씬 더 열성적으로 일하는 이유는 이러한 자율성과 재량권이 부여되어 있기 때문이다.

Z형 조직은 Z형 조직문화를 기반으로 한다. Z형 조직문화는 정신적인 조화에서 출발한다. 팀워크를 통해 업무를 수행하기 때문에 집단의

실적이 개인별로 나타나지 않더라도 구성원이 다같이 적극적인 태도로 업무에 임하게 된다. 이러한 조직에서는 조직의 목표를 구성원들이 충분히 공유하고 있어 조직 균형이 자연스럽게 이뤄질 수 있다. 이를 통해 구성원들은 한 집단의 일원이라는 심리적인 만족감을 얻게 되는 것이다.

Z형 조직에도 단점은 있다. 강력한 팀워크에 대한 반대급부로 외부인에 대해서는 배타적인 감정과 선입관을 지니게 된다. 따라서 유능한 외부인을 영입하기가 어렵다. 또 업무에 있어서도 혁신적인 조치들을 도입하는 것에 대해 거부반응을 나타내게 된다. Z형 조직에서 구성원들의 행동과 가치관을 수정하는 것은 다른 조직에 비해 훨씬 더 어려울 수도 있다. 아마도 Z형 조직에서 변화를 이루기 위해서는 조직의 기본 정신부터 수정해야 할 것이고, 이 과정은 매우 완만한 형태로 이뤄져야 할 것이다.

Z이론의 실용화 단계

오우치는 Z형 조직의 구축 또는 A형 조직에서 Z형 조직으로 이행하는 단계를 열세 가지로 제안하고 있다. 그러나 A형에서 Z형으로의 변화 과정에 대한 이론이 완벽하지는 않다고 토로하고 있다. 왜냐하면 경영관리가 과학적인 측면은 극히 적은 대신 기술적인 측면이 매우 강하기 때문에 정형적인 설명이 불가능하다는 것이다. 누구도 처음부터 조직을 일시에 바꿀 수는 없다. 보통 변화의 계기를 만드는 첫번째 자극은 회사의 조직에 깊은 관심을 기울이는 사람으로부터 나온다. Z이론의 실용화 단계는 관리자와 종업원 쌍방에게 Z이론으로 전환하는 과정을 안내하는 것이며, 모든 단계의 제반 과정은 기술이 아닌, 개개인의 노

▶ **A~Z로의 이행단계**

단계	이행
1단계	Z형 조직과 당신의 역할을 충분히 이해할 것
2단계	회사의 경영철학을 검토할 것
3단계	소망스런 경영철학을 규정하고 회사 중역들을 참여시킬 것
4단계	제반 기구와 인센티브제도를 만들어 경영철학을 실행할 것
5단계	대인관계 기술을 연마시킬 것
6단계	자신과 시스템을 시험해볼 것
7단계	노조를 참여시킬 것
8단계	고용을 안정시킬 것
9단계	완만한 능력 평가와 승진제도를 채택할 것
10단계	광범위한 경력개발제도를 채택할 것
11단계	말단 사원까지 실행 대상을 확대시킬 것
12단계	참여를 실행할 수 있는 영역을 모색할 것
13단계	총체적인 관계가 조성되도록 노력할 것

력을 조정해 생산성 증대를 실현할 수 있는 조직의 능력을 개발하는 데 주 목적이 있다. 그러한 단계를 정리하면 위의 표와 같다.

현대적 시사점

동기유발에 대한 경영학적 논의를 심도 있게 진행했던 맥그리거의 X, Y이론을 창의적으로 계승한 윌리엄 오우치의 Z이론은 1980년대 초반 급부상한 일본 기업의 경영방식을 미국 기업에 접목시키는 계기가 된다. 1970년대 미국 기업은 세계 경제가 위기에 처한 상황에서 관료주의적인 경영방식으로 변화에 소극적으로 대응하면서 어려움에 처하게 된다. 이로 인해 1980년대 들어와서는 미국식 경영방식의 경쟁력이 상대적으로 약화되었고, 미국적인 경영에 대한 반성과 비판이 야기되었다.

맥그리거의 XY이론

X이론은 인간이 본능적으로 일하기를 싫어한다는 것을 가정하는 것이고, Y이론은 대부분의 사람들은 일에 대한 보람을 느끼고, 심지어는 '일 하는 것' 자체를 즐긴다는 것으로 X이론과는 정반대되는 가정에서 출발한다. 맥그리거는 XY이론에서 인간이 어떤 성향을 가졌는가의 문제보다는, 만일 경영자들이 어느 한쪽 이론에 근거해 직원들을 다루게 되면 실제로 직원들이 그 이론에 부합하는 행동을 보이게 된다는 것을 강조하였다.

이에 반해 일본 기업은 지속적인 성장을 유지하면서 일본 기업의 경쟁력의 원천에 대한 관심이 고조되었다. 그러나 1990년대 초반부터 일본 경제가 장기 침체에 접어들고 첨단산업을 중심으로 미국 기업의 경쟁력이 회복되면서 일본의 경영방식에 대한 관심은 줄어들게 되었다. 일본 기업을 많은 부분 모방했던 한국 기업들도 1990년대 중반 이후 IMF 경제위기를 겪으면서 급속도로 미국식 글로벌 스탠더드에 맞춰나가는 경향이 있다. 그러나 이런 상황도 또다시 변화할 수 있다.

경영방식은 유행이 아니라 본질적인 특질을 맞추면서 변화에 능동적으로 대응하는 것이다. 때문에 Z이론은 단순히 과거의 일본 기업 성공 요인이라는 차원이 아니라 성공하는 기업의 본질적인 특질의 많은 부분을 규명하고 있다는 의미를 지닌다. 현재 우리 기업의 현실에 맞지 않는 부분도 있겠지만 구성원들을 동기유발하고 공동의 목적을 위해 노력하는 문화는 한국 기업에 쉽게 적용될 수 있을 것이다.

Z이론을 경영에 효율적으로 도입하는 것은 Z형 조직의 중심인 종업원을 어떻게 동기유발시켜 회사에 대한 신뢰감, 친밀감, 충성심, 일체감 등을 키워나가느냐 하는 문제로 귀결된다. 이를 현대적인 경영에 접목시켜보면, 우선 기업은 단기 이익에 구애받지 않고 장기적인 안목에서 상위 목표를 설정해야 한다. 즉, 기업은 단기적인 이윤도 추구해야 하지만, 사회의 가치를 창출하는 주체로서 구성원과 기업의 이해집단으로부터 신뢰를 획득해야 한다. 이런 관점에서 보면 IMF 이후 경쟁력 향상을 위해 진행되었던 수많은 구조조정은 장기적인 차원에서 볼 때, 신뢰를 무너뜨려 경쟁력을 저하시킬 수도 있다.

지금까지 살펴본 내용을 통해 실리콘 밸리의 성공신화를 바탕으로 지나치게 개인 중심의 무한경쟁을 추구하는 미국식 경영만으로는 단기적인 효율성은 높일 수 있지만 장기적인 경쟁력 축적이 어려울 수 있다는 시사점을 얻을 수 있다. 물론 Z이론에서 제시하는 내용을 한국 기업이 현시점에서 모두 받아들일 수는 없다. 그러나 지나치게 서구적인 경영방식에 치우치는 현상에 대한 반대 논리도 존재한다는 면에서 의의가 있다. 종신고용은 경영의 탄력성을 지나치게 줄이는 면도 있지만 높은 이직률은 기업과 종업원 간의 일체감을 저해할 우려도 있다. 따라서 능력 평가와 승진, 의사결정, 노사관계에 있어서 Z형 조직의 장점을 잘 접목한다면 구성원들의 소속감을 높이고 능력을 더 잘 발휘하게 할 수 있을 것이다.

Z형 조직이 경영의 이상형은 아니다. 그러나 이러한 논의는 서구와 동양의 장점만을 살리려는 중요한 시도임에는 분명하다. 이는 동양의 특징을 지니면서 서구적인 경영방식을 도입하고 있는 한국 기업들이 눈여겨봐야 할 부분이다. 예컨대 서구의 경영방법으로부터 분명한 책임과 권한관계, 그리고 건전한 경쟁을 바탕으로 한 합리성을 습득해야 하며, 동양의 전통적인 온정적 인간관계에서는 조화에 의한 가치관을 정립해야 할 것이다. 물론 이러한 조화를 이루는 것이 결코 쉬운 일이 아니다. 그 과정에는 많은 시행착오와 시간이 필요할 것이다. 또한 이는 기업조직의 일부 계층만의 노력으로 이뤄질 수 있는 것도 아니다. 이를 정착하기 위해서는 기업의 전사적 노력이 요구된다.

영원한 청춘 마쓰시타 고노스케 김정환 역, 거름, 2003

일본형 기업경영 김영래, 개신, 2003

이것이 일본기업의 저력이다 다케나카 헤이조, 곽해선 역, 다락원, 2001

일본적 경영(한림신서일본학총서 12) 오다카 구니오, 양기호 역, 소화, 1996

저자 소개 및 도서 정보

윌리엄 오우치 William G. Ouchi

《Z이론 *Theory Z : How American Management Can Meet the Japanese Challenge*》, Addison-Wesley Co., 1981.

윌리엄 오우치 교수는 일본계 미국인 3세로 하와이에서 태어나 윌리엄스대학에서 정치경제학을 전공했고, 스탠퍼드대학에서 MBA, 시카고대학에서 경영학 박사학위를 취득했다. 1972년부터 1979년까지는 스탠퍼드 경영대학원 및 사회학부 교수로 있었다. 1979년부터 UCLA에서 경영관리와 조직설계 과정을 강의하면서 거대 조직의 구조에 관한 연구를 진행하고 있으며, 1989년 이후 UCLA 경영대학원 교수로 재직하고 있다. 한편 1993년부터 1995년까지는 LA의 리처드 리올단 시장의 보좌관 및 고문관으로 활동했으며, 현재 UCLA 경영 프로그램과 남부 캘리포니아 소수민족 고등학교 및 대학교 봉사단체인 리올단 프로그램의 의장으로 있다.

《Z이론》은 저자가 1973년 리처드 파스케일과 공동으로 일본 기업의 경영관리 실무에 대한 연구에 착수하면서 시작되었다. 당시 이런 종류의 연구에 관심을 기울이는 사람은 그다지 많지 않았는데 연구가 진척되면서 일본의 품질 및 생산성 관리에 대한 관심이 점차 높아짐에 따라 저자는 미국 기업으로부터 자주 초빙을 받아 연구 결과를 함께 논의하게 되었다. 이 과정에서 일본 기업을 단순히 모방하는 것이 아니라 성공 사례에서 미국 기업에 적용할 수 있는 다양한 가능성을 제시하는 이 책이 완성되었다. 당시 공동 연구자였던 파스케일 또한 《The Art of Japanese Management》(1981)를 출간해 일본식 경영을 미국 기업에 적극적으로 소개했다. 오우치와 동료들의 접근방식은 미국 기업의 경영자들에게 주목받았다. 이 책은 발행 후 5개월 동안 〈뉴욕타임스〉의 베스트셀러가 되었고, 미국 4천여 개의 도서관이 소장하고 있는 1천2백만 권의 책들 중 일곱번째로 그 숫자가 많은 도서이기도 하다. 또한 세계 14개국의 언어로 번역 출간되었고, 우리나라에서도 1981년 서강대학교 경영학과 박내회 교수의 번역으로 《기업경영의 새로운 지침서 Z이론》으로 출간된 바 있다.

15 전략 기획의 목적은 경쟁우위에 서는 것이다

The Mind of The Strategist : The Art Of Japanese Business
Ohmae Kenichi

기업경영과 전략적 사고
오마에 겐이치

keyword
전략적 사고
3C
전략적 우위

카테고리 관련성	
경영전략, 경영혁신	★★★
생산관리	
변화관리	
조직관리, 인사관리	
마케팅	
리더십	
동기부여, 인간관계	
기업성공	★

핵심 아이디어 컨설팅회사들이 전략이론의 역사에 공헌한 바는 누구도 무시할 수 없을 것이다. 전략이라는 학문 분야의 체계가 제대로 잡히기 훨씬 전부터 경영 현장에서 활동했던 컨설팅회사들은 기업 경영자뿐만 아니라 학계에도 도움이 되는 많은 모델과 이론들을 제시했다. 그 대표적인 예로 보스턴컨설팅그룹의 제품 포트폴리오 모델, 맥킨지의 7S 모델과 전략사업 단위 모델을 들 수 있다. 그중에서도 맥킨지는 자체 연구뿐만 아니라 맥킨지를 거쳐간 수많은 전직 및 현직 컨설턴트들을 통해서 다양한 경영이론들을 선보였다.

오마에 겐이치도 맥킨지 컨설턴트 출신으로 전략이론에 크게 공헌한 인물이며, 이 책은 그의 대표적인 저서라고 할 수 있다. 물론 이 책이 전적으로 맥킨지의 방법론만을 담고 있다고 볼 수는 없으며 오마에 겐이치라는 탁월한 인물의 통찰력과 경험이 더 중요한 역할을 하고 있다. 그럼에도 불구하고 당시의 그의 이력과 책이 출간된 시점으로 보아 이 책에 맥킨지의 축적된 노하우가 얼마간 담겨 있다고 해도 큰 무리는 없을 것이다.

그는 《기업경영과 전략적 사고*The Mind of The Strategist: The Art Of Japanese Business*》에서 직감이나 기계적인 시스템적 사고와는 다른 '전략적 사고'를 강조하고 있다. 특히 전략적 사고의 출발점으로 분석을 강조한다. 전략적 사고의 첫 단계는 특정 문제 상황에서 사활이 걸린 이슈를 찾아내는 것이다. 즉, 문제를 해결하는 데 있어서 해결책을 쉽게 발견할 수 있도록 문제를 정형화하는 것이 중요하다. 따라서 단순한 문제라도 단지 경험과 직관에 입각해 무모한 해결책을 적용하기보다는 객관적인 요인들을 분석한 이슈 다이어그램이나 이윤 다이어그램 등을 활용해 합리적인 해결책을 적용하는 것이 바람직하다. 왜냐하면 창의적이며 전략적인 사고를 하는 데는 운이나 영감이 아니라 객관적 분석이라는 자극이 필요하기 때문이다. 또한 분석을 훌륭하게 하기 위해서는 적합한 문제점을 발견해내고, 문제 해결 중심으로 생각하는 전략적 사고와 호기심을 지녀야 한다. 이러한 문제 해결 중심의 접근법은 오늘날까지도 맥킨지 컨설턴트의 가장 중요한 사고방식이자 기술이다.

자사corporation, 고객customer, 경쟁사competitor 등 전략적 3C로 불리는 세 가지 필수적인 사항도 전략적 사고에서 빠트릴 수 없는 개념이다. 빈틈없는 전략가는 항상 회사의 상대적 우위를 위해서 3C를 분석하고, 그들 간의 관계에 영향을 미치기 위해 노력해야 할 것이다. 시장의 욕구에 기업이 부합하지 못하면 회사의 장기적인 생존이 위협을 받게 되므로, 전략가는 고객의 욕구와 기업의 강점을 적절히 조화시켜 자신

전략적 3C

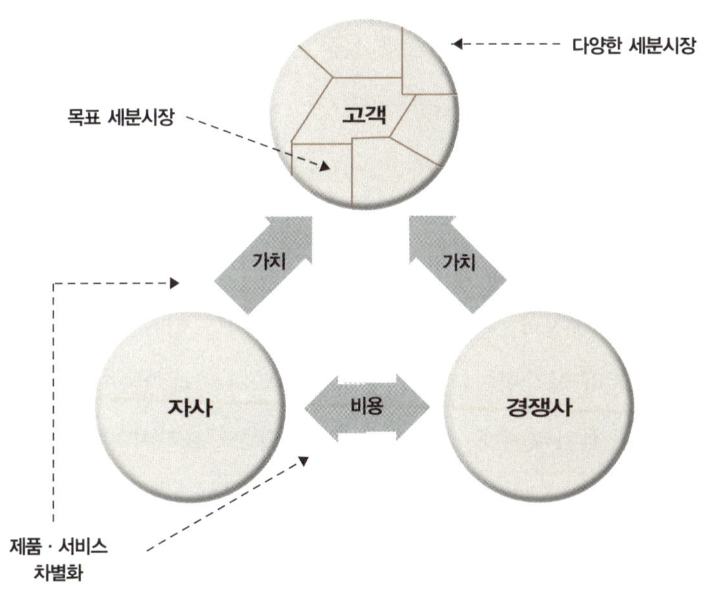

다양한 세분시장
목표 세분시장
고객
가치
가치
자사
비용
경쟁사
제품 · 서비스
차별화

의 전략을 수립해야 한다. 그러나 이러한 조화도 상대적인 것으로 만일 경쟁사가 자사보다 상대적으로 더 좋은 조화를 이루고 있다면 아무런 의미가 없다. 따라서 전략 수립시 경쟁사에 비해 더 좋은 조화를 이루는 것이 중요하다.

정리하면 전략은 회사의 강점을 활용해 다른 경쟁자들에 비해 고객들의 욕구를 최대한 만족시키기 위해서 자사의 사업을 차별화시키는 방법이다.

시놉시스

이 책은 총 3부 17장으로 구성되어 있다. 제1부는 '전략적 사고의 기술'이라는 제목으로 전략적 사고의 출발점인 분석의 중요성과 전략적 우위를 달성할 수 있는 네 가지 방법에 대해 설명하고 있다. 오마에는 각 장별로 전략적 우위를 달성하는 방법으로 성공 요소에 입각한 전략, 상대적 우위를 활용한 전략, 공격적 주도권을 추구하는 전략, 전략적 자유도에 의한 전략을 제시하고 있다.

제2부는 '성공 전략의 수립'이라는 제목으로 널리 알려진 전략 삼각형의 개념을 소개한 뒤 장별로 네 가지 성공 전략의 유형—고객 중심의 전략, 기업 중심의 전략, 경쟁사 중심의 전략, 기업 전략—을 설명하고 있다. 이때 전략 삼각형이란 사업 전략을 수립하는 데 있어 반드시 고려해야 하는 세 가지 주요 요인으로 흔히 3C라고 불리며 자사, 고객, 경쟁사를 의미한다. 이러한 전략 삼각형의 관점에서 전략이란, 고객의 요구를 좀더 만족시키기 위해 자사의 우위를 이용해 자사를 다른 경쟁사들과 확실하게 차별화시키는 방법인 것이다.

'미스터 전략Mr.Strategy'이라 불리는 오마에 겐이치는 1994년 〈이코노미스트〉가 뽑은 세계 5대 경영대가 중의 한 사람으로 꼽히기도 했다.

마지막으로 제3부는 '현대 전략의 실체'라는 제목 아래 경제적 환경에 대한 이해, 전략적 변화에 대한 대응, 일본 기업의 신화와 실체, 선견지명이 있는 의사결정, 전략적 성공 공식 등을 다루고 있다. 우선 13장은 일본 기업이 전 세계적으로 부상했던 1980년대의 거시적 경영 환경 변화에 대해 언급하고 있다. 그리고 14장은 이러한 경영 환경의 변화가 야기하는 산업구조의 변화에 대해 알아보고 이에 대한 대응책을 제시한다. 특히 저자는 '일본 기업의 신화와 실체'라는 제목의 15장에서 일본과 서구식 경영 시스템의 실질적인 차이점을 다음과 같이 네 가지로 정리했다. 즉, "일본에서는 기업의 개념이 근본적으로 다르다.", "일본 경영자들에게 있어서 조직이란 사람을 의미한다.", "일본에서 정부는 통치자가 아니라 코치다.", "일본 경영전략의 중심 개념은 전쟁터의 변경이다."가 그것이다. 16장에서는 미래에 대한 의사결정을 할 때 고려해야 할 사항들을 알려주고, 마지막 17장에서는 창조적 전략의 기본적인 요소들을 언급함으로써 일본뿐 아니라 전 세계적으로 적용 가능한 전략의 방향을 제시하고 있다.

리뷰

전략적 사고를 지닌 기업만이 급변하는 속도의 시대에 살아남을 수 있다

전략적 사고의 본질이란 무엇인가

전략적 사고는 현재 처해 있는 상황의 특징을 충분히 이해하고, 가장 혁신적인 방법으로 각각의 요소들을 재배치하기 위해서 사용 가능한 인간의 두뇌를 최대한 활용하는 것을 말한다. 이러한 전략적 사고는 전략가들이 시장이라는 전쟁터에서 항상 맞닥뜨리게 되는 여러 도전과 기회를 자기 것으로 만드는 데 필수적이다. 왜냐하면 주어진 문제에 대해 가능한 한 가장 좋은 해결방안—문제의 본질을 바탕으로 한 이성적인 분석과 비선형적인 방법으로 문제를 창조적으로 재해석하는—은 전략적 사고를 통해서만 얻어질 수 있기 때문이다. 따라서 전략적 사고는 분석을 그 출발점으로 한다. 그리고 제대로 된 분석을 하기 위해서는 현재 가장 중요한 문제점이 무엇인가를 파악해야 한다. 기업이 직면하는 문제들에는 언제나 핵심적인 이슈가 있게 마련이다. 핵심적인 이슈에 대한 명확한 인식 없이는 문제의 근본적인 개선이 불가능하다.

핵심적인 이슈를 찾아내는 한 가지 방법은 구체적인 문제점들을 브레인스토밍 등과 같은 방법으로 열거한 후 비슷한 문제점들을 한데 묶고, 각각의 묶음에서 핵심적인 이슈를 찾아내는 것이다. 이러한 정형화된 방법을 통해서 전략가들은 핵심적인 이슈들을 빠짐없이 찾아낼 수 있다. 핵심적인 이슈를 찾아낸 후에는 그 이슈를 해결할 수 있는 방안을 마련해야 한다.

겐이치는 시간을 낭비하지 않고 핵심을 찾아낼 수 있는 방법으로 이슈 다이어그램과 이윤 다이어그램 두 가지를 들고 있다. 이슈 다이어그램은 의사결정 순서도와 같은 방법론으로 대처하기 힘들어보이는 큰 문제를, 인간의 노력으로 해결할 수 있는 비교적 작은 이슈들로 나누는 것을 말한다. 반면에 이윤 다이어그램은 어떠한 현상이 잘못되기는 했으나 정확히 무엇이 문제인지 알 수 없는 상황에서 이윤을 출발점으로 문제점들을 찾는 방법론이다. 그렇다면 이러한 전략적 사고가 필요한 이유는 무엇일까? 한마디로 말하면 경쟁적 우위 때문이다. 경쟁자가 없다면 전략이라는 것도 필요하지 않을 것이다. 따라서 전략에서 중요한 것은 완벽함이 아니라 상대적인 우월성이다.

이슈 다이어그램
전략가라면 단순한 문제라도 단지 경험과 직관에 입각하여 해결책을 무모하게 시도하기보다는 객관적인 요인들을 분석한 이슈 다이어그램을 그릴 것이다.

전략적 핵심은 경쟁우위를 창출하는 것이다

전략적 우위를 창출하기 위한 첫번째 방법은 성공 요소KFSKey Factors for Success를 정확히 파악하고, 이를 바탕으로 경쟁 기업보다 의미 있는 전략적 우위를 얻을 수 있는 기회가 존재하는 영역에 자원을 집중적으로 투입하는 것이다. 성공 요소는 시장을 적절하게 세분하거나 산업 내 1등 기업과 1등이 되지 못하는 기업들을 비교해서 그들 간의 차이점을 분석하는 방법으로 파악할 수 있다. 예컨대 우라늄 산업에서 양질의 원자재를 찾는 것은 매우 중요한 일이다. 왜냐하면 질이 낮은 원석은 상대적으로 복잡하고 돈이 많이 드는 처리 공정을 요하기 때문이다. 우라늄의 시장 가격은 생산업체 간에 그다지 차이가 없기 때문에 우라늄의 원산지를 선정하는 문제는 생산업자의 이윤을 크게 좌우하는 중요한 문제다. 엘리베이터 사업에 있어서는 서비스 망의 구축이 가장 중요하다. 고장 난 엘리베이터 안에서 구출되기까지 오랜 시간을 기다릴 수 있는 사람은 아무도 없을 테니 말이다. 따라서 서비스 비용은 엘리베이터 사업의 수익성을 좌우하는 중요한 요인이 된다.

물론 성공 요소를 알아내는 것만으로는 경쟁우위를 확보할 수 없

상대적 우위의 중요성

경쟁에서 상대적 우위는 어떻게 남들보다 나을 것인가에 달려 있다. 상대적인 우월성에 대한 비전이 없으면 경쟁에서 도태될 수밖에 없다.

다. 정말 중요한 것은 철저하게 성공 요소에 입각해서 지속적으로 기업활동을 해나가는 것이다. 기업이 성공하기 위한 가장 빠른 지름길은 전략적으로 의미있는 하나의 성공 요소를 정하고, 초기에 그것에다가 주요 자원을 집중적으로 투자함으로써 단기간에 1등으로 도약하는 것이다. 그리고 초기에 달성한 1등이라는 지위 덕분에 활용할 수 있는 이윤구조를 통해 다른 부문에서도 주도권을 강화하는 것이다.

전략적 우위를 창출하는 두번째 방법은 상대적 우위를 구축하는 것이다. 즉, 각 경쟁사의 제품과 자사 제품을 비교해 가격이든 원가든 상대적 우위를 얻을 수 있는 부분을 찾아내야 한다. 1970년대 일본 필름시장의 예를 살펴보자. 일본 필름시장은 후지와 사쿠라라는 두 회사가 주도하고 있었다. 사쿠라는 필름의 질에 문제가 없음에도 불구하고 경쟁사인 후지에 뒤떨어져 있었다. 문제는 이미지였다. 후지라는 이름은 사람들에게 자연스럽게 맑고 푸른 하늘, 그리고 일본의 신성한 산인 후지산의 하얀 눈을 연상시켰다. 반면에 사쿠라는 부드럽고, 흐릿하고, 분홍빛을 띤 벚꽃을 의미했다.

사쿠라는 이러한 이미지를 개선하기 위해 무수히 광고를 내보냈지만 아무 소용이 없었다. 마침내 사쿠라는 승산이 없는 이미지 이슈에 매달리기보다는 상대적 우위가 있는 경제적 이슈에 집중하기 시작했다. 당시 고객들은 필름의 낭비라는 문제에 관심이 많았다. 20장짜리 필름을 구입한 고객들은 20장을 다 찍고서 모자라면 필름을 하나 더 사서 한두 장만 사용했던 것이다. 사쿠라는 경쟁사의 20장짜리 필름과 같은 가격으로 24장짜리 필름을 출시했다. 경쟁사들도 사쿠라가 하는 대로 따라야만 했고, 결국 사쿠라는 시장을 주도할 수 있었다. 이처럼 두번째 방법은 경쟁자의 약점을 이용해 상대적인 우위를 창출하는 것이다.

전략적 우위를 위한 세번째 방법은 지금까지 당연하게 여겼던 산업 내 관행에 대해 끊임없이 의문을 제기해서 새로운 경쟁우위를 창출하는 것이다. 교착 상태에 빠진 산업에서는 원가나 성공 요소를 통한 경쟁우위 창출이 한계에 이르게 되는데, 이때 통념을 뒤집는 공격적인 조치를 통해 주도권을 확보할 수 있다. 즉, 교착 상태일 때 전략가가 제일 먼저 할 일은, 기업이 제품이나 시장과 관련해서 성공 요인이라고 판단한 것에만 관심을 집중시킨 결과 지금과 같은 문제 상황에 이르게 된 것은 아닌지를 깊이 고찰하는 것이다. 다시 말해 업계의 일반적 관념에 철저하게 도전할 필요가 있다는 뜻이다.

"왜 사진이 찍히지 않고 되감기는가?"라는 의문을 갖게 된 어느 카메라회사는 여성의 약 50퍼센트가 필름을 카메라에 정확하게 장착할 수 없거나 그러지 못할까봐 두려워한다는 사실을 알게 되었다. 그 결과 그 회사는 필름의 구멍 난 부분을 릴에 끼울 필요가 없는 자동 필름 장착 메커니즘을 도입하게 되었다. 마찬가지로 일본의 한 카메라회사는 "플래시를 카메라에 내장할 수 없을까?"라는 의문을 가졌다. 당시만 해도 카메라와 플래시가 분리되어 있었기 때문에 밤이나 어두운 곳에서는 사진 찍기가 불편했다. 이 회사는 플래시가 내장된 카메라를 생산해서 일본 카메라시장을 휩쓸었다.

이러한 사례에서 알 수 있듯이 빠져나가기 힘든 상황이 오래 지속될 때 그를 해결하기 위한 최선의 방법은 업계의 기본 가정들의 목록을 작성해서 과연 이러한 기본 가정들이 유지되어야 하는지, 최소한 사업의 생존에 여전히 필요한지 끊임없이 의문을 제기하는 것이다.

네번째 방법은 전략적 자유도SDF : Stratetgic Degrees of Freedom를 평가하는 것이다. SDF를 평가하는 목적은 경영진이 사전에 개선을 위한 최선의 방향을 결정하지 못했을 때 필연적으로 야기되는 시간과 돈의 낭비

오마에의 충고

전략의 본질은 경쟁자를 물리치는 것이 아니다. 고객의 욕구를 발견하고 이를 충족시킬 수 있는 새로운 가치를 창출하는 것이 바로 전략의 핵심이다.

를 막는 것이다.

항상 변하는 고객의 목적함수에 맞는 SDF를 신속하게 찾아내는 것은 새로운 경쟁 상황에서 선두주자가 될 수 있는 방법이다. 고객의 목적함수란 고객이 제품에서 얻고자 하는 바를 의미한다. 그리고 이러한 고객의 목적함수에 영향을 미치는 독립적인 요인들 중 기업이 통제할 수 있는 요인들을 전략적 자유도라고 한다. 따라서 전략적 자유도는 전략이 현실적으로 적용될 수 있는 방향의 축을 나타낸다. 예컨대 사진 품질 개선을 위한 전략적 자유도에는 필름, 렌즈와 관련된 광학적 요인, 셔터 등 기계 요소 및 부속 장치, 광원, 인화지의 품질, 현상소의 조건, 카메라 사용자의 기술 등 일곱 가지가 있다. 이 중에서 전략가의 선택에 따라 각각의 축을 대상으로 다양한 아이디어를 짜냄으로써 일련의 독특한 전략 개발이 가능하다.

전통적으로 손목시계는 정확성에 의해 차별화되었다. 그러나 반도체 기술의 발달과 진동자의 개발로 인해 정확성은 더 이상 차별화의 원인이 되지 못하고 있다. 그 대신 우아함이나 고품격이 손목시계 고객의 목적을 만족시키는 차별화의 주요 원인이 되었다. 이와 같이 앞으로 또 다른 요인들이 새로운 전략적 자유도가 될 수도 있다.

이처럼 전략가는 전략적 사고를 바탕으로 경쟁 기업보다 어떤 현상에 상대적으로 더 나은 접근을 할 수 있다. 하지만 이때 유의해야 할 점은 이분법적인 흑백논리나 완벽주의에 빠져서는 안 된다는 사실이다. 뿐만 아니라 계속적으로 경쟁의 압력을 받다 보면 시각이 좁아질 수 있는 가능성이 높기 때문에 항상 현상을 넓게 바라보는 자세를 지녀야 한다. 끊임없이 변화하는 여러 가지 상황들에 대한 유연한 사고와 성공 요소를 지속적으로 살피고 연구하는 태도도 중요하다.

마지막으로 기업의 성과는 전략 기획과 실행이 조화를 이룬 결과로 얻어지는 것이기 때문에 전략가는 기업이 직면한 한계에 대해 조직 내 공감대를 형성함으로써 구성원들의 역량을 한 방향으로 집중시킬 수 있어야 한다.

전략적 3C를 중심으로 성공전략을 수립하라

실제로 기업의 전략을 세울 때는 전략적 3C자사, 고객, 경쟁사를 반드시 고려해야 한다. 전략가는 명백한 시장의 요구에 따라 자신이 세운 전략을 회사의 강점과 적절히 조화시켜야 한다. 이것이 실현되지 않으면 회사의 생존이 위험에 처하게 될 것이다. 여기서 중요한 것은 조화다. 전략을 세울 때는 상대적 우위를 확보해야 하므로 경쟁사보다 더 훌륭하게 3C가 조화를 이룰 수 있도록 해야 한다. 단일사업 분야를 가진 기업의 경우 3C에 따라 세 가지 유형의 성공 전략을 추구할 수 있다.

첫번째 유형은 고객 중심의 전략이다. 자유경제 체제에서 시장의 조건이 항상 동일한 것은 아니다. 따라서 이렇게 이질적인 시장을 어떻게 세분화하는가에 따라 전략도 달라진다. 시장 세분화에는 크게 '고객의 목적에 의한 세분화'와 '시장 공급 범위에 의한 세분화'가 있다. 고객의 목적에 의한 세분화는 제품을 사용하는 고객들의 다양한 목적에 따라 시장을 구분하는 것이다.

커피의 경우 커피를 기분 전환용으로 생각하는 고객과 손님 접대용으로 생각하는 고객, 여가를 보내기 위한 것으로 생각하는 고객 등으로 나뉠 것이다. 시장 공급 범위에 의한 세분화는 지역이나 유통경로 등의 기업활동 범위에 의한 세분화를 의미한다. 하지만 시간이 지남에 따라서 고객의 요구가 달라지거나 고객의 성격 자체가 변할 수 있다. 1960년대 말 이후 경제력이 급성장하면서 자가운전자들의 자동차 구매 목적이 속도감에서 편리성과 경제성으로 바뀌기 시작했다. 이러한 변화는 혼잡한 도시 지역에서 쇼핑이나 잔심부름을 위해 비교적 짧은 거리를 운전하고자 하는 고객들의 욕구에 부합하는 소형차의 생산 및 판매를 가져왔다.

두번째 유형은 기업 중심의 전략이다. 정면대결에서 살아남기 위해서는 무엇보다 각자가 지니고 있는 핵심 기능의 강화가 중요하다. 각 기업이 가치사슬상에서의 모든 활동에서 두각을 나타낼 필요는 없다. 아니 그것은 사실 현실적으로 불가능할지도 모른다. 다만 우선순위에 따라 어디에 집중할 것인가를 선택하고 그 기능에 집중하면 된다. 그러기 위해서는 항상 총체적인 관점에서 기업을 바라볼 수 있어야 한다. 예컨대 일본의 포켓용 전자계산기 제조업체인 카시오는 자사의 강점은 유연성에 있다는 결론을 내렸다. 경쟁사들이 신제품을 신속하게 도입할 수 없음을 간파한 카시오는 제품 수명주기를 획기적으로 단축하는 전략을 채택했다.

카시오는 2밀리미터 두께의, 카드 크기의 계산기를 시장에 내놓는 동시에 가격 인하를 단행했다. 경쟁사가 유사한 제품으로 따라오지 못하도록 만든 것이다. 그리고 채 몇 개월이 지나지 않아 카시오는 다시 숫자를 누르면 음악이 나오는 새 모델을 내놓았다. 제품 수명주기가 최소 1년 이상일 것으로 예상했던 경쟁사들은 당황할 수밖에 없었다. 카시오는 설계와 개발을 마케팅과 통합하는 기능 강화 전략을 통해 재빨리 경쟁사의 신제품을 진부한 것으로 만들어버렸다.

세번째 유형은 전략 수립시 경쟁사를 고려하는 것이다. 전략 수립시 경쟁사와 자사의 활동, 예컨대 구매와 설계, 그리고 공정에서부터 판매와 서비스에 이르기까지의 모든 기능들을 비교해 차이점을 알아내고 이를 바탕으로 전략을 수립해서 경쟁사보다 우수한 성과를 달성하는 것이다. 니콘은 훌륭한 제품 이미지를 바탕으로 한 전략으로 일본 카메라시장을 선도했다. 하지만 니콘이 기존 이미지에만 의존하는 동안 경쟁사는 경쟁의 규칙을 이미지 차별화에서 기술 차별화로 바꿔버렸다.

올림푸스는 작고 가벼운 단일반사 카메라를 도입했고, 캐논은 전자노출 조절 카메라를 소개했으며, 코니카는 자동 필름장전 감김노출 카메라를 시장에 선보이면서 니콘을 압박했다. 경쟁사 중심의 전략에 있어서 한 가지 명심할 점은 어떤 한 기업과 경쟁사 간의 그 어떠한 차별화도 결국은 이윤을 결정하는 가격과 수량, 그리고 원가라는 세 가지 요소들과 관련이 있다는 점이다.

지금까지 단일사업 분야에 대한 성공 전략의 유형을 살펴봤다. 그렇다면 두 개 이상의 사업 분야를 가진 경우는 어떨까? 둘 이상의 사업 분야를 갖고 있는 기업의 전략은 독립된 사업의 전략과는 분명히 다를 것이다. 둘 이상의 사업 분야를 갖고 있는 기업의 전략은 독립된 사업이 기업 전체에 통합되도록 하는 것이어야 한다. 즉, 다각화된 기업은 공유하고 있는 기능적 차원에서 얻을 수 있는 시너지 효과를 통해 원가와 품질 측면에서 선도적 위치를 구축해야 한다. 또한 독립된 사업 전략들과 차원이 다른, 기업 차원의 관리 시스템 개발과 정착이 필요하다. 이는 사업 단위 수준의 전략에서는 다룰 수 없는 문제지만 조직이 움직이는 속도와 환경을 결정하는 주된 요인임을 명심해야 한다.

오마에 겐이치는 일본식 전략적 사고를 발견한 사람 중 한 명이다. 이 책은 일본에서 1975년 출간되었는데, 당시만 해도 서구에서는 일본이 어떤 방식으로 일하는지 별로 관심을 갖지 않았었다.

히타치는 산업구조를 고부가가치 체제로 바꾸고, NEC는 컴퓨터와 통신사업을 결합시키기 위해 사업 단위를 재조직했다. 사람, 돈, 설비 등의 자원 할당을 통해 이들 기업들은 사업구조를 조정하고 시너지 효과를 극대화했다.

전략가라면 경영 환경 변화를 주의 깊게 고려해야 한다

전략을 수립하고 실행할 때 경영 환경에 대한 고려 없이는 원하는 결과를 얻기 힘들다. 저자는 이 책이 씌어진 1980년대에 일어난 주요한 경제의 변화를 예로 들면서 전략 수립 및 실행에 있어서의 환경의 중요성을 강조하고 있다. 그중에서도 저성장의 장기화, 시장의 성숙과 전략적 교착 상태, 불균등한 자원 분포, 국제적인 복잡성의 증대, 그리고 불가피한 인플레이션 등 다섯 가지 경제적 흐름에 관심을 보였다. 하지만 변화를 충분히 감지하고 있다고 해도 미래를 정확히 예측하는 것은 누구에게나 힘든 일일 것이다. 결국은 현재 감지하고 있는 변화를 바탕으로 미래를 예측하는 것이 최선의 방법이다.

현 시점을 기반으로 예측할 수 있는 기업의 미래 사업은 크게 네 가지 범주—대체 수요, 국제적 대체, 새로운 경제질서의 성립, 가속화된 제품 수명주기—로 나뉠 수 있다. 전략가는 새로운 경제 환경의 도전에 직면했을 때 이 네 가지 사업 유형에서 자신의 기업이 어디에 속하는지 결정해서 그에 적합한 접근방법을 이끌어내야 한다.

끝으로 그는 '일본의 신화와 그 실체'라는 제목으로 일본 기업과 사업 전략에 대해 소개하고 있다. 일본과 서구 경영 시스템의 실질적인 차이는 먼저 기업 개념에서 찾아볼 수 있다. 일본인의 눈에 기업이란 피고용자의 모임이 아니라 사원이라고 일컬어지는 구성원의 모임이다. 주식 소유자란 채권자 집단이며 은행과 같이 기업의 생존 능력과 지혜에 투자하고자 하는 자금원일 뿐이다. 또한 일본에서 '조직'이란 '사람'을 의미한다. 군대에서 비롯된 서구의 조직 개념과 비교할 때 대부분의 일본 기업의 경우 좀더 합리적인 조직화가 요구된다.

반면 일본의 공동체 구성원은 평등하며 다재다능하다. 일본의 기업 구성원들은 서구 기업처럼 '전문인'이 아니다. 그들은 '전반인'이다. 이러한 조직원들의 차이는 에너지 위기, 통화 변동, 생산 기술의 급격한 진보 등에 일본 기업이 서구 기업보다 더 쉽게 적응할 수 있었던 이유였다. 뿐만 아니라 일본 경영자들은 조직은 곧 사람이라고 생각하기 때문에 개인의 능력 개발을 중요시한다. 이러한 개인의 능력 개발은 서구의 단기지향적인 흐름과는 반대로 일본 경영자들에게 장기지향성의 토대를 제공했다.

일본 정부도 일본의 경영 시스템이 서구의 그것과 다른 모습을 띠도록 하는 데 큰 역할을 한다. 일본인들은 항상 천연자원이 부족하다고 생각한다. 그래서 1억 명이 넘는 사람들이 살아남는 데는 수출이 유일한 방법이라는 데 모든 일본인들이 인식을 같이하고 있다. 따라서 일본 정부는 수출을 장려하기 위해 처음부터 열심히 코치의 역할을 했다.

1950년대에는 기초산업인 철강산업을 장려해 이후 수출지향 산업의 기반을 마련했다. 1980년대에는 전자산업의 중요성을 강조했다. 또한 천연자원이 부족하고 산업화가 늦었다는 인식도 일본 기업의 경영에 많은 영향을 미쳤다. 일본은 기술이나 마케팅, 자본 등에서 자신들에게 부족한 점을 한꺼번에 바꾸려 하지 않는다. 일정한 시간을 두고 모방이나 절약 등을 통해 역량을 쌓은 다음, 때가 되면 전쟁터를 바꾸는 전략을 활용해서 세계 시장의 선두주자로 성장하고 있는 것이다.

일본은 장기적인 목적 혹은 야망으로 세계 시장의 진출을 차근차근

준비해왔다. 이때 서구 대기업들과의 정면대결을 피할 수 있는 전쟁터를 선택한 것은 일본이 성공을 거둔 또 다른 요인이다. 물론 일본의 이러한 방식이 유일한 문제해결 방안은 아닐 것이다. 하지만 그들의 전략적 접근방법은 분명 전략가들에게 귀중한 통찰력을 제공하고 있다.

현대적 시사점

전략적 사고를 한마디로 규정하기는 쉽지 않다. 다만 세계적인 컨설팅회사인 맥킨지에서 20년 넘게 근무한 오마에 겐이치의 책을 통해 우리는 어렴풋하게나마 전략적 사고의 밑그림을 그려볼 수 있을 뿐이다. 우선 전략적 사고에서는 분석력을 강조한다. 현실적인 분석 없이 결론에 도달하는 직관과 달리 전략적 사고는 철저한 분석을 바탕으로 이뤄진다.

이는 맥킨지의 경우도 마찬가지인데 맥킨지 고유의 업무수행방식이 세상에 명확히 알려지지는 않았지만 많은 사람들은 맥킨지의 경쟁력 원천으로 그들의 분석력을 꼽는다. "처음부터 끝까지 분석이다."라는 말이 있을 정도로 맥킨지 스스로도 분석을 중요시한다. 컨설턴트들은 입사 면접 때부터 분석 능력을 집중적으로 시험할 뿐 아니라 입사 이후에도 훈련과 교육을 통해서 끊임없이 분석력을 갈고 닦는다. 분석이야말로 경쟁우위를 창출하는 전략적 사고의 시작이기 때문이다.

또한 저자는 분석이라는 작업이 아주 뛰어난 몇몇의 사람들만 할 수 있는 일은 아니라고 주장한다. 적절한 과정을 거치고 충분한 훈련을 하기만 한다면 누구나 분석력을 향상시키고, 전략가가 될 수 있다고 말하고 있다. 그리고 그는 실제로 이슈 다이어그램이나 이윤 다이어그램 등과 같은 비교적 간단한 방법을 통해 문제를 분석하고 이슈를 도출하는 예를 이 책을 통해 보여주고 있다.

이러한 전략적 사고를 위해서는 분석력뿐만 아니라 상이한 세부 사항들을 새로운 유형으로 구성하고 재통합할 수 있는 비선형적 사고가 요구된다. 이는 일종의 창조적 통찰력으로 상호 관련이 없는 현상을 결합하거나 재구성해 더 많은 것을 얻는 능력을 말한다. 여기서는 창조력을 향상시킬 수 있는 요인으로 최초 충전, 방향 감각, 그리고 정적 상태의 인내를 강조하고 있다.

최초 충전이란 일종의 비전, 초점, 내부 충동 등을 의미하는데 이는 창조력에 추진력을 불어넣어준다. 원래 나무 가구를 생산하는 회사였던 일본의 야마하는 일 중심적인 일본인들의 생활에 즐거움을 가져다 주겠다는 비전을 갖고 사업의 중심을 레저산업으로 옮겼다. 이러한 비전이 있었기 때문에 야마하는 새로운 진로를 개척할 수 있었다. 오르간, 트럼펫, 트롬본, 기타 등의 일체의 악기와 부속품은 야마하 피아노를 보완해주는 역할을 했으며 계속해서 스테레오기기, 스포츠용품, 모터사이클, 유람선을 개발했다. 이어 음악학교가 세워졌으며, 숙박 시설, 수렵지, 레저 시설을 갖춘 야마하 음악 캠프가 설립되었다. 오늘날 야마하는 콘서트 기획이나 콘서트홀 관리 등 일본인들의 삶을 풍요롭게 해주는 것으로 사업을 번창시키고 있다.

방향 감각은 막연한 현상을 인지하는 데 필요한데, 창조력에 있어서도 예외가 아니다. 항상 존재하지만 타성에 물들지 않은 사람만이 새로운 아이디어를 낼 수 있다. 은행업을 돈의 흐름으로 인식하고, 교통 체증과 혼잡한 기차역을 통해 블록화된 흐름을 읽어낼 수 있다. 실제 이러한 개념을 바탕으로 자동화된 은행 시스템이 만들어졌고, 도로의 상태와 교통량에 따라 자동으로 교통정리를 하는 교통 통제기가 도입되었다. 그리고 일본에 세계 최초로 동전을 교환해주고 승차권을 판매하는 회전식 출입구가 갖춰진 무인 기차역이 세워졌다.

창조력은 건설적인 측면뿐만 아니라 파괴적인 측면도 갖고 있다. 그것은 기존의 사고방식을 깨뜨리거나 현 상태를 위협하며 불만의 대상이 되기도 한다. 흔히 사람들은 창조적 아이디어를 실행할 때 금전적 손실, 실패, 웃음거리가 되는 것 등의 위험을 안게 된다. 따라서 비난, 적대감, 경멸을 극복할 수 있는 의지는 창조적인 사고를 하는 데 있어 매우 중요한 요소다. 혼다 자동차는 정부의 압력에도 불구하고 오랜 시간 동안 끈기와 인내심을 갖고 노력한 결과 결국 자동차 사업을 성공시킬 수 있었다. 이처럼 창조력의 시발점이라고 할 수 있는 비전과 막연한 현상을 인지하는 데 필요한 방향 감각, 그리고 창조 과정에서의 어려움을 견딜 수 있는 인내력을 지니고 있다면 평범한 경영자도 충분히 창조적인 전략을 세울 수 있을 것이다.

다소 일반적인 전략적 사고를 바탕으로 경영자는 보다 구체적이고 실제적인 사업 전략을 고려해볼 수 있다. 저자가 주장하는 사업 전략의 핵심은 한마디로 경쟁우위다. 경쟁사가 없다면 전략도 필요 없다. 왜냐하면 전략을 기획하는 유일한 목적은 가장 효율적으로 경쟁사에 대해 우위를 유지하는 것이기 때문이다. 이 책에서 설명하고 있는 경쟁우위에 서기 위한 네 가지 기본 전략은 가장 단순하면서도 경영자들로 하여금 효과적인 성공 전략의 기본 속성을 잘 알 수 있게 해준다.

전략적 우위를 창출하기 위해서는 우선 특정 산업에서의 핵심 성공 요인을 파악하는 데 주력해야 한다. 물론 이러한 산업의 핵심 성공 요인을 파악하는 일은 쉽지 않다. 그러나 전략적 사고를 통해 특정 사업의 핵심 성공 요인만 파악할 수 있다면 이 요인에 자원을 집중함으로써 경쟁사를 물리칠 수 있을 것이다. 예컨대 맥주산업에서는 유통망이 핵심 성공 요인이고 제철산업에서는 제조 설비, 백화점산업에서는 상품 구색, 반도체산업에서는 제조 기술이 핵심 성공 요인이다. 우리나라의 포스코가 최신 제조 설비와 공정 기술을 통해 세계 철강시장을 선도하고, 삼성 반도체가 메모리 반도체 관련 기술의 축적을 통해 반도체시장을 주도하고 있는 것은 핵심 성공 요인에 초점을 둔 성공 전략의 좋은 사례라고 할 수 있다.

핵심성공요소KFS
KFS를 파악하는 혁신적인 접근방법은 어떻게 승자와 패자를 구분하는지, 그리고 그 이유를 찾아내는 것이다.

전략적 우위를 창출하는 두번째 방법은 상대적 우위를 차지하는 것이다. 경쟁사에 비해 모든 측면에서 부족하다고 해서 실망할 필요는 없다. 이런 상황에서는 경쟁사와 정면으로 대결하기보다는 경쟁사의 약점을 이용해 상대적 우위를 점하는 것이 중요하다.

복사기산업을 예로 들어보자. A라는 회사는 선도 복사기회사로 복사기시장을 지배하고 있는 기업이다. A사는 복사기를 적게 사용하는 고객에게는 원가보다 낮은 사용료를 책정하고 대신 복사기를 많이 사용하는 고객에게는 상대적으로 원가보다 높은 사용료를 부과하는 전략을 이용하고 있었다. 일단 복사기를 사용하고 나면, 처음에는 적게 사용하는 고객이라도 결국 시간이 지남에 따라 많이 사용하게 되는 경향이 있었다. 따라서 A사는 복사기 사용량이 적은 고객에게 낮은 사용료를 부과함으로써 신규 고객을 확보하는 전략을 구사했던 것이다.

이때 B사가 복사기시장에 진출하기 위한 전략을 수립한다. B사는 A사와 비교할 때 모든 측면에서 불리했지만 A사의 약점을 파고들었다. 즉, 사용료가 높게 책정된 고객을 집중 공략한 것이다. B사는 복사기를 많이 사용하는 고객에게 A사보다 저렴한 사용료를 책정함으로써 A사를 딜레마에 빠트렸다. A사는 주된 수입원인 대량 사용 고객을 B사에 빼앗기게 되자 수익성에 문제가 생겼다. 그렇다고 B사처럼 사용료를 내릴 수도 없는 상황이었다. 이처럼 경쟁사의 약점을 파고드는 상대적 우위 중심의 전략은 효과적인 성공 전략이 될 수 있다.

셋째, 기존 제품이나 기존 시장에서 한계가 있을 경우 새로운 핵심 성공 요인을 도입함으로써 기존 성공 요소의 중요성을 무력화시킬 수 있다. 전략가는 '왜?'라는 질문을 끊임없이 제기해 업계의 일반적인 관행에 도전해야 한다. 영국의 화장품회사인 바디샵은, 화학 원료를 사용해 제품을 만들고 유명한 모델을 사용해 엄청난 광고를 해야 성공한다는 업계의 통념을 깼다. 그들은 천연 원료를 사용하고 광고를 하지 않는 대신 합리적인 가격을 제시함으로써 큰 성공을 거둘 수 있었다.

끝으로 경쟁사가 아예 손대지 않은 새로운 영역에서 새로운 제품을 개발하고 새로운 시장을 개척할 수 있다. 전략적 자유도란 특정 사업에서 새로운 성공 요소를 도출하는 것을 말한다. 이 전략에서는 고객의 목적함수에 영향을 미치는 다양한 요소들을 검토해서 새로운 조합을 창출하는 것이 중요하다.

미국의 스타벅스는 값싼 인스턴트 커피 대신 고급 커피를 대중화함으로써 커피산업을 재창조했다. 사양 산업인 커피산업에서 그 누구도 직영 매장을 통해 전국 규모의 고급 커피 사업을 하겠다는 발상을 하지 못했다. 사양 산업의 경우 원가 절감이 미덕이기 때문에 값싼 원료를 통해 저가로 인스턴트 커피를 공급하는 것이 바람직한 전략이라고 생각했던 것이다. 그러나 스타벅스는 고급 커피와 아늑한 분위기, 친절한 종업원의 서비스 등을 통해 경쟁사들이 전혀 예상하지 못했던 새로운 커피 사업을 개척할 수 있었다. 그리고 거의 대부분의 경쟁사들은 이에 대해 속수무책일 수밖에 없다.

지금까지 설명한 전략적 사고는 경영에만 국한되는 것은 아니다. 이 책의 논리는 단순히 기업 경영의 차원이 아니라 전쟁이나 정치, 대인적인 경쟁관계 등 다른 어떠한 경쟁 상황에도 적용이 가능하다. 경쟁 상황에서 경쟁자를 고려해 자신의 강점을 살리는 방법을 찾는다면 경쟁자보다 우위에 설 수 있을 것이다.

물론 이 책이 씌어진 시점을 생각할 때 당시의 상황과 현재의 경영 환경은 어느 정도 차이가 있는 것이 사실이다. 예컨대 1980년대만 해도 일본 기업은 세계 기업들이 앞다퉈 배우고자 했던 모범 사례였지만 1990년대에 들어와서는 끝이 보이지 않는 불황의 늪에서 허덕이고 있다. 이러한 이유로 일본 기업의 사례를 중심으로 전략적 사고를 설명한 저자의 주장이 지금에 와서는 시대착오적인 것처럼 들릴 수도 있다. 하지만 이 책의 진정한 의의는 그가 제시한 일본 기업의 예가 아니라 전략적 사고의 본질과 이를 위한 방법론에 있다.

탈무드에 나오는 "자식에게 물고기를 잡아주면 한 끼의 식사를 해결할 수 있지만 물고기 잡는 법을 가르쳐주면 평생의 식사를 해결할 수 있다."는 말처럼 이 책을 읽고 전략적 사고를 이해하고 그에 대한 훈련을 반복한다면 21세기의 새로운 환경에서도 그가 말하는 성공 전략은 여전히 유효할 것이다.

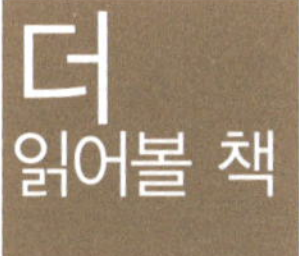

보이지 않는 대륙 오마에 겐이치, 청림출판, 2001

차이나 임팩트 오마에 겐이치, 청림출판, 2002

21세기를 여는 7가지 키워드 오마에 겐이치, 한국경제신문사, 1997

저자 소개 및 도서 정보

오마에 겐이치 Ohmae Kenichi

《기업경영과 전략적 사고 *The Mind of The Strategist: The Art Of Japanese Business*》, 1982.

'미스터 전략Mr. Strategy'이라 불리는 오마에 겐이치는 일본의 대표적인 경제평론가이자 경영전략 컨설턴트다. 1943년 일본 규슈 후쿠오카 현에서 태어난 오마에는 와세다대학 공과대학을 졸업했다. 도쿄공대 대학원에서 석사학위를 받았고, MIT에서 원자력공학 박사학위를 취득했다. 맥킨지에 입사하기 전에 히타치에서 디자인 엔지니어로도 근무한 적이 있는 그는 1995년에 노트르담대학에서 명예 박사학위를 받기도 했다.

오마에를 설명하기 위해서는 아무래도 그가 23년간 근무한 맥킨지를 언급하지 않을 수 없다. 그는 맥킨지에 근무하면서 창조적인 전략 수립과 공기업과 사기업 모두에서 두루 수행 가능한 조직이론의 개발에서 두각을 나타냈다. 오마에의 컨설팅은 아시아 사람들뿐만 아니라 유럽이나 북미 기반의 다국적 기업과 정부 기관들로부터도 큰 호응을 얻었다.

1992년 11월 그는 일본의 정치 시스템과 국가 운영 체제를 뜯어고치기 위해서는 중앙정부 조직을 해체해야 한다며 '헤이세이의 개혁Reform of Heisei'이라는 시민단체를 설립했고, 비록 낙선하긴 했지만 도쿄 도지사 선거에도 출마했다.

오마에는 현재 자신이 설립한 오마에 앤드 어소시에이츠 외에 생활용품 인터넷 사이트 '에브리디컴', 24시간 비즈니스와 경영 전문 위성 방송인 비즈니스 브레이크스루, 기업 재활성화와 벤처 인큐베이션을 수행하는 오마에 사업 개발 등의 대표로 일하고 있다. 또한 그는 기업가정신을 바탕으로 한 공격자 경영대학원의 학장이며, 1997년부터 지금까지 UCLA 대학원 정책학부 교수로 재직하고 있다.

1994년 〈이코노미스트〉는 오마에 겐이치를 세계 5대 경영 대가 중의 한 사람으로 꼽았으며, 영국의 〈파이낸셜타임스〉는 그를 일본의 유일한 경영 대가라고 극찬했다. 그는 경제경영 분야뿐만 아니라 사회 문제, 정부, 교육 등 다양한 분야에 대한 책을 140권 넘게 저술했다. 또한 〈월스트리트 저널〉, 〈하버드 비즈니스 리뷰〉, 〈포린 어페어스〉, 〈뉴욕 타임스〉 등에 수많은 글을 기고했다.

대표적인 저서로는 《기업경영과 전략적사고*The Mind of Strategist*》(1982) 외에 《Triad Power》(1985), 《국경 없는 세계*The Borderless World*》(1991), 《The End of the Nation State》(1995), 2000년 《보이지 않는 대륙*Invisible Continent*》(2000) 등이 있다. 특히 1999년에는 김대중 정부가 주도하는 한국 정부의 구조 개혁 방향이 잘못됐다며 호되게 비판해 우리나라 언론의 주목을 받기도 했다.

16 초우량 기업의 여덟 가지 우수성

In Search of Excellence
Thomas J. Peters, Robert H. Waterman, Jr.

keyword
초우량
실행
7S

카테고리 관련성	
경영전략, 경영혁신	★★
생산관리	
변화관리	
조직관리, 인사관리	★
마케팅	
리더십	
동기부여, 인간관계	
기업성공	★★★

핵심 아이디어

1982년에 발간된 《초우량 기업의 조건 *In Search of Excellence*》은 저자 톰 피터스를 단번에 경영 구루guru의 반열에 올려놓은 초대형 베스트셀러다. 미국에서만 7백만 부 이상이 팔린 것으로 추산되는 이 책 때문에 출판시장에는 경제경영이라는 부문이 따로 만들어질 정도였다. 또한 엄청난 반향을 불러일으키며 출판 역사상 경제경영서로는 최고의 판매 실적을 올린 이 책은 당시 맥킨지 컨설턴트였던 피터스를 경영혁명의 전도사로 변신시켰다. 그후 톰 피터스는 수많은 저서와 강연으로 경영혁신 분야에서 하나의 브랜드로 자리잡았다. 이 책은 성공 기업의 사례를 분석하고, 이를 통해 경영의 원리를 찾는 후학들의 연구에도 지대한 영향을 미쳤다.

피터스와 워터맨은 이 책에서 미국식 경영 스타일과 합리주의적 사고방식이 지닌 한계를 대담하게 지적했다. 당시 서구 세계의 경영이론을 좌우했던 합리주의 패러다임은 환경의 안정성과 의사결정자의 완전한 합리성을 가정하고 이론을 전개했다. 따라서 기존의 경영이론은 합리주의 분석 모델에 입각해 기업활동 및 전략을 계량화시키는 데만 몰두했다. 적어도 미국에서 최고경영자는 일체의 감정을 배제한, 합리주의로 치장한 냉혈한으로 인식되었다.

다시 말해 합리주의 모델에 따라 정보를 엄밀히 분석해 객관화시키는 데 치중함으로써 계량화 또는 수치화된 정보의 지원이 없으면 어떠한 의사결정도 내리지 못했던 것이다. 이러한 이론에 따라 미국 기업들은 향후 5년 이후를 바라보고 환경에 대한 계량적 분석을 통해 복잡하기 그지없는 중장기 전략을 수립했다. 더군다나 경영자들은 전략 수립과 실천을 동일시하는 함정에 빠짐으로써 수립한 전략을 제대로 실행하지 못하는 실수를 범하기도 했다.

그러나 합리주의 분석 모델은 1973년과 1979년에 각각 발생한 제1차, 제2차 석유파동으로 말미암아 기본 가정이 심각한 위협을 받고 만다. 설상가상으로 1970년대 중반 이후 미국 경제 불황의 골은 더욱 깊어만 갔다. 시장 개방으로 자동차 및 가전산업에서 독일 및 일본계 기업들이 미국 시장을 본격적으로 공략하기 시작했다. 미국 기업들은 이러한 급격한 환경 변화에 적절히 대응하지 못함으로써 수익성은 더욱 악화되어 갔다. 또한 장기 불황과 경쟁 심화라는 혼란 속에서 갈피를 잡지 못하고 있던 미국의 경영자들은 역사와 문화적 차이를 무시하고 일본식 경영 스타일을 무비판적으로 수용하기 시작했다. 결국 이러한 상황은 미국식 경영 스타일에 대한 심각한 회의를 품게 만드는 결과를 초래하게 된다.

미국식 경영방식을 비판하는 목소리가 처음으로 터져나온 것은 자동차산업이었으나, 1980년대에 들어서는 자동차산업뿐만 아니라 첨단산업 중에서도 비교적 경쟁우위에 설 수 있을 것으로 기대했던 메모리 반도체산업마저도 일본에게 70퍼센트가 넘는 시장을 빼앗기고 말았다.

이처럼 급변하는 현실 속에서 합리주의 분석 모델은 해답을 주지 못했고 새로운 환경 변화에 보다 적합한 경영이론의 필요성이 대두되었다. 새로운 패러다임은 기존의 합리주의 분석 모델과 달리 환경의 불확실성과 의사결정자의 제한된 합리성을 가정한다. 제한된 합리성이란 의사결정자가 외부로부터 수집한 정보를 분석하고 처리해서 이해하는 데 물리적, 인지적 한계가 존재한다는 개념으로 종래에는 전혀 찾아볼 수 없었던 새로운 개념이다.

특히 톰 피터스는 이 책을 집필하기 전 맥킨지에서 안식년 휴가를 받아 스탠퍼드대학에서 2년 동안 강의를 했는데 그러는 동안 색다른 경험을 하게 된다. 당시 그는 칼 웨익, 브라이언 퀸, 허버트 사이먼, 제임스 마치 등 당대의 석학들로부터 매우 큰 영향을 받는다. 그의 정신적 스승에 해당하는 헨리 민츠버그를 포함해 스탠퍼드에서 지적 교류를 맺은 이들 학자들의 일면을 살펴보면, 그들이 경영 프로세스의 무질서하고 비합리적인 측면을 집중적으로 파고들어 연구한 학계의 이단아들임을 알 수 있다.

결국 이 책은 산업의 경쟁력 저하로 인해 상실감에 사로잡혀 있던 미국 사회의 전반적인 분위기와 합리주의 분석 모델의 한계를 비판하

초우량 기업의 조건

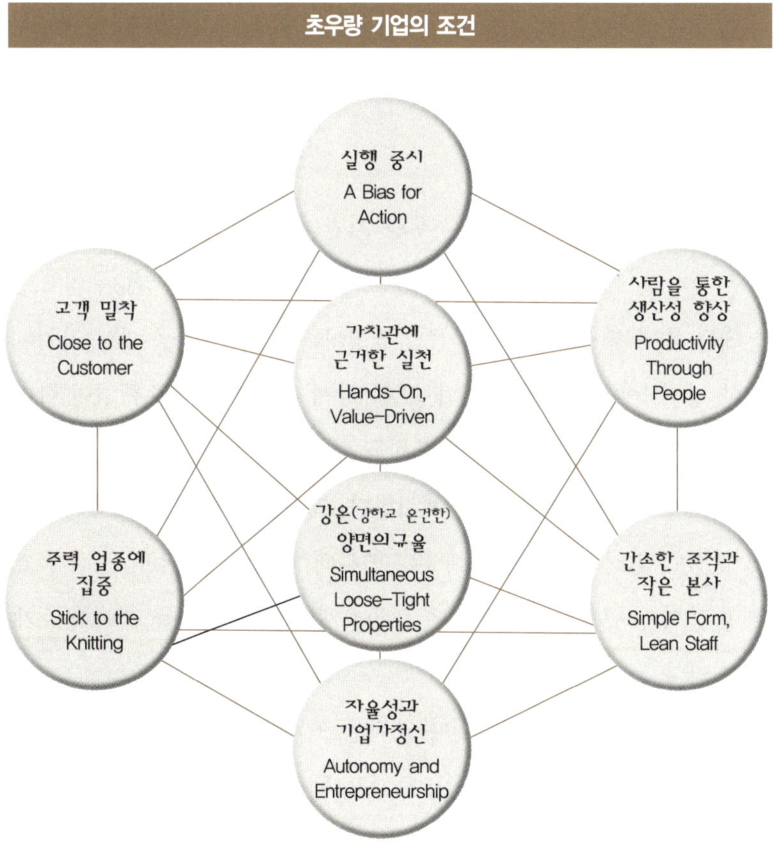

면서 새롭게 등장한 비합리적 혹은 사회적 모델이라는 이름의 새로운 이론이 절묘하게 결합되면서 탄생하게 되었다. 피터스와 워터맨이 이 책에서 주장한 '고객이나 종업원에 대한 관심', '실천과 시행착오에 대한 격려', '공유 가치와 규율의 강조' 등은 독창적이었다기보다는 너무나 기본적인, 그러나 경영자들에 의해 간과되었던 내용들이었다. 피터스와 워터맨은 바람직한 경영자란 두꺼운 보고서와 수치에 파묻혀 분석의 상아탑에서 헤매는 존재가 아니라, 고객이나 종업원들과 호흡하면서 현장을 누비는 전도사 같은 존재라고 말했다. 이 책은 경영자들에게 평범한 일도 비범하게 대하면 성공을 거둘 수 있다는 점을 깊이 각인시켜준다.

시놉시스

《초우량 기업의 조건》은 총 3부 12장으로 구성되어 있다. 제1부 1장과 제2부의 2, 3장에는 문제 제기와 연구 분석틀, 경영이론의 흐름, 연구 대상 기업에 대한 정의 등이 정리되어 있다. 또한 당시 경영이론의 주류였던 합리주의 분석 모델의 문제점과 부작용을 설명하고 이를 대체하는 새로운 접근법으로서 사회적 모델을 제시한다. 그러는 한편 맥킨지에 근무하고 있었던 피터스와 워터맨이 1977년부터 참여했던 '전략, 조직과 효과성 간의 관련성 연구' 프로젝트에서 개발된 7S 모델을 간략히 소개하고 있다.

피터스와 워터맨은 전략이나 조직구조, 시스템과 같은 경영의 하드웨어보다는 공유 가치, 스타일, 스태프 등 경영의 소프트웨어적인 측면을 강조했다. 연구 대상 기업도 상당히 체계적으로 선정했다. 비록 대기업으로 한정되었다는 한계가 있기는 하지만, 1961년부터 1980년까지의 성과를 바탕으로 다양한 업종의 62개 초우량 기업들을 조사 대상으로 선정했다. 대표적인 기업으로는 IBM, 제너럴 일렉트릭, 휴렛패커드, 제록스, 인텔, 제너럴 모터스, 듀폰, P&G, 맥도널드, 디즈니, 월마트 등을 들 수 있다. "기본으로 돌아가자."라는 제목이 붙어 있는 제3부에서는 이들 초우량 기업에 대한 연구에서 발견된 여덟 가지 공통된 특징들을 본격적으로 설명하고 있다.

4장은 제3부의 도입부로 연구 조사한 초우량 기업의 공통점이 문화, 가치, 시행 착오 등 일견 비합리적으로 보이고, 애매하며 모순처럼 들리는 일련의 특징들을 갖고 있음을 강조하고 있다. 그러나 이 책의 하이라이트는 역시 5장부터 12장까지 소개되어 있는 초우량 기업들의 특징일 것이다.

리뷰 평범한 일을 탁월하게 해내는 초우량 기업의 비밀을 파헤친다

이 책에서 소개하는 '초우량excellence'이라는 개념은 피터스와 워터맨의 주장을 이해하는 데 가장 결정적인 단어라 할 수 있다. 저자들은 초우량 기업이 평범한 기업에서는 발견할 수 없는 특성을 가진 것이 아니라, 평범한 기업에서도 하고 있는 활동을 초우량 기업이 전혀 다르게 하고 있음을 강조하고 있다. 62개 초우량 기업에서 공통적으로 발견된 여덟 가지 우수성은 실행을 중시한다, 고객에게 밀착되어 있다, 자율성과 기업가정신이 투철하다, 사람을 통해 생산성 향상을 도모한

실행과 집중력
지위고하에 관계없이 모든 리더들이 실행정신으로 무장했을 때 비로소 조직에 기여하고 변화에 능동적으로 대처할 수 있다.

다, 가치관에 근거해 실천한다, 주력 업종에서 멀리 벗어나지 않는다, 간소한 조직과 작은 본사를 지향한다, 강함과 온건함을 동시에 지닌 규율을 갖고 있다는 것이다.

실행을 중시한다

대다수 평범한 기업들은 계획과 실행을 동일시하는 함정에 빠져 있다. 그러나 초우량 기업들은 분석적 접근법에 입각해 전략을 수립한 이후에도 실행을 뒤로 미루지 않는다. 오히려 계획 수립에 시간을 낭비하느니 차라리 행동으로 바로 옮기는 실행에 착수한다. 초우량 기업에서 볼 수 있는 문제 해결을 위한 기본 자세는 '준비Ready, 조준Aim, 발사Fire' 라기보다는 '준비Ready, 발사Fire, 조준Aim' 이라고 할 수 있다. 초우량 기업의 한 임원이 한 다음과 같은 말은 초우량 기업이 실행을 얼마나 중시하는지를 잘 말해준다. "큰 문제가 생기면 우리는 10여 명의 중간관리자를 선발해 한방에 몰아넣고 1주일 동안 그 문제를 연구하게 합니다. 그러면 1주일 후 그들은 해결책을 만들어내고 그에 따라 순차적으로 문제를 해결합니다."

게다가 초우량 기업은 기본적으로 왕성한 실험정신을 갖고 있다. 그들은 신제품을 출시하고자 할 때 연구원과 마케팅 관리자 2백50명을 거대한 무덤 같은 연구실에 15개월 동안 가두는 무모한 일 따위는 하지 않는다. 오히려 5명 내지 25명 정도의 소규모 팀을 구성해 현장에 나가 고객들과 직접 만나게 하고 그런 과정에서 참신한 아이디어를 발굴한다. 심지어 어떤 경우에는 이러한 방식을 통해 엄청난 비용을 절감하는 동시에 불과 몇 주일 만에 신제품을 만들어내기도 한다. 실로 놀라운 사실은 거대 조직에 수반되는 관료주의적 풍토를 미연에 방지하고 자사의 유연한 대응을 유도하기 위해 초우량 기업은 한시적 프로젝트 조직을 동시다발적으로 가동시키는 행동지향적 접근법을 매우 선호한다는 것이다.

고객에게 밀착되어 있다

초우량 기업들은 끊임없이 고객들로부터 배운다. 이들은 최상의 품질, 신뢰성, 사후 서비스 등을 효과적이고도 지속적으로 제공함으로써 고객의 신뢰를 얻는다. 그들은 "탁월한 서비스를 받아야 하는 고객의 권리가 오히려 예외가 되는 현실이 개탄스러울 따름이다."라고 한탄한다. 그러나 초우량 기업의 모든 구성원들은 고객과 바람직한 유대관계를 구축하기 위해 현장에서 고객 중심 경영을 실천하고 있다.

또한 대부분의 초우량 기업들은 혁신적인 제품에 대한 아이디어를 고객들에게서 얻고 있다. 예컨대, 가장 평범한 상품에 해당하는 프리토레이의 감자 칩, 메이택의 세탁기, 타파웨어의 플라스틱 용기 등은 고객들에게 다른 경쟁 기업이 제공하지 못하는 독특한 가치를 제공함으로써 자사를 차별화시킨다. 물론 이것은 고객의 소리에 정기적으로 귀를 기울이고 고객과 밀접한 유대관계를 형성함으로써 가능해진다.

사실 많은 기업들이 말로만 '고객 만족' '고객 감동 경영'을 외치고 있다. 그러나 이들 평범한 기업과 초우량 기업의 가장 큰 차이점은, 평범한 기업은 필요할 때만 고객의 소리에 반응하지만 초우량 기업은 장기적으로 고객과 친밀한 유대관계를 형성해나가고 있다는 것이다. 초우량 기업이야말로 기업의 활동을 고객의 눈높이에 맞춰 수행하는 태도가 조직에 체화된 기업이라 할 수 있다.

실수 제조 회사

3M은 실패의 자유가 변화와 혁신의 원동력이라 믿고 있다. 실제 3M의 히트 상품 중에서는 이러한 새로운 도전에 대한 실패에서 비롯된 것이 많다.

자율성과 기업가정신이 투철하다

초우량 기업들은 내부적으로 다수의 리더와 혁신자들을 교육하고 있다. 이들은 의도적으로 '제품 챔피언'이라 불리는 혁신 주도 그룹을 육성한다. 따라서 혁신적인 기업들은 사내에 창의력이 뛰어난 사원들을 보유하고 있으면서 이들의 아이디어가 상업화될 수 있도록 적극적으로 지원한다. 대표적인 사례로 3M을 들 수 있다. 그들은 창의성에 대한 열정으로 넘쳐흘러 조직 분위기가 대기업이라기보다는 오히려 실험실과 연구실이 모인 창업 기업과 같은 느낌을 준다. 3M에는 정열이 넘치는 발명가와 상상의 세계를 실현시키는 대담한 기업가들이 모여 있다.

초우량 기업들은 모든 구성원의 행동을 일일이 간섭하고 통제하려 하지 않는다. 조직 구성원의 자율성을 최대한 보장해줌으로써 그들이 가진 아이디어를 마음껏 표출할 수 있도록 동기를 부여한다. 실패에 대한 자유를 보장하고, 그것이 의미가 있는 것이라면 시도 자체를 높이 사기 때문에 구성원의 도전정신은 고취될 수밖에 없다. 또한 모든 시행착오에서 발생하는 실패를 질타하기보다는 오히려 실험 또는 시행착오를 통해 뼈아픈 교훈을 배움으로써 다음번 시도에서 똑같은 실패를 하지 않기 위해 노력한다.

그래서 그들은 자율성과 기업가정신에 입각해 구성원들이 업무에 최대한 몰입할 수 있는 조직 환경을 마련하는 데 전념한다. 예컨대 사내 벤처 조직이나 한시적 프로젝트 조직을 신설해 그들의 혁신활동에 조직의 자원을 집중하는 것도 평범한 기업에서는 찾기 힘든 초우량 기업들의 특징이라고 할 수 있다.

사람을 통해 생산성 향상을 도모한다

초우량 기업은 자본 투자를 생산성 증대의 유일무이한 원천으로 여기지 않는다. 이들은 조직 말단의 평범한 사원조차도 품질 및 생산성 향상의 근원으로 간주한다. 투입 요소 측면에서 자본 투자만을 생각하는 것이 아니라 생산성 향상의 주체로서 근로자에게 우호적인 분위기를 조성하는 데 앞장선다.

예컨대 IBM은 '개인에 대한 존중'을 강조한다. 얼핏 생각하면 단순한 것으로 보이지만, IBM에서는 이를 실현하는 데 가장 많은 시간과 노력, 그리고 비용을 투자한다. 텍사스 인스트루먼트도 모든 근로자를 단순한 투입 요소로 보는 것이 아니라 아이디어의 원천으로 간주한다. 예컨대 9천 명에 달하는 대규모 인원이 참여하는 '종업원 참여 프로그램'에서 조직된 개별 단위의 품질 분임조는 생산성 향상을 달성하는 데 매우 큰 공헌을 하고 있다. 이처럼 초우량 기업은 '사람이 가장 중

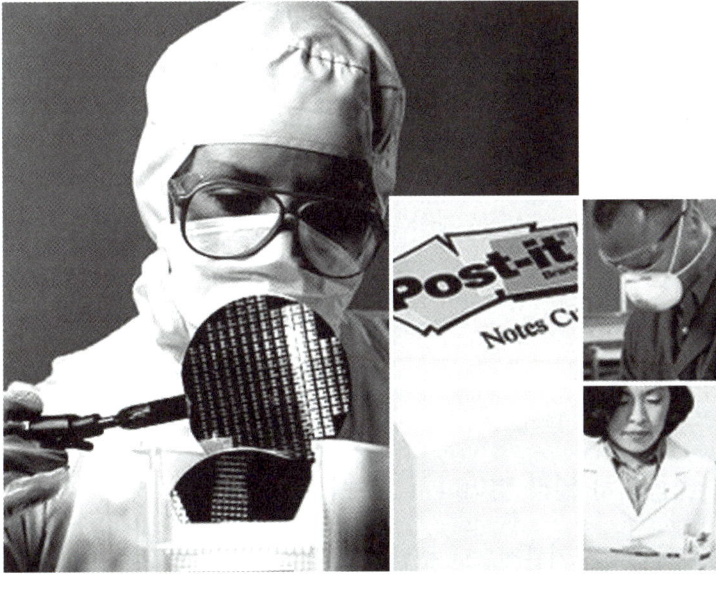

실험실과 연구실을 연상시키는 3M의 조직 분위기는, 실패를 통해 성공을 꿈꾸고 그런 가운데 변화와 혁신을 이루는 그들의 저력을 보여준다.

요한 자산'이라는 기본 원칙을 매우 중요시한다. 모든 구성원들 사이에 이에 대한 공감대가 형성되어 있기 때문에 현장에서의 일상적이고 실질적인 활동도 사람을 중심으로 이뤄진다.

가치관에 근거해 실천한다

초우량 기업들은 공유 가치를 매우 중요시한다. 또한 최고 경영진에서부터 현장에 이르기까지 조직의 분위기가 역동적이며 활기에 차 있다. 기업의 공유 가치 또는 조직 분위기가 중요시되는 이유는 10년 또는 20년이 지난 후에 조직 구성원 모두가 자신이 하고 있는 일에 보람과 만족을 느낄 수 있도록 해주기 때문이다. 이런 측면에서 무형 자원 중의 하나인 기업문화는 지속 가능한 경쟁우위를 창출하는 핵심 요인이 된다.

초우량 기업들은 한 기업의 경영철학이 그 기업의 기술력, 자금력, 조직구조, 그리고 신제품 도입 타이밍보다 기업이 거두는 성과에 미치는 영향이 훨씬 더 크다는 점을 잘 알고 있다. 예컨대 휴렛 패커드의 윌리엄 휴렛은 타의 추종을 불허할 만큼 생산 현장을 자주 방문해서 휴렛 패커드 경영방식인 'HP Way'를 강조하는 것으로 유명하다. 맥도널드의 창업자 레이 크록은 자사의 매장들을 정기적으로 방문해 맥도널드가 중시하는 품질, 서비스, 청결과 같은 가치의 실행 여부를 평가한다.

주력 업종에서 멀리 벗어나지 않는다

초우량 기업들은 기본적으로 주력 업종에 충실하려는 경향이 강하며 다각화를 하더라도 관련 다각화를 선호한다. 존슨 앤드 존슨의 회장 로버트 존슨은 "자사가 무엇을 어떻게 해야 할지 잘 모르는 사업 분야의 기업은 절대로 인수합병하지 말라."라고 말한 바 있다. 또한 P&G의 전 회장 에드워드 하니스도 "우리 회사는 결코 주력 업종에서 벗어난 사업을 한 적이 없다. 우리는 소위 문어발식 다각화를 통해 복합기업이 되는 것을 제외하곤 모든 것을 지향한다."라고 말했다.

물론 다소의 예외는 있으나 자사가 가장 잘 알고 있는 사업 분야에 매진하는 기업일수록 탁월한 성과를 창출할 가능성이 더 높다. 인수나 내부 다각화에 의해서 사업을 확장해나가되, 핵심 사업에서 결코 벗어나지 않는 회사들만이 다른 회사를 능가하는 성과를 올릴 수 있는 것이다.

가장 성공적인 사업 확장 방식 중의 하나는 3M처럼 특정 기술, 예컨대 코팅과 접착기술을 중심으로 사업을 다각화하는 기업일 것이다. 3M은 5만 종 이상의 제품을 생산하고 있으며 매년 1백 종 이상의 신제품을 내놓고 있다. 하지만 그 모든 제품들은 공통적으로 3M의 기본적인 코팅 및 접착기술을 바탕으로 하고 있다. 3M에서 일관되게 이어져 오고 있는 이 특성은 여러 면에서 다른 기업의 기본 역량을 훨씬 능가하고 있다. 3M의 최고경영층은 주로 화학기술자로 구성되어 있으며, 회사의 핵심적인 기술은 이렇게 해서 최고경영층 내에 단단히 자리잡게 된다.

3M 같은 사례는 다른 수많은 초우량 기업에서도 공통적으로 발견할 수 있다. 휴렛 패커드에서 성공하려면 우선 전기기술자가 되어야 한다. 벡텔에서 성공하려면 기계기술자가 되어야 하고, 보잉에서는 항공기술자가 되어야 한다. P&G에서는 제품관리자로서의 경험이 중요하고 IBM에서는 영업 경험이 중요하다.

간소한 조직과 작은 본사를 지향한다

초우량 기업들의 조직구조 및 시스템은 지극히 단순하며 관리도 최소 인원에 의해 이뤄지고 있다. 이렇게 군살 없는 조직과 소수 정예로 운영되는 참모진을 통해 발 빠른 대응이 가능해진다. 자산 규모가 수십억 달러에 이르는 기업들조차 1백 명도 안 되는 참모진에 의해 물 흐르듯 매끄럽게 운영되는 경우가 많다.

피터스와 워터맨이 조사한 기업의 대부분은 대기업이었으나 그중에서 매트릭스 조직을 공식적으로 채택한 곳은 단 하나도 없었다. 사실 매트릭스 조직은 그 자체가 너무나 복잡한 형태를 띠고 있기 때문에 관리가 어려워 이를 도입한 기업들도 하나둘씩 폐기하고 있는 실정이다.

앞서 언급한 것처럼 서로 다른 산업에 있는 초우량 기업이라 하더라도 조직 하부에 권한과 책임을 위임하고 현장에 자율성을 최대한 보장하고 있다. 그리고 이러한 특성을 뒷받침하기 위해 조직구조를 단순화시킴으로써 조직의 유연성을 증대시키고 있다.

더욱 흥미로운 것은 조직구조를 단순하게 유지하기 때문에 본사도 소수 정예의 관리 스태프에 의해 운영된다는 점이다. 다시 말해 기업의 조직구조가 단순하면 소수의 스태프로도 전체 조직을 효율적으로 운영할 수 있다는 것이다. 초우량 기업의 조직 및 관리 측면을 조사한 결과, 기업의 본사관리 부문에 1백 명 이상의 인원이 필요한 경우는 거의 없었다는 사실이 밝혀졌다. 실제로 초우량 기업에서는 스태프를 본사에서 서류를 확인하는 일보다 현장에 나가 문제를 해결하는 일에 투입하는 경우가 더 많았다.

강함과 온건함을 동시에 지닌 규율을 갖고 있다

초우량 기업의 의미

초우량 기업은 평범한 기업이 하지 않고 있는 일을 하는 것이 아니라 평범한 기업도 하고 있는 일을 탁월하게 하고 있을 뿐이다.

초우량 기업들은 집권화와 분권화를 동시에 추구하는 경향이 있다. 대부분의 초우량 기업들은, 권한과 책임의 이양을 통해 현장에서 제품개발팀에 이르기까지 어느 정도의 자율성을 보장해준다. 반면에 기업 이념을 구성하고 핵심 가치를 보존하는 것에는 광신적이라 할 만큼 중앙 집권적인 통제가 엄격하다. 예컨대 3M의 제품 개발을 책임지는 소위 '챔피언'들은 방만하다고 느껴질 정도로 자유롭지만 그들이 가장 소중하게 여기는 핵심 가치인 혁신에 대한 신념은 사이비 종교에 세뇌된 신자들의 믿음보다도 더 강건하다.

초우량 기업의 경우 직원들이 자신의 상사가 누군지 모를 정도로 조직의 규율이 느슨한 것처럼 보이기도 한다. 그러나 자사가 제공하는 제품의 신뢰성에 대한 직원들의 믿음만은 역시 타의 추종을 불허한다.

또한 초우량 기업들은 흑백논리의 단순함에서 벗어나 있다. 예를 들어, 조직을 구성하는 요소는 크게 하드웨어적인 측면(전략, 조직, 시스템)과 소프트웨어적인 측면(조직 구성원, 스타일, 기업문화)으로 대별된다. 그러나 여기서 중요한 것은 조직의 하드웨어적인 측면과 소프트웨어적인 측면이 상호 배타적이거나 이율배반적이지 않다는 사실이다. 달리 말하면 조직의 하드웨어 및 소프트웨어적인 측면은 서로 조화를 이뤄야만 하며, 이를 통해 기업은 잠재력을 실현시키고 지속적인 성장을 도모할 수 있다는 뜻이다.

물론 모든 초우량 기업들이 이상에서 언급한 여덟 가지 특성을 모두 똑같이 공유하고 있는 것은 아니다. 하지만 대다수 초우량 기업의 경영진은 이 여덟 가지 특성을 매우 중시하고 있었다. 무엇보다도 피터스와 워터맨이 연구한 초우량 기업의 여덟 가지 특성은 평범한 기업에서는 찾기 힘든 것들이었다. 또한 분명한 사실은, 사람들이 생명에 절대적으로 필요한 공기의 중요성을 모르고 살아가는 것처럼 대다수 경영자들이 초우량 기업이 전하는 메시지를 간파하지 못하고 있다는 점이다. 심한 경우에는 이러한 특성을 제대로 인식조차 하지 못하고 있었다.

현대적 시사점

1982년 《초우량 기업의 조건》이 출간되었을 때, 미국 언론들이 이 책에 대해 매우 상반된 평가를 내렸다는 것은 아주 흥미로운 일이다. 〈월스트리트 저널〉과 〈포춘〉은 찬사를 보냈지만 〈뉴욕 타임스〉, 〈하버드 비즈니스 리뷰〉, 그리고 〈LA 타임스〉는 악평을 했다. 특히 이 책이 출판된 지 2년이 되었을 때 〈비즈니스 위크〉는 "이럴 수가!"라는 헤드라인과 함께 《초우량 기업의 조건》에서 예로 든 기업들이 결코 초우량 기업이 아니라는 기사를 게재했다. 기사의 주된 내용은 책에서 예로 든 초우량 기업들 중 약 4분의 1이 현재 어려운 상황에 놓여 있다는 것이었다. 그러나 이러한 견해들도 이 책의 가치를 떨어뜨릴 수는 없을 것이다.

사실 평범한 기업과 초우량 기업의 차이점은 종이 한 장 정도인지도 모른다. 그리고 어쩌면 피터스와 워터맨이 제시한 여덟 가지 기본적인 특성들을 빠짐없이 알고 있는지의 여부는 그다지 중요하지 않을 수도 있다. 대다수 초우량 기업들은 다른 평범한 기업에 비해 아는 것을 행동으로 옮기는 데 있어 매우 탁월한 능력을 지니고 있었다. 아는 것을 실천하는 바로 그 작은 차이가 엄청난 결과, 엄청난 성과의 차이를 가져온 것이다.

이처럼 초우량 기업의 본질적 핵심은 조직 전체의 몰입을 유도해 이미 알고 있는 바를 제대로 실행하는 데 있다고 할 수 있다. 초우량 기업은 제품, 서비스, 그리고 고객을 가식적인 태도로 대하는 것이 아니라 진실한 마음과 태도로 대한다. 특히 유연한 대응, 고객 서비스, 그리고 일상화된 혁신 등의 과제는 모든 구성원들이 몰입하지 않으면 결코 달성될 수 없는 것들이다. 휴렛 패커드나 3M에서 공장 시설을 견학하고 현장 작업 그룹이 작업에 임하거나 휴식을 취하는 모습을 보면, 관료주의적인 냄새를 풍기는 다른 대부분의 대기업과는 분위기가 전혀 다름을 느낄 수 있다.

총체적인 고객관리야말로 초우량 기업이 가장 중시하는 덕목이다. 기업이 생산하는 제품이 신규 성장업종이냐 아니면 성숙업종이냐 하는 것은 그다지 큰 문제가 아니다. 오로지 차별화를 통한 새로운 가치 창조만이 의미가 있다. 고객 가치를 위해 피터스와 워터맨은 품질 혁신과 무형적 서비스를 강조했다. 품질 혁신이란 먹고, 자고, 숨쉬는 것처럼 품질 의식이 체질화되는 것을 의미한다. 모든 경영층에는 품질관리를 위한 끝없는 노력과 끈기가 요구된다. 그러나 열정만으로 이 일을 할 수 있는 것은 아니다. 반드시 훌륭하고 세밀하게 확립된 제도가 밑받침되어야 한다. 품질 혁신에 몰두하는 경영층, 품질에 대한 측정, 품질 향상에 대한 보상, 모든 구성원들이 품질을 평가할 수 있도록 하기 위한 기술적인 교육과 훈련, 다기능팀 등 품질 혁신을 위한 시스템과 제도가 반드시 필요한 것이다.

무형적인 서비스도 마찬가지다. 노드스트롬 백화점은 1978년 개점한 이래 자산 규모를 2억 2천5백만 달러에서 19억 달러까지 늘리는 성장을 이룩했다. 이 회사의 광고 예산은 같은 업종의 평균보다 훨씬 낮은 편이지만 단위 매장당 매출액은 백화점들 중에서 최고를 기록했으며, 업체 평균에 비해 세 배 정도 높다.

초우량 기업의 비밀

초우량 기업은 보이지 않는 공유가치를 통해 평범한 사원들도 능력 이상의 역량을 발휘할 수 있도록 만드는 비법을 갖고 있다.

그렇다면 노드스트롬의 성공 비결은 무엇일까? 한마디로 타의 추종을 불허하는 서비스다. 미국 서부 지역에 살고 있는 고객이라면 적어도 한번은 정신이 멍해질 정도로 완벽한 노드스트롬의 서비스를 받아본 경험이 있을 정도라고 한다. 바로 여기에 노드스트롬의 성공 비결이 숨어 있다. 점원은 손님이 긴 통로를 걸어 계산대를 찾아 헤매지 않도록 즉시 제자리에서 계산을 하고 반품을 처리하며 포장을 한다. 그 어떤 반품도 거절하지 않는다. 뿐만 아니라 점원들은 딱 한 번 다녀간 고객의 이름도 기억한다. 그 밖에 고객과 관련된 아주 사소한 정보도 귀중한 '고객수첩'에 꼼꼼하게 기록해둔다. 단골 고객이라면 수시로 작은 선물이나 점원이 보내는 짤막한 편지를 받게 된다. 이처럼 고객과의 관계 관리의 중요성을 인식하고 이를 실천한 데에 노드스트롬의 우수성이 있는 것이다.

초우량 기업들은 다양한 실험을 장려한다. 특히 응용 중심의 작은 실험을 중시한다. 원래 고객들의 취향은 매우 변덕스럽다. 따라서 이 같은 고객들의 취향에 발 빠르게 대응하는 데는 신속한 혁신이 최대의 무기다. 시장은 하루가 다르게 세분화되고, 새로운 기술이 개발됨에 따라 제품과 서비스는 고도로 발전하고 있다. 그리고 새로운 경쟁자는 계속해서 기존 기업들을 위협한다. 이처럼 혼란스러운 환경에 적응하기 위해서는 번개처럼 빠르고, 작은 실험을 수없이 되풀이하는 혁신 전략을 개발해야 한다. 초우량 기업들은 무리한 투자에 집착하기보다는 사소한 일들부터 해나갈 것을 권고한다. 완전히 독립적인 팀을 구성해 그동안 가장 중요하게 생각해왔던 제품과 서비스를 검토한 뒤 필요할 경우 없애버릴 수 있어야 하는 것이다. 그러므로 모든 신제품이나 기존 제품을 끊임없는 수정을 요하는 실험 대상으로 생각해야 한다.

경쟁력을 갖추는 데 필수적인 혁신 주기를 단축하고 신속하게 행동하기 위해서 기업은 보다 많은 실수를 보다 빨리 저질러야 한다. 충분히 사고하고, 열성적으로 일을 수행하며, 신속히 적응하고, 많은 교훈을 얻는 등 노력했음에도 불구하고 실패한 경우에는 그에 대해 적극적으로, 그리고 공개적으로 보상함으로써 실패를 두둔해야 할 것이다. 오히려 나태가 빠른 혁신의 가장 큰 적이라 할 수 있다. 보다 빠른 행동은 필연적으로 더 많은 실수와 어리석은 관료주의적 규정과 전통에 대한 도전을 야기한다. 미래의 경영자들에게 있어 실패보다 더 중요한 것은 없다는 점을 명심하자.

하지만 우리나라의 경영자들은 아직 실패에 익숙하지 않다. 우리나라의 기업 풍토하에서 실패는 퇴출을 의미하기 때문이다. 유명 전자회사의 한 간부는 신제품 개발 담당 책임자가 하루가 멀다 하고 바뀌는 것을 개탄하면서, 우리나라에서 새로운 실험이 성공을 거두기 위해서는 끈기와 투자가 필요함을 주장했다. 실패를 두려워하다보니 아예 시도조차 하지 않는 풍토가 조성되고 있다. 가만 있으면 50점인데 괜히 새로운 실험을 한다고 설치면 0점이 되기 십상이라는 논리다. 사정이 이러하니 새로운 시도보다는 자신에게 주어진 과업을 충실히 수행하는 것이 미덕이라는 생각이 자리잡고 말았다. 멀리 내다보지 못하는 좁은 시야가 우리의 성장을 가로막는 것이다. 그러나 초우량 기업들의 경우처럼 새로운 실험과 도전, 시행착오 없이는 새로운 것을 발견할 수 없다. 실패 없는 성공은 결코 있을 수 없기 때문이다.

초우량 기업들은 현장을 강조한다. 우수성이 최종적으로 실현되는 곳이 바로 현장이기 때문이다. 고객과 직접 대면하는 위치에 있는 판매원, 기술 개발을 직접 담당하는 과학자와 엔지니어, 생산 현장에서 품질과 씨름하는 근로자들이 바로 우수성을 실현하는 주체들이다.

경영에서 우수성이 실현되기 위해서는 현장이 권한을 갖는 분권화된 경영방식이 정착되어야 할 것이다. 과도하게 비대한 조직구조는 급변하는 경영 환경에 대처하는 기업의 속도를 늦추는 주요 요인이다. 따라서 조직구조를 단순화시키고 스태프 부서를 감축시키는 것이 필요하다. 작은 조직의 구성원들은 모두 서로를 잘 알기 때문에 보다 원활한 협업이 가능하다. 명령 하달식의 계층 구조가 없기 때문에 어떤 일에 대해 보다 신속하게 조치를 취할 수 있다. 또한 좀더 원활한 의사소통 및 정보 공유가 가능하며, 모든 사람들이 의사결정 및 여타 경영 프로세스에 참여할 수도 있다.

진정한 분권화는 종업원들이 적극 참여해, 주도권을 쥐고 자발적으로 솔선수범할 때 이뤄진다. 종업원들에게 권한을 위임하고 그들을 경영에 참여시켜야 한다. 품질 향상 프로그램, 생산성 향상 프로그램, 결과의 측정 및 점검, 예산 책정, 점검과 조정, 작업공간의 배치, 새로운 기술에 대한 평가, 종업원의 채용과 모집, 고객에게 전화를 걸고 고객방문 프로그램에 참여하는 일 등에 각각의 계층에 속해 있는 모든 사람을 참여시켜야 한다.

잘 훈련되어 적절한 자리에 배치된, 그리고 필요한 지원을 받는 종업원의 기업에 대한 기여도에는 한계가 없다. 그런데 이러한 참여를 촉진시키려면 견고한 의사전달의 통로가 필요하다. 끊임없이 종업원들의 의견을 경청하고 아이디어와 정보를 수집 또는 공유해야 하며 성취한 바를 인정해야 한다. 결국 대대적인 참여를 촉진하는 데 필요한 태도 변화와 수평적 의사소통을 유도하려면 전례 없는 정보 공유와 상호작용, 그리고 인정이 필요한 것이다. 하지만 안타깝게도 우리나라에서는 '참여' 혹은 '권한이양'이라는 단어가 인기가 없다. 아니, 그 진의가 상당히 왜곡되어 있다. 경영자에게 있어 '참여'라는 단어는 강성노조가 무책임하게 경영권을 요구하는 것으로, '권한이양'은 능력 없는 부하의 월권행위 정도로 인식되어 있다. 무책임한 노조를 탓하기 전에 회사가 처한 상황을 그들에게 충분히 이해시켰는지 혹은 회사가 추구하는 비전에 그들이 충분히 공감하고 있는지 생각해봐야 할 것이다. 또한 능력 없는 부하를 탓할 것이 아니라 왜 능력 있는 부하가 회사에 들어오지 않는지 혹은 부하들의 능력을 향상시킬 수 있는 교육 프로그램이 제대로 갖춰져 있는지를 먼저 살펴봐야 할 것이다.

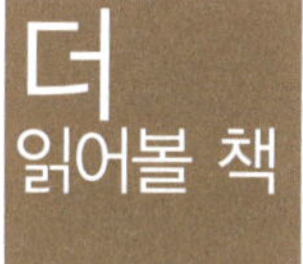

톰 피터스의 경영혁명 톰 피터스, 한국경제신문사, 1997

Wow 프로젝트 1~3 톰 피터스, 21세기북스, 2002

톰 피터스의 미래를 경영하라 톰 피터스, 21세기북스, 2004

저자 소개 및 도서 정보

톰 피터스 Thomas J. Peters

로버트 워터맨 Robert H. Waterman, Jr.

《초우량 기업의 조건 *In Search of Excellence*》
Warner Books, 1982.

톰 피터스는 이 책을 출간한 후 '톰 피터스 그룹'이라는 컨설팅회사를 설립했고, 자신의 혁명적이고 열정적인 경영 아이디어를 기업에 전파하는 혁신의 전도사로 나섰다. 그는 미국 전역을 돌아다니며 '우수성'을 주제로 세미나를 열기도 했고, 책뿐 아니라 각종 TV 강연이나 오디오, 비디오 프로그램들도 거침없이 만들어 판매했다. 피터스는 드러커처럼 교수 출신은 아니지만 실제 기업에서의 그의 영향력은 '톰 피터스 현상'이라 불릴 만큼 엄청난 것이었다. 현실 기업과 환경 변화에 대한 그의 뛰어난 통찰력은 유명 교수의 그럴 듯한 이론보다 훨씬 더 매력적이었고, 경영자들의 마음을 크게 움직였다.

《초우량 기업의 조건》 이후 피터스는 《A Passion for Excellence》(1985), 《경영혁명*Thriving on Chaos*》(1987), 《Liberation Management》(1992), 《The Tom Peters Seminar》(1993), 《경영창조*The Pursuit of WOW!*》(1994), 《자기혁신 아이디어*The Circle of Innovation*》(1997) 등의 저서들을 출간했으며, 1999년에는 '기업 재창조Reinventing Work' 라는 이름하에 《Wow 프로젝트 1: 내 이름은 브랜드다*The Brand You 50*》, 《Wow 프로젝트 2: 나의 일은 프로젝트다*The Project 50*》, 《Wow 프로젝트 3: 우리는 프로페셔널 팀이다*The Professional Service Firm 50*》 등 세 권의 책을 동시에 출간하기도 했다.

이 과정에서 그의 주된 관심 영역은 대기업에서 중소기업으로 바뀌었고, 최고경영자뿐 아니라 직장인들이 더 큰 관심의 대상이 되었다. 그만큼 피터스의 영역이 좀더 대중화되었다고 볼 수도 있다. 피터스의 사상이나 주장에 관심이 많은 독자들 중 경영자들에게는 초기 저서인 《초우량 기업의 조건》 이외에 《경영혁명》이나 《해방경영》이, 일반 직장인들에게는 '기업 재창조 시리즈' 가 도움이 될 것이다. 톰 피터스에 대한 보다 자세한 정보를 얻고 싶다면 www.tompeters.com을 참고하기 바란다.

공동 저자인 로버트 워터맨 역시 《초우량 기업의 조건》이 출간된 후, 21년 동안 근무한 맥킨지를 떠나 자신의 이름을 따서 '워터맨 그룹'이라는 컨설팅 그룹을 설립해 기업 컨설팅, 경영자 교육, 그리고 사회활동에 열중하고 있다.

그는 비영리 조직인 RLS 재단의 이사장으로 다리 통증으로 고통받는 환자들의 지위향상과 그들에 대한 사회적 관심을 환기시키기 위한 활동을 하고 있다. 또한 미국의 AES 사 및 세계 야생동물 기금WWF의 이사로서 영리 및 비영리 조직의 자문활동과 봉사활동을 병행하는 매우 색다른 이력을 쌓아가고 있다. 워터맨의 대표적인 저서로는 《The Renewal Factor》(1987), 《Adhocracy : The Power to Change》(1993), 《The Frontiers of Excellence》(1994), 《팀 경영과 조직학습-탁월한 사례*What America Does Right*》(1995) 등이 있다.

17 창의적인 팀의 구성

Management Teams : Why they succeed or fail
Meredith R. Belbin

keyword
성공적인 팀 구성
인재의 유형
균형과 조화

카테고리 관련성	
경영전략, 경영혁신	★★
생산관리	
변화관리	★
조직관리, 인사관리	★★★
마케팅	
리더십	★★
동기부여, 인간관계	★
기업성공	★★

핵심 아이디어 어떤 자격을 갖춘 사람이 훌륭한 경영자인가? 수많은 연구를 통해 훌륭한 경영자가 갖춰야 할 덕목이 수도 없이 제시되었지만 이들 중에는 상충되는 내용이 많은 것도 사실이다. "뛰어난 지력을 갖춰야 하지만 너무 영리해서는 안 된다." "강하지만 타인의 감정도 보살필 줄 아는 사람이라야 한다." "역동적이어야 하지만 인내심이 강해야 한다." "유창한 언변이 있어야 하지만 남의 얘기를 잘 들어야 한다." "단호하지만 신중해야 한다."라는 등의 표현에서 한 개인에게 이러한 덕목을 모두 찾는 것은 매

▶ **여덟 가지 유형의 인재**

유형	표시	대표적 특징	대표적 특징	상대적인 약점
사원형	CW : company worker	보수적, 의무감, 예측적	조직화하는 능력, 실용적인 상식, 근면성과 자제력	유연성 부족, 검증된 아이디어만 중시
회장형	CH : chairman	냉정함, 자제력, 자신감	선입견 없이 타인의 잠재력과 장점을 다루고 수용하는 능력, 강한 목표 지각력	재능이나 창의력은 평범한 수준
도박형	SH : sharper	술수적, 개방적, 역동적	타성, 비효과성, 자만심 및 자기기만 등에 강하게 반발	쉽게 화내는 성향, 비분강개, 성급함
개척형	PL : plant	개인주의적, 진지함, 이단적	천재성, 상상력, 지성, 지식	비현실적, 문서나 구체적 사항을 무시
연구형	RI : resource investigator	외향적, 열성적, 호기심, 수다형	사교력, 새로운 탐색활동, 도전성과 반응력	초기의 매력이 없어지면 관심도 사라짐
감독형	ME : monitor –evaluator	차분함, 이지적, 신중함	판단력, 분별력, 냉정함	영감 부족, 동기유발 시키는 능력 부족
팀워크형	TW : team worker	사회성, 온화함, 감수성	사람과 상황에 대한 적절한 대응력, 팀워크 함양 촉진력	결정적 위기 상황 앞에서 우유부단함
완벽형	CF : completer –finisher	끈기, 정리정돈, 양심적, 초조함	매사를 완벽하게 마무리하는 능력	사소한 걱정, 새로운 시도에 저항

비즈니스 게임

기업 내부 조직과 외부 환경 간의 상호작용을 모델화하여 경쟁상태의 각 기업이 팀으로 구성되어 의사결정의 우열을 겨루는 교육훈련 방식이다. 비즈니스 게임은 종합적인 경영 의사결정 활동을 체험하는 데 유용한 기법이다.

우 어려운 일임을 알 수 있다.

만일 개인에게서 이러한 덕목을 모두 찾는 것이 불가능하다면 개인들로 이뤄진 팀에서 성공적인 경영상을 찾는 것은 어떨까? 이 책은 성공적인 팀 구성 및 운영이 가능하다는 점을 실험과 사례 및 종합 비교를 통해 보여주고 있다. 벨빈은 개인의 특성을 무시하지 않고 오히려 적극적으로 이를 고려해 팀원을 선발하고 팀워크를 구축함으로써 성취지향적인 팀을 만들어야 한다는 점을 강조하고 있다. 특히 팀 차원의 심리상태와 동기유발, 인력구성 및 행동방식에 대한 종합적 분석을 통해 팀에 유용한 인재상을 다음과 같이 여덟 가지로 구분한 다음, 그 특성 및 강점과 약점을 정리했다.

시놉시스

총 12장으로 구성된 《팀 경영의 성공과 실패 *Management Teams: Why they succeed or fail*》는 집단 역학 group dynamics 이나 사례 분석을 통한 연구와는 달리 유럽에서 가장 오래된 경영대학인 영국 런던의 헨리 경영대학과 오스트레일리아의 행정학부 수강생 및 직원들을 대상으로 9년간 진행된 비즈니스 게임의 결과를 종합한 것이다. 역할 연기법에 의해 각각 그 역할을 부여받은 6명(회장과 비서 및 마케팅, 생산, 재무, 서비스관리 담당 임원)을 하나의 '기업 단위 company'로 간주해 매학기마다 평균 8개의 팀(이 책에서 '컴퍼니 company'라 일컬어지는 모의실험 대상 팀의 수는 총 2백10여 개에 달함)들이 펼친 비즈니스 게임의 결과를 보여주고 있다.

첫번째 장에서는 연구 모델과 연구 단계 및 인력의 유형 구분 등을 통해 9년간에 걸친 연구가 어떻게 진행되었는지를 상세히 밝히고 있다. 다음 장들에서는 "성공적인 팀은 과연 어떻게 구성되어 운영되는가?" 에 관해 다음과 같이 구분해 설명하고 있다.

첫째, 우수한 인재들로만 구성된 팀이 최고의 성과를 얻는가? 연구 결과는 그렇지 않았다. 우수한 인재가 적어도 1명 정도는 필요하지만 머리만 5개 달린 사람보다는 팔과 다리가 함께 골고루 잘 발달된 사람이 필요한 것과 마찬가지로 우수 인력만으로 구성된 팀은 결코 효과적이지 않았다.

둘째, 같은 유형의 인력만으로 구성될 경우는 어떠한가? 벨빈은 '안정형-고민형', '내향형-외향형' 등 대조되는 성격의 조합에 의해 형성되는 네 가지 유형의 형태 중 다른 유형에서는 특이한 사항이 부각되지 않으나, SE형(Stable Extroverts: 안정적 외향형) 집단이 높은 책임성과 공유의식을 보이므로 집단작업에 바람직하다고 했다.

셋째, 팀 차원의 창의력 발휘는 브레인스토밍이나 수평조직, 시너지 효과 등으로 강화될 수 있는가? 벨빈은 카텔의 열여섯 가지 성격 유형 분석방법을 적용해, 여덟 가지 인재 유형 중 단지 개척형과 연구형의 두 유형에서만 조직에 바람직한 혁신적 아이디어가 쏟아져나온다는 점을 보여주고 있다.

넷째, 팀의 성공 여부는 뛰어난 팀의 리더에게 달려 있는가? 리더의 역할이 중요하다는 점에는 공감하면서도 이 책에서 회장형으로 구분하고 있는 리더의 이상적인 인재상은 결코 탁월한 능력을 가진 사람이 아니라 보통 수준의 사고력과 함께 타인의 말을 경청하되 단호하게 의사결정을 하는 사람이라는 것이다.

다섯째, 여덟 가지 인재 유형별로 그 특성에 적합한 팀원의 역할과 성과를 발휘하게 되는가? 이에 대한 답은 "그렇지 않다." 이다. 중요한 것은 팀에 결여되어 있는 부분을 메워주고 상호보완의 역할을 하는 인

집단 역학group dynamics
인간관계 또는 집단 생활에 관한 사항을 과학적 실험으로 분석하여, 구성원들의 사회적 상호작용이나 집단 과정에 내재된 법칙성을 파악하여 실제 집단 생활의 개선에 적용하려는 사회과학의 한 분야다.

물인가, 아니면 중첩적·갈등적 활동을 하는 사람인가에 따라 팀의 성과가 달라진다는 것이다.

여섯째, 그렇다면 성공적이지 못한 팀은 어떤 특성을 갖고 있는가? 벨빈은 이에 대한 원인을 다양하게 밝히고 있다. 예를 들면, 구성원들의 지적 능력이 낮거나 아예 인사 채용이 잘못된 경우, 내향적이고 고민형으로만 구성된 경우, 하나만 아는 전문가들이 많을 경우, 역할 인식을 못하거나 역할 분담이 잘못된 경우에는 대부분 낮은 성과를 보인다는 것이다.

일곱째, 이에 비해 성공하는 팀의 특성은 어떠한가? 팀의 성공은 신뢰성 있는 리더, 창의력 있는 구성원, 다양한 지능 및 성격들로 구성된 팀, 적재적소의 인력 배치 등을 고루 갖춰야만 성공이 보장된다.

여덟째, 이상적인 팀의 규모라는 것이 과연 존재하는가? 물론 전체 업무량에 따라 달라지겠지만 벨빈은 10명 정도의 팀에서부터 4명 정도의 작은 팀까지 연구한 결과, 6명 정도가 가장 이상적이지만 업무가 공식적으로 구조화된 경우에는 8명까지도 바람직하다는 흥미로운 결과를 보여주고 있다. 물론 리더의 역량에 따라 인원이 증감할 수 있다는 점도 언급했다.

아홉째, 그렇다면 바람직한 팀원의 상은 어떤 것일까? 인간의 성격이 다양한 만큼 언제 어디에서나 효과적인 공통적 인재상을 제시하는 것은 사실 어려운 일이라는 것이 벨빈의 결론이다. 그럼에도 불구하고, 적시성timing, 유연성flexibility, 자제력self-restraint, 목표 유지성maintaining team goals 등이 바로 그러한 공통 덕목에 들 수 있다고 지적하고 있다.

기타 이 책의 뒷부분에서는 팀의 조직을 설계하는 방법과 정부 등 공공기관의 팀제 조직의 설계와 운영방안에 대해서도 간략하게 다루고 있다.

올림픽 100미터 달리기 경주에서는 0.01초가 엄청나게 다른 결과를 가져온다. 그리고 사람들은 항상 금메달을 딴 사람만 추켜세운다. 리더십에 대한 연구에서 보듯이 1980년대까지만 해도 최고경영자 개인의 역량에 대한 연구는 많이 이뤄졌지만 성공적인 팀 조직에 대한 연구는 그다지 많지 않았다.

"어떤 팀이 가장 높은 성과를 가져오는가?"라는 의문을 풀기 위해 벨빈은 9년에 걸친 비즈니스 게임의 결과를 이 책에서 정리했다. 한 조를 이루는 6명의 사람들이 각각 기업의 회장, 비서, 영업, 생산, 재무 및 관리 담당 임원의 역을 맡도록 하는 방식으로 매학기 8개의 조가 보인 분기별 경영성과를 분석한 결과가 이 책에 담겨 있다. 비즈니스 게임 대상 학생들에게 성과측정의 기준에 대한 설명과 함께 팀을 구성하도록 하고, 다양한 가설을 제시해 증명해보도록 함으로써 구성원들의 참여에 의한 팀제의 성공과 실패 요인을 실험적으로 도출한 것이《팀 경영의 성공과 실패》의 가장 큰 의의라 할 수 있다.

잘난 사람들의 못난 팀워크가 아폴로 신드롬을 유발한다

인간을 처음으로 달에 보낸 아폴로 우주선을 만드는 데에는 뛰어난 인재들이 무수히 투입되었다. 이처럼 어렵고 복잡한 일일수록 당연히 명석한 두뇌를 가진 인재들이 필요하다. 하지만 이는 이상적인 개념일 뿐 실제 사례를 보면 뛰어난 자들만이 모인 조직은 정치 역학적으로 매우 위험하다는 것이 증명되었다. 벨빈의 연구는 우수 인재 집단(이

리더십

집단의 구성원들이 가능한 한 최대의 만족을 갖고 효과적으로 목표달성에 매진하도록 하는 활동이다. 흔히 리더십의 유형은 자유방임형, 전제형, 민주형으로 구분하고 있다.

책의 아폴로팀)일수록 높은 성과를 낼 것이라는 가정하에 이뤄졌다. 우선 아폴로팀의 전반적인 성과는 별로 우수하지 않은 것으로 나타났는데, 이는 다음과 같은 팀의 특성에 기인한다.

첫째, 아폴로팀은 논쟁하는 데 너무 많은 시간을 허비함으로써 의사결정의 지연과 함께 갈등이 고조된다. 똑똑한 사람일수록 자신의 주장을 굽히지 않고 남의 약점을 꼬집어 비판하는 성향이 강해 상호 합의나 화합이 어려웠기 때문이다. 계속되는 실험에서도 동일한 결과가 나타났으며, 전체 25개의 아폴로팀 중 단지 3개 팀만 비즈니스 게임에서 우수한 성과를 거뒀다. 우수 인재만으로 구성된 팀의 성과가 다른 팀들보다 오히려 낮게 나타난 것이다.

둘째, 아폴로팀의 문제는 그들이 사용하는 고지식한 방식 때문에 관리가 어렵고 비생산적인 논쟁만 되풀이함으로써 팀의 응집력이 결여되고, 결국 개개인의 우수성도 발휘되지 못한다는 것이다(아폴로팀에서는 마치 국내의 S대 출신들이 개인적으로는 우수하지만 조직에서 응집력이 강한 K대보다 결코 큰 성과를 거두지 못한다는 비판을 받는 것과 같은 현상이 나타난다).

셋째, 간혹 아폴로팀도 높은 성과를 거두는데 이는 팀 디자인이 자율적으로 이뤄지거나 뛰어난 자들의 약점인 개인주의를 탈피하고 의도적으로 팀워크와 조정활동을 중시할 경우에 한해서였다. 또는 팀장이 특히 더 뛰어나며 칭찬에 인색하지 않은 경우, 기타 구성원 개개인의 기술적 강점을 팀장이 잘 활용한 경우 등에서만 가능했다.

이처럼 우수한 인재들만이 모인 팀의 성과가 들쑥날쑥한 현상을 어떻게 설명해야 할까?

첫째, 아폴로팀의 구성원들 대부분은 중요하고 지적 능력이 크게 요구되는 일만 맡으려 하므로 역할 분담이 잘되지 않기 때문이다.

둘째, 교육 시스템 탓이다. 모범생일수록 사람을 성적순으로 평가하고 경쟁심이 강하며, 2인자를 누르고 항상 1등만 하려 하므로 그들의 예리한 지적능력이 오히려 팀워크에 방해가 되기 때문이다.

셋째, 우수한 사람이란 분석력과 비판력이라는 핵심 부분을 평가하는 사고력이 뛰어난 사람인데, 이러한 사람일수록 사회나 사람을 부정적인 관점으로 바라보는 경향이 크므로 결국 팀의 융화력을 저해할 가능성이 높다.

아폴로팀의 경우 팀장이 그중에서도 탁월하게 우수한 경우에는 높은 성과를 보였다. 따라서 그만큼 팀장이나 리더의 역할이 팀의 성과에 결정적인 역할을 한다는 것을 알 수 있다. 아폴로팀 내에서는 구성원들 간의 상호작용 역시 부진한 편인데 이는 우수한 인력일수록 자기과시욕이 강하기 때문이다. 비록 그들에겐 좋은 아이디어는 많지만 이를 활성화하고 실천하는 분위기가 정립되지 않았고 그를 위한 시간도 많이 걸려서 생각만큼 성과가 없었던 것이다.

구성원들의 제안은 많고, 반대는 적은 팀이 성공한다

특이한 성격의 소유자는 특이한 직업을 택하는 성향이 있다. 또한 기업은 사업 특성에 따라 특정 성격의 소유자만을 선발하기도 한다. 일반적으로 '내향형-외향형', '안정형-고민형'의 두 가지 잣대를 통해 구분되는 네 가지 성격 유형의 특성은 다음과 같다.

1. 안정-외향형Stable Extroverts: 스스로 만족할 줄 아는 자로서 남들과 잘 어울리고 협력하는 타입. 영업 지점장이나 인사관리 담당자로 성공할 수 있는 유형이다.

2. 고민-외향형Anxious Extroverts : 업무량의 강도가 높고 신속한 업무 처리가 요구되는 직장에서 쉽게 발견되는 타입. 판매관리자, 현장관리자 또는 편집 업무에 적합한 유형이다.
3. 안정-내향성Stable Introverts : 소수의 지인과 오랜 친분을 유지하는 타입. 행정관료, 법률가 및 기업 등 산업체의 기획 담당으로 적합한 유형이다.
4. 고민-내향형Anxious Introverts : 독자적, 독립적인 방식을 고집하는 타입. 주로 과학자나 연구자로 적합하며, 창의적으로 장기간 작업하는 데 적합한 유형이다.

벨빈은 유형별로 수강생들을 그룹화해 이들 네 가지 순수형으로 구성된 팀을 만들었다. 이들 순수형팀의 성과를 연구한 결과, 우선 외향형팀이 보다 높은 업적을 보였으며, 관리자로서는 안정—외향형이 적합한 데 비해 기타의 유형 간에는 성과 차이가 별로 없다는 점을 밝혀냈다. 각 6명으로 구성된 네 순수형팀에 대한 실험 결과 성과의 특성은 다음과 같이 나타났다.

1. 안정-외향형팀 : 상호 응집력이 높으며 집단 작업을 즐기는 상호작용이 활발함. 자원 활용 역시 효과적으로 이뤄지지만 자아도취적이고 게으른 성향이 나타남. 전반적인 성과는 높지만 상호 의존성이 매우 높게 나타남.
2. 고민-외향형팀 : 역동적이고 모험적이며 기회 포착에 뛰어남. 건전한 논쟁을 즐기면서도 의견이 통일되어야 한다는 강한 심적 부담을 느낌. 임기응변에는 강하지만 대부분의 경우에 있어서는 신뢰성 있는 성과를 보여주지 못함.

3. 안정-내향형팀 : 계획을 잘 세우며 조직화에 능하지만 진도가 느리고 새로운 환경 변화와 관련된 요인을 고려하지 않는다는 문제점을 갖고 있음. 성과를 기대하기 어려운 경우가 대부분임.
4. 고민-내향형팀 : 좋은 아이디어를 많이 양산하지만 아이디어 자체에 너무 몰입되어 팀의 응집력이 결여됨. 성과는 일반적으로 낮게 나타남.

네 가지 유형 중 가장 성공적인 모습을 보인 안정-외향형팀의 특성은 다른 유형에 비해 제안과 조언은 많고 반대는 거의 없다는 점, 집단작업을 잘하며 공유의식과 공동 책임의식이 높은 점, 그리고 외부 자원을 잘 활용한다는 점 등이었다. 실제로 순수형팀은 거의 존재하지 않지만 실험 결과 그래도 안정적이며 외향적인 성격의 소유자들로 구성된 팀이 가장 높은 성과를 보인다는 점이 드러난 것이다.

한편 벨빈은 이들 성공적인 팀의 구성원들을 사원형CW : Company Worker이라 명명하고, 그들의 공통적인 특성을 다음과 같이 정리했다. 이것은 그가 제시하는 성공 요소이기도 하다. 1)숙련된 인물, 2)대외적으로 높은 책임의식의 소유자, 3)자신감과 자제력이 강한 사람, 4)남성적인 특성이 부각되는 인물, 5)현실적이며 타인에게 관대하고 신뢰감이 가는 사람, 6)기존 체제를 존중하는 보수성이 강한 인물 등이다.

그러나 이들 인물이 과연 높은 경영 성과를 보이는지 다시 실험한 결과, 사원형의 경영성과는 보통 수준 정도로 나온다는 다소 부정적인 결과가 나왔다. 비록 사원형으로만 구성된 팀의 성과가 높게 나타나지는 않았지만, 이들이 기업조직의 중요한 자산임은 의심의 여지가 없다. 그래서 그들이 주어진 환경 아래 최선을 다해 노력하고 있으며 그러기에 중요한 자산이라는 점은 확인한 것이다. 결국 벨빈의 연구 결과는 특정 인물들로만 구성된 순수형팀은 유형별로 장단점이 있으며,

성과에 있어서는 결코 바람직하지 않다는 사실을 보여주고 있다.

창의력이 높은 팀은 성과도 높게 나타난다

관료적이 되기 쉬운 대규모 조직일수록 창의적인 팀 구성에 높은 관심을 갖고 있다. 기존의 팀을 보다 창의적으로 만드는 데는 일반적으로 브레인스토밍에서 시작해 시너지 효과와 수평적 사고 등의 방법이 사용되어왔다. 하지만 다양한 연구의 결과 단순히 아이디어의 개발만 중요한 것이 아니라 추구하는 목표에 대한 인식과 적극적인 참여활동이 창의적인 팀 구축에 가장 중요하다는 사실이 드러났다.

>> 조직의 창의력 활용

구성원들의 창의력을 개발하고 개개인의 재능을 보다 잘 활용하기 위해서는 우선 잠재력부터 파악해야 한다. 벨빈은 팀별로 내재되어 있는 창의적 잠재력을 사람의 얼굴과 표정 및 옷차림으로 구분했다. 예를 들어, 사무형팀의 경우 둥근 얼굴은 외향성, 길쭉한 얼굴은 내향성, 미소는 안정성, 찌푸림은 초조함, 박사모는 영리함, 고깔모자는 평범함, 와이셔츠와 넥타이는 회장형, 색깔 없는 작업복은 공장 근로자형 사무직원 등으로 구분했다. 그리고 개척형팀의 경우 별 모양은 고도의 창의력, 박사모는 매우 영리함, 와이셔츠와 넥타이는 사원형 근로자, 후광은 회장과의 친분, 칼날은 회장과의 갈등관계 등을 나타내는 것으로 정리했다.

순수형팀에 이들 창의적인 인물을 한 사람씩 합류시켜 팀의 성과에 어떤 변화가 생기는지를 알아보기 위해 76개의 팀(사원형팀 38개, 개척형팀 38개)을 바탕으로 1년 동안 실험한 결과 13개의 팀이 성과 1위 그룹, 12개 팀이 2위 그룹, 그리고 3위에서 6위 그룹에 각각 3개의 팀이 들어 창의적 잠재력이 높은 인물이 높은 성과를 유도한다는 가정이 증명되었다. 이에 대한 자세한 내용은 이 책의 7장과 8장에 나와 있다.

브레인스토밍
5~10명 정도로 구성된 집단에 특정 과제를 던지고 1시간 이내에 자유롭게 아이디어를 내고 토의하도록 하는 집단 사고 개발 방식이다. 오즈번에 의해 시작되었으며, 제시된 아이디어에 대한 좋고 나쁨을 비판하지 않고, 자유분방할수록 좋으며, 되도록 많은 아이디어를 내고, 제시된 아이디어에 대한 복합적 사고도 권장하는 것을 규칙으로 한다.

>> 개인의 창의력 활용

개척형 인물이 1명씩 투입된 팀에서는 성과가 향상되었지만 구체적으로 왜 이전의 순수형팀에서보다 높은 성과가 나왔는지를 밝히지는 못했다. 단지 구성원들 스스로 개척형처럼 많은 아이디어를 내려고 했다는 점과 개척형 인물로 지목된 경우 다른 구성원들보다 적극적으로 아이디어를 내고 자원을 새롭게 활용하는 방안을 모색했다는 사실만이 확인되었다. 반면에 창의적 인물만으로 구성된 팀의 경우에는 성과가 평균 수준밖에 되지 않았으며, 창의력을 발휘해도 개척형 인물보다 연구형 인물이 훨씬 더 팀워크지향적이라는 사실이 드러났다.

개척형 인물은 혼자서 궁리를 하는 데 비해 연구형 인물은 모든 가능성을 다 따져보므로 회장형의 인물에게는 창의력이 강한 이 둘 모두를 잘 활용할 수 있어야 한다. 간혹 두 가지 창의력을 함께 지닌 인물도 있으므로 개인의 창의력을 활용하는 데 회장형 인물은 보다 큰 노력을 기울일 필요가 있다.

하지만 결과가 이렇다 하더라도 실제 기업에서는 개척형 인물이 최고경영자와 같은 위치에 오르기는 어려울 뿐만 아니라, 특정 분야의 전문가로서 보는 눈이 한정적이라는 비판이 따른다는 상이한 현상이 자주 나타난다. 또한 이미 안정된 기업에서는 이러한 개척형 인물을 만나기 힘들며, 벤처기업에서나 쉽게 찾아볼 수 있다. 결국 창의적 잠재력은 개척형과 연구형의 두 가지로 구분되는데 조직에서는 이 둘을 모두 중시해야 하며, 이를 위해서는 팀의 리더십이 특히 중요하다.

성공적인 팀의 리더는 부정적인 표현을 하지 않는다

조직을 가장 신속하고 확실하게 변화시키는 방법은 바로 조직의 책임자를 바꾸는 것이다. 그렇다면 집단에 가장 적합한 리더란 구성원들의 기대에 부응하는 인물인가? 아니면 리더의 임기 동안 조직의 목표를 가장 잘 달성하는 인물인가? 구성원들에 의해 선출된 리더와 유능한 리더 간에 실제로 차이가 있다는 사실은, 많은 연구를 통해 이미 잘 알려져 있다. 즉, 민주주의 방식을 따르는 것이 결코 효과적으로 목표를 달성하는 길은 아니라는 것이다.

이들 두 가지 유형(민주적으로 선임되는 리더와 효과적으로 목표를 달성하는 리더) 중 하나만 선택해야 한다면 조직으로서는 효과적인 리더effective leader를 택해야 한다. 민주적으로 인기 있는 사람을 리더로 선택한 경우에는 단기적인 효과를 위해 장기적 이득을 희생시키는 바보들의 천국이 되기 때문이다.

>> 회장형 인물에 대한 실험

실험 대상으로 삼은 75개 팀의 재무적 성과와 팀별 회장형 인물의 특성을 카텔의 열여섯 가지 성격 유형을 바탕으로 비교해본 결과, 지력과 창의력이 뛰어난 회장형 인물이 있는 팀의 성과가 높게 나타날 것이라는 가설은 여지없이 무너졌다. 가장 높은 성과를 보인 팀의 회장형 인물은 평균 수준보다 조금 높거나 거의 같은 수준의 지적 능력을 갖춘 것으로 나타났기 때문이다. 성공적인 리더는 우선 천성적으로 상대방을 받아들이는 수용성이 높으며, 질투나 의심을 하지 않고, 목표달성을 위해서는 강력한 리더십을 보이면서도 상대방의 반박을 경청하는 실용적 현실주의자라 할 수 있다. 성공적인 리더는 말을 할 때에도 부정적인 표현을 사용하지 않으며, 긍정적인 사고를 하고 생동감

넘치고 박력 있는 부하직원을 좋아하는 것으로 나타남으로써 기존의 연구 결과가 옳다는 것이 확인되었다.

싱크탱크
모든 학문 분야 전문가들의 두뇌를 조직적으로 결집하고, 조사분석 및 연구개발 활동을 통하여 그 성과를 제공하는 정부정책 또는 기업의 경영전략 연구팀을 말한다. 1948년 설립된 랜드코퍼레이션을 그 효시로 보고 있다.

>> 연구 결과의 시사점

벨빈의 연구 결과는 이상적 경영자란 주어진 자원을 잘 활용하는 사람으로서 실용적인 판단력과 평균 수준의 지력을 보유하고 있으면서 남들로부터 존경을 받는 사람이란 점을 확인해주고 있다. 여덟 가지 인물 유형 중 이상적인 경영자의 형태는 지나치게 모자라지도 지나치게 앞서지도 않은 사람이었다. 팀 리더의 3대 유형을 다시 정리하면 균형적인 팀에 유용한 사람, 이미 강점이 구축되어 있는 팀에 유용한 사람, 싱크탱크 유형의 팀에 유용한 사람 등으로 요약할 수 있다.

보완적인 인물로 구성된 팀이 가장 효과적이다

벨빈도 몇 년간 추가적인 연구를 실시한 바 있지만 여덟 가지 유형 이상의 새로운 특성을 발견하지는 못했다. 물론 두 가지 유형의 인재상이 복합된 경우에는 그것을 주된 특성과 보조 특성으로 구분할 수 있는데 예를 들면, 감독형과 완벽형의 특성을 복합적으로 갖고 있는 사람은 영리하며, 공정한 평가를 내릴 줄 아는 기본 자질과 함께 매사를 깔끔하게 처리해야만 속성이 풀리는 보조적인 품성이 있다는 점을 고려하면 된다. 결론적으로 팀에 유용한 인물은 이미 팀 내에 존재하는 인물과 중복되지 않는 특성을 가진 사람으로서 고유한 강점이나 특성을 보유하고 있는 사람이다. 그러므로 효과적인 팀의 가장 큰 고민은 어떻게 팀의 멤버들을 조화롭게 구성할 것인가 하는 점이다. 또한 이는 한 개인의 다양한 자질이 서로 균형을 이뤄야 한다는 것이 아니라 개개인들이 서로 보완적인 역할을 할 수 있는 팀원으로 존재해야 한다는 점을 의미하는 것이다.

성공적이지 못한 팀

팀 구성이 잘못된 경우에 대한 연구도 중요한데 그 이유는, 이를 통해 무엇이 잘못 돌아가고 있는지를 알 수 있기 때문이다.

>> 의욕은 중요한 변수가 아니다

벨빈의 연구 결과, 열등한 팀이 낮은 성과를 보이는 이유는 의욕이 저하되었기 때문이 아니라는 사실이 드러났다. 즉, 낮은 의욕이 보잘것없는 성과의 원인은 아니라는 것이다. 오히려 의욕은 높은데 성과는 꼴찌를 면치 못하는 열등한 팀도 많았다.

>> 지적 능력이 중요한 변수다

열등한 팀의 가장 큰 특성은 예외 없이 낮은 지적 능력, 즉 낮은 지능을 갖고 있는 자들로 구성되어 있다는 점이다. 그러므로 그들이 열등한 팀에서 새롭게 거듭나기 위해서는 비록 전문성은 부족하지만 지적 능력이 뛰어난 사람을 적어도 한 명 정도 영입해야 한다. 인재 선발이 잘못될 경우 열등한 팀으로 쉽게 전락하게 되는 것도 마찬가지로 유의해야 할 사항이다.

>> 조직문화 역시 중요한 변수다

지적 능력이 우수한 사람들이 각각의 팀에 고루 분산되어 있다 해도 이들 역시 조직의 성격이라 할 수 있는 조직문화의 영향을 받게 된다. 예를 들면, 고민-내향형 기업은 전반적으로 낮은 성과를 보인다. 그 이유는 전문가들만으로 구성되어 문제의 전반적 연계성과 전체성을 보지 않고 부분적 전문성만 따지는, '하나만 아는 우물 안 개구리와 같은 전문가'(이 책에서는 속도만 빠르지 공해와 소음 문제는 해결하지 못한 콩코드기에 비유해 이러한 특성을 '콩코드 신드롬'이라는 말로 설명하고 있음)들 때문이다.

콩코드 concorde
영·불 합작의 초음속 여객기로 프랑스어로 '조화'라는 뜻을 갖고 있으며, 최대속도 마하 2.5까지 기록하였다. 1976년 첫 취항을 시작하여 총 16대가 생산되었으나, 2003년 10월 기체 노후와 소음 및 적자 운영을 이유로 운항을 중지하였다.

>> 열등한 팀은 어떻게 구성되어 있는가

비효과적인 관리팀의 특성은 두 가지 유형으로 나타난다. 첫째는 조직의 문화적 산물로서 조직문화 자체가 잘못 형성되어 있을 경우에는 팀 구성이 적절하게 이뤄지더라도 성과는 낮게 나타난다. 둘째는 인력 배합이 잘못되어 구성원 스스로 역할을 구체적으로 파악하지 못할 경우인데, 이때 역시 낮은 성과를 보인다.

>> 팀 역할을 하지 못하는 팀도 있다

팀으로서의 역할을 하지 못하는 팀 역시 비효과적인 팀이라 할 수 있는데, 여기서도 약 30퍼센트 정도가 역할 분담이 잘못된 것으로 나타났다. 그 결과 능력보다는 인력 배치가 잘못된 것이 문제이며, 구성원 개개인이 자산적 인력이 아니라 부채적 인력으로 활용되고 있다는 사실이 드러났다.

그러나 이보다 중요한 것은 비록 부채적 인력이라 하더라도 조직이나 팀을 파괴하는 인물보다는 훨씬 낫다는 사실이다. 연구 결과 파괴적 인물은 그 숫자가 극소수에 불과했지만 위험성은 매우 높은 것으로 드러났다. 기타 팀 성과에 영향을 미치지만 우리가 모르고 있는 변수들도 많이 있다는 점을 고려해야 한다.

>> 전사적 차원의 사고활동이 매우 중요하다

부서장들이 전문가로서의 역할을 잘 수행한다면 과연 조직은 높은 성과를 거둘 수 있을까? 벨빈의 연구 결과는 그렇지 않다고 말한다. 왜냐하면 부서별 목표와 이해관계의 차이 때문에 갈등만 고조되는 경우가 많기 때문이다. 이러한 부서 이기주의 때문에 조직은 전사적 차원의 사고를 하지 못하게 되며 결국 비효과적인 기업으로 전락하게 되는 것이다.

이처럼 비효과적인 열등한 팀이 되는 이유는 잘못된 팀 구성의 디자인 때문인데, 특히 예기치 않은 문제는 팀이 제 역할을 하지 못할 경우 또는 팀원이 잘못 배치되거나 전환될 경우에 나타난다. 그러므로 팀은 내부 구성원들의 강점과 약점을 명확히 파악해 활용할 줄 알아야 한다. 만일 이에 대한 고려가 부족할 경우에는 비효과적인 팀이 될 뿐만 아니라 조직 전체를 위험에 빠트리게 된다는 점을 인식하고 있어야 한다.

성공하는 팀에는 무언가 특별한 것이 있다

지금까지 살펴본 연구들은 학생들의 역할 연기를 바탕으로 한 것이므로 가장 높은 성과를 보인 팀이 과연 실제 사회에서도 최우수 팀이 될 수 있을지는 의문이다. 그러나 오랜 기간 동안 거듭된 연구들의 결과는 성공하는 팀의 조건을 분명하게 말해주고 있다. 즉, 성공하는 팀이 되기 위해서는 회장형 인물과 개척형 인물이 있어야 하며, 지적 수준의 상하 차이 및 역할 차이가 조화를 잘 이뤄 불균형 현상을 조정할 수 있어야 한다는 것이다.

그러면 성공하는 팀의 특성을 다시 한번 정리해보도록 하자.

첫째, 회장형 인물은 인내심이 있고 믿음직하며, 구성원들의 능력을 잘 활용하는 사람이다. 둘째, 성공적인 팀에는 적어도 창의적이고 영리한 개척형 인물이 함께 어우러져 있어야 한다. 셋째, 팀에는 지적 능력이 높은 사람만 필요한 것이 아니라 다양한 수준의 지적 능력을 보유한 인물들이 함께 어우러져 있어야 한다. 넷째, 팀의 역할을 수행하는 데 필요한 다양한 특성을 지닌 인물들로 구성되어야 한다. 다섯째, 팀 내에서 적성에 따라 업무를 나누는 역할 분담이 이뤄져야 한다. 여섯째, 개인의 강점이 아무리 사소하더라도 팀 내에서 보완적으로 활용될 수 있도록 해야 한다.

물론, 이처럼 전통적으로 증명되어온 성공하는 팀의 조건 이외에 협력적으로 안정을 추구하는 팀도 간혹 성공적인 팀이 되는 경우가 있다. 즉, 지적 수준이 다소 높은 구성원들로만 구성된 경우라도 협력관계가 구축되면 성공적인 팀이 될 수 있는 것이다. 기타 우수 인재들만으로 구성된 아폴로팀이 성공적인 팀이 되기도 하는데, 이때는 보다 뛰어난 회장형 인물과 바람직한 조직문화, 그리고 팀워크 구축 등의 요건이 추가되어야 한다.

이상적인 팀의 규모는 6명으로 나타난다

업무량과 목표 수준에 따라 다르겠지만 팀원이 몇 명일 때 가장 바람직한 규모의 조직이 될까? 10명 내지 11명의 집단을 대상으로 연구한 결과, 개개인에게 적정 역할을 부여하기에는 너무나 규모가 큰 반면에 한 집단으로서의 정체성을 갖기에는 너무 규모가 작다는 사실이 드러났다. 이후 8명, 6명의 팀을 대상으로 연구를 계속한 결과, 팀이 6명으로 구성될 경우 가장 효과적이며, 업무방식이 구조화되어 있을 경우에는 8명 정도도 효과적인 것으로 나타났다. 업무의 특성에 따라 우수 인재 3명으로 구성된 팀이 효과적인 팀이 되기도 하지만 이 경우에는 반드시 서로 협력관계가 잘 구축되어 있어야 한다. 때로는 팀원이 함께 앉는 회의 테이블의 모양과 좌석 배치에 의해서도 팀 운영의 효과가 달라진다.

한편, 효과적 팀에 속해 있는 구성원들은 어떤 공통적 특성을 갖고 있는가 하는 의문을 풀기 위해 벨빈이 연구를 실시한 결과, 다음과 같은 사실이 밝혀졌다. 구성원들은 팀 내 특정 분야의 역할을 맡아 적시에 이를 수행하며, 때로는 역할 전환도 기꺼이 받아들이고, 팀에 맡은 바 기여를 하면서 동료들에게 새로운 역할을 부여한다. 또 한편으로는 남들이 기피하는 업무를 수행하기도 한다. 사실 이러한 결과는 여덟 가지 유형의 인재상을 복합적으로 설명한 것이라 할 수 있으므로 효과적인 팀은 바로 이들 다양한 인재가 보완적으로 구성되어 있을 경우에 실현된다고 볼 수 있다.

벨빈은 개인의 특성을 무시하지 않고 이를 적극 고려한 팀워크가 성취지향적인 팀을 만든다고 보았다.

구성원들의 강점을 활용하는 팀이 성공한다

이 책의 일관된 주장은 팀 구성원들의 상호보완성이 완벽할수록 효과적인 팀이 된다는 것이다. 벨빈은 팀을 설계할 때 지켜야 할 다섯 가지 원칙을 다음과 같이 제시했다.

역할 연기법 role playing
경영관리상의 문제를 이해 또는 해결하기 위하여 당사자가 문제의 주인공처럼 실연함으로써 문제의 핵심을 파악하는 방법이다.

1. 팀 구성원은 본연의 업무를 스스로가 갖고 있는 전문 지식과 기술을 이용해 상황에 맞게 수행하는 한편 팀 전체의 업무가 수월하게 이뤄지도록 팀원과의 상호작용에 충실해야 한다.
2. 각 팀별로 주어진 역할과 팀의 역할을 균형적으로 수행해야 하며, 팀이 직면하고 있는 과제와 목표에 따라 균형점을 찾도록 해야 한다.
3. 팀원 개개인은 분야별 전문가로서 자신이 팀에서 맡고 있는 역할이 어떤 분야에 기여하고 있는가를 파악하고, 자신의 상대적 강점을 정확하게 활용할 수 있어야 한다.
4. 개인의 역량은 팀 전체의 역할 수행에 적합해야 하며, 또한 다른 팀원들의 성공적인 업무 수행을 지원해야 한다.
5. 팀워크를 강화시키기 위해서는 팀 전체의 역할부터 명확하게 설정해야 하며, 이를 통해 팀이 보유하고 있는 모든 기술적 자원을 최대한 활용해야 한다.

그러나 이들 모든 원칙에 철저히 입각해 팀을 설계하는 것도 중요하지만, 마치 장인이 다양한 재료를 이용해 도자기를 만들면서 과연 어떤 작품이 나올지 기대하듯이 원칙을 초월해 더욱 훌륭한 팀이 탄생될 수 있도록 노력해야 한다는 점도 부연하고 있다. 또한 벨빈은 자신이 이 책을 통해 강조한 사항이 기업뿐만 아니라 행정 조직이나 의회 등 공공기관에도 그대로 적용될 수 있다는 점을 언급하고 있다.

현대적 시사점

이 책은 9년간의 심리 테스트 결과와 설문 및 적성검사, 그리고 역할 연기를 바탕으로 성공적인 팀의 구성과 운영 및 각 구성원들의 바람직한 역할 문제를 다루고 있다.

우리나라에서는 팀제가 새로운 부서제도의 하나인 것처럼 소개되었지만 어떤 것이 팀제를 관리 및 운영하고 구성원을 선발하는 데 효과적인 방식인가에 대한 질문에 자신 있게 답할 수 있는 관리자는 드물 것이다. 물론 서점에 한국형 팀제를 구축하는 데 필요한 사항들을 담은 책들이 많이 나와 있지만, 벨빈이 연구한 효과적이고 성공적인 팀 관리 및 팀 구축 방법을 이해하지 않고서는 사이비 팀제를 운영하는 우를 범할 수 있다.

이 책의 가장 큰 의의는 팀에 유용한 인재상을 사원형, 회장형, 도박형, 개척형, 연구형, 감독형, 팀워크형, 완벽형 등 여덟 가지로 구분하고, 가장 효과적인 팀은 이러한 유형의 인물이 골고루 분포되어 있는 집단이란 점을 밝힘으로써 '팀이란 바로 균형과 조화의 산물'임을 명확히 한 데 있다. 명칭만 바꾼 팀제, 팀장이 관리 책임자로서의 역할만 하는 팀제, 팀 구성원 역시 과거의 부하직원과 똑같은 모습을 보이는 우리나라 기업의 팀제가 1980년대 초에 나온 이 책에 담긴 지혜를 활용한다면, 성공적으로 경쟁우위를 갖춘 팀제로 변화할 수 있을 것이다.

개인의 성공보다 팀의 성공이 바로 조직의 성공과 직결되어 있다는 점을 일깨워준 점 역시 이 책이 갖고 있는 중요한 의의라 할 수 있다. 이 책에서 예로 든 아폴로팀처럼 우수한 자들만으로 구성된 팀은 대부분 실패한다는 연구 결과는 누구나 나름대로 특성과 강점을 갖고 있으며, 그것을 잘 활용하는 것이 성공의 관건이라는 사실을 말해준다. 한마디로 말하면 다양한 구성원들의 상호보완과 상호작용을 통해 성공적인 팀이 되기 위해 노력하는 것이 바로 팀제의 기본 전제라 할 수 있다.

팀 업적평가 박기찬, 한국능률협회, 1997

한국형 팀제 임창희 외, 삼성경제연구소, 1995

이슈 리더십 백기복, 창민사, 2000

설득의 리더십 김영민 외 역, 시대의 창, 2003

저자 소개 및 도서 정보

메러디스 벨빈 Meredith R. Belbin

《팀 경영의 성공과 실패 *Management Teams: Why they succeed or fail*》
ButterworthHeinemann, 1981.

벨빈 박사는 영국 런던의 헨리대학 내 산업훈련연구소 ITRU: Industrial Training Research Unit의 연구위원으로 재직하면서 그 연구소의 소장이었던 부인과 함께 이 책을 썼다. 벨빈의 주된 연구는 바로 팀제와 팀관리, 그리고 성공적인 팀조직의 구성과 운영에 대한 것으로 학계보다는 경영 실무계에서 명성을 떨쳤다. 현재 그는 자신의 이름을 딴 벨빈 어소시에이트 사의 회장으로 재직하고 있다.

주요 저서로는 팀제와 팀 관리의 원형이 된 책, 《팀 경영의 성공과 실패 *Management Teams*》(1981) 외에 《The Job Promotors》(1990), 《The Coming Shape of Organization》(1996), 《How to Build a Successful Team...The Belbin Way(CD-ROM)》(1996), 《Team Roles at Work》(1996), 《Changing the Way We Work, Managing without Power》(2001) 등이 있으며, 최근에는 팀제에 대한 종합 실무서로 '팀 역할 창조 Team roles Inventory' 시리즈를 계속 출간하고 있다.

18 조직에서의 문화의 역할과 기능

Organizational Culture and Leadership
Edgar H. Schein

keyword
공유가치
리더십
기본 가정
변화의 메커니즘

카테고리 관련성	
경영전략, 경영혁신	★★
생산관리	
변화관리	★★
조직관리, 인사관리	★★
마케팅	
리더십	★★★
동기부여, 인간관계	★
기업성공	★

핵심 아이디어 1980년대는 조직문화의 시대라 불릴 만큼 많은 학자들이 문화결정론적 관점에서 조직의 효과성 문제를 다루는 데 관심을 가졌다. 특히 조직문화의 특수성particularism과 보편성universalism에 대한 논의는 기업의 경영활동에도 매우 중요한 의미를 부여했다. 샤인 역시 유럽과 멕시코에서 강의와 자문활동을 하면서 미국에서 경험했던 것과는 매우 다른 문화적인 요소들이 존재한다는 점을 깨닫게 되었으며, 오스트레일리아와 싱가포르의 여행을 통해서는 상이한 문화 속에서도 다국적 기업의 경영방식에는 그 지역의 문화적 특성을 압도할 만큼 강력한 조직문화가 내포되

조직의 성장단계별 문화의 기능 및 변화 메커니즘

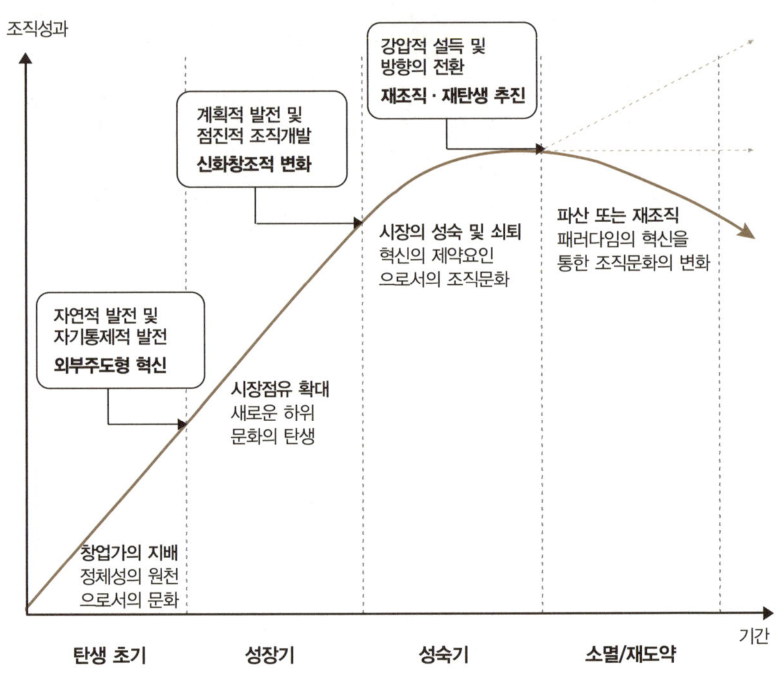

어 있다는 사실을 알게 되었다. 조직문화를 이해하지 않고서는 기업에 대한 경영 자문을 할 수 없다는 확신을 바탕으로 샤인은 이 책을 통해 조직문화에 대한 개념 정의를 명확히 했다. 그러고나서 조직문화의 제반 문제들이 경영자의 리더십과 어떠한 유기적인 관계를 갖고 있는가를 밝히기 위해 노력했다. 다국적 기업과 글로벌 기업이 확산되고 있는 21세기에 기업의 조직문화 및 국가별 상이한 문화적 풍토에 대한 이해는 기업의 경영 성과와도 직결되는 문제라 할 수 있다. 문화를 집단학습의 결과로 파악하고 있는 샤인은 특히 "조직의 성장단계에 따라 조직문화의 기능 및 변화를 위한 메커니즘이 달라진다."라는 점을 강조하며 경영자들에게 변화를 주도하는 주역이 될 것을 주문하고 있다.

시놉시스

《조직문화와 리더십*Organizational Culture and Leadership*》의 1장에서는 주요 용어에 대한 설명 및 사례를 통해 조직문화에 대한 정의를 소개하고 있다. 제1부의 2장에서 6장까지는 집단 또는 조직에 있어서 문화의 역할과 기능을, 2장은 사례를 통해 문화에 대한 이해가 얼마나 중요한가를 설명한다. 3장에서는 외부 환경 변화에 대한 조직의 적응 문제와 내부 통합을 위한 핵심 수단으로서 조직문화가 중요함을 말한다. 그리고 4장에서는 모든 집단이나 조직의 당면 과제로서 조직문화가 부각되고 있는 이유와 함께 조직에 내재되어 있는 기본 가정으로서 문화의 속성을 다루고 있다. 5장은 조직문화의 진수에 해당하는 기본 가정을 파악하는 방법을 제시하고, 6장에서는 조직문화 관련 연구에 수반되는 윤리적 문제를 다루고 있다.

제2부 7장에서 10장까지는 조직문화의 형성과 발전에 핵심이 되는

소집단

구성원이 직접 접촉 및 상호 의사소통을 행할 수 있는 규모의 집단을 말하며, 얼굴을 맞대고 자주적으로 집단운영에 참여하므로 소외감에 빠지지 않는 장점이 있다. 이를 활용하여 대규모 조직에서 목표별 또는 직장별로 소집단을 만들어 건설적 의견을 경영에 반영하기도 한다.

공유가치로서 기본 가정이 구축되는 과정에 대해 논하고 있다. 7장에서는 사회학, 심리학, 리더십 및 학습이론 등과 연계된 문화의 개념을 소개하고, 8장에서는 소집단 훈련을 통해 문화가 형성되는 과정을 보여주고 있다. 9장에서는 창업자의 가치와 관점이 실제로 어떻게 조직의 공유가치로 정착되는지 살펴보며, 10장은 이러한 기본 가정을 강화시키는 메커니즘에 의해 조직문화가 새롭게 구축된다는 점을 보여주고 있다.

제3부 11장에서 14장까지는 조직문화의 발전과 변화에 수반되는 문제점에 대해 논하고 있다. 11장은 저자가 직접 자문했던 기업의 사풍혁신 사례, 그리고 12장에서는 조직의 발전단계별로 달라지는 변화의 메커니즘을 제시했다. 13장은 문화를 변화시킨다는 것이 실제로는 매우 어렵다는 점을 설명하면서, 14장에서는 이를 극복하기 위해 리더십이 해야 할 일을 정리하고 있다. 1984년에 이 책이 출간된 후로 20여 년이라는 시간이 지났지만 글로벌 경영이 중시되는 21세기에 들어와서도 국가별, 심지어는 지역별, 산업별, 규모별로 서로 다르게 형성되고 있는 조직문화의 중요성과 사풍혁신을 위한 리더십의 역할에 《조직문화와 리더십》이 공헌하고 있는 바는 학문적으로나 실무적으로나 지대하다 할 수 있다.

리뷰

조직문화에도 라이프 싸이클이 있는가 : 리더십으로 조직문화를 발전시켜본다

조직문화란 무엇인가

우리가 몸담고 있는 조직에서 관료적, 정치적 또는 비합리적인 현상을

어째서 그토록 흔하게 찾아볼 수 있는 것일까? 그 원인은 복잡하고 모호하지만 조직문화에 대한 이해를 통해 밝힐 수 있다는 것이 이 책의 핵심 내용이다. 샤인은 조직문화란 리더에 의해 창조되는 것으로 리더십의 핵심 기능은 바로 조직의 문화를 창조하고 유지하며, 필요한 경우에는 파괴하는 데 있다고 보고 조직문화와 리더십의 관계를 2개의 대조되는 회사의 사례를 중심으로 설명했다. 즉, 조직문화에 대한 이해를 위해서는 리더와 리더십의 특성을 알아야 하며, 또한 조직문화에 대한 이해 없이는 리더의 고충을 이해하기 어렵다는 것이다. 저자가 이 책을 쓴 의도는 조직문화의 개념에 대한 설명과 바람직한 적용방안, 그리고 리더십과의 관계를 제시하는 데 있다. 즉, 문화를 변화시킨다는 것은 조직을 새로 만드는 작업이므로 그만큼 리더의 역할이 중요하며 '문화가 바로 조직'임을 역설하고 있는 것이다.

전문가들 역시 조직문화의 존재는 인정하면서도 아무도 명확한 정의는 내리지 못했다. 흔히 조직문화를 표출된 행위의 규칙성, 집단 내 규범, 지배적 가치관, 조직의 정책을 주도하는 철학, 조직 내 절차와 규칙, 조직 분위기 등으로 매우 다양하게 정의한다. 이에 비해 샤인은 문화의 본질을 '조직 구성원들에게 공유되어 무의식적으로 작용하며, 이를 당연시하는 기본 가정과 신념'이라고 해석했다. 또한 형성된 하나의 문화는 그 상위 문화에 속하며, 하위 문화들로 구성된다는 점도 지적하고 있다.

문화의 특성을 대조적으로 설명하기 위해 샤인은 '액션' 사와 '멀티' 사라는 양대 기업의 사례를 책 전반에 걸쳐 인용하고 있다. 회사 이름에서 알 수 있듯이 액션 사의 기업문화는 자율성, 동태성, 경쟁성 및 창의성으로 확인된다. 반면 멀티 사는 관료적 풍토가 만연되어 있어 권위의식, 격식과 체면, 규정 준수와 연공서열 등을 중시하는 기업

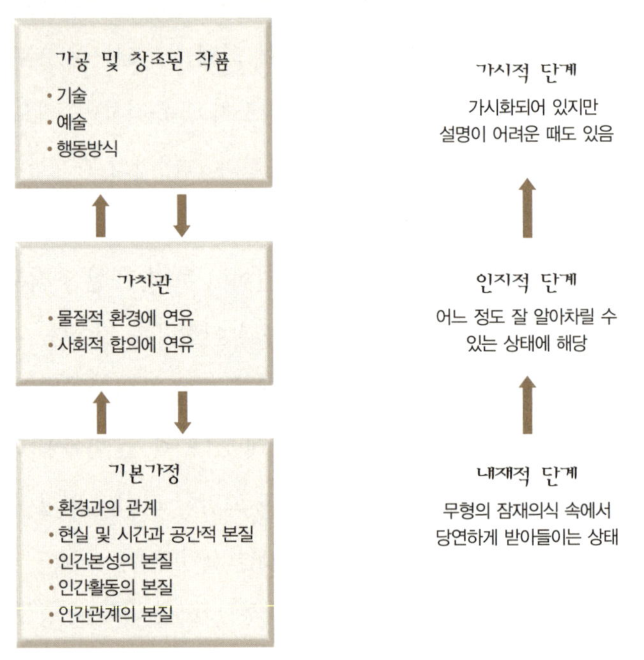

이다. 샤인은 이들 사례 기업의 조직문화를 그림에서처럼 문화의 단계로 구분해 설명하고 있다.

제1단계의 가시적 문화에는 조직의 물리적 공간이나 산출물, 그리고 사용 문자나 언어를 비롯한 구성원들의 행동방식 등 사회적 환경이 포함되지만 이를 피상적으로만 해석할 것이 아니라 구성원들의 행동을 유발시키는 일상적인 원칙으로서 제2단계의 공유적 가치관에 대한 분석이 뒤따르도록 해야 한다. 한 예로 "광고활동이 매출 증대에 기여한다."라는 가치관을 대부분의 구성원들이 공유하면 이는 하나의 신념이나 신조의 상태가 된다. 그리고 나아가서는 제3단계의 무의식적인 기본 가정으로 자리잡게 된다. 그 옛날 태양이 지구 주변을 돈다는 천동설도 당시에는 하나의 기본 가정으로 당연시되었다. 그러므로 문화를 새롭게 창조하기 위해서는 먼저 이와 같이 기본 가정에 대한 회의가 요구되며 여기서 리더가 해야 할 역할은 이를 주도하는 것이다.

조직문화 바로 보기

문화적 현상이 조직 성과에 가시적으로 영향을 미치는 것은 사실이지만 조직문화를 조직의 분위기, 인사관리 방식 또는 철학이나 이념과 혼동하는 것은 문제가 있다.

>> 조직문화는 고도로 '가시적'이며 '느낄 수 있는' 것이다

새로운 영역으로 들어가면 누구나 다른 문화적 영향, 즉 언어나 관습 또는 상징물 등을 통해 그 잠재력을 감지하게 된다. 개인의 특성보다는 조직의 특성으로서 어느 항공사의 서비스가 좋다느니 나쁘다느니 하는 것도 조직문화가 존재한다는 사실을 의미한다. 구성원의 행동은 의도적이며 일정한 유형을 따르므로 조직문화는 관료적, 자주적, 참여적 또는 개방적인 모습으로 다양하게 나타난다.

>> 조직의 성과와 개인의 만족은 조직문화를 통해 이해될 수 있다

기존의 가치관과는 다른 경영전략, 마케팅전략, 또는 경영혁신 방안일수록 이를 실천하기는 매우 어렵다. 바로 조직문화가 경영전략의 실천을 제약하기 때문이다. 그러므로 '무엇부터 실천할 것인가' 를 결정하는 것이 성과지향적 문화를 관리하는 관건이 된다. 기업 간 합병, 사업 다각화 또는 신기술의 도입이 이질적 문화 간의 충돌 때문에 수도 없이 실패하듯이 조직 내부 집단 간의 하부 문화에서도 경영자와 종업원 간의 문화적 마찰을 찾아볼 수 있다. 이를 해결하기 위한 문화적 처방으로는 집단 간 커뮤니케이션의 활성화, 구성원들에 대한 교육훈련 및 적절한 사회화 활동이 있다.

>> 우리는 문화에 대한 불충분한 분석과 오해를 하고 있다

조직문화는 주로 직관적으로 평가되므로 문화적 현상의 동태적 결과에 대한 이해 부족, 문화의 일부를 전체 문화로 혼동하거나 피상적 측면을 문화의 본질적 측면으로 혼동하는 문제가 흔히 발생한다. 《조직문화와 리더십》은 이러한 조직문화에 대한 피상적 관점에서 탈피해 동태적으로 분석하는 방법을 제시하면서 무의식중에 조직문화가 미치는 영향력에 대한 이해와 그 활용방법에 대해 중점적으로 설명하고 있다.

문화가 바로 조직이다

문화도 관리의 대상이 된다면 그 배경에는 환경 변화에 적응하고 생존하기 위한 내부적 통합이라는 문화의 역할이 있다고 할 수 있다. 많은 학자들이 이러한 문화의 동태적 성격을 중시해 집단이론이나 리더십 이론과 결부해 조직문화를 설명하고 있다. 한마디로 문화가 없다면 집단도 없으며, 집단은 결국 리더십의 산물이라는 것이다.

>> 외부 환경 적응을 위한 주요 이슈

환경 변화에 적응하는 문제는 조직과 구성원들의 생존과 직결된 문제이므로 다음과 같은 핵심 사항에 대한 내부적 합의부터 이룰 것이 요구된다.

- 사명과 전략: 핵심 사명, 주요 과업, 명시적 또는 묵시적 기능 등에 대한 공감
- 목표: 핵심 사명에서 비롯되는 목표에 대한 합의
- 수단: 조직구조, 분업, 보상 및 권한관계 등 목표달성에 사용되는 수단에 대한 합의
- 평가: 정보, 통제방식 등 효과적인 집단 목표달성에 필요한 평가 기준에 대한 합의
- 수정: 목표 미달시에 적용되는 제반 수정 전략에 대한 합의 등

사회화 Socialization
인간이 소속 집단이나 사회의 일원이 되기 위해 그 사회가 허용하는 지식이나 행동양식 등을 습득해가는 과정으로서, 개인은 타인과의 상호작용을 통하여 사회화라는 학습 과정을 거치게 된다.

사명에 대한 공감대가 형성되면 조직의 정체성이 확고해지며, 정체성을 포기하기보다는 조직을 포기하는 것이 바람직할 정도로 주어진 핵심 사명과 조직의 정체성은 불가분의 관계가 된다. 이에 비해 조직의 목표나 수단, 성과에 대한 평가지표 등은 집단의 이해관계에 따라 다양하게 변화하므로 환경 변화에 따라 매출액, 고객 만족 또는 수익성을 중시하는 우선순위의 선택 및 가중치를 조정하는 활동이 중요한 의미를 갖는다.

>> 내부적 통합 이슈

집단이든 조직이든 하나의 사회 시스템으로서 주어진 활동을 수행하기 위해서는 다음과 같은 내부 문제에 대한 통합 작업이 선행되어야 한다.

- 공통의 언어 및 개념적 범주: 구성원들 간의 상호 이해 및 의사소통이 불가능하다면 이는 집단이라 할 수 없다.
- 집단의 내외부 영역의 구분 및 구분기준: 문화의 가장 중요한 영역 중

하나가 바로 소속 여부에 대한 합의인데 그 기준에 따라 구성원의 자격이 결정된다.

- 권력과 지위 : 조직은 누가 권력을 획득, 유지, 상실하는지에 대한 위계와 그 기준 및 법칙을 마련해야 하며, 이러한 합의를 통해 예상되는 구성원들의 반발을 통제해야 한다.
- 친분, 우정, 사랑 : 조직은 동료관계, 이성관계, 그리고 과업 수행에 있어서 개방성과 친분관계를 어떻게 다룰 것인지에 대한 게임의 법칙을 제시해야 한다.
- 보상과 징계 : 모든 집단은 무엇이 영웅적인 행동인지, 무엇을 통해 부와 명예와 권력이 주어지는지, 그리고 왜 보상의 철회나 최악의 경우 파면조치를 당하게 되는지를 명확히 규명해둬야 한다.
- 이념과 종교 : 사회 시스템이 그러하듯 조직도 설명하기 어렵고 불가사의한 사건에 직면하게 되므로, 해당 사건에 대한 의미를 명확하게 부여함으로써, 난해하고 통제가 어려운 사건에 대한 불안감을 극복하도록 해야 한다.

인간은 지나친 불확실성이나 충격을 감당하지 못하므로 조직으로서는 예측 가능한 상태를 만들어줘야 하며, 누가 내부 구성원이며 누가 외부인인지도 분명히 해야 한다. 또한 누가 상사로서 보다 큰 영향력을 발휘하는지, 누가 동료로서 가족과 같은 관계를 만들어주는지 역시 명확히 알 수 있어야만 팀워크가 구축될 수 있다. 나아가 집단의 성과를 관리하기 위해서는 보상의 기준이 분명해야 하는데 이는 신생 조직의 경우 더욱 중시된다. 이러한 보상기준이 조직의 영웅과 반역자를 구분하는 기준이 되기도 한다.

이념이나 종교가 중시되는 이유는 일반 규정으로는 관리할 수 없거나 설명하기 어려운 사항을 기업의 경영이념이나 종교적 가르침을 통해 설명할 수 있기 때문이다. "우리는 해고를 하지 않는 기업입니다." "중역회의 도중에도 고객과의 약속이 있으면 그 약속부터 지키세요." 이러한 이데올로기와 기본 가정이 정착된 조직에서는 별도의 규정이 없어도 개인 존중과 고객 중시 활동이 활발하게 이뤄질 수 있다. 이처럼 문화는 외적 생존과 내적 통합 문제를 해결해줄 뿐만 아니라, 일단 구축되면 불확실성이나 업무의 과부하에 대한 불안을 감소시키는 역할도 하게 된다.

문화의 내용과 수준은 어떻게 달리 나타나는가

문화를 심도 있게 이해하기 위해서는 구체적 이슈보다 일반적 가정에 대한 분석이 요구된다는 전제하에 샤인은 문화적 패러다임에 깔려 있는 기본 가정으로 다음과 같은 다섯 가지 사항을 들었다.

1. 자연환경과 인간조직 간의 관계 : 조직 구성원들이 조직과 환경과의 관계를 지배·복종·조화·틈새 적응 또는 기타 어떤 관계로 보는가에 대한 가정
2. 실제와 진실의 본질 : 언어적 및 행위적 규칙의 진위 여부에 대한 가정·무엇이 사실인지 진리는 어떻게 결정되고 규명되는지, 그리고 시간과 공간의 기본 개념에 대한 가정
3. 인간 본성의 본질 : 인간 됨됨이의 본질적·궁극적 속성, 인간 본성의 선악, 인간이란 존재의 완벽성 여부 등에 대한 가정
4. 인간 활동의 본질 : 앞에서 언급된 환경, 실제 및 인간 본성에 대한 가정에 입각해서 과연 인간이 갖춰야 할 '올바른' 자세는 무엇인가에

가치관

인간생활의 다양한 국면과 과정에서 판단이나 선택을 할 때 일관성 있게 작용하는 가치기준, 정당화하는 근거 또는 신념의 체계적 형태로서, 세계관·인간관·사회관·역사관·예술관·교육관·직업관·종교관 등의 어느 하나 또는 전체를 통칭하는 의미로 사용된다.

대한 가정, 즉 능동적·수동적·자기계발적·운명론적인가, 또 무엇이 일하는work 것이며, 무엇이 즐기는play 것인가에 대한 가정

5. 인간관계의 본질: 남들과 권력이나 사랑을 나누는 '올바른' 방법은 무엇인가, 삶이란 경쟁적인가 협동적인가, 개인적인가 집단적인가, 그리고 그것은 전통적 권한, 법적, 카리스마적 또는 무엇에 기반한 권력과 사랑인가에 대한 가정 등

물론 이들 기본적 가정은 문화에 대한 여러 가지 분류 방법론 중 일부에 해당하는 것으로서 문화의 내용과 수준은 그만큼 다양하게 해석될 수 있다.

>> 자연과 인간과의 관계

서구 사회의 전통적인 견해가 자연이나 환경을 통제 가능한 대상으로 본 것에 비해 동양 사회는, 인간은 자연과 조화를 이뤄야 한다고 보았다. 동남아시아의 경우에는 종교적 또는 사회적 통념상 인간은 아예 자연에 복종해야 하는 것으로 보고 있다. 이처럼 사람마다 자신의 운명을 통제할 수 있다고 생각하는 정도가 다르듯이, 조직이나 국가가 통제할 수 있는 정도 역시 달리 나타난다. 그러나 어떤 가정에 입각하든 간에 조직으로서는 정확한 정보를 수집해 해당 부서에 전달하고, 해당 부서는 전략과 목표 및 수단에 적합한 상태로 이를 활용할 수 있는 능력이 있고 그 결과를 측정할 수 있어야 조직의 건강이 유지된다.

>> 실체와 진실의 본질

조직문화의 핵심 과제는 그 실체를 파악하기 위한 제반 가정을 제시하고 검증하는 데 있다.

• 실체의 수준 : 서구에서는 과학적 실험을 통해 물리적으로 검증하는 방식에 익숙하지만 중동 지역처럼 정치적 또는 종교적 분쟁이 따르는 경우에는 과학적 검증보다는 합의에 의한 해결이 보다 효과적이다. 한편 경영자들의 가치관을 보면 유럽에서는 철학이나 전통에서 나오는 도덕적 측면이 강조되는 데 비해 미국에서는 성공사례나 경험에 치중된 실용적 측면이 강조된다.

• 도덕성과 실용성 : 결국 무엇이 '진리'인가를 밝히려 할 경우 막스 베버의 권한 분류방식을 다시 언급하게 된다. 베버는 전통이나 종교적 순수 교리, 왕이나 예언자 또는 현자의 권위나 지혜로부터 나오는 독단이나 절대적 진리가 아닌 사회적으로 결정되는 진리에 관심을 두었다. 그는 사회적·법적 절차에서 비롯되는 진실, 갈등과 논쟁을 통해 얻은 진리, 순전히 실용적 기준에 의거한 진리, 과학적 방법에 의해 구축된 진리 등으로 진리를 구분했다. 그러나 실용적 차원이든 도덕적 차원이든 중요한 것은 불확실성과 모호성을 극복하는 인내의 수준이며, 인내력이 큰 문화가 더욱 효과적이라는 점을 강조하고 있다.

• 시간에 대한 가정 : 미국에서는 단일 차원의 시간 개념을 중시해 주어진 시간 내에 업무의 효율성을 증대시키는 문화를 발전시켜왔다. 이에 비해 아시아, 남부 유럽 및 중동 지역의 국가에서는 시간을 '다원적' 차원으로 보아 시간 대신 공간의 크기가 중시되며 동시적으로 여러 가지 업무를 수행할 것을 요구한다. 미국의 근로자들이 통일된 하나의 시간으로 일과를 처리하는 데 비해 동양에서는 부서마다 다른 시간으로 업무를 처리한다는 것이다.

• 공간에 대한 가정 : 사무실을 개방적으로 운영할 것인가, 아니면 곳곳에 칸막이를 설치할 것인가? 공간이라는 말에는 물리적 공간과 사회적 공간이라는 두 가지 의미가 포함되어 있다. 미국에서는 친분과 개

인적·사회적·공적인 거리의 원근을 고려해 사무실의 자리를 배치하고 칸막이를 설치하고 있다. 결국 문화적 내용의 실체와 진리를 밝히는 작업에는 이처럼 다양한 가정과 함께 상대론적인 해석이 요구된다.

>> 인간본성의 본질

모든 문화에는 집단과 개인 간의 관계에 대한 기본 가정에 자아라는 개념이 내재되어 있다. 동양에서는 자아와 관련해 집단과 개인을 그다지 구분하지 않는 편이다. 그만큼 자아실현의 욕구가 서구의 개개인에 비해 발달되어 있지 않기 때문이다.

심지어 동양에서는 인간의 본성이 조직의 가치관에 의해 쉽게 변화하기도 하는데 서구에서는 매슬로나 맥그리거의 욕구이론에서 보듯이 다양한 동기부여 방안이 개개인에게 적용될 수 있다는 점을 가정하고 있다. 훌륭한 조직을 위해 존재하는 동양의 개인과, 개인이 독립적으로 훌륭한 일꾼이 되어야 한다는 서양의 관점은 매우 대조적이라 할 수 있다.

>> 인간활동의 본질

또한 문화는 인간의 행동방식에 대한 다양한 가정을 창출한다. 미국에서는 인간의 본성을 통제 및 조작할 수 있다고 믿는다. 미국은 본질적으로 실용주의적인 성향을 갖고 있으며 인간의 완전성에 대한 확신을 갖고 있다. 즉 시간이 다소 걸릴지는 모르지만 인간의 노력에 의해 불가능은 극복될 수 있다고 보는 것이 그들의 관점이다. 인간 본성의 활동지향성, 개발지향성에 입각한 미국의 문화는 그래서 더욱 실용주의적 성향을 띠게 된다.

>> 인간관계의 본질

모든 문화의 중심에는 집단의 안전과 안녕을 해치지 않는 선에서 구성원 간의 관계를 유지하기 위한 방법에 대한 가정들이 있다. 이와 같은 기본 가정이 공유되지 않을 경우에는 무정부 상태가 되거나 혼란을 겪게 되므로 어떤 집단이든 권력과 영향력, 계층관계, 친분관계, 애정 및 동료관계 등에 대한 적절한 가정을 제시함으로써 조직관리활동을 하게 된다.

액션 사의 경우에는 가능하면 상하 간 권력의 거리를 좁혀줌으로써 모든 사람들부터 창의적 아이디어가 쉽게 나올 수 있도록 하자는 가정을 갖고 있다. 반면, 멀티 사에서는 비공식적 접근을 배제하고 공식적인 접근을 유도하며, 계층 구조에 입각한 정식 의견서를 제출하도록 해야 한다는 가정이 지배적이다. 그만큼 기본 가정의 차이가 엄청난 문화적 차이를 가져오는 것이다.

실용주의 progmatism
미국의 대표적인 철학으로 관념이나 사상을 행위와 연계시켜 파악하는 입장이다. 1870년대에 C. S. 퍼스가 주창하였으며, 19세기 말에 W. 제임스가 전 세계로 전파시켰다.

>> 제반 가정과 연계된 문화적 패러다임

문화에 대한 분석작업 중 가장 어려운 일은 기본 가정들이 일정한 패턴 또는 패러다임과 연계되어 있다는 점이다. "권력은 민주주의적이어야 한다." "사업은 성취지향적이어야 한다." "진실은 개인으로부터 나온다." "개인은 조직에 대한 충성심과 애사심을 갖고 있다."라는 가정들은 서로 배타적이거나 융합될 수도 있다. 그러나 연구에 임하는 대부분의 학자들이 이들 중 하나의 가정을 '원형archetype'으로 한 단일 차원의 분석을 수행함으로써 조직문화의 일관된 패러다임을 보여주지 못하는 오류를 범하고 있다. 결국 집단에 내재되어 있는 다양한 가정의 패턴을 밝혀내는 노력 없이는 조직문화에 대한 이해도 불가능한 것이다.

조직의 문화적 가정을 도출하는 방법

인류학자들은 언어나 인공 조형물 등 가시적 요소들을 중심으로 문화를 밝히려 하지만 문화에 대한 진정한 이해를 도모하기 위해서는 내부 및 외부 전문가들 간의 인터뷰와 관찰 등 상호 공동 노력에 의한 임상적 접근방법이 요구된다.

>> 인터뷰에 의한 문화적 패러다임 파악

주어진 자료나 단순 면담을 통해서는 문화를 파악할 수 없으므로 조직에 들어가서 구체적인 파악을 해야 한다. 특히 조직 내에서 일어나는 '뜻밖의 사건'에 대한 집중 분석, 체계적인 관찰과 검증, 적극적인 내부 종사자의 모습 파악, 놀라움이나 당혹감 및 육감적 표현과 그에 대한 피드백 관찰, 현상에 대한 공동 연구, 가설을 공식화해 논의하는 작업, 그리고 이를 체계적으로 점검하고 통합하는 활동들이 요구된다. 이후 가정의 수준을 확장해 살펴보고, 이를 재측정함으로써 최종적으로는 공식적 연구 보고서가 작성되도록 하는 일련의 단계를 통해 문화적 패러다임을 파악해야 한다.

>> 인터뷰 및 자료수집 방법론

주요 사건과 현상을 파악하기 위해서는 창립 이후의 역사에 대한 질문, 발생한 주요 사건에 대한 질문과 그 결과에 대한 세부적 사항을 알아둬야 한다. 인터뷰 자료를 분석할 때는 구성원들의 행동방식이나 가치관에 대한 일정한 유형을 발견하는 식으로 해야 한다. 기타 문화적 자료로서 조직구조에 대한 사항, 정보 및 통제 시스템, 신화나 전설, 일화 및 강령에 대한 사항 등을 수집하고 분석하는 것도 필요하다. 필요에 따라서는 집단 인터뷰를 통해 조직과 환경 간의 관계, 조직의 가치관에 대한 기본적 가정 분석, 시간과 공간의 본질에 대한 집단 토의, 인간성과 인간행동 및 인간관계의 본질에 대한 집단 토의를 실시할 수도 있다. 그러나 문화란 어떤 방법을 사용하든 쉽게 그 모습을 드러내 보이지 않으므로, 문화를 밝혀내기 위해서는 생각 이상으로 많은 인내와 노력이 필요하다.

문화에 대한 연구에는 윤리적 문제가 따른다

환경분석SWOT을 통해 전략적 선택을 하고자 할 경우에는 필히 문화에 대한 연구와 이해가 수반되어야 한다. 그러나 이러한 문화에 대한 연구에는 분석 내용이 부정확할 수도 있다는 점, 분석 내용을 구성원들이 받아들이지 않을 수도 있다는 점, 그리고 취약점이 외부에 노출될 수 있다는 점 등과 같은 위험이 따르게 된다. 그러므로 문화 분석가에게는 전문가로서 문화에 대한 충분한 이해와 함께 분석 내용을 구성원들에게 상세히 알려줄 책임이 있다. 샤인은 몇 가지 사례를 들어 구성원들이나 학생들에게 분석 결과를 피드백해줄 때 유의해야 할 사항을 제시하고 있다.

- 내부 구성원들에게 설교하듯 대해서는 안 된다.
- 수용 태도가 긍정적이지 않은 상태에서 피드백을 해서는 안 된다.
- 집단의 모든 구성원들이 내용을 받아들인다고 간주해서는 안 된다.
- 학생들에게 잘못된 분석 사례를 강의하면 그릇된 선입견이 생긴다.
- 일부 구성원들은 분석 결과에 과민한 반응을 보이게 된다.

그러므로 조직문화에 대한 분석과 내용 정리는 신중하게 이뤄져야

윤리 ethics

인간행위에 대한 도덕적인 가치판단과 규범으로서, 옳고 그름을 판단할 수 있는 인간의 능력과 의식 및 행동이 윤리적 기준과 일치하는지를 포함하는 개념이다.

하며, 전문가로서의 활동에는 윤리적 책임이 따른다는 점을 명심해야 한다.

문화는 입체적 관점에서 평가해야 한다

이 책의 제2부에서는 문화의 태동과 발전에 관하여 논하고 있다. 샤인은 우선 기존의 집단역학이론과 리더십이론 및 학습이론, 개방시스템이론, 구성원과 리더의 사회역학이론sociodynamic theory 등을 통해 문화의 형성 배경을 설명하고 있다.

- 사회역학이론 : 집단역학에 입각한 학습의 결과 형성되는 공유화에 초점을 둔 이론으로 주로 개인의 욕구와 조직의 관심사를 일치시키기 위한 갈등해결 방안을 모색한다.
- 리더십이론 : 리더십의 과정과 문화 형성의 과정은 상호 합치된다는 관점에서 단순히 문화를 관리하는 차원이 아니라 조직문화의 새로운 창출을 위한 리더십의 역할에 초점을 둔 이론이다.
- 학습이론 : 문화란 학습된 결과 나타나는 산물이므로 역동적인 학습 과정을 통해서만 문화를 이해할 수 있다는 이론이다.
- 불안의 형태 : 인간의 충격흡수 능력은 매우 뛰어나지만 이것이 모든 갈등의 원인이 되기도 한다. 이 이론은 문화적 학습이 인간의 불안을 감소시켜준다는 점을 중시한다.

결국 샤인은 문화가 어떻게 형성되는가에 대한 이해를 위해서는 사회동태학, 리더십, 학습 과정 및 인간의 불안감 관리 문제 등에 대한 다각적인 고찰이 필요함을 강조한 것이다.

리더십과 조직문화는 상호 영향을 미치며 발전한다

《조직문화와 리더십》의 제2부에서는 문화의 시작과 발전에 대한 제반 이론을 소개한 다음, 소집단 차원의 문화 형성을 통해 대규모 차원의 문화가 어떤 단계를 거쳐 형성되는지와 그 내용을 설명하고 있다.

발전 과정은 유사하지만 조직은 소집단보다 강한 역동성을 가진다. 사회운동이나 종교는 예언자 또는 카리스마를 지닌 지도자에 의해 창시되며, 정치집단은 새로운 비전이나 해결방안을 갖춘 지도자에 의해 주도된다. 그리고 기업은 집단 협력을 통해 시장에 제품이나 서비스를 제공하겠다는 비전을 갖춘 기업가에 의해 설립된다. 이처럼 설립자가 지닌 가정은 다양한 갈등 속에서 구성원들에게 주입되거나 수정을 거쳐 하나의 문화를 형성시키는 원동력이 된다.

리더에 의한 문화정착의 기본 메커니즘은 첫째, 리더가 관심을 갖고 평가 및 통제를 하는 것 둘째, 주요 사건이나 위기시에 리더가 보이는 반응 셋째, 계획된 역할 모델의 설정이나 지원 방식 넷째, 보상의 배분 및 직책 부여의 기준, 그리고 인사 선발에서 퇴직까지의 관리 기준

▶ **집단 형성의 단계**

단계	지배적인 가정	사회 변동의 초점
1. 집단의 형성단계	**종속성**: 리더가 무엇을 해야 하는지를 알고 있다.	구성원의 자격 여부, 권력과 영향력 관계, 수용도와 친밀성, 정체성 및 역할에 초점을 둠
2. 집단의 건설단계	**융화력**: 우리 집단은 위대하며, 동료의식이 강하다.	조화와 일치성 및 친교성에 초점을 두고, 구성원 간의 차이에는 의미를 부여하지 않음
3. 집단의 역할수행단계	**역할**: 상호 이해와 수용으로 높은 성과를 창출할 수 있다.	규정에 따른 업무성취 및 팀워크와 집단 유지에 초점을 두고, 구성원 간의 차이를 중시함
4. 집단의 성숙단계	**성숙**: 정체성, 목표달성 방법을 알고 있으며, 업무 수행의 정당성도 확보하고 있다.	집단과 집단 문화의 보존에 초점을 두며, 창의성과 집단 구성원 간의 차이성을 하나의 위협으로 받아들임

등으로 이뤄진다. 이를 강화시켜주는 2차적 메커니즘은 조직설계 및 구조, 조직체계와 절차, 물리적 공간, 주요 사건이나 신화 또는 우화적 이야기, 조직의 철학, 신념 또는 설립 강령 등을 공식적으로 표명함으로써 형성된다. 이들 메커니즘에 의해 구성원들은 문화적 내용을 습득하고 일체화되는 과정을 거치게 된다.

제품에 수명주기가 있듯이 조직도 수명주기를 따르며, 문화 또한 내부 및 외부 환경과의 관계 속에서 변화되고 또한 변화시키는 작업이 이뤄진다. 이 책의 제3부에서는 실제 사례와 함께 문화 변화의 메커니즘을 초기·중년기·성숙기로 구분하고, 초기의 자연적 변화와 중년기의 계획된 변화, 그리고 성숙기의 강압적 변화의 메커니즘에 대해 설명하고 있다. 여기서 샤인은 리더에 의해 문화가 창조되지만 또 문화에 의해 차세대 리더가 창조된다는 순환 개념으로서의 문화와 리더십에 대한 관점을 강조했다.

현대적 시사점

이 책의 현대적인 시사점은 샤인이 "문화를 올바르게 평가하라."는 취지 아래 경영자에게 던지고 있는 다음과 같은 메시지다.

첫째, 문화의 개념을 너무 단순화시키거나 조직의 가치관 또는 경영철학과 혼동해서는 안 된다. 둘째, 문화를 조직기능 중 인적 측면만을 고려하는 것으로 보아서는 안 된다. 셋째, 문화를 경영자의 통제권 안에 있는 조작 가능한 것으로 보아서는 안 된다. 넷째, 문화의 우열과 강약에 따라 좋은 문화가 결정되는 것이 아니라 환경에 따라 결정된다는 점을 인식해야 한다. 다섯째, 문화의 모든 측면을 조직의 유효성과 연계된 것으로 보아서는 안 된다.

우리나라에서 1980년대 말부터 시작된 조직문화에 대한 연구는 주로 설문지와 인터뷰를 통해 마치 조직의 적성검사를 하듯이 이뤄진 것이 사실이다. 보수적-진취적, 폐쇄적-개방적, 단기적-장기적 등 이분법적인 잣대로 조직 문화의 특성에 대한 질문을 던지고 그에 대한 평가를 내리는 방식이 만연했던 것이다.

이에 비해 샤인은 《조직문화와 리더십》을 통해, 리더가 조직문화에 미치는 영향과 조직문화가 리더십에 미치는 영향을 중심으로 변화의 주도 세력을 형성하고, 변화를 통해 진정한 '조직문화의 관리자'를 양성해야 한다고 역설하고 있다. 즉, 리더십에 의해 문화가 관리될 수 있다면 문화를 올바르게 관리하는 데 필요한 리더의 정서적 역량과 원대한 비전, 자기 통찰력과 객관적 의사결정력을 키우는 데 주력해야 한다는 것이다.

리더십 개발을 단순히 조직관리와 부하관리 차원에서 바라본 관점을 뛰어넘어 문화 창조자이자 문화관리자로서의 리더와 리더십을 강

1980년대는 조직문화의 시대라 불릴 만큼 많은 학자들이 문화결정론적 관점에서 조직의 효과성 문제를 다루었다.

조한 샤인의 저서들은 그래서 아직까지도 조직변화와 리더십 개발의 교과서로 읽히고 있는 것이다.

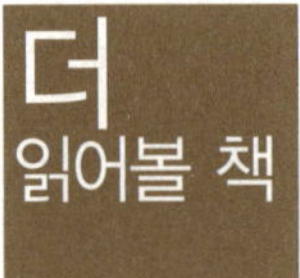

현대 조직심리학 박재호 역, 탐구당, 1990

The corporate culture 에드거 샤인, 존 윌리 앤 슨스, 1999

기업문화가 회사를 말한다 유필화 외, 한언, 2002

한국기업의 문화적 특성과 새 기업문화 개발 이학종, 박영사, 1997

저자 소개 및 도서 정보

에드거 샤인 Edgar H. Schein

《조직문화와 리더십 *Organizational Culture and Leadership*》, Jossey-Bass Inc. Publishers, 1985.

MIT 슬로언 경영대학원의 행동정책학 분야의 명예교수로 재직중인 샤인은 시카고대학과 스탠퍼드대학을 거쳐 하버드대학에서 사회심리학 박사학위를 받았다. 경력개발, 리더십개발, 조직변화 및 조직학습 분야의 전문가로서 그는 조직문화와 자문 프로세스, 연구 프로세스, 경력역학, 조직학습 및 조직변화에 대한 연구를 중점적으로 해오고 있다. 1965년에 출간된 《Organizational Psychology》에서 이러한 내용의 기본 개념을 설명하고 있으며, 이외에도 《Coercive Persuasion》(1961), 《Interpersonal Dynamics》(1964), 《Professional Education: Some new directions》(1972), 《Career Dynamics: Matching individual and organizational needs》(1978) 등의 초기 저서를 통해 경력개발과 조직학습에 대한 개념 정의 및 전략적 활용방안을 소개했다.

최근에도 《Career Survival: Strategic job and role planning》(1994), 《The Culture of Singapore's Economic Development Board》(1996), 《Process Innovation Revisited: How to build the helping relationship》(1999), 《The DEC is Dead: Long live DEC》(2003) 등의 저술을 통해 성공적인 조직문화의 형성 방법과 조직학습 프로세스의 구축방안을 제시하고 있다. 《조직문화와 리더십》은 1990년 국방대학원의 김세영 교수에 의해 번역되었으며, 이후 샤인은 1992년에 2판을 출간했다. 샤인의 대표 저서인 《조직심리학》도 인하대학교의 정재훈 교수에 의해 번역된 바 있다.

19 경쟁우위에 서기 위한 세 가지 전략

Competitive Strategy : Techniques for Analyzing Industries and Competitors
Michael E. Porter

keyword
경쟁전략
경쟁우위
산업구조분석
본원적 전략
가치사슬

카테고리 관련성	
경영전략, 경영혁신	★★★
생산관리	
변화관리	★
조직관리, 인사관리	★
마케팅	★
리더십	
동기부여, 인간관계	
기업성공	★★

핵심 아이디어

1980년대 이전 미국의 기업들은 경쟁 기업보다 제품을 더 싸게, 더 열심히 만들어내는 것만으로도 충분히 성공할 수 있었으며 그들의 경쟁 기업도 얼마 되지 않았다. 생산은 곧 기업의 영속을 의미했다. 그러나 1980년대에 접어들면서 상황은 매우 달라졌다. 미국 내 기업 사이의 경쟁은 말할 것도 없고, 값은 저렴하지만 품질이 엉망이었던 일본 기업 제품의 수준이 한층 높아져 미국 기업의 그것과 크게 차이가 나지 않게 되었다. 게다가 한국을 비롯한 개발도상국 기업들의 움직임도 심상치 않았다. 모든 부분에서 경쟁은 치열해졌다.

시장 환경의 변화에 따라 단순히 싼 가격으로 많은 상품을 생산해내는 과거의 방법으로는 수많은 경쟁자를 이겨내고 성장하는 것이 불가능하게 되었다. 어떻게 하면 치열한 경쟁을 견뎌내고 성장을 도모할 수 있을 것인가? 이러한 시대적 배경하에서 학계에 혜성과 같이 나타난 교수가 바로 하버드대학의 마이클 포터였다. 포터의 핵심 연구 주제는 '산업에 있어서 경쟁의 성격 및 경쟁 전략의 원리' 였고, 그의 관심은 세계를 무대로 극심해진 경쟁에서 승리하기 위한 묘안을 짜내는 것이었다.

1980년대에 그가 창안한 전략이론은 학계뿐만 아니라 산업계에 큰 반향을 일으켰다. 포터가 제안한 산업구조 분석, 본원적 전략, 가치사슬 등의 개념은 지금도 전략 분야의 고전이자 핵심 주제들로 여겨지고 있다. 또한 그의 이론은 기업 전략에서 출발했지만 글로벌 전략과 국가 경쟁력 분야로까지 확장되었으며, 환경, 도시 빈곤, 의료 문제 등 사회적 이슈들도 다루고 있다.

그의 연구는 제2차 세계대전 이후, 베인과 그의 은사인 케이브스에 의해 확립된 '시장구조, 시장행동, 시장성과'라는 인과관계에 기초한,

포터의 논지

포터는 산업조직론의 연구 성과를 기업경영에 실천적으로 응용하여 경쟁에서 우위를 확보할 수 있는 전략을 수립하는 틀을 완성하였다. 그의 논지는 오늘날까지도 사업부 단위의 경쟁을 바라보는 체계적인 이론으로 인정받고 있다.

소위 SCP 패러다임(구조가 행동을 결정하고, 행동이 성과를 결정한다는 이론)이라 불리는 하버드학파의 산업조직론에서 출발했다. 그는 산업조직론의 연구 성과를 기업 경영에 적용해 경쟁 전략의 이론적 틀을 만들었던 것이다. 그리고 그의 연구 성과는 바로 《경쟁 전략*Competitive Strategy*》으로 구체화되어 학계의 주목을 받았다.

포터가 경영자들에게 던지는 화두는 바로 '경쟁'이다. 먼저 경쟁을 제대로 이해해야만 기업은 제대로 된 전략을 수립할 수 있다. 전략은 혼자만의 게임이 아니라 언제나 상대편이 존재하는 상황에서 벌어지는 상대적인 게임이기 때문이다. 포터는 산업마다 수익성이 다른 이유를 산업마다 경쟁의 정도가 다르기 때문이라고 주장했다. 예컨대, 경쟁자가 없는 독점산업의 경우에는 일반적으로 기업의 수익성이 높고, 경쟁자가 많은 경쟁산업의 경우는 기업의 수익성이 낮다. 즉, 산업 내 경쟁자가 많을수록 기업의 수익성이 낮아지는 것이다.

이제 관심의 초점은 어떤 요인들이 경쟁을 결정하는가 하는 것이다. 독자들은 이미 한 가지 요인은 알고 있는 셈이다. 바로 기존의 '경쟁자'가 그것이다. 앞에서 설명한 바와 같이 경쟁자의 수가 많으면 경쟁이 치열할 것이고 경쟁자의 수가 적으면 그만큼 경쟁이 덜 치열하게 된다. 그러나 대부분의 사람들은 경쟁의 요소에는 경쟁자만이 있다고 단정한다. 같은 제품이나 서비스를 제공하는 라이벌 기업에만 신경을 곤추 세우는 것이다. 포터는 이런 좁은 관점에서 탈피해 경쟁을 넓고 깊게 봐야만 극심한 경쟁에서 올바른 전략을 세울 수 있다고 주장했다.

그는 《경쟁 전략》에서 기업의 사업 환경을 중심으로 특정 기업이 특정 업계에서 높은 이익을 지속적으로 유지할 수 있는 방법을 연구했다. 포터는 기업의 수익은 산업구조와 해당 산업 내에서의 경쟁 지위의 상호작용에 의해서 결정된다고 봤다. 그러므로 산업의 매력도 분석은 경쟁 전략 수립의 기본이 된다. 그는 산업의 매력도를 평가하는 기준으로 신규 진출 기업의 위협, 대체품의 위협, 기존 경쟁자 간의 경쟁, 공급자의 교섭력, 구매자의 교섭력 등 다섯 가지 요인을 제시한다. 이러한 요인들에 의해 매력적인 산업과 매력적이지 못한 산업이 구분되는데 매력적이지 못한 산업에 속한 기업들의 평균 수익은 당연히 매력적인 산업에 비해 떨어지게 되는 것이다.

또한 특정 업계에서 유리한 입장을 구축하기 위한 전략으로는 원가우위, 차별화, 집중화 전략을 제시했다. 그리고 사업 환경의 상황에 따라 세 가지 전략 중 어느 하나를 선택하고 자기 기업의 실정에 맞춰 5개의 경쟁 요인을 변화시키는 것이 높은 이익률을 확보하기 위한 조건이라고 주장했다.

시놉시스

경쟁 전략이란 경쟁이 일어나는 기본 영역이라 할 수 있는 산업 내에서 유리한 경쟁적 지위를 확보하기 위해 기업이 추구하는 전략이다. 따라서 경쟁 전략의 목표는 기업이 산업 내에서 경쟁적 상황을 결정짓는 여러 가지 요인에 대항해 지속적으로 이익을 낼 수 있는 지위를 확보하는 것이라 할 수 있다. 《경쟁 전략》은 경쟁 전략을 수립하는 데 필요한 것으로 산업 매력도를 결정하는 다섯 가지 경쟁 요인과 그 기초가 되는 요인을 제시했다. 그리고 그러한 요인이 시간이 지남에 따라 어떻게 변화하며 전략을 통해 어떤 영향을 받을 수 있는가에 대해 기술한 후 경쟁우위를 획득하기 위한 광범위한 세 가지 본원적 전략을 설명하고 있다.

리뷰

경쟁우위를 확보하기 위한 경쟁 전략은 산업구조의 분석에서 시작된다

포터가 제안한 경쟁 전략의 수립은 기업과 그 기업을 둘러싸고 있는 주변 환경을 연결시키는 데 그 본질적인 의의가 있다. 그러나 기업과 그 기업을 둘러싸고 있는 주변 환경을 연결시켜 경쟁 전략을 수립하는 것은 생각처럼 그리 쉬운 일이 아니다. 따라서 전략가들은 모든 환경 요인을 분석하기보다는 오히려 기업 간 경쟁에 가장 큰 영향을 미치는 환경 요인, 즉 산업을 집중적으로 분석한다. 산업은 여러 환경 요인 중에서도 기업활동에 가장 직접적으로 영향을 미치는 요인이기 때문이다.

경쟁 전략은 산업구조의 분석에서 시작된다

상대적으로 적은 노력으로도 높은 수익을 얻는 산업이 있는가 하면 그렇지 못한 산업이 있다. 포터는 이에 대해 경쟁이라는 키워드를 제시했다. 기존의 산업조직론에서는 기업 간 성과의 차이는 산업구조에 의해 결정된다고 보았다. 따라서 새로운 산업에 진출하기 전에 가급적이면 체계적인 분석을 통해 각 산업의 수익성을 알 수만 있다면, 좀더 높은 수익성을 가진 산업으로 진출하는 것이 훨씬 유리할 것이다. 물론 이미 특정 산업에 진출해 있는 경우에는 산업의 수익성을 결정하는 요인을 파악하고 이에 대응함으로써 보다 높은 수익을 창출할 수 있을 것이다.

포터는 산업조직론의 주장을 넘어서서 산업 간 수익성의 차이를 설명할 수 있는 체계적인 모델을 개발했다. 경쟁자가 많은 경쟁 산업의 경우는 기업의 수익성이 낮다. 즉, 산업 내 경쟁자가 많을수록 기업의 수익성은 점점 줄어드는 것이다. 결국 산업마다 수익성에 차이가 나는 이유는 산업마다 경쟁의 정도가 다르기 때문이라고 볼 수 있다. 산업 내 경쟁이 치열하면 그 산업에 속한 기업들의 수익성이 떨어지고, 반대로 산업 내 경쟁이 없다면 그 산업에 속한 기업들의 수익성은 높아질 것이다. 이처럼 기업의 수익성을 결정짓는 첫번째 기본적인 요인은 '산업 매력도'다.

그렇다면 경쟁을 결정하는 요인들은 무엇인가? 앞에서 설명한 바와 같이 경쟁자의 수가 많으면 경쟁이 치열할 것이고 경쟁자의 수가 적으면 그만큼 경쟁은 덜 치열할 것이다. 포터는 경쟁에 보다 폭넓은 시각으로 접근했다. 그는 대부분의 사람들이 생각하듯이, 자사와 동종 산업에서 경쟁하는 눈에 보이는 기업만이 경쟁자가 아님을 제시한 것이다.

위에서 제시한 두 가지 문제, 즉 기업의 장기적인 수익성을 좌우하는 산업 자체의 매력도와 그것을 결정짓는 요인 중 어느 한 가지만으로는 훌륭한 경쟁 전략을 수립할 수 없다. 매우 매력적인 산업에 속해 있는 기업이라 할지라도 열악한 경쟁 지위를 확보하고 있다면 만족스러운 수익을 얻지 못할 것이기 때문이다. 반대로 산업 내에서 아주 훌륭한 경쟁 지위를 확보하고 있는 기업이라 할지라도 그 기업이 속한 산업 자체가 매력적이지 못하다면 기업이 자신의 경쟁적 지위를 강화하려고 아무리 노력해도 별로 좋은 결과를 얻지 못한다.

어떤 산업이 국내지향적이건 범세계적이건 또는 제품을 생산하건 서비스를 생산하건 간에 경쟁 법칙은 다섯 가지로 정리된다. 신규 진출 기업 혹은 잠재적 경쟁자의 위협, 대체제의 위협, 기존 경쟁자 간의 경쟁, 구매자의 교섭력, 공급자의 교섭력 등이 바로 그것이다. 포터는 이들 다섯 가지 요인을 산업 수익성을 분석하기 위한 '산업구조 분석틀 5forces model'로 제시했다. 산업에 따라 이들 다섯 가지 요인의 중요성이 달라지고 따라서 모든 산업의 수익성 또한 달라진다.

신규 진입 기업 혹은 잠재적 경쟁자는 지금 직접적으로 눈에 보이지는 않지만 머지않아 경쟁자로 등장해 자사를 위협할 가능성이 있는 시장 참여자를 뜻한다. 문제는 이처럼 눈에 보이지 않는 잠재적 경쟁자의 위협을 사전에 어떻게 분석할 것인가 하는 점이다.

이러한 잠재적 경쟁자는 만일 어느 산업의 수익률이 상당히 높다거나 그 산업이 정말 유망한 산업이라고 판단될 때 생겨날 가능성이 높다. 그러나 막대한 수익을 얻을 수 있다고 해서 모든 기업들이 그 산업에 진입할 수 있는 것은 아니다. 모든 기업들이 자유롭게 진입할 수 있다면 해당 산업의 높은 수익률이 진입자들의 경쟁에 의해 점차 낮아지게 되면서 그 산업은 매력을 잃게 될 것이다. 또한 실제로 진입이 일어나지 않는다고 하더라도 만일 다른 기업들이 언제든지 그 산업에 뛰어들 준비가 되어 있다면, 그 산업에 속한 기존 기업들은 잠재적 경쟁자의 진입 위협을 애초에 막기 위해 결국 가격을 낮추게 된다.

이처럼 눈에 보이지 않는 잠재적 경쟁자의 위협을 분석하기 위해서 진입장벽이라는 개념을 이용할 수 있다. 진입장벽이란 기존 기업들이 신규 진입 기업에 대해 갖는 우위를 말하는데, 신규 진입 기업들이 기존 기업들과 비교할 때 갖게 되는 상대적인 불리함이다. 이와 같은 진입장벽들은 그 산업에 대한 경쟁 기업의 진입을 약화시키고 그 산업에서 높은 수익률을 유지할 수 있게 한다. 한편 신규 진입자들은 이러한 진입장벽을 여러 가지 방법으로 피해가려고 애쓴다. 그들은 종종 새로운 방식으로 진입을 시도하는데, 새로운 기술, 새로운 경영 능력, 새로운 브랜드를 갖고 진입에 성공하기도 한다.

대체품이란 이전의 제품이나 서비스 대신 제공되는 새로운 제품 또는 서비스를 의미한다. 대체품의 유무는 산업의 수익률에 큰 영향을 미치게 된다. 예를 들어, 대체품이 많으면 많을수록 기업들이 자신의 제품이나 서비스에 높은 가격을 매길 수 있는 가능성은 줄어들기 때문에 그 산업의 가격 결정에 영향을 미치게 된다.

기술이나 고객의 욕구가 급변하는 분야의 경우에서처럼 대체품의 위력이 강력하면 기존 산업에 위협이 될 뿐만 아니라 산업 자체를 파괴시킬 수도 있다. 이러한 대체품의 위협 정도는 크게 두 가지 요소에 의해 좌우된다. 하나는 소비자들이 쉽게 대체품으로 옮겨갈 수 있는가 하는 문제이고 다른 하나는 대체품이 가진 유용성의 문제다.

구매자와 공급자도 경쟁 요인으로 작용하는데 구매자들은 가격을 인하시키거나 품질 향상 및 서비스 증대를 요구하거나 또는 경쟁 기업들을 서로 대립시켜 이득을 보는 행위 등으로 구매 대상 산업과 경쟁을 벌이는데 이러한 행위는 모두 그 산업의 수익성을 감소시키는 결과를 가져온다. 공급자들은 특정 산업에서 활동하는 기업들에 대해 가격 인상이나 판매하는 제품 및 서비스의 질을 떨어뜨리겠다는 위협 등으로 교섭력을 발휘할 수 있다.

구매자의 교섭력을 결정하는 데에는 다음 두 가지 요소가 중요한 역할을 한다. 먼저 제품 차별화가 심할수록 구매자는 가격에 민감하지 않게 된다.

예를 들어, 과자, 의류 등과 같은 제품은 종종 원가보다 훨씬 높은 가격을 받는데 구매자들은 높은 가격을 지불하더라도 자신이 선호하는 제품을 사게 마련이다. 다음으로 구매자의 교섭 능력에 더 큰 영향을 미치는 것은 판매하는 기업과 구매하는 기업 간의 교섭력의 차이다. 예를 들어, 구매자의 공급자에 대한 상대적인 규모가 교섭력을 결정하는 중요한 요소가 될 것이고, 구매자들이 공급자의 제품, 가격, 비

산업구조 분석

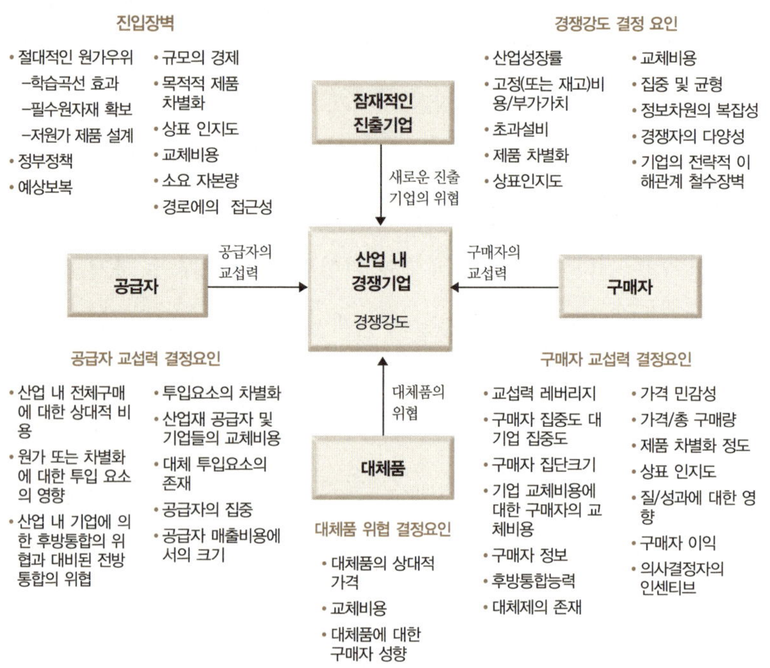

※출처 : Michael E. Porter, Competitive Advantage: Creating and Sustaining Superior Perfomance(1985), Free Press, New York

용 구조에 대해 보다 자세한 정보를 가질수록 구매자의 교섭력은 강해질 것이다. 또한 구매자들이 공급선을 바꾸는 데 많은 전환 비용switching cost이 든다면 구매자의 교섭력은 떨어지게 될 것이고 수직적 통합을 할 수 있다면 구매자의 교섭력은 훨씬 강화될 것이다.

대부분의 산업에서 경쟁의 양상과 산업 전체의 수익률을 결정하는 가장 중요한 요인은 이미 그 산업 내에서 경쟁하고 있는 기업들 간의 경쟁관계다. 산업 내의 기존 기업들 간의 경쟁 양상과 강도를 결정하는 요소는 다음과 같다.

>> 산업의 집중도

집중도란 동일 산업에 속해 있는 기업의 수와 그 개별 기업의 규모를 말한다. 산업이 집중되어 있을수록, 즉 그 산업에 참여하고 있는 기업의 수가 적을수록 산업의 전반적인 수익률은 상대적으로 높아지게 되며, 그 산업이 경쟁적일수록, 즉 많은 기업들이 경쟁에 참여할수록 산업의 수익률은 낮아지게 된다.

>> 경쟁 기업의 동질성과 이질성

동일 산업 내에서 기업들 간의 경쟁을 피하기 위해 담합할 수 있는 가능성은 단순히 기업의 수에 의해서만 좌우되는 것이 아니라 그 기업들의 전략, 목적에 따라 상당히 다양하다. 일반적으로 기업들의 전략, 목적 등이 유사할 경우에 명시적이거나 암묵적인 담합을 하기가 훨씬 더 쉬워진다.

그러나 일본 기업이 미국 시장에 진출해 장기적으로 이윤을 극대화한다는 목표하에 적극적으로 가격을 내리고 시장점유율을 높이는 전략을 취함에 따라 미국 철강산업 내에서의 평화로운 공존은 깨지고 산업 전반에서 가격 경쟁이 불붙기 시작했다. 이러한 사실은 국제 경쟁이 심화될수록 이질적인 목표나 전략을 가진 국제 기업들과 경쟁을 하게 되기 때문에 기업들 간에 상호 암묵적인 담합을 하기가 어려워진다는 것을 말해준다.

>> 제품 차별화

같은 산업 내에서 경쟁하는 기업들의 제품이 디자인이나 품질 면에서 서로 비슷하면 비슷할수록 소비자들에게는 특정 회사 제품을 선호

PIMS(시장전략의 기업이윤에 대한 효과분석)

1960년대 중반 제너럴 일렉트릭의 부사장이었던 보르슈는 기업의 수익성에 가장 영향을 주는 요인에 관심을 가졌다. 이 연구는 하버드 경영대학원과 마케팅 사이언스 인스티튜트에 인계되어 60여 개 기업의 600여 제품계열의 수익성에 영향을 미치는 100여 개의 사업전략변수를 중회귀분석으로 찾아내었다.

할 이유가 없어질 것이다. 따라서 기업의 입장에서는 가격 외에는 비슷해진 제품들을 갖고 경쟁할 수 있는 방법이 없어지게 된다. 이러한 제품을 우리는 일용품이라고 부른다.

제품 차별화가 많이 된 기업일수록 예를 들어, 의약품 혹은 빵이나 과자와 같이 소비자들의 제품 브랜드에 대한 선호도가 높은 산업일수록 가격으로 경쟁하는 것을 피하고, 광고나 신제품 발매 등의 차별화 기법으로 경쟁하게 된다. 이렇게 차별화된 산업일수록 수익률이 높고 차별화가 적은 산업, 즉 일용품에 가까운 산업일수록 수익률이 낮아지게 된다.

>> 초과 설비

산업의 수익률은 초과 설비와 경기 순환에 따라 민감하게 변화하기도 한다. PIMS Profit Impact of Market Share의 실증연구에 따르면 생산 설비와 수요가 비슷할수록 기업의 수익률이 높아진다고 한다. 불황기에 많은 기업들은 유휴 설비를 갖게 된다. 특히 자본 집약도가 높은 산업일수록, 즉 거대한 생산 설비가 필요할수록 불황기의 기업들은 고정 비용을 줄이기 위해 가격을 인하해야 할 필요성을 느낀다. 이러한 불황기의 유휴 설비로 인한 가격 인하는 산업의 수익률을 급격하게 떨어뜨린다.

그러나 주기적으로 불황과 호황을 반복하는 경기 순환이 아니라 장기적으로 그 산업에 유휴 설비가 존재하는 경우 산업의 수익률은 철수장벽의 높이에 의해 좌우된다. 철수장벽이란 진입장벽과 마찬가지로 그 산업에서 물러나오는 데 어려움이 있는 경우를 말한다. 만일 기업들이 쉽게 다른 산업으로 옮겨갈 수 있다면 구조적인 불황에 처한 산업 내의 기업 수는 자유롭게 조정되어 산업 내의 유휴 설비는 금방 사라지게 된다.

>> 비용 구조

각각의 산업에서 기업들이 가격 경쟁을 하는 정도는 산업의 비용 구조에 따라 다르다. 비용 구조는 고정 비용과 가변 비용의 비중을 뜻한다. 반도체산업의 비용 구조를 살펴보면 자본 설비에 대한 투자와 연구개발에 대한 투자가 대부분을 차지하고 원재료비는 꾸준히 감소하는 추세다. 임금이 차지하는 비중은 극히 미미하고 유통비, 운송비 등이 차지하는 비중은 전체에서 1퍼센트 내지 2퍼센트 정도로 아주 낮은 수준으로 대부분이 고정 비용으로 구성되어 있어 기업들은 생산 설비의 활용도를 높이기 위해 가격 경쟁을 시도하기도 한다.

이러한 산업구조는 기업이 잠재적으로 활용할 수 있는 여러 가지 형태의 전략뿐 아니라 경쟁의 규칙에도 큰 영향을 미친다. 특정 산업의 경쟁 상황은 5개의 기본적인 경쟁 요인들에 의해 좌우되며 이러한 요인들의 총체적인 힘이 그 산업에서 기대할 수 있는 궁극적인 이윤 잠재력을 결정짓는다. 이 같은 관점에서 볼 때 경쟁 전략의 목표는 기업이 이러한 경쟁 요인으로부터 스스로를 잘 방어할 수 있거나 또는

사우스웨스트 항공사는 무엇보다 인적자원을 효율적으로 활용함으로써 경쟁우위에 설 수 있었다.

그러한 요인들을 기업에게 유리한 상태로 변화시킬 수 있는 위치를 산업에서 찾아내는 것이라 할 수 있다.

다섯 가지 경쟁 요인을 종합하면 특정 산업에서의 경쟁이라는 것이 기존 경쟁자들 간의 경쟁만을 뜻하는 것이 아님을 알 수 있다. 흔히 경영자들은 자신과 동일한 제품을 생산하고 판매하는 기업들만 경쟁자로 인식하는 경향이 있다. 그러나 이러한 기존 경쟁자 외에 고객과 공급자, 대체품, 그 산업으로의 진출을 노리는 신규 진입자들도 모두 그 산업에서 활동하는 기업들에게는 엄연한 '경쟁자'들이다. 특히 기술이 급변하고 제품의 라이프사이클이 짧아지는 글로벌 경쟁 시대에는 자신의 사업 기반을 송두리째 무너뜨릴 수 있는 대체품의 출현이 가장 경계해야 할 대상일 것이다.

또한 다섯 가지 경쟁 요인 모두 산업의 경쟁 강도와 수익성에 영향을 미치지만 이중 가장 중요한 몇 가지 핵심 요인이 산업에 지배적인 영향을 미치기 때문에 전략을 수립할 때는 이러한 핵심 요인을 파악하는 것이 무엇보다 중요하다.

경쟁사를 어떻게 분석할 것인가

경쟁에 대한 이해를 구체화시키기 위해서는 경쟁의 직접적인 당사자인 경쟁사에 대한 분석이 필수적이다. 경쟁사 분석은 경쟁 기업이 취할 법한 전략의 특성과 성공 여부, 자사가 취할 전략적 조치에 대한 경쟁자들의 예상 대응, 그리고 앞으로 야기될지도 모를 산업의 변화나 주변 환경의 변화에 대한 경쟁자들의 예상 대처 방법 등을 파악해 경쟁우위의 원천을 찾아내는 데 그 목적이 있다.

유용한 전략을 수립하기 위해서는 경쟁자에 대한 치밀한 분석이 반드시 요구되지만 실제로는 그러한 분석이 체계적으로 이뤄지지 못하는 경우가 더 많다. 경쟁 기업에 대한 체계적인 분석이 불가능하다든지 매일같이 경쟁을 하고 있는 만큼 경쟁 기업에 대해서는 모르는 것이 없다는 식의 위험한 생각을 갖고 있는 경영자들이 의외로 많다. 경쟁자 분석이란 경쟁 기업을 분석하는 것만을 의미하는 것이 아니라 경쟁사와 자사 간의 상대적 분석을 말한다. 따라서 경쟁사 분석은 자사 분석과 별개로 진행되는 것이 아니고 동시에 이뤄지는 것으로 생각해야 한다.

경쟁자와 고객

경쟁자를 분석하는 과정에서 필요한 정보를 획득하기 위해서는 고객이라는 거울에 경쟁자를 비춰볼 필요가 있다. 고객 입장에서 경쟁자 행동변화가 바로 경쟁자의 현행전략이다. 자사를 분석하는 과정에서도 고객이라는 거울이 필요하기는 마찬가지다.

경쟁 기업을 세밀히 분석하기 위해서는 우선 어느 기업을 분석 대상으로 삼아야 하는지를 결정해야 한다. 사실 모든 기업들은 현재 무수히 많은 기업들과 경쟁을 하고 있으며 앞으로도 그럴 것이다. 따라서 수많은 경쟁 기업들을 모두 분석할 수는 없으며 실제로 분석할 수 있다 하더라도 시간과 비용이 많이 들기 때문에 효과는 그다지 크지 않다. 왜냐하면 타이밍과 경제성을 무시한 경쟁 전략이란 의미가 없기 때문이다. 사실 모든 산업에서는 경쟁 강도에 따라 경쟁자들을 분류하는 것이 가능하다. 아주 강력하고 직접적인 경쟁자가 있을 수도 있고 약하고 간접적인 경쟁자가 있을 수도 있다. 강력한 경쟁자에 대해서는 심층적인 분석을 해야겠지만 그렇지 않은 경쟁자에 대해서는 간단한 분석만으로도 충분할 것이다.

포터는 '경쟁자 분석틀'이라는 그림에서와 같이 네 가지 요인으로 구성된 경쟁자 분석틀을 제안했다. 경쟁자 분석틀은 현행전략, 강점과 약점, 미래목표, 제반 가정 등 네 가지 요인들에 대한 분석을 통해 경쟁자의 의도와 움직임을 예측한다.

물론 대부분의 기업들은 경쟁자들의 현행전략과 그들의 장단점에 대해서 최소한의 직관적인 판단을 할 수 있다. 그러나 이들은 경쟁자

경쟁자 분석틀

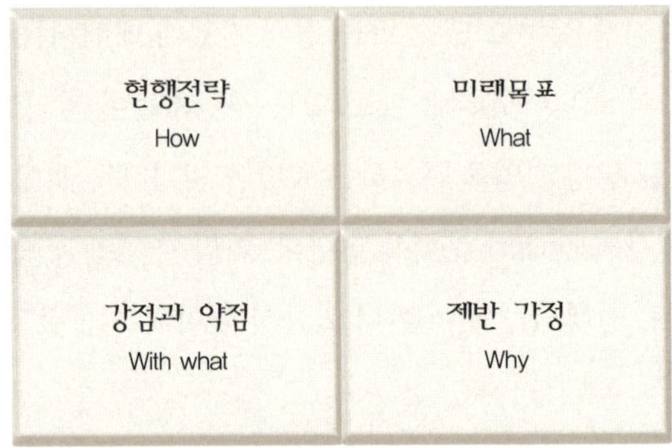

출처: Porter, M.E. (1980). Competitive Strategy: Techniques for Analyzing Industries and Competitors, Free Press, New York.

들의 미래 목표에 대해서는 관심이 적을 뿐만 아니라, 나아가 경쟁 상황, 산업의 성격 혹은 구매자 등에 대해서 경쟁자가 갖고 있는 가정적 판단에 대해서는 더욱 무관심하다. 왜냐하면 경쟁자의 미래 목표나 경쟁자 내부에서 묵시적, 암시적으로 통용되는 가정적 판단들을 파악하는 것은 매우 어려운 일이기 때문이다. 그러나 바로 이런 요소들이 경쟁자의 미래 활동을 예측할 수 있게 해주며 이에 대한 올바른 정보 수집 및 판단이 경쟁자 분석의 핵심이라 할 수 있다. 결국 경쟁자 분석은 비교적 쉽게 정보를 수집하고 관찰할 수 있는 경쟁자의 현행전략과 강점 및 약점을 분석해서 이를 바탕으로 궁극적으로는 경쟁자의 미래 목표와 제반 가정을 추론하는 과정이라고 할 수 있다.

기업이 갖고 있는 강점과 약점을 보다 상세히 파악하기 위해서는 기업활동을 기능별로 나눠 분석하는 것이 일반적이다. 그런데 기업의 경영활동을 생산, 마케팅, 재무, 인사 등 기능별로 나눠 분석하면 이들 기능 간의 연관관계를 파악하기 어렵다. 때문에 각 기능별 강점 및 약점은 파악이 되어도 이들이 일으키는 시너지 효과로 인해 발생하는 강점 및 약점은 파악할 수 없는 것이다. 가치사슬은 이와 같은 기능별 분석의 단점을 보완해주는, 보다 체계적인 진단에 적합한 분석 도구다. 사실 기업의 경쟁우위는 그 기업이 수행하는 제반활동인 제품 디자인, 생산, 마케팅, 그리고 이들 활동을 지원하는 활동들, 예컨대, 인력 확보나 교육활동, 기술개발활동, 원부자재 구매활동 등을 통해 창출할 수 있다.

이처럼 경쟁우위의 원천을 분석하기 위해서는 개별 기업이 수행하는 모든 활동을 점검해보고 이러한 제반 활동들이 어떻게 상호작용 하는지를 체계적으로 알아봐야 한다. 이때 필요한 체계적인 분석 도구가 바로 가치사슬이라는 개념이다. 가치사슬은 한 기업의 활동을 전략적으로 연관성이 있는 몇 개의 활동들로 나눠, 원가가 발생하는 원천과 자사를 경쟁사와 차별화시키는 원천을 밝혀내기 위해 도입된 개념이다.

본원적인 경쟁 전략을 추구하라

경쟁 전략의 두번째 핵심적인 문제는 산업 내에서의 기업의 상대적 지위다. 기업의 경쟁 지위는 기업의 수익성이 해당 산업의 평균적인 수익성보다 높을지 혹은 낮을지를 결정한다. 산업구조 분석이 기업의 경쟁 영역을 파악하는 기본적인 분석틀이라면 포지셔닝은 포터가 제안한 경쟁 전략의 핵심 개념이다. 포터는 경쟁 전략의 성공은 경쟁이 일어나는 기본 영역인 산업 내에서 어떻게 기업이 유리한 경쟁적 위치를 확보하느냐에 달려 있다고 주장한다. 왜냐하면 기업은 산업구조 내에서의 위치와 경쟁자와의 상대적 경쟁적 위치에 따라 무수히 많은 경쟁우위를 창출할 수 있기 때문이다.

그런데 장기적으로 평균보다 높은 성과를 얻을 수 있는가 하는 것은 경쟁우위의 지속 여부에 의해 결정된다. 기업은 경쟁자에 대해 수많은 강점과 약점을 갖지만 거기에는 두 가지 기본적인 유형의 경쟁우위가 있다. 원가우위와 차별화우위가 바로 그것인데, 기업이 가진 강점과 약점은 결국 상대적 원가 및 차별화와 밀접한 관계가 있다. 이러한 원가우위와 차별화우위는 산업구조에 기인하며, 기업이 경쟁자보다 다섯 가지 경쟁 요인에 얼마나 잘 대응하는가에 따라 우위의 여부가 결정된다. 한편 두 가지 기본적 유형의 경쟁우위는 기업이 산업 내에서 평균 이상의 성과를 얻기 위해 세 가지 본원적 전략, 즉 원가우위, 차별화, 집중화 전략을 수행하는 경쟁 영역과 관련이 있다.

원가우위 전략은 전반적인 비용상의 우위를 목표로 하는 여러 가지

본원적 전략

출처 : Michael E. Porter, Competitive Advantage : Creating and Sustaning Superior Perfomance(1985) Free Press, New York

기능적인 정책들을 통해 특정 산업에서 원가우위를 달성하는 것을 말한다. 원가상의 우위를 확보하기 위해서는 첫째, 규모의 경제성을 누릴 수 있는 설비에 적극적으로 투자해야 하고 둘째, 경험의 축적을 통해 원가 절감을 추구해야 하며 셋째, 원가와 총 경비의 철저한 통제가 필요하며, 이익을 내기 어려운 거래는 피하고 연구개발이나 서비스, 판매 요원, 광고 등의 분야에서 원가를 최소화시키는 노력이 필요하다. 이러한 목표들을 달성하기 위해서는 모든 관련자들이 원가 관리에 크게 신경쓰지 않으면 안 된다. 원가상의 우위를 확보한 기업은 산업 내 다섯 가지 경쟁 요인들이 치열한 경합을 벌인다 해도 평균 이상의 수익을 거둘 수 있다.

원가우위 기업은 원가가 낮기 때문에 경쟁자와 비슷하거나 혹은 낮은 가격으로도 높은 수익을 얻을 수 있다. 그러나 원가우위를 위해서 차별화를 완전히 무시하는 것은 바람직하지 않다. 왜냐하면 원가를 낮추는 데 너무 신경쓴 나머지 고객이 도저히 사용할 수 없는 제품을 제공하면 아무리 가격이 싸도 판매에 문제가 생길 것이기 때문이다. 구매 유도를 위해 무한정 가격을 낮출 수도 없는 일이다. 따라서 원가우위 전략을 추구하는 기업은, 원가우위를 통해 경쟁우위를 창출한다 해도 평균 이상의 성과를 얻기 위해서는 경쟁자와 품질이나 성능 등 차별화 측면에서도 일정 수준을 유지해야 한다. 만약 차별화 정도가 비슷하다면 원가우위를 갖고 있는 기업이 유리한데, 자신의 우위 요소를 통해 높은 수익을 달성할 수 있을 것이다.

두번째의 본원적 전략은 기업이 제공하는 제품이나 서비스를 차별화함으로써 경쟁자와 비교해 구매자에게 독특하다고 인식되도록 하는 그 무엇을 창조하는 차별화 전략이다. 차별화에는 고객에 대한 서비스, 디자인, 상표 이미지와 기술 등 여러 방법이 있을 수 있다. 또한

사우스웨스트의 집중화 전략

집중화 전략으로 성공한 대표적인 사례가 미국의 사우스웨스트 항공사다. 기존의 대형 항공사들이 대부분 서비스 차별화 전략만을 선호하는 가운데 사우스웨스트는 단거리 노선에 집중화하여 원가를 절감하는 방식으로 항공운송산업의 경쟁구도를 바꾸어놓았다. 원가집중화 전략으로 시작했던 사우스웨스트는 이제는 원가우위 전략 기업의 대명사가 되었다.

한 기업이 여러 가지 분야에서 차별화를 꾀할 수도 있다. 기업은 구매자가 중요하다고 여기는 속성을 선택해서 그 요구에 맞춰 스스로를 독특하게 차별화시킴으로써 높은 값을 받을 수 있는 것이다. 물론 차별화의 방법은 산업마다 다르다. 차별화 전략을 실행하는 기업은 차별화에 의해 발생하는 추가 비용보다 더 높은 가격을 받을 수 있어야만 평균 이상의 성과를 얻을 수 있다. 따라서 차별화 전략을 추구하는 기업은 항상 차별화하는 데 필요한 비용보다 더 높은 가격을 유도하는 차별화 방법을 연구해야 한다.

차별화를 추구하는 기업이라고 해서 원가를 무시해서는 안 된다. 기업이 제공하는 제품이나 서비스가 아무리 차별화되어 있다 해도, 가격이 터무니없이 높다고 인식되면 고객들은 제품 구매를 꺼릴 것이기 때문이다. 따라서 차별화를 추구하는 기업은 차별화에 영향을 주지 않는 모든 영역에서 원가를 절감시킴으로써 경쟁자와 비슷한 수준으로 원가를 유지할 필요가 있다.

기업이 전체 시장을 대상으로 경쟁을 벌이느냐 혹은 세분 시장을 대상으로 경쟁을 벌이느냐에 따라 성과가 달라지기 때문에, 실제로 전략을 수립할 때는 경쟁 영역을 선택하는 문제도 매우 중요한 전략적 의사결정 과제가 된다.

세번째 본원적 전략인 집중화 전략은 특정 시장, 즉 특정 구매자 집단이나 제품 라인의 일부분 또는 특정 지역을 집중적으로 공략하는 것이다. 원가우위 전략이나 차별화 전략이 산업의 전체 시장을 대상으로 한 전략임에 반해 집중화 전략은 특정 시장에만 전략을 집중하는 것이라 할 수 있다. 집중화 전략은 광범위하게 경쟁하는 것보다 좁은 시장을 중점적으로 공략하는 것이 보다 효율적이고 효과적이라는 것을 그 전제로 한다.

목표 세분 시장을 위해 전략을 최적화함으로써 집중화 전략을 추구하는 기업은 비록 산업 내에서 전반적인 경쟁우위를 획득하지는 못한다 할지라도 목표 세분 시장에서는 경쟁우위를 얻게 된다. 집중화 전략은 원가 집중화 전략과 차별적 집중화 전략으로 대별될 수 있다. '원가 집중화 전략'은 목표 세분 산업에서 원가우위를 추구하고 '차별적 집중화 전략'은 목표 세분 산업에서 차별화를 추구한다. 차별적 집중화 전략은 집중화하려는 기업의 목표 산업과 산업 내의 다른 세분 시장 간에 차이점이 존재하기 때문에 적용 가능한 것이다. 따라서 차별적 집중화 전략을 추구하는 기업은 자신이 목표로 하는 세분 산업에 반드시 독특한 욕구를 갖는 구매자가 있어야 한다. 또한 여타 세분 시장과 구별되는 독특한 제품이나 서비스 등을 공급할 수 있어야 한다.

현대적 시사점

포터는 기업의 경영 분야들 중에서도 특히 전략 분야에 풍부한 시사점을 제공하고 있다. 기업은 산업구조 내의 위치와 경쟁자와의 상대적 경쟁적 위치에 따라 무수히 많은 경쟁우위를 창출할 수 있다. 그러나 근본적으로는 고객에게 경쟁사보다 더 싸게 제품을 공급하든지 아니면 경쟁사와 다른 독특한 혜택을 제공함으로써 경쟁우위를 확보할 수 있다. 이와 같은 원가우위와 차별화우위는 기업이 창출할 수 있는 본원적 경쟁우위에 해당된다.

포터는 기업이 원가우위, 차별화우위, 집중화 전략 등 세 가지 본원적 전략 중 어느 하나도 선택하지 못하는 어중간한 상태에 빠져서는 안 된다고 충고한다. 어중간한 상태에 빠진 기업은 대부분 낮은 수익밖에 올리지 못하기 때문이다. 그들은 낮은 가격을 요구하는 수많은 고객을 잃거나 원가우위를 확보하고 있는 경쟁 기업에 밀려 이익을 포기하는 상황에 처하게 된다. 따라서 어중간한 상태에 처한 기업은 근본적인 의사결정을 내려야만 하는 것이다. 원가우위나 적어도 경쟁 기업과 동일한 원가 수준을 유지하기 위한 조치를 취하든지 아니면 경쟁자와 차별화되는 특성을 갖거나 특정 세분 시장이나 목표 고객에 집중해야 한다. 그리고 이러한 본원적 전략을 채택하기 힘든 경우에는 소속 산업에서 철수하는 방안까지도 고려할 수 있다.

그 예로, 자동차산업의 크라이슬러나 닛산을 들 수 있다. 그들은 경쟁자인 제너럴 모터스나 포드, 도요타 자동차보다 제품 가격이 더 싼 것도 아니고 BMW나 벤츠처럼 품질이 뛰어나지도 않은 어중간한 상태에 있다가 각각 벤츠와 르노에 인수합병되고 말았다. 할인점산업의 선도 기업이었던 K마트도 경쟁자인 월마트와의 원가 경쟁에서 뒤지고, 특정 제품을 중심으로 할인점을 운영하는 홈디포 등 집중화 전략을 구사하는 기업에게도 밀리면서 어중간한 상태에 빠져 마침내 파산하기에 이르렀다.

이처럼 일단 어중간한 상태에 빠져들게 되면 그 상황에 벗어나는 데는 많은 시간과 노력이 필요하다. 어려움에 처한 기업은 본원적 전략 사이에서 우왕좌왕하는 경향이 있고, 일관성의 결여로 말미암아 전략이 실패할 가능성이 높아진다.

우리 기업의 가장 큰 장점이었던 원가우위는 중국 제품의 등장과 함께 설 땅을 잃고 있다. 반면에 일본이나 미국 등 선진 기업들과의 경쟁에서는 브랜드 파워, 기술혁신 등의 부족으로 차별화우위를 확보하지 못하고 있다. 잘못하면 우리나라 기업들은 중국을 중심으로 한 후발 기업의 원가우위 전략과 미국, 일본 등 선진 기업들의 차별화 전략에 끼여 어중간한 상태에 빠질 수도 있다. 결국 전략에서 가장 중요한 의사결정은 방향성이다. 궁극적으로 사업의 방향을 어디로 끌고 갈 것인지가 사업을 어떻게 운영할 것인지보다 먼저 고려되어야 한다.

본원적 전략을 성공적으로 수행하기 위해서는 서로 다른 자원과 기술이 필요한데 이들 전략들은 서로 다른 조직과 통제 체계를 수반한다. 따라서 특정 기업이 성공하기 위해서는 어느 한 전략을 지속적으로 수행해야 한다. 본원적 경쟁 전략은 또한 서로 다른 리더의 유형을 요구하며 서로 다른 조직문화와 분위기, 더 나아가 서로 다른 종류의 인재를 요구한다.

예컨대, 원가우위 전략을 채택하는 기업에서는 장비를 현대화하고, 진부해진 자산을 미련 없이 폐기처분하며, 제품 라인을 확대하지 않고 그대로 유지하며, 기술상의 진보에 주의를 기울이는 등 자신의 원가 수준을 지키는 노력을 계속해야 한다. 수량이 늘어난다고 해서 자동적으로 원가가 하락하는 것은 아니다. 치밀한 계획과 함께 상당한 관심을 쏟지 않으면 규모의 경제나 원가우위를 달성할 수 없을 것이다. 반면에 차별화 전략을 채택한 기업들은 새로운 기술이나 서비스의 등장, 원가우위 전략을 채택하고 있는 경쟁 기업과의 가격 차이, 경쟁자들의 모방 등에 관심을 기울여야 한다. 언제 자신의 차별적 우위가 모방당할지, 더 우수한 제품과 서비스가 나올지 알 수 없기 때문이다.

이처럼 본원적 전략의 성공 여부는 필연적으로 기업의 능력과 관련이 있다. 각각의 본원적 전략을 성공적으로 수행하는 데는 서로 다른 자원과 능력, 조직의 관리 스타일이 적용되어야 하며, 그 세 전략에 모두 적합한 능력을 가진 기업은 극히 드물다는 점을 명심해야 한다.

그리고 무엇보다도 우리나라 경영자들이 명심해야 할 것은 자신이 선택한 전략과 적합한 리더십, 시스템, 프로세스, 기술, 기업문화를 일관성 있게 추진해야 한다는 점이다. 자신이 선택한 원가우위나 차별화 전략이 효과를 발휘하기 위해서는 우직스러울 만큼 일관성 있게 선택한 전략을 끝까지 밀고 나가는 노력이 필요하다. 어떤 경영자는 요즘처럼 급변하는 환경에서는 유연성이 더 중요하다고 반박할지 모르겠지만, 실제 특정 사업에서 전략의 효과가 나타나기 위해서는 전략 외에 리더십이나 시스템, 프로세스, 관리 스타일 등이 모두 전략에 맞게 정착되어야 한다. 그러므로 많은 노력과 시간이 필요한 것은 너무 당연한 얘기다. 적어도 그러한 부분이 정착될 때까지는 경영의 책임자가 꾸준히 일관된 관심과 노력을 기울여야 한다.

경쟁론 마이클 포터, 세종연구원, 2001

전략적 사고 Avinash Dixit, Barry Nalebuff, 다음세대, 1994

전략경영과 경쟁우위 Jay B. Barney, 시그마프레스, 2002

On Competition Michael E. Porter, Client Distribution Services, 1998

경쟁우위 마이클 포터, 조동성 역, 교보문고, 1991

글로벌 경쟁시대의 경영전략 장세진, 박영사, 1996

깨달음이 있는 경영 이동현, 바다출판사, 2003

저자 소개 및 도서 정보

마이클 포터 Michael E. Porter

《경쟁 전략 *Competitive Strategy: Techniques for Analyzing Industries and Competitors*》, Free Press, 1980.

1980년대 초 경영학 분야 중에서도 경영전략 분야를 발전시키는 데 가장 큰 기여를 한 경영학자로 하버드 경영대학원의 마이클 포터 교수를 꼽는 데는 별다른 이견이 없을 것이다. 26세의 젊은 나이에 하버드대학 강단에 선 포터의 연구 결과는 경영전략 분야에 학문적 기틀을 제공했으며, 하버드 비즈니스 스쿨을 비롯한 세계 유수 경영대학원의 필수 과목이 되었다. 그는 산업구조 분석을 통해 기존에는 없었던 분석틀을 제시한 《경쟁 전략》의 출간을 계기로 전략 분야가 과학적인 학문으로 자리잡기 시작했다는 평가를 받고 있다. 이처럼 포터의 가장 대표적인 저서인 《경쟁 전략》과 《Competitive Advantage》(1985)는 명실공히 경영전략 분야의 고전이자 바이블이라 할 수 있다. 대표 저서인 《경쟁 전략》은 1985년, 《경쟁우위》는 1991년 서울대학교 조동성 교수의 번역으로 출간되었다.

포터는 1947년 미시간 주 아나바에서 태어났다. 1969년 프린스턴대학에서 우주항공기계학을 전공한 그는 다시 하버드 비즈니스 스쿨에 진학해 1971년에는 MBA를, 이어서 1973년에는 기업경제학으로 박사학위를 취득하고 하버드대학의 경제학 교수로 임용되었다. 그후 포터는 하버드 비즈니스 스쿨의 최연소 정년 보장 교수의 기록을 세우며 1982년 35세의 나이에 정교수가 되었다. 그의 저서로는 앞서 말한 책들 외에도 《Competition in Global Industries》(1986), 《The Competitive Advantage of Nations》(1990), 《경쟁론 *On Competition*》(1998) 등 14권이 있으며, 75편이 넘는 논문을 발표하기도 했다. 그에 대한 보다 자세한 정보는 http://pine.hbs.edu/external/facNameSearchSumit.do와 www.isc.hbs.edu/index.html에서 찾아볼 수 있다.

20 무형자산을 통한 경쟁우위의 확보

Mobilizing Invisible Assets
Itami Hiroyuki

keyword
무형자산
전략적 역동성
적합성
역동적 불균형

카테고리 관련성	
경영전략, 경영혁신	★★★
생산관리	
변화관리	★
조직관리, 인사관리	★
마케팅	
리더십	★
동기부여, 인간관계	
기업성공	★

핵심 아이디어

기업 현장에서 경영전략 관련 업무를 담당하거나 전략에 대해 큰 관심을 갖고 있는 사람들은 어떤 경영전략이 성공할 것인지, 공통된 특징은 무엇인지, 공통된 특징이 왜 성공을 가져다주는지에 항상 관심을 갖고 있다. 이 책에는 성공적인 경영전략이란 어떤 것인가라는 질문에 대한 답과 그 기본 원리에 대한 체계적인 설명이 담겨 있다. 많은 사람들이 성공 전략에 공통적인 패턴이란 존재하지 않는다고 생각한다. 그러나 과거의 성공 사례를 수차례에 걸쳐 연구하고 조사함으로써 공통적인 패턴을 찾아낼 수 있고, 그 패턴이 '왜' 성공을 거뒀는지도 알 수 있다는 것이 바로 이 책의 기본적인 가정이라고 할 수 있다.

1980년대 일본 기업들의 눈부신 성장에 불안을 느낀 미국은 대규모의 조사단을 일본 현지에 파견해 일본 기업들의 성장 비결을 연구하게 했다. 연구 결과 일본 기업이 미국 기업보다 뛰어난 점은 일본 특유의 기업문화, 장기 비전의 추구 등과 같이 손에 잡히지도 않고 눈에 보이지도 않는 것에 있다는 흥미로운 사실이 밝혀졌다. 미국 경영자들의 상식으로는 이해할 수 없지만 그들은 기존의 계량 분석이나 엄격한 관리 및 통제 중심의 눈에 보이는 경영을 반성하기 시작했다. 기업의 생존이라는 명제를 놓고 볼 때 단기 업적도 중요하지만 기업의 장기적인 방향을 결정짓는 기업 전략이나 중장기 비전이 더욱 중요한 역할을 하기도 한다. 우수한 생산 설비나 풍부한 자금력도 경쟁력의 한 요소이지만 기업의 명성이나 제품 이미지, 기술, 기업문화, 축적된 소비자 정보 등의 보이지 않는 자산은 경쟁사가 모방하기 힘든 중요한 경쟁력의 원천이 된다. 경영자는 오히려 보이지 않는 것을 가시화하고 이를 적극 활용하는 데 노력을 집중시킬 필요가 있다.

전략이란 기업활동의 기본적인 틀을 결정하고 변화하는 환경에 대

역동적 전략 적합성

환경의 불확실성이 증대되면 기업은 고정된 전략만으로 대응하기 어려워진다. 따라서 불확실한 환경에 적합한 경영활동을 위해서 기업은 지속적으로 전략 변화를 추구해야 한다. 때문에 기술발전의 속도가 빨라지고 경쟁이 격화될수록 역동적 전략 적합성의 필요성은 높아질 것이다.

처하는 데 필요한 지침을 제공하는 것으로서 제품·시장, 업무 영역, 그리고 기업 자원의 세 가지 요소로 구성되어 있다. 어떤 전략의 성공 여부는 본질적으로 역동적 전략 적합성dynamic strategic fit에 달려 있는데 이는 기업의 외부 요인, 내부 요인, 그리고 전략이라는 세 가지 요소가 서로 조화를 이루는 것을 말한다. 전략을 둘러싸고 있는 요소로는 고객, 경쟁, 기술이라는 외부 환경과 기업 자원, 조직 구성원들의 집단 심리라는 내부 환경이 있다. 기업 전략은 내부 환경과 적합성을 이룸으로써 외부 환경 요소들과도 적합성을 가질 수 있게 된다.

전략 적합성은 전략을 둘러싸고 있는 요소들을 이미 주어진 것으로 인정하고 이를 충족시키고자 하는 수동적 적합성, 전략과 관련된 요인을 주도적으로 바람직한 방향으로 변화시켜나가는 적극적 적합성, 수동적 적합성이나 적극적 적합성에서는 제한된 것으로 여겨졌던 환경 특성을 이용하는 레버리지 적합성의 세 가지 레벨로 구분된다. 기업은 고객의 수요, 경쟁, 기술, 그리고 기업의 자원과 조직 구성원에 대한 철저한 인식을 통해 레버리지 적합성의 레벨에 도달하기 위해 노력해야 한다.

역동적 적합성의 논리는 무형자산의 축적과 활용에 대한 논리, 장기적인 기업의 성과를 위해 단기적인 전략적 불균형을 감수하는 역동적 불균형 성장의 논리, 기업 내부의 구성원과 고객, 경쟁업자를 다루는 데 적용되는 인간 심리의 논리라는 역동적이고 소프트하며 행동과학적인 세 가지 논리에 기초하고 있다.

이처럼 이 책은 경영에 있어서 눈에 보이지 않는 것들을 다루고 있다. 히로유키는 성공적인 전략은 기업의 무형자산을 얼마나 잘 활용하고 개발하는가에 달려 있다고 주장한다. 경쟁력 확보를 위한 기업 전략은 기업이 보유하고 있는 현재의 무형자산 수준에 의해 결정되기도 하지만 역으로 기업 전략에 의해 미래의 무형자산이 개발되기도 한다. 따라서 경영자가 장기적인 경쟁력을 확보하기 위해서는 현재의 능력으로 달성하기에는 조금 무리인 듯한 과대확장 전략을 취하는 것이 중요함을 강조하고 있다. 즉, 경영자는 조직 내에 의도적으로 불균형한 상태를 조성해 조직원들의 노력을 결집시키고 그 과정에서 미래의 기업 성장을 위한 중요한 무형자산을 축적해야 하며, 기업은 이러한 역동적 과정을 반복함에 따라 장기 성장을 이룰 수 있다는 것이다.

또한 《무형자산, 경쟁력의 새로운 원천*Mobilizing Invisible Assets*》은 성공한 기업들의 사례를 분석함으로써 성공 전략의 공통된 속성이나 논리적 흐름을 다뤘다는 점에서 환경분석이나 자사의 강점 및 약점 분석을 위한 경영 기법들을 다루는 기존의 전략서와는 차별화된다. 기존의 전략서들은 전략 분석에 있어서 경제적 논리를 강조한 데 반해, 이 책은 경제적 논리와 함께 무형자산의 논리, 인간 심리의 논리까지 중시하고

전략 적합성의 5형태

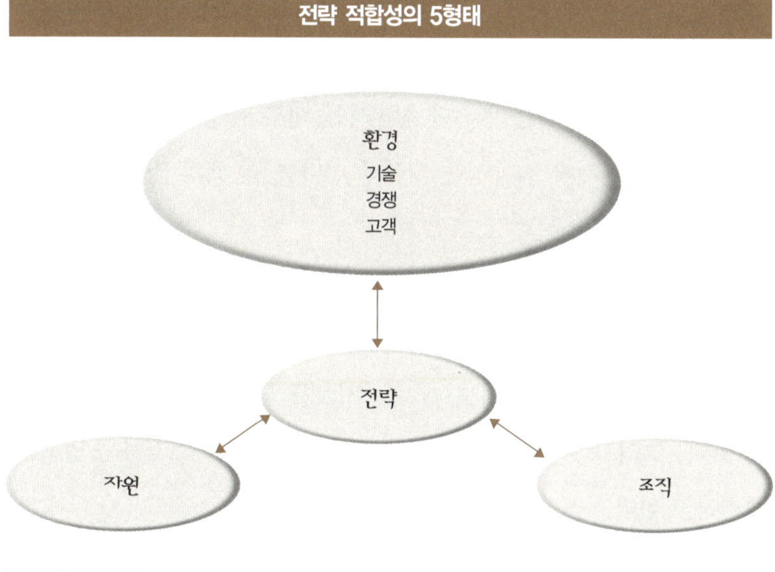

있다. 기업 경영에 있어서도 보이지 않는 것들이 중요하며, 전략이 아무리 뛰어나다 해도 그 실행은 결국 인간인 조직원들의 몫이라는 점에서 이 세 가지 논리는 분명 타당성을 갖고 있다.

시놉시스

《무형자산, 경쟁력의 새로운 원천》은 총 8개의 장으로 구성되어 있다. 이 책의 요지는, 전략은 논리를 바탕으로 해야 하며 정보에 기초를 둔 무형자산은 기업활동, 특히 전략에 있어 매우 중요한 요소라는 것이다. 여기서 논리란 경제적 논리라는 일차원적인 것이 아닌 인간적인 요소까지 포함하는 다차원적인 것으로 이 책은 전통적인 경제적 논리와 무형자산의 논리, 그리고 인간 심리의 논리까지 다루고 있다.

1장에서는 기존 전략과 관련된 실무 담당자뿐만 아니라 학생들도 이해할 수 있도록 전략의 기본적인 의미를 설명하고 있다. 그리고 전략을 둘러싸고 있는 요소에는 고객, 경쟁, 기술이라는 외부 환경과 기업 자원, 조직 구성원들의 집단 심리라는 내부 환경이 있으며 이러한 요소들이 각각 전략 적합성을 띠어야 한다는 이 책의 전체적인 틀을 개관하고 있다.

2장에서는 기본 주제인 무형자산을 다루고 있다. 우리가 이미 알고 있는 고객의 신뢰, 상표 이미지, 유통 관리, 기업문화, 관리 기술들이 무형자산이지만, 그중에서도 저자는 정보를 무형자산의 중심으로 보고 있다. 그리고 이 장의 뒷부분에서는 무형자산을 축적하는 방법도 제시하고 있다.

3장에서는 고객 적합성을 다루고 있다. 고객의 욕구를 충족시킬 수 있는 전략을 개발하기 위한 첫 단계로서 고객이나 기업의 목표 시장을 확인하고 목표 시장에서 고객들의 욕구를 파악해야 한다고 주장한다. 그리고 4장에서는 경쟁 적합성에 대해 얘기하고 있는데 기존에 경쟁 적합성을 위한 요인으로 꼽아왔던 것들 못지않게 싸움 없는 승리나 경쟁자와의 협력을 중요한 요인으로 다루고 있다.

5장에서는 기술 적합성을 살펴보고 있다. 기업은 고객의 욕구를 만족시켜 이익을 창출할 수 있는 기술 외에도 다른 여러 가지 자산을 축적하며, 기술 축적에는 일정한 수준이 있다는 것이다. 그러므로 기업은 기술 적합성, 그 자체만을 성취하려고 해서는 안 되며, 기술 적합성은 고객 적합성과 경쟁 적합성을 위한 전략이라는 맥락하에서만 의미가 있다고 전한다.

6장에서는 자원 적합성에 대해 다루고 있는데 현재의 전략은 미래의 전략이 실행되는 데 차질이 없도록 충분한 자원을 끌어낼 수 있어야 함을 강조하고 있다. 이때 미래의 전략은 축적된 자원을 효과적으로 활용할 수 있는 것이어야 한다. 이 두 가지 방법을 통해 기업은 동태적 자원 적합성의 토대가 되는 동태적 결합 이득을 획득할 수 있다는 것이다. 그리고 기업의 수명주기 중 결정적인 시기에 정태적 의미의 자원 불일치가 나타난다면 이 불균형은 오히려 기업의 성장과 전략의 토대가 될 수 있음도 설명하고 있다. 7장에서는 조직 적합성을 다루고 있다. 전략은 조직 구성원들의 일상 활동을 변화시키지만 그와 함께 그들의 가치관과 조직의 새로운 사업에도 부합시켜 기업문화 자체까지도 변화시킬 수 있어야 함을 말한다.

마지막 8장에서는 과대확장과 무형자산의 관계를 살펴보고 있다. 전략이란 장기간에 걸쳐 효력을 갖는 것으로 특히 조직 내 자원에 초점을 맞춰야 한다고 설명한다. 또한 그러한 관점에서 볼 때 기업이 환경 변화에 대응하면서 계속적인 성장을 추구하려면 장기 전략은 반드시 지그재그 경로를 밟아야 하는데 그것이 바로 역동적 불균형의 요체라는 것이다. 저자는 과대확장은 논리적인 전략의 본질적인 요소이며, 이러한 접근방법은 역동적 불균형이 가능하게 해줌을 제시하고 있다.

리뷰 경쟁우위를 차지할 수 있는 원천인 무형자산의 본질을 규명한다

전략적 역동성의 개념

성공적인 전략의 본질은 역동적 전략 적합성이라고 할 수 있다. 역동적 전략 적합성이란 기업의 외부 요인(예컨대, 고객의 선호도), 내부 요인(예컨대, 좋은 서비스에 대한 기업의 명성), 그리고 전략이라는 세 가지 요소가 장기적으로 서로 조화를 이루는 것을 말한다. 기업은 기술적인 노하우나 고객 충성도와 같은 무형자산을 효과적으로 활용하고 능률적으로 축적함으로써 전략 적합성을 달성할 수 있다. 경쟁 전략의 성공 여부는 기업의 무형자산에 달려 있지만 무형자산의 역동성(시간의 경과에 따른 무형자산의 축적과 감소)은 대부분 전략의 내용에 의해 결정된다.

전략은 그것이 기업의 활동에 미치는 영향을 토대로 근원적인 것과 실행적인 것이라는 두 가지 범주로 구분된다. 새로운 생산 라인을 만드는 결정은 근원적인 전략이라 할 수 있고, 그러한 결정을 실시하기 위한 계획은 실행적인 전략이라 할 수 있는데 이 책은 주로 근원적인 전략을 다루고 있다.

전략의 구성 요소에는 제품·시장 포트폴리오, 업무 영역, 자원 포트폴리오가 있다. 제품·시장 포트폴리오는 제품 및 시장, 그리고 그에 따른 부문 전략을 포함한다. 다각화 결정은 제품·시장 포트폴리오 전략 결정의 한 예다. 기업의 업무 영역은 기업이 전체 업무 흐름 중에서 내부적으로 무슨 활동을 할 것인지를 선택하는 것을 말한다. 또 전략의 세번째 요소인 자원 포트폴리오는 기업이 어떤 자원을 가져야 하며, 그 자원을 어떻게 확보해야 하는가에 대한 결정을 의미한다. 때문에 자원 결정은 그 기업이 그러한 활동을 수행하는 데 필요한 능력이 무엇인지를 규명하는 것이다.

전략과 관련이 있는 요소들 중에서 가장 우선적으로 고려해야 할 요소는 바로 외부 환경이다. 전략은 고객, 경쟁, 기술이라는 외부 환경의 세 가지 요소와 적합성을 이뤄야 한다. 왜냐하면 고객의 수요와 경쟁업자의 행동은 제품 시장의 기본적 특성을 규정하고, 기술적 환경의 추세와 특성은 제조 과정뿐 아니라 제품에 대한 기업의 선택을 좌우하기 때문이다.

한편 기업의 내부 환경은 기업 자원과 조직 구성원들의 집단 심리로 구성되어 있다. 이러한 내부적 여건들을 효과적으로 이용함으로써 기업은 전략을 실행에 옮길 수 있고 외부 환경상의 세 가지 적합성기술 적합성, 경쟁 적합성, 고객 적합성도 적절히 달성할 수 있다. 기업의 전략이 기존 자원의 활용과 향후의 자원 축적 문제를 효과적으로 해결할 수 있어야 자원 적합성이 달성되는 것이다. 전략은 조직 구성원의 심리적인 에너지를 활성화시켜야만 조직상의 적합성을 달성할 수 있다. 이처럼 효과적인 전략이란 조직원들을 공통된 방향으로 움직이게 만들 수 있는 것을 말한다.

전략적 적합성은 수동성, 적극성, 그리고 레버리지의 세 가지 차원에서 고찰할 수 있다. 가장 보편적인 수동적 적합성은 전략을 둘러싸고 있는 요소들을 이미 주어진 것으로 받아들이고 이를 충족시키기 위해 반응하는 것을 말한다. 또한 전략 책임자가 전략과 관련된 요인을 조정해 바람직한 방향으로 이끄는 것을 적극적 적합성이라고 한다. 세 번째 차원인 레버리지 적합성은 기업이 미래 환경의 변화를 예측하고 이에 반응하는 것 이상을 의미한다. 기업은 환경적 특성을 효과적으로 활용함으로써 이를 지렛대로 삼아 보다 높은 수준의 적합성을 달성할 수 있게 된다.

무형자산

무형자산은 고객의 신뢰, 상표 이미지, 유통관리, 기업문화, 관리 기술 등 눈으로 볼 수 없는 자산을 말한다. 무형자산은 경쟁력의 진정한 원천이며, 기업의 적응력을 제고시키는 핵심 요소로서 이를 축적하는 데는 장기간에 걸친 지속적이고 의식적인 노력이 요구된다. 이와 동시에 무형자산은 다용도로 사용될 수 있으며, 기업활동의 투입물인 동시에 산출물이 된다는 특징을 갖고 있다.

정보는 무형자산의 중심이라 할 수 있으며, 정보의 양뿐만 아니라 정보를 수집하고 전달하는 정보 채널도 기업의 중요한 무형자산이 된다. 기업문화는 조직이 일반적으로 공유하고 있는 태도, 사고 과정의 형태, 기업이 가치를 두는 사람의 유형 등을 나타낸다. 이를 정보 흐름의 시각에서 보면 기업문화란 기업에 속한 각 개인에게 정보를 전달하고 처리하는 공통되고 독특한 방법을 제공하는 것이라고 할 수 있다. 이러한 기업문화는 기업의 무형자산인 동시에 다른 무형자산의 축적을 촉진시키는 역할도 한다.

무형자산을 축적하기 위해서는 직접적 수단과 운영 수단을 사용할 수 있다. 직접적 수단은 상표 이미지 창조를 위한 광고처럼 목표달성을 위해 사용되는 명시적이고 직접적인 방법을 말한다. 그리고 운영 수단은 일상적인 기업 운영의 부산물로 무형자산을 축적하는 것을 말한다. 운영 수단에 의해 무형자산을 축적하는 데는 직접적 수단에 의해 축적하는 것보다 더 많은 시간이 필요할지도 모르지만, 더 믿을 만하고 안정적이라는 장점이 있다. 기업은 이 두 가지 수단을 적절하게 섞어서 활용하기 위해 노력해야 한다.

무형자산을 성공적으로 축적하기 위해서는 정보의 흐름을 잘 통제해야 한다. 먼저 기업에 가장 중요한 정보를 제공해줄 수 있는 핵심활동을 확인해야 하고, 그 다음엔 이러한 핵심활동과 정보 흐름을 통제하기 위한 방법을 강구해야 한다.

고객 적합성

고객의 욕구를 충족시킬 수 있는 전략을 개발하기 위해서는 먼저 고객이 누구인지를 알아야 한다. 나아가서 기업의 목표 시장을 확인하고 이 목표 시장의 고객들이 원하는 것이 무엇인지를 결정해야 한다. 우선 소비자 욕구는 세 가지 특성을 갖고 있다. 첫째, 총체적 욕구는 고객마다 다르며 둘째, 총체적 욕구는 시간에 따라 변하며 셋째, 총체적 욕구 내의 각 요소들끼리는 상호작용을 한다. 이러한 소비자 욕구의 특성에 따라 고객 적합성을 위한 전략도 세 가지로 구분된다.

첫째, 고객의 총체적 욕구에 부합해야 한다. 이를 위해서는 총체적 욕구 내의 어떤 요소에 중점을 둘 것인가를 결정해 그 분야에서 경쟁우위를 창출할 수 있는 핵심 요소를 기업 내에 자체적으로 보유해야 한다. 그리고 한 가지 요소만을 지나치게 강조하기보다는 총체적인 욕구 전체에 관심을 둬야 하고, 고객의 욕구 표출을 제한하는 장애 요인을 제거해야 한다.

둘째, 고객의 욕구 변화에 적응해야 한다. 이를 위해서는 고객의 총체적 욕구 변화를 예측하고 이를 만족시키기 위한 계획을 마련해야 하며, 변화에 신속히 대처할 수 있는 변화 감지 시스템과 정보 전달 시스템을 구축해야 한다. 또한 예측할 수 없는 변화에 대응하기 위한 핵심 무형자산을 축적해야 한다.

셋째, 고객 상호작용을 이용해야 한다. 여기에는 전시 효과를 통한 고객들 사이의 상호작용을 이용하는 방법과 한 고객의 서로 다른 총체적 욕구들 간의 상호작용을 이용하는 방법이 있다. 탄탄한 고객관계는 기업에 현재의 판매 및 이익에 대한 공헌, 판매 및 이익의 성장에 대한 공헌, 무형자산의 축적에 대한 공헌 등과 같은 세 가지 공헌을 한다. 그러므로 기업은 이러한 서로 다른 공헌을 하는 고객을 잘 조화시켜 기업 성과를 전체적으로 극대화시켜야 한다.

경쟁 적합성

경쟁은 기업의 중요한 외적 환경이다. 기업이 경쟁 적합성을 갖는다는 것은 스스로의 경쟁우위를 창조하고 그것을 발휘하는 것을 의미한다. 경쟁 적합성은 경쟁자를 능가하는 경쟁우위 구축, 예상되는 경쟁자의 반격 분쇄, 경쟁자의 철수 유도라는 세 단계 과정으로 이뤄진다. 그러나 이러한 각 단계의 실행에 들어가기 전에 선행되어야 할 일은 경쟁자를 확인하는 일이다. 시장 환경과 경쟁자는 매우 역동적으로 변화를 거듭하는데 이를 소홀히 여기는 기업은 위험에 처하게 된다. 그러므로 기업은 현재의 경쟁자는 물론이고 미래에 출현이 예상되는 잠재적인 경쟁자도 광범위하게 파악하고 있어야 한다. 경쟁자를 확인하는 과정에서 기업은 다양한 세분 시장을 발견할 수 있으며, 또한 그중에서 자신에게 유리한 시장을 선택할 수도 있다.

경쟁 적합성의 1단계인 경쟁우위의 구축에서 가장 중요시되는 것은 경쟁자와의 차별성 부각이다. 기업이 경쟁의 수단으로 삼는 세 가지 주요 전략 무기로는 제품 차별화, 서비스 차별화, 가격 차별화를 꼽을 수 있는데 기업은 이중 어떤 것을 주무기로 삼을 것인지 결정해야 한다. 일반적으로 제품 주기의 진행에 따라 처음에는 제품 차별화가 중시되었다가 다음에는 서비스 차별화, 그리고 마지막으로는 가격 차별화가 중시된다. 그러나 신규 진입자의 경우에는 가격 차별화, 제품 차별화, 서비스 차별화의 순서로 경쟁우위를 구축하는 경우도 적지 않다.

경쟁 적합성의 2단계인 경쟁자의 반격 분쇄에는 두 가지 방법이 있는데, 반격의 유인을 제거하거나 반격에 장애가 되는 장벽을 구축하는 것이 그것이다. 기업은 경쟁자에게 반격을 해봤자 쌍방이 피해를 볼 뿐이라는 인식을 심어주거나 경쟁자보다 먼저 설비 투자 등의 행동을 취함으로써 경쟁자의 반격 의욕을 감퇴시킬 수 있다. 또한 기업은 경쟁자가 반격을 위해 필요로 하는 자원을 사전에 스스로 장악함으로써 장벽을 구축할 수도 있다.

경쟁 적합성의 3단계는 싸움 없는 승리를 그 목표로 한다. 기업들은 시장 세분 활동을 통해 상호 경쟁을 피하는 방향으로 자신의 시장을 선택할 수 있고, 신규 경쟁자의 시장 진입을 어렵게 만들 수도 있다. 또한 동일 시장에서는 서로 협조할 수 있는 방안을 마련해 경쟁을 피할 수도 있다.

기술 적합성

자연에 있는 미개발 자원의 잠재력을 발견해 그것을 기술로 전환하고, 신제품이나 새로운 제조 절차를 통해 그 기술을 응용할 때 기업은 기술 적합성을 달성할 수 있다. 이러한 기술 적합성은 자연 속에 숨겨진 잠재력을 발견하는 기술적 발전단계와 새로운 기술을 신제품에 통합시키고 그것을 시장에서 거래하는 상업화의 단계로 구성되어 있다.

기술은 불확실하면서도 논리적이라는 본질적인 특성을 갖고 있다. 미래의 기술은 항상 불확실하지만, 일단 그것이 밝혀진 후에는 아주 명확한 논리로 정립된다. 기술에 존재하는 세 가지 형태의 불확실성으로는 발견이 항상 기술 개발 노력에 의해서 이뤄지는 것은 아니며, 신기술로 만들었다고 해서 항상 시장이 제품을 수용하는 것도 아니고, 새롭게 개발된 기술도 진부화될 수 있다는 것을 꼽을 수 있다.

기술의 또 하나의 특성은 내부 상호 의존성이다. 기술의 상호 의존성은 기술의 구성 요소들 간의 관계, 기술을 다루는 개인들 간의 관계, 기술과 사회의 관계라는 세 가지 형태로 구분될 수 있다. 기업은 이러한 기술의 특성을 충분히 이해하고 잘 활용해 기술적 적합성을 달성해야 한다.

기술의 불확실성에 대처하는 방법으로는 다음의 방법들이 있다. 첫째, 기업이 모든 힘을 기울일 수 있는 핵심적인 기술을 정해 이에 집중한다. 둘째, 지원적 기술과 파괴적 기술처럼 서로 다른 성질을 가진 기술을 결합시킨다. 셋째, 기술 향상을 촉진시키고 시장의 반응을 사전에 감지하기 위해 '조기에' '많은' 실험을 수행한다. 넷째, 아무리 불확실한 기술이라도 일반적인 추세는 존재하므로 이러한 추세를 정확히 알고 그 정보에 신속히 반응한다. 기술의 상호 의존성을 이용해 기술 적합성을 달성하기 위해서는 우선 경영자가 경영의 전 분야제품 개발,

생산, 유통 등에서의 기술을 일정 수준 이상 향상시키는 기술 균등화를 위해 노력해야 한다. 더 나아가서는 부품 공급자의 기술을 향상시켜줄 필요도 있다. 왜냐하면 기술의 상호 의존성, 가장 낮은 수준의 기술에 의해 전체적 성과가 결정되기 때문이다. 이때 경영자는 뛰어난 기술을 충분히 활용, 이를 다른 기술의 수준을 향상시키는 지렛대로 사용할 수 있어야 한다.

자원 적합성

자원 적합성이란 자원을 효과적으로 사용하고 효율적으로 축적하는 것을 의미한다. 자원 적합성을 실현하기 위한 방법에는 두 가지가 있는데 그것은 자원과 전략 간의 바람직한 관계를 구축하고, 자원을 효과적으로 사용해 효율적으로 축적할 수 있는 전략 요소들 간의 접점을 찾아내는 것이다. 자원과 전략 간의 바람직한 관계를 구축하기 위해 경영자는 전략 수행에 사용할 자원이 충분한지, 전략은 자원을 효과적으로 활용하고 있는지, 자원의 축적이 효율적으로 이뤄지고 있는지 등을 검토해봐야 한다.

우선 기업은 자신의 자원을 기술적으로 가능한 한도까지, 그리고 각 자원의 잠재적인 부분까지 최대한 사용해야 한다. 그러나 이보다 더욱 중요한 것은 자원을 효과적으로 사용하는 일이다. 가장 중요한 자원인 무형자산의 가치를 파악하고 이를 이용할 수 있는 적절한 전략을 선택하는 것은 생각처럼 쉽지 않다. 기존의 자원을 효과적으로 이용하는 것 못지않게 중요한 일은 새로운 자원을 효율적으로 축적하는 일이다.

자원을 축적하는 방법에는 두 가지가 있을 수 있는데, 특정 전략의 부산물로서 부지불식간에 자원이 생겨나는 경우와 한 가지 전략 요소에서 얻어진 자원이 의도적으로 다른 관련 요소에 활용되는 경우가 그것이다. 한편 자원과 전략의 적합성이 성공적으로 달성될 경우에는 자원의 활용과 축적에서 결합 이득이 생겨나는데 이것은 일종의 포트폴리오 효과라고 할 수 있다. 보완 효과와 시너지 효과는 가장 대표적인 포트폴리오 효과로서 보완 효과는 물리적인 유형자산의 활용에서 얻어지며 시너지 효과는 정보를 본질로 하는 무형자산의 활용에서 생겨난다. 그런데 이러한 보완 효과와 시너지 효과는 대개 밀접하게 관련되어 있어서 동시에 추구하는 것이 가능하다.

자원 적합성에서 주목해야 할 것은, 특정 기간에 한정된 정태적 적합성이 아니라 시간의 흐름을 고려한 동태적 적합성이다. 현재의 전략은 자원을 축적하게 되고 축적된 자원은 미래 전략의 토대가 되므로 현재와 미래의 전략은 서로 연결되어 있다고 할 수 있다. 기업은 의식적으로 정태적 자원 적합성을 위반해 기존의 무형자산 수준을 초과하는 이른바 과대확장 전략을 추진할 수도 있는데, 이 과정에서 기업은 보다 높은 곳으로 비약하게 된다. 이렇게 단기적 불균형과 장기적 균형이 반복되는 상황을 역동적 불균형이라 한다.

조직 적합성

전략을 실행하기 위해서는 모든 조직 구성원들의 협조가 필요하다. 따라서 기업 전략의 입안자는 전략 실행을 담당하는 조직원들의 강점 및 약점을 분석해야 하며 조직 내 집단의 역동성을 이해하고 있어야 한다. 조직 적합성을 달성하기 위해서는 전략이 기업문화와 일치해야 하며, 조직 전체에 효과적으로 전달되고 홍보되어야 한다. 또한 전략은 조직 구성원의 심리적 특성에 적합하고 그들의 참여를 불러일으킬 수 있어야 한다는 두 가지 조건에 부합해야 한다.

우선 전략이 조직 내에서 효과적으로 의사소통되기 위해서는 무엇보다 전략 목표나 전략의 내용이 명확해야 한다. 명확한 전략은 조직원들의 노력을 집중시킬 수 있으며, 장기적인 방향성을 유지할 수 있게 해준다. 그리고 조직 구성원들에게 꿈과 비전을 제시함으로써 사기를 높이고 조직 내 결속력을 강화시켜주며, 변화 과정에서 발생할 수 있는 정신적 두려움을 없애주는 역할을 한다.

불균형의 필요성

현재의 사업을 그대로 영위하면 조직은 점차 관료화된다. 따라서 현재의 균형상태를 의도적으로 무너뜨려 조직에 긴장감을 조성할 필요가 있다. 신규사업으로의 진출이나 조직구조의 급격한 변동으로 인해 불균형이 나타나는데 이는 나태해지기 쉬운 조직 분위기를 일신하는 효과가 있다.

명확한 전략 못지않게 중요한 것은 전략을 조직의 모든 부분에 침투시키는 일이다. 경영자는 전략을 조직 내에 침투시키고 그것을 모든 사람이 이해하도록 만들 책임이 있다. 전략의 전파를 관리하는 방법으로는 반복적인 말로 조직원들을 설득하거나 경영자가 카리스마나 상징적 행동을 보여줌으로써 조직원의 주의를 환기시키는 것 등이 있다. 그리고 평가 시스템을 바꾼다든지 전략 목표를 제시하는 슬로건을 이용하는 방법 등이 있다. 한편 조직원의 참여를 유도하기 위해서는 조직을 하나로 통합시킬 수 있는 초점을 정하고, 기동력을 창출해야 하며, 이를 계속 유지시켜줄 수 있는 자극으로서의 창조적 긴장을 적절히 이용할 수 있어야 한다.

과대확장과 무형자산

과대확장 전략이란 기업이 현재의 능력 범위를 벗어나는 활동을 추진하는 것을 말한다. 많은 성공 기업들이 성장 과정의 중요한 시기에 과대확장 전략을 취한 바 있다. 물론 과대확장 전략이 항상 성공을 보장해주는 것은 아니다. 하지만 중요한 것은 그러한 전략을 취하지 않고

과대확장 사례
삼성전자의 반도체 산업 진출은 전형적인 과대확장 전략이다. 기존의 역량으로 달성하기 어려운 분야에 과감히 진입하여 빠른 확장전략을 추구하였다.그래서 점진적으로 진행된다면 오랜 기간이 소요될 분야에서 단기간에 큰 성공을 이룰 수 있었다. 그러나 과대확장 전략의 무리한 선택은 기업을 심각한 위험에 빠뜨릴 우려도 있으니 유의해야 한다.

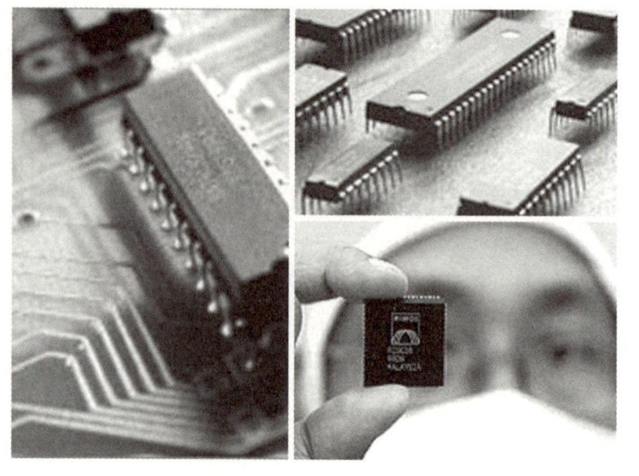

서는 비약적 성장을 기대할 수 없다는 점이다.

과대확장 전략은 조직 내에 창조적 긴장을 형성하고, 일상 업무에서의 학습 효과를 통해 기업이 성장하는 데 필요한 무형자산을 축적하는 것을 근본 목적으로 한다. 과대확장 전략은 신속한 시장 진입을 가능하게 만들기 때문에 기업을 성장시키는 데 있어 아주 효과적이다. 수많은 위험 때문에 팽팽한 긴장감을 느끼게 되는 진입 초기에 형성되는 무형자산이야말로 기업이 그 분야에서 경쟁력을 확보할 수 있는 강한 원동력이 된다. 왜냐하면 진입 초기에 형성되는 긴장이 전체 조직에 활력을 불어넣어 다른 분야의 성장을 가능하게 하는 파급 효과를 가져오기 때문이다.

과대확장 전략이 성공을 거두기 위해서는 무형자산의 축적 상황에 대한 매일 매일의 점검 및 측정, 추진 초기의 동요를 방지할 수 있는 보호 장치, 끝까지 추진하고자 하는 결단력, 적절한 재정적 지원, 강력한 리더십 등의 조건이 필요하다. 장기적 성장을 달성하기 위해 기업은 주기적으로 새로운 과대확장 전략을 도입해야 한다. 경영자는 과대확장이라는 충격 요법을 도입한 후 균형을 회복하는 시점에 다시 새로운 확장 전략을 도입하는 이른바 역동적 불균형을 적극적으로 활용할 수 있어야 한다.

현대적 시사점

미래의 기업 경쟁력의 원천은 무엇일까? 신기술과 이로 인한 산업의 진화는 기업에게 끊임없이 위기와 기회를 제공하고 있다. 미래를 위한 경쟁력을 갖추기 위해서는 외부의 환경 변화에 능동적으로 대처할 수 있는 지속적인 경쟁우위의 기반을 구축해야 한다. 무형자산이 경영자에게 주는 교훈은 분명하다. 무형자산이야말로 미래 경쟁력의 원천이라는 것이다. 이러한 무형자산은 단기간에 축적되는 것이 아니며, 불확실한 시대를 대비하는 과정에서 생겨나는 결과물이라 할 수 있다.

최근 한국 기업들은 대내외적으로 위기에 직면해 있다. 점점 강도가 높아지는 선진국들의 시장 개방 압력과 자국 내 시장 보호를 위한 각종 제도, 블록화를 통한 보호주의의 확산, 개도국들의 저렴한 인건비를 바탕으로 한 공세 속에서 한국 기업들은 선택의 기로에 서 있다. 이러한 때 단기 업적주의에 빠져 당장 눈앞에 보이는 이익을 위해 장기적인 시장 지위 강화를 위한 노력을 소홀히 하는 기업들은 미래에 경쟁력을 갖추기 어려울 것이다. 아울러 대량 생산에 의한 원가우위에만 매달리고 있는 기업도 경쟁우위를 상실하게 될 것이다. 경쟁이 치열해질수록 한국 기업은 경쟁자들이 쉽게 획득할 수 있는 유형자산보다는 경쟁자가 흉내낼 수 없는 보이지 않는 독특한 그 무엇을 기업 내에 축적함으로써 경쟁적 지위를 확보해야 한다.

저자가 반복적으로 강조하는 적합성이라는 차원에서 볼 때, 과거 한국 기업들의 전략은 기술이나 고객, 경쟁보다는 정부나 내부 조직에 더 치중하는 경향이 있었다. 정부 정책에 적절히 맞춰나가는 적합성만으로도 1980년대까지는 성공을 보장받을 수 있었으며, 조직 내부의 적합성을 잘 유지하면 큰 무리 없이 생존할 수 있었다.

그러나 기술 발전의 속도가 빨라지고 고객의 욕구가 다원화될수록 기술 적합성과 고객 적합성은 더욱 중요해지고 있다. 또한 경쟁의 장이 국내 시장에서 글로벌 시장으로 확대될수록 경쟁과 협력을 적절히 조화시키는 경쟁 적합성은 더욱 큰 의미를 갖게 된다. 나아가 내부 자원도 역동적인 차원에서 무형자산이 확대 재생산될 수 있도록 재정비되어야 할 것이다.

이러한 차원에서 최근 국내 기업들도 고객 만족이나 품질 중시 경영 등과 같은 혁신을 강조하고 있다. 선진 기업에 비해 다소 늦은 감이 있긴 하지만, 이는 기업의 성장 과정에서 나타나는 바람직한 현상이라 할 수 있다. 그러나 중요한 것은 이러한 혁신적 사고도 기업의 기본적인 전략과의 적합성이 결여되면 사상누각이 될 수 있다는 점이다. 고객 만족이나 품질 중시 경영도 기업의 명성이나 제품 이미지, 기술력 등의 무형자산을 축적하기 위한 장기 전략과 역동적으로 연결되어야 한다.

기업이 제공하는 제품이나 서비스는 고객의 욕구에 맞게 적절히 유행을 타야 하지만 경영 자체는 유행을 좇아서는 안 된다. 지나치게 유행만을 추구하는 기업은 유행이 지나가면 도태되고 만다. 그러므로 당장 눈에 보이는 것보다 눈에 보이지 않는 그 무엇에 충실할 때 기업은 본원적인 경쟁력의 원천인 무형자산을 축적할 수 있다. 《무형자산, 경쟁력의 새로운 원천》은 바로 이러한 보이지 않는 그 무엇을 기업 내에서 어떻게 축적할 것인가에 대해 논하고 있다.

저자인 이타미 교수는 전략의 성공 여부는 기업이 무형자산을 얼마나 잘 활용하고 개발하는가에 달려 있으며, 이것이 일본 기업 경쟁력의 가장 중요한 원천이라고 강조하고 있다. 아마도 한국 기업들도 성공한 일본 기업이 축적한 무형자산에서 배울 점이 많을 것이다. 이런 차원에서 이 책은 일본과 비슷한 토양에서 성장한 한국 기업의 경영자들이 미래를 대비하기 위해, 조직 내부에 어떤 무형자산을 어떻게 축적할지에 대한 의미 있는 화두를 제시하고 있다고 할 수 있다.

핵심역량 핵심인재 이홍민, 한국능률협회, 2003

맥킨지식 사고와 기술 사이토 요시노리, 서한섭 외 역, 거름, 2003

인재경영 히구치 히로타로 지음, 김성수 역, 경영자료사, 2000

인재 경영의 핵심 전략 하버드 경영대학원, 현대경제연구원 역, 청림출판, 2004

무형자산 경쟁력의 새로운 원천 이타미 히로유끼, 삼성경제연구소, 1993

저자 소개 및 도서 정보

이타미 히로유키 Itami Hiroyuki

《무형자산, 경쟁력의 새로운 원천 *Mobilizing Invisible Assets*》, Harvard University Press, 1987.

이타미 히로유키는 1969년 일본 히토츠바시대학에서 석사 과정을 마치고, 1972년 미국 카네기멜론대학에서 경영학 박사학위를 취득했다. 후에 스탠퍼드대학에서 객원교수로 활동하다가 1985년부터 지금까지 모교인 히토츠바시대학의 교수로 재직하고 있다. 또한 그는 일본 통산성 산업 심의임시위원, 중소기업정책 심의위원 등으로도 활동하고 있다.

이타미는 일본의 기업 및 산업 분석에 큰 관심을 갖고 있으며, 일본의 산업 부문별 발전 과정과 요인에 대한 실증 분석을 통해, 일본 기업의 경영 자원의 근간이 되는 것들 중에 핵심역량이 될 수 있는 요소들을 연구했다. 이러한 다양한 일본 기업과 산업의 사례를 분석함으로써 성공적인 기업의 전략이 무형자산의 활용과 개발에 있음을 밝혀냈으며, 이것이 무형자산이론의 기초가 되었다.

이타미의 대표 저서인 이 책 《무형자산, 경쟁력의 새로운 원천》은 일본 기업의 경영 특성을 이해하는 필독서가 되었고, 국내에서는 1993년 삼성경제연구소에서 번역본을 출간했다.

주요 저서로는 《신경영전략 이론》, 1987년에 출간된 《인본주의 기업》(1984), 등이 있으며, 1994년에는 〈Dynamic Interaction between Strategy & Technology〉이라는 제목의 논문을 〈전략적 경영 저널 *Strategic Management Journal*〉에 게재하기도 했다.

21 초국적 기업의 국경 없는 경영

Managing Across Borders : The Transnational Solution
Christopher A. Bartlett, Sumantra Ghoshal

keyword
초국적 기업
네트워크
글로벌 경쟁
지속적 경쟁우위

카테고리 관련성	
경영전략, 경영혁신	★★★
생산관리	
변화관리	★
조직관리, 인사관리	★★
마케팅	★
리더십	★
동기부여, 인간관계	
기업성공	★★

핵심 아이디어 한 국가 내에서 경쟁하는 기업과 여러 국가에 걸쳐 경영을 영위하는 기업은 본질적으로 어떤 차이가 있는가? 여러 국가에 걸쳐서 경쟁하는 기업이 지속적인 경영우위를 확보하려면 추가로 어떠한 노력이 필요한가?

이전에는 각국의 상이한 고객 욕구로 분리되었던 시장들이, 정보통신 기술과 미디어 기술의 발달로 연결되면서 하나의 거대한 글로벌 시장으로 뭉쳐지고 있다. 또한 WTO 체제의 출범과 지속적인 다자간 협상으로 각국의 무역장벽이 급격히 낮아지고 있다. 첨단기술의 발전으로 R&D 비용이 기하급수적으로 늘어나면서 이에 대응한 기업의 경쟁 영역도 점차 글로벌화되어가고 있다. 이처럼 광범위한 영역에서 국내지향적인 경영에서 글로벌 경영으로의 전환이 이루어지고 있는 것이다.

바틀릿과 고샬은 이 책을 통해 국경이 없어지는 글로벌 시장에서 경영에 대한 통찰력을 제공하고 있다. 다양한 국가에서 경영활동을 영위하는 기업들은 지속적인 경쟁우위를 지니기 위해서 어떤 조직적 특성을 지녀야 할 것인가? 예컨대, 다국적으로 흩어진 자회사들은 진출국의 상황에 맞추어 조직을 형성하고 본사의 역할을 최소화하는 것이 바람직한가? 아니면 본사가 집중적인 통제와 관리를 하여 글로벌 시장의 통일성을 유지하는 것이 더 효율적인가? 바틀릿과 고샬은 초국적 기업이라는 개념으로 이에 대한 해답을 제시하고 있다.

전통적으로 해외 시장으로 확장하는 기업이 선택할 수 있는 접근방식은 세 가지로 구분된다. 첫번째 형태는 기업을 다국적 관점에서 접근하는 것이다. 이는 분권화된 연합체와 같은 형태로, 다국적 기업은 현지 법인체들이 독자적으로 운영할 수 있도록 보장한다. 다국적 기업의 강점은 진출 대상 지역의 상황 변화에 곧바로 대응하는 적응력이 뛰어나다는 것이다. 두번째 형태는 기업을 글로벌 관점에서 접근하는 것이다. 이는 집중화된 본사를 중심으로 하는 조직 형태로, 이러한 기업에서는 각 지역에 흩어진 네트워크의 독립성이 제한되고 본사가 중개자 역할을 수행한다. 이때 본사는 비즈니스와 제품의 흐름을 보다 원활하게 하기 위해 조정, 통제하는 중추적인 역할을 담당한다. 글로벌 기업은 규모의 효율성과 비용을 점감할 수 있다는 장점을 갖고 있다. 예를 들어, 본사의 중앙집권적 통제를 받는 세계적 규모의 생산 시설은 표준화된 제품을 만들어낸다. 반면 자원 및 정보를 독점하는 본사는 전략적 의사결정을 주도한다. 세번째 형태는 기업을 국제적 관점에서 접근하는 것이다. 국제적 기업은 모회사와 자회사 간의 기능적 경영관계를 토대로 구축된다. 국제화 기업은 모회사의 노하우를 각국의 자회사에 전파하고, 자회사들은 지역 환경의 특수성을 고려하여 모회사가 제공하는 다양한 경영 노하우를 선별적으로 수용한다. 국제화 기업의 강점은 개발 수준이 낮은 현지국에 모회사의 지식과 전문적 기술을 쉽게 이전할 수 있다는 것이다. 이 형태는 여러 지역에 흩어져 있는 기업들이 균형과 조화를 이루면서 연합하는 방식으로, 본사의 정교한 경영관리 시스템에 의해 통제받는다. 그러나 중심에 위치한 본사는 상대적으로 우월한 노하우를 지니고 있어 자칫 현지의 사정을 무시한 편협한 결정을 할 우려가 있다.

Second Edition Updates the Breakthrough Concepts, and Translates the Ideas into Action
MANAGING ACROSS BORDERS
THE TRANSNATIONAL SOLUTION
Christopher A. Bartlett
Sumantra Ghoshal
HARVARD BUSINESS SCHOOL PRESS

《국경 없는 경영》의 원서 표지. 2002년판

바틀릿과 고샬은 범세계적인 경쟁이 일반화됨에 따라 여러 국가에 걸쳐 경영을 영위하는 기업들이 기존 세 가지 형태의 국제화 범주를 넘어서서 제4의 모델인 초국적 기업으로 전환해야 함을 주장하고 있다. 여기서 초국적 기업이란 광범위한 지역에 분포해 있지만 하나의 통일된 비전을 공유하면서 수평적 네트워크를 통해 조직 간 학습이 효율적으로 이루어지는 기업을 의미한다. 초국적 기업은 전문화된 혹은 차별화된 개별 네트워크가 모인 형태라고 볼 수 있다. 이러한 네트워크는 중심 조직은 물론이고 지역별 단위 조직 간에도 매우 유기적인 연결 상태를 유지하고 있다. 초국적 기업하에서 자회사는 단순히 모회사에 종속된 부분이라기보다 하나의 독립된 개체로서의 기능을 발휘한다. 전통적으로 본사에 집중되어왔던 생산활동과 기술개발은 적합한 조건을 갖추고 있는 곳이라면 어디에서나 이루어지게 되고, 범세계적 규모의 시장기회를 실현하기 위해 여러 지역에서 획득한 노하우를 교차 활용하는 조직 형태가 바로 초국적 기업이다.

바틀릿과 고샬은 기존의 국제화된 기업과는 다른 초국적 기업이 등장하게 된 배경으로 1990년대 후반의 새로운 세계경제 변화를 들고 있다. 20세기에 들어와 비약적인 성장을 거듭해왔던 세계 각국의 경

2002년, 서울 삼성동 아셈홀에서 세계 각국 대표 기업 최고경영자들의 회의가 열렸다.

제는 세기말에 이르러서는 한계에 부딪치게 되었다. 핵심 산업 부문에서 과다한 설비투자로 구조적인 공급과잉이 만연하게 된 것이다. 예를 들어, 자동차산업은 40퍼센트, 화학산업 100퍼센트, 제철산업 50퍼센트, 컴퓨터 산업은 140퍼센트 이상의 공급과잉이 발생했다. 이러한 상황에서는 더 이상 전통적인 국제경영방식이 유효하지 않다는 것이 바틀릿과 고샬의 문제의식이다. 실례로 무한성장의 표상이었던 인수합병을 통한 기업들의 다각화가 매우 위험한 수준에까지 이르렀다고 지적한다. 즉, 시장수요는 이미 포화상태에 달했음에도 불구하고 기업은 습관적으로 성장하려는 욕구를 지닌다는 것이다. 또한 1990년대 이후 기존의 업종이나 기술 또는 지리적인 시장에 따라 독립적으로 운영되어지던 사업부제 경영방식에 문제가 발생하기 시작했다. 바틀릿과 고샬은 범세계적인 운영을 하는 기업이 독립성을 강조하다보면 전사적인 차원의 가치창출과 상충되는 요소들이 생겨나 전체적인 효율성과 시너지 효과가 훼손될 수 있다고 지적하고 있다. 물론 다사업부제가 효과적인 부분도 있지만 초국적 기업이 경쟁력을 유지하기 위해서는 궁극적으로 소멸되어지는 것이 바람직하리라 전망하고 있다. 바틀릿과 고샬은 다사업부제의 폐해로, 이미 구축된 관습이나 제도로 인해 새로운 지식이나 기술을 받아들이기 힘들다는 점을 지적한다. 오랫동안 관례화된 업무처리 방식과 비판을 용인하지 않는 기존 시스템으로 말미암아 다사업부제 조직은 서서히 활력을 잃고 있다는 것이다. 이로 인해 급변하는 현실과 동떨어진 정보와 업무수행 방식으로 인해 조직이 경직된다고 지적한다.

이렇듯 저자들은 다사업부제 방식을 하나의 조직형태로만 간주하지 않고, 하나의 경영방식 내지는 시스템으로 바라본다. 즉, 다사업부제 속에는 전사적인 차원, 사업부 단위, 조직계층별 경영관리자의 역

다사업부제의 폐해

M형 조직으로 불리우는 다사업부제 조직은 전형적인 서구 기업의 형태이다. 제품 또는 지역을 기준으로 사업부를 구분하고, 각 사업부는 각기 기능적으로 분화된 부분을 지니고 있다. 오랜 기간 전통적으로 받아들여졌던 다사업부제는 각 사업부 간의 시너지 효과를 높이지 못한다면 효율성을 높일 수 없다.

할과 의무, 라인과 스태프의 상대적 지위와 행동기준, 조직의 자원배분 매커니즘과 조정 과정, 그리고 기업 내 전반적인 운영법칙이 녹아 있다는 것이다. 여러 국가에서 경영활동을 영위하는 다국적 기업들이 생겨나고 또 이들이 눈부시게 성장하는 과정에서 이러한 다사업부제 조직은 효율적이었다. 그러나 지난 10여 년 동안 글로벌 시장 환경이 급변하고, 기술이 발전하면서 기존 다사업부제 조직은 한계에 봉착하게 되었다. 바틀릿과 고샬은 획일적이고 지엽적인 다사업부제 형태를 벗어난 대안적인 조직 형태를 제안하고 있다. 이러한 대안적 조직구조는 어느 특정 국가나 지역에 편중되어 있는 것이 아니라 서로 다른 지역을 배경으로 하고 있는 초국적 형태의 기업이라는 것이다.

바틀릿과 고샬은 변화무쌍한 글로벌 경쟁 환경에 효과적으로 대응할 수 있는 조직 형태를 모색하는 차원에서 비누세제산업, 가전산업, 통신산업의 세 가지 영역에서 각각 3개 기업들을 선정하여 총 9개 기업들의 기존 글로벌 경영방식을 비교·분석하였다. 비누세제산업에서는 유니레버, P&G, 가오를, 가전산업에서는 필립스, 마쓰시타, 제너럴 일렉트릭을, 그리고 통신산업에서는 에릭슨, NEC, ITT를 골라 글로벌 시장에서 이들의 경영방식을 진단하고 문제점을 분석한 뒤 시사점과 대안을 도출하였다.

《국경 없는 경영*Managing Across Borders*》은 본래 초판에서는 3개의 큰 부분으로 구성되어 있었다. 하지만 2판에서는 하나가 추가되어 네 부분으로 구성되었다. 저자들은 글로벌 기업이 궁극적으로 지향해야 할 조직 형태는 기

존의 다국적multinational, 글로벌global, 국제화international기업을 넘어선 초국적 기업transnational이라는 주장을 일관되게 전개하고 있다.

1장에서 4장에 해당하는 첫번째 부분에서는 초국적 기업 형태가 필요하게 된 배경에 대해 설명하고 있다. 1장에서는 기존 기업들의 글로벌 경영 유형인 다국적, 글로벌, 국제화의 형태를 소개하면서 이들 조직 형태가 직면한 한계에 대해 지적하고 있다. 2장에서는 전통적인 글로벌 기업들이 과도하게 집착하고 있는 지역별 · 기능별 적합성에 대해 비판하고 있다. 즉, 적합성은 고정된 개념이기 때문에 급변하는 환경 속에서는 더 이상 유효하지 않다는 게 그들의 주장이다. 3장에서는 기업의 자산과 역량을 결정하는 요소로서 관리적 유산 개념을 도입하여 글로벌 기업들이 저마다 다른 자원과 능력을 지니게 된 배경을 제시하고 있다. 4장은 기존 글로벌 조직 형태의 단점을 극복할 수 있는 대안적 형태로서의 초국적 조직의 등장 배경과 개괄적인 특징에 대해 언급하고 있다.

관리적 유산
어떤 경영방식이 한번 결정되고 나면 그 관성 때문에 변하지 않으려는 속성을 지니기 때문에 나타나는 현상으로 경로의존성으로 불리우기도 한다. 오랜 시간이 지나면서 이미 굳어져버려 더 이상 되돌리기 어려워진 시스템이나 비효율적임을 알면서도 바꾸기 어려운 제도를 뜻하는 말이다.

두번째 부분은 5장에서 7장까지이며, 초국적 기업의 특징들을 다루고 있다. 5장에서는 예전에 따로 분리되었던 자회사나 지역별 조직에서 자원, 인력, 지식 및 정보 등이 유기적으로 통합된 네트워크로의 변신을 설명하면서 초국적 조직의 기본적인 토대를 제시하고 있다. 6장에서는 상황에 적절히 대처할 수 있는 초국적 기업의 유연성과 역할에 대해 논의하고 있다. 7장에서는 전 세계에 흩어져 있는 자회사들 사이에서 동시다발적으로 일어나는 학습과 혁신을 예로 들면서 초국적 조직에서 발생하는 혁신 과정에 대해 설명하고 있다.

세번째 부분은 8장에서 10장으로, 구체적인 초국적 기업의 구축과 운영방안에 대해 고찰하고 있다. 8장에서는 초국적 조직으로의 변신을 위해 넘어야만 하는 조직 내 편견과 장애물에 대해 살펴보았고, 9장에서는 지역과 기능 등 다차원적이고 복잡한 글로벌 기업의 활동들을 적절히 조정하는 과정에 대해 설명하고 있다. 10장에서는 초국적 조직으로 변화하기 위해 조직 구성원 개개인의 동의와 헌신을 이끌어내야 함을 강조하면서 조직의 경영자는 공감대 형성을 이뤄나가야만 하는 중요한 임무를 지닌다고 주장한다.

추가된 11장에서 13장까지의 마지막 부분에서는 기존 글로벌 기업이 초국적 기업으로 변신해나가는 과정에 대해 자세히 다루고 있다. 11장에서는 무엇보다도 적절한 경영자를 배출하는 것이 성공적인 초국적 조직 구축의 선결 과제라고 지적한다. 이를 위해서 초국적 기업의 경영자는 다양한 상황과 기능에 적합한 역할을 동시에 수행할 수 있어야 한다는 것이다. 12장에서는 기존 조직이 초국적 조직으로 변화하기 위해서는 '합리화—재활력화—쇄신'의 3단계를 거쳐야 함을 역설하고 있고, 13장에서는 새로운 글로벌 조직 형태로서의 초국적 기업의 당위성과 필요성을 다시 한번 강조하면서 끝맺음을 하고 있다.

국경 없는 경영을 주도하는 초국적 기업만이 알고 있는 비밀을 파헤친다

초국적 도전

바틀릿과 고샬은 초국적이라는 개념을 도입하게 된 동기로 글로벌 환경의 변화를 들고 있다. 기업들이 글로벌화를 추구하는 과정에서 새로이 직면한 환경의 압력에 대응하기 위해 기존에 보유한 역량 내지는 능력을 변화시켜야 한다는 것이다. 국제적인 기업으로 발돋움하기 위

해 요구되는 전략적 행동을 글로벌 통합, 지역별 차별화, 범세계적 혁신의 세 가지 차원으로 구분하였다. 그리고 이를 성취하기 위해 필요한 조직 역량으로 글로벌 효율성, 지역별로 상이한 소비자 욕구에 적절히 대응하는 능력 및 학습능력을 제시하였다. 바틀릿과 고샬은 초국적과 대비되는 전통적인 글로벌 기업 유형을 아래의 표와 같이 분류하였다.

▶ **전통적인 글로벌 기업의 유형**

다국적 기업	글로벌 기업	국제화 기업
국가적 다양성에 신속히 대응하기 위해 각 지역에 흩어져 있는 자회사의 철저한 현지화 추구	집중화를 기반으로 글로벌한 차원의 기업운영 방식으로 비용우위를 추구	전 세계적인 확산과 적응을 통해 모회사의 지식과 역량을 개발하고 이를 자회사에 전파하는 것을 추구

모든 산업 혹은 모든 기업들에게 오로지 하나의 이상적인 초국적 기업 유형이 존재하는 것은 아니다. 따라서 국제화를 추진하고 있는 기업들은 자사가 현재 보유한 역량을 명확히 파악함과 동시에 자사가 속해 있는 산업에서 요구되는 전략적 수준을 분석하여 이미 선택한 글로벌화 유형이 과연 적합한 것인가를 따져봐야 한다. 바틀릿과 고샬은 이 책에 제시된 9개의 기업들의 사례를 역할모델로 삼아 자사의 역량과 산업에 비추어볼 것을 권하고 있다. 하지만 글로벌화의 적합성만으로 그 기업이 적절한 국제화를 하고 있다고 단정할 수는 없다. 왜냐하면 적합성은 특정 시점에서 파악한 매우 정태적인 개념이므로 끊임없이 변하는 역동적인 글로벌 환경을 수용하기에는 한계가 있기 때문이다.

적합성을 기준으로 어느 조직 형태를 택한 것은 일정 시점에서는

네트워크의 필요성

세계 각국에 분포하고 있는 자회사, 판매법인, 지사와 같은 점들을 연결하여 시너지를 창출할 수 있는 통합된 구조를 형성해야 한다. 초국적 기업이 효과적이기 위해서는 형성된 네트워크 구조가 정보, 기술, 인적자원, 프로세스 측면에서 유기적으로 연결되어야 한다.

맞을 수 있으나, 이후 적절히 수정이 이뤄지지 않으면 부적절해질 우려가 있다. 따라서 기업들은 끊임없이 새로운 역량을 축적하고 또 이를 바탕으로 전략적 행동을 시의적절하게 조정해야 할 것이다. 아울러 기업 특유의 경영방식을 충분히 이해하여, 보유하고 있는 조직역량이 특정 시점에서 어떻게 경쟁우위로 연결될 수 있는지를 동태적으로 파악해야 한다.

이론적으로 기업이 무한한 자원과 능력을 보유하고 있다면 어떠한 상황 변화에도 효과적으로 대처할 수 있을 것이다. 그러나 기업이 보유하고 있는 자원이나 역량에는 한계가 있게 마련이다. 그러면 기업의 내부 역량은 어떻게 축적되어지는가? 한 개인의 역량이 자신이 겪어온 성장배경과 경험에 의해 영향을 받듯이, 기업의 내부 역량 또한 이전에 경험했던 관리적 유산에 의해 형성된다. 내부 역량이라는 것은 오랜 시간에 걸쳐 형성되는 것이며, 단기적이고 급속한 제도 변화를 통해 쉽게 바뀌는 것이 아니다. 따라서 환경변화에 적절히 대응하기 위한 방안의 모색은 자사의 역사에 대한 이해에서부터 비롯되어야 한다. 즉 자사가 갖고 있는 '업무수행 방식'을 명확히 파악하는 일에서부터 시작해야 한다.

저자들은 이러한 기업의 관리적 유산을 형성하는 요인으로 리더의 역할, 국가 및 지역문화의 특성, 조직 역사의 영향을 제시하고 있다. 기업의 전통은 조직의 글로벌 역량 형성에 주요한 영향을 미치게 되고 이로 인해 다국적, 글로벌, 국제적이라는 세 가지 유형이 나타나게 된다는 것이다. 이 세 유형은 저마다 특징이 있다. 하지만 오늘날 치열한 글로벌 환경에서는 단순히 이들 세 유형 중 어느 하나를 선택하는 것만으로는 경쟁에서 생존하기 어렵다. '환경·전략·구조'의 유기적인 연결을 통한 통합적 글로벌 조직 형태로서의 초국적 기업의 형태를 갖춰야만 하는 것이다. 초국적 조직의 구축과 관리를 위해서는 다음과 같은 세 가지 전략적 능력이 필요하다.

1. 글로벌한 경쟁력을 지니는 것이다. 범세계적으로 흩어져 있는 독립적인 자원 내지는 자산을 유지하면서 지역에 따라 다른 역량을 축적하는 것을 예로 들 수 있다.
2. 국가적인 유연성을 확보하는 것이다. 이는 차별화된 동시에 특화된 자회사를 지니고 있으면서도 여러 지역을 포용하는 탄력적 조정 과정을 구축하는 것이다.
3. 범세계적인 학습능력을 갖추는 것이다. 이는 글로벌 지식 공유를 의미하는 것으로, 공유 비전을 바탕으로 개개인의 몰입을 증진시키는 능력이다.

초국적 기업의 특징

앞부분에서 초국적기업의 등장배경과 당위성을 설명했다면 두번째 부분에서는 초국적 기업의 구체적인 특징들이 여러 사례를 통해 제시되고 있다. 초국적 기업으로 나아가는 첫번째 관건은 경쟁우위를 제공하는 통합 네트워크를 구축하는 일이다. 필립스와 마쓰시타의 사례에서 보듯이 기업이 글로벌 경쟁에 효과적으로 대응하기 위해서는 새로운 역량을 개발하는 것 못지않게 기존의 자산과 역량을 보존하고 강화시키는 작업이 중요하다. 이 과정에서 등장하게 되는 중요한 개념이 통합 네트워크다. 이는 초국적 기업으로 발전하기 위한 구조적 틀을 제공한다.

둘째, 초국적 기업을 향한 통합 네트워크를 구성하는 과정에서 기존 자회사 내지는 개별 사업 단위의 역할과 위상을 재정립함으로써 각 지역시장에서의 대응 능력과 유연성을 제고시킬 수 있다. 전통적인 개념의 자회사들은 단순히 저가의 노동력 혹은 자원을 탐색하거나 제품이나 서비스를 판매하는 시장에서의 역할에 국한되어 있었다. 그러나 초국적 기업에서는 종래 자회사의 역할과 범위가 근본적으로 재정이 된다. 즉, 각 국가에 분산되어 있는 자회사들은 더 이상 시장 혹은 생산기지 등의 단순 역할에만 머무르지 않고 본사로 하여금 장기적인 글로벌 경쟁우위를 유지할 수 있도록 지식과 역량을 제공해주는 전략적인 파트너의 역할을 수행하는 것이다. 《국경 없는 경영》에서는 자회사의 역할을 조직적인 측면과 전략적인 측면을 축으로 하여 네 가지 유형으로 구분하고 있다.

1. 첫번째 유형은, 전략적 리더로서 전략적으로 중요한 시장에 위치하고 있는 동시에 강력한 핵심역량을 보유하고 있는 자회사를 말한다. 이러한 자회사들은 반드시 본사와 긴밀한 협력관계를 구축하여 본사 차원의 경쟁우위 확보에 보탬이 될 수 있어야 한다.
2. 두번째 유형은, 기여자다. 이는 전략적 중요도가 떨어지는 시장에 위치하고 있지만 그 시장 내에서 특별한 핵심역량을 갖고 있는 자회사들을 의미한다.
3. 세번째 유형은, 실행자로서 전략적으로 그다지 중요하지 않은 시장에 있으면서 단순한 업무수행만 가능한 제한적인 역량을 보유하고 있는 자회사를 일컫는다.
4. 마지막 유형으로는 블랙홀을 들 수 있다. 여기에 속하는 자회사들은 진출한 지역시장에서 기대되는 역할을 제대로 수행할 만한 핵심역량을 제대로 확보하지 못한 경우다.

셋째, 초국적 기업으로 변신하기 위해서는 기업 내 학습을 촉진하기 위한 다양한 혁신 프로세스가 갖춰져야 한다. 혁신은 기업이 국제화를 추진하게 되는 중요한 이유 중 하나다. 기업은 해외투자를 하는 과정에서 여러 가지 혁신활동으로 인해 더 많은 이윤을 창출할 수 있다. 오늘날과 같이 국경 없는 무한경쟁 속에서는 이러한 혁신이 더더욱 중요한 경쟁우위의 원천으로 작용하게 된다. 혁신에 대한 기존 접근법은 크게 두 가지로 나눠볼 수 있다. 하나는 본사가 위치한 지역 내지는 국가에서 새로운 시장기회를 포착하여 이에 적합한 제품과 서비스를 본사 지원 아래 창출하는 중앙 혁신 프로세스다. 다른 하나는 지역적으로 분산돼 있는 자회사들이 그들이 보유한 자원과 역량의 범위 내에서 현지 시장에 적응하기 위해 혁신을 단행하는 지역 혁신 프로세

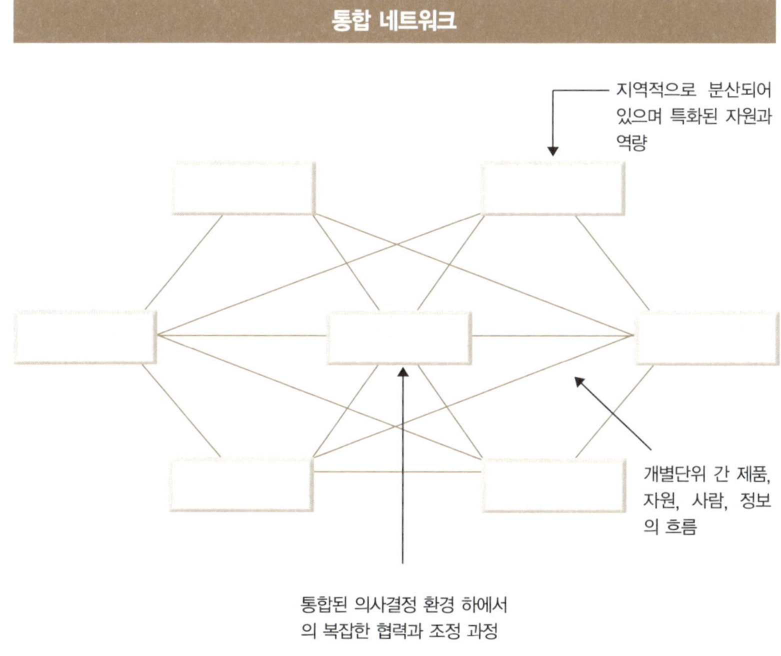

스다. 이 책에서는 새로운 혁신전략으로서 초국적 혁신 프로세스를 소개하고 있다. 우선 범세계적으로 활용할 수 있는 해외 자회사들 소유의 자원이나 기업가정신 등 혁신의 토대를 마련한다. 이를 바탕으로 새로운 혁신을 창조하고 수행하기 위해 지역별로 흩어져 있는 다른 자회사들의 자원과 역량을 연결시키는 것이다. 이러한 과정에서 각 자회사들은 전 세계적인 시장기회를 능동적으로 포착하고 활용할 수 있는 초국적 능력을 함양하게 된다.

초국적 기업은 어떻게 만들어지는가

기업은 국제화 과정에서 필연적으로 그들의 관리적 유산, 즉 전통의 영향을 받게 된다. 때문에 기업의 글로벌화는 이러한 관리적 유산의 편견과 부정적 영향을 극복하려는 시도에서 출발한다. 그러나 조직의 글로벌 역량 개발에 대한 노력은 여전히 뿌리 깊은 권력구조나 관행에 의해 방해받는 것 또한 사실이다. 조직 내에 깊숙이 자리하고 있는 편견은 다음의 세 가지 유형으로 구분할 수 있다. 첫째, 전략적인 장벽이다. 경영방식과 핵심역량에 대한 변화의 시도는 기존에 핵심적인 역할을 담당했던 경영자들에 대한 도전으로 받아들여진다. 그들은 이러한 변화가 자신들의 의사결정 범위를 축소시키게 될 것으로 판단하고, 이를 적극적으로 차단하려 한다. 둘째, 조직적인 장벽이다. 기존 조직구조는 일반적으로 라인의 위치에 있는 경영자들에 편리한 방식으로 구성되어 있기 때문에 초국적 조직으로의 변화를 꾀하는 새로운 경영진들은 핵심 정보에 접근하기 어렵다. 셋째, 문화적 장벽이다. 오랜 시간 깊이 배어든 경영 관행 및 비공식적 인적 관계 등은 새로운 방식과 제도가 조직에 스며드는 데 걸림돌로 작용한다. 특히 최고경영층일수록 이러한 관리적 유산에 종속되는 경우가 많다. 최고경영자의 그릇된 편견과 좁은 시야는 정확한 문제 인식과 전략적 판단을 가로막는 경향이 있다.

지금까지의 국제화된 기업에서 본사와 자회사는 일방적인 관계였다. 대부분의 해외 자회사들은 자금, 제품, 정보 및 전문인력 등 모든 측면에서 본사에 지나치게 의존하는 경향이 있다. 이러한 종속적 관계에서 본사는 전략적인 방향을 제시하고, 자원을 관리하고 배분하는 기본적인 조정활동을 수행했다. 그러나 초국적 기업에서는 보다 높은 차원의 조정활동이 요구된다. 자원과 자본의 효율적인 분산, 자회사의 독자적 활동과 상호 보완적 활동을 동시에 극대화할 수 있는 유연성, 혁신을 전파할 수 있는 학습 능력과 네트워크 구축을 달성하기 위해서는 보다 복잡한 조정활동이 요구되는 것이다. 바틀릿과 고샬은 초국적 기업의 조정 메커니즘으로 일본 기업에서 주로 나타나는 집중화, 미국 기업에서 흔히 볼 수 있는 공식화, 유럽 기업들 사이에서 많이 발견되는 사회화를 제시하고 있다. 이들 세 가지 조정 메커니즘 역시 기업의 관리적 유산으로부터 자유로울 수 없다. 그러나 각 지역을 기반으로 하는 특정의 조정방식은 저마다의 한계를 지니고 있다. 따라서 이를 극복하고 초국적 기업에 적합한 조정활동을 하기 위해서는 여러 요소들 간의 적절한 통합과 분배가 필요하다. 즉 조정의 개념이 특정의 메커니즘에 의해 정태적으로 통제되는 것이 아니라, 상황 변화에 따라 적절한 조정 메커니즘을 선택할 수 있는 개념으로 바뀌어야 한다는 것이다.

초국적 조직을 구축함에 있어 공식적인 조직 형태와 시스템을 선택하는 것 못지않게 원활한 운영을 위해 새로운 업무를 추진할 구성원들의 공감대를 형성하는 것이 필요하다. 조직의 모든 프로세스는 조직

구성원 개개인의 이해를 기반으로 구축되며 최고경영층의 역할은 구성원들을 하나로 결집시킬 수 있는 경영정신을 만드는 것이다. 이를 위해 비전을 공유하고, 명확한 목표를 세우며, 목표의 지속성과 일관성을 확보해야 한다. 또한 이러한 가치를 공유하고 있는 개인들을 선택하고 교육시키는 과정도 필요하다.

초국적 기업으로의 변신

초국적 기업은 그냥 이루어지는 것이 아니라 만들어지는 것이다. 기존 글로벌 경영방식으로 한계에 이른 기업들이 초국적 기업으로 적극적으로 변화해가고 있다. 기존 기업이 초국적 조직으로 변신하는 데 있어 가장 중요한 것은 초국적 조직에 적합한 경영자들을 양성할 수 있느냐다. 급변하는 환경에서 글로벌 경영자에게 요구되는 역할은 단순하지 않다. 상황에 따라 다양한 기능과 역할을 충족시키기 위한 끊임없는 노력이 요구된다. 이 책에서는 초국적 조직을 이끌어나갈 경영자들에게 필요한 역할과 업무를 제시하고 있는데, 이를 네 가지 유형으로 나눠볼 수 있다.

첫째, 사업부 관리자의 역할이다. 경영자는 사업부 관리자의 역할을 수행하기 위해서 특정 지역이나 부문에 국한된 근시안적인 사고에서 탈피해 국가 간 내지는 기능 간 범위를 넘나드는 전체적인 시야를 확보해야 한다. 이는 폭넓은 관점에서 위협과 기회를 탐색하고 자사의 역량과 활동을 연결시켜 성과를 극대화하기 위한 전제조건이다. 따라서 초국적 기업을 효과적으로 운영하는 사업부 관리자는 조직의 방향을 설정하는 전략가, 범세계적으로 흩어져 있는 자산과 자원을 효율적으로 설정하는 기획가, 그리고 국가 간 거래를 조정하는 조정자의 역할을 동시에 수행해야 한다.

둘째, 국가별 관리자의 역할이다. 해외에서 경영활동을 수행하는 것은 자국과는 다른 정치·경제·사회·문화적 환경의 차이를 극복해 나가는 과정이다. 이는 기업을 현지화하기 위한 노력으로, 이를 담당하는 것이 바로 국가별 관리자다. 초국적 조직에서는 현지 시장에 효과적으로 적응하는 것은 물론이고 전사적인 차원에서의 가치 창출에 기여하기 위해 국가별 관리자에게 다양한 역할이 요구된다. 여기에는 지역시장의 변화에 민감하게 반응하며 이를 포착하여 새로운 기회와 위협을 판단하는 역할sensor, 해당 지역을 벗어나 글로벌하게 활용될 수 있는 그 지역 특유의 자원과 역량을 만들어내는 역할builder, 그리고 전사적인 글로벌 전략에 적극적으로 동참하는 역할contributor이 모두 포함된다.

셋째, 기능별 관리자로서의 역할이다. 초국적 경영이 국가간, 기능간 통합을 강조하고 있다고 해서 부문별 효율성을 간과하는 것은 아니다. 부분적인 탁월함을 갖추는 동시에 통합을 이뤄 전체적인 경쟁력을 향상시키자는 것이 초국적 기업의 핵심이라 할 수 있다. 이를 위해서는 기능별 관리자의 역할이 중요하다. 우선 기업 내부의 각 기능별로 축적된 지식특화된 전문가, 희소한 자원 등을 관리하고 이를 적재적소에 활용할 수 있도록 체계적으로 저장repository하는 일이 선행되어야 한다. 두번째로 다양한 지역의 자회사에서 개발된 자원과 최신의 경영기법 등 가치 있는 지식을 기업 내부에 효과적으로 전파시켜 가치 있는 자산으로 연결하는 역할cross-pollinator도 필요하다. 또한 기능별 관리자는 자신이 속한 분야에서 최고의 권위자로서 유용한 기술을 개발하고 사내 연구개발을 장려하며 기술을 제대로 평가할 줄 아는 능력까지 갖추어야 한다.

넷째, 전사적 관리자로서의 역할이다. 이러한 역할을 제대로 수행하기 위해서 경영자는 비전과 목표에 대한 통합적인 감각을 조직에 제시하고, 유능한 인재를 골라 적재적소에 배치할 줄 아는 혜안을 지녀야 한다. 그리고 조직의 목표 달성을 위한 분위기를 조성하는 역할framer도 수행해야 한다.

글로벌 기업이 초국적 기업으로 변하기 위해서는 적절한 경영자를 선택한 다음 구체적인 변화관리의 과정을 거쳐야 한다. 기존 기업이 성공적으로 초국적 조직이 되려면 합리화rationalization, 재활력화revitalization, 쇄신regeneration의 3단계를 거쳐야 한다. 합리화 단계는 기존 조직에서 비효율적인 부분을 도려내는 단계라 볼 수 있다. 이 책에서는 제너럴 일렉트릭의 기업 구조조정 사례를 제시하면서 기업은 합리화를 통해 변화를 향한 토대를 마련할 수 있다고 설명하고 있다. 다음으로 재활력화를 거치면서 각 지역 자회사 간의 지속적인 관계를 구축하고 통합의 수준을 높이는 동시에 기업 내부의 혁신을 제고하며 공고한 글로벌 네트워크를 구축하게 된다. 마지막으로 쇄신단계는 지속적인 학습 메커니즘을 형성해나가는 과정이다. 이는 경영자를 비롯하여 조직 구성원 전체가 기존 사고나 지식에 얽매이지 않고 지속적인 합리화와 재활력화 과정을 반복하면서 초국적 기업에 접근해나가는 단계다.

현대적 시사점

언제부터인가 '세계화'라는 단어는 일상적으로 사용되는 용어가 되었다. 우리는 생활 속에서 전 세계 여러 지역에서 생산된 제품 혹은 서비스를 폭넓게 사용하고 있다. 그리고 이러한 제품이나 서비스를 제공하는 기업은 국내지향적인 기업이 아니라 전 세계에 걸쳐 경영을 영위하는 다국적 기업들이다. 국경선이 없어지는 세상에서 이러한 다국적 기업들은 국가를 능가하는 영향력을 발휘하고 있다. 이들 기업들은 세계 여러 지역에 진출해서 제품과 서비스를 판매하고 또 지식과 자원을 축적하여 새로운 가치를 창출한다.

이 책에서의 핵심 아이디어는 이러한 다국적 기업의 역할과 운영방식이 바뀌어야 한다는 것이다. 기존의 다국적 기업은 지역별 내지는 기능별로 분화된 형태를 지니고, 본사를 중심으로 집중화된 구조가 보편적이었다. 그러나 급변하는 글로벌 환경하에서는 이러한 조직구조가 더 이상 유효하지 않다는 것이다. 기술혁신과 수요의 동질화로 인해 글로벌화가 가속화되면서 국경을 넘어선 경쟁이 치열해지고 있다. 이러한 상황에서 바틀릿과 고샬은 기존의 다국적 기업이 위기를 타개하기 위한 대안으로서 초국적 해결책을 제안하고 있다. 즉, 기업을 둘러싼 환경의 복잡성에 적절히 대응하고, 조직이 지닌 역량을 동태적으로 연결하여 지속적으로 혁신하는 초국적 조직으로 변신해야 한다는 것이다.

이러한 국경 없는 경영 내지는 초국적 조직이 한국 기업들에게 시사하는 바는 지대하다. 한국의 대기업들은 1970년대까지는 국내의 저렴한 인건비를 바탕으로 단순수출 방식으로 해외로 진출했다. 그 대표적인 산업이 섬유, 신발, 의류산업이었다. 이후 1980년대에 이르러서는 수출대상국이었던 현지 시장을 보다 적극적으로 개척하기 위해서 해외직접투자를 진행시켰고 이 과정에서 현지화에 대한 필요성을 절감하게 되었다. 특히 가전, 자동차산업 등에서 적극적인 해외진출이 이루어지고 이에 따라 현지화의 필요성이 부각되었다. 한편 반도체, 철강, 조선산업 등은 해외진출은 활발히 이루어지지 않았으나 글로벌 생산능력을 축적하면서 한국 기업이 글로벌 경쟁의 주도권을 획득하는 데 일조했다.

그러나 1990년대 중반 이후 한국 기업들은 새로운 도전에 맞닥뜨렸다. 선진국과의 기술 및 브랜드 격차를 좁히면서 동시에 계속되는 후진 개발도상국들의 추격을 따돌려야 하는 상황에 직면하게 된 것이다. 이러한 상황에서 어느 정도 경쟁력을 갖춘 대기업들은 대부분 적극적인 해외진출을 도모하고 있다. 이렇듯 1990년대 이후 한국 대기업들은 다양한 국가에 진출하게 되면서, 각국에서의 현지화와 더불어 종합적인 자원 배분의 필요성을 절감하고 있다. 그러면 한국 대기업들이 세계시장에서 효과적으로 경쟁할 수 있는 글로벌 조직 형태는 과연 무엇인가? 아마도 저자들이 제안하는 초국적 조직형태가 그 해답일 것이다. 지역적인 특색을 범세계적인 경쟁우위로 연결시키는 초국적 기업이야말로 한국 대기업들이 글로벌 경쟁력을 획득하기 위해 선택해야 할 조직 형태라 할 수 있다.

한편 정보통신기술의 발달과 더불어 비약적으로 발전했던 한국의 벤처기업들도 1990년대 이후 급격한 해외진출을 도모하고 있다. 벤처기업들은 태생적으로 글로벌 기업일 수밖에 없는 운명인 것이다. 첨단기술산업이나 제한된 국내시장만으로는 생존할 수 없는 산업 영역에서 경쟁하는 벤처기업들은, 국제화 과정에서 수많은 시행착오를 겪고 있다. 이러한 시행착오의 종착점은 아마도 바틀릿과 고샬이 제안하는 초국적 기업의 형태가 될 것이다. 비록 현시점에서는 규모도 적고 영향력도 미미하지만, 단기간 내에 급성장한 저력을 바탕으로 경쟁력 있는 초국적 기업으로의 변신이 가능하리라 기대한다.

그러면 대기업이든 벤처기업이든 초국적 기업으로 변신하기 위해서는 무엇이 가장 절실한 문제인가? 이 책에 여러 차례 언급되었듯이 불확실한 환경을 슬기롭게 극복하기 위해서는 조직을 혁신해야 한다.

혁신에 능숙한 기업이 글로벌 경쟁에서 승리하게 될 것이다. 예컨대, 국경 없는 무한경쟁 속에서 경쟁력을 유지하기 위해서는 본사와 자회사의 역할이 유기적으로 연결되어야 한다. 이를 위해서는 과거의 경영 방식을 빨리 청산하고 상황에 맞게 새로운 관계를 형성해야 하는 것이다. 이것이 혁신이다. 특정 지역에서만 활동하거나 단순한 국제경영을 수행하고 있는 조직보다 범세계적인 차원에서 지속적으로 학습하는 초국적 기업의 성과가 우수할 것이다. 그러나 이러한 초국적 조직으로 변신하기 위해서는 과거의 방식을 버리고 과감한 혁신을 이루어야 한다. 과거의 방식에 얽매이고 변화를 두려워하는 한국의 전형적인 대기업들은 결코 초국적 기업으로 변신할 수 없다. 인재육성에서부터 조직의 운영까지 전 영역에서 변화를 두려워하지 않는 진취적인 사고를 함으로써 글로벌 경쟁에 적합한 초국적 기업을 받아들여야 할 것이다.

단순히 많은 국가에 진출하거나 여러 기능을 지니고 있다고 해서 저절로 초국적 조직이 되는 것은 아니다. 끊임없이 내부 혁신을 통해 효율성을 높이고 범세계적인 기회와 위협 요소를 탐색하며 이를 바탕으로 새로운 가치를 창출할 수 있어야 한다. 나아가 이러한 과정이 기업의 문화로 정착될 때 진정한 의미의 초국적 기업이 탄생하게 되는 것이다. 이는 글로벌 환경에 익숙하지 않고, 변화를 두려워하는 경영자들이 꼭 명심해야 할 부분이기도 하다.

글로벌기업 디자인 제이 R. 갈브레이스, 박기찬 역, 생각의나무, 2002

글로벌 경쟁력 제프리 E.가튼 편, 박상철 역, 세종연구원, 2001

개인화 기업 수만트라 고샬 외, 세종연구원, 2000

글로벌시대 시장경쟁전략 조지S. 데이, 서정희 역, 이십일세기북스새날, 1995

저자 소개 및 도서 정보

크리스토퍼 바틀릿 Christopher A. Bartlett
수만트라 고샬 Sumantra Ghoshal
《Managing Across Borders : The Transnational Solution》
Harvard Business School Press 1989.

크리스토퍼 바틀릿은 1943년 오스트레일리아에서 태어났는데, 1979년부터 현재까지 하버드 비즈니스 스쿨의 경영학 교수로 재직중이다. 바틀릿은 교수직에 몸담기 전에 알코아의 마케팅 이사, 맥킨지 런던의 컨설턴트 및 백스터연구소 자회사의 대표를 역임했다. 그는 컨설턴트로도 완성한 활동을 했는데, AT&T, 포드, IBM, 모토롤라, 파이저, P&G와 같은 글로벌 기업의 전략수립 컨설팅을 담당했다. 또한 학자로서도 활발한 활동을 했다. 1990년부터 1993년까지 International Senior Management Program의 대표 교수를 역임했고, 1998년부터 2002년까지는 HBS의 국제 경영자 프로그램과 글로벌 리더십 프로그램의 대표 교수를 역임하였다. 다국적 기업 전략과 기업 변신에 관련된 다양한 논문과 저술활동으로 국제경영 분야의 권위자로 알려져 있는 그의 대표 저서로는 수만트라 고샬과 함께 저술한 《Manangig Across Borders》를 포함하여 8권이 있다. 이외에 50여 편의 저명 학술지 논문과 더불어 1백 편이 넘는 기업사례를 발표했다.

공동 저자인 수만트라 고샬은 1948년생으로 MIT와 하버드 비즈니스 스쿨에서 박사학위를 취득했다. 런던 비즈니스 스쿨의 전략 및 국제경영 분야 교수, 인도 비즈니스 스쿨의 초대학장, INSEAD의 경영정책 담당교수 및 MIT 슬로언 스쿨의 객원교수로 활동했다. 고샬은 다양한 학술저널의 편집위원으로 폭넓게 활동했으며, 세계경영학회, 세계국제경영학회, 세계경제포럼의 명예회원으로 선정되기도 했다. 왕성하게 활동하던 고샬은 안타깝게도 2004년 3월에 운명을 달리했다. 그의 대표 저서로는 《Transnational Management:Text, Cases and Readings》(1990), 《Organization Theory and the Multinational Corporation》(엘리노 웨스트니와 공저, 1993), 《The Strategy Process:European Perspective》(헨리 민츠버그, J. B. 퀸과 공저, 1995) 등이 있다.

크리스토퍼 바틀릿과 수만트라 고샬은 글로벌 비즈니스 분야에서 가장 완벽한 비평가란 평가를 받고 있다. 이들의 저서에는 빈틈없는 논리와 견실한 역사적 시각이 담겨 있다. 두 사람의 대표 저서인 이 책은 글로벌 경영 분야에서 가장 널리 알려진 책 중 하나로 많은 비즈니스 스쿨의 교재로 읽혀지고 있다. 일반 독자들에게는 다소 딱딱한 이론서지만, 현실감 있는 사례를 적절히 사용하여 명쾌한 설명을 하고 있다. 9개 국어로 번역된 명저이지만, 안타깝게도 한국에는 번역본이 나와 있지 않다.

3

1990년대~2000년대

The Principle of Scientific Management, Taylor, 1911 General and I
938 The Theory of Social and Economic Organization, Weber, 194
Drucker, 1954 Administrative Behavior, Simon, 1956 The Bureaucrat
Management, Kotler, 1967

경영의 르네상스가 시작되다

제1부에서는 초기 기업경영이 형성되면서 조직, 관리방식, 경영자, 전략 등에 관한 책들이 부각되었다. 제2부에서는 1970년대 이후에는 기업을 둘러싼 환경이 급격히 변하면서 경쟁을 다루는 책이나, 경쟁에서 유리한 위치를 차지한 일본기업 경영에 대한 책들에 관심이 집중되었다. 제3부는 1990년대 이후 경영이라는 개념이 사회전반에 확장되어 경영의 르네상스가 이루어지는 과정에서 부상한 책들로 구성되어 있다. 아마도 1990년대 이후 경영의 키워드는 '핵심역량'과 '혁신' 그리고 '종합적 사고'로 압축될 수 있을 것이다. 이 시기엔 이전 시기에 강조되었던 외부적인 경쟁보다는 내부의 핵심역량을 축적하는 것이 장기적인 경쟁력 향상에 더 중요하다고 여겨졌다. 그리고 이러한 핵심역량을 형성하기 위해서는 지속적인 혁신이 뒷받침되어야 한다. 한편 경영을 단면적으로 접근하는 것이 아니라 인과관계에 의해 종합적으로 접근하는 시도들이 이루어지기 시작했다.

핵심역량에 대한 대표 저서로는 프라할라드와 하멜의 《미래를 위한 경쟁》을 들 수 있다. 이들은 경쟁사를 압도하는 고유의 기술력, 고객을 만족시키는 기획력, 조직 내에 축적된 관리역량 등을 핵심역량이라 정의하고 있다. 또 기존의 경쟁의 틀에 얽매이지 않은 획기적인 시각과 역량으로 새로운 경쟁구도를 창출해야 한다는 논리를 역설하고 있다. 이들에 의해 제시된 핵심역량의 개념은 이윤을 추구하는 기업뿐 아니라 비영리 조직을 포함한 사회 전반에 광범위하게 응용되고 있다. 핵심역량을 지식이라는 차원에서 접근한 것이 노나카와 다케우치의 《지식창조기업》이다. 이 책은 80년대 부상한 일본기업 배우기의 완결판이라 할 수 있다. 성공하는 일본 기업의 특질을 지식을 창조하는 내부 프로세스에서 찾고자 했던 저자들은 지식경영이라는 새로운 영역을 개척했다. 암묵지와 형식지의 조화에서 지식이 창조된다는 동양적인 사고를 서구적인 경영에 적절히 연결시킨 지식경영의 개념 또한 기업을 포함한 사회전반에 큰 영향을 미쳤다.

데이비드 아커는 기업의 가장 본원적인 핵심역량을 무형적인 브랜드 자산에서 찾고자 했다. 경영 전반에 걸쳐 브랜드 역량을 강화하는 것이 왜 필요하고 이를 위해서는 어떤 노력을 기울여야 할지에 대한 현실적인 이슈들을 제기하고 있다. 브랜드 자산가치에 상대적으로 적은 관심을 기울였던 한국 기업의 경영자들이 특히 유념해야 할 책이다. 마지막으로 제프리 페퍼는 《사람이 경쟁력이다》에서 핵심역량의 근원이 인적자원이라고 지적하고 있다. 높은 성과를 달성한 기업들이 성공할 수 있었던 근본적인 요인은 업종 선택이나 기술 개발, 규모의 경제가 아니라 인적자원의 경쟁력에 기반한다는 것이다.

이상의 책들이 핵심역량에 관한 주제를 다루고 있다면 일련의 책들은 혁신의 중요성을 강조하고 있다. 기업의 경영혁신과 관련해서 가장 널리 알려진 책은 아마도 마이클 해머의 《리엔지니어링 기업 혁명》일 것이다. 기술발전과 더불어 기존의 기업 업무 프로세스가 어떤 방향으로 재정립되어야 할지에 대해 분석적으로 설명하고 있다. 짐 콜린스와 제리 포라스의 《성공하는 기업들의 8가지 습관》에서는 100년 이상 탁월한 성과를 달성한 18개 기업을 대상으로 성공비결을 제시하고 있다. 비전 기업이라 일컬어지는 이들 기업들은 우리가 흔히 알고 있는 고정관념을 벗어나 새로운 시각에서 기업 경영을 바라보게 해준다. 존 코터의 《기업이 원하는 변화의 리더》에서는 혁신을 하고자 하는 기업이 거쳐야 할 과정을 체계적으로 정리하고 있다. 환경변화로 기업은 지속적으로 혁신을 추구해야 하는데, 코터는 이러한 혁신을 성공적으로 이루기 위해서는 어떤 단계를 거쳐야 할지에 대한 실무적인 통찰력을 제시하고 있다.

한편 경영이 하나의 요인에 의해서 영향을 받기보다는 종합적으로 연결된다는 시스템적 사고에 대한 관심도 높아졌다. 시스템 다이나믹스를 전공한 피터 센게는 《학습조직 구축을 위한 제5경영》에서 경영의 다양한 인과관계를 학습이라는 관점에서 규명하면서 종합적인 사고의 중요성을 역설하고 있다. 캐플란과 노튼은 《균형평가표》를 통해 성과측정에 대한 개념을 동태적으로 정립하였다. 이들은 성과를 측정하는 지표로 재무적인 지표뿐 아니라 비재무적인 지표도 중요하다고 역설했다. 이에 따라 재무적인 지표 외에 고객관계, 핵심역량, 조직 프로세스를 포함한 종합적인 성과 개념을 제시하였는데, 이들의 균형성과표는 현재 수많은 기업조직에서 응용되고 있다.

시스템적 사고를 통한 과학적 문제 해결 22

The Fifth Discipline : the Art and practice of the Learning Organization
Peter M. Senge

keyword
학습능력
학습조직
시스템적사고
공유비전
리더십

카테고리 관련성	
경영전략, 경영혁신	★
생산관리	
변화관리	★
조직관리, 인사관리	★★★
마케팅	
리더십	
동기부여, 인간관계	
기업성공	★

핵심 아이디어 지구상에 존재하는 무수한 기업들 중 인간 수명의 반 정도에 해당하는 기간 동안만이라도 살아남는 기업을 찾는 것은 쉽지 않다. 물론 적자생존이라는 원칙에서 본다면 기업이 끊임없이 도산하는 현상이 사회 전체적으로는 바람직할 수도 있다. 그러나 개별 기업은 어떻게 하면 경쟁자에 비해 경쟁우위를 획득해 지속적인 생존과 성장을 추구할 것인가에 골몰하게 된다. 경영을 둘러싼 환경이 급변하고 기업 간 경쟁이 심화될수록 본질적인 경쟁우위의 원천을 획득해야 할 필요성은 아마도 더욱 높아질 것이다. 그러면 개별 기업의 경쟁우위는 어떻게 획득되고, 유지될 수 있을까? 이 책은 이에 대한 해답으로 학습 능력을 강화할 것을 제안하고 있다.

학습 능력은 기업의 방향을 설정하고 이끌어가는 최고경영자에게만 국한된 문제가 아니다. 최고경영자 혼자서 궁리해내고 나머지 구성원들은 그저 위대한 전략가의 명령을 따르는 식으로 해서는 조직적인 학습이 이뤄질 수 없다. 성공하는 조직이란 구성원들의 학습 의욕과 능력을 조직 내 모든 계층에서 증대시킬 수 있는 방법을 찾는 조직이라 할 수 있다.

원래 사람에게는 배우고자 하는 욕구가 있으므로 '배우는 조직'은 실현 가능하다. 사실 갓난아기에게는 무엇인가를 가르칠 필요가 없다. 그들은 본능적으로 호기심이 많으며 배우는 데 천부적 소질이 있어서, 걷고 말하고 가족에게 무언가를 요청하는 법을 스스로 터득한다. 이렇듯 학습조직이 가능한 이유는 배우는 일이 인간의 본능일 뿐만 아니라 우리 인간이 원래 배우는 것을 좋아하기 때문이다.

조직 내 학습 능력을 강화하는 것은 전 세계 모든 기업들의 공통된 관심사다. 이로 인해 함께 '배우는 법'을 학습하고 있으며 모두가 하나의 '학습 공동체'로 발전하고 있다. 모든 기업들이 학습 능력을 강화하기 위해 노력할수록 이들 기업 간 역량의 이전은 빈번해진다. 예전에는 IBM, 코닥, P&G, 제록스처럼 독보적인 하나의 기업이 특정 산업 분야를 지배했다. 그러나 기업 간 학습이 이루어진 결과 한 산업 내에 탁월한 기업들이 여럿 공존하게 되고, 이러한 현상은 특히 제조업에서 두드러지고 있다. 미국과 유럽의 기업들은 일본의 사례를 통해 배우고, 반대로 일본의 기업들은 한국이나 유럽의 기업들로부터 배우게 된다. 이탈리아, 오스트리아, 싱가포르 등지에 있는 기업들에서 놀랄 만한 개선이 이뤄지고, 이는 짧은 시간 내에 전 세계에 영향을 미치게 된다.

학습조직에 대한 개념은 1978년 하버드대학의 크리스 아지리스와 MIT의 도널드 숀에 의해 처음으로 학문적인 기반이 마련되었다. 아지리스와 숀은 그들이 함께 쓴 책인 《학습조직론》에서 '개인의 진취적인 자세나 창의력이 갖가지 관습이나 규칙에 얽매여 있는 조직논리 속에서 어떻게 발휘될 수 있는가?' 그리고 '어떻게 하면 개인활동과 조직활동이 생산적으로 공존할 수 있는가?'에 대한 연구를 진행했다. 그러나 이들의 연구는 학습조직의 개념을 철학적, 심리학적인 차원에서 접근해 피상적인 논의를 하는 정도에 머물렀다. 센게는 이 책을 통해 피상적이었던 학습조직의 특성을 시스템적 사고에 입각해서 논리적이고 체계적으로 접근하고 있다. 사실 학습조직에 대한 논의는 현대 기업에 있어 가장 절실한 문제이기도 하다.

그러나 아직까지는 어떤 기업이 가장 학습능력이 높은지 완벽하게 단정짓기 어렵다. 1990년대 초반부터 경영학 분야의 주된 관심사로 부상한 지식경영, 핵심역량, 학습조직 등의 논의들은 모두 맥을 같이 하고 있다. 공유된 비전을 바탕으로 조직 내의 학습이 어떻게 효율적으로 이뤄져야만 핵심역량으로 이어질 수 있는가 하는 것은 현대 기업에게 매우 중요한 문제이기 때문이다. 그러나 학습조직을 구축하려는 노력은 그러한 조직을 만드는 데 필요한 기술과 지식 및 경로가 구명되기 전까지는 마치 어둠 속을 탐색하는 것처럼 길을 찾지 못했다. 이 책에서는 학습조직이 과거의 전통적이고 권위적이며 통제적인 조직과는 근본적으로 다르다는 것을 동태적으로 규명하고 있다. 저자는 이를 학습조직의 다섯 가지 분과학이라 이름 붙였다.

다섯 가지 분과학

분과학으로 번역된 discipline은 '강요된 명령·규율' '처벌의 수단·징벌'을 의미하는 것이 아니다. 이는 '실천에 옮기기 위해서는 반드시 배우고 익숙해져야 할 이론과 기법의 집합체'라고 할 수 있다. 본문에서는 이를 분과학이라 번역했지만 이는 넓은 의미에서 경영 그 자체라 할 수 있다. 따라서 이 책은 '제5경영'이라는 제목으로 많이 알려져 있다.

저자가 제시하는 학습조직의 다섯 가지 분과학은 시스템적 사고, 개인적 숙련, 정신 모델, 공유 비전 만들기, 팀 학습이다. 학습조직에 있어 다섯 가지 분과학을 조화롭게 발전시키는 것은 무엇보다도 중요하다. 시스템 다이내믹스를 전공한 저자는 방대한 사례를 통해 세상이 서로 무관하고 개별적인 힘들로 이뤄져 있는 것은 아니라는 사실을 설명하고 있다. 세상만사가 다 연결되어 있다면 이러한 연결고리를 파악할 수 있는 도구와 사상이 중요하고, 이를 설명하는 것이 시스템적 사

제5경영

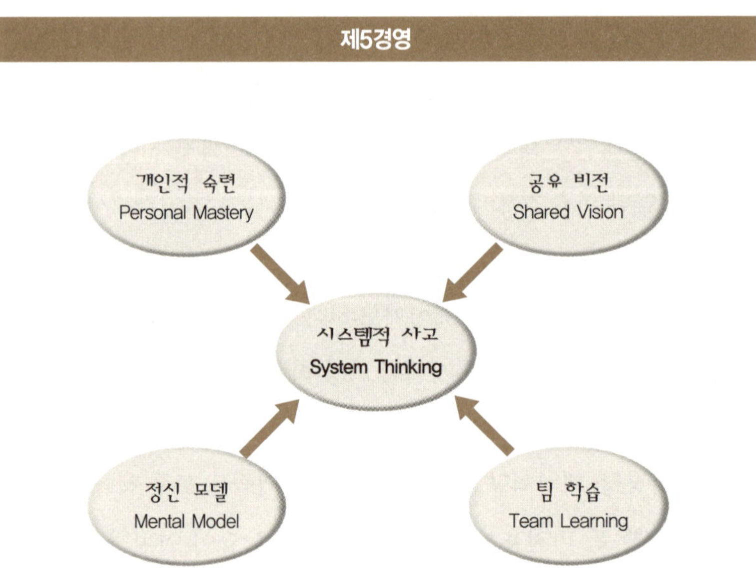

고라는 것이다. 따라서 시스템적 사고가 다섯 가지 분과학의 중심이 된다. 이는 다른 분과학들을 통합하고 융해시켜 서로 밀접한 이론과 실천의 결합체를 만들어낸다.

냄비 속 개구리 우화
실내온도와 같은 물이 담긴 냄비 속에 개구리를 넣고 서서히 온도를 높이면 개구리는 아무런 저항 없이 죽어간다는 내용의 우화를 말한다. 온도가 점점 올라감에 따라 개구리는 무력해지고, 나중에는 개구리가 뛰쳐나오는 것을 막는 사람이 없어도 개구리는 냄비 속에서 그대로 죽고 만다.

시놉시스

《학습조직 구축을 위한 제5경영*The Fifth Discipline*》은 총 5부로 구성되어 있다. 제1부에서는 현실을 창조·변화시키는 사람들의 행위를 다루고 있다. 저자는 "당신의 조직은 과연 학습능력을 갖고 있는가?"라는 질문을 던지며, 일곱 가지 학습무능력 조직의 특성을 제시한다. 예컨대, 나는 내 일을 잘하고 있다는 환상, 적은 외부에 있다는 환상, 주도권을 잡는다는 환상, 사건에의 집착(기업은 전월 매출액, 지난 분기 수익, 신제품 개발 지연 등과 같은 특정 사건에 집착하는 경향이 있다. 그러나 사건 뒤에 감춰진 장기적인 변화의 유형을 파악하고, 그 유형의 원인을 이해해야 한다), 냄비 속 개구리 우화, 경험에서 배운다는 착각(가장 강력한 학습법은 직접경험이다. 그러나 가장 중요한 의사결정의 결과는 결코 경험할 수 없다는 것이다), 경영팀에 대한 환상이 조직의 학습능력을 저하시킨다는 것이다.

제2부에서는 학습조직의 기반이 되는 시스템적 사고에 대해 포괄적으로 설명하고 있는데, 제5분과학의 기본 법칙을 나열하면서 발상의 전환을 통해 단선적인 사고에서 벗어나야 함을 강조하고 있다. 인과관계들 간의 연결고리를 파악하는 방법을 제시하기 위해 시스템 원형을 '자연의 원형'에 비유해 재미있게 풀이한 것을 예로 들 수 있다. 그리고 시스템 원형에 내재된 레버리지(최선의 결과는 대규모의 노력이 아니라 작지만 집중된 행위에서 나온다는 경제 원칙)를 찾아내 효과적인

대응 방안을 찾는 방법과 더불어 복잡성을 꿰뚫어 각각의 나무가 만드는 숲을 바라보는 방법을 제시하고 있다.

제3부에서는 이러한 시스템적 사고를 바탕으로 나머지 네 개의 분과학을 설명하고 있다. 첫째, 개인적 숙련에서는 개인의 관점에서 조직에 몰입하는 방법을 다루고 있다. 이는 개인적 비전을 명확히 하고 이를 지속적으로 심화·확장하며, 힘을 집중하고, 인내심을 기르며, 현실을 객관적으로 보도록 하는 훈련법에 대해 얘기하고 있다. 둘째, 정신 모델에서는 행동과학의 결실들을 반영해 개인 상호관계를 개선해 상호 이해를 높이는 방식을 다루고 있다. 개개인이 세상을 이해하고 행동을 취하는 데 영향을 미치는 가정, 개인적인 육감, 그리고 이미지가 의사결정을 변화시키는 데 어떤 영향을 미치는지를 보여주고 이것이 야기할 수 있는 병폐를 극복하는 법을 제시하고 있다. 셋째, 공유 비전에서는 개인적인 비전과 공유 비전의 관계, 공유 비전에 몰입하는 방법을 다루고 있다. 조직 전체에 걸쳐 목표, 가치, 사명에 대한 공감대를 높이는 것이 리더십이고, 이러한 공유 비전 없이는 탁월한 조직이 될 수 없다는 것이다.

마지막으로 팀 학습에서는 조직 구성원들이 합일을 이루기 위한 다양한 기법들을 다루고 있다. 나아가 이러한 팀 학습의 구체적인 실습 사례들을 제시하면서 팀 학습의 핵심이 '대화'임을 설명하고 있다. 직원들이 서로 적절한 대화를 나눌 수 있도록 훈련시키면 팀 내의 학습을 어렵게 하는 여러 요인들이 쉽게 극복될 수 있다는 것이다.

제4부에서는 학습조직이 직면하게 되는 실질적인 문제들을 소개하고 있다. 학습조직은 개방성을 지녀야 하고, 분권화된 성향을 지녀야 한다. 그리고 지속적인 학습조직을 구축하기 위해서는 경영자들이 학습할 수 있는 시간을 마련해야 한다. 나아가 직장과 가정에서의 개인

적인 수련과 학습은 조화를 이뤄야 한다는 것이 그것이다. 또한 센게는 자신의 주 전공 영역인 시스템 다이내믹스의 관점에서 현상을 축소시켜 우리의 의사결정 결과를 시뮬레이션을 통해 설명하고 있다. 마지막으로 학습조직을 통솔하기 위해 리더가 수행해야 할 새로운 일로서 설계자, 교사, 수탁 책임자의 역할 등도 제시하고 있다.

리뷰

통제 위주의 조직에서 벗어나 학습조직이 되기 위해서는 다섯 가지 분과학이 필요하다

모든 개인은 학습할 수 있는 능력을 갖고 있지만 그들이 속한 조직이 이를 가로막는 경우가 많다. 따라서 환경 변화에 대응해 혁신을 추구하는 조직은 구성원들의 근본적인 의식 개혁을 통해 학습조직으로 거듭날 수 있도록 유도해야 할 것이다. 전통적인 조직은 통제 위주의 조직이었고 구성원들에게 현재에만 충실히 반응하는 소극적인 태도를 요구해왔다. 그러나 학습조직에서는 구성원을 조직 전체를 변화시키는 중심으로 인식하고, 현재에 대한 대처와 미래 창조까지 요구하고 있다. 저자는 이미 발생한 증상에 대한 처방에만 급급한 서구의 사고방식을 지적하면서, 문제의 근본적인 해결을 위해서는 학습조직의 다섯 가지 분과학이 필요함을 주장하고 있다.

시스템적 사고로 무장하라

시스템적 사고는 부분적인 현상보다 전체와 전체에 포함된 부분들 사

이의 역동적 관계를 이해하는 데 초점을 두고 있다. 이것은 통합적 사고, 협동적 사고로서 전체를 하나로 보는 사고다. 모든 복잡한 문제는 단순하면서도 명료한, 그러나 잘못된 해결방안을 갖고 있다. 복잡한 문제에서 그 일부분만을 변화시키면 전체 시스템이 갖고 있는 병을 치유할 수 있다고 생각한다면 오산이다. 사람들은 문제 해결에 있어 항상 직접적인 원인 및 결과 관계만을 생각하며, 그 문제로 인해 전체 시스템이 받게 되는 영향이나 이로 인해 되돌아오는 피드백에 대해서는 고려하지 않는 경향이 있다.

간단명료하지만 잘못된, 근시안적 해결안은 조직의 귀중한 시간과 돈, 창의성을 소모시킬 뿐이다. 그러므로 단순한 부분의 합이 아닌 전체 시스템의 시너지 효과를 고려해야 한다. 이러한 '시스템 사고'라는 접근 방식은 기업과 산업, 정부, 커뮤니티, 그리고 그 이상의 집단에서 인간과 관련된 모든 일에 적용될 수 있다. 저자는 단선적인 사고의 단점을 알기 쉽게 설명하기 위해 시스템적 사고의 열한 가지 법칙을 제시하고 있는데 다음과 같다.

1. 어제의 해결책이 오늘의 문젯거리일 수 있다. 경찰이 덮쳤을 때는 이미 새로운 곳으로 거처로 옮긴 후인 마약상의 경우처럼 대부분의 해결안들은 시스템의 또 다른 부분에서 다시 문제를 유발한다. 즉, 문제는 사라지지 않고 다시 돌아오게 되는 것이다.
2. 세게 밀수록 반동도 커진다. 기업이 마케팅 비용을 위해 서비스 관련 비용을 줄이는 경우 낮은 수준의 서비스는 바로 고객들을 실망시키고 이로 인해 결과적으로 매출이 하락하게 된다.
3. 행위는 나빠지기 전에 먼저 좋아진다. 어떤 조치들은 궁극적으로는 별 효과가 없지만 단기적으로는 효과가 있는 것처럼 보인다. 이처럼

나쁜 결과가 나오기 전에 일단 좋아지는 현상으로 인해 대부분의 정치적 의사결정이 궁극적으로 나쁜 결과를 만들어내기 쉽다.

4. 쉬운 방법은 대개 문제를 원점으로 돌아오게 한다. 우리는 아는 것에만 집착해 익숙한 해결책에만 매달리려 한다. 때로는 이러한 방법으로도 해결책을 찾을 수 있지만 대부분은 그렇지 못하다. 손쉽고 익숙한 해결책에만 매달려 있는 동안 문제는 더욱 악화되기 일쑤인데, 이것은 비시스템적 사고의 전형이다.
5. 해결책이 문제 자체보다 더 부정적일 수 있다. 때로는 손쉬운 해결책은 비효과적일 뿐만 아니라 중독성이 있고 위험하기도 하다.
6. 빠른 것이 느린 것만 못하다. 몸에 암이 퍼지는 것처럼 성장이 지나칠 때 시스템은 스스로 속도를 늦추려고 하고, 이러한 과정에서 조직을 위기에 몰아넣기도 한다.
7. 원인과 결과가 시공時空적으로 일치하지는 않는다. 즉, 생산에 문제가 있으면 생산라인, 판매에 문제가 있으면 판매라인의 문제라고 단순하게 해석할 수 없다는 것이다.
8. 작은 변화가 큰 결과를 낳는다. 이는 시스템적 사고는 작지만 적절한 행동만으로도 때로는 지속적인 개선을 이룬다는 레버리지 효과를 의미한다. 따라서 난제를 해결하기 위해서는 어디에 가장 큰 레버리지 효과가 있는지를 파악해야 한다.
9. 꿩 먹고 알 먹는 식의 경우는 쉽게 찾아볼 수 없다. 한 가지 목표를 달성하기 위해서는 다른 한 가지 목표는 잠시 접어둬야 하는 것이다.
10. 코끼리를 반으로 쪼갠다고 두 마리의 작은 코끼리가 되는 것은 아니다. 생명체에는 통합성이 있으며, 특성은 전체에 의해 좌우된다. 조직도 마찬가지로 관리상의 문제를 인식하기 위해서는 문제의 원인이 되는 전체 시스템을 볼 줄 알아야 한다. 즉 문제 부서를 분할한다 해

도 이들이 문제가 되었던 상황을 각각 처리할 수는 없는 법이다.

11. 누구도 탓할 수 없다. 우리는 많은 경우 문제를 외부 환경 탓으로 돌리지만 시스템적 사고에서는 문제의 원인이 시스템의 일부라는 점을 인식해야 한다.

학습은 개인적 숙련에서 시작된다

조직은 학습하는 개인들을 통해서만 배울 수 있다. 학습의 주체는 조직이 아니라 개인이다. 학습조직의 힘은 궁극적으로 각 개인의 결합된 힘들로 이뤄지는 것이므로 조직 내 각 구성원들의 성장이야말로 비즈니스를 성공적으로 이끌 수 있는 기본 바탕이 된다. 이러한 개인의 학습 능력은 다음과 같은 기반이 있어야 더 확장되고 강화될 수 있다.

첫째, 개인의 비전을 더욱 명확하고 풍요롭게 만든다. 개인의 숙달 능력을 증진시키고자 하는 사람들은 인생에서 진실로 원하는 것에 지속적으로 초점을 맞추며 이를 구체적으로 실행해나간다.

둘째, 긴장 상태를 창조적으로 활용한다. 창조적인 긴장은 개인의 비전과 현실과의 차이에서 비롯된다. 이때 차이가 크면 클수록 비전을 이루고자 하는 긴장과 갈등 상태는 더욱 심화되며, 이는 개인이 숙달된 능력을 갖고자 노력하게끔 만드는 중요한 동기로 작용한다.

셋째, 잠재의식을 활용한다. 높은 수준의 숙달된 능력을 갖추고 있는 사람들은 더욱 어려운 업무를 다룰 수 있는 능력을 갖고자 하는 잠재의식을 갖게 되며, 이는 보다 높은 비전을 이루기 위한 원동력으로 작용한다.

높은 수준의 개인적 숙련을 달성한 사람들은 지속적으로 학습하는 삶을 영위한다. 개인적 숙련은 연속적인 과정으로 일생 동안 이어지게 된다. 높은 수준의 개인적 숙련에 도달한 사람들은 자신들의 무지를 충분히 인식하고 있으며 모자란 부분도 잘 알고 있다. 그들은 또한 모순적이지만 동시에 깊은 자신감도 지니게 되며 개인적 숙련을 통해 자신의 비전을 지속적으로 명확하게 설정할 수 있게 된다. 이는 힘을 집중하고, 인내심을 개발하며, 현실을 객관적으로 볼 수 있도록 돕는다. 따라서 개인적 숙련은 학습조직의 가장 중요한 기초이며, 정신적 바탕이다.

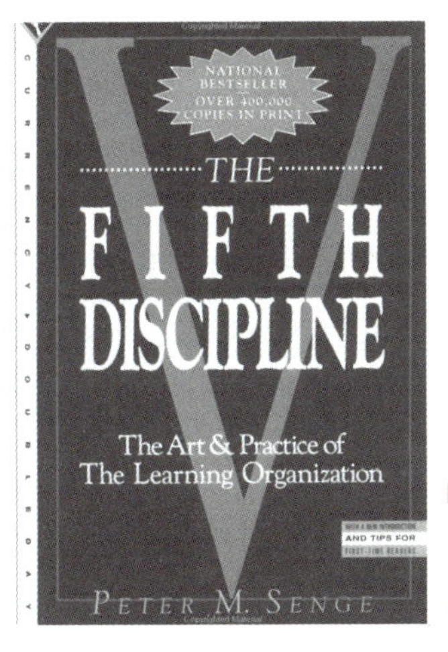

《학습조직 구축을 위한 제5경영》의 원서 표지. 1994년판.

한 조직의 학습에 대한 열정과 역량은 구성원들의 개인적 숙련에 기인하게 된다. 숙련이란 사람이나 사물에 대한 우월적 지배력을 의미할 수도 있다. 높은 수준의 개인적 숙련을 이룬 사람들은 그들에게 가장 깊은 의미가 있는 결과를 일관성 있게 구현하는 능력을 지니게 되고, 마치 예술가가 작품을 대하듯이 그들의 생활에 접근하는 경향이 있다.

그러나 안타깝게도 성인들 중 자신의 개인적 숙련을 애써 개발하려고 노력하는 사람이 드문 것이 현실이다. 그들에게 인생에서 바라는 것이 무엇이냐고 물으면 우선 벗어나고 싶은 것들에 대해 말하는 경향이 있다. 그러나 개인적 숙련의 분과학에서는 높은 포부를 달성하기 위해서 개인이 스스로에게 가장 중요한 일이 무엇인지를 정확히 인식하는 것이 가장 중요하다. 그리고 이를 위해 어떤 개인적 숙련을 이뤄야 할지를 결정해야 한다.

추상의 비약

추상의 비약leaps of abstraction은 직접적인 관찰로 검증하지 않고 사물을 일반화시키는 오류를 말한다. 이는 마음속으로 생각한 내용들을 너무 빨리 일반적인 현상으로 인식해버리는 데서 기인한다.

학습을 위해 정신 모델을 개선한다

정신 모델은 우리가 살아가는 데 꼭 필요하지만 때로는 우리의 능력을 제한하기도 한다. 이는 마음속에 뿌리 깊이 배어 있는 가정이나 일반화 내지는 고착화된 영상이나 이미지를 의미한다. 이러한 정신 모델은 사람들이 세상을 어떻게 이해하고 어떻게 행동하는가에 큰 영향을 미치게 된다. 그러나 대부분 정신 모델이 개인의 행동에 미치는 영향을 의식적으로 깨닫지는 못한다.

모든 관리자들의 고민 중 하나가 수많은 훌륭한 아이디어들이 결코 실행에 옮겨지지 않는다는 것이다. 우수한 전략들이 행동으로 옮겨지지 못하고 체계적인 통찰력이 운영 정책으로 전환되지 못하고 있다. 저자는 이러한 현상이 개인의 나약한 의지나 체계적이지 못한 이해에서 오는 것이 아니라, '정신 모델'의 문제라고 주장하고 있다. 예컨대, 새로운 통찰들이 실행에 옮겨지지 못하는 것은 그것이 이미 머릿속에 내재된 사고방식이나 이미지와 대치되기 때문이라는 것이다. 그렇기 때문에 정신 모델을 관리하는 원리들은 학습조직을 수립하는 데 있어 중요한 해결책이 될 수 있다.

조직의 정신 모델 활용 능력을 개발한다는 것은 새로운 기술을 학습하는 것뿐 아니라, 이러한 기술들을 정규적으로 실천하도록 하는 제도적 혁신을 실행하는 것을 의미한다. 그래서 저자는 조직 전체의 정신 모델을 관리하기 위해서는 보다 계획적인 학습 과정이 필요함을 지적하고 있다. 이를 위해서는 내부 위원회를 두고 의사결정자와 실행자를 정기적으로 한자리에 모아, 그들의 사고를 재검토해서 궁극적인 의사결정을 내리는 것이 효율적이다.

한편 개개인과 대인관계 수준에서의 정신 모델을 관리하기 위해서는 사색과 질의를 위한 일정한 기술이 필요하다. 구체적으로 '추상의 비약'과 '좌측란' 연습을 통해 가정들을 잘 다루는 것이 왜 중요한가를 파악해야 한다. 그리고 질의와 주장하는 기술을 습득하고 지지하는 이론과 사용중인 이론의 차이를 정확하게 이해하고 학습해야 한다. 궁극적으로 시스템 사고와 정신 모델을 통합함으로써 우리가 사고하는 정신 모델을 개선하고, 우리의 사고방식을 변화시킬 수 있다. 사실 우리의 대부분의 정신 모델은 시스템적으로 결함을 지니고 있다. 이러한 결점을 이해해야만 통용되고 있는 정신 모델의 어디에 가장 문제가 있는지 알 수 있다. 그리고 효과적인 의사결정을 위해서 관리자의 정신 모델을 바꾸는 것 외에 어떤 노력을 해야 하는지를 인식할 수 있다.

좌측란

좌측란left-hand column은 크리스 아지리스와 그의 동료들에 의해 사용된 사례 표현 방식으로 감춰진 가정들을 표면으로 부각시키고 그것이 행동에 어떻게 영향을 미치는지를 파악하는 기술이다.

학습을 위해 공유 비전을 형성한다

리더십은 창조하고자 하는 미래에 대해 사람들로 하여금 공통적인 그림을 갖도록 하는 능력이다. 조직 전체에 걸쳐 깊은 공감대가 형성된 목표와 가치, 그리고 사명이 없다면 조직은 지속적인 성과를 달성하기 어렵다. 비전이 명확할 때 사람들은 누가 지시하지 않아도 스스로 탁월한 업적을 이뤄내고 또 배우고자 노력하게 된다. 그러나 조직을 활성화시키는 공유 비전으로 전환되기 어려운 개인적 비전을 신봉하는 경영자도 많다. 공유 비전이 경영자의 개인적인 신념에 너무 지나치게 의존하거나 단순히 구성원들에게 위기감을 주기 위해 만들어진다면 학습조직으로 연결되기 어렵다.

또한 대부분 사람들은 공유 비전을 선택할 때 고상한 목표를 선호하는 경향이 있다. 이는 개인적 비전을 공유 비전으로 바꾸는 훈련이 부족하기 때문이다. 이렇듯 개인이 각각의 비전을 갖고 서로 연결되지 않는다면 그것은 조직 차원에서 볼 때 전혀 의미가 없다. 비전은 몰입을 기반으로 한다. 각자 자신이 아는 서로에게 몰입할 때 비로소 공유될 수 있는 것이다. 모든 사람들이 진실로 비전을 공유할 때 공동의 열망에 의해 서로 결합되고 결속될 수 있다.

공유 비전이란 아이디어가 아니다. 심지어 자유와 같은 중요한 아이디어조차도 그 자체로서 공유 비전이 되는 것은 아니다. 공유 비전은 사람들의 가슴속에 감동적인 힘을 부여하는 그 무엇이다. 공유 비전은 특정한 아이디어에서 시작될 수는 있지만 공유 과정을 거치면서 여러 사람들의 지지를 얻을수록 추상적인 개념이 아닌 명료한 사실로 발전한다.

공유 비전을 설정하지 않고는 학습조직을 이룰 수 없다. 사람들이 진정으로 달성하기를 원하는 어떤 목표를 설정해 그 방향으로 이끌 수 없다면 현 상태를 유지하고자 하는 힘에 압도당하고 만다. 이렇듯 학습조직의 사활은 공유 비전에 달려 있다 해도 과언이 아니다. 왜냐하면 공유 비전은 학습에 초점과 에너지를 제공하기 때문이다. 대개의 경우 적응하기 위한 학습은 공유 비전 없이도 이뤄질 수 있지만, 생성적 학습은 공유 비전을 지닌 구성원의 자발적인 노력이 있어야 이뤄진다. 사실 창조적인 아이디어라 하더라도 진실로 성취하고자 하는 비전을 지니고 이에 열광하기 전에는 추상적이고 무의미할 뿐이다. 공유 비전은 본질적으로 사람들의 열망을 더욱 강하게 하고, 활력을 주며, 조직체를 세속적인 것 이상의 그 무엇으로 끌어올리는 활기와 흥미를 창조해낸다. 이렇듯 기업에 있어 공유 비전은 구성원 간의 관계를 바꿔놓아 회사가 '그들의 회사'가 아닌 '우리의 회사'가 될 수 있게 해준다.

한편 공유 비전은 높은 목표를 필요로 하고, 높은 목표는 새로운 사고와 행동방식을 요구한다. 공유 비전은 또한 학습 과정을 유지하는 데 필요한 지침을 제공한다. 대개의 경우 학습은 어렵고 고통스러울 수밖에 없는데 공유 비전을 가짐으로써 기존의 틀에서 벗어나 자신이 진정 원하는 그 무엇을 향해 나아갈 수 있게 된다. 위대한 그 무엇을 창조할 수 있는 분위기를 조성하는 공유 비전 아래서 일상적인 사소함은 더 이상 중요하지 않을 수도 있다. 그러나 위대한 꿈이 없는 곳에서는 사소한 것이 조직에 영향력을 발휘하게 된다.

물론 비전만으로 모든 문제를 해결할 수는 없다. 그러나 비전은 저하된 사기와 불명확한 전략적 방향감이라는 문제를 해결하는 핵심적인 요소이기는 하다. 따라서 공유 비전을 세우는 것은 지도자가 해야 할 가장 중요한 역할 중 하나다. 지도자는 공유 비전을 구축하기 위해 우선 개인적 비전을 격려하고 이러한 개인적 비전들이 공유 비전이 되도록 유도해야 한다. 이러한 비전을 조직 전체로 확산시키기 위해서는 가입, 몰입과 순응이라는 방법을 사용할 수 있다. 그리고 가입과 몰입에 대한 지침을 작성함으로써 조직 전체를 관통하는 지배적인 생각인 공유 비전을 정착시킬 수 있게 된다.

팀 학습을 활용하라

팀 학습은 조직의 실행 능력을 동일한 방향으로 이끌어갈 수 있도록 만드는 과정이다. 이는 구성원들이 진정으로 원하는 결과를 달성하기 위해 팀의 능력을 합일시키고 개발하는 과정이기도 하다. 팀 학습은 공유 비전을 기반으로 한다. 이러한 팀 학습이 원활히 이뤄지기 위해서는 복잡한 문제에 대해 통찰력을 갖고 생각하고, 혁신적이고 협력적인 행동을 하고, 새로운 실행과 이에 필요한 기술을 공유해야 한다.

한편 팀 학습이 숙달되기 위해서는 대화가 자연스럽게 이뤄질 수

훌륭한 팀은 개방적인 의사소통 구조를 갖고 있으며, 토론을 통해 학습하고 창조성을 향상시킨다.

있는 분위기가 마련되어야 한다. 대화는 팀 내의 복잡한 주제를 각기 다른 관점에서 접근해 볼 수 있도록 해주고, 보다 큰 목표를 이루기 위해 서로를 연결시켜주는 촉매 역할을 한다.

토론은 대화와 혼동되는 개념인데 이 둘은 명확히 다른 개념이다. 토론은 둘 또는 그 이상의 사람들이 그들의 입장을 제시하고 그것을 상대방에게 이해시키는 다소 투쟁적인 과정이다. 그러나 대화는 자신의 입장을 제시하고 상대방에게 이해시키되 비판을 수용하고, 상호 피드백을 통해 의견 일치를 유도하는 과정이다. 대화는 자신의 입장을 옹호하기 위한 것이 아니라, 자신의 의견을 개진하고 팀 전체를 발전시킬 수 있는 방안을 찾기 위해 필요한 것이다.

한편 팀 학습을 위해서는 때로는 갈등도 건설적으로 활용해야 한다. 훌륭한 팀의 구성원들은 비전을 성취하는 방법에 대해 각기 다른 견해를 가질 수 있다. 이러한 견해 차이를 구체적으로 고려하고 분석하며, 토론을 벌이는 과정에서 팀 학습과 창조성이 더욱 향상될 수 있다. 훌륭한 팀은 갈등으로 인해 혼란을 겪지 않고, 오히려 이를 긍정적인 자극으로 받아들인다.

학습조직이 직면하는 실질적인 문제와 이슈

>> 개방성

조직은 학습조직으로 거듭나는 과정에서 수많은 문제에 봉착하게 된다. 그 첫번째 문제가 바로 개방성을 확보하는 것이다. 관료화된 조직은 내치적인 부분의 비중이 크다. 예컨대, 상관이 어떤 아이디어를 제안하면 그 아이디어는 신중하게 취급되는 반면 그 외의 사람이 새로운 아이디어를 제안하면 쉽게 무시되곤 한다. 학습조직을 통해서 이러한 조직 정치는 타파되어야 하며 그러기 위해서는 일정 수준의 개방성이 전제되어야 하는 것이다.

개방성은 참여적 개방성과 사색적 개방성으로 구분된다. 참여적 개방성이란 참여자가 말할 자유를 지니는 것을 말한다. 이는 개방적인 의사소통을 위해 가장 필요한 요소다. 그러나 참여적 개방성만으로는 한계가 있다. 참여적 개방성을 통해서는 자신의 관점을 어느 정도 공개할 수 있어 자유를 느낄 수는 있지만, 이것이 더 높은 수준의 상호작용과 공유로 연결되지는 않는다. 이는 단지 상호작용의 수단이나 과정일 뿐 결과와는 관련성이 없다. 이에 반해 사색적 개방성은 사람들로 하여금 자신의 내면을 돌아보도록 하는 것을 말한다. 자기자신의 사고에 능동적으로 도전하고, 이미 확고히 굳어진 확신이라 해도 이를 버리고 다른 사람의 생각과 상호 교류할 수 있게 만드는 것이다. 한편 미래를 너무 확실하게 규정하는 것은 개방성을 막는 장애 요인이 된다. 조직에 속한 사람들 중 어느 누구도 해답을 알지 못한다는 것을 다 함께 깨닫게 되면 조직은 놀랄 만큼 자유로워진다. 조직이 학습할 수 있으려면 원하는 만큼 기존의 것을 바꿀 수 있는 개방성이 있어야 한다.

>> 분권화

사람들이 자신의 행동에 대해 진정한 책임감을 갖고 있을 때 학습의욕이 가장 충만하게 된다. 반면에 자신이 처한 환경에 자신이 아무런 영향을 미칠 수 없다고 느낄 때 사람들은 무력해지고, 그와 동시에 학습의욕은 사라지고 만다. 따라서 학습조직으로 발전하기 위해서는 구성원들의 책임감을 높이는 분권화가 이뤄져야 한다.

일반적으로 장수하는 기업은 지속적으로 새로운 사업 영역의 개발을 위한 실험을 계속하는 기업이다. 그런데 이러한 실험은 대개의 경우 조직의 하부에서 이뤄지게 된다. 따라서 분권화가 필수적이다. 많은 경영자들은 분권화가 이뤄지면 자신들이 허수아비가 되지 않을까 불안해한다. 이러한 불안은 경영자로 하여금 권한이양을 거부하게 만드는 주된 요인이다. 한편 위양된 권한을 지닌 개인을 적절히 통제하지 못하면 조직은 전체적인 통일성을 잃을 수도 있다. 따라서 공유 비전을 중심으로 분권화로 인한 정체성의 혼란을 막아야 한다.

학습조직은 통제하지 않으면서 통제되어야 한다. 그리고 분권화가 정착되기 위해서는 어느 정도 실패할 수 있는 자유가 주어져야 한다. 그러나 분권화된 조직의 하부에서 실질적으로 진행되는 일들이 적절히 보고되고, 그것들을 서로 공유하는 신호 체계는 철저히 완비되어야 한다. 실패를 정확히 알고 용서하는 것은 동기를 유발시키지만 실패 자체를 모르는 것은 구성원들을 기회주의적으로 만들 뿐이다. 이에 저자는 분권화를 위한 다양한 실질적인 제언을 하고 있다.

>> 학습을 위한 시간

학습을 주도하는 것은 리더인 경영자다. 그러면 과연 어떻게 하면 경영자들이 학습할 수 있는 시간을 만들 수 있을까? 대부분의 미국 경영자들은 너무 바빠서 독립적으로 생각할 시간이 없다. 저자는 이에 대해 경영자는 보다 중요한 문제에만 집중하고, 나머지 시간을 절약해 본질적인 학습이 이뤄지도록 해야 한다고 역설하고 있다. 어떤 경우에는 개인적인 습관을 바꿀 필요도 있다. 이런 차원에서 일과 가정과의 관계를 재정립하는 것이 중요하다. 많은 경우 일과 가정 간의 갈등은 전통적인 조직에 있어 학습이 원활히 이뤄지지 못하게 하는 장애 요인이었다. 학습조직을 효율적으로 만들기 위해서는 가정에서 보내는 시간들을 효과적으로 사용할 수 있도록 상담하고, 안내하는 지원이 필요하다. 이는 개인 삶의 모든 면에서 개인적 숙련이 이루어지도록 지원하는 과정이기도 하다.

>> 리더의 역할

학습조직은 새로운 리더십을 필요로 한다. 학습조직의 리더는 먼저 설계자로서의 역할을 수행해야 한다. 여기서 설계자의 역할이란 조직의 정책, 전략, 시스템을 설계하고 나아가 학습 프로세스를 디자인하는 것을 말한다. 또한 리더는 수탁 책임자로서의 역할도 수행해야 한다. 리더는 조직의 공유 비전에 대한 수탁 책임자인 것이다. 마지막으로 리더는 교사로서의 역할도 수행해야 한다. 공유된 비전이 현실화되기 위해서는 방아쇠 역할을 하는 전환점이 필요하다. 리더는 비전과 목표를 현실적으로 적용하고, 이를 조직 전체에 전파해야 할 책임이 있다. 이상과 같은 리더의 역할이 잘 발휘되려면 조직 내에 창조적인 긴장감이 지속되어야 하고, 리더는 이러한 긴장감의 완급을 조절하면서 적절히 유지시켜나가야 한다.

현대적 시사점

《학습조직 구축을 위한 제5경영》의 사고는 창조적인 기업 역량을 구축하고자 하는 기업에게 많은 시사점을 제공한다. 특히 지난날 빈약한 자원구조하에서 선진국의 기술과 지식을 단순 모방하는 데 급급했던 한국 기업들이 추격자의 입장에서 선도자의 입장으로 탈바꿈하기 위해서는 지속적인 역량의 구축이 필요하고 이를 위해서는 무엇보다도 학습조직의 특성을 지니는 것이 중요하다. 경쟁의식과 책임감이 부족하고 관료적인 관행이 뿌리 깊은 기업은 학습조직의 이점을 살리기 어려울 것이다.

저자가 이 책을 통해 지속적으로 강조하고 있는 시스템적인 사고에 근거한 경영은, 전통적으로 두리뭉실한 해결책을 선호했던 한국 기업의 경영자들이 특히 명심해야 할 부분이다. 문제의 본질을 파악하고, 이를 해결하기 위한 핵심 요인을 발견하는 시스템적인 사고를 통해 과학적이고 합리적으로 문제를 해결해야 한다. 임기응변식의 처방으로는 문제를 근원적으로 해결할 수 없으니까 말이다. 정부 정책에 따라 구체적인 전략 없이 벌여왔던 문어발식 경영 다각화나 IMF 이후 당장의 생존을 위해 본질적인 고려 없이 행해졌던 수많은 구조조정도 시스템적 사고에 근거해서 보다 합리적으로 재조정되어야 할 것이다.

한편 학습조직을 이끌어가는 리더십에 대한 부분도 눈여겨봐야 할 부분이다. 우리나라 대부분의 기업들은 아직도 가부장적인 조직에서 벗어나지 못하고 단 한 명의 리더에게 크게 의존하고 있는 실정이다. 1세대 창업자들의 시대가 끝난 현시점에서 한국 기업이 필요로 하는 리더는 지속적인 학습을 할 수 있도록 분권화되고 개방화된 조직을 이끌 수 있는 경영자일 것이다. 이러한 경영자만이 구성원들로 하여금 적극적으로 조직과 기업, 나아가 국가와 세계의 미래를 변화시키도록 이끌 수 있다. 다시 말해 과거의 독불장군식의 리더십이 아니라 공유된 리더십으로의 전환이 필요하다.

한편 개인적 숙련에 대한 부분도 한 기업에 입사해서 별다른 특기 없이 일반적인 능력만을 숙련하는 한국 기업의 구성원들이 유념해야 할 부분이다. 개개인의 역량은 조직 역량의 근간이 된다. 따라서 구성원들이 전문화된 자신만의 역량을 지속적으로 축적할 수 있는 기반이 마련되어야 한다. 그리고 이러한 역량이 조직 전체에서 시너지 효과를 낼 수 있도록 연계될 때 학습조직이 만들어질 수 있다. 나아가 기업 내부에 널리 퍼져 있는 정신 모델이 경직되지 않도록 유연하고 혁신적인 분위기를 조성하는 것도 필요하다. 급격한 구조조정과 일상화된 혁신 과정을 거치면서 역설적으로 변화를 두려워하게 된 구성원들이 건전한 정신 모델을 지니도록 유도해야만 학습조직의 기반이 흔들리지 않을 것이다.

제5경영의 요소 중 일반적으로 가장 많이 인용되는 것이 공유 비전이다. 대부분의 기업들이 비전을 공표하고 이를 홍보하지만 진정한 의미의 공유 비전을 달성하는 것은 매우 어려운 일이다. 특히 동양적인 사회의 이중적인 사고 구조에서 공유 비전이 구성원들의 마음에 자리잡기 위해서는 뚜렷한 방향성이 필요하다. 구호로 강조되는 비전이 아니라 사업적인 차원에서 전문화되어 있어 자사의 핵심역량이 무엇인지 누구나 공유할 수 있는 기반이 갖춰져야 한다. 핵심역량으로 연결되어 있지 않고 문어발식으로 다각화된 기업의 공유 비전은 추상적이고 공허하기 쉽다. 그러나 핵심 기술과 핵심 자산이 명확한 조직의 공유 비전은 굳이 강조하지 않아도 구성원들이 당연한 것으로 받아들이게 마련이다.

마지막으로 팀 학습은 수평적인 조직을 바탕으로 한다. 팀 학습은 본질적으로 대화와 공유를 바탕으로 이뤄진다. 이는 수직적인 조직에서 명령과 지시에 의해 과업이 이뤄지는 것과는 상반되는 개념이다. 최근 팀제로 전환한 수많은 한국 기업들 중 조직을 표면상으로만 변화시키고 구성원 간의 역학관계는 여전히 계층적으로 유지하는 기업은 효율적인 팀 학습을 달성할 수 없었다. 연공서열이 엄격한 동양적인 조직구조에서 팀 학습을 위해 가장 중요한 것은, 인간관계와 과업 중심의 정보공유를 어떻게 접목시키느냐다. 한국 기업들은 1990년대 후반 이후 심각한 위기에 직면해 있다. 기존의 방식을 버리고 혁신적인 조직구조를 만들고 전략적 사고를 접목해야 할 때다. 제5경영에 기반한 학습조직으로의 전환은 위기에 처한 한국 기업들이 미래를 개척하고 변화하는 능력을 키우는 데 필요한 중요한 아이디어들을 제공하고 있다.

경영 구루들의 살아있는 아이디어 스튜어트 크레이너, 2002

핵심역량과 학습조직 DONALD SHANDLER, 이영석 역, 시그마프레스, 2002

초 학습조직 구축법 마이클 마쿼츠, 유영만 역, 창현출판사, 1997

글로벌 학습조직 마이클 마쿼드, 송경근 역, 한국언론자료간행회, 1994

저자 소개 및 도서 정보

피터 센게 Peter M. Senge

《학습조직 구축을 위한 제5경영 *The Fifth Discipline : the Art and practice of the Learning Organization*》, Currency Doubleday, 1994.

1947년생인 피터 센게는 스탠퍼드대학에서 공학을 전공한 뒤, MIT대학에서 사회 시스템 모델링과 경영학을 전공해 석사학위 및 박사학위를 받았다. 현재 MIT대학의 교수로 재직중인 그는 학습조직을 확립하기 위한 방법과 그에 관련된 지식을 향상시키기 위해 설립된 MIT 슬로언 경영대학원의 학습조직 센터장으로 활동하고 있기도 하다. 또한 매사추세츠주 프래밍엄에 있는 혁신협회의 창단 멤버이기도 하다.

그는 혁신협회가 개최하는 수많은 세미나를 통해 포드, DEC, 애플, P&G, AT&T, 허먼 밀러, 하노버 보험, 로열 더치 쉘 등 많은 유수한 회사에게 학습조직의 훈련법을 소개해왔다. 센게의 명강의는 경제학적 사고와 시스템적 이론을 바탕으로 현실을 재미있는 그만의 독특한 아이디어로 풀어내는 것으로 유명하다. 센게는 시스템적 사고와 학습이론을 이용해 조직이 공동의 목표를 향해 모든 구성원들의 능력을 집결할 수 있도록 유도하고 있다. 이렇듯 센게의 연구는 비전, 목적, 시스템적 사고를 기반으로 하고 있다. 센게는 기업을 위시한 여러 가지 형태의 조직이 급변하는 외부 세계에 대응해 어떤 형태로 적응력을 키워가는지에 대한 통찰력을 제공하는 다양한 저술 및 강의활동을 해오고 있다.

대표 저서인 《학습조직 구축을 위한 제5경영》을 통해 센게는 경영관리자들이 조직에서 당면하는 본질적인 문제에 구조적으로 접근하고, 이에 대한 나름의 해결책을 제시하고 있다. 이 책은 1990년에 입문서 형태로 처음 출간되었으나 1994년 10월 커런시 사에 의해 다시 보급형으로 출간되었다. 미국에서만 30만 부 이상이 팔린 이 책은 조직과 개인이 학습 무능력 상태에서 벗어나기 위해 어떻게 해야 하는지 그 방법을 제시하고 있다. 우리나라에서는 서울대 안중호 교수의 번역으로 1996년 세종서적에서 출간된 바 있다.

센게의 다른 주요 저서로는 《The Dance of Change: The Challenges to Sustaining Momentum in Learning Organizations》(1999)과 《Schools That Learn: A Fifth Discipline Fieldbook for Educators, Parents, and Everyone Who Cares About Education》(2000) 등이 있다.

23 강력한 브랜드 자산 구축하기

Building Strong Brands
David A. Aaker

keyword
브랜드 자산
브랜드 전략
브랜드 아이덴티티
전사적 참여

카테고리 관련성	
경영전략, 경영혁신	★★
생산관리	
변화관리	★
조직관리, 인사관리	
마케팅	★★★
리더십	
동기부여, 인간관계	
기업성공	

핵심 아이디어 데이비드 아커가 브랜드 분야에서 탁월성을 인정받을 수 있게 만든 두 권의 저서인 《브랜드 자산의 전략적 관리》와 《데이비드 아커의 브랜드 경영*Building Strong Brands*》은 브랜드에 대한 인식의 전환과 브랜드를 기업의 장기적 전략의 하나로 활용할 것을 제안하고 있다. 그가 탁월하다고 하는 이유는 그의 저서에서 살펴볼 수 있듯이 그가 후에 브랜드의 개념이 어떻게 변화할 것인지를 내다보고 브랜드가 어떤 능력을 갖춰야 하는지를 보여줬기 때문이다. 이는 아커가 마케팅 및 브랜드 분야 전반에 대한 통찰력과 혁신적인 발상을 갖고 있다는 사실을 잘 보여준다.

아커는 그의 첫번째 저서인 《브랜드 자산의 전략적 관리》에서 브랜드가 기업활동에 있어 비용 항목이 아닌 자산으로서의 가치가 있음을 분명히 밝히고 브랜드가 기업과 고객에게 어떤 가치를 갖고 있는지, 그리고 브랜드 자산의 개념에 대한 구조와 정의를 어떻게 구체화시킬 수 있는지를 보여주고 있다. 이를 위해 아커는 네 가지 요소, 즉 브랜드 로열티, 브랜드 인지도, 지각된 품질, 브랜드 연상으로 구성된 브랜드 자산 모형을 제시했다. 그리고 브랜드가 기업에게는 마케팅 프로그램의 효율성과 효과 제고, 브랜드 로열티 제고, 가격과 이윤의 기회 확장, 상품 확장력 제고, 관련 업계의 세력 형성, 경쟁적 이익력 제고 등을 바탕으로 가치를 부여하며, 고객에게는 정보 해석과 처리 제고, 구매 결정에 있어서의 자신감 제고, 사용상의 만족감 제고 등의 가치를 부여한다는 것을 보여준다. 그리고 이러한 1991년의 연구는 1996년에 이뤄진 브랜드 분야에 대한 보다 확장된 연구의 기초가 되었다.

아커의 두번째 저서인 《데이비드 아커의 브랜드 경영*Building Strong Brands*》은 다양한 관점에서 그가 적용했던 마케팅 분야 내에서의 브랜드 자산의 형성 및 관리 형태를 넘어서 이를 기반으로 전략적인 브랜드를 구축하는 방법 및 그를 유지하는 방법을 다루고 있다. 특히 브랜드의 자산적 가치를 활용하기 위한 브랜드 전략을 제시함에 있어 핵심을 구성하는 '브랜드 아이덴티티'를 소개하고 그에 대한 정의를 내리고 있으며 또한 브랜드 아이덴티티 구축에 추가되는 관리적 차원의 문제브랜드 시스템, 브랜드 자산 평가, 장기적인 브랜드 관리를 다루고 있다.

2002년 출간된 《데이비드 아커의 브랜드 경영》의 국내 번역본.

《데이비드 아커의 브랜드 경영》에서 아커는 단순히 마케팅 부서에 국한될 것 같았던 브랜드 구축의 문제를 기업 차원의 관점으로 접근하고, 이에 대한 가치를 인식시킴으로써 브랜드 구축이 기초적인 기업 전략 수립에 있어 하나의 중요한 축이 된다는 강력한 메시지를 전달하고 있다. 아커는 두 저서를 통해 다음과 같은 두 가지 지침을 제시하고 있으며 이를 토대로 브랜드 경영에 대한 통합적인 전략을 제시하고 있다. 여기서는 주로 《데이비드 아커의 브랜드 경영》을 중심으로 주요 개념을 소개하고자 한다.

첫째, 브랜드는 가치 창출을 가능하게 하는 자산으로 간주되어야 하며 이를 위해서는 기업의 인식 변화가 필요하다. 재정적인 문제 때문에 브랜드 예산을 줄이고 싶은 유혹을 느끼고, 브랜드 구축 프로그램을 중단해야 한다는 요구가 있는 때를 오히려 브랜드 구축을 위한 절호의 기회로 생각해야 한다. 구조적인 환경 변화나 지속적인 시장 변화에 따라 주기적으로 하락하는 실적에 과민반응을 보이거나 오해하지 말고, 브랜드 구축 예산을 크게 삭감함으로써 단기적으로 수익을 증대시키라는 압력을 피해야 한다. 브랜드는 장기적으로 기업의 자산을 창출하는 미래 사업의 기반이 된다. 어려운 시기에 경쟁자들이 우선적으로 브랜드 구축에 대한 비용 지출을 줄이는 현상을 이용하면 상대적으로 저렴한 비용으로 브랜드를 구축할 수도 있다. 때문에 공격적인 회사는 이러한 시기를 브랜드 자산을 구축하는 기회로 삼아야 한다.

둘째, 이러한 브랜드 자산을 효과적으로 구축하기 위한 브랜드 전략이 적절한 시기에 수립되어야 한다. 즉, 강한 영향력을 발휘할 수 있는 요소들이 포함된 효과적인 브랜드 구축 프로그램을 마련해 일관성 있게 시장을 주도해나가야 한다는 뜻이다. 효과적인 브랜드 구축은 광고나 후원 또는 그 외의 프로모션에 예산을 지출하는 것 이상으로 실질적인 결과를 가져다준다. 따라서 고객과의 공유를 통해 시장에서 경쟁우위를 차지하는 데 필요한 브랜드 구축을 위한 전략의 개발에는 전사적인 차원의 계획이 필요하다.

시놉시스

《데이비드 아커의 브랜드 경영》은 총 11장으로 구성되어 있다. 1장에서는 브랜드 관리에 있어 자산 개념을 도입하게 된 취지를 간단하게 설명하고 있으며, 2장은 브랜드 로열티와 브랜드 자산과의 관련성에 대해 논하고 있다. 브랜드 로열티는 브랜드 자산의 핵심이 되는 요소로 소비자 집단을 다섯 개로 분류해 브랜드 로열티의 강도를 평가하고 있다. 여기서 근본적으로 중요한 것은 로열티가 무형의 브랜드와 연결되어야 한다는 것이다. 만일 로열티의 대상이 브랜드가 아니라 상품이라면 브랜드 자산은 존재하지 않을 것이다. 또한 브랜드 로열티의 주체가 되는 고객에 대한 중요성을 인식하고 고객을 브랜드 자산으로 취급해야 함을 역설하고 있다.

3장과 4장은 브랜드 인지도와 소비자가 인식하는 품질에 대한 내용을 다루고 있다. 브랜드 인지는 잠재 구매자가 어떤 제품 부류에 속한 특정 브랜드를 재인식 또는 상기할 수 있는 능력을 말하며, 제품 부류와 브랜드의 연계성은 브랜드 인지도에 중요한 영향을 미친다. 소비자가 인식하는 품질이란, 제품이나 서비스가 원래 의도하는 바에 따라 고객이 갖고 있는 전반적인 품질이나 우수성에 대한 지각이라고 정의할 수 있다. 소비자들이 특정 제품에 대해 지각하고 있는 품질을 이해하기 위해서는, 이러한 내면적 차원을 정의하고 측정하는 것이 필요하다. 하지만 소비자들이 특정 제품에 대해 지각하고 있는 품질은 어디까지나 하나의 종합적이고 전반적인 구성 개념임을 알아야 한다.

5장은 브랜드가 연상시키는 이미지와 포지셔닝에 대한 내용을 다루고 있다. 브랜드 연상이란 브랜드와 '연계시킨' 기억 속의 '그 무엇'이다. 상표 이미지는 의미를 지니고 조직화된, 연상들의 집합이며 하나의 브랜드는 단순한 여러 연상들의 집합이 아니라, 그 연상들이 어떤 의미를 갖고 있는 그룹들로 조직화된 결정체다. 6장은 브랜드 연상 이미지를 측정하는 방법을 언급하고 있으며, 7장에서는 연상 이미지의 선택, 창출, 유지에 대한 문제를 다루고 있다. 브랜드의 연상 이미지 측정은 말 그대로 브랜드가 소비자에게 무슨 의미가 있는지를 알기 위해 소비자를 대상으로 조사를 실시하는 것이다. 이를 통해 소비자들이 자사의 브랜드에 대해 갖고 있는 연상의 속성을 파악함과 동시에 브랜드와 경쟁 상품을 어떻게 인식하고 있는지 파악할 수 있다. 또 경쟁사와 관련한 브랜드의 포지션을 분석할 수 있는 자료를 얻을 수 있다.

8장에서는 브랜드는 그 이름으로도 식별이 가능하지만, 심벌이나 슬로건도 같은 기능을 하며, 이러한 이름 이외의 상징적 요소들의 종류와 선택에 대해 논하고 있다. 브랜드명은 브랜드의 인지와 의사소통의 기본이 되는 브랜드의 핵심적 요소다. 특히 중요한 것은 브랜드명이 그 브랜드가 무엇이고 무엇을 할 수 있는지에 대한 연상을 일으킬 수 있다는 점이다. 즉, 브랜드명이 브랜드 개념의 핵심을 형성하는 것이다. 그래서 브랜드명은 일단 확립되고 나면 새로운 경쟁자에게 진입장벽의 역할을 하게 된다.

9장은 한 분야에서 성공적으로 관리된 브랜드가 다양한 분야로 확장될 가능성을 지니고 있음을 제시하고 그 방식을 사례를 통해 보여주고 있다. 한 시장의 제품에 사용된 브랜드를 다른 시장의 제품에서도 사용하는 브랜드 확장은, 기업 다각화에 따른 성장 전략의 핵심이 되어왔다. 한 기업에 있어 가치가 가장 높은 자산들 중 하나는 바로 그 기업이 개발해온 브랜드다.

10장은 생겨난 지 오래된 브랜드의 수명을 어떻게 조정해야 하는지에 관한 내용을 담고 있다. 즉, 브랜드의 재생 가능성을 상황적 요인을 통해 진단하고 브랜드를 재생하는 방법 및 완만하게 사장시키거나 완전히 소멸시키는 방법에 대해 설명하고 있다. 브랜드를 재활성화하는 목적은 단지 판매 수준을 높이는 데만 있는 게 아니라 브랜드 자산을 증가시키는 데도 있다. 이러한 활동은 종종 인지도를 높이거나 '인지된 품질'을 향상시킨다. 또한 브랜드에 대한 연상 효과를 바꾸거나 고객 기반을 확대해 브랜드 로열티를 증대시킨다.

11장은 범세계적 브랜드를 어떻게 구축할 것인가 하는 문제를 다룬 후 브랜드 자산에 대한 전체적인 모델을 제시하는 것으로 마무리하고 있다. 이는 전 세계 지역들에 걸쳐 공통적인 연상을 느끼게 하는 단일 이름, 단일 심벌, 단일 슬로건에 기초한 범세계적 브랜드가 적합한가,

아니면 각 국가마다 또는 심지어 한 국가 안의 각 지역마다 경우에 맞춰 다른 브랜드 이름이 적합한가의 문제라고 볼 수 있다. 아커는 흑백 논리에 의한 의사결정이 아닌 정도의 문제라는 판단하에 세계화를 바라보고 있다. 브랜드명, 심벌, 브랜드와 관련된 연상, 그리고 소비자에 의해 판단된 품질 등과 같은 브랜드의 여러 요소들 중 어느 것은 세계화를 가속화시키지만 어느 것은 그렇지 못하다. 그렇기 때문에 아커는 득실을 따져 브랜드의 요소 중에서 세계화시킬 것은 세계화시키고 지역에 맞출 것은 맞춰야 한다고 주장하고 있는 것이다.

브랜드의 중요성

브랜드는 기업이나 제품을 나타내는 얼굴과도 같은 존재이다. 심벌과 상징성을 포함하는 브랜드는 제품이나 서비스의 본질적 가치를 높여주고 차별화된 이미지를 형성하는 데 필수적인 요소다. 브랜드에 대한 논의는 글로벌 경쟁에 직면해 있는 한국 기업의 경영자들이 필독해야 할 부분이다.

리뷰

브랜드의 대가 아커에게서 강력한 브랜드 자산의 구축 과정을 전해 듣는다

브랜드 자산이란 무엇인가

아커는 브랜드 자산에 대해 다음과 같이 말하고 있다. "브랜드 자산이란 한 브랜드와 그 브랜드의 이름 및 상징에 관련된 자산과 부채의 총체다. 이것은 제품이나 서비스가 기업과 그 기업의 고객에게 제공하는 가치를 증가시키거나 감소시키는 역할을 한다. 브랜드 자산을 구성하는 자산이나 부채는 그 브랜드의 이름 또는 심벌과 연관된 것이어야 한다. 만일 브랜드의 이름이나 심벌이 바뀐다면 자산과 부채의 전부 혹은 일부가 영향을 받거나 없어질 수 있다. 단지 일부만이 새로운 이름이나 상징으로 옮겨질 수 있는 것이다." 아커는 브랜드 자산에 대해 이렇게 정의하고 브랜드 자산의 근간을 이루고 있는 자산과 부채가 상황에 따라 다를 수 있음을 밝혔다.

그러면서도 이 상황적 다양성을 다섯 가지 범주로 정리해 브랜드 자산 모델을 구축했다. 즉, 브랜드 자산이란 브랜드와 연계되어 제품의 가치를 증가시키기도 하고 감소시키기도 하는 것으로서 브랜드의 인지도, 소비자의 브랜드 로열티, 품질에 대한 인식, 브랜드와 관련된 연상 이미지, 기타 독점적 브랜드 자산이라는 다섯 가지 범주가 브랜드 자산의 기초가 된다는 것이다.

아커는 브랜드 전략의 핵심을 브랜드 아이덴티티의 확립으로 보고

브랜드 자산 모형

브랜드 자산	구성 요소	내용	제공되는 가치
브랜드 자산	브랜드 로열티	• 마케팅 비용의 감소 • 유통에서의 레버리지 효과 • 새로운 고객 확보의 기회 부여 –브랜드 인지도 창출 –신규 고객에게 확신 부여 • 경제적 위협에 대처할 시간적 여유 제공	고객에게 제공되는 가치 – 정보처리와 해석 – 구매 결정에 대한 확신 – 사용상의 만족감 제공
	브랜드 인지도	• 브랜드 관련 연상 이미지를 연결 • 상품의 품질과 신뢰성을 상징 • 구매 고려 대상 브랜드에 포함	기업에게 제공되는 가치 – 마케팅 프로그램의 효율성과 효과 증대 –브랜드 로열티 제고 – 가격과 마진의 기회 제공 –브랜드 확장 기회 – 유통에서의 레버리지 효과 –경쟁적 우위 창출
	지각된 품질	• 구매 동기와 이유를 제공 • 차별화·포지션의 근간 • 유통 구성원들에게 관심과 호의 창출 • 가격 프리미엄 창출 • 브랜드 확장의 기회 제공	
	브랜드 연상 이미지	• 정보처리와 검색의 용이성 • 구매 동기와 이유를 제공 • 긍정적 태도와 느낌을 창출 • 브랜드 확장의 기회 제공	
	기타 독점적인 브랜드 자산	• 경쟁적 우위 요소	

출처: 《브랜드 자산의 전략적 관리》, 데이비드 아커, 나남, 1992

있다. 즉, 앞으로 구축해야 할 브랜드 자산의 축적 방향을 설정해야 한다는 것이다. 또한 이와 같은 브랜드 아이덴티티 구축은 이 책에서 언급한 브랜드의 자산 가치 인식을 통해, 기업 차원의 끊임없는 지원과 브랜드의 전략에 대한 새로운 마인드를 통해 이뤄질 수 있다고 말하고 있다.

브랜드 아이덴티티의 개념과 개발

브랜드 이미지는 브랜드가 지각되고 있는 방법이고, 브랜드 아이덴티티는 브랜드를 호의적으로 인식시키는 방법, 즉 특정 브랜드가 추구하는 열망을 의미한다. 일반적으로 브랜드 아이덴티티를 개발할 때 빠지기 쉬운 함정은 제품과 관련된 브랜드 특성에만 집중하는 것이다. 하지만 이 책에서 소개된 브랜드 전략가들은 브랜드의 정서적인 측면과 자아 표현적인 편익, 브랜드와 관련된 조직의 특성, 브랜드의 개성, 브랜드의 심벌 등을 고려해 브랜드를 제품에만 한정시키는 데서 탈피해야 한다고 제안한다. 이는 브랜드에 대한 폭넓은 안목이 진정한 의미에서 브랜드의 차별적 가치를 창조할 수 있다는 생각에서 비롯된다.

이러한 탈피는 기업으로 하여금 고객들에게 차별적인 브랜드 가치 제안할 수 있게 해준다. 차별적 브랜드 가치 유지의 정도에 대한 문제는 주도적인 역할을 수행하고 있는 각각의 브랜드에 적용된 가치 제안점에 대한 파악과, 보증 브랜드가 기능적 편익뿐 아니라 감성적이고 자아 표현적인 편익을 고려하고 있는지를 살펴봄으로써 파악할 수 있다.

브랜드 아이덴티티의 관리

관리의 문제는 브랜드의 포지션을 정립시키는 문제, 즉 브랜드 아이덴

보증 브랜드

주도 브랜드의 신뢰성을 형성하는 역할을 한다. 예를 들어, 기업 브랜드가 제품 브랜드를 보증하기도 한다. 삼성전자의 냉장고, 세탁기, 에어컨 노트북 등은 삼성이라는 기업 브랜드를 공유함으로써 소비자들에게 더욱 높은 신뢰를 보증받게 되는 것이다.

티티의 적용 프로그램에 관한 것이라 볼 수 있다. 이때 각 브랜드가 하나의 커뮤니케이션 프로그램상에서 분명한 지침으로 제공되고 있는지를 파악해야 하며, 적용할 수 있는 브랜드 포지션을 보유하고 있는지 살펴봐야 한다. 브랜드 포지션은 적극적으로 커뮤니케이션되는 브랜드 아이덴티티의 일부분이다.

그러므로 이러한 브랜드 포지션을 개발하기 위해서는 고객과의 커뮤니케이션을 기반으로 하는 다양한 브랜드 적용 방안이 뒷받침되어야 한다. 즉, 프로그램을 적용할 때 목표 고객에게 아이덴티티와 포지션을 제공하는 것뿐만 아니라 지속적이고 뛰어난 성과까지 기대할 수 있는지를 파악해야 하는 것이다. 그리고 대중매체 광고를 초월해 다양한 커뮤니케이션 수단들을 고려하고 선택적인 대안들을 개발해야 한다.

다양한 대안을 개발하는 과정에서는 브랜드의 일관성 유지라는 강력한 힘의 저항을 받기도 한다. 그러므로 일관된 아이덴티티와 포지션, 적용의 목표가 유지되고 있는지를 파악하고 시간이 지나도 그것이 유지될 수 있도록 심벌과 이미지, 은유를 유지하고 관리할 필요가 있다. 더불어 아이덴티티, 포지션, 적용 등을 변화시키려는 조직 내의 편견을 파악하고 해결하는 과정도 필요하다. 하지만 브랜드의 일관성 유지에만 매달리기보다는 브랜드의 메시지와 심벌 등이 환경의 변화에 따라 조화롭게 적용될 수 있도록 해야 한다.

브랜드 관리를 위한 브랜드 시스템 도입

브랜드 시스템이란, 특정 브랜드와 하위 브랜드들이 서로 중복되거나 얽혀 있는 관계로 구성되어 있는 상태를 말한다. 일반적으로 브랜드

시스템이 명확하게 설정되어 있다면 시너지 효과를 기대할 수 있으며, 브랜드 아이덴티티의 위험 요소들을 감소시킬 수 있다. 또한 신제품을 출시하는 경우 명확성의 확립, 변화와 적용의 용이성, 자원의 고른 분배 효과 등이 기대된다. 반면 브랜드 시스템이 제대로 구축되지 못할 경우에는 브랜드 간의 혼란과 부조화를 초래할 수 있다. 따라서 브랜드 시스템을 통한 브랜드의 차별적인 전개와 역할 등을 분석해볼 수 있는 것이다. 즉, 특정 브랜드는 사업 영역을 확대시키고, 다른 하위 브랜드들을 지원하는 역할을 할 수 있으며, 고객들에게 하위 브랜드들의 명확한 가치를 제공해주는 역할도 수행할 수 있다.

실버 불릿 브랜드
주도 브랜드의 이미지를 지원하거나 전환하기 위해 사용되는 하위 브랜드를 말한다. 예를 들어, 소니의 워크맨은 소형화를 지향하는 소니 브랜드의 아이덴티티를 더욱 강화함으로써 실버 불릿 브랜드의 역할을 하였다.

브랜드 시스템을 구축하기 위해서는 포트폴리오상에서 브랜드에 일관성이 있어야 하고, 그것들이 상호보완적이라는 사실을 분명히 해야 한다. 포트폴리오상에서의 브랜드의 역할을 파악하고, 브랜드 아이덴티티와 포지션의 지원을 위해 실버 불릿 브랜드를 적용 및 개발할 수 있다. 브랜드화된 특성과 서비스를 활용하는 가운데 이를 보다 명확하게 하고, 지속적으로 개선하기 위해서는 하위 브랜드 및 전략적 브랜드를 활용할 수 있다.

브랜드 시스템은 브랜드의 수직적, 수평적 확장으로 여러 제품군에 걸쳐 브랜드가 적용되는 경우와 공동 브랜딩이 적용되는 경우 등과 같이 브랜드 간의 레버리지 효과를 창출하는 방안 및 구축된 브랜드 시스템을 진단하는 방법을 제시하고 있다. 즉, 기존의 브랜드 아이덴티티의 적용과 강화가 필요한 경우 브랜드를 확장하고 공동 브랜딩 프로그램을 개발하는 과정을 통해 브랜드 레버리지 효과를 기대할 수 있는 것이다.

이를 위해 서로 다른 제품 간에 걸쳐 있는 브랜드 아이덴티티에 어떻게 특성을 부여하고, 어떻게 아이덴티티를 개발할 수 있는지 각 브랜드의 적용 범위에 따라 이를 규명해보는 과정이 필요하다. 만약 해당 브랜드를 상향 또는 하향 이동시켜야 한다면 기존에 적용된 아이덴티티의 일관성을 어떻게 유지하고 관리할 것인가에 대한 방법도 강구해야 한다.

브랜드 자산을 측정하기 위한 방법 제시

브랜드 자산 측정은 브랜드와 시장을 다각적으로 관리하고 창출하는 대부분의 마케팅 관리자들에 의해서 실제로 수행되고 있다. 《브랜드 자산의 전략적 관리》에서는 다음과 같은 내용을 제시하고 있다.

- 영 앤드 루비컴 사의 브랜드 자산 평가자의 차별성, 적합성, 존중, 지식구조의 결합으로 파생되는 브랜드 지위 대 브랜드 강도를 통한 분석을 제시했다.
- 토털 리서치의 이퀴트렌드의 특징 또는 핵심, 지각된 품질, 사용자의 만족을 통한 분석을 했다.
- 인터브랜드의 톱 브랜드의 리더십, 안정성, 시장성, 국제적인 감각, 유행, 지원, 보호를 통한 기업 중심적 분석의 방법을 제시하고 있다.

중요한 것은 보다 광범위한 브랜드 자산 평가가 필요하다는 것이다. 그 이유는 브랜딩 과정에서 벤치마킹의 가능성을 높일 수 있는 동시에 효과적인 브랜드 구축과 브랜드 관리를 위한 통찰과 기본적인 원리를 얻을 수 있기 때문이다. 덧붙여 기업들이 다양한 시장과 나라에 수많은 브랜드를 소개하고 있는 현재의 경쟁 상황에서, 각 브랜드를 독립적으로 관리하면 전반적인 자원 배분이 원활하게 이뤄지지 않을 수도 있기 때문이다.

이러한 브랜드 자산의 측정은 자연스럽게 브랜드 자산의 추적과 관리로 이어질 수 있다. 측정 도구를 통해 지각된 품질과 브랜드 로열티, 특히 브랜드 연상 이미지 및 인지도를 파악할 수 있으며, 지속적인 파악 과정은 시간의 경과에 따른 브랜드 자산의 변화를 추적할 수 있게 한다. 기업들은 브랜드 자산의 추적 과정에서 특별한 커뮤니케이션 목적을 갖고 있어야 한다. 왜냐하면 브랜드 이미지에 브랜드 아이덴티티와 포지션, 그리고 커뮤니케이션 목적들이 반영되지 않았다면 이에 대한 즉각적이고 적극적인 대응이 필요하기 때문이다.

조직 차원의 브랜드 육성 방안

브랜드의 구축은 중요한 조직적 목표를 달성하기 위한 전략적, 전술적 임무와 관련이 있다. 이를 위해 현재 기업 내에서 다뤄져야 하는 브랜드 시스템의 쟁점 사항이나 시장과 제품에 걸쳐 적용되는 브랜드의 역할 및 그 내용들을 상호 조정하는 문제는 브랜드 구축과 관련이 있는 주요 현안이다. 그리고 아커는 이 책에서 이에 대한 새로운 접근방법을 제시하고 있다.

그는 브랜드 구축을 위한 부서와 담당자의 구성에 대한 접근, 즉 마케팅 기반의 접근이 아닌 조직적 접근을 통해 브랜딩에 대한 보다 체계적이고 현실적인 활동을 촉구하고 있다. 먼저 브랜드에 관련된 전반의 업무(조직 단위, 매체 선택, 시장을 포괄한 아이덴티티 개발 및 포지션과 실행 관리 등)를 책임질 사람을 확보해야 하며 체계화된 조직구조를 갖춰야 한다. 이는 사업 기반이 없는 곳에서 브랜딩을 하는 상황과 같다. 브랜드 전략은, 스스로의 전략적 행동 능력이 필요한 상황에서 브랜딩

브랜드 아이덴티티 기획 모델

전략적인 브랜드 분석

소비자 분석	경쟁사 분석	소비자 분석
• 유행	• 브랜드 이미지/아이덴티티	• 현재의 브랜드 이미지
• 동기	• 동기	• 브랜드의 전통
• 미충족 욕구	• 미충족 욕구	• 힘(강도, 강점)/전략
• 목표시장 세분화	• 목표시장 세분화	• 조직의 가치

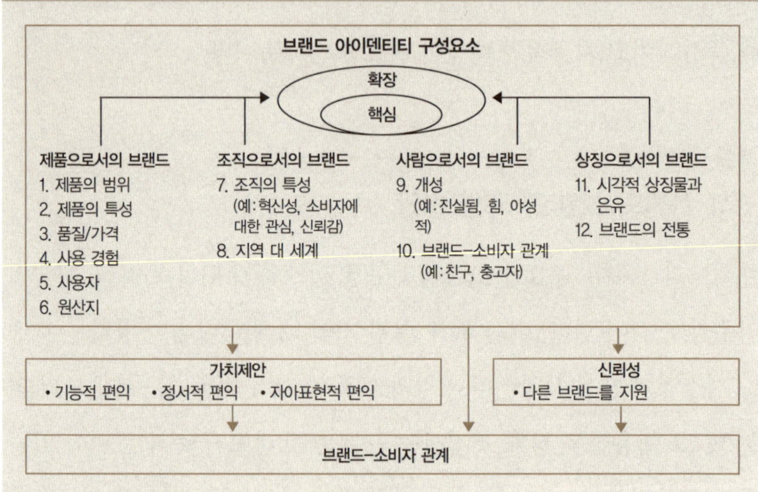

브랜드 아이덴티티 실행 시스템

브랜드 포지션

- 브랜드 아이덴티티와 가치 제안의 부분집합 유행
- 목표고객 집단
- 활발하게 커뮤니케이션되는 개념
- 경쟁적인 이점을 제공

브랜드 적용

- 대안 설정
- 성장과 은유
- 테스팅

적용된 브랜드의 평가관리

출처: 《데이비드 아커의 브랜드 경영》, 데이비드 아커, 비즈니스북스, 2003

경쟁력을 확보할 수 있는 원동력이 되며, 향후 지속적으로 변화해갈 브랜드 환경에 민첩하게 대응할 수 있게 해준다. 이러한 조직적 차원에서의 브랜드 육성은 경영진의 브랜드에 대한 지속적인 투자 의향을 그 전제로 하고 있다. 고정된 조직을 구축하고 브랜드를 관리하는 것이, 정해진 만큼의 투자를 요구하기 때문이다. 그래서 단기적인 재무목표에 부합되지 않는 경우라 해도 브랜드에 지속적으로 투자하는 태도는 필요하다.

현대적 시사점

근래에 와서 보이지 않는 자산인 브랜드에 대한 관심이 커지고 있다. 중국 기업들은 우리나라 기업들이 만든 제품을 무서운 기세로 모방하고 있으며, 얼굴 없는 중국산 저가 제품들이 국내에 쏟아져 들어오고 있다. 그렇다고 우리나라 제품이 미국, 일본 등 선진 제품을 단기간에 따라잡는 것도 쉬운 일처럼 보이지는 않는다. 따라서 당연히 브랜드 문제가 부각될 수밖에 없다. 하지만 최근의 상황을 살펴보면 브랜드 경영에 대한 체계적인 이해보다는 결과물인 브랜드 가치에만 관심이 쏠리는 경향이 있다. 어떤 브랜드의 가치가 어느 정도라는 것에만 관심이 있지, 그 회사가 브랜드 자산을 어떻게 구축했는지에 대한 관심은 부족한 것이 사실이다.

브랜드 분야의 세계적인 학자인 아커 교수가 쓴 이 책은 그런 면에서 브랜드 경영의 바이블이라 할 만하다. 그가 강조하는 브랜드 자산이란 브랜드 인지도, 브랜드 로열티, 지각된 품질, 브랜드 연상 이미지 등을 모두 포함하는 개념이다. 흔히 우리가 알고 있듯이 고객들의 마음속에 존재하는 특정 브랜드에 대한 태도에 해당하는 브랜드 인지도 외에 브랜드에 대한 고객 충성도를 나타내는 브랜드 로열티와 소비자가 인식하는 품질, 특정 브랜드에 의해 형성되는 연상 이미지 등을 모두 포함하는 개념인 것이다. 따라서 브랜드 가치를 높이기 위해서는 브랜드 인지도를 포함한 이상의 네 가지 요소들에 모두 투자하는 노력이 필요하다.

아커가 이 책을 저술한 1990년대는 브랜드를 포함한 마케팅 분야의 새로운 전환이 논의되었던 시기다. 1970년대 이후 기업 경영방식에 변화가 오면서 그에 따라 마케팅 전략에도 변화가 시작되었다. 이는 마케팅의 시대적 변천에 따른 변화 과정이라고 볼 수도 있는데, 이와 같은 과정에서 마케팅 분야의 하위 분야인 브랜드 전략에 대한 접근방식도 변화를 거듭하게 된다. 마케팅 전략의 변화에 따른 브랜드 관리의 변화는 데이비드 아커에게 브랜드에 대한 새로운 연구 욕구를 자극하게 된다. 즉, 1990년대의 마케팅 변화에 따른 보다 강력한, 고객과의 쌍방향 커뮤니케이션을 바탕으로 하는 능동적인 브랜드 전략의 필요성을 인식하게 된 것이다.

브랜드 관리의 전략화는 브랜드를 자산으로 인식하는 것에서 비롯된다. 아커는 브랜드 자산에 대한 올바른 개념 정립과 자산을 구성하고 있는 기초적인 요소의 분류, 관리의 근간을 이루는 브랜드의 연상 이미지와 확장 및 재활성화, 그리고 글로벌화를 위한 범세계적 브랜딩으로 이어지는 내용 구성을 제시했다. 브랜드가 전략적으로 관리되어야 할 자산임과 동시에 향후 기업의 장기적 전략 수립에 있어 중요한 부분이 되어야 한다는 사실을 역설하고 있다. 브랜드에 대한 자산 차원의 접근은 아커가 《브랜드 자산의 전략적 관리》의 내용을 토대로 1996년에 저술한 《데이비드 아커의 브랜드 경영》에서, 기업의 장기적 전략으로서 전사적 차원의 브랜드 전략에 대한 기본적인 방향을 제시하게 되면서 보다 확대된 시야를 갖게 된다.

코카콜라의 브랜드 가치는 83조 원 정도로 평가되고 있다. 브랜드를 언급할 때 우리는 항상 머릿속에 코카콜라나 맥도널드와 같은 브랜드를 떠올린다. 이러한 기업은 각고의 노력 끝에 그 위치에 도달할 수 있었다. 우리나라에서 가장 성공적으로 글로벌 브랜드를 구축한 삼성의 브랜드는 10조 원의 가치를 갖고 있는 것으로 평가되었다. 기업에 있어 자사의 브랜드는 이제 기업의 가치 평가를 위한 자산으로, 그 위치가 변화하고 있는 것이다.

한국의 대표 브랜드
산업정책연구원의 2004년 브랜드 가치평가결과 한국의 국가 브랜드는 12위 수준이었다. 그리고 한국 기업 브랜드에 대한 가치평가 결과는 삼성전자, SK텔레콤, 현대자동차, KT, LG전자, 포스코, 기아자동차, KTF, 삼성SDI, CJ 순이었다.

고객들은 항상 다양한 매체를 통해 기업들의 브랜드 전략을 접하게 되고 이를 통해 각 기업들이 제공하는 제품을 인지하게 된다. 기업의 브랜드 자산에 대한 관심은 1990년대에 들어와 커지게 되었다. 이때부터 해를 거듭하면서 소비자의 성향에 대한 자료가 축적되고 이를 토대로 브랜드와 관련된 연구 결과가 하나둘씩 발표되면서 브랜드 자산에 대한 관심은 더욱 증대되었다. 그리고 브랜드 자산의 가치를 높이기 위해서 보다 강력한 브랜드가 요구되기 시작했다. 강력한 브랜드는 고객들에게 가치 제안을 함으로써 고객의 관심과 로열티를 창조한다. 또한 훌륭한 브랜드를 구축하기 위해서는 기본적으로 브랜드 아이덴티티와 포지션이 효과적으로 명확하게 수립되어야 한다.

브랜드 아이덴티티를 수립하는 경우 제품의 속성에만 초점을 맞추면 문제가 발생하게 된다. 즉, 회사는 브랜드 아이덴티티를 구축할 경우 브랜드를 단순히 제품의 속성을 통해 형성되는 것으로 보지 말고 정서적, 자아 표현적인 편익을 고려해 사람으로서의 브랜드, 조직으로서의 브랜드, 심벌로서의 브랜드로 봐야 한다.

데이비드 아커식의 브랜드 경영을 위해서는 장기적인 일관성을 확보하는 것이 중요하다. 기업은 아이덴티티와 포지션 창조를 통해 브랜드를 훌륭하게 창조하고 지원하며, 변화에 대한 저항에 대처함으로써 일관성을 유지할 수 있다. 브랜드 시스템 개념을 통해 기업은 브랜드와 하위 브랜드들이 서로 중복되고 얽혀 있음으로 해서 발생되는 혼란과 비일관성을 인식하고 이에 대한 해결책을 강구할 수 있게 된다. 즉, 각 브랜드의 역할을 이해하고, 역할에 맞는 관리를 할 수 있게 되는 것이다. 브랜드 구축을 위한 조직은 아이덴티티와 포지션을 기획하고, 이를 조직 단위와 미디어 또는 시장 전반에 걸쳐 실행해나가고 조정할 수 있도록 구성되어야 한다. 브랜드는 대부분의 기업들이 일관성을 유지할 때 강점으로 작용하므로, 조직이 일관된 목표를 지향할 수 있도록 구성되어야 한다.

결국 위임되고 훈련된 조직을 통한 효과적인 실행 능력을 구축하고, 여기에 브랜드 아이덴티티 및 브랜드 시스템과 같은 성공적인 브랜드 전략 개발 능력이 결합되어야만 강력한 브랜드를 구축할 수 있는 것이다.

브랜드 포트폴리오 전략 데이비드 아커, 비즈니스북스, 2004

빅 브랜드 성공의 조건 잭트라우트, 안진환, 오늘의책, 2002

브랜드 리더십 데이비드 아커 외, 브랜드앤컴퍼니, 2001

브랜드 자산 경영 스코트 M.데이비스 외, 박영미 외 역, 거름, 2001

브랜드 자산의 전략적 관리 데이비드 아커, 나남출판, 2000

데이비드 아커 David A. Aaker

《데이비드 아커의 브랜드 경영 *Building Strong Brands*》, THE Free Press, 1996.

데이비드 아커 교수는 현재 브랜드 리더십 컴퍼니의 고문으로서 브랜드 전략 컨설팅 파트너의 역할과 함께 캘리포니아 주립대학교(버클리 캠퍼스) 하스 경영대학원의 명예교수로서 마케팅 및 브랜드 전략에 대한 강의를 하고 있다. 그는 마케팅 분야에 브랜드 자산의 개념을 처음으로 도입한 업적을 인정받아 전 세계적으로 브랜드 자산관리와 전략 수립 및 경영에 관한 세계 최고의 권위자로 손꼽히고 있다.

MIT대학교를 졸업한 그는 스탠퍼드대학에서 석사 및 박사학위를 받았으며, 지금까지 브랜드, 광고, 마케팅, 경영전략 등에 관한 총 11권의 저서와 80여 편의 논문을 발표했다. 또한 마케팅 및 브랜드이론과 전략을 과학적으로 체계화시키고 발전시킨 공로를 인정받아 폴 컨버스 상(1996)과 비제이 마하잔 상 등을 수상했으며, 〈하버드 비즈니스 리뷰〉 등에서 여러 차례 '올해의 최고 논문상'을 수상하기도 했다.

대표 저서인 《브랜드 자산의 전략적 관리》는 2000년 나남출판에서, 《데이비드 아커의 브랜드 경영》은 2003년 비즈니스북스에서 번역본을 출간하였다. 그 외의 저서로는 《브랜드 리더십》외 9권이 있는데, 그의 저서들은 지금까지 전 세계 12개국 이상의 언어로 번역 출간되었다. 또한 그는 시티은행, AT&T, 메리엇, 코크 등 다양한 글로벌 기업의 브랜드 컨설팅 경험을 갖고 있다. 국내 기업으로는 LG전자의 글로벌 브랜드 아이덴티티 컨설팅과 한솔전자 브랜드 전략 컨설팅 등에 국내 브랜드 컨설팅회사인 브랜드 앤드 컴퍼니(주)와 공동으로 참여한 바 있다.

24 기업 업무 프로세스의 재설계

Reengineering the Corporation : A Manifesto for Business Revolution
Michael Hammer, James Champy

keyword

- 프로세스
- 리엔지니어링
- 프로세스 관리자

카테고리 관련성	
경영전략, 경영혁신	★★
생산관리	
변화관리	
조직관리, 인사관리	★
마케팅	
리더십	
동기부여, 인간관계	★
기업성공	

핵심 아이디어 왜 우리는 지금 이러한 일을 하고 있는가? 혹은 왜 우리는 이 일을 이러한 방법으로 하고 있는가? 이 책은 경영자들에게 바로 이러한 질문에 대한 새로운 시각을 제공하고 있다. 해머와 챔피가 주장하는 '리엔지니어링reengineering'이란 비용, 품질, 서비스, 속도와 같은 핵심적인 성과 측면에서 극적인 향상을 이루기 위해 기업 업무 프로세스를 기본적으로 다시 생각하고 근본적으로 재설계하는 것이라고 정의할 수 있다. 따라서 이 책의 내용을 이해할 수 있는 가장 핵심적인 단어는 '프로세스process'일 것이다. 즉, 기업을 프로세스라는 관점에서 재조명함으로써 새로운 혁신의 기회를 찾자는 것이 이들의 핵심 주장이다. 그렇다면 프로세스란 무엇인가?

프로세스란 하나 이상의 입력을 받아들여 고객에게 가치 있는 결과를 제공하는 행동들의 집합이라고 정의할 수 있다. 예컨대, 고객이 특정 상품을 주문하면 대금 결제, 상품 포장, 상품의 배달, 사후 고객 서비스 등의 활동으로 구성된 프로세스가 진행된다. 주문한 상품을 고객의 손에 전달하는 것이 바로 프로세스가 만들어내는 가치라 할 수 있을 것이다. 다만 이 과정에서 해머와 챔피가 프로세스의 재설계 내지는 근본적인 변화를 주장하는 이유는 많은 기업에서 프로세스 내의 개별 작업들만 중요시되고 전체 프로세스는 효율적으로 움직이지 않기 때문이다. 아마 독자들도 기업의 업무 프로세스와 관련된 좋지 않은 경험들이 있을 것이다. 주문한 상품이 도착하지 않아 회사에 전화를 걸어도 자꾸 다른 부서로 전화를 돌리기만 할 뿐, 누구 하나 속시원히 대답해주는 직원이 없는 경우가 바로 그러한 예다.

왜 이런 현상이 생기는 것일까? 해머와 챔피는 과업을 가장 단순한 작업으로 세분하고 이를 각각의 전문가에게 할당한다는 20세기의 전통적인 경영이론의 관점들이 경영자들에게 영향을 미치고 있다고 주장한다. 경영자들은 주문서 접수, 상품의 반출 등 프로세스 내의 개별적인 작업에만 집중할 뿐, 주문한 고객에게 상품을 제공한다는 보다 큰 목표를 보지 못하고 있는 것이다. 즉, 대부분의 기업들이 개별 과업을 달성하는 데 치중했기 때문에 기업 내부 조직들은 극심한 부문화departmentalization에 따르는 부작용에 시달리고 있었다. 이 책에서는 이처럼 리엔지니어링이라 불리는 업무 재설계를 개별 과업이나 부문 차원이 아닌 전체 프로세스 차원에서 수행하는 것에 역점을 두었다. 그래서 리엔지니어링은 흔히 애덤 스미스의 전문화나 테일러의 과학적 관리법과 비교된다.

20세기 현대 경영학에 지대한 영향을 미친 두 사람들의 공통적인 주장은 바로 과업의 세분화와 전문화를 통해 효율성을 높이자는 것이었다. 그러나 리엔지니어링에서는 개별 과업보다는 전체 프로세스의 효율성을 중요시여긴다. 그래서 고객에게 전달하는 가치를 높이기 위해 특정 과업을 과감히 없애거나 단축하기도 한다. 또한 리엔지니어링은 업무 프로세스들을 재설계한다는 의미 외에 기업의 전반적인 변화를 유발한다는 의미도 갖고 있다.

기업 내 업무 프로세스를 리엔지니어링하는 것은 실질적으로 회사에 관한 모든 것을 변화시킨다. 왜냐하면 기업의 경영 프로세스는 작업과 구조, 관리와 평가 시스템, 종업원들의 가치와 신념 등과 서로 연결되어 있기 때문이다.

업무 프로세스를 리엔지니어링하면 일을 수행하기 위해 필요한 사람들, 그 사람들과 관리자들의 관계, 그들의 경력개발, 보상방법, 관리자와 중역들의 역할, 사람들의 가치와 신념 등 모든 것이 변화한다. 만약 이중 하나라도 충분히 고려하지 않으면 리엔지니어링이 목표로 하

경영 시스템 다이아몬드

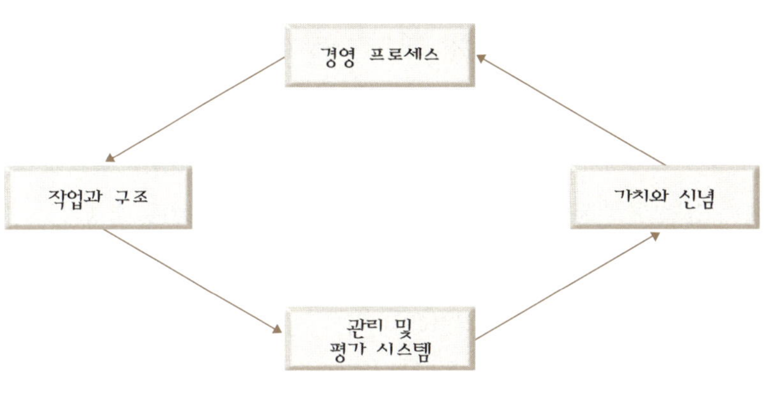

는 획기적인 성과 창출은 달성하기 힘들 것이다.

출간 당시 이 책은 엄청난 호응을 얻었다. 리엔지니어링이라는 거대한 변화의 움직임이 유행처럼 전 세계에 퍼졌으며, 많은 기업들이 프로세스라는 관점에서 현재 하고 있는 일들을 재점검하기 시작했다. 물론 수많은 기업들이 시도한 리엔지니어링 작업들이 모두 성공한 것은 아니다. 리엔지니어링에 대한 지나친 기대나 그것이 거둔 성과를 비판하는 사람들도 많았다.

하지만 리엔지니어링은 확실히 효과가 있었다. 예컨대, 최근 MIT대학의 연구에 따르면, 1993년 이후 우주항공사업은 리엔지니어링 덕분에 30퍼센트에 이르는 생산성 향상 효과를 보았다고 한다. 그러나 이러한 명시적인 성과 외에도 《리엔지니어링 기업 혁명》은 경영자들로 하여금 프로세스라는 관점에서 기업의 업무를 살필 수 있는 시각을 제공했다는 점에서 경영의 패러다임을 바꾼 책이라 할 만하다.

시놉시스

서문과 에필로그를 제외하면 《리엔지니어링 기업 혁명*Reengineering the Corporation*》 총 14개의 장으로 구성되어 있다. 1장부터 5장까지는 이론적인 배경에 해당하는 부분으로 리엔지니어링의 필요성과 개념, 특히 경영 프로세스에 대해 설명하고 있다. 당시 기업의 모든 부문은 세계화의 물결에 휩싸여 있었다. 한동안 안전하다고 믿었던 시장에는 새로운 경쟁자들이 끊임없이 침입해왔고, 고객의 요구도 갈수록 까다로워지고 있었다. 반면 기업의 대응은 오히려 정반대로 가고 있었다. 조직이 비대해지고 업무가 세분화·전문화되면서 부분적인 효율성은 높아졌는지 몰라도 전체 프로세스의 효과성은 떨어지고 있었던 것이다.

특히 5장에서는 리엔지니어링의 필수적인 도구인 정보기술의 역할을 설명하고 있다. 흔히 리엔지니어링을 정보기술로만 생각하는 경향이 있는데, 리엔지니어링은 오히려 업무를 보는 시각이나 경영 패러다임에 가깝다. 정보기술은 이러한 리엔지니어링 개념을 현장에서 구체적으로 실천하는 데 결정적인 도움을 주는 도구로 보는 것이 타당할 것이다.

6장에서 9장까지는 리엔지니어링의 구체적인 실행에 대해 다루고 있다. 6장에서는 리엔지니어링에 참여하는 주체들과 그들의 역할을 소개하고, 7장과 8장은 이 주체들이 어떻게 현재의 프로세스를 분석하고 이를 바탕으로 구체적인 프로세스를 어떻게 재설계할 수 있는지 설명하고 있다. 9장은 실제로 리엔지어링을 시작할 때, 리더의 역할을 다루고 있으며, 10장에서 13장까지는 리엔지니어링의 실제 사례를 소개하고 있다. 카드회사인 홀마크, 패스트푸드 전문업체인 타코벨, 보험회사인 캐피털 홀딩, 통신회사인 벨 아틀란틱 등의 구체적인 리엔지니어링 사례를 소개하면서, 이를 통해 리엔지니어링에 대한 현실적인 이해를 돕고 있다. 마지막 14장에서는 리엔지니어링이 성공하기 위해서 피해야 할 오류들을 항목별로 열거하고 있다.

리뷰 리엔지니어링 주체는 기술이 아닌 사람이다. 누가 하는가에 따라 성패가 갈린다.

왜 리엔지니어링인가

해머와 챔피가 리엔지니어링의 필요성을 인식하게 된 것은 1980년대에 어느 한 보험회사에서 일어난 일 때문이었다. 그 회사의 한 간부는 자기 회사가 새로운 보험계약 증서를 발행하는 데 무려 24일이나 걸린다고 불평을 했다. 단순히 생명보험 증서를 적고 청구서를 발행하는 데만 거의 한 달이 걸린 셈이었다. 문제는 이렇게 시간이 많이 걸리면 짜증이 나거나 비용이 더 든다는 데 있는 것이 아니었다. 진짜 문제는 시간이 지연될수록 보험에 가입하려는 고객의 마음이 바뀔 가능성이 그만큼 커진다는 것이었다. 그런데 실제로 보험증서를 만들고 인쇄해서 발송하는 데 걸리는 시간은 10분밖에 되지 않았다. 보험증서에는 일반적인 조항이 적혀 있고 발급 절차도 완전히 자동화된 상태였다. 그런데 어째서 24일이나 소요되었던 것일까?

해머와 챔피는 이 회사가 증서를 발행하는 프로세스를 추적했다. 그들은 곧 증서가 발행되려면 무려 14개 부서를 거쳐야 한다는 걸 알아냈다. 결국 이 보험회사의 가장 큰 문제는 극단적인 부문화와 전문화에 있다는 사실이 드러났다. 업무를 개선하는 유일한 방법은 난로 연통처럼 복잡하게 이어진 업무 체계를 완전히 분해해서 이를 단순 명

해머의 충고

프로세스 재설계를 통해 고객이 거래하기 쉬운 기업ETDBW: Easy to Do Business With을 만들어야 한다.

료하게 만드는 것이었다. 그리고 이것이 리엔지니어링의 시작이었다.

1980년대 초부터 기업들의 전쟁터라고 불리는 시장은 판매자 중심에서 구매자 중심으로 변화하기 시작했다. 경쟁이 심화되면서 기업들은 수익성 악화에 시달리고 있었는데, 제품 및 서비스의 수명주기뿐만 아니라 제품 개발 주기도 급격히 짧아졌다. 기업들이 변화에 대처해야 하는 시간도 급격히 줄어들고 있었기 때문에, 기업은 모든 변화를 감지하고 재빠르게 움직여야만 했다. 이러한 변화 때문에 기업의 경영 프로세스는 엄청난 압박을 받았으며, 프로세스의 혁신에 대한 필요성도 생겨나게 되었다. 결국 해머와 챔프는 기업이 단순히 상품이나 재화의 개별 생산자에 불과한 것이 아니라 프로세스의 결합체라는 사실에 주목하게 되었다. 특히 미국 기업들이 다시 세계 시장에서 승리하기 위해서는 일을 하는 방법, 즉 프로세스에 대한 고찰이 필요했던 것이다.

앞서 설명했던 것처럼 리엔지니어링은 비용이나 품질, 서비스, 속도와 같은 핵심적 성과의 획기적인 향상을 위해서 비즈니스 프로세스를 근본적으로 재검토하고 근원적으로 재설계하는 것을 말한다. 따라서 기업이 무엇을 먼저 해야 하고, 어떻게 해야 하는지를 결정해야 하므로 이 경우 기본에 대한 고려가 매우 중요한 의미를 갖는다. 뿐만 아니라 현존하는 프로세스들을 피상적이 아닌 근원적으로 재설계해야 한다. 또한 리엔지니어링은 점진적인 변화를 이루는 것이 아니라 업무 성과를 획기적으로 높이는 것을 목표로 한다.

그러나 역시 리엔지니어링에서 가장 중요한 것은 과업 중심에서 프로세스 중심으로 사고를 전환하는 것이다. 물론 기업의 인원과 구조 및 전략은 여전히 기업 경영에 있어 중요한 요소다. 그러나 이러한 요소의 중요성은 결국 기업의 가치를 최종적으로 결정하는 프로세스에 각 요소가 얼마나 기여하는가에 의해 정해진다. 프로세스는 조직 사이의 새로운 흐름을 의미하므로, 더 이상 기업 내 부문들은 분리되거나 홀로 떨어져 있지 않다. 각 부문은 연속체의 일부로 상호 의존적이며 다른 프로세스에 대해 적극적으로 반응한다. 일종의 집합적인 성격을 띠는 프로세스에 참가하는 대상은 특정 부서가 아니라 업무와 관련된 모든 부서인 것이다.

리엔지니어링은 기업 전반에 변화를 일으킨다

그렇다면 이렇게 리엔지니어링된 프로세스들은 어떠한 특징이 있는가? 우선 리엔지니어링 작업을 통해서 여러 개의 작업들은 하나의 작업으로 통합된다. 이러한 통합으로 특정 프로세스의 효율성을 획기적으로 개선할 수 있으며 통제 능력도 향상된다. 수평적으로뿐만 아니라 수직적으로 프로세스들이 압축되므로 조직원들의 의사결정 참여 기회도 늘어나게 된다. 그리고 일직선상으로 자연스럽지 못했던 일의 진행이 흐름을 되찾게 되면서 많은 작업들이 동시에 병렬적으로 진행될 수 있고, 이에 따라 각 단계 사이에서 소요되는 시간을 줄일 수 있다. 그 결과 업무에 대한 확인과 통제가 줄어들고 각 업무들 간의 조정이 최소화된다.

또한 작업 단위가 기능 부서에서 프로세스팀으로 바뀐다. 리엔지니어링을 하는 회사는 예전에 애덤 스미스나 헨리 포드가 작은 단위로 나눠놓았던 작업들을 다시 하나로 만든다. 단지 조직에 의해 인위적으로 분리되었던 종업원들의 집단을 다시 하나로 모으는 것이다. 따라서 프로세스팀은 조각난 전체 작업, 다시 말해 하나의 프로세스를 완성시키기 위해 자연적으로 함께 모이게 된 하나의 단위인 것이다. 예를 들어, 코닥의 경우엔 신제품 개발 프로세스의 효율성을 높이기 위해 새로운 카메라 설계 프로젝트의 수행에 있어 다양한 기술을 가진 사람들, 즉 셔터 설계자, 렌즈 전문가, 제조 전문가 등으로 팀을 구성했다. 그리고 카메라가 설계되어 생산에 들어가면 프로젝트는 완성되고 팀은 해체된다.

둘째, 작업이 단순한 과업에서 다차원적인 작업으로 변한다. 프로세스팀에서 작업하고 있는 사람들은 자신들의 일이, 익숙했던 이전 작업과는 전혀 다르다는 사실을 발견할 것이다. 프로세스팀 작업자들은 개별 과업이 아니라 집단적으로 프로세스 결과에 책임을 지는 사람들로서 색다른 작업을 하는 셈이다. 프로세스팀 작업자들은 단지 프로세스상의 작은 부분뿐 아니라 전체 프로세스를 수행하는 데 있어서 팀 구성원과 함께 책임을 공유한다. 그들은 보다 넓은 범위의 일상적인 기술을 사용할 뿐만 아니라 훨씬 더 큰 그림을 그리고 있어야 한다.

코닥의 제품 설계 프로세스의 경우, 렌즈 설계에 있어서 엄격하고 제한된 부분에 집중했던 렌즈 설계자는 이제 카메라라는 전체적인 맥락에서 렌즈를 설계하게 된다. 이처럼 작업이 보다 다차원적으로 되어감에 따라 작업 내용도 보다 현실적인 것으로 바뀐다. 리엔지니어링은 낭비를 없앨 뿐만 아니라 부가가치가 별로 없는 작업 또한 제거한다. 대부분 확인, 조정, 대기, 검사, 추적 등 조직 내 경계들 때문에 발생했던 비생산적인 작업들은 리엔지니어링에 의해서 제거된다. 그리고 이는 사람들이 실제적인 작업을 수행하는 데 보다 많은 시간을 할애함을 의미한다.

셋째, 사람들의 역할이 통제된 상황에서 권한이 위임된 상황으로 변화한다. 리엔지니어링된 프로세스에서 일하는 사람들에게는 필연적으로 권한이 위임된다. 프로세스 작업자들에 대한 권한 위임 없이는 프로세스들을 리엔지니어링할 수 없기 때문이다. 프로세스팀의 작업자들에게는 생각하고, 상호작용하고, 판단하고, 의사결정을 내리는 것이 허용될 뿐만 아니라 요구되기도 한다. 리엔지니어링을 추진하는 회사들은 규칙을 따르는 종업원들을 원하지 않는다. 오히려 그들 스스로의 규칙을 만드는 사람들을 원한다. 또한 리엔지니어링이 진행되면 작업준비 과정도 훈련에서 교육으로 변하게 된다.

훈련이 기술과 능력을 증가시키고 종업원들에게 '어떻게' 일을 하는지를 가르친다면, 교육은 통찰력과 이해력을 증가시키고 '왜' 일을 하는지를 알려준다.

넷째, 리엔지니어링은 조직문화에도 큰 변화를 일으킨다. 리엔지니어링을 거치면서 기업 내 과업의 중심이 상사가 아닌 고객으로 변화하게 된다. 리엔지니어링은 종업원들을 그들의 상사를 위해서가 아니라 그들의 고객을 위해서 일하도록 만든다. 제록스의 경우, 모든 관리자의 보너스를 고객의 만족도 평가를 기초로 지급한다. 관리자의 보너스가 오로지 그들의 개별 부서가 얼마나 업무를 잘 수행했는가에 의해 좌우된다면 그들은 끊임없이 직원들과 관할 영역, 실수, 지원 등을 갖고 싸우게 될 것이다. 하지만 리엔지니어링은 관리자들의 관심을 고객만족 극대화로 바꿔놓음으로써 내부적인 논쟁을 거의 사라지게 했다.

끝으로 리엔지니어링에는 정보기술이 중요한 역할을 한다. 하지만 단순히 정보기술을 통한 자동화가 리엔지니어링은 아니다. 정보기술은 업무 프로세스를 리엔지니어링하기 위한 필요조건일 뿐이다. 따라서 정보기술을 비즈니스 리엔지니어링에 적용하기 위해서는 먼저 해결방법을 인식하고 그 다음 해결할 수 있는 문제들을 탐색하는 귀납적인 능력이 요구된다. 연역적으로 사고를 하게 되면 진짜 중요한 것을 찾지 못하고 불필요한 것을 강조하게 되므로 귀납적 능력이 중시되는

리엔지니어링과 과업관리의 차이

기업의 입장에서 과업을 관리하는 것과 달리 리엔지니어링에서는 고객의 입장에서 업무 프로세스를 재설계한다.

것이다. 이미 하고 있는 일에 대해서 정보기술을 어떻게 활용해 향상시킬 것인가를 고민하지 말고, 아직 하고 있지 않은 일을 수행할 때 정보기술을 어떻게 활용해야 하는지를 고민해야 할 것이다.

포드는 부품 공급자에게 서류를 보낼 때 어떻게 하면 더 적은 인원을 거쳐 보다 빨리 처리할까를 고민하지 않는다. 아예 서류를 제거하는 해결안을 고민한다. 코닥도 설계자들이 보다 빠르게 작업해 그 다음 설계단계가 더 빨리 이뤄질 수 있도록 만드는 것이 아니라, 아예 순차적으로 설계하는 방식 자체를 병렬적으로 바꿔버렸다. 결국 정보기술은 조직의 낡은 규칙을 깨뜨리고 새로운 작업 방식을 창조하는 리엔지니어링을 가능하게 만든 것이다.

리엔지니어링의 주체는 사람이다

리엔지니어링의 주체는 기술이 아니라 사람이다. 누가 하는가에 따라서 리엔지니어링의 성공이 좌우된다. 회사마다 역할이나 이름에는 약간씩 차이가 있으나 리엔지니어링에 참여하는 사람들은 크게 리더, 프로세스 관리자, 리엔지니어링팀, 운영위원회, 리엔지니어링 차르czar로 구분될 수 있다.

리더는 리엔지니어링을 시작하는 사람이다. 리더 없이는 리엔지니어링이 수행될 수 없다. 따라서 리더의 역할이 중요하다. 그는 참여자들에게 비전을 제시하고 동기를 부여한다. 또한 프로세스 관리자와 리엔지니어링팀이 리엔지니어링을 수행하도록 독촉하고 지원한다.

반드시 최고경영자가 리더가 될 필요는 없다. 리더십은 지위가 아닌 개성의 문제다. 야망, 지칠 줄 모르는 의지, 지적 호기심을 지니고 있는 경영자라면 누구나 리더가 될 수 있다. 리더는 참여자들과 끊임없이 커뮤니케이션을 해야 하며 항상 조직 전체에 리엔지니어링에 관한 명확한 신호를 보내야 한다. 가장 능력이 뛰어난 사람을 리엔지니어링팀에 배치한다든지, 반대로 능력이 뛰어나다 하더라도 리엔지니어링에 방해되는 관리자들은 제거하기 위해 노력하는 것이 중요하다. 하지만 가장 중요한 것은 지속적으로 리엔지니어링을 끌고 나갈 수 있는 재치와 인내다.

프로세스에 관한 책임은 조직의 경계를 뛰어넘는다. 이러한 이유 때문에 누가 그 프로세스를 관리하느냐 하는 문제는 매우 중요하다. 일반적으로 참여자들의 신뢰를 받고 있는 상위 계층의 관리자가 프로세스의 관리자가 된다. 프로세스 관리자는 특정 프로세스와 거기에 초점을 맞춘 리엔지니어링 노력을 책임지는 관리자를 말한다. 그의 임무는 팀을 구성하고 팀이 일할 수 있도록 필요한 모든 것을 마련하는 것이다.

리엔지니어링팀은 리엔지니어링의 실제 업무를 담당하는 사람들이다. 그들은 특정 프로세스의 리엔지니어링에 기여하는 집단으로 현재의 프로세스를 진단하고 그것의 재설계와 실행을 감독한다. 현재 리엔지니어링되고 있는 프로세스에 대한 현장 경험이 있는 내부자 그리고 그 밖의 외부자와 함께 작업하면, 현실에 기반한 객관적이면서도 창의적인 성과를 창출할 수 있다. 리엔지니어링팀은 서로의 신뢰를 바탕으로 고객의 입장에서 일을 진척시켜야 한다.

리엔지니어링 운영위원회나 리엔지니어링 차르는 개별 프로세스와 각 영역을 벗어나는 조직 전반에 관한 일들을 처리한다. 다만 운영위원회가 조직의 전체적인 리엔지니어링 전략을 계획하는 고위경영자들의 모임이라면 차르는 전체 리엔지니어링 노력을 적극적으로 관리하는 스태프라 할 수 있다. 차르는 기업 내에서 리엔지니어링 기법과 도구를 개발하고 기업의 여러 개별적인 리엔지니어링 프로젝트들에서 시너지 효과를 창출하는 일을 책임진다. 그렇다고 지나친 통제로 리엔지니어링 참여자들의 행동을 위축시켜서는 안 될 것이다.

이때 리엔지니어링의 대상은 조직이 아니라 프로세스다. 기업의 프로세스는 자연스러운 활동으로 사람, 자원 등을 입력해서 경영 성과라는 출력을 얻어내는 과정이다. 프로세스를 리엔지니어링하기 위해서는 우선 그 대상이 되는 프로세스를 정확히 파악해야 한다. 이를 위해서는 프로세스 흐름도map라는 도구를 활용할 수 있다.

프로세스 흐름도는 기업 내에서 작업이 흘러가는 모습을 보여줌으로써 프로세스에 대한 명확한 인식을 가능하게 한다. 일단 프로세스를 식별한 후에는 리엔지니어링이 필요한 프로세스를 선택해야 한다.

이때 선택기준은 어떤 프로세스가 가장 심각한 상태인가역기능, 어떤 프로세스가 고객들에게 가장 큰 영향을 주는가중요성, 기업의 프로세스들 중 어떤 것이 현시점에서 가장 성공적으로 재설계될 수 있는가실행 가능성 등이 될 것이다.

이렇게 리엔지니어링할 프로세스가 선택되면 프로세스 관리자가 선정되고 리엔지니어링팀이 소집된다. 리엔지니어링팀은 자신들이 재설계할 프로세스를 분명히 이해해야 하는데, 프로세스를 이해한다는 것은 기존 프로세스를 분석하는 것보다는 백지에 새롭게 그림을 그리는 것과 같다.

프로세스를 제대로 이해하기 위해서는 먼저 고객을 이해해야 한다. 고객에 대한 인식을 바탕으로 그들이 무엇을 원하고 어떤 문제가 있는지를 고민해야 한다. 고객보다 고객을 더 잘 이해하고 있어야 한다는 뜻이다. 고객을 끊임없이 관찰하는 자세는 고객에 대한 이해를 증진시키는 데 큰 도움이 될 것이다.

그 다음엔 현재 프로세스에 대해서 정확히 알아야 한다. '프로세스가 왜 존재하는지'와 '프로세스가 무엇인지'에 대한 이해를 고객에 대한 이해와 결합시켜 프로세스 재설계에 필요한 아이디어를 얻는다. 이 과정에서 종종 초일류 기업의 예를 연구하는 벤치마킹 기법이 이용된다. 하지만 벤치마킹은 참고자료일 뿐 아이디어를 그것에 한정시켜서는 안 될 것이다.

《리엔지니어링 기업 혁명》의 원서 표지. 2003년판.

프로세스에 대한 이해가 끝나면 프로세스 재설계 과정이 진행된다. 리엔지니어링팀에게 재설계는 글을 쓰거나 그림을 그리는 활동과 같이 창작의 고통을 수반하는 행위다. 그러나 다행히도 재설계는 완전히 백지상태에서 시작하지 않는다는 장점을 갖고 있다. 이미 다른 기업에서 효과를 본 프로세스의 전체 혹은 일부를 이용할 수도 있다.

프로세스 재설계에서 중요한 원칙 중의 하나는 한 프로세스의 수행에 최소한의 사람만이 참여하는 것이다. 물론 재설계된 업무 프로세스가 한 사람의 손에서 끝나야 한다는 의미는 아니다. 하지만 새로운 사람을 도입하는 것보다 정보기술로 이미 참여하고 있는 사람들을 어떻게 도울지 고민하는 것이 더 바람직하다. 또한 숨어 있는 가정들을 찾아내어 그것을 버리게 하는 것도 팀 구성원들의 사고를 자극하는 좋은 방법이다.

프로세스의 중요성

개개인이 아무리 열심히 일해도 흠집투성이의 프로세스 설계를 극복할 수는 없다. 하물며 설계가 없어서 생기는 부담은 더더욱 극복할 수 없게 된다.

리엔지니어링이 지향하는 비전을 명확히 제시해야 한다

지금까지 살펴본 바와 같이 리엔지니어링은 기업을 재창조하는 도구로서 조직 내에 근본적인 변화를 야기한다. 여기서 간과해서는 안 될 점은 충분한 사전 합의가 없으면 리엔지니어링이 조직 구성원들에게 자신의 위치 자체를 흔드는 도전으로 인식될 수도 있다는 사실이다. 따라서 리엔지니어링을 시작하고자 할 때는 근본적인 변화에 대한 기대를 수용하고 최소한 반대하지 않도록 조직 내 구성원들을 설득하는 작업이 필요하다. 이를 위해서는 지속적인 교육과 커뮤니케이션이 필수적이다. 왜 이러한 변화가 필요한지에 대해서 조직원들이 논리적으로 수긍할 수 있는 강력한 논거를 제시해야 한다. 논리적으로 수긍했을 때 조직원들은 리엔지니어링에 몰두할 수 있으며, 그 결과 효과적인 성과 창출이 가능해진다.

또한 리엔지니어링이 지향하는 비전이나 목표를 명확히 제시해야 한다. 이러한 비전이나 목표는 리엔지니어링 과정에서 진행 정도를 측정하는 기준이자 촉매제의 역할을 한다. 리엔지니어링을 시도한 기업의 50퍼센트에서 70퍼센트가 자신들이 의도했던 혁신적인 성과를 얻어내지 못하고 있다. 하지만 리엔지니어링은 모든 것이 우연에 의해 결정되는 룰렛 게임이 아니라, 뛰어난 사람이 이길 확률이 높은 체스 게임이다. 지식과 능력이 성공의 열쇠가 되는 것이다. 따라서 리엔지니어링의 기본 개념을 꼼꼼하게 이해하고 각 과정을 충실히 따르며 각 구성 요소들을 충분히 고려한다면 리엔지니어링이 실패할 확률은 크게 줄어들 것이다. 특히 리엔지니어링은 항상 중역 회의실에서 태어난다는 말이 있듯이, 최고경영진들의 강력한 리더십이 있다면 반드시 성공할 수 있을 것이다.

현대적 시사점

리엔지니어링이 경영자들에게 주는 교훈은 매우 뚜렷하다. 무엇보다도 리엔지니어링은 기업의 모든 업무를 고객의 관점에서 파악하는 관점을 제공하고 있다. 그동안 경영자들은 기업이 제공하는 제품이나 서비스에서는 고객을 중시하면서도 막상 기업 내 업무는 내부 구성원들 간의 문제로 치부해왔다. 기업 내 업무를 고객과는 전혀 동떨어진 차원에 있는 것으로 간주했던 것이다. 그러나 리엔지니어링은 고객의 관점에서 기업 내 업무를 재정의하고 재설계한다.

회사 내 각 부서가 여기저기 흩어져 있고, 각 부서별 업무도 따로따로 이뤄진다고 하자. 오늘날처럼 빠른 속도로 변화하는 세상에서 조직 전체가 단편화되고 전문화되어 원활하게 운영되지 못한다면, 그 조직은 결코 재빨리 움직일 수 없을 것이다. 그리고 이러한 기업은 당연히 고객의 입장에서 볼 때 거래하기 불편한 기업이 될 것이다. 앞서 언급한 사례처럼 보험증서를 만들고 인쇄해서 발송하는 데는 10분밖에 걸리지 않는다. 하지만 서류가 14개의 부서를 거치다보면 실제로는 24일이 지나야 고객에게 전달되는 불합리한 결과가 나타나는 것이다. 리엔지니어링은 이러한 각 부서 간의 벽을 허물고, 불필요한 부서를 없애면서 조직 안팎의 프로세스 변화에 중점을 두고 혁신을 일으킨다. 따라서 리엔지니어링 정신은 기업 내 구성원들로 하여금 자신이 하고 있는 업무를 고객의 관점에서 바라보게 하는 효과를 갖는다.

오늘날 기업이 고객에게 제시하는 핵심 가치는 경영상의 획기적인 성과를 거둘 수 있을지의 여부를 판단하는 중요한 근거가 된다. 기업이 제시하는 핵심 가치가 무엇이든 간에 결국에는 고객을 위한 새로운 가치를 창출하는 능력이 문제가 되는 것이다. 다양한 내용, 즉 고객 맞춤, 혁신, 가격, 품질, 서비스, 속도, 다양성 등이 핵심 가치에 해당한다. 이러한 핵심 가치는 흔히 고객이 기업을 어떻게 생각하는지, 그리고 기업의 경쟁력이 어느 정도인지를 판단하는 기준이 된다. 리엔지니어링은 바로 프로세스 혁신을 통해 기업이 고객에게 훌륭한 핵심 가치를 제공하기 위한 것이다.

예컨대, '언제나 저렴한 가격'을 핵심 가치로 내세우는 월마트는 새로운 물류 방식과 판매 프로세스를 정보기술과 결합시킴으로써 효율성을 극적으로 높였으며, 이를 기반으로 고객에게 저렴한 가격을 제공하고 있다. 컴퓨터 네트워킹 사업을 하는 시스코는 전자상거래 사이트를 통해 고객들이 자신들의 필요에 따라 라우터와 스위치, 허브 등의 제품들을 마음껏 조합할 수 있도록 만들었다. 그리고 이들 방문 고객들의 요구에 따라 원하는 업그레이드 부품이나 보조장치 등을 웹에서 직접 구매하게 했다. 시스코는 인터넷과 리엔지니어링을 결합시킴으로써 고객에게 맞는 특별한 제품을 판매할 수 있었으며, 이는 새로운 차원의 고객 맞춤 서비스라 할 수 있다. 결국 리엔지니어링의 궁극적인 목표는 고객이 중시하는 핵심 가치를 제고시키기 위해 고객이 거래

월마트는 '언제나 저렴한 가격'을 핵심 가치로 내세우며 성장을 거듭하고 있다.

하기 편한 기업을 만드는 것이다.

《리엔지니어링 기업 혁명》이 현대 경영자들에게 주는 두번째 교훈은 프로세스라는 관점에서 기업을 본다는 것이다. 회사 업무를 전문화된 몇 가지 과업으로 보는 것과 몇 개의 프로세스로 보는 것은 이와는 완전히 다른 관점이다. 프로세스의 설계는 모든 개별 단위 업무가 총체적인 목적을 이루기 위해 협력해야 하는 방법을 규정한다. 프로세스는 정확히 어떤 일을, 어떤 순서로, 어디에서, 누가 해야 하는지를 규정한다. 따라서 리엔지니어링에 성공하면 몇 개의 과업들이 하나로 통합된다.

이 책에 소개된 IBM 크레디트의 경우를 살펴보자. IBM 크레디트는 IBM이 판매하는 컴퓨터, 소프트웨어, 서비스 등에 대한 자금을 제공하는 기업이다. 리엔지니어링이 되기 전에는 고객들의 융자 신청을 처리하는 프로세스가 5단계로 이뤄져 있었으며, 거기에는 평균 6일, 최장 2주일이 소요되었다. 이중 대부분의 시간은 서류를 한 부서에서 다른 부서로 넘겨주는 데 사용되었다. 문제는 개별 단계가 아니라 융자 신청 프로세스 전체에 있었던 것이다. 하지만 리엔지니어링에 의한 프로세스 개선을 통해 6일씩 걸리던 소요시간을 4시간으로 단축할 수 있었다. 동시에 처리되는 거래 수는 1백 배나 증가했다. IBM 크레디트는 업무 프로세스 전체를 근본적으로 변화시킴으로써 처리시간 90퍼센트 단축, 생산성 1백 배 증가라는 획기적인 성과 향상을 이룩했던 것이다.

결국 리엔지니어링이 이뤄지지 않으면 개개인이 아무리 열심히 일해도 고객이 직면한 문제를 근본적으로 해결할 수 없다. IBM 크레디트도 특정 업무를 개선하는 데 중점을 두었던 것이 아니라, 전체 프로세스를 개선하는데 중점을 두었기 때문에 문제 해결이 가능했던 것이다.

또한 리엔지니어링을 통한 프로세스 재설계는, 일이 순차적으로 진행된다는 고정관념에서 경영자들을 해방시켰다. 전통적인 사고에서 보면 사람 1은 과업 1을 완성해서 과업 2를 수행하려는 사람 2에게 그 결과를 넘겨주어야만 한다. 하지만 과업 1과 과업 2가 동시에 수행될 수는 없는 걸까? 과업을 수행하는 순차적인 순서는 작업의 속도를 늦추는 인위적인 순위에 불과한 것은 아닌가?

기업의 업무를 프로세스라는 관점에서 해석하면 업무 진행에 대한 경영자들의 고정관념을 바꿀 수 있다. 병렬적인 일처리를 통해 많은 작업들이 동시에 행해질 수 있으며, 프로세스의 앞 단계와 뒷 단계 사이에 소요되는 시간을 줄일 수 있다. 예컨대 코닥의 새로운 제품 개발 프로세스에서는 제조 도구의 설계 과정을 제품 설계가 완성될 때까지 기다릴 필요가 없다. 제조 도구를 설계하는 기술자들은 기본적인 제품의 디자인이 완성되자마자 그들의 작업을 시작할 수 있을 뿐만 아니라 제품 디자인 과정에도 영향을 미칠 수 있다. 물론 특정 프로세스 재설계의 준거는 고객의 목표에 있을 것이다. 고객의 실제 요구가 무엇인지를 이해하는 것은 매우 중요하다. 왜냐하면 프로세스를 재설계하는 궁극적인 목표는 고객의 요구를 만족시켜줄 새로운 무언가를 만드는 것이기 때문이다.

끝으로 리엔지니어링은 정보기술에 대한 경영자들의 관점도 완전히 바꿔놓았다. 1990년대에 리엔지니어링의 개념이 등장하기 전까지만 해도 정보기술은 예산만 낭비하는 고철덩어리 취급을 받았다. 막대한 정보기술에 대한 투자에도 불구하고 정작 그 효과는 미미했던 것이다. 컴퓨터나 정보기술이 의사결정이나 기업 경영의 질을 획기적으로 향상시킬 것이라는 경영자들의 기대는 여지없이 무너진 것처럼 보였다. 그도 그럴 것이 경영자들은 정보기술을 업무 자동화를 위한 수단으로만 생각했다. 그러나 정보기술의 진정한 힘은 낡은 프로세스를 보

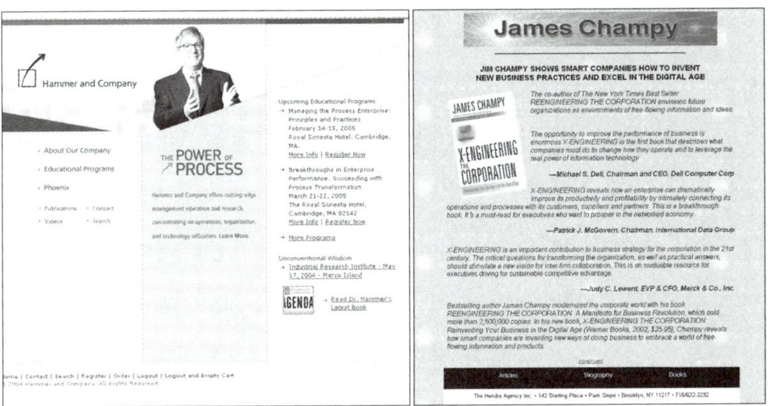

해머에 대한 자세한 정보를 원한다면 www.hammerandco.com을, 챔피에 대해 알고 싶다면 www.Jimchampy.com을 참조하기 바란다.

다 효율적으로 작동하도록 만드는 것이 아니라, 조직의 낡은 규칙을 깨뜨리고 새로운 방식을 창조하는 것에 있다. 불합리한 업무 프로세스를 그대로 둔 상태에서는 아무리 최신 정보기술을 도입해도 좋은 성과를 얻을 수 없다. 리엔지니어링을 통해 프로세스를 재설계한 후 정보기술을 도입할 때 비로소 효과가 나타나는 것이다.

물론 정보기술이 리엔지니어링의 유일한 필수 요소는 아니다. 그러나 리엔지니어링을 하는 데 있어 반드시 필요한 기반임에는 틀림없다. 어쩌면 프로세스 재설계라는 리엔지니어링의 이상을, 최첨단 정보기술이 현장에서 구현하는 셈이라고 할 수 있을지도 모른다. 이처럼 리엔지니어링은 컴퓨터 혹은 정보기술의 효과에 대한 경영자들의 생각을 전면적으로 바꿔버렸다. 정보기술이 돈만 먹는 고철덩어리에서 혁신의 총아로 화려하게 부활한 것이다. 사실 오늘날 기업에서 널리 통용되고 있는 전사적 자원관리ERP, 고객관계관리CRM 공급자 체인관리 SCM 등 정보기술의 최신 경영혁신 기법도 기본적으로 모두 리엔지니어링 개념에 그 기반을 두고 있다.

이 책이 출간된 후 리엔지니어링 열풍이 거세게 불었고, 그에 맞서 리엔지니어링에 대한 반론도 만만치 않은 것이 사실이다. 그러나 이러한 반대 의견들이 나온 것은 리엔지니어링이 추구하는 철학이나 방법론이 잘못되었다기보다는 오히려 리엔지니어링을 제대로 이해하지 못했거나 이를 실행하는 과정에서 경영자들이 과오를 범했기 때문이다. 책이 출간된 지 10년이 지났지만 리엔지니어링을 통해 해머와 챔피가 강조했던 고객 중심 사고, 프로세스 관점, 정보기술에 대한 재해석 등은 오늘날까지 유효할 뿐만 아니라 더욱 강조해도 이상할 것이 없다.

리엔지니어링과 카이젠 이재규, 21세기북스, 1995

아젠다 마이클 해머, 한국경제신문사, 2002

X-엔지니어링 기업혁명 제임스 챔피, 21세기북스, 2002

저자 소개 및 도서 정보

마이클 해머 Michael Hammer, **제임스 챔피**James Champy

《리엔지니어링 기업 혁명*Reengineering the Corporation: A Manifesto for Business Revolution*》, HarperBusiness, 1993.

마이클 해머는 리엔지니어링의 개념을 창시한 인물로 MIT대학에서 컴퓨터과학 분야의 교수를 지냈으며, 몇 개의 하이테크회사를 설립한 바 있다. 현재는 비즈니스 프로세스에 대한 교육과 연구를 겸하고 있는 해머 앤드 컴퍼니의 사장으로 일하고 있다. MIT대학은 1984년부터 1989년까지 해머를 중심으로 '1990년대의 경영관리'를 주제로 한 연구를 진행시켰는데 리엔지니어링은 바로 이 연구에서 비롯된 것이라 할 수 있다. 해머의 저서로는 1993년에 출간되어 미국에서만 250만 부 이상 팔린 베스트셀러인 《리엔지니어링 기업 혁명》 외에도 《The Reengineering Revolution》(1995) 《Beyond Reengineering》(1996), 《Agenda》(2001) 등 총 4권이 있다. 그는 1992년 〈비즈니스 위크〉가 선정한 1990년대의 4대 경영학자 중 한 사람이며, 1996년 〈타임스〉가 선정한 미국에서 가장 영향력 있는 25명의 인물 중 한 사람이기도 하다. 해머에 대한 더 자세한 정보를 얻고 싶다면 www.hammerandco.com을 참조하기 바란다.

공동 저자인 제임스 챔피는 MIT대학교 토목공학과 석사 출신으로 보스턴 법학대학에 진학해 변호사 자격증을 획득한 특이한 이력의 소유자다. 챔피는 현재 페로 시스템스라는 이름의 컨설팅회사 회장이며, 리더십과 경영, 조직 변화와 비즈니스 리엔지니어링 등의 분야에서 활약하고 있다. 페로 시스템스에서 일하기 전에는 CSC 인덱스의 회장이자 최고경영자를 역임한 바 있다. CSC 인덱스는 연간 수입이 5억 달러가 넘는, 전 세계적으로 2천여 명의 컨설턴트를 보유한 컨설팅회사다. 그의 저서로는 이 책 외에도 《Reengineering Management》(1995) 《이루지 못할 야망은 없다*The Arc of Ambition*》(2000), 《X-Engineering the Corporation》(2002) 등이 있다. 챔피에 대한 보다 자세한 정보를 얻고 싶다면 www.jimchampy.com을 참조하기 바란다.

25 미래의 경쟁은 어떻게 다른가

Competing for the Future
C.K. Prahalad, Gary Hamel

keyword
핵심역량
미래를 위한 경쟁
혁신
확장전략

카테고리 관련성	
경영전략, 경영혁신	
생산관리	
변화관리	★★
조직관리, 인사관리	★
마케팅	★
리더십	
동기부여, 인간관계	
기업성공	★★★

핵심 아이디어

전 세계를 무대로 활발한 경영활동을 벌였던 미국계 기업들은 1970년대에 불어 닥친 석유파동과 같은 극심한 환경 변화와 국내 시장에서의 만성적인 구조적 공급 과잉으로 인해 점점 쇠퇴의 길로 접어들게 되었다. 더욱이 철저한 경쟁력을 무기로 급성장한 일본 기업들이 1980년대에 이르러 미국 시장에 대한 공략을 본격화하자 미국계 기업들의 경쟁력은 급속히 약해졌다.

특히 기업의 경쟁력 강화를 위해 도입된 리스트럭처링과 리엔지니어링은 쇠약해질 대로 쇠약해진 기업들을 더욱 무력하게 만들었다. 그것들의 필요성을 진지하게 판단해보기도 전에 대량 감원, 다운사이징 등의 리스트럭처링과 조직의 업무 프로세스를 혁신하는 리엔지니어링이 기업들 사이에 유행처럼 퍼졌던 것이다.

기존 기업들 간의 경쟁에 치중한 나머지 기업들은 현재의 성과에 집착하게 되었고 이를 위해 '비능률의 제거'에 매달리게 되었다. 하지만 이는 실질적인 경쟁력의 향상으로 이어지지 않고, 단지 기업들이 주주들이나 소비자들을 눈속임하는 데만 치중하도록 만들었다. 기업의 경영자들은 기존 사업에서의 확실한 경쟁력 유지를 담보할 수 없게 되자, 사업 다각화나 다른 기업의 인수 및 합병과 같은 외부적인 방법을 통해 성과를 유지시켜 나가려 했다. 그래서 인력 감축이라는 가장 손쉬운 방법을 통해 비용을 절감하곤 했다.

이 책은 이러한 지나치게 근시안적이고 획일적인 서구식 합리주의 경영에 대한 비판에서 출발한다. 즉, 기업의 지속적인 발전을 위해서는 현재 눈앞에 있는 경쟁자들과 싸워 이기는 것보다 미래에 전개될 새로운 경쟁의 양상에 대비하고 이를 선도하는 게 중요하며, 그러기 위해선 기업 고유의 핵심역량을 개발해야 한다는 논리를 전개하고 있다.

미래를 위한 경쟁

프라할라드와 하멜은 기업의 영속적인 발전을 위해서는 현재가 아닌 미래를 중심으로 경쟁해야 한다고 역설한다. 현재의 경쟁구도는 미래에 바뀌게 될 것이므로 변화할 미래 경쟁구도에 맞게 대비해야 한다는 논지다. 이에 따라 변화와 혁신은 선택의 문제가 아닌 필수적인 것임을 강조하고 있다.

이 책이 출간된 1990년대는 경영전략의 새로운 흐름들이 막 각광받기 시작하던 때다. 기존의 전략이론은 주로 환경의 중요성에 초점이 맞춰진 경우가 많았다. 하지만 일본 기업들이 세계 시장에서 급부상함에 따라 그 기업이 보유하고 있는 자원과 역량이 기업의 경쟁우위 확보에 더욱 유리하다는 연구들이 쏟아져 나오게 되었다. 이렇게 등장한 것이 바로 자원준거 관점이다.

자원준거 관점의 배경은 1959년 펜로즈의 '기업성장이론'에서 찾을 수 있다. 펜로즈는 기업이 단순히 생산 설비, 자본, 인력 등 유형자산의 집합이라는 신고전파 경제학자들의 주장을 비판하면서 유형자산뿐만 아니라 기술, 경영 노하우, 브랜드 등의 무형자산이 기업의 실질적인 경쟁력을 높이는 데 더 큰 영향을 미친다고 주장했다. 1984년에는 펜로즈의 관점을 더욱 발전시킨 웨르너펠트 교수의 자원준거 관점에 관한 논문이 〈전략적 경영 저널〉에 실렸다. 그리고 이로 인해 자원준거 관점의 개념이 본격적으로 경영전략 분야에 도입되었다. 이러한 자원준거 관점은 1990년대 이 책의 저자인 하멜과 프라할라드에 의해 크게 발전하게 되었다. 1980년대 이전까지는 기업의 성장이 주로 기존 환경에 어떻게 잘 적응해나갈 것인가에 초점을 맞춘 환경적응형 조직 운영에 의해 결정된다는 생각이 지배적이었다. 반면, 1990년대에는 어떻게 하면 경쟁자들이 쉽게 모방할 수 없는 자원을 개발해 이를 통해 경쟁우위를 지속적으로 유지해나갈 것인가에 초점을 맞춘 환경창조형 조직 운영에 의해 기업 성장이 결정된다는 생각이 지배적이었다. 1980년대에는 산업조직론적 관점에 근거해 기업의 성장을 이해하는 게 주류였던 반면 1990년대에는 자원준거 관점에 바탕을 두고 기업의 성장을 바라본 것이다. 자원준거 관점을 토대로 핵심역량을 이해하고 이를 통해 기업과 조직의 성장을 이해하는 쪽으로 패러다임의 전환이 일어난 것이라 볼 수 있다.

이 책에서 새롭게 제시된 개념인 핵심역량은 경쟁 기업에 비해 절대적인 경쟁우위를 창출하게 해주는 기업의 독특한 자원과 능력의 조합이다. 나아가 시장에서 구입 가능하거나 재생산, 복제, 대체가 불가능한 유무형의 자산을 일컫는다. 좀더 구체적으로 표현하면 경쟁사를 압도하는 고유의 기술력, 고객의 니즈를 만족시키는 상품 기획력, 조직 내에 축적된 관리 기술 등을 의미하는 것이다.

저자들은 핵심역량 개념의 도입과 함께 기업의 영속적인 발전을 위한 초점을 현재가 아닌 미래에 두고 있다. 현재에 중점을 두고 있는 기업들은 관습적이고 복고적이며 반복적인 시각으로 그들의 경쟁자와 산업을 바라본다. 이러한 기업들은 선도 기업들을 따라가는 데 급급하며 치열한 경쟁에 시달리게 마련이다.

반면 미래에 관심이 많은 기업들은 독특한 통찰력으로 산업의 전반적인 변화를 예견하고 이에 발맞추기 위해 노력한다. 또 혁신을 통해 새로운 규칙을 만들어내 스스로 해당 산업의 선도자가 되고자 한다. 당연히 현재에 집착하는 기업들보다는 시야가 넓고 여러 요소들을 다양하게 고려하며, 그들만의 우수한 핵심역량을 토대로 새로운 시장, 고객, 수요를 창출해나간다. 또한 이를 통해 독점적 이윤을 보장받으며 끊임없는 혁신을 무기로 한곳에 머물지 않고 지속적으로 새로운 가치를 창출해낸다.

여기서 주목해야 할 점은 변화와 혁신은 해도 그만 안 해도 그만인 '선택'의 문제가 아닌 외면했을 경우 생존을 위협받을 수도 있는 '필수 조건'이라는 점이다.

1980년에 미국의 1백대 기업들 중 62개의 기업들이 자기 순위를 지키지 못했고 그중 44개 기업들은 순위에서 사라져버렸다. 평균 30년이

《미래를 위한 경쟁》의 원서 표지. 1996년판.

라던 기업의 수명이 이제는 10년도 못 되고 있다. 이는 환경 변화를 제대로 감지하지 않고 무시한 데서 비롯된 결과라고 할 수 있다.

기업 경영자들이 갖고 있는 더욱 심각한 문제점은 그들이 '변화'의 개념을 제대로 이해하지 못하고 있다는 사실이다. 그들은 동종업계 내지는 다른 업종에 속해 있는 기업들 중에서 매우 훌륭한 성과를 내고 있는 기업들을 충실히 따르는 이른바 '베스트 프랙티스best practice'를 벤치마킹하는 과정을 변화로 오해하는 경우가 많다. 베스트 프랙티스의 벤치마킹은 말 그대로 흉내내는 것에 불과하다. 그렇다면 기업의 핵심역량을 구축하기 위해서 어떻게 해야 하는가? 이것이 바로 하멜과 프라할라드가 갖고 있는 문제의식이다.

그들은 이렇게 말한다.

"미래는 하나가 아니라 무수히 많이 펼쳐져 있다. 대부분의 회사가 남을 뒤쫓는 회사가 되라는 법은 없다. 또한 같은 보물을 노리고 있는 다른 경쟁사를 앞지르는 것만이 미래에 제일 먼저 도착하는 유일한 길은 아니다. 어떤 보물을 노리고 어떻게 제일 먼저 미래에 도착할 것인가? 무엇보다도 독자적 관점을 구축하는 것이 가장 중요하다. 상상하기에 따라서는 경기 참가자의 수만큼 미래의 보물이 늘어날 수도 있다. 르누아르, 피카소, 카르다, 샤갈은 모두 회화의 대가들로 각기 독자적인 화풍을 지니고 있었다. 이들은 각기 다른 작품 세계를 지녔을 뿐 성공과 실패로 구분할 수는 없는 작가들이다. 그리고 각각의 대가들에게는 많은 모방 화가들이 있었다. 이처럼 사업의 세계도 화가의 세계와 똑같다. 선구적인 회사와 남을 뒤쫓는 회사, 우수한 회사와 평범한 회사를 구분하는 것은 그들이 가진 상상력이다."

이로써 하멜과 프라할라드의 가장 중요한 관심이 기업의 '독자적인 핵심역량'의 구축에 있음을 알 수 있다. 이는 "특정 산업에 속한 기업들이 같은 목표를 놓고 서로 비슷한 전략으로 경쟁하면 결국 공멸하고 말 것이다. 이것이 바로 경쟁적 수렴competitive convergence 현상이다."라고 주장한 하버드 경영대학원의 마이클 포터 교수의 주장과도 일맥상통한다고 볼 수 있다.

미래를 위한 경쟁은 현재의 연장선상에 놓여 있는 것이 아니다. 오히려 지금까지의 것들을 잊어버리고 독특한 통찰력으로 자신의 한계를 뛰어넘어 미래의 모습을 그려보고, 이를 통해 자사의 위치를 결정할 수 있어야 한다. 그리고 그 위치에 도달하기 위한 핵심역량을 설정하고 이를 장기적인 안목으로 달성해나가기 위해 노력해야 한다.

시놉시스

《미래를 위한 경쟁*Competing for the Future*》은 총 14장으로 구성되어 있다. 1장에서 3장까지는 기존의 잘못된 경영 관행에 대해 설명하고 있다. 눈앞의 현상이 전부인 양 모두 똑같은 목표를 향해 치닫는 기업들의 악순환을 비판하고 있는 것이다. 이렇게 모방만 반복하는 기업들은 결코 선도기업을 따라잡을 수 없으며 경우에 따라서는 현재 위치마저 잃게 될 것이라고 그들은 말한다. 4장과 5장에서는 산업통찰력의 개념을 소개하면서 미래를 내다보는 독특한 시각의 중요성을 역설하고 있다. 기존 경쟁의 틀 속에서 선도기업을 추격하는 것보다는 획기적인 시각과 역량으로 새로운 경쟁구도를 창출하는 것이 미래의 우위를 차지하는 데 도움이 됨을 주장하고 있다.

6장과 7장에서는 미래를 향한 경쟁의 구체적인 도구로서 확장전략과 효율극대화 전략을 제시하고 있다. 기업이 독특한 우위를 창출해내기 위해서는 기존 관념을 타파하는 도전이 필요하다. 그리고 이러한 도전은 최단 기간 내에 최소한의 자원 사용을 통해 달성되어야만 비로소 그 가치를 인정받을 수 있다. 이러한 과정은 바로 확장 전략과 효율극대화 전략의 적절한 조합에 의해 이뤄진다. 8장에서 12장까지는 미래를 향한 기업들의 경쟁이 실제로 어떻게 실현될 수 있는가에 대한 설명과 사례가 소개되어 있다. 현재를 탈피해 미래로 나아가기 위한 혁신적 목표를 설정하고, 이를 실천하는 구체적 이동 경로를 만들어나가며 궁극적으로 새로운 가치를 유지할 수 있는 방법을 제시하고 있다.

미래 경쟁력의 원천이 무엇인지 알아보고 이를 확보하기 위한 방법을 제시한다

익숙한 것들과의 결별

당신 회사의 신규 사업 구상 과정은 어떤 모습인가? 혹시 오랫동안 반복되어온 과정을 답습하고 있지는 않은가? 스스로에게 물어보라. 회사의 중역들은 앞으로 10년 동안 산업이 어떻게 달라질 것인지에 대한 명확하면서도 폭넓은 이해력을 공유하고 있는가? 그들은 경쟁사의 중역들보다 미래를 더 멀리 내다보고 있는가? 미래를 바라보는 경영진들의 시각이 회사의 단기적인 우선 업무에 정확히 반영되어 있는가?

미래를 바라보는 그들의 시각은 충분히 설득력 있으며 또한 경쟁력을 확보할 수 있을 만큼 독자적인가?

지금까지 당신의 회사는 지나치게 당장 눈앞에 보이는 경쟁사, 제품, 고객, 프로세스에 집착한 나머지 잠재적이고도 매우 위험한 새로운 기술, 경쟁 기업의 출현에 대해 무관심하지는 않았는가? 또한 지나치게 현재 지향적이지는 않았는가?

기업의 최고경영층과 미래의 경쟁에 관해 대화할 때는 주로 다음과 같은 세 가지 질문을 던져볼 수 있다.

첫째, 대내적인 문제보다는 대외적인 문제를 위해 당신의 시간을 어느 정도의 비율로 사용하는가? 예를 들면, 기업의 총비용 분배를 위한 토론보다는 새롭고 특이한 과학기술의 영향에 대한 이해를 위해 더 많은 시간을 사용하는가?

둘째, 이런 대외적인 문제를 위해 사용하는 시간 중 다음번 큰 계약을 성사시키거나 경쟁사의 가격 조정에 대응하기 위해 쓰는 시간 말고, 향후 5년 내지 10년 후 세상의 변화에 대처하기 위해 사용하는 시간은 얼마나 되나?

셋째, 대외적인 문제와 미래를 위해 쓰는 시간 중 개인적이고 편협한 미래관보다는 동료와의 토의를 거쳐 상호 이해에 바탕을 두고 잘 검증된 미래관을 갖기 위해 사용되는 시간은 어느 정도인가?

이러한 질문에 대한 답변은 대부분 하멜과 프라할라드가 만든 40 : 30 : 20이라는 룰에서 벗어나지 않는 것으로 나타났다. 최고경영자의 시간 중 대략 40퍼센트 정도가 대외적인 문제 해결을 위해 사용되고, 이 시간 중 약 30퍼센트가 3년 내지 5년 혹은 그 이상의 미래를 살펴보는 데 사용되고 있었다. 또한 미래를 살피는 데 쓰이는 시간 중 20퍼센트가 미래에 관한 총괄적인 시각을 구축하는 데 사용되고 있었다. 따라서 평균적으로 최고경영자의 시간 중 3퍼센트 미만(40퍼센트×30퍼센트×20퍼센트)만이 기업의 미래관 구상에 사용되고 있는 실정이다.

중역들이 게을러서 그런 질문들에 많은 시간을 할애하지 않는 것이 아니다. 그들 대부분은 어느 누구보다도 열심히 일하고 있다. 그렇다면 왜 이런 현상이 발생하는 것일까? 그건 중역들이 이러한 질문들을 본격적으로 고민하기 위해서는 먼저 임직원 앞에서 자기자신과 그들이 회사의 미래를 완벽하게 통제하지 못한다는 것을 인정해야 하기 때문이다. 이것은 또한 현재 회사를 지배하고 있는 운영 원리나 경험, 지식 등이 미래를 대처하는 데는 적절하지 않을 수도 있음을 인정한다는 의미이기도 하다. 때문에 미래는 심도 있게 다뤄지지 못한 채 방치되기 십상이고 그보다는 현재 진행되고 있는 상황이나 행동들에 대한 처리가 최고경영진의 유일한 업무가 되어버리기 일쑤다.

그렇다면 미래가 아니라면 무엇이 중역들의 관심을 사로잡고 있는 것일까? 그 답은 리스트럭처링과 리엔지니어링 두 가지로 요약될 수 있다. 이 모두가 어떻게 하면 현재 프로세스를 좀더 '효율적'으로 개선할 수 있느냐에 초점이 맞춰져 있다.

리스트럭처링은 많은 현금을 만들어낸다. 기업은 부채를 줄인 결과 튼튼한 재무구조를 갖게 되고 주식 배당이 늘어난다. 이것은 좋은 일이다. 하지만 그렇게 하고도 여전히 현금이 남는다. 이 경우 많은 기업들이 주식을 다시 사들인다. 기업들은 가능하긴 했지만 전혀 꿈꾸지 않았던 그 놀라운 새 효율성이 엄청난 현금을 만들어낸다는 사실을 갑자기 깨닫게 된다. 그러나 그 현금을 새로운 성장을 위해 재배치하지 못하면 결국 그들이 선택할 수 있는 것은 두 가지밖에 남지 않는다. 하나는 기업 인수를 하면서 모든 부작용을 감수하는 것이고 다른 하나는 기업 인수의 목표물이 되는 것이다. 우리가 그것을 투자가의 관점에서 보든 직원 혹은 새로운 혜택을 바라는 고객의 관점에서 보든 간에 성장과 변화의 필요성은 누구도 무시할 수 없다.

감량 경영은 과거의 실수를 바로잡기 위한 것으로 미래의 시장을 창조하지는 못한다. 그러므로 축소하는 것만이 능사는 아니다. 현명한 회사들은 기업 리스트럭처링이 막다른 골목이라는 것을 알기 때문에 리엔지니어링 기법을 택한다. 기업 리스트럭처링과 리엔지니어링의 차이는, 적어도 후자에는 희망이 있다는 것이다. 늘 그렇지는 않지만 살을 빼면 나아지는 수도 있는 법이다.

아직도 많은 회사에서 리엔지니어링을 추월보다는 뒤쫓기 위한 방편으로 사용하고 있다. 예를 들면, 디트로이트의 자동차 제조업계는 일본을 가격과 품질 면에서 따라잡고 있다. 공급망의 재구성, 제품 개발 과정의 재설계, 제조 공정의 리엔지니어링이 이뤄졌다. 하지만 디트로이트의 회생을 알리는 소식 중에는 빠진 것이 있다. 수많은 일자리가 없어진 것, 미국 내에서도 20퍼센트가 넘게 시장점유율을 잃은 것, 경기가 좋아질 아시아 시장에서 미국의 자동차 제조업계가 일본을 누를 희망이 없다는 것 등이 그것이다. 그러므로 따라가는 것만으로는 충분하지 않다.

1980년대 말에 행해진 조사에 의하면 80퍼센트 정도의 미국 관리자들이 2000년대의 경쟁우위는 좋은 품질만으로도 유지가 가능하다고 생각한 반면에 일본 관리자들은 오직 40퍼센트만이 그 생각에 동의했다. 일본 관리자들의 주요 목표는 새로운 제품의 개발과 새로운 사업으로의 확장이었다. 그렇다면 일본 관리자들은 제품의 품질을 등한시하기로 했다는 말인가? 물론 그렇지는 않다. 일본은 단지 2000년대에 들어서면 품질은 시장에 들어서기 위한 필수 요건일 뿐 경쟁우위는 현재와는 다른 요소들에 의해 유지될 것이라는 사실을 인식하고 있었을

앨 던롭 사례

선빔 사의 최고경영자였던 앨 던롭Al Dunlap은 '전기톱 앨'이라는 별명에서도 알 수 있듯이 인원감축 위주의 구조조정으로 유명했다. 그러나 단기간에 인건비를 줄임으로써 일시적으로 주가가 상승했지만 중장기적인 경쟁력은 떨어지고 말았다. 결국 던롭은 선빔 사 경영에서 실패했고 자신도 해고되고 만다.

2001년 출간된 《잭 웰치·끝없는 도전과 용기》의 국내 번역본.

뿐이다.

ROI순자산수익 또는 투자자본수익는 두 가지 요소로 구성되는데 분자는 순수익이고 분모는 투자·순자산 또는 사용자본이다(서비스산업의 경우 더 적절한 분모는 아마 종업원의 수일 것이다). 관리자들은 자산을 줄이고 고용 인원을 줄이는 것보다 순이익을 올리는 것이 더 어려운 일임을 안다. 분자를 큰 숫자로 만들기 위해서는 새로운 사업 영역이 어디에 있는지를 최고경영자들이 간파해낼 수 있어야 하고, 고객 욕구의 변화를 예측할 수 있어야 한다. 그리고 새로운 능력을 개발하기 위해서는 어디에 투자해야 하는지를 알 수 있어야 한다.

최고경영자들은 빠른 시간 내에 ROI를 향상시켜야 한다는 압력하에서 목적을 가장 빠르고 확실하게 달성시켜주는 수단을 취하게 된다. 다름 아닌 분모 줄이기가 바로 그것이다. 미국과 영국이 양성한 관리자들은 분모에만 집착했다. 그들은 어느 누구보다도 감량 경영, 계층 축소, 재정비, 옷 벗기기 등을 잘 수행할 수 있다. 지금의 감량 경영 물결 이전에도 미국과 영국의 회사들은 평균적으로 세계에서 가장 높은 자산 생산성 비율을 나타냈다. 분모 관리는 회계원이 결산하는 자산 생산성 제고의 지름길이었다. 분모를 줄이기 위해 사용한 방식 때문에 사회가 실직자들에게 치러야 했던 비용은 엄청났다. 비록 개인 회사는 그런 비용을 피할 수 있었을지 모르지만 사회는 그렇지 않았다.

영국에서는 제조업에서 실직한 노동자를 서비스 부문이 모두 다 흡수할 수 없었고, 1989년에 시작된 경기 침체로 인해 서비스 부문도 매우 심각한 감량을 겪어야 했다. 감원은 종업원의 사기를 급락시키는 계기가 되었다. 종업원들은 자주 "인적자원이 우리의 가장 중요한 자원이다."라는 말을 들었지만 그들이 보는 현실은 '인적자원은 가장 많이 소비해도 괜찮은 자산'이었던 것이다. 더욱이 기업 재구축으로 인해 사업이 기본적으로 향상되는 경우는 극히 드물다. 기껏해야 시간을 버는 것이 전부다.

리스트럭처링과 리엔지니어링 모두 기업에 근본적인 향상을 가져다주지는 못했다. 다시 말해 그동안 많은 기업들이 그렇게도 매달렸던 두 방식은 유감스럽게도 기업이 수익을 올릴 수 있게 만들어주기는커녕 다람쥐가 쳇바퀴 도는 것과 같은 근시안적이고도 극심한 경쟁에 시달리게 만들었을 뿐이다.

잭 웰치 사례

제너럴 일렉트릭을 미국 최고의 기업으로 변모시킨 잭 웰치는 '중성자탄 잭'이라는 별명으로 악명 높았다. 그러나 그의 구조조정 방식은 단기적인 성과를 위한 것이 아니라 핵심 사업부문에 대한 과감한 투자와 경쟁력 강화를 위한 것이었다. 구체적으로 300여 개의 방만하고 비효율적인 사업부문을 핵심 및 미래성장사업으로 재편성하고 끊임없는 혁신을 통해 오늘날의 제너럴 일렉트릭을 만들어냈다.

미래의 경쟁은 어떻게 다른가

미래를 위한 경쟁은 새로운 기회들을 창조해내고 지배하기 위한 경쟁이다. 미래를 창조하는 것은 우리 스스로가 지도를 만들어야만 한다는 점에서 단순히 따라가기만 하는 것보다 훨씬 더 도전적인 일이다. 여기서 중요한 목표는 경쟁사의 제품들과 그들이 밟아나간 과정들을 벤치마크로 삼아 그 회사의 방식을 비슷하게 따라하는 게 아니라 미래의 기회들과 그것들을 어떻게 활용할 것인지에 대한 독자적인 시각을 개발하는 것이다. 지금까지 익숙했던 환경과 방식을 과감히 떨쳐버리는 것이 벤치마킹보다 훨씬 더 비전 있는 일이다. 다른 이로 하여금 먼저 길을 개척하도록 내버려둔다면, 결코 미래에 1등이 될 수 없다.

경쟁에는 크게 현재의 경쟁과 미래의 경쟁 두 가지가 있다. 현재의 경쟁은 경쟁자들의 지난번 움직임에 어떻게 대응할 것인지, 어떻게 품질을 개선하고 제품 주기를 짧게 할 것인지 등에 관한 것으로 지금까지 경영자들이 큰 관심을 가져온 사항이라고 할 수 있다. 반면 미래의 경쟁은 새로운 시장, 새로운 사업, 새로운 수익의 원천을 발굴하는 것과 관련된 탐색활동을 가리킨다. 이는 현재의 경쟁과는 다른 새로운 시각과 접근을 요구하며 매우 불확실하면서 많은 위험을 내포하고 있는 의사결정을 필요로 한다. 아울러 미래를 위한 경쟁은 다음과 같은 특징들을 갖고 있다.

우선 미래를 위한 경쟁은 시장 점유가 아닌 기회의 선점유를 위한 것이다. 이러한 경쟁은 한 회사가 홈오토메이션 시스템이라든지, 유전공학을 이용한 신약 개발 등과 같은 폭넓은 기회의 시장 안에서 잠재적으로 접근할 수 있는 미래 기회들의 점유를 극대화하기 위한 것이다. 두번째로 미래의 경쟁은 상품 간, 혹은 사업부 간의 경쟁이 아닌 기업 대 기업의 경쟁이다. 이것은 미래의 경쟁이 매우 폭넓은 예견과 자원 투입을 요구하기 때문에 단순히 사업부 차원의 문제라기보다는 기업 전체 차원에서의 핵심역량 구축 및 공유와 관련된 문제라고 볼 수 있다.

세번째로 미래에는 어느 특정 기업 혼자 모든 것을 개척해나가기보다는 기업들끼리 서로 협력하고 통합된 체계를 구축하는 방식이 보편화될 것이다. 미래에 소비자들이 요구하는 제품이나 서비스를 개발하는 데는 많은 개발 비용과 시간이 필요하기 때문에 단독으로 이러한 것들을 감당하기는 힘들며 실패의 위험 또한 크다. 아울러 네번째로 미래의 경쟁에서는 속도가 중요시될 것이며 적절한 시장 출시 또한 성공을 결정하는 중요한 요소로 자리잡을 것이다. 다섯번째로 미래에는 정형화되지 않은 범위 내에서의 경쟁이 보편화될 것이다. 지금까지의 산업은 대부분 공급자, 소비자, 경쟁사 등 산업을 구성하는 요소들이 비교적 일정한 틀을 유지하고 있었지만 향후에는 어제의 소비자가 오늘의 경쟁자로 바뀌는 현상 등으로 인한 비조직화된 경쟁이 일반화될 것이다.

과거로부터의 탈피

급격히 변화한 환경에 제대로 적응하지 못한 공룡들처럼 기업들도 종종 확연히 달라진 환경에 완벽히 대처하는 것이 불가능하다는 것을 느끼곤 한다. 하지만 공룡이 멸종한 진정한 이유는 변화 그 자체에 있었던 게 아니라 변화의 속도에 있었다. 즉, 환경이 변화하는 속도를 따라잡지 못했던 것이다. 생명체와 기업을 막론하고 대부분의 것들이 점진적이고 완만한 변화, 즉 진화에 더 익숙하다. 생명체와 마찬가지로 기업도 저마다 유전 정보를 갖고 있다. 이것에 따라서 기업의 변신 가능 여부가 결정된다고 할 수 있다. 사실 유전 정보를 주기적으로 바꾸는데 실패하는 기업은 티라노사우루스 렉스처럼 환경의 대변동에 의해 사멸하고 말 것이다.

기업의 유전 정보란 구체적으로 무엇을 말하는가? 모든 경영자는 머릿속에 자사가 속한 산업과 관련해 누가 경쟁자인지 아닌지, 누가 고객인지, 어떠한 기술이 실행 가능한지 등등에 관한 일련의 가정 내지는 전제 조건들을 갖고 있다. 이러한 선입견들이 모여 경영의 틀을 형성하게 되고 경영자들은 여기에 의존해 거의 모든 상황을 평가하고 실제 행동 여부를 판단하게 되는 것이다. 그런데 대부분의 경영자들은 정해진 틀 안에서 살기 때문에 외부에서 어떤 일들이 일어나고 있는지에 대해 심각할 정도로 둔감하다. 이러한 현상이 반복되다보면 결국 환경에 의해 도태되고 말 것이다.

생물학에서는 어떠한 유기체 집단의 장기적인 건강은 최소한의 유전학적 다양성에 의해 좌우된다고 말하고 있다. 이와 마찬가지로 기업이 지속적으로 성장하고 발전하려면 여러 형태의 혁신을 도모하는 기업들이 다양하게 출현해야 한다. 현재의 경쟁 혹은 미래의 경쟁이 닫힌 체계라면 굳이 다양성을 키울 이유가 없다. 예측 가능하고 정형화된 틀에서 크게 벗어나지 않을 것이기 때문이다. 하지만 미래의 경쟁은 비선형적이며 앞을 내다보기 힘들 정도로 불확실한 면을 갖고 있다. 이러한 환경하에서는 끊임없이 변신을 시도해야 한다.

성공은 유전학적 다양성을 감소시킨다. 한번 성공한 기업은 그들의 방식을 미래에도 고수하려 한다. 이러한 과정이 단순 반복될 경우 환경의 변화를 따라잡는 것이 불가능해져 결국 실패로 이어지게 되는 것이다. 미래로 향하기 위해서는 우선 과거를 잊어야 한다. 과거의 연장선상에서 무엇을 구축하는 것은 진정한 변신이라 할 수 없으며 미래에 유효하지도 않다. 경영자들이 과거의 관성에서 벗어나려면 미래의 성공이 과거처럼 판에 박힌 것이 아니라는 사실부터 절실하게 깨달아야 한다.

이제는 산업통찰력이다

산업통찰력은 경영자들이 다음과 같은 세 가지 질문에 답하는 것을 도와준다. 첫째, 우리는 5년, 10년 혹은 15년 뒤에 새로운 유형의 고객 이익을 제공하기 위해 노력해야 하는가? 둘째, 그러한 이익들을 고객들에게 전달하기 위해 우리는 새로운 경쟁력을 구축하고 획득할 필요가 있는가? 셋째, 앞으로 몇 년에 걸쳐 고객의 공통 관심을 다시 파악할 필요가 있는가?

본질적으로 기업의 미래에 관한 시각이란 이익과 핵심역량, 그리고 고객의 관심에 관한 것이라 할 수 있다. 애플 컴퓨터는 이러한 통찰력을 자주 발휘해왔다. 1970년대에 애플은 이미 '모든 남성과 여성, 그리고 어린이를 위한 컴퓨터' 세상의 도래를 예고했다. 이때만 해도 컴퓨터는 기업의 사무실 내부에 특별히 지어진 방에서나 발견할 수 있는 거대한 기계였기 때문에 그러한 상상은 매우 놀라운 것이었다.

대부분의 기업들이 강조하고 있는 새로운 기술의 연구개발이나 새로운 고객 욕구의 발견을 위한 시장조사 등은 이미 만들어진 시장을 파악하는 데는 효과적일지 모르나 그것이 산업의 전반적인 발전 방향이나 거시적인 흐름을 발견해내는 산업통찰력의 대체 수단이 될 수는 없다. 아울러 산업통찰력은 삶의 양식과 기술, 그리고 인구통계학과 지정학적으로 나타나는 경향들에 대한 심오한 이해를 그 바탕으로 하지만 이것은 예측에 의존하는 부분 못지않게 상상력에 의존하는 부분 역시 크다.

미래를 창조하기 위해서는 먼저 미래를 상상할 수 있어야 한다. 이는 특정 사업 단위나 제품에 국한되는 개념이 아니라 이를 아우르는 일관된 혁신이어야 한다. 캐논은 카메라와 프린터, 그리고 복사기 사업을 하고 있었다. 그러나 캐논의 시각이 시장에 직면한 작은 사업 단위들의 집합체를 넘어서는 것이 아니었다면 혁신은 단지 더 많은 카메라, 더 많은 복사기, 더 많은 프린터에 국한되었을 것이다. 어느 회사든지 특정한 최종 상품 시장의 측면에서만 정의하는 회사는 운명을 그러한 특정 시장에 고정시키는 것이나 마찬가지다. 시장은 성숙해진 후 결국 쇠퇴의 길로 접어들지만 핵심역량은 잘 관리되었을 경우 기업에게 지속적으로 이익을 가져다준다.

산업통찰력은 최종 제품이라는 결과로 이어지기는 하지만 그것은 결코 기존 제품의 개량 모델을 쏟아놓는 데 그치지 않는다. 기존 제품의 점진적인 개선은 익히 상상할 수 있고 예측 가능한 것이지만, 기업의 핵심역량과 상상력을 결합한 제품과 서비스는 매우 혁신적이고도 새로운 시장을 창출하게 된다. 폴라로이드에서 에드워드 랜드 박사가 즉석카메라를 개발하게 된 동기는 세 살배기 꼬마 딸아이의 호기심 어린 "찍은 사진을 당장 볼 수 없냐."는 질문에서부터 시작되었다. 이러한 계기로 인해 카메라산업에서의 변화를 감지할 수 있는 통찰력이 생겨난 것이다.

기업들은 어떤 제품을 원하느냐고 소비자들에게 묻지 말고 새로운 제품으로 그들을 이끄는 데서 자신들의 역할을 찾아야 할 것이다. 왜냐하면 단순히 고객 욕구를 만족시키는 것만으로는 다른 기업의 추종자가 될 뿐 극심한 경쟁을 피할 수 없기 때문이다. 따라서 시장조사를 하는 대신 특정 제품과 그것의 사용법에 관한 생각들을 다듬으며, 소비자들을 교육시키고 그들과 의사소통함으로써 제품 보급을 확대해 시장을 선도하는 편이 훨씬 더 바람직하다.

목표달성을 위한 로드맵, 전략체계

미래는 예측되어야 할 뿐 아니라 건설되어야 한다. 이것을 우리는 전략체계라 부른다. 막연하게 미래의 모습을 그려보는 것만으로는 충분하지 않다. 이를 효과적으로 달성할 수 있는 설계도와 같은 것이 필요하다. 전략체계는 새로운 기능과 핵심역량의 구축, 현재 확보하고 있는 경쟁력의 이동, 그리고 고객과의 관계를 다시 정립하기 위한 청사진을 의미한다. 그렇다고 그것이 미래에 관한 매우 자세한 계획을 의미하는 것은 아니다. 실제로 10년 내지 15년간의 핵심역량 확보 및 유지를 위한 상세한 계획을 짠다는 것은 불가능에 가깝다. 중간에 상황이 수도 없이 변화하기 때문이다. 그보다는 미래에 도달해야 할 자사의 위치와 이를 위해 도중에 획득되거나 구축되어야 할 자사만의 독특한 핵심역량에 관한 계획에 더 가깝다고 할 수 있을 것이다.

모든 회사가 적절한 속도로 미래를 향해 전진해야 한다는 것은 기정사실이다. 하지만 여기서 중요한 건 얼마나 방대한 양의 자원을 투입하느냐가 아니라 미래로 이끌어줄 정확한 길에 대한 특별한 통찰력을 얼마나 빨리 획득하느냐다. 어느 기술이 가장 적절하며, 어떤 상품과 서비스의 개념이 고객의 필요에 가장 잘 부합하는지, 또 어떠한 경로를 선택해야 하는지 등에 대한 통찰력을 빨리 얻어야 하는 것이다. 아울러 효과적인 투자에 대해서도 고민해야 한다. 어떻게 하면 돌이킬 수 없는 투자를 최소화하면서 경쟁사보다 빨리 미래에 대해 배울 수 있는지를 고려해야 하는 것이다. 미래를 향한 경쟁에서 중요한 것은 무턱대고 거대한 투자가 갖고 있는 위험을 무릅쓰는 것이 아니라, 이상의 실현을 위해 될 수 있으면 모험을 피하는 것이다.

확장 전략

"특별한 목표만이 특별한 노력을 낳는다."

경영자는 물론 종업원들의 도전의식을 고취시키기 위해서는 그들에게 미래에 대한 이상을 제시해야 한다. 이러한 비전은 전략 계획으로 이어진다. 전략 계획은 실제로 '실행 가능한 것만 선별'하는 것을 말한다. 전략 계획은 실행상의 문제를 충분히 설명할 수 있는지를 확신시켜주는 도구의 역할을 한다. 자원은 충분한가, 시장은 준비되어 있는가 하는 것이 전략 계획의 관심사다. 하지만 전략 계획만으로는 충분

질레트 사례

면도기시장의 강자였던 질레트는 빅이 일회용 면도기로 공격하자 자사의 미래 모습을 어떻게 그려나갈지를 고민했다. 처음에는 빅과 같은 일회용 면도기로 대응했으나, 미래 경쟁구도를 수정한 질레트는 일회용 면도기를 포기하고 대신 보다 차별화된 고가의 3중 면도기와 면도용품으로 방향을 수정했다. 면도기를 사용하는 인간의 턱 구조를 중심으로 인체공학에 투자했던 질레트는 칫솔, 전기면도기, 전동치솔 분야에서 두각을 나타낼 수 있었다.

하지 않다. 기업은 전략적인 의도를 갖고 있어야 한다. 아울러 광범위하게 공유되는 비전이 있어야 하고, 명확한 목표가 있어야 하며, 승리에 대한 집착이 있어야 한다. 이것이 바로 엔진을 움직이는 연료다.

요컨대 확장 전략은 야심찬 도전을 의미한다. 도전은 더 많이, 더 훌륭하게, 더 빨리 하는 것만으로는 달성될 수 없다는 사실을 명심해야 한다. 도전은 독특하게 조직되어야만, 즉 과정과 역할, 책임감을 근본적으로 제고함으로써 비로소 달성될 수 있다.

효율극대화 레버리지 전략

핵심역량은 항상 풍부한 자원과 역량을 지닌 기업에서만 구축될 수 있는 것은 아니다. 오히려 선두 기업과 격차가 벌어진 상황에서 이를 뛰어넘기 위해 도전적인 목표를 세운 기업이 이를 효과적으로 달성하기 위해 노력하는 과정에서 효율의 극대화가 이뤄진다. 인적자원, 기술 숙련도, 유통 채널, 브랜드, 생산 설비, 재무 자원 등 풍부한 자원을 보유하고 있으며 수십 년 동안 동종 산업 내에서 주도권을 쥐어온 미국계 기업들이, 열악한 자원과 역량을 갖고도 이를 매우 효과적으로 활용한 일본 기업들의 도전에 무너진 것이 그 좋은 예다. 그리고 교훈치고는 너무 고통스럽지만 미국과의 전쟁에서 보여준 북베트남의 대응 방식은 자원 효율극대화와 관련된 가장 믿을 만한 사례라 할 수 있다.

미래의 산업 주도권을 선점하기 위한 경쟁에서 미래에 가장 먼저 도착하는 것으로는 충분하지 않다. 보다 적은 희생으로 보다 효과적으로 도달해야 하는 것이다.

자원의 효율성을 높일 수 있는 레버리지 전략은 다음의 다섯 가지 기본 방식에 의해 달성될 수 있다. 첫째, 자원을 주요 전략 목표에 보다 효과적으로 집약시킨다. 둘째, 보다 효과적으로 자원을 축적한다. 셋째, 보다 상위 가치를 창출하기 위해 어떤 종류의 자원에 다른 종류의 자원을 보완한다. 넷째, 어느 부분에서든 가능한 자원을 보존한다. 다섯째, 지출이 수입이 되기까지의 시간을 최대한 단축함으로써 자원의 회전율을 높이고 회복시키는 속도를 높인다.

미래의 모습 그려보기

자사가 보유한 통찰력이나 지식 측면에서의 우위를 시장우위로 바꿀 수 없을 경우, 혹은 경쟁자보다 먼저 그렇게 하지 못할 경우에는 아무리 정교한 전략을 수립해도 쓸모가 없다. 제일 먼저 미래에 도달하면 실질적인 보상을 얻을 수 있다. 물론 이는 새로운 개척에 따른 위험을 제대로 인식하고 이를 효과적으로 관리했을 경우에 한한다. 남보다 앞서 미래에 도달하게 되면 나중에 따라오는 기업들이 쉽게 모방할 수 없는 하부 구조나 든든한 기반을 마련할 수 있다. 하지만 이 모든 증거에도 불구하고 대부분의 기업들은 개척자가 되는 것보다 재빨리 개척자를 따라잡는 추종자의 입장을 선호한다. 이는 개척자의 역할이 위험하다는 생각과 신중한 후발 기업들이 새 시장이라는 보상을 낚아챌 기회를 갖게 되기 때문이라는 막연한 기대에서 비롯된다. 이런 기업들은 상대방이 실수하기를 기다렸다가 조심스럽게 시장에 진입하면 된다는 생각으로 개척자들이 시장을 독차지하도록 내버려두다가 영영 기회를 놓치고 만다.

설령 모든 부분에서 개척자가 되기는 힘들다 하더라도 미래에 대한 독자적이고 통찰력 있는 시각을 갖추는 것이 중요한 이유는 또 있다. 왜냐하면 선두기업이 길을 가다 넘어지는 상황이 발생할 경우 이러한 상황에 대비해 추종 기업이 오래전부터 실력을 쌓아오지 않았다면 그 기회를 잡을 수 없기 때문이다.

미래의 모습을 형상화하는 과정에서 기업은 반드시 미래로 연결되는 이동 경로를 관리해야 한다. 단순히 "시장이 형성되는 시기를 기다렸다 성숙되면 그때 진입하겠다."라는 낡은 생각으로는 새로운 시장을 창출하는 데 실패할 가능성이 높다. 이는 우연이나 행운에 의존하는 것과 같다. 반면 자사가 꿈꾸는 미래를 구체적인 고객, 제품, 시장으로 실현시켜나가기 위해서는 미래에 도달하는 경로를 설계하고 이를 단계적으로 밟아나가야 한다. 한 회사가 이동 경로를 관리하고 미래의 이익을 획득하는 데 필요한 능력을 갖고 있는지를 판단하기 위한 주요 요소에는 네트워크를 관리하는 것, 핵심역량에 투자하는 것, 시장에 대해 배우고 실험하는 것, 표준을 세우고 규제에 대한 영향력을 획득하는 것, 세계적인 브랜드와 유통망을 구축하는 것 등 다섯 가지가 포함된다.

현재와 미래의 연결고리 만들기

지금보다 내일의 시장에서 보다 많은 몫의 이익을 얻으려는 회사는 미래의 고객 가치에 보다 도움이 될 핵심역량을 구축할 필요가 있다. 그렇다면 핵심역량이란 정확히 무엇을 의미하는가? 우선 조직 내의 집단적인 학습 행위, 특히 다양한 생산과 관련된 솜씨를 조정하고 여러 갈래의 기술을 통합하며 또 조직이 스스로를 비즈니스 단위와는 대조적인 다양한 핵심역량의 결합으로 인식하게 만드는, 그런 방법을 배우는 학습 행위가 곧 핵심역량이다. 아울러 핵심역량은 자사에 경쟁 기업에 비해 우월한 경쟁우위를 가져다주는 기업의 능력이며, 기업 성장의 근원이 된다. 반면 기업이 단순히 잘하는 활동 또는 기업이 가진 일반적인 경영 자원은 핵심역량이라고 볼 수 없다. 경쟁 기업에 비해서 경쟁우위를 가져다주는 활동과 경영 자원만을 핵심역량이라고 말할 수 있다. 기업의 지속적인 경쟁우위를 가능하게 하는 연구개발 능력, 브랜드, 생산 공정 관련 역량 등이 핵심역량의 대표적인 예라 할 수 있다.

핵심역량을 최종적으로 판단하는 주체는 고객이다. 고객에게 제공하는 편익에 중대한 기여를 하고 다른 기업이 쉽게 모방하기 어려우며, 따라서 고객들로 하여금 차별화된 가치를 느끼게 하는 것이 바로 핵심역량이다.

핵심역량에 대한 개념을 보다 확실하게 이해하기 위해서는 핵심역량, 핵심 제품, 그리고 최종 제품에 대한 구분과 이해가 선행되어야 한다. 왜냐하면 범세계적인 경쟁은 서로 다른 규칙과 각 계층에서의 서로 다른 이해관계들에서 비롯되기 때문이다. 장기간에 걸쳐 리더십을 강화 또는 방어하게 되면 기업은 아마 각각의 수준에서 승자가 될 수 있을 것이다. 그러나 핵심역량의 수준에서는 그러한 목표가 어느 특정 부류의 제품 기능을 설계하고 개발하는 데 있어서 세계적 리더십을 구축하는 것에 한정된다. 핵심 제품에서의 지배적 지위는 한 기업으로 하여금 응용과 최종 제품의 발전을 꾀하게 해준다. 데이터 드라이브와 레이저 같은 콤팩트 오디오 디스크 관련 핵심 제품들은 소니 사와 필립스 사로 하여금 광학매체 기억장치 부문에서 나아가 컴퓨터 주변 사업의 발전에 영향을 미칠 수 있게 했다. 한 기업이 자사의 핵심 제품을 위한 응용 무대의 수를 증가시킴에 따라 그 기업은 신제품 개발을 위한 비용과 시간, 그리고 위험을 끊임없이 줄여나갈 수 있다. 요컨대 목표 설정이 잘된 핵심 제품은 규모와 범위의 경제로 발전할 수 있다.

다각화된 기업은 한 그루의 큰 나무에 비유될 수 있다. 줄기와 큰 가지들은 핵심 제품이고 더 잔잔한 가지들은 사업 단위들이다. 잎과 꽃, 열매는 최종 제품들이다. 영양과 지지, 그리고 안정된 환경을 마련해 주는 뿌리는 핵심역량에 해당한다. 기업은 한 그루의 나무처럼 그 뿌리로부터 자라난다. 핵심 제품은 경쟁 역량에 의해 영양을 공급받고 사업 단위들을 낳게 되는데 거기서 맺은 열매가 바로 최종 제품이다.

따라서 효과적으로 미래에 대비하기 위해서는 여러 차원의 역량 경쟁을 잘 이해할 필요가 있다. 미래 소비자에게 어필할 수 있을 만큼 최종 제품을 잘 만들어내기 위해서는 이전 단계에서 몇 가지 핵심 제품에 대한 소비자 점유율을 높여야 하며 이를 제대로 하려면 보다 근본적인 핵심역량들을 갖추고 있어야 한다. 따라서 현재와 미래의 연결고리를 형성하기 위해서는 자사의 현 상태를 적절히 판단해 미래에 요구되는 핵심역량, 핵심 제품, 그리고 최종 제품 간의 관계를 효과적으로 관리하고 발전시켜나가야 한다.

핵심역량의 습관화

핵심역량의 시각이 경영 전반에 뿌리내리게 하기 위해서는 경영진은 다음의 다섯 가지 주요 역량관리 과제를 충분히 이해하고 이를 실천해야 한다. 첫째, 기존의 핵심역량을 충분히 파악해야 한다. 둘째, 핵심역량 구축 예정표를 만들어 이에 전사적으로 공감해야 한다. 셋째, 미래의 경쟁에 필요한 실제 핵심역량을 구축하는 과정을 거쳐야 한다. 넷째, 핵심역량을 적재적소에 배치해 이를 제대로 활용해야 한다. 다섯째, 핵심역량의 주요 내용을 보호하고 추종자의 모방과 같은 외부 위협으로부터 이를 보호해야 한다.

핵심역량을 습관화하는 과정은 기존 회사의 역량을 잘 지키고, 현재 자사가 참여하고 있는 시장 위주의 근시안적 사고에서 탈피해 장래의 역량 예정표를 작성하는 과정이라 할 수 있다.

확실한 미래를 보장하는 방법

미래를 향한 경쟁의 핵심 목표는 투자 대비 학습 능률의 극대화라고 할 수 있다. 즉, 경쟁자보다 훨씬 효과적으로 빨리 미래에 관해 배우는 것을 말한다. 여기서 가장 중요한 것은 미래의 수요 중심이 어디에 놓일 것인가 하는 점이다. 이러한 것을 사전에 알아보는 것이 바로 '탐색적 마케팅'이다.

탐색적 마케팅에서 가장 중요한 것은 단번에 표적을 맞추는 것이 아니라 자신의 표적을 얼마나 상황에 맞게 빠르게 고쳐나가는가, 그리고 계속해서 새 화살을 얼마나 신속하게 과녁으로 날려보내느냐다. 연구소나 제품개발회의를 통해 알아낼 수 있는 것은 거의 없다. 진정한 배움은 비록 불완전한 상태일지라도 제품이나 서비스가 시장에서 테스트를 거칠 때 비로소 시작될 수 있다.

한편 탐색적 마케팅은 확실히 준비가 덜 된 제품 혹은 잠재적 고객의 필요에 부합하지 않는 제품을 서둘러 출시하는 것과는 더더욱 관계가 없다. 탐색적 마케팅이 추구하는 가장 바람직한 목표는 '최고의 품질을 갖춘, 고객의 요구와 일치하는' 제품 혹은 서비스를 개발하는 것이다.

탐색적 마케팅에는 지리적인 경계가 존재하지 않는다. 오히려 특정 시장에서 성공한 경험이 많을수록 더 넓고 큰 시장에서 기회를 놓치는 경우가 많다. 미래를 위한 경쟁에서는 특정 지역이 아니라 세계 시장 공략을 목표로 삼아야 한다. 왜냐하면 미래의 시장을 선도할 만한 혁신은 좁은 공간을 대상으로 하지 않기 때문이다. 이러한 세계 시장의 공략을 위해서는 구체적으로 세계 시장에 대한 선점 능력, 고객과 유통망에 대한 접근, 고객들의 성향 파악, 그리고 적극적인 선전이 요구된다.

다르게 보고 다르게 생각하기

미래의 산업 주도권 확보를 목표로 하고 있다면 리스트럭처링이나 리엔지니어링만으로 부족하다. 산업을 수도하려는 기업에게는 스스로가 속한 산업을 재창조할 수 있는 능력이 있어야 한다. 궁극적으로는 남들과 다른 '시각'과 이를 실천에 옮길 수 있는 독특한 '역량'이 필요하다. 특히 경쟁력, 전략, 그리고 조직에 대해 다르게 사고하는 법을 배워야 한다.

사람들이 일반적으로 생각하는 '경쟁력'의 확보는 산업의 성장을 의미한다. 각국의 정책 당국에서는 경쟁력을 산업 수준에서 정의하고 이를 발전시키기 위한 계획들을 쏟아내고 있다. 하지만 특정 국가의 경쟁력을 결정하는 진정한 주체는 기업이다. 즉, 기업들 간의 싸움에서 이기는 기업이 경쟁력을 이루는 주요 근간이 되는 것이다. 결국 경쟁력 있는 기업들이 모여 우수한 산업을 이루고 이들이 나아가 국가 경쟁력의 토대가 되는 것이다. 산업은 결코 시간에 따라 점진적으로 진화하지 않는다. 기존 산업의 인습을 파괴하기 위해 노력하는 기업들에 의해 불연속적으로 혁신될 뿐이다. 그리고 이들에 의해 산업은 성장한다.

다수의 기업에서 전략의 개념이 평가절하되어 있는 게 사실이다. 전략 자체에 문제가 있다기보다는 대부분의 기업들에서 받아들이고 있는 전략 개념에 그 원인이 있다고 할 수 있다. 기업들이 쓸모없다고 생각하는 전략은 대부분 현란한 계획 의례로서의 전략이다. 이는 중역들이나 고위 경영진들이 나서서 그 중요성을 역설하는 형식적이고 요식적인 행위로서의 전략을 의미한다. 이러한 전략으로는 미래에 대비할 수 없다. 기존의 사업 범위, 제품, 경쟁, 그리고 고객의 범주에서 벗어나기 어렵기 때문이다. 미래를 위한 전략을 수립하기 위해서는 자사가 속한 산업이 어떠한 방향으로 변화할 것인지에 관한 근본적이고도 심도 있는 질문을 던져야 하며 이를 토대로 전략 계획을 수립해야 한다.

미래의 경쟁은 조직 차원에서의 혁신을 요구한다. 따라서 기존의 관료성과 불필요한 중앙집권에 대한 해독이 필요하다. 하지만 더욱 중요한 것은 극단을 피하고 제3의 대안을 취하며 정, 반, 합의 변증법적 논리를 받아들이는 것이다. 회사 대 단위 사업이 상호 연결고리로, 중앙집권 대 분권이 집단적으로, 관료적 대 권한이양이 방향성 제시로, 추종형 대 배신자형이 행동주의자로, 기술 주도 대 고객 주도가 편익혜택 주도로, 다각화 대 핵심사업이 핵심역량으로 변신하는 조직을 구축해야 한다.

현대적 시사점

과거의 방식에 집착하고 현시점에서의 단기적인 성과관리에 매달리는 대부분의 기업들에게 미래는 막연하고도 요원할 뿐이다. 이런 기업들은 현재 탁월한 성과를 내고 있는 경쟁 기업들의 방식을 단순히 모방하는 정도가 외부로부터 받는 자극의 전부라 해도 과언이 아니다. 아마도 경쟁력 유지에 실패한 대부분의 기업들은 리스트럭처링과 리엔지니어링이라는 마약과 같은 기법들을 통해 현 상황을 극복하려는 시도를 해봤을 것이다. 그러나 많은 경우 결과가 좋지 못했다. 현상유지도 하지 못하고 점점 쇠락의 길로 접어들어 생존마저 위협당하는 상황에 놓인 기업도 많다.

이렇듯 근시안적으로 현재 또는 과거의 방식을 답습하는 경영 풍토에 경종을 울린 것이 바로 이 책, 《미래를 위한 경쟁》이다. 이 책은 발간된 지 오래되었음에도 불구하고 21세기의 현대 경영에도 중요한 시사점을 제공하고 있다.

이 책은 먼저 기존의 전략 개념을 전혀 다른 것으로 바꿔놓았다. 전통적으로 전략은 정책 내지는 계획에 가까운 매우 정태적인 개념이었다. 외부 환경과 내부 여건을 토대로 정해진 목표를 달성하는 가장 효과적인 방법 정도로 인식되었던 것이다. 그러나 이러한 전통적인 정의는 기업 경영 현장에서 의례화되어 형식적인 도구로 전락하는 경우가 많았다. 최고경영층이 일방적으로 외치는 생소한 구호가 되고 만 것이다. 더욱이 구성원들의 흥미 유발이나 위기의식 고취와는 너무나도 거리가 먼 일상적인 관례로 전락한 전략은 기업의 목표달성에 도움이 되지 않는 겉치레처럼 여겨졌다. 이에 반해 하멜과 프라할라드는 전략을 새로운 세계를 상상하고 이를 실현시켜나가도록 이끄는 생각의 도구로 보았다. 그리하여 전략을 과거나 현재에 기업의 성과를 높이는 수단이 아니라 다가올 미래에 주도권을 확보해 이를 유지하도록 하는 미래지향적인 개념으로 재정의했다. 이는 현재 상태에 도취된 기업들에게 미래를 대비해야 한다는 강력한 메시지를 전달하고 있다.

한편 이 책은 기업의 자체적인 역량을 중요시했다는 점에서 기존 개념들과 차별화된다. 앞서 설명한 바와 같이 1980년대까지는 경영에 있어 기업을 둘러싼 각종 환경이 가장 중요한 고려 요소였다. 두 차례의 석유파동과 같은 예기치 못한 불확실성을 경험한 기업들의 입장에서는 환경에 적응하고 대비하는 것이 가장 절실한 문제였다. 그러나 1980년대 중반 이후 일본 기업들이 세계 무대를 제패함에 따라 이러한 논리는 도전을 받게 되었다. 비슷한 환경하에서도 기업의 성과는 그 기업이 보유한 내재적 자원과 역량에 따라 얼마든지 달라질 수 있다는 사실을 보여주는 일들이 빈번히 발생했다. 이러한 기업 내부의 자원과 역량을 중요시하는 관점은 이 책의 기본 철학이기도 하다. 더 나아가 이 책은 미래 경쟁력의 원천을 기업이 기존에 축적한 핵심역량에서 찾고 있다. 핵심역량은 단순히 어느 한 부분을 잘하는 게 아니라 경쟁 기업과는 뚜렷이 구별되는 탁월한 능력을 의미한다. 핵심역량에서 핵심제품이 나오고 또다시 최종 제품으로 이어지는 일종의 '성공의 인과관계' 공식이 성립되는 것이다. 따라서 기업이 근원적인 경쟁력을 구축하기 위해서는 경쟁사들이 쉽게 모방할 수 없는 독특한 자사만의 핵심역량을 구축해야 한다는 것이다.

이 책이 기여한 가장 중요한 점은 기업들로 하여금 미래지향적 사고방식을 갖도록 했다는 것이다. 지금까지 익숙했던 것들, 반복되는 악순환 등으로부터 탈피하기 위해서는 임기응변식의 단기 처방으로는 곤란하다. 오히려 지금은 비록 낮은 수준에 있지만 비즈니스 모델을 재설계해 미래에는 반드시 주도적인 위치에 도달하기 위한 미래지향적인 방향 설정이 중요한 것이다. 하멜과 프라할라드는 현재의 성과 개선에만 집착하는 대부분의 기업들에게 기업의 지속적인 발전을 위해서는 현재보다는 미래에 초점을 맞춘 역량 구축과 시장 개척이 필요함을 역설했다.

"미래는 꿈꾸어져야 하며 동시에 반드시 만들어져야 한다." 미래를 향한 경로는 우연히 주어지는 게 아니라, 철저한 계획과 함께 기간을 두고 축적된 핵심역량을 바탕으로 실현된다. 현재가 출발점이지만 종착역은 바로 다가올 미래인 것이다. 이런 차원에서 한국 기업들도 현재의 경쟁 상황에 안주하지 말고 미래의 기술 변화와 고객 변화를 주도할 수 있는 방향으로 재설계되어야 한다. 이러한 미래지향적인 경영이야말로 서구의 선진 기업들을 추격해 대등한 위치에 서게 된 한국 기업들이 이들을 극복하고 최고의 기업으로 부상할 수 있는 원동력인 것이다.

경쟁의 미래 C.K. 프라할라드, 세종서적 외, 2004

100년 기업의 조건 케빈 케네디, 한스미디어, 2004

사우스웨스트 방식 조디 호퍼 기텔, 물푸레, 2003

꿀벌과 게릴라 게리하멜, 이동현 역, 세종서적, 2001

저자 소개 및 도서 정보

프라할라드C.K.Prahalad · 게리 하멜Gary Hamel

〈미래를 위한 경쟁*Competing for the Future*〉, Harvard Business School Press, 1994.

프라할라드는 미국 미시간대학의 경영대학원에서 기업 전략과 국제경영을 가르치고 있으며 기업 수준의 경쟁력에서부터 산업, 정부제도 및 국가와 기업 간의 관계에 이르기까지 폭넓은 분야에서 활발하게 활동하고 있다. 또한 그는 이스트만 코닥, AT&T, 카길, 필립스, 콜게이트, 모토롤라, 메리엇, 오라클, 월풀 등 세계 유수 기업에 경영 자문을 한 바 있다.

공동 저자인 게리 하멜은 언론에 의해 이 시대 최고의 '비즈니스 철학자'라 불리는 경영전략가다. 그는 런던 경영대학원의 객원교수이자 전략경영협회 위원, 컨설팅회사 스트라테고스의 설립자로 '전략 의도', '핵심역량', '탐색적 마케팅' 등과 같은 경영의 이정표가 된 다수의 비즈니스 개념을 고안해내어 전 세계의 많은 성공 기업들의 전략적 초점과 그 내용을 근본적으로 변화시켜왔다. 현재 그는 기업들로 하여금 상상력과 미래의 산업 구도를 재정의할 새로운 경쟁의 법칙, 새로운 비즈니스를 창조하도록 하는 데 모든 노력을 기울이고 있다.

이 책은 〈이코노미스트〉, 〈파이낸셜 타임스〉, 〈워싱턴포스트〉, 〈비즈니스위크〉 등 많은 언론들로부터 최근 10년간 가장 큰 영향력을 발휘한 경영서라는 찬사를 받았다. 국내에는 신구미디어에서 1995년 번역본을 출간하였다. 하멜과 프라할라드는 〈하버드 비즈니스 리뷰〉에 7편의 논문을 발표한 바 있으며, 하멜이 최근에 발표한 논문인 〈혁명으로서의 전략*Strategy as Revolution, Harvard Business Review, July-August*〉(1996), 〈실리콘 밸리를 내부로 가져오기*Bringing Silicon Valley Inside, Harvard Business Review, September-October*〉(1999)는 경영계의 고전으로 평가받고 있다.

26 장수 기업들의 상식을 뛰어넘는 성공 비결

Built to Last
James C. Collins, Jerry I. Porras

keyword
비전기업
핵심이념
기업문화

카테고리 관련성	
경영전략, 경영혁신	★★
생산관리	
변화관리	
조직관리, 인사관리	★
마케팅	
리더십	
동기부여, 인간관계	
기업성공	★★★

핵심 아이디어

1994년 출간된 《성공하는 기업들의 8가지 습관*Built to Last*》은 오랜 기간 동안 탄탄한 성장을 해온, 이른바 장수한 성공 기업의 비밀에 관한 책이다. 1980년대 이후 기업의 성공 요인을 설명하는 책들이 수도 없이 쏟아져 나왔지만 탄탄한 분석과 상식을 뒤엎는 내용을 담고 있다는 면에서 이 책을 능가할 수 있는 책은 아마 없을 것이다. 사실 이 책은 1982년에 출간된 베스트셀러 《초우량 기업의 조건》과 여러 면에서 비교되고 있다. 이 두 권의 책들은 서로 다른 시점에 서로 다른 연구자에 의해 씌어졌지만 이들 모두 성공 기업들의 공통점을 연구했고, 이들 책에서 주장하는 성공 기업들의 가장 큰 특징으로 핵심 이념, 문화, 가치 등 눈에 보이지 않는 자산을 강조한다는 점에서 매우 유사했다.

하지만 《성공하는 기업들의 8가지 습관》은 다음의 두 가지 측면에서 《초우량 기업의 조건》 등 여타의 책들과 뚜렷이 구분된다. 우선 이 책은 장수한 기업들만을 집중적으로 연구했다. 콜린스와 포라스가 연구한 기업들은 설립된 지 평균 1백 년 이상 된 18개의 탁월한 기업들, 즉 3M, 아메리칸 익스프레스, 보잉, 시티코프, 포드, 제너럴 일렉트릭, 휴렛 패커드, IBM, 존슨 앤드 존슨, 메리엇, 머크, 모토롤라, 노드스트롬, 필립 모리스, P&G, 소니, 월마트, 월트 디즈니 등이었다. 《초우량 기업의 조건》도 1961년부터 1980년까지 최고의 성과를 달성한 62개 미국 기업들을 엄격하게 선정했지만 출간 이후에도 선정된 기업에 대한 논란이 끊이지 않았고, 실제로 디지털 이큅먼트, 웨스팅하우스, 록히드, K마트 등 몇몇 기업은 망하기까지 했다. 반면에 이 책은 지속적으로 성장한 오래된 기업을 선정함으로써 단기적인 성과 변화에 따른 오류를 제거했다.

이 책의 또 다른 장점은 위대한 기업의 성공 요소를 규명하는 데 상대적 비교 분석이라는 접근법을 사용하고 있다는 것이다. 저자들은 단순히 몇 개의 사례를 분석하는 데 그치지 않고 엄격하게 선정된 비전 기업과 비교 기업들을 비교함으로써 비전 기업들이 어떻게 다른지를 정리하고 있다. 이때 비전 기업이란 그들의 업종 내에서 다른 동종 회사들에게 널리 인정받고 주위에 큰 영향을 끼치며 오랜 전통을 가진 우수한 조직을 의미한다. 물론 비전 기업과 대비되는 비교 기업도 주식시장에서 평균이 넘는 수익률을 보여주는 우수한 기업들이다. 다만 이들의 성과가 비전 기업의 엄청난 성과에 미치지 못할 뿐이다.

콜린스와 포라스는 스탠퍼드 경영대학원에서 6년 동안의 자료 조사와 연구를 거쳐 비전 기업이 비교 기업 주식 가치의 6배, 일반 기업 주식 가치의 15배에 달할 정도의 뛰어난 성과를 창출했다는 사실을 보여줬다. 물론 이 책에 선정된 18개의 주요 비전 기업들은 다른 책에서도 흔히 인용되는 초우량 기업들이다. 하지만 이 책이 이전에 나온 경영 서적들과 다른 점은 이들 기업의 전체 역사를 훑어보고 다른 기업들과 직접 비교했다는 것이다. 시공을 초월해 산업 전반에 뿌리 깊게 퍼져 있는 신념과 기본적인 규칙을 파헤치는 데는 이 방법이 가장 효과적이기 때문이다.

콜린스와 포라스는 이러한 연구 결과를 종합해서 8개 장으로 나눠 비전 기업들의 특징을 정리했다. 거기에는 비전 기업에는 위대하고 카리스마 넘치는 비전 있는 지도자가 필요하지 않았고, 보기 좋고 복잡한 전략적 기획이 아니라 실험, 시행착오, 기회 등 글자 그대로 우연에 의해 그들 행동이 결정되었음이 나와 있다. 또 비전 기업들은 외부에서 최고경영자를 고용하기보다는 내부에서 성장한 경영진이 회사를 경영하도록 했다는 것 등 우리가 흔히 알고 있는 고정 관념들을 깨뜨리는 내용이 많았다. 콜린스와 포라스의 주장처럼 뛰어난 아이디어를

비전 기업의 성장 엔진

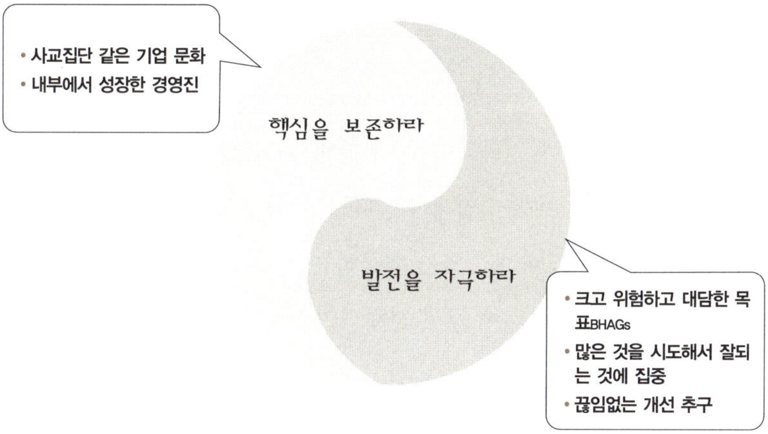

- 사교집단 같은 기업 문화
- 내부에서 성장한 경영진

핵심을 보존하라

발전을 자극하라

- 크고 위험하고 대담한 목표BHAGs
- 많은 것을 시도해서 잘되는 것에 집중
- 끊임없는 개선 추구

가졌거나 카리스마적인 지도자가 되는 것이 '시간을 알려주는 것' 이라면 한 개인의 일생이나 제품의 라이프사이클을 훨씬 뛰어넘어 오랫동안 번창할 수 있는 기업을 만드는 것은 '시계를 만드는 것'이라고 할 수 있다. 비전 기업을 만든 사람들은 '시간을 알려주는 사람'이기보다 '시계를 만드는 사람들'이었다.

시놉시스

《성공하는 기업들의 8가지 습관》은 서문과 에필로그, 부록을 제외하면 총 11장으로 구성되어 있다. 이중에서 1장과 2장은 책의 서론에 해당한다. 1장에서는 비전 기업과 비교 기업을 선정한 기준과 방법론, 이들 기업들의 성과 등을 설명하고 있다. 또한 책의 내용을 본격적으로 소개하기에 앞서 경영 현장에 널리 퍼져 있는 잘못된 상식들을 12개의 신화들이라는 제목으로 분류하고 있다. 1장에서 언급된 잘못된 상식들은 일반적으로 우리에게 익숙한 내용들, 즉 일류 기업에는 일류 아이디어가 필요하다, 비전 기업에는 카리스마 있는 지도자가 필요하다, 성공한 기업들은 보기 좋고 복잡한 전략적 기획에 의해 움직인다, 변화를 위해서는 외부에서 최고경영자를 영입해야 한다는 것 등이 포함되어 있다.

2장은 3장부터 소개하고 있는 성공하는 기업들의 여덟 가지 특징들을 세부적으로 소개하기에 앞서 전체적인 그림을 보여주고 있다. 콜린스와 포라스는 시간을 알려주지 말고 시계를 만들어주라는 표현을 쓰고 있다. 그리고 성공하는 기업에는 뛰어난 아이디어와 카리스마 있는 지도자가 있어야 한다는 고정관념에서 탈피할 것을 주문한다. 이는 기업의 성공이 단순히 기발한 아이디어의 도출이나 중앙집권적인 통제에 의해 이뤄지는 것이 아니라, 조직 내부에 형성되어 있는 유기적인 시스템과 이러한 시스템의 역동성에 의해 이뤄진다는 것을 말해준다.

콜린스와 포라스는 카리스마적 리더십의 기원이 매사에 신의 이름을 들먹였던 15세기의 노력들을 20세기 경영 분야에 적용한 것에 있다고 생각했다. 물론 기업 경영에 있어 카리스마적 리더십도 중요한 의미를 갖는다. 하지만 카리스마적 리더십을 만병통치약처럼 사용하는 기계적인 사고는 바람직하지 않다. 이 책이 소개하는 비전 기업은 한 가지 특출한 아이디어로 시장에서 일시적인 성공을 누리거나, 아니면 한창 성장기에 있는 일련의 제품 흐름에 편승하기보다는 마치 시간을 영원히 가르쳐줄 수 있는 시계를 만드는 것처럼 조직을 설계하는 데 주력했다.

3장부터 10장까지는 책의 본문에 해당하는 부분으로 비전 기업들이 시계를 만드는 방법들을 소개하고 있다. 이 부분이 바로 이 책의 하이라이트다. 마지막 11장은 결론에 해당하는 부분으로 비전 세우기라는 제목 아래 이상의 논의를 종합하고 있다. 이제 경영자들 앞에 놓인 과제는, 비전을 알려주는 카리스마 리더가 되는 것이 아니라 모든 구성원이 공감할 수 있는 비전을 수립하고 이를 조직의 구석구석까지 전파해 일상화시키는 작업에 착수하는 것이다. 왜냐하면 시간이 지나면 카리스마를 지닌 리더는 사라지고 비전 있는 기업만이 남기 때문이다.

리뷰 비전 기업은 이익을 넘어서 더 포괄적이고 의미있는 이념을 추구한다

비전 기업과 관련해 콜린스와 포라스는 다음과 같은 질문을 던지고 있다. 무엇이 비전 기업들을 특별하게 만드는가? 비전 기업의 시작은 어떠했는가? 그들은 어떤 과정과 단계를 거쳐 진화하고 신생 기업에서 비전 기업으로 성장할 수 있었는가? 대기업으로 성장한 뒤에도 그들이 공유하고 있는 공통적 특성은 무엇인가? 이들이 비전 기업을 지향하고자 하는 기업들에게 주는 시사점은 무엇인가? 이 책은 경영 환경의 불연속적인 변화에도 불구하고 핵심을 보존하면서 지속적인 발전을 도모하는 기업들의 공통적인 특성을 살피면서 이러한 질문에 대한 답을 제시하고 있다.

이윤 추구를 넘어 핵심 이념을 중시하라

비교 기업과 대비되는 비전 기업의 가장 큰 특징은 이윤 추구를 넘어

핵심 이념의 중시

비전 기업에서는 이익이 목적 그 자체는 아니다. 비전 기업은 이윤 추구를 초월한 핵심 이념과 실질적인 이윤을 동시에 추구하고 있다.

서는 핵심 이념들을 갖고 있다는 점이다. 대부분의 비전 기업에서는 주요 목표나 동인 중의 하나로 '이익의 극대화'나 '주주 이익의 극대화'라는 개념을 찾아볼 수 없었다. 비전 기업들은 여러 가지 목표를 추구하고 있었으며, 돈은 그중 한 가지에 불과했다. 많은 비전 기업들은 기업 자체를 경제적 활동보다 의미 있게 생각했으며, 단순히 돈을 벌기 위한 수단 이상의 의미를 부여했다. 그래서 비전 기업의 역사를 살펴보면 단순한 경제적 의미를 뛰어넘는 핵심 이념을 발견할 수 있다. 예를 들어, 소니의 핵심 이념은 고객에게 이익을 주는 기술혁신을 통해 진정한 기쁨을 얻는 것이다. 또한 모방이 아닌 불가능에 도전하는 개척자 정신이 지금까지 소니를 이끌어오고 있다. 혁신 기업의 대명사인 3M은 완벽한 정직성, 개인의 창의성과 개인적 성장 존중, 선의의 실수에 대한 관대함이라는 핵심 이념을 갖고 있다.

물론 이는 비전 기업이 이익이나 주주의 장기적인 부의 증대에 관심이 적다는 뜻은 아니다. 오히려 이익을 포함해 더 포괄적이고 의미 있는 이념을 추구한다는 뜻이다. 비전 기업들도 이익을 추구한다. 그러나 그들은 이익 극대화가 불변의 법칙이 아님을 알기에 이익과 함께 그들의 목표를 추구한다. 많은 비전 기업에서 이익은 목적 그 자체가 아니다. 이익은 신체에 필요한 산소, 물, 음식, 혈액처럼 비록 인생의 목적은 아니지만 없으면 살아갈 수 없는 것들과 비견될 수 있다.

비전 기업은 이윤 추구를 초월한 핵심 이념과 실질적인 이윤을 동시에 추구하고 있었다. 그리고 핵심 이념을 보존하기 위한 방법으로, 핵심 가치를 구성원에게 명확하게 전파할 수 있는 유능하고 신뢰할 수 있는 그룹을 선별했다. 핵심 이념은 외부에서 수혈되는 것이 아니라 내부에서 발굴하는 심정으로 찾아나가야 하는 것이다. 이는 조립용 완구처럼 정해진 설명서대로 만들어지는 것도 아니고 쉽게 모방할 수 있는 것도 아니다. 기업 내부에서 자사의 핵심 이념을 발견하기 위해 열정적으로 노력해야지만 찾을 수 있는 것이다.

핵심을 보존하고 발전을 자극하라

핵심 이념은 그 자체로도 중요하지만 그것 하나만으로는 비전 기업이 될 수 없다. 이 세상에서 가장 훌륭하고 의미 있는 핵심 이념을 갖고 있는 회사라 해도 회사가 변화를 거부하고 조용히 현실에 안주한다면 세상은 그 회사를 중요하지 않게 생각할 것이다. 비전 기업은 자신의 핵심 이념을 조심스럽게 보존하는 한편 핵심 이념의 구체적인 표현 방식에는 변화와 발전을 위해 자유를 부여한다. 월마트의 "고객의 기대를 능가하라."는 구호는 핵심 이념으로서 영원히 변하지 않는 부분이다. 그러나 입구에서 손님을 맞이하는 일은 충분히 변화할 수 있는 비핵심적인 관행이다. 노드스트롬의 '고객에 대한 최우선적인 봉사'는 핵심 이념으로서 영원히 변하지 않는 부분이다. 그러나 각 지역별 특성을 중시하고, 로비에서 피아노를 연주하고, 세밀하게 재고 관리를 하는 것은 변화할 수 있는 비핵심적인 관행이다.

기업문화, 전략, 전술, 사업, 정책 또는 다른 비핵심적인 일들과 핵심 이념을 혼동해서는 안 된다. 시간이 지남에 따라 문화적인 기준도 변해야 한다. 전략도 마땅히 변해야 한다. 비전 기업은 아무리 이익이 될지라도 자사의 핵심 가치와 일치하지 않는 행동을 해야 한다면 어떤 전략도 과감하게 버린다. 뿐만 아니라 제품의 종류, 단기 목표, 기업의 주요 능력, 조직구조, 보상제도도 변해야 한다.

궁극적으로 변하지 말아야 할 것은 회사의 핵심 이념밖에 없다. 회사가 영원한 기업으로 남기를 바란다면 말이다. "핵심을 보존하고 발전을 자극하라."는 말의 바탕에 깔린 역동적인 원칙이 바로 비전 기업의 본질인 것이다. 특히 발전을 향한 열망은 깊고 내재적이며, 충동적인 열정이다. 발전을 향한 열정은 현재 사업이 아주 잘 굴러가고 있어도 결코 만족하지 않는다. 마치 치료할 수 없는 만성 가려움증처럼 비전 기업의 발전을 향한 열정은 어떤 경우에도, 즉 회사가 크게 성공한 경우에도 결코 만족될 수 없는 것이다. 이처럼 비전 기업은 핵심 이념에 충실한 동시에 발전을 추구한다.

핵심 이념과 발전을 향한 열정은 마치 음양과 같이 비전 기업 내에 동시에 존재하면서 서로가 서로를 가능하게 하고 보완하며 강화한다. 핵심 이념은 발전 자체를 가능하게 하는 것이다. 그것이 비전 기업이 진화하고 실험하고 변화하는 데 기반이 되는 지속성을 제공하기 때문이다. 핵심을 명확히 함으로써 기업은 좀더 쉽게 핵심이 아닌 모든 것들에 대한 변화와 발전을 추구할 수 있다. 또한 발전을 향한 열정은 핵심 이념의 유지를 가능하게 한다. 왜냐하면 계속적인 변화와 전진이 없다면 핵심을 보유하고 있는 회사라도 결국 변화하는 세계에 뒤질 것이며, 활력을 잃고 사멸할 것이기 때문이다. 그렇다고 해서 비전 기업이 막연한 형태의 의도나 핵심과 발전에 대한 막연한 열정만을 갖고 있는 것은 아니다. 비전 기업은 이들을 갖고 있는 동시에 핵심 이념을 보존하고 발전을 자극할 수 있는 확실한 도구도 갖고 있다.

예컨대, 월트 디즈니는 핵심 이념을 운에 맡기지 않고 디즈니대학을 설립해 모든 종업원들을 '디즈니 전통'이라는 세미나에 참석시켰다. 휴렛 패커드는 HP 방식HP Way에 대해 얘기하는 것으로 만족하지 않고 철저한 내부 승진을 제도화했고, 회사의 철학을 종업원 평가와 승진에 활용할 수 있게 분류했다. 메리엇은 회사의 핵심 이념을 말로만 떠들지 않았다. 엄격한 종업원 선발제도, 교육 과정, 그리고 고객의 의견을 듣기 위한 정교한 고객 피드백 제도를 마련해 그것을 실천했다.

도전적인 목표설계
구태의연한 방식으로는 5퍼센트의 개선도 어렵지만 새로운 접근방식과 혁신적인 아이디어를 도출하면 30퍼센트의 혁신도 가능해진다.
_김쌍수 LG전자 최고경영자

크고 위험하고 대담한 목표를 설정하라

모든 회사는 일정한 목표를 갖고 있다. 그러나 단순히 목표를 갖고 있는 것과, 높은 산에 오르는 것처럼 거대하면서도 엄청난 도전을 하는 것은 전혀 별개의 문제다. 크고 위험하고 대담한 목표인 BHAGs Big, Gairy, Audacious Goals는 명확하고 강력하며 힘을 한곳으로 모으는 중심점 역할을 한다. 비전 기업은 비교 기업보다 BHAGs와 같은 강력한 수단을 더 많이 사용한다. 프로펠러 항공기 대신에 제트기로 상용시장을 개척한 보잉이나, 업계에서 1위 혹은 2위를 목표로 한다는 제너럴 일렉트릭 같은 기업들은 모두 BHAGs를 잘 활용한 기업들이다. BHAGs는 목표 성취를 위해 구성원을 자극하고, 기업이 과감한 목표를 자생적으로 설정할 수 있는 능력을 갖도록 만들며, 기업문화를 강화하는데 도움이 된다. 의욕을 고취시키는 크고 대담한 목표가 무엇을 의미하는지 좀더 쉽게 이해할 수 있도록 소니의 예를 들어보자.

1950년대에 "소니는 일본 기업이 저질의 상품을 만든다는 이미지를 전 세계적으로 바꾸는 첫번째 기업이 된다."라는 BHAGs를 갖고 있었다. 결코 도달할 수 없는 목적과 달리 목표는 성취되어야 한다. 여기서는 바로 이점이 중요한데 뛰어난 목표는 정해진 시간 내에 성취해야 한다. 따라서 BHAGs는, 흥분을 유발하고 거대하며 의욕을 돋우는 한편 대담하지만 성취 가능하고 최종점이 명확하며 기한이 정해져 있다.

사실 BHAGs의 본질은 다음과 같은 질문에서 더 잘 나타난다. 크고 위험하고 대담한 목표가 발전을 자극했는가? 그것이 추진력을 만들었는가? 그것이 사람을 움직였는가? 그것으로 인해 종업원들이 활력을 느끼는가? 종업원들이 목표에 의해 자극을 받고, 재미있어 하며, 모험적이 되고 있는가? 그들은 기꺼이 자신들의 창의적인 재능과 에너지를 목표달성을 위해 쏟고 있는가? 따라서 BHAGs는 설명이 필요 없을 정도로 명확하면서도 강력해야 한다. BHAGs는 서술문이 아니라 목표라는 사실을 기억하기 바란다. 만약 그것이 종업들에게 활력을 불어넣지 못하면 그것은 BHAGs가 아니다. 또한 BHAGs는 그 자체가 과감하고 재미있어서 목표가 달성되기 전에 조직의 리더가 떠나더라도 계속 발전을 자극할 수 있어야 한다. 그러므로 BHAGs가 회사의 핵심 이념과 일치해야 한다는 것은 두말할 나위 없다.

사교집단 같은 기업문화를 조성하라

비전 기업에서는 성취해야 할 목표를 모든 구성원들이 철저히 공유하고 있으며, 이를 따르려는 구성원에게만 그러한 목표를 적용한다. 비전 기업들은 그들이 누구인지, 무슨 일을 하고 있으며 무엇을 성취하길 원하는지 확실히 알고 있다. 그리고 그들이 요구하는 바에 부합되지 않는 사람들에게 관대하지 않다. 일반적으로 비전이란 단어가 주는 뉘앙스를 생각해보면 비전은 부드럽고 느슨한 것을 의미한다고 생각할 수도 있다. 그러나 사실은 그 반대다. 비전 기업들은 자사의 경영 원칙, 사업 분야, 그리고 달성해야 할 목표를 명확히 인식하고 있으며, 그들이 요구하는 바에 부합되지 않는 구성원들을 가차 없이 신상필벌로 다스린다. 이처럼 비전 기업들은 비교 기업에 비해 컬트적인 특성을 갖고 있다.

컬트cult란 특정한 사람이나 사상, 대상에 대해 대단히 지나친 열의를 보이는 일군의 사람들을 말한다. 비전 기업에는 핵심 이념을 중심으로 컬트적인 환경을 창조하는 일련의 관행들이 있다. 이러한 관행들은 강도 높은 충성심을 요구함과 동시에 기업 내에 남아 있는 이들의 행동이 핵심 이념에 일치하고 계속 열정적일 것을 요구한다. 핵심 이념의 철저한 고수, 교화, 적합성에 관한 엄격한 기준, 엘리트주의 등이 바로 비전 기업이 갖고 있는 컬트적인 속성들이다. 이러한 속성들은 비교 기업에서는 찾아볼 수 없다. 예를 들어, 디즈니는 지위 고하를 막론하고 모든 종업원들을 디즈니의 사회화 및 연수교육 기관인 디즈니 대학의 신입사원 연수에 반드시 참가하게끔 한다. 디즈니는 신입사원들에게 그들의 전통, 철학, 조직, 그리고 사업 방식 등을 소개할 목적으로 이 연수 코스를 마련했다. 따라서 비전 기업들은 모자라면 채워나가면 되듯이 종업원을 교화하고, 그들에게 적합성에 관한 엄격한 기준을 적용한다. 그리고 실용적이고 구체적인 원칙을 적용함으로써 핵심 이념에 충실할 수 있는 문화적 환경을 조성한다.

많은 것을 시도해서 잘되는 것에 집중하라

비전 기업의 역사를 살펴보면 그들이 이룩한 최고의 업적들이 상세한 전략적 계획에 의해 이뤄졌다기보다는 이것저것을 해보던 중에 우연히 달성되었음을 알 수 있다.

돌이켜보면, 성공적인 기업 전략은 기회주의적인 실험과 우연한 발견의 산물이었다. 물론 이때 강조되는 것은 기업이 끊임없이 추구하는 변화와 이러한 변화 과정에서 발생하는 우연성이다. 비전 기업이 성장해온 역사를 보더라도 그들이 이룩한 최고의 업적들이 세부적인 전략적 계획보다는 시행착오 과정에서 우연히 이뤄졌음을 알 수 있다. 의미 있는 일을 시도해보고 그것이 잘되면 계속 발전시키고, 안 되면 잘되도록 노력하거나 다른 것을 시도했던 것이다.

존슨 앤드 존슨의 경우를 예로 들어보자. 그 회사의 한 직원은 부엌용 칼에 손을 자주 베이는 부인을 위해 일회용 밴드를 개발했다. 그가 만든 일회용 밴드는 조그만 거즈를 붙인 수술용 테이프로 만들어져 있어 피부에 잘 달라붙지 않았다. 이에 대한 얘기를 들은 마케팅 담당자들은 그것을 시장에 내놓고 반응을 살펴보기로 했다. 그후 여러 가지 사소한 문제점을 고친 후 출시된 밴드에이드는 결과적으로 존슨 앤드 존슨 역사상 가장 큰 매출을 올리는 제품이 되었다. 이처럼 비전 기업은 여러 가지 실험에서 우연히 발견한 기회를 적극적으로 활용하고, 이를 바탕으로 환경에 지속적으로 적응하는 과정을 통해 성장 기업이 된다.

특히 이러한 과정에서 개별 구성원들의 실행을 우선시하는 자발적 경향이 '기대하지 않은 변화'를 낳기도 한다. 3M에는 15퍼센트 원칙이란 게 있는데, 자사의 모든 연구원과 기술자들이 자신이 생각해낸 아이디어를 상업화시키는 데 근무시간의 15퍼센트를 투자하게 하는 전통이다. 이렇게 해서 3M의 히트상품인 포스트잇이 탄생했다. 이는 생각지도 못한 혁신적 아이디어를 계획하지 않은 실험과 시행착오의 반복을 통해 상업적으로 성공시킨 대표적 사례다.

물론 비전 기업들이 아무런 계획도 갖고 있지 않았다는 뜻은 아니다. 다만 그들이 성공하는 데 있어 예정된 계획보다는 우연한 발견이 더 크게 작용했다는 뜻이다. 변화하는 환경에 잘 적응하는 비전 기업들을 살펴보면 성공의 비결은 대단한 통찰력과 전략 기획의 결과가 아님을 알 수 있다. 그들의 성공은 여러 가지 실험을 통해 시행착오를 겪으면서 가능성 있는 사안에 도전하고, 그렇지 못한 것은 과감히 포기하는 매우 기본적인 과정에 의해 만들어진 결과다.

제너럴 일렉트릭의 저력

제너럴 일렉트릭이 세계 최고의 기업으로 불리는 핵심적인 이유는 웰치와 같은 우수한 최고경영자들이 회사 내부에서 양성되어 1세기 동안 계속 이어져 내려왔기 때문이다.

내부에서 성장한 경영진을 육성하라

비전 기업들은 비교 기업들과 달리 회사 내부에서 경영 자질을 갖춘 인재들을 키워서 최고경영자로 선정해왔으며, 이는 기업의 핵심을 보존하는 데 있어 매우 중요한 의미를 갖는다. 비전 기업들이 비교 기업들과 구별되는 주요한 점들 중의 하나는 리더십의 우수성이 아니라 기업의 핵심을 보존할 수 있는 우수한 리더십의 연속성이다.

비전 기업의 최고경영진들은 비교 기업에 비해 내부에서 승진한 인물이 6배나 더 많았다. 그러한 구성은 단순히 연공에 따른 승진 인사가 아니라 기업의 핵심 이념을 보존 및 계승할 수 있도록 하는 일종의 메커니즘이라고 볼 수 있다. 이와 같이 내부에서 육성된 최고경영자는 자사를 정확히 이해하고 자사의 능력을 올바로 활용한다는 점에서 외부에서 영입된 경영자보다 훨씬 더 큰 성과를 올릴 수 있다. 구체적으로 비전 있는 기업은 경영자로서의 자질이 풍부한 직원을 조기에 발굴해, 이들을 지속적으로 교육하고 발전시켜 최고경영진으로 선발한다.

예컨대, 제너럴 일렉트릭에는 잭 웰치와 같은 우수한 인물이 있어 엄청난 성장을 이룩할 수 있었다. 그러나 웰치와 같은 우수한 최고경영자들이 회사 내부에서 양성되어 1세기 동안 계속 이어져 내려왔다는 사실이야말로 제너럴 일렉트릭이 비전 기업으로 불리는 가장 주요한 이유일 것이다. 또한 모토롤라, P&G, 보잉, 노드스트롬, 3M, 휴렛패커드를 보더라도 비전 있는 기업은 변화를 유도하고 혁신에 필요한 새로운 아이디어를 얻기 위해서는 반드시 외부에서 최고경영자를 영입해야 한다고 생각지 않았다. 비전 기업들이나 비교 기업들 모두 일정 시기에 우수한 경영진들을 보유했다. 다만 비전 기업들은 보다 나은 경영진 육성 및 승계 계획을 실행해왔으며, 기업의 영속성을 생각할 때 이는 매우 중요한 사항이라고 할 수 있다. 실제로 비전 기업들에서 볼 수 있는 '경영 연속성의 고리'와는 달리 비교 기업들에서는 '리더십의 단절과 구원자 신드롬'이라는 문제가 발생했다. 비전 기업에게 중요한 것은 지금 세대에 얼마나 잘하느냐 하는 것 외에 다음 세대에 얼마나 잘하느냐, 나아가 그 다음 세대에 얼마나 잘할 수 있느냐 하는 점이다.

끊임없이 개선을 추구하라

비전 기업에게는 단기적인 이윤창출과 장기적인 생존 보장이 상호 양립 가능한 목표이기 때문에 둘 다 실현 가능한 것으로 보고 있다. 이에 비전 기업의 경영진들은 장기적인 생존을 우선적으로 설정하고 이를 실현하기 위해 노력하는 동시에 단일사업 및 프로젝트를 통해 단기적인 성과 창출에도 집중하고 있다. 달리 말해, 그들은 단기적인 실적과 장기적인 생존 사이의 선택을 양자택일 문제로 생각하지 않는다. 그들은 장기적인 생존을 최우선 과제로 여기기 때문에 그에 대해 사전에 준비를 해둔다. 동시에 만만치 않은 단기적인 실적 목표에도 전력한다. 비유한다면 2개의 바퀴를 통해 기업이라는 수레가 쉼 없이 달리도록 할 때만이 기업은 영구 존속체로서 그 생명력을 유지할 수 있는 것이다. 좀더 구체적으로 말해 비전 있는 기업에게 있어 이윤창출은, 그 자체가 목적이 아니라 미래에 대한 개선과 투자라는 지속적인 과정에서 발생하는 부수적인 결과일 뿐이다.

그렇다고 해서 비전 있는 기업이 장기적인 생존만을 추구한다는 의미는 아니다. 다만 단기 목표와 장기 목표를 모두 달성하는 것이 양립 가능한 목표라고 생각한다는 점을 강조하고 싶다. 따라서 비전 기업의 중요한 특징은 "우리가 얼마나 잘하고 있는가?" "어떻게 하면 잘할 수 있을까?" "경쟁에 대처하기 위해 어느 정도 잘하면 될까?" 하는 것들이 아니다. 비전 기업이 생각하는 중요한 과제는 "어떻게 하면 오늘 우리가 했던 것보다 내일 더 잘할 수 있을까?" 하는 것이며, 이것이 일상생활의 규범처럼 되어 사고와 행동의 습관을 지배하고 있는 것이다.

한편 비전 기업은 자기만족을 없애기 위해 불만족을 의도적으로 유도하는 강력한 제도를 만들어둔다. 이렇게 함으로써 외부 환경이 변화와 개선을 요구하기 전에 기업 스스로 변화와 개선을 촉진하는 것이다. 끊임없는 개선이라는 명제는 규율 있는 생활양식으로서 비전 기업에겐 제도화된 습관이다. 즉, 거기에는 미래를 위한 장기적인 투자, 직원 능력 개발을 위한 투자, 새로운 아이디어와 기술의 채택 등이 포함된다.

기업 내의 모든 요소를 조율하라

어떤 기업이 지금까지 정리한 성공 기업들의 다양한 특징들은 모두 갖고 있다 해도 비전 기업이 될 수 없는 경우가 있다. 이러한 일이 일어나는 이유는 각 특성들을 조화롭게 연결시키는 능력을 갖지 못했기 때문이다. '구슬이 서 말이라도 꿰어야 보배'라는 속담이 있듯이 일정한 비전하에서 회사의 모든 요소들이 함께 조화를 이뤄야 비로소 성과를 창출할 수 있다. 콜린스와 포라스는 기업의 핵심 이념을 보존하고 발전을 자극하는 데 있어 기업 내의 모든 요소가 조화를 이룰 수 있도록 조정하는 메커니즘을 얼라인먼트alignment라 부르고 있다. 즉, 비전 기업은 기업의 목표, 전략, 전술, 프로세스, 기업문화, 경영 스타일 등의 측면에서 일관되고 보완적인 신호를 구성원들에게 지속적으로 보냄으로써 얼라인먼트를 수행해나간다.

결국 모든 구성원이 공감할 수 있는 비전을 현실적으로 구현하는 것은 1퍼센트의 비전과 99퍼센트의 얼라인먼트에 의해 가능하다. 왜냐하면 비전 자체는 실행을 위한 환경을 제공하지만, 얼라인먼트는 공식적 규정이나 절차에 얽매이지 않고 미래를 향한 비전을 조직 내에 실질적으로 구현할 수 있는 실행 메커니즘이기 때문이다. 따라서 일시적 성공이 아닌 장기적 생존을 보장받기 위해서는 기업의 성공 요인을 단순히 펼쳐 보여주는 것이 아니라 이들을 하나의 비전하에 통일적으로 결합시킬 수 있는 얼라인먼트를 구축해야 한다. 이를 통해 하나의 구심점을 형성하고 나면 미래의 비전을 현실에 구현하기 위한 구성원의 실질적인 노력이 이뤄질 수 있다. 우선순위가 무엇인가보다는 기업의 미래 비전을 위해 나머지 요소들을 어떻게 조율할 것인가가 관건인 것이다.

현대적 시사점

1987년 미국의 경제 잡지인 〈포브스〉에는 매우 흥미로운 기사가 실렸다. 1917년 당시 미국 경제를 이끌었던 1백대 기업을 현재에 와서 조사해보니 단지 39개 기업만이 생존해 있었으며, 이중에서도 1백대 기업의 위상을 그대로 유지하고 있는 기업은 18개에 불과하다는 것이었다. 20세기 미국 경제를 이끈 나머지 82개 기업들은 1917년에는 아예 존재하지 않았거나 존재했더라도 그 성과가 미미한 기업들이었다. 이는 혁신적인 신생기업에 의해 관료화된 기존 기업이 도태되는 자본주의의 경쟁 원리가 미국 경제에 그대로 적용된 좋은 예라 할 수 있다.

이 기사에서 우리가 주목할 점은 기업이 장기적으로 살아남는 데 중요한 것은 도대체 무엇인가 하는 점이다. 흔히 많은 연구들이 기업 경쟁력의 원천으로 전략, 조직구조, 시스템, 기술 등을 꼽지만 실제 장수하는 기업들의 특징을 조사해보면 결과는 예상과 전혀 다르게 나옴을 알 수 있다. 전략이나 조직구조, 기술 등이 기업 경쟁력에 영향을 미치는 것은 분명하지만 이러한 요인들은 상황에 따라 변한다. 영원불변한 전략이나 조직구조는 존재할 수 없기 때문이다. 그러나 기업 이념, 문화, 가치 등 눈에 보이지 않는 무형자산들의 경우는 다르다. 이러한 요인들은 지속적인 경쟁력의 원천으로 작용하기 때문이다.

잭 웰치는 1960년 제너럴 일렉트릭에 입사해 독특하면서도 뛰어난 경영 방식으로 승진을 거듭해, 1981년 최연소로 제너럴 일렉트릭의 최고경영자가 되었다. 사실 제너럴 일렉트릭만큼 오랜 기간 동안 지속적인 실적을 유지한 기업은 없었다. 그들의 성공은 경영에 대한 가장 위대한 광고이며 상징이다.

《성공하는 기업들의 8가지 습관》은 바로 이러한 무형자산의 중요성을 강조하고 있다. 특히 일시적인 유행보다는 소위 비전 기업의 본질적인 특징을 밝혀내는 데 초점을 맞췄기 때문에, 언뜻 보기에 간단한 것 같으면서도 의미 있는 시사점을 많이 제공하고 있어 경영자들에게 많은 도움이 된다.

이 책에서 얻을 수 있는 첫번째 교훈은 기업의 핵심 이념을 명확히 해야 한다는 것이다. 비전 기업들은 기업 자체를 경제적 활동보다 훨씬 더 가치 있는 것으로 생각했으며, 거기에 단순히 돈을 벌기 위한 수단 이상의 의미를 부여했다. 여기서 핵심 이념은 핵심 가치와 핵심 목적으로 구성된다.

비전의 출발점으로서의 핵심 가치는 한 조직의 정체성을 규정하는 본질적이고도 영속적인 신념으로 반드시 그 정당성을 입증할 의무가 없는, 그 조직이 가장 소중하게 여기는 가치를 말한다. 예컨대 P&G는 품질 제일주의와 정직한 기업이라는 간단명료한 핵심 가치를 갖고 있었다.

비전의 두번째 요소인 핵심 목적은 핵심 가치가 자연스럽게 투영되어 있는 피사체다. 핵심 목적은 기업이 존재하는 근본 이유로 리더의 목적의식은 물론 구성원들의 개인적인 목적의식과도 일치하기 때문에 하고 있는 일에 의미를 부여해준다. 달리 말하면 핵심 목적은 기업이 존재해야 하는 가장 근본적인 이유로 그 기업이 궁극적으로 도달해야 할 지향점을 의미한다.

디즈니는 조악한 만화에서 장편 만화영화로, 다시 미키마우스 클럽, 디즈니랜드, 유로 디즈니, 그리고 21세기에는 또 다른 미지의 사업을 개척해나갈 것이다. 디즈니는 '모든 이에게 행복을'이라는 본연의 목적을 향해 나아가고 있는 것이다. 이처럼 핵심 목적은 궁극적 지향점이지만 결코 성취할 수 없으며 그러면서도 항상 앞을 향해 나아가게 하는 역할을 한다. 따라서 비전 기업은 비교 기업보다 종업원들에게 핵심 이념을 더 철저하게 주입시키는 경향이 있으며 그들은 자사의 이념에 대한 긍지를 거의 숭배의 수준으로까지 끌어올린다.

또한 비전 기업은 비교 기업보다 종업원들을 더 세심하게 교육했고, 핵심 이념에 부합하는 경영진을 선임했다. 뿐만 아니라 비전 기업은 비교 기업보다 목표, 전략, 전술 및 조직구조를 핵심 이념에 더 부합하도록 조정했다. 핵심 이념의 강력한 영향력은 업종에 구애받지 않는다. 제조업뿐만 아니라 유통업이나 서비스업도 마찬가지다. 월마트의 "고객의 기대를 능가하라."는 구호는 그들의 핵심 이념으로, 영원히 변하지 않고 있다. 월마트는 저렴한 가격과 다양한 선택을 제공해 고객의 인생을 풍요롭게 만들기 위해 노력한다. 미국 최고의 백화점인 노드스트롬은 탁월한 서비스의 대명사다. 이 백화점의 경우에도 '고객에 대한 최우선적인 봉사'라는 핵심 이념이 백화점이 설립된 1901년 이후로 지금까지 계속되어 오고 있다.

그렇다면 비전의 있고 없음이 기업에게 어떤 의미가 있는 것일까? 기업의 비전이 갖고 있는 네 가지 긍정적인 측면은 다음과 같다. 첫째, 비전이 있으면 좀처럼 찾아볼 수 없는 엄청난 노력을 기울이게 된다. 둘째, 비전이 있으면 전략적, 전술적 결정을 내릴 수 있는 상황을 스스로 만들어나간다. 셋째, 비전을 공유하면 구성원이 서로 단결하고 팀워크를 이루며 한 가족처럼 지낸다. 넷째, 비전이 있으면 소수의 핵심 인물에만 의존하던 기업을 많은 사람이 참여할 수 있는 기업으로 성장·발전시킬 수 있다.

심각한 문제를 안고 있는 대부분의 기업을 자세히 살펴보면 모든 어려움의 근본 원인은 명확한 비전의 결여에 있음을 알 수 있다. IBM, 존슨 앤드 존슨, 그리고 휴렛 패커드 등도 처음엔 신생 기업으로 출발해 대기업으로 성장했다. 그 어떤 기업이든 규모가 작을 때 비전을 수립했다는 점을 명심해야 한다. 신생 기업을 좋은 기업으로, 좋은 기업을 위대한 기업으로 변신시키는 데 있어 제일 중요한 것이 바로 비전이었다. 조직의 비전은 개인의 삶의 목적 또는 목적의식과 그 궤를 같이한다. 그렇기 때문에 기업활동이든 생명활동이든 목적의식이 현실적으로 구현되는 과정은 의미 있는 지향점을 향해 나아가는 과정이라

할 수 있다.

이처럼 의미 있는 지향점을 향해 매진해갈 수 있도록 만드는 메커니즘을 비전이라고 한다면 비전은 일종의 나침반과 같은 역할을 한다. 일단의 무리에게 나침반을 주고 목적지만 정해주면 그들은 정확하게 목적지를 찾아갈 수 있다. 물론 목적지를 찾아가는 여정에서 장애물을 만나기도 하고 길을 돌아가야 할 때도 있을 것이다. 하지만 나침반이 가리키는 정확한 방향과 명확한 목적지가 있기 때문에 중간에서 길을 잃더라도 결국 최종 목적지에 도달하게 된다.

기업의 비전은 넓은 바다를 항해하는 배가 최종 목적지까지 안전하게 도착해 항구에 정박할 수 있도록 인도하는 별자리에 비유될 수 있다. 따라서 비전은 조직의 모든 구성원들이 공감할 수 있는 것이어야 하며, 기업을 운영하는 소수의 리더가 아니라 그 기업과 동일시되어야 한다.

달리 말하면 비전은 창업자 혹은 개인이 생각하는 비전을 초월해야 하는 것이다. 결국 비전을 가진 진정한 리더란 비전을 기업 전체의 것으로 만들어 자신이 경영 일선을 떠난 뒤에도 목적의식에 입각한 경영 활동이 이뤄지도록 하는 리더다.

끝으로 우리가 이 책에서 배워야 할 중요한 교훈은 핵심을 보존하고 발전을 자극할 수 있는 구체적인 장치를 만들어야 한다는 것이다. 발전을 자극하기 위해 비전 기업들은 '크고 위험하고 대담한 목표'를 갖고 있고, '많은 것을 시도해서 잘되는 것에 집중하고', '끊임없는 개선'을 추구하는 한편, 핵심을 보존하기 위해 '사교집단 같은 기업문화'와 '내부에서 성장한 경영진'을 중시한다.

따라서 '크고 위험하고 대담한 목표', '사교집단 같은 기업문화', '진화론적 발전 방법', '내부에서 성장한 경영진', '끊임없는 개선 추구' 등

《Built to Last》 2004년판 원서와 국내 번역서 《성공하는 기업들의 8가지 습관》

핵심을 보존하고 발전을 자극할 수 있는 구체적인 제도와 내부 메커니즘을 만드는 것이야말로 비전 기업을 만드는 데 있어 가장 중요한 요소들이라고 할 수 있다.

《성공하는 기업들의 8가지 습관》은 결코 카리스마가 있는 리더, 그러한 리더를 가진 기업, 비전을 갖고자 열망하는 기업에 대한 이야기를 하고 있는 것이 아니다. 다만 비전 있는 기업과 그렇지 못한 기업의 차이점에 대한 이야기를 하고 있을 뿐이다.

이 책에서 말하는 "시간을 알려주지 말고 시계를 만들라."의 의미는 뛰어난 재능을 가진 기업가가 선견지명이나 참신한 아이디어를 갖고 조직을 리드하기보다는, 조직 내에 정착되어 있는 체계적인 시스템과 역동성에 입각해 조직 자체가 조직을 주도하도록 해야 한다는 뜻이다. 이처럼 비전 있는 조직은 구성원 각자가 자발적으로 능력을 발휘할 수 있는 자율성과 창의성을 적극적으로 개발해 이를 내부에 체화시킨다. 따라서 기업의 최고경영자도 조직 구성원 스스로가 자율적이고 창의적인 능력을 발휘할 수 있는 우호적인 환경을 조성하는 데 앞장서야 할 것이다.

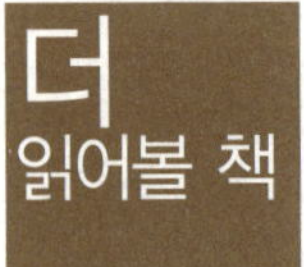

좋은 기업을 넘어 위대한 기업으로 짐 콜린스, 김영사, 2002

짐 콜린스의 경영전략 짐 콜린스 외, 위즈덤하우스, 2004

마켓 리더의 조건 제러드 텔리스, 피터 골더, 시아출판사, 2002

저자 소개 및 도서 정보

짐 콜린스 James C. Collins · **제리 포라스** Jerry I. Porras

《성공하는 기업들의 8가지 습관 *Built to Last*》,
Harper Business, 1994.

이 책은 64개월 동안 〈비즈니스 위크〉에서 베스트셀러를 기록하며 70쇄 이상 인쇄되는 기염을 토했으며, 16개 국어로 번역되어 1994년 미국에서만 1백만 부 이상 판매되었다. 콜린스와 포라스는 《성공하는 기업의 8가지 습관》이 많은 독자들에게 공감을 불러일으킬 수 있었던 이유를 다음과 같이 크게 세 가지로 정리하고 있다. 첫째, 이 책은 21세기 경영경제 분야에 요구되는 바람직한 미래의 기업상을 제시한다. 제너럴 일렉트릭, IBM, 소니, 월트 디즈니 등의 초우량 기업들을 꼼꼼히 분석해 그들의 성공 요인을 생동감 있는 언어로 표현한 것이 일반 독자들의 광범위한 관심을 끌게 되었다. 둘째, 역사적인 접근법에 따라 시간을 거슬러 올라가 그 기업의 역사적 성장 과정에 초점을 맞췄다. 이 점은 이 책을 돋보이게 만드는 요소 중 하나인데, '비교 기업'과 대비되는 '비전 기업'의 상대적 특성을 하나도 놓치지 않고 매우 세심하게 관찰한 내용이 담겨 있다. 마지막으로 책에 수록된 대부분의 내용이 현업에서 실무를 처리하는 담당자에게 충분한 지적 자극을 주고 있다는 점도 이 책의 매력이라 할 수 있다.

저자 중 한 사람인 짐 콜린스는 스탠퍼드대학에서 경영학 석사학위를 받은 후 맥킨지 컨설팅과 휴렛 패커드에서 근무했다. 그후 스탠퍼드 경영대학원 교수로 재직하면서 '기업가정신'에 대한 정열적이고도 창의적인 강의로 명성을 얻어 1992년에는 스탠퍼드대학에서 수여하는 '명강의 상'을 받기도 했다. 콜로라도 주 볼더에 경영연구소를 설립하고 1995년부터 현재까지 저술과 경영자 교육 및 기업 컨설팅에 몰두하고 있다. 지금까지 스타벅스, 머크, 시어즈, 아코, 존스 홉킨스 의과대학, 미국 소년소녀클럽 등에 대한 많은 연구 프로젝트를 수행해오면서 공기업, 사기업, 사회사업 분야의 고위 임원들과 긴밀한 유대관계를 유지해오고 있다.

주요 저서로는 이 책 외에 《Beyond Entrepreneurship》(1992), 《좋은 기업을 넘어 위대한 기업으로*Good to Great*》(2001) 등이 있다. 짐 콜린스는 신생 기업이 좋은 기업으로, 그리고 좋은 기업에서 위대한 기업으로, 더 나아가 지속 가능한 발전을 통해 탁월한 성공을 만들어내는 비전 기업으로 성장하는 요인들에 지속적인 관심을 갖고 있다. 짐 콜린스에 대한 보다 자세한 정보를 원한다면 www.jimcollins.com을 참고하기 바란다.

공동 저자인 제리 포라스는 1968년 코넬대학에서 MBA를 받고 1974년 UCLA에서 박사학위를 받았다. 제너럴 일렉트릭과 록히드에서 근무한 경험이 있는 그는 현재 스탠퍼드 경영대학원의 경영학 교수로 재직하고 있다. 주요 저서로는 이 책 외에 《Stream Analysis》(1987) 등이 있으며, 조직의 비전과 비전 기업에 관한 많은 논문을 발표했다. 그의 주된 관심 분야는 미국 및 유럽의 비전 기업들이 가진 특성, 잘 조직화된 변화관리 프로세스의 역동성, 비전이 장기적인 조직 행동에 미치는 영향, 비전 있는 기업의 문화적 차이 등 비전 기업과 변화관리 리더십에 집중되어 있으며, 이에 대한 연구와 강의를 계속하고 있다.

지식정보화사회의 새로운 경영 패러다임 27

The Knowledge-Creating Company : How Japanese Companies Create the Dynamics of Innovation
Ikujiro Nonaka, Hirotaka Takeuchi

keyword
지식창조
암묵지
형식지
하이퍼텍스트 조직

카테고리 관련성	
경영전략, 경영혁신	★★
생산관리	
변화관리	★
조직관리, 인사관리	★★★
마케팅	
리더십	★
동기부여, 인간관계	★
기업성공	★★

핵심 아이디어

《지식창조기업*The Knowledge Creating Company*》은 기업의 행위를 설명하기 위해 지식을 분석의 기본 단위로 사용하고 있다. 특히 저자인 노나카와 다케우치는 비즈니즈 조직의 근원적인 경쟁력을 높이기 위해 기업과 지식에 관한 사고를 근본적으로 전환해야 한다고 강조한다. 이러한 그들의 생각은 비즈니스 조직은 단순히 지식을 조작할 뿐만 아니라 창조해내기도 한다는 믿음에서 비롯되고 있다.

노나카와 다케우치가 이 책을 집필할 당시만 해도 기업 경영에 의한 지식창조는 경영학 연구 분야에서 거의 무시되고 있었다. 그러나 일본 기업들에 대한 여러 해에 걸친 연구를 통해, 지식창조는 일본 기업들이 국제적인 경쟁력을 얻는 데 가장 중요한 요소로 작용했다는 확신을 얻게 되었다.

이 책에서는 지식을 두 가지 종류로 구분하고 있다. 그 하나는 형식지explicit knowledge로 이는 구체적인 언어로 설명할 수 있는 것인데, 문법적인 진술, 수학적 표현, 규격, 매뉴얼 등이 여기에 포함된다. 따라서 이 같은 종류의 지식은 개인과 개인을 통해 손쉽게 전달될 수 있다. 이것은 또한 서양철학의 전통에서 지배적인 위치를 차지해온 지식이론이기도 하다.

그러나 보다 중요한 종류의 지식은 암묵지tacit knowledge인데 이는 '구체적인 언어로 설명하기 힘든 지식'을 말한다. 이 지식은 개인의 경험에 내재해 있는 개인적인 지식이며 개인적인 신념, 생각, 가치체계 등 무형의 요소들을 포함하고 있다. 암묵지는 그동안 집단적 인간 행위의 필수 요소 정도로 간과되어 왔지만 적어도 일본 기업에서만큼은 경쟁력의 중요한 원천이었다.

일본식 경영이 서양인들에게 일종의 수수께끼처럼 느껴지는 가장 큰 이유가 바로 여기에 있다. 이 책에서 저자는 형식지와 암묵지를 상호보완적 관계에 있는 지식으로 다룬다. 하지만 보다 중요한 것은 이들 두 지식 사이의 관계가 기업 지식창조를 위한 역동성의 열쇠가 된다는 사실이다.

지식창조이론

저자인 노나카는 일본기업에 대한 사례 분석을 토대로 지식이 창조되는 과정을 정립하여 이론화하였다. 기업의 경쟁력 원천을 내부역량 차원에서 접근하는 지식창조이론은 동양적인 기업의 경쟁력 원천을 지식이라는 차원에서 체계적으로 정립했다고 평가받고 있다.

대표적인 서양철학에서는 지식을 소유하고 이를 다루는 가장 중요한 매체는 바로 인간이라고 설명하고 있다. 그러나 저자들의 연구 결과는 인간은 지식을 통해 기업과 상호작용한다는 사실을 보여주고 있다. 지식창조는 개인, 그룹, 기업의 3차원으로 이뤄진다. 따라서 기업의 지식창조에 관한 노나카와 다케우치의 논의는 두 가지 주요 요소인 지식 상호작용의 형태 및 지식창조의 차원들에 관한 것이다.

이러한 연구의 목표는 기업 지식창조의 근본적인 모델을 찾는 데 있다. 노나카와 다케우치의 연구는 일본 기업들을 대상으로 하고 있는데 그것은 주로 두 가지 이유 때문이다. 첫째, 일본 기업들은 대부분 매우 짧은 기간 동안에 가장 경쟁력 있는 기업들로 성장했고 기업 지식창조 모델을 개발하고 시험하는 데 필요한 가장 도전적인 연구 자료를 제공하기 때문이다. 둘째, 노나카와 다케우치는 수년 동안 일본 기업들에 대해서 깊이 있는 연구를 해왔으므로 이미 풍부한 자료를 확보해 놓았기 때문이다. 하지만 이 책에서는 일본 기업들의 성공담을 소개하기보다는 그들을 대표적인 사례 연구 대상으로 다루고 있다.

최근 들어, 일본 기업들이 국제무대에서 다소 주춤해 있는 상태라는 것을 이유로 일본 모델이 갖는 가치를 격하시키려는 경향이 있다. 그러나 노나카와 다케우치는 일본 기업들이 1990년대 초의 역사상 가장 길고 극심한 불황의 시기를 맞이해 어떻게 과거의 관습에서 벗어나 새로운 기회를 찾아나가고 있는지를 잘 알고 있다. 당장의 위기감과 보다 더 세계화되어야 한다는 양쪽에서의 압력으로 인해 일본 기업들은 점차 더 발전된 형태의 지식창조에 눈을 돌리고 있다.

이처럼 최근 들어 경영학의 화두로 대두되고 있는 지식경영은 실제로 과거에는 크게 각광받지 못했던 것이다. 1980년대에는 지식이 가치를 창조하며 경쟁력을 창출하는 자산이라는 사실이 점차 명확해지고 설득력을 지니게 되었다.

그러나 고전적 경제이론은 지식이 지닌 자산으로서의 가치를 인정하지 않았으며 대부분의 기업과 조직들 또한 지식경영의 원리와 방법론에 대해서 무지한 상태였기 때문에 실제로 지식경영을 새로운 경영원리로 도입하지는 못하고 있는 실정이었다. 그렇지만 이 시기에는 지식경영을 위한 각종 시스템들이 개발되어 새로운 개념을 창출해내는 등, 차후에 많은 영향을 미칠 원리들이 등장한 때라고 할 수 있다. 이러한 시스템들은 지식 획득, 지식 엔지니어링, 지식 기반 시스템 등과 같은 개념들을 제공해줬다. 그리고 이러한 개념들이 체계적으로 정립됨으로써 기업 및 조직들이, 지식을 도입해 지식경영을 수행하는 데 필요한 큰 힘을 얻게 되었다.

1980년대 후반에 지식경영을 위한 기술적 토대를 제공하기 위해 미국 기업들은 지식경영 관련 컨소시엄을 구성해 각각 다양한 프로젝트에 착수하기 시작했다. 그리고 〈하버드 비즈니스 리뷰〉를 비롯한 각종 전문 경영 저널에는 지식경영과 관련된 논문들이 등장하기 시작했다. 또한 몇몇 사전에서도 '지식경영'이란 단어를 찾을 수 있게 되었으며, 조직학습 및 지식경영에 대한 서적들도 이 시기에 출간되기 시작했다.

1990년까지 많은 경영 컨설팅 기업들은 지식경영 프로그램들을 보유하게 되었고 미국, 유럽, 일본을 비롯한 경영 선진국의 몇몇 기업들은 독자적인 지식경영 프로그램을 개발해 이를 선도적인 여러 기업에 적용하기도 했다.

1990년대 중반까지 인터넷 사용의 폭발적 증가와 함께 지식경영이니셔티브 역시 크게 증가했다. 점차적으로 변화관리, 전사적 품질관리, 리엔지니어링 등의 개념을 대체하는 원리로 자리를 잡아가고 있는 지식경영은 마이크로소프트, 언스트 앤드 영, 스틸케이스, 휴렛 패커드, 아서 앤더슨, 선마이크로시스템스, 실리콘 그래픽스 등과 같은 국제적인 기업들에게는 큰 관심거리가 되고 있다. 이들 기업들은 현재 각 기업의 문화와 실정에 맞는 지식경영 체제를 구축해 가치 창출 및 대외 경쟁력 확보에 주력하고 있다. 지식경영을 대표적으로 실천하고 있는 이들 기업에 대한 구체적인 사례는 뒤에 다시 언급하겠지만 이들은 사내 지식 공유 시스템을 개발하고, 직원들의 능력을 조사·개발해 지식 데이터베이스를 확보하는 등 독자적인 지식경영 기법을 확립하는 데 주력하고 있다.

《지식창조기업》의 원서 표지. 1995년판.

시놉시스

《지식창조기업》은 총 8장으로 구성되어 있으며, 전반부에서는 지식에 대한 철학적, 이론적 배경을 설명하고 중반부에서는 노나카와 다케우치의 주장과 이에 대한 이론적 근거를 제시하고 있다. 중반부 이후에는 노나카와 다케우치가 제시한 이론적 주장을 다양한 기업의 사례를 통해 설명하고 있다.

우선 1장에서는 지식을 재정의하고 지식의 또 다른 형태인 암묵지의 중요성을 설명하고 있으며, 2장에서는 지식을 경영에 적용시키는 것과 관련한 이론적 근거를 살펴보고 있다. 또한 지식이론인식론과 조직이론 및 혁신이론의 이론적 근거에 대해 논의하고 이를 위해 서양철학적 전통하에서의 지식이론들의 주장들을 살펴보고 있다. 3장에서는 이 책의 주요 내용이라 할 수 있는 암묵지와 형식지를 중심으로 지식창조의 핵심 개념을 소개하고 있다. 한편 암묵지에서 암묵지로, 암묵지에서 형식지로, 형식지에서 형식지로, 형식지에서 암묵지로의 네 가지 지식 전환 과정을 설명하면서, NEC, 캐논, 아사이 맥주, 후지 제록스 등을 예로 들고 있다.

4장부터는 사례를 중심으로 하여 앞의 3개 장의 내용을 설명하고 있다. 우선 4장에서는 마쓰시타의 예를 통해 앞선 두 개의 장에서 소개한 이론적 논쟁들을 다시 설명한다. 이 사례는 지식창조 과정이 전사적 차원에서 지속적으로 이뤄지는 과정 및 세계 최초의 전자동 가정용 제빵기인 홈 베이커리의 제품 개발 과정을 집중적으로 소개하고 있다. 그리고 개인적 지식이 끊임없는 토론 과정을 통해 집단지식으로 전환되는 과정을 보여준다.

5장에서는 두 가지 전통적인 형태의 기업 경영, 즉 상의하달식 모델과 하의상달식 모델이 조직적 지식창조에 필요한 역동적인 상호작용을 위해서는 그리 효과적이지 못하다는 사실을 설명하고 중간관리자 주도의 경영이라는 새로운 형태의 경영방식을 제안한다.

6장에서는 지식창조에 가장 적합한 조직구조가 무엇인지에 대해 논의한다. 과거의 형식주의적 계층구조나 유동성 있는 실무 추진팀 단독으로는 지식창조가 왕성하게 이뤄지는 조직구조가 필요로 하는 기능을 모두 수행할 수 없다. 저자들은 일본 군대와 미국 해군 등을 예로 들어 이것을 설명하고 있다. 또한 계층구조와 특별팀 TFT의 효율성을 모두 살린 새로운 조직구조로 '하이퍼텍스트' 조직을 제시한다. 7장에서는 지식창조의 범위를 세계적인 규모로 확장해 국가적 경계를 뛰어넘어 기업 간 지식창조가 어떻게 이루어지는지 살펴보기 위해 일본 기업인 닛산과 미국과 일본 합작 회사인 신 캐터필러-미쓰비시를 예로 들어 설명하고 있다.

마지막으로 8장에서는 전체의 내용을 정리하면서 이를 통해 습득한 두 가지 함축적인 내용들을 살펴보고 있다. 그 첫번째는 기업 경영인들을 대상으로 한 실무적인 경영지식들로 서구 기업들이 스스로를 지식창조기업으로 변모시키는 데 필요한 제언들이다. 그중 하나를 소개하면 모든 직원들을 '지식창조 함대의 선원'으로 대우하라는 것을 들 수 있다. 두번째는 특성상 개념적이고 이론적인 것으로서 학구적인 목적으로 이 책을 읽을 독자들을 대상으로 하고 있으며, 기업적인 지식은 이 책 전반에 걸쳐 소개한 다양한 종류의 이분법적 논리를 초월해 생성된다는 분석 결과가 반영되어 있다.

리뷰 경쟁력의 원천인 지식이 어떻게 창조되는지 그 과정을 파헤친다

지식관리의 요점은 지식 창출이 지식 처리와 다르다는 점을 깨닫는 데 있다. 지식의 창출은 개인 수준에서 주관적인 통찰력과 직관을 이끌어내 그것이 기업 전체에 공유되고 축적되는 것을 의미한다. 이를 위해서는 기업이라는 조직이 하나의 유기체적 특성을 갖고 있어야 하는데, 기업은 그 자체로서 자아와 자신의 존재 이유 및 근본 목적을 갖고 있다.

기업 내의 조직원들은 이러한 기업의 비전에 의해 혁신의 동기와 방향을 설정할 수 있으며, 이때 지식 창출은 기획 부서만의 일이 아니라 기업 내의 모든 종업원들의 일이 된다.

지식은 어떻게 창조되는가

>> 형식지와 암묵지

지식은 형식지와 암묵지로 구분될 수 있다. 형식지란 누구나 이해하고 전달할 수 있는 객관적 지식을 말한다. 이는 문서, 규정, 매뉴얼, 공식, 컴퓨터 프로그램 등의 형태로 표현될 수 있으며, 기존의 서양 경영학과 친숙한 지식의 개념이라 할 수 있다. 이에 비해 암묵지란 어떤 유형이나 규칙으로 표현하기 어려운 주관적이며 내재적인 지식을 말한다. 대개 개인이나 조직의 경험, 이미지 혹은 숙련된 기능, 조직문화 등의 형태로 존재한다.

마쓰시타의 제빵기 개발 사례를 보자. 1985년 오사카에 있는 마쓰시타 전기회사의 제품개발 담당자들은 새로운 가정용 제빵기를 개발하는 데 심혈을 기울였다. 그러나 제빵기는 밀가루 반죽을 제대로 해내지 못하고 있었다. 빵의 껍질부분은 타고 속은 익지 않는 문제를 해결하기 위해 엑스레이를 이용해서 전문 제빵사가 만든 밀가루 반죽과 비교하였으나 문제점을 찾지 못하였다.

이 문제를 해결하기 위해 소프트웨어 개발 전문가인 다나카 이쿠코는 오사카에서 가장 맛있는 빵을 만드는 인터내셔널 호텔의 수석 제빵사의 밀가루 반죽 기술을 연구하였다. 그는 제빵사가 밀가루 반죽을 잡아 늘이는 데 독특한 방법을 사용한다는 사실을 관찰해냈다. 이를 프로젝트 담당 엔지니어들과 긴밀하게 협조한 끝에 그 호텔에서 배운 빵의 품질을 성공적으로 재현해낼 제품설계명세서를 개발할 수 있었다. 이로 인해 제빵기 내부에 추가로 특수한 살대를 설치하는 마쓰시타 고유의 트위스트 반죽 공법이 탄생하였다. 마쓰시타의 제빵기는 시판 첫 해에 신주방 용기로서 판매기록을 세웠다. 연구원 이쿠코는 제빵기 개발을 위해 수석 제빵사 밑에서 직접 일을 배우고, 이를 토대로 제빵기 개발에 성공하게 된다. 여기서 제빵기의 제품 설계 명세서는 명시적 지식이다. 제품 설계는 명세서로 문서화할 수 있고, 다른 제작팀이나 심지어 다른 회사 사람들도 이 지식을 간단히 습득할 수 있다. 반면에 수석 제빵사의 빵 만드는 능력은 암묵적 지식이다. 정형화하기 어렵고 말로 표현하기도 어려운 것이다.

혼다 시티

1978년 혼다의 최고경영층은 '모험을 하자Let's Gamble'라는 구호와 함께 새로운 개념의 자동차 개발에 착수했다. 이에 따라 만일 자동차가 "인간이라면 어떻게 진화했겠는가?"라는 물음에서 출발하여 '인간의 극대, 기계의 극소'라는 형태의 답을 얻게 되었고 마침내 구sphere의 이미지로 실현되었다. 길이는 짧고, 높이는 높은 '톨 보이'라고 칭한 제품개념은 길고 낮은 세단을 중시하던 당시의 자동차 설계에 대한 일반 통념을 무너뜨린 것으로 자동차 설계에서 혁신을 이루는 계기가 되었다.

>> 지식창조의 핵심적 특징

마쓰시타 제빵기기 사례는 일본인 경영자들이 어떻게 암묵지를 형식지로 전환하는지를 잘 설명해주며, 이러한 전환법과 관련된 지식창조의 세 가지 특성도 암시하고 있다. 첫째, 말로 표현할 수 없는 것을 나타내기 위해서는 설명적 언어와 상징체계에 대한 신뢰가 전제되어야 한다. 둘째, 지식을 전파하기 위해서는 개인의 지식을 다른 사람과 공유할 수 있어야 한다. 셋째, 새로운 지식은 애매모호함과 여유로움을 통해 태어난다. 즉, 은유와 유추, 개인적 지식에서 조직적 지식으로의 전환, 애매모호함과 여유로움이 지식창조의 핵심적인 특징이라는 것이다.

>> 지식창조이론

지식창조는 암묵지와 형식지의 상호작용에 의해 낮은 차원의 인식에서 높은 차원으로 지식이 나선적으로 확산되는 과정을 의미한다. 이 이론의 핵심은 이 같은 나선이 어떻게 나타나는가 하는 것이다. 지식은 암묵지와 형식지가 상호작용을 일으킬 때 발생하는 4개의 상호 지식전환 과정을 거쳐야 비로소 창조된다. 이러한 지식전환의 모드는 암묵지를 암묵지로 전환하는 사회화, 암묵지를 형식지로 전환하는 표출화, 형식지를 형식지로 전환하는 연결화, 그리고 형식지를 암묵지로 전환하는 내면화로 구분될 수 있다.

사회화는 경험을 공유해 정신 모델이나 기술 등의 암묵지를 창조하는 과정을 말한다. 개인은 언어를 사용하지 않고도 다른 사람들에게서 직접 암묵지를 체득할 수 있다. 견습공은 숙련공과 함께 일하는 동안, 말을 통해서가 아니라 관찰과 모방, 연습 등을 통해서 노하우를 읽혀나간다. 비즈니스 환경하에서의 실습 교육에도 기본적으로 같은 원칙이 적용된다. 암묵지를 얻기 위한 열쇠는 경험이다. 일정한 형태의 공통된 경험을 하지 않고는 어떤 사람이 자신을 다른 사람의 사고 과정에 투사한다는 것은 매우 어려운 일이다. 이쿠코의 경우는 자신이 습득한 기술을 언어로 표현해 마쓰시타의 제빵기 개발팀에 전달했다. 이를 토대로 개발팀은 '꼬인 반죽'을 할 수 있는 새로운 지식을 얻게 되었다.

표출화 과정은 지식창조의 필수적인 과정으로 이 과정을 통해 암묵지가 구체화되고 은유, 유추, 개념, 가정, 모델 등이 형태를 잡아가게 된다. 우리가 어떤 이미지의 개념을 잡으려고 할 때 우리는 대부분 그 내용을 언어로 표현한다. 글을 쓰는 것은 암묵지를 형식지로 전환하기 위한 동작에 해당하는데, 이때 표현은 종종 부적절하고 원래의 내용과 불일치한다. 그러나 이미지와 이미지의 표현 사이의 이 같은 갭은 개인 사이의 상호작용을 증진시켜주기도 한다.

연결화는 개념을 체계화해 지식체계로 전환하는 과정을 의미한다. 이 모드의 지식 전환에는 다른 형태의 형식지들을 결합하는 과정이 포함된다. 개인들은 문서, 회의, 전화, 컴퓨터 통신망 등을 통해 정보를 교환하거나 결합한다. 형식지를 분류, 추가, 결합하는 방법으로 기존의 정보를 재구성해 새로운 지식을 창조한다. 공식적인 교육 과정을 통해 이뤄지는 지식창조는 주로 이런 형태를 취하며 MBA 교육이 가장 대표적인 예라 할 수 있다. 마쓰시타의 개발팀은 이쿠코가 전달한 지식에 제빵기 설계에 필요한 다른 지식기판, 전기 회로, 모터, 디자인, 플라스틱 가공 등을 합쳐서 제품 설계 명세서를 만들어냈다. 여러 개의 단편적 지식을 종합해 전체적인 새로운 지식을 만든 것이다.

내면화의 과정은 '실천을 통한 학습'과 밀접한 관련이 있다. 사회화, 표출화, 연결화를 통해 얻은 경험이 다른 사람들과 공유하는 정신 모델이나 기술적 노하우의 형태가 되어 개인의 암묵지로 변화할 경우, 이는 매우 가치 있는 자산이 된다. 형식지를 암묵지로 전환하기 위해서는 지식을 말로 표현하거나 문서, 매뉴얼, 이야기 따위로 표현하는 것이 도움이 된다.

이처럼 인식론적 차원에서의 기업의 지식창조는 암묵지와 형식지가 상호작용한 결과에 의해 달성된다. 상호작용은 지식전환의 여러 모드를 이동하는 가운데 그 모양을 잡아가게 된다. 사회화 모드는 주로 상호작용의 장을 마련하는 데서 출발한다. 이를 통해 구성원들의 경험과 정신 모델을 공유하는 것이 훨씬 더 쉬워진다. 표출화 모드는 의미있는 '대화나 집단적인 사고활동'을 통해 시작되는데 이때 적당한 은유나 유추는 팀 구성원들의 숨겨진 암묵지를 파악하는 데 도움이 된다. 연결화 모드는 새로 형성된 지식과 기존 지식을 네트워크처럼 연결해 새로운 제품이나 서비스, 경영 시스템이라는 결정체를 탄생시킨

지식창조의 4개 모드에서 생성되는 지식의 내용과 지식 나선

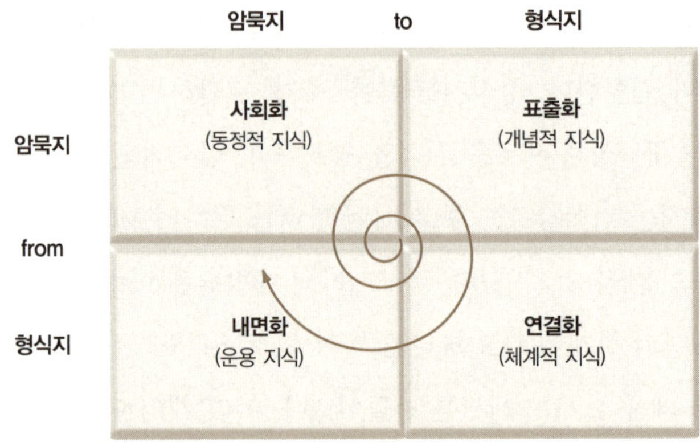

다. 마지막으로 '실천을 통한 학습'을 통해 내면화 모드가 시작된다. 동원된 암묵지는 지식전환의 4개 모드를 통해 조직적으로 전환된 후 고차원적 존재로 결정화된다. 이를 '지식 나선knowledge spiral'이라 한다.

이러한 기업 지식창조 과정에서 기업이 해야 할 역할은, 개인 차원에서 지식을 창조하고 축적하도록 도와주는 것뿐만 아니라 그룹활동에 용이한 환경을 마련해주는 것이다.

기업 차원에서 나선구조의 지식창조를 이룩하는 데 필요한 조건은 첫째, 기업의 의지, 즉 목표 성취를 위한 기업의 이상이다. 지식창조 나선이 기업의 의지에 의해 움직이기 때문에 이는 매우 중요한 조건이 된다. 둘째 조건은 자율성인데, 개인적인 차원에서 기업의 모든 구성원들은 상황이 허락하는 한 자율적으로 행동할 수 있어야 한다. 세번째 조건은 변동과 창조적 혼돈으로, 변동이란 완전한 무질서와는 다른 것을 의미한다. 여기서의 변동과 창조적 혼돈은 '순환되지 않는 질서'

라 할 수 있는데, 혼돈은 시장 수요의 변화나 경쟁업체의 급격한 성장 같은 실질적 위기에 직면할 때 자연스럽게 발생한다. 네번째 조건은 여유다. 이는 조직원들이 즉각적으로 필요로 하는 것 이상의 정보가 존재하는 것을 말한다.

마지막으로 기업 지식창조의 나선형 발전 과정을 가속시키는 데 도움을 주는 조건은 다양성이다. 다양성은 기업 전체에 동등한 정보 접근 기회를 부여해 정보를 다양하고 융통성 있게, 그리고 신속하게 조합함으로써 보강될 수 있다. 이러한 다양성을 극대화하기 위해서 기업 내의 모든 사람들은 정보를 최대한 빠르게 이용하는 것을 보장받아야 한다.

중간관리층의 중요성

지식이 창조되기 위해서는 중간관리층의 역할이 매우 중요하다. 저자는 top-down식의 상의하달이나 bottom-up식의 하의상달보다는 middle-up-down과 같이 중간관리층이 주도하여 상사를 설득하고 구성원을 이끌고 나가는 형태가 중요하다고 역설하고 있다.

>> 지식창조 과정의 5단계 모델

기업의 지식창조는 암묵지를 공유하는 것에서부터 시작되는데 이 과정은 사회화 과정에 해당한다. 풍부하지만 정리되지 않은 개인의 지식이 조직 내에서 1차 증폭 과정을 거쳐야 하기 때문이다. 두번째 단계에서는 자기 완결 구조를 갖춘 팀에서 공유된 암묵지가 표출화 과정을 거쳐 새로운 형식지로 전환된다. 새로 생성된 개념은 3단계 과정에서 정당화되어야 한다. 이 단계에서는 개념이 과연 추구할 만한 가치가 있는지의 여부가 결정된다. 일단 가치 있는 지식으로 채택되면 그것은 4단계에서 원형의 형태로 전환되는데 제품 개발의 경우에는 프로토타입의 형태를 취할 수 있고, 또한 새로운 기업 이념이나 경영관리 시스템, 혁신적인 조직구조처럼 소프트한 혁신 내용을 담은 형태가 될 수도 있다.

마지막 단계에서는 창조된 지식을 부서 내의 다른 사람들 또는 다른 부서, 심지어는 기업 외부로까지 확산시키게 된다. 여기서 '기업 외부'라 함은 고객, 계열사, 대학, 판매망 등을 일컫는다. 지식창조기업은 폐쇄적인 시스템 내에서 움직이는 것이 아니라 외부 환경과 끊임없이 지식을 교환하는 개방된 시스템 속에서 움직인다.

지식창조는 중간관리자가 주도한다

지식은 팀이나 전담 부서의 리더인 중간관리자들이 상급관리자들과 일선 근로자들 간의 나선적인 지식전환 과정을 주도함으로써 창조된다. 이 과정에서 지식관리와 정보의 수직적·수평적 흐름의 중심이 되는 것은 중간관리자들이다. 일본의 기업 사례를 통해, 지식창조를 위한 제3의 방법으로 상의하달식도 아니고 하의상달식도 아닌 중간관리자 주도의 경영이 필요하다는 것을 알 수 있다. 저자는 상의하달식 경영은 제너럴 일렉트릭, 하의상달식 경영은 3M, 중간관리자 주도의 경영을 하는 대표적인 회사로는 캐논을 들며 이들의 경영방식 차이를 설

기업의 5단계 지식창조 과정

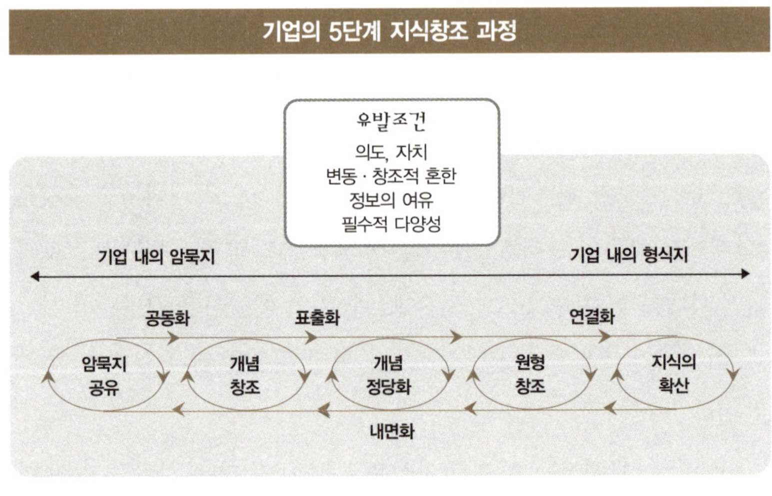

명하고 있다.

지식창조에 참여하는 개인들을 지식창조대라고 하는데, 이는 지식 실천자, 지식 기술자, 지식 처리자로 구성된다.

지식 실천자에겐 그들의 암묵지와 형식지를 축적하고 생성할 책임이 있으며, 기본 역할은 지식을 생성하는 것이다. 이들 대부분은 일선에서 일하고 있으므로 끊임없이 외부 세계와 통신하며, 시장을 통해 최신의 개발 정보, 기술, 경쟁력 등을 확보할 수 있다. 이들이 축적하고 생성한 지식의 질은 매일의 일선 근무에서 얻는 직접 경험의 질에 달려 있다. 따라서 지식 처리자와 지식 기술자들은 지식 실천자에게 가능한 한 도전적이고 실험적인 임무를 맡길 필요가 있다.

지식 기술자들은 상급관리자들의 가상적인 아이디어와 실무 영역에서의 혼란한 시장 상황 사이에 다리를 놓아준다. 중간 단계의 비즈니스와 제품 개념을 창조함으로써 이들은 현 상태와 이상적인 상태 사이를 매개하는 역할을 하는 것이다. 이들은 기업 비전에 따라 새로운 지식 기술을 마련한다. 이러한 지식 기술자가 되기 위해서는 프로젝트를 지원하고 관리할 수 있는 능력, 새로운 개념 창조를 위한 전제들을 만들어내는 데 필요한 자질, 지식창조에 요구되는 다양한 방법론을 결합시킬 수 있는 능력 등을 갖춰야 한다.

지식 처리자는 상급관리자들이 수행하는 기업 차원의 지식창조 과정을 일일이 만들어내고 제어하며, 때로는 발로 뛰는 관리법에 의존하기도 한다. 또한 일상적 작업에서 벗어나 그러한 과정을 관리하기도

▶ **지식창조대의 구성**

지식 실천자	일선 근로자 및 라인 관리자
지식 기술자	중간관리자
지식 처리자	상급관리자

하고 새로 만들거나 지원해야 할 프로젝트를 선정하기도 한다. 지식 처리자가 기업 지식창조에 방향 감각을 부여하는 방법에는 기업이 추진해야 할 일에 대한 개념 구성, 기업 비전이나 정책의 형태로 지식의 비전 수립하기, 만들어지는 지식의 가치를 정당화하기 위한 표준 설정 등이 있다.

하이퍼텍스트 조직이 지식창조에 효과적이다

지식경영이 이뤄지기 위해서는 조직 내에서 지식의 창조, 활용, 축적을 활성화할 수 있는 유연한 조직구조가 필요하다. 먼저 지식경영을 위한 조직구조를 구축하기 위해서는 다음과 같은 세 가지 조건이 필요하다.

첫번째 조건은 창조와 효율을 동시에 추구하는 조직이다. 지식의 창조, 활용, 축적을 위해서는 기존 조직인 관료제의 효율성과 이상적 조직인 실무 추진팀의 창조성을 함께 살려나가야 한다. 두번째 조건은 지식 영역과 활발하게 상호작용할 수 있는 조직이다. 이를 위해서는 조직 전반에 지식이 유기적으로 체화되도록 해야 하며, 축적된 지식 자산이 가치의 상승효과를 가져올 수 있도록 조직이 구축되어야 한다. 세번째 조건은 유연한 3차원 조직이다. 기존의 계층적 조직의 강점을 살리되, 상호작용을 촉진할 수 있는 보다 개방적이고 입체적인 조직구조의 구축이 필요하다는 것이다.

이러한 세 가지 조건을 충족시키는 이상적인 조직의 모습이 바로 하이퍼텍스트 조직이다. 하이퍼텍스트 조직이란 창조성과 효율성이라는 두 가지 상반된 원리를 충족시키면서도 상호작용이 활성화될 수 있는 조직이며, 또한 지식의 창조, 활용, 축적을 활성화하는 조직이다.

하이퍼텍스트 조직은 크게 프로젝트팀 계층, 비즈니스 시스템 계층, 지식의 축적을 위한 지식 베이스 계층으로 구성된다.

먼저 프로젝트팀 계층은 정보나 지식의 획득, 공유를 주요 사명으로 한다. 이 조직 층에서는 늘 여러 개의 프로젝트팀이 운영되며 연구개발이나 신제품과 서비스 개발 등 창조적이고도 개선에 필요한 지식자산 축적활동이 추진된다. 이들 팀의 본래 업무는 연구개발 자체이기 때문에 이를 촉진할 수 있도록 프로젝트의 발안, 설계, 발족 승인, 성과 피드백 등을 위한 각종 시스템이 제도화되어야 한다.

비즈니스 시스템 계층은 조직 내의 전달과 공유를 통해 축적된 지식자산을 제품 차원의 가치로 전환시키는 것을 주요 사명으로 한다. 이 계층은 '계층 구조, 분업화, 전문화' 등 기존의 조직 특성을 기반으로 운영되지만 축적된 지식의 활용도를 높이기 위해서는 최적의 프로세스를 갖출 수 있도록 재구축할 필요가 있다. 또한 외부의 환경 변화에 신속히 대처하고 조직의 유연성을 높일 수 있도록 조직의 계층 수를 줄이거나 조직의 간소화를 추진하는 등의 활동이 필요하다.

지식 베이스 계층은 공유된 지식이 조직 내에서 지속적으로 축적, 검색될 수 있는 여건을 조성하는 것을 주요 사명으로 한다. 이 계층은 프로젝트팀과 비즈니스 시스템 층을 연결시켜 원활한 상호작용을 촉진시키는 역할을 한다. 예를 들어, 연구소의 지원 기능이나 정보 시스템 부문 등이 이에 해당한다고 할 수 있다.

결론적으로 형식적인 관료 계층이나 유동성 있는 실무 추진팀만으로는 지식창조가 활발히 이뤄지는 조직구조를 갖출 수 없다. 그래서 계층 구조의 효율성과 실무 추진팀 구조의 융통성을 모두 갖추고 있는 하이퍼텍스트 조직이 필요한 것이다.

하이퍼텍스트

하이퍼텍스트hypertext라는 용어는 컴퓨터 화면상에 나타나는 여러 층의 텍스트를 의미한다. 하이퍼텍스트는 다수의 텍스트나 텍스트 층으로 출입을 할 수 있는 기능을 갖고 있다. 이러한 하이퍼텍스트의 기능을 조직구조에 적용한 것이 바로 하이퍼텍스트 조직이다.

현대적 시사점

《지식창조기업》은 다양하고 풍부한 사례를 통해 최근 경영 분야에서 가장 관심을 갖고 있는 주제이자 화두인 '지식'과 '지식경영'을 매우 심도 있게 다루고 있다. 이 책이 다른 유사서들과 다른 점은 지식을 있는 그대로 다루지 않고 지식창조의 관점에서 다루며, 일본과 서구에서 발견한 경영 실무상의 장점들을 결합해 세계적으로 통용될 수 있는 기업 경영의 보편적 모델을 제시하고 있다는 것이다.

그동안 우리 기업들은 서양에서 개발된 많은 선진적인 경영방식들을 도입하기 위해 노력해왔다. 적시생산 및 조달체제, 전사적 품질 경영, 리스트럭처링, 비즈니스 프로세스 리엔지니어링, 팀제, 핵심역량 경영 등이 그 예다.

그러나 이러한 선진 기법을 받아들였던 대부분의 기업들이 당초 기대했던 효과를 거뒀는지는 알 수 없다. 긍정적인 효과를 본 경우도 있었지만 기업에 혼란만 가져다준 경우도 많았다. 이런 차원에서 보면 지식경영도 실천하기 어려운 공허한 이론처럼 생각될 수 있다. 또 경영 현장에서는 본질적인 유용성을 활용하지 못하고 지식경영을 위한 복잡한 조직만 만들어지는 부작용이 나타날 수도 있다. 이런 이유로 성공도 못할 것을 도입해 혼란만 가중시키느니 처음부터 아예 시작하지 않는 것이 낫다고 생각하는 경영자들도 있을 것이다. 그러나 이것은 편견에 불과하다.

지식경영은 근본적인 경영철학의 문제다. 이는 여타의 선진 경영기법들과 상충되지 않고 오히려 동양적인, 아니 한국적인 차원에서 보완해주는 역할을 할 것이다. 즉, 다양한 선진 경영기법들을 활용하는 기업조직의 근본적인 흐름을 원활하게 해주는 촉매제 같은 역할을 하리라는 뜻이다. 그러나 그것이 어떤 선진 경영기법이건 간에 반드시 우리나라 기업의 역사와 문화에 맞도록 재창조되어야 한다. 그렇게 하지 못하면 실패할 가능성은 커지고 만다.

일례로 서구 기업들의 경우에는 리엔지니어링을 통해 조직 구성원들의 생산성이 효과적으로 향상되었지만, 한국 기업들의 경우에는 생산성이 하락한 경우가 많았다. 한국의 기업 구성원들은 자신이 알고 있는 지식과 경험을 형식적으로 체계화하는 것을 꺼려 한다. 그래서 정말 핵심적인 지식은 대부분 개인들이 소유하고 있고, 그런 이유로 생산성이 하락한 것이다. 때문에 리엔지니어링을 대대적으로 시행한 기업들의 경우 해고가 증가하고, 핵심 지식과 경험을 지닌 구성원들이 유출되어 생산성 향상을 저해하는 원인이 되었다. 따라서 개별 기업의 지식구조를 정확히 파악하고 이에 근거해 지식을 창조할 수 있는 방향으로 경영기법들이 도입되어야 할 것이다.

이렇듯 지식경영은, 지식이 가장 중요한 경제적인 요소가 되는 지식정보사회에 기업을 적응시키기 위한 새로운 경영 패러다임이다. 과거 변화의 속도가 느렸던 시대에 우리 기업들은 선진국의 기술이나 경영방식을 모방하고 부분적으로 개선함으로써 선진 기업과의 경쟁력 차이를 좁힐 수 있었다. 그러나 경영 환경이 급속도로 변화하고 그 변화의 내용을 종잡기 어려운 오늘날에는 모방과 부분적인 개선만으로는 선도 기업을 추격하기가 힘들다. 지식을 부단히 축적하고 새롭게 창조해 활용하는 것만이 선진 기업들을 추격하고 앞설 수 있는 유일한 길이다. 따라서 지식경영은 우리가 선택하지 않아도 되는 또 하나의 수단이 아니라 반드시 선택해야 하는 도구인 것이다.

과거에 선진 경영방식을 도입했다가 실패한 원인은 경영기법보다는 우리 기업들의 준비 부족이나 우리의 문화적인 특성에 대한 이해 부족 등에 있었다. 선진 경영방식을 도입할 때 대부분의 기업이 단기적 성과에 집착했고, 그러다보니 모양만 내고 용두사미로 끝나버리는 경우가 많았다. 또한 관심도 부족한데다 그 본질을 잘 모르는 최고경영자가 접근해 실패하기도 했다. 그리고 현업에서는 부서 이기주의가 팽배해 있거나 적극적인 변화에 동참하겠다는 의지가 결여된 경우가 많았다.

지식경영의 경우도 단순히 이를 흉내내는 정도에 그친다면 본원적인 경쟁력으로 이어질 수 없다. 한국 기업이 글로벌 경쟁에서 이기기 위해서는 한국적인 기업문화와 구성원들의 특질을 정확히 이해하고, 그것을 활용해 개별 구성원들의 지식이 끊임없이 재창조되어야 한다. 그리고 이러한 개인의 지식이 조직 내에 지속적으로 축적될 수 있도록 관리해야 한다. 따라서 전 구성원이 적극적으로 동참하고, 개별 기업의 특성에 맞는 지식창조의 실행 방법을 고안해 적용해야지만 지식경영의 성공률을 높일 수 있을 것이다.

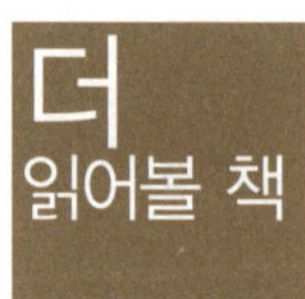

KNOWLEDGE DRIVER 장대환, 매일경제신문사, 2004

21세기 지식 경영 피터 드러커, 한국경제신문사, 2002

왜 지식경영이 실패하는가 J. 페퍼 외, 박우순 역, 지샘, 2002

지식사회의 미래 RUDY RUGGLES 외, 매일경제 지식부 역, 매일경제신문사, 2001

저자 소개 및 도서 정보

이쿠지로 노나카 Ikujro Nonaka
히로타카 다케우치 Hirotaka Takeuchi

《지식창조기업 *The Knowledge Creating Company : How Japanese Companies Create the Dynamics of Innovation*》, Oxford University Press, 1995.

이쿠지로 노나카는 지식창조이론의 대가로 와세다대학 정치경제학부를 졸업한 후 후지전기제조(주)에서 9년간 근무한 바 있다. 그는 미국 버클리대학교 경영대학원에서 경영학 박사학위를 취득한 후 귀국해 일본 난잔대학 산업경영연구소 교수, 방위대학교 교수, 히토쓰바시대학 경상학부 교수, 호쿠리쿠 자이스트 교수, 일본 과학기술청 연구원을 역임하는 등 '지식이론의 전도사'로 활발히 활동하고 있다.

'SECI 모델'이라는 지식창조이론을 창안한 그는 버클리대학에서 개최된 지식 포럼에서 '캘리포니아대학 버클리 경영대학원 제록스지식학 특별 명예교수'로 임명되는 등 이론의 우수성을 인정받으면서 미국 경영학계와 비즈니스계의 비상한 관심을 모으고 있는 인물이다. 주요 저서로는 《조직과 시장: 조직의 환경적합이론, 미일 기업의 경영비교, 실패의 본질, 기업진화론》(1985), 《지식창조의 경영》(1990), 《Knowledge Emergence : Social, Technical, and Evolutionary Dimensions of Knowledge Creation》(2001), 《Hitotsubashi on Knowledge Management》(2004) 등이 있다.

공동 저자인 히로타카 다케우치는 U.C. 버클리에서 MBA 과정을 마치고 이쿠지로의 영향을 받아 마케팅 분야의 박사학위를 받았다. 그는 하버드대학 교수를 역임한 바 있으며 현재는 히토쓰바시대학의 교수이자 지식창조 전문가다. 주요 저서로는 《일본 경제 위기 보고서 *Can Japan Compete?*》(2000), 《Hitotsubashi on Knowledge Management》(2003) 등이 있다.

이 책은 1996년에 미국에서 발간된 비즈니스 서적들 중에서 '올해의 책'으로 선정되기도 했으며 국내에서는 1998년에 세종서적에서 출간된 바 있다.

28 경영혁신을 성공으로 이끄는 8단계 과정

Leading Change : Why Transformation Effort Fail
John P. Kotter

keyword
경영혁신
리더십
비전
권한이양

카테고리 관련성	
경영전략, 경영혁신	★★★
생산관리	
변화관리	★★★
조직관리, 인사관리	★
마케팅	
리더십	★
동기부여, 인간관계	★
기업성공	★★

핵심 아이디어

그 수많았던 기업의 경영혁신은 왜 실패로 돌아가고 말았는가? 그리고 끊임없이 경영혁신이 강조되는 이유는 무엇인가?《기업이 원하는 변화의 리더 *Leading Change*》는 이러한 질문에 대한 새로운 시각을 제공하고 있다.

1990년대 이후 경쟁이 심화되는 환경에 대처해야 하는 기업들에게는 변화만이 살길이라는 인식이 보편화되었으며, 지금도 우리는 모든 부문에서 변화할 것을 요구받고 있다. 정부, 사회, 기업, 개인 등 우리 사회를 구성하는 모든 것들이 과거로부터의 단절과 보다 나은 미래를 위한 변화의 압력을 받고 있는 것이다. '변화'라는 것은 지금껏 경험해 보지 못한 새로운 세계로 나아가는 것이기 때문에 지도를 읽고 방향을 제시할 줄 아는 리더의 힘이 절대적으로 중요하다. 특히 변화에 가속도가 붙고 규모도 커지고 있는 현 상황에서는 리더십의 중요성이 더욱 부각되고 있다. 더불어 경영자는 효율적인 관리와 함께 조직의 발전을 꾀하는 리더십을 발휘해야 한다.

모든 구성원이 현 상태의 문제가 무엇인지를 깨닫고, 그들로 하여금 변화의 당위성과 비전을 받아들이도록 함으로써 변화의 성과가 지속될 수 있도록 기업문화 자체를 바꾸려는 노력을 계속해야 한다. 대부분의 경영자들은 리더십을 언급하지만 그것이 실제로는 '관리'만을 의미하는 경우가 많고 경영자들은 여전히 명령하는 일에만 급급하다. 경영자의 임무인 조직의 효율적 운영을 위한 '관리'와 더불어 저자는 점점 복잡해지는 인적 네트워크 속에서 일정한 성과를 가져다줄 수 있는 모델을 제시한다. 존 코터는 경영혁신이 진행중인 기업들이 빠지기 쉬운 함정을 진단하고 이에 대한 처방으로 8단계의 성공법을 제시하고 있다. 이 책은 구태를 벗고 거듭나고자 하는 오늘의 우리 기업들에게 경영혁신과 기업 변신에 관한 근본적인 발상의 전환을 이루도록 실

변화를 성공으로 이끄는 8단계 과정

1단계	위기감 조성(Establishing a Sense of Urgency)
2단계	강력한 팀의 구성(Creating the Guiding Coalition)
3단계	비전과 전략의 개발(Developing a Vision and Strategy)
4단계	새로운 비전을 널리 알리기(Communicating the Change Vision)
5단계	부하직원의 권한 넓혀주기(Empowering Employees for Broad-Based Action)
6단계	단기간에 가시적인 성과 얻기(Generating Short-Term Wins)
7단계	프로젝트의 본격적인 추진(Consolidating Gains and Producing More Change)
8단계	새로운 제도의 정착(Anchoring New Approaches in the Culture)

마리를 제공해준다. 코터가 제시하는 기업혁신의 여덟 가지 함정과 8단계 성공법을 살펴보도록 하자.

서문과 에필로그를 제외하면 이 책은 총 3부 12장으로 구성되어 있다. 제1부는 1장과 2장으로 구성되어 있는데 1장은 변화를 망치는 여덟 가지 실수를 소개하고 이러한 실수가 치명적인 결과를 초래함을 지적하고 있다. 2

장은 경영혁신의 필요성을 언급하면서 변화가 곧 기업의 경쟁력임을 역설하고 있다.

3장에서부터 10장까지가 제2부에 해당하는데 여기서는 변화를 성공으로 이끄는 8단계 과정에 대해 설명하고 있다. 특히 경영혁신의 구체적인 실행 과정을 제시하면서 각 단계의 순차적인 이행 없이는 성공을 거둘 수 없음을 지적하고 있다.

3장은 1단계로 위기감 조성을, 4장은 2단계로 강력한 팀의 구성을, 5장은 3단계로 비전과 전략의 개발을, 6장은 4단계로 새로운 비전 널리 알리기를, 7장은 5단계로 부하직원의 권한 위임을 통한 조직구조 개선을 설명하고 있다. 또 8장은 6단계로 단기간의 가시적인 성과를 통한 체계적인 경영혁신을, 9장은 7단계로 프로젝트의 본격적인 추진을 통한 혁신 추구를, 10장은 8단계로 새로운 제도의 정착을 통한 기업문화의 혁신에 대해 설명하고 있다.

제3부는 11장과 12장으로 구성되어 있는데 21세기에 우리들이 갖춰야 할 조건들을 제시하고 있다. 특히 11장에서는 앞서가는 기업의 조건들을, 12장에서는 리더십과 평생학습에 대한 개념들을 상세히 설명하고 있다.

존 코터의 논지

존 코터는 경영혁신의 원동력인 리더십의 위치를 명확하게 하기 위하여, 자질이 아무리 훌륭한 경영자라 하더라도 단순한 관리자적 정신자세만으로는 경영혁신을 성공적으로 수행할 수 없다는 것을 보여주고자 했다.

리뷰

성공적인 경영혁신을 위한 체계적인 단계를 제시한다

기업의 경영혁신은 왜 실패하는가

저자는 잘못된 개혁을 진행하고 있는 기업의 특징으로 다음의 여덟 가지를 제시하고 이중 단 한 가지에라도 해당된다면 당장 개혁의 방향과 전략을 수정해야 함을 강조하고 있다.

변화를 망치는 여덟 가지 실수를 요약하면 첫째, 직원들에게 위기의식이 없다. 둘째, 핵심인사가 빠진 나약한 팀이 개혁의 주체 역할을 한다. 셋째, 5분 내에 설명할 수 있는 비전이 없다. 넷째, 오직 사장이나 간부만이 조직의 비전에 심취해 있다. 다섯째, 닫힌 사고를 가진 간부가 개혁의 권한을 독차지하고 있다. 여섯째, 큰 꿈에 사로잡혀 단기적인 성과를 얻지 못하고 있다. 일곱째, 조직 내에 개혁의 반대 세력이 있다는 걸 잊고 있다. 여덟째, 새로 도입한 제도가 기존의 기업문화에 전혀 맞지 않는다. 그 내용을 상세히 살펴보면 다음과 같다.

변화를 망치는 여덟 가지 실수

심도 있는 경영혁신—리엔지니어링, 기업 전략 재구축, 기업 인수합병, 다운사이징, 품질혁신 운동, 기업문화 재창조—을 통해 기업은 빠르게 변화는 경영 환경에 적절히 대처하고 경쟁력을 개선함으로써 기업의 발전을 이룩할 수 있다고 믿었다. 하지만 대부분 기업이 발전은커녕 자원 낭비, 직원의 사기 저하의 원인이 되는 부작용을 초래했다. 이들이 공통적으로 범하는 실수는 다음과 같다.

첫번째 실수는 자만심을 방치하는 것이다. 충분한 '위기의식' 없이는 경영혁신의 목적을 달성할 수 없다. 대기업의 특수화학 사업부 책임자인 애드리안의 사례는 그와 같은 현명한 경영자들조차 경영혁신 초기에 회사 내에 충분한 위기의식을 조성하는 데 어려움을 겪는다는 사실을 보여준다. 과거의 성공 경험, 근래의 위기의 부재, 낮은 업적 기대치, 객관적인 외부 정보의 부재 등이 기업의 자만심을 키우며 이 때문에 새로운 전략이나 비용 절감 계획, 품질 향상을 위한 노력은 실질적인 성과를 거두기 힘들게 되는 것이다.

두번째 실수는 혁신을 이끄는 강력한 팀이 없다는 것이다. 조직 최고책임자의 적극적인 후원이 없는 경영혁신은 실패로 끝나지만 강력한 '혁신 지도부'를 갖고 있는 기업은 성공적으로 혁신을 달성할 수 있다. 강력한 지도부 없이는 혁신 과정에서 직원들의 행동이 변화하는 것을 막는 보수세력들의 저항으로 인해 리엔지니어링은 실패로 끝나고 만다. 세계적인 은행의 인사 담당 이사인 클레어의 사례는 핵심 부서 관리자들이 참여하지 않은 '특별위원회'는 느린 업무 추진 속도와 이해관계만을 따지다가 결국 사라져버리게 된다는 사실을 잘 보여준다.

이 실패 사례는 경영혁신의 어려움을 과소평가하는 것이 얼마나 위험한지, 나아가 강력한 혁신 지도부의 역할이 얼마나 중요한지를 보여준다. 강력한 힘을 갖고 있는 핵심 부서의 책임자가 없는 혁신 지도부는 조직의 타성을 극복하는 데 필요한 충분한 힘을 가질 수 없다.

세번째 실수는 5분 안에 설명할 수 있는 비전이 없다는 것이다. 적절한 비전이 없는 경영혁신은 잘못된 방향으로 나가거나 방향감각을 상실하게 만든다. 이는 다른 여러 경영혁신의 성공 조건 중에서 미래에 대한 통찰, 즉 '비전'을 갖는 것만큼 중요한 것은 없음을 의미한다. 여기서 저자는 한 통신회사를 예로, '품질의 황제'로 일컬어지는 콘라드에 대해 말하고 있다. 이 예는 혁신을 위해서 어떤 목적을 갖고 어떤 방향으로 움직여야 하는지에 대한 명쾌한 설명을 찾아볼 수 없는 크고 두꺼운 지침서는 혁신에 대한 저항 의식만을 불러일으킨다는 사실을 잘 보여준다.

네번째 실수는 비전을 전사적으로 전파하지 못한다는 것이다. 조직원들의 단기적인 희생 없이는 전사적인 혁신을 기대할 수 없다. 그것이

직원들에게 이로움을 줘야 하며, 성공할 수 있다는 확신을 심어주고 그를 바탕으로 한 커뮤니케이션을 통해 직원들의 마음을 사로잡아야 한다. 비효율적인 커뮤니케이션의 세 가지 유형으로는 다음과 같은 것이 있다.

1. 위원회가 만든 좋은 비전을 전파시키기 위한 노력이 몇 차례 회의를 소집하거나 몇 장의 메모를 발송하는 데 그치는 것이다.
2. 조직의 최고책임자는 상당히 많은 시간을 직원들과의 커뮤니케이션에 쓰는데 비해 다른 관리자들은 침묵하는 것이다.
3. 사내에서 발간되는 책자나 연설 등을 통해 홍보활동이 활발하게 이뤄지고 있지만 영향력 있는 몇몇 인사가 새로운 비전에 역행하는 행동을 함으로써 결과적으로 조직 전체의 분위기가 냉소적으로 흘러 새로운 운동에 대한 믿음이 점점 약화되는 경우다. 의사소통이라는 것은 언행이 일치할 때 비로소 그 힘을 발휘한다. 그러므로 영향력 있는 인사들이 솔선수범하는 것이 가장 강력한 의사전달 방법이 된다.

다섯번째 실수는 방해물, 특히 무사안일주의적인 태도를 가진 관리자를 방치하는 것이다. 경영혁신을 실행에 옮기는 데는 많은 사람들의 힘이 필요하다. 그러나 무엇보다도 새 비전의 수용을 가로막는 가장 큰 장애 요인은 새로운 환경에 적응하기를 거부하거나 경영혁신에 어긋나는 요구를 하는 고위관리자들의 태도라고 할 수 있다.

코터는 말로만 경영혁신의 중요성을 강조하는 랄프의 사례를 통해 높은 위치에 있는 경영자의 혁신에 저해되는 행동—새 비전을 위한 새로운 아이디어에 대해 적절한 보상을 하지 않는 행동, 새 비전에 어긋나는 기존 인사제도를 그대로 유지하는 행동—이 파국적인 결과를 초래함을 보여주고 있다. 현명하고 좋은 의도를 가진 관리자라 해도 장애물을 극복하지 못하면 직원들이 혁신을 추진할 때 힘을 실어주지 못할 뿐만 아니라 오히려 경영혁신을 무력화시키게 된다.

여섯번째 실수는 단기간에 가시적인 성과를 보여주지 못한다는 것이다. 진정한 경영혁신에는 시간이 걸린다. 그러나 단기간 동안 가시적인 성과를 거두지 못하면 사람들은 경영혁신에 동참하려 하지 않고 쉽게 포기하거나 변화에 적극적으로 저항하게 된다.

천부적인 '아이디어 맨'인 넬슨의 사례를 보자. 그는 재고관리를 위한 새로운 아이디어를 냈지만 2년 후까지 가시적인 성과를 얻지 못해 재정적 이익을 원하는 재무 담당 임원에 의해 프로젝트를 중단하게 된다. 단기적 성공을 성취하겠다는 확고한 의지는 자만심을 추방하고 세밀하고 분석적인 생각을 하게 함으로써 비전을 더욱 명료하게 부각시키는 한편 그를 실현시키는 데 많은 도움을 준다. 단지 몇 개의 작은 성공이라도 먼저 보여줬더라면 넬슨의 이 유익한 계획은 살아남아, 결과적으로 회사에 큰 도움을 줄 수 있었을 것이다.

일곱번째 실수는 샴페인을 너무 일찍 터뜨린다는 것이다. 몇 년 동안의 힘든 노력 끝에 처음으로 그럴 듯한 성공을 거두게 되면 '경영혁신의 성공'을 선언하고 싶은 유혹에 빠지게 되는데 이는 치명적인 실수라 할 수 있다. 최근 몇 년 동안 '리엔지니어링'이라는 기치 아래 시행된 10여 개의 경영혁신 운동을 보면 거의 대부분의 경우 조그만 첫 프로젝트가 끝나는 순간 '경영혁신의 성공'을 선언함으로써 여러 혁신들이 자취를 감추게 되었음을 알 수 있다.

혁신을 시도한 기업 중 20퍼센트에 해당하는 기업들에서는 리엔지니어링을 실시한 흔적조차 찾아볼 수 없으며, 대부분의 회사들이 경영혁신 기간을 너무 짧게 잡아 성과가 미처 뿌리내리지 못하는 경우가

《지식이 원하는 변화의 리더》의 원서 표지. 1996년판.

많다.

그러나 너무 일찍 터뜨린 샴페인이 미치는 가장 부정적인 영향은 바로 혁신의 추진력을 일시에 멈추게 한다는 것이다. 그렇게 되면 지금까지 숨을 죽이고 있던 보수세력들이 다시 득세하기 시작하며, 여러 가지 이유로 현명한 사람들조차 잘못을 저지르게 된다.

여덟번째 실수는 새로운 제도를 조직문화로 승화시키지 못한다는 것이다. "새로운 방법이 회사의 통상적인 방법이 되었다."는 말이 나오거나 또는 그 새로운 혁신의 정신이 회사의 단위 부서나 회사의 뼛속까지 스며들었을 때만이 경영혁신이 진정으로 회사 내에 정착되었다고 볼 수 있다. 경영혁신이 조직문화로까지 승화되기 위해서는 특히 다음과 같은 두 가지 사항에 유의해야 한다. 우선, 경영혁신에서 권장하고 있는 구체적인 행동과 태도가 업무 성과의 향상에 어떻게 기여하고 있는가를 직원들에게 널리 홍보해야 한다. 그 다음으로 회사의 앞날을 책임질 다음 세대의 경영자들이 새로운 체제를 끝까지 지켜낼 수 있도록 그들에게 충분한 시간을 주고 관심을 기울여야 한다.

저자가 목격했던 사례에서 경영혁신을 주도한 사람은 정년퇴임을 앞둔 최고경영자들이었다. 그는 퇴임하는 최고경영자가 아직은 훈련이 덜 되었지만 새로운 체계를 더 잘 실천할 수 있는, 유능한 후보를 이사회에 추천해서 동의를 얻어내려 했지만 실패한 경우를 예로 들었다.

또 다른 한 예에서는, 경영혁신은 이미 상당한 수준까지 진행되어 안심할 만한 경지에까지 와 있다고 판단했기 때문에 그리 적당하진 않았지만 이사회가 지명한 사람을 그대로 받아들인 경우를 소개하고 있다.

이는 몇 년 못 가서 그동안 이룩해온 혁신적이고 강력한 조직 이미지를 모두 사라지게 만드는 결과를 가져왔다. 기업문화에 관련된 문제들에 세심한 관심을 기울이지 않으면 현명한 사람들조차도 이렇게 일을 그르치게 된다.

경영혁신을 추진하는 과정에서 흔히 볼 수 있는 여덟 가지 실수 가운데 어느 하나라도 범하게 되면 심각한 결과가 초래된다. 이런 실수들은 상황을 분명히 인식하고 이를 해결할 수 있는 능력을 갖추고 있으면 피하거나 적어도 그 영향을 크게 줄일 수 있다.

경영혁신의 8단계

1단계는 위기감 조성단계다. 시장 및 경쟁 상황을 조사하고 위기와 잠재적 위기, 그리고 주요 기회 등을 인식하고 그에 대한 토론을 벌인다.

사업 성과가 나쁘면 변화에 대한 사람들의 관심을 끌기는 쉽지만, 한정된 자원으로 인해 운신의 폭이 좁아질 수 있다. 반면에 사업 성과가 우수한 경우에는 필요한 자원을 보다 많이 확보할 수 있지만 변화의 필요성을 인식시키기 어려울 수 있다. 그러나 경영혁신에는 구성원들의 적극적인 협력이 요구되기 때문에 새로운 경쟁자, 제품 이익률 감소, 시장점유율 축소 등의 악조건에 대해 솔직하게 토론할 수 있어야 하고 이를 통해 전체 기업에 동기를 부여해야 한다.

2단계는 강력한 변화 추진 구심체를 구축하는 단계다. 변화의 노력을 이끌기에 충분한 힘을 가진 집단을 구성해 그 집단이 하나의 팀이

위기감의 조성 사례

변화 없는 조직은 나태해지기 쉽다. 샤프는 전자계산기사업의 성공으로 조직 분위기가 나태해졌을 때 사업의 위기감을 조성하여 신사업 개척의 필요성을 역설했다. 이에 따라 주문용 반도체와 액정 사업을 시작해야 한다는 공감대를 형성할 수 있었다. 그 결과 실제 계산기사업에 위기가 왔을 때는 이미 다른 대안을 가질 수 있었다. 이렇듯 현 상황이 유리할수록 다가올 위기를 강조해야 하는 것이다.

되어 협동 작업을 할 수 있도록 격려한다.

사람들은 흔히 조직 최고책임자의 적극적인 지원 없이는 변화를 성공시킬 수 없다고 말한다. 그러나 실제로는 그 이상의 강력한 내부 결집이 필요하다. 변화 추진 구심체에서는 최고경영자가 항상 그 집단의 핵심이 되어야 하고, 더불어 기업의 문제점과 기회에 대한 평가를 할 때 같은 결론에 이를 수 있는 팀워크와 팀 내의 신뢰가 형성되어야 한다.

3단계는 비전을 창조하는 단계다. 즉, 변화의 노력에 도움이 되는 비전을 창조하고 비전 달성을 위한 전략을 개발하는 단계다. 의사전달이 쉽고 호소력 있으며 피부에 와 닿는 비전을 개발해야 한다. 명확한 비전은 조직이 변화해가야 할 방향을 분명히 이해시켜주는 역할을 한다.

4단계는 비전을 전달하는 단계다. 새로운 비전과 전략을 전달하기 위해 가능한 모든 수단을 사용하고 변화 추진 구심체의 예증을 통해 새로운 행동을 교육한다. 모든 가능한 채널을 활용하고 중요하지 않은 정보로 인해 낭비되고 있는 채널을 적극 활용해야 하는데, 특히 중요한 것은 행동으로 말하는 것이다. 행동이야말로 가장 강력한 의사소통의 수단이다. 기업의 임원과 같은 핵심 인물들의 말과 행동의 불일치보다 더 강력하게 변화를 저해하는 요소는 없다.

5단계는 구성원이 비전에 따라 행동하도록 권한이양을 추진하는 단계다. 변화의 장애물을 제거하고 비전에 악영향을 미치는 시스템이나 구조를 변경한다. 또한 위험을 감수하는 행동이나 틀에서 벗어난 아이디어와 활동 및 행동을 격려한다.

프로세스가 진행됨에 따라 더욱더 많은 사람들이 참여할수록 더 성공적으로 개혁을 이룰 수 있다. 유일한 제약 조건인, 정립된 비전에 부합되기만 한다면 구성원에게서 새로운 시도, 새로운 아이디어의 개발,

새로운 리더십이 창출될 수 있도록 장애물을 제거해야 한다.

6단계는 단기적인 성과를 위한 계획을 수립하고 실현하는 단계다. 가시적인 성과 향상을 위한 계획을 수립하고 실현하며, 성과 향상에 참여한 종업원들의 노고를 인정하고 보강한다.

변화의 노력은 성취할 만한 단기적인 목표가 없으면 추진력을 잃게 될 위험이 있다. 단기적인 성과를 실현하기 위한 노력은 긴장감을 높여주고, 비전을 명확히 하거나 문제를 수정할 수 있는 세밀한 분석적 사고를 할 수 있게 해준다.

7단계는 달성된 성과의 통합과 후속적인 변화를 창출하는 단계다. 증진된 신뢰를 이용해 비전에 맞지 않는 시스템, 구조, 정책을 변경하며 비전을 수행할 수 있는 인력을 고용, 승진, 개발한다. 또한 새로운 프로젝트, 주제, 변화의 동인을 인용하여, 변화 프로세스를 재활성화 한다.

변화가 기업에 뿌리내리기까지는 5년 내지 10년 정도가 걸린다. 변화의 성공을 너무 빨리 확신하는 경우에는 새로운 시도가 실패하거나 처음으로 돌아가기 쉽다. 그러므로 단기적인 성공으로 형성된 신뢰를 활용해 보다 큰 문제에 도전해야 한다.

8단계는 새로운 접근방법을 제도화하는 단계다. 기업의 성공과 새로운 행동 간의 연관성을 명문화하고 리더십의 개발과 그 계승을 확실히 하는 수단을 개발한다.

왜 다시 경영혁신인가

경영혁신을 하지 않으면 안 되게 만드는 경제적, 사회적 요인들로 인해 지속적인 변화 없이는 기업의 생존이 어렵게 되었다.

권한이양의 중요성

임파워먼트라 불리우는 권한이양은 중간관리자의 권한을 강화하여 책임경영을 할 수 있도록 한다. 조직의 규모가 커지고, 업무가 복잡해질수록 권한을 이양하여 혁신이 조직 내부에서 지속적으로 이루어지도록 유도해야 한다.

성공적인 경영혁신의 사례에는 두 가지 중요한 유형이 있는데 하나는 다단계의 변화 과정을 거치는 것이고, 다른 하나는 고도의 리더십을 동반하는 것이다. 경영혁신의 성공적인 추진에 공통적으로 적용되는 한 가지 조건은, 혁신은 그렇게 쉽게 이루어지지 않는다는 사실이다.

크고 작은 혁신이 성공을 거두기 위해서는 경영혁신의 8단계를 순차적으로 밟아나가야 한다. 이는 전체적으로 보면, 돌아가는 바퀴 안에 또 다른 바퀴가 돌아가고 있는 것과 마찬가지로 한 프로젝트 속에 또 다른 프로젝트가 있는 것을 말한다.

20세기에는 관리를 중시했기 때문에 '권한이양'을 하는 리더십을 배우지 못했으며, 결과적으로 이런 특성들이 조직의 변화를 더욱 힘들게 만들었다. 탁월한 관리능력과 변화를 선도하는 리더십은 직원들에게 동기를 유발시키고, 경영혁신을 기업문화의 차원으로까지 승화시킬 수 있다.

경영 환경의 변화는 가속화될 것이고, 자기 혁신을 강조하는 조직 외부의 압력은 앞으로 더욱 커질 것이다. 이는 '변화의 힘이 곧 경쟁력'이라는 것을 의미한다.

현대적 시사점

지금까지 살아남은 기업들은 그들의 생존 전략에 대해 이렇게 말한다. "끊임없이 변화해 위기에 대응했고 자기 변신을 이뤄왔다." 그러나 여러 기업에서 변화를 추진하기 위해 노력했지만 적절한 성과를 내지 못하고 비효율적인 경우가 대부분이었다.

변화는 일하는 방식이 바뀌고 그것이 기업 내에 체질화되었을 때 정착된다. 새로운 행동이 사회 규범과 공유 가치로 뿌리내리지 못하면 변화 압력이 제거되자마자 곧 퇴화해버린다. 경영혁신은 극적인 성과를 달성하기 위해 기업 업무를 기본적으로 다시 생각하고 근본적으로 재설계하는 것을 말한다.

일반적으로 '변화' 하면 안정적이지 못하고 비정상적인 것으로 보는 경향이 있는데 여기서 탈피해 오히려 변화가 일상적이고 안정적인 것임을 깨달아야 한다. 우리 주위에 있는 모든 것들은 지금 이 순간에도 변화하고 있다. 기업 환경도 마찬가지다. 따라서 기업이 변화에 대응하는 것은 이처럼 일상적인 것임을 깨달아야 할 것이다.

코터는 리더에게는 자신의 권력을 강제적으로 사용하지 않고 직원들의 자발적인 충성을 끌어내는 기술이 필요하다고 지적한다. 아울러 중간관리자들은 상사와의 불화 때문에 생기는 성과 저하 등의 낭비 요인을 없애기 위해 상사와의 관계를 능동적으로 관리해나가야 한다.

대부분의 리더십 연구나 사례에서는 리더를 주로 한 국가의 수반이나 기업의 최고경영자 등 조직의 책임자로 국한시키는 경향이 있다. 그런데 저자는 "개혁과 변화가 최고경영자의 힘만으로 되는 것은 아니다."라고 주장한다. 개혁과 변화가 성공하기 위해서는 전체 기업 차원의 노력이 필요하다. 이를 위해서는 최고경영자의 리더십이나 개인적 노력 외에 강력한 추진 세력의 참여와 활약이 필수적이다.

그렇다면 개혁과 변화를 성공시키기 위한 강력한 추진 세력은 어디에 있으며 그들은 어떤 사람들이어야 하는가? 미래에는 최고경영자나 조직의 원로들보다는 조직 내부에서 변화를 실천하는, 알려지지 않은 수많은 리더들이 진정한 리더가 될 것이다. 특히 그들 대부분은 종업원들을 조용히 격려하고 보살펴주는 중간관리자들이다. 이들은 공식적으로 눈에 띄지는 않지만 고객 한 사람 한 사람에게는 매우 중요한 존재임에 틀림없다.

한 조직에 있어서 최고경영자는 조직의 가장 높은 자리에 존재한다. 조직이나 기업의 규모가 클수록 현장과 최고경영자의 거리는 멀어지게 마련이다. 급박하게 돌아가는 현장의 상황을 알지 못하고서는 올바른 의사결정을 내릴 수 없다. 그렇다고 현장의 정보를 모두 흡수해서 의사결정을 내린다면 신속성이 떨어져 문제가 될 것이다. 정보가 전달되는 동안 내용이 왜곡되는 것도 문제다. 이제는 현장에서 일하는 누군가가 신속하고 정확한 의사결정을 내리고 그에 따라 행동해야 한다. 그리고 그러한 사람들이 바로 중간관리자다. 중간관리자는 더 이상 상부의 지시를 전달하기만 하는 부가가치 없는 사람이 되어서는 안 된다. 그들 나름대로 가치를 창출할 수 있는 사람이 되어야 하는 것이다.

이처럼 기업이 개혁과 변화를 추진할 때는 최고경영자와 일선 직원을 연결하는 중간관리자의 역할과 노력이 매우 중요하다. 특히 변화의 리더는 중간관리자급에서 배출되어 적재적소에서 스스로의 역량을 충분히 발휘해야 한다. 이런 점들을 고려한다면 최고경영자는 변화의 리더를 발굴하고 육성하는 데 최우선 순위를 두고 이 일을 적극 지원해야 할 것이다. 특히 어려운 시기일수록 변화를 주도하는 리더의 활동이 위축되거나 소멸되지 않도록 더욱 강력하고도 지속적인 지원이 있어야 한다. 또한 진정한 변화 리더들을 발굴, 육성, 활용해야 하며 그들의 성장을 가속화시키는 공식적인 프로그램을 만들고 그것을 제도화해야 한다.

예로부터 구습을 타파하고 새로운 질서를 확립하겠다는 열망으로 개혁을 추진하는 혁명가가 등장하면 개혁의 결과로 인해 기득권을 상실하게 되거나 개혁의 성과가 미진함을 틈타 개혁 그 자체의 의미를 부정하려는 보수세력의 목소리가 높았던 것이 사실이다. 그러나 개혁 프로그램의 성과는 단기간에 나타날 수 있는 성질의 것이 아니다. 개혁을 추진함에 있어 필연적으로 나타나는 이러한 저항을 극복하는 가장 좋은 방법은 혁신 지도부의 리더인 변화 관리자의 언행이나 행동을 통해 변화에 대해 부정적인 태도를 보이는 보수세력의 저항을 누그러뜨리고 그러한 저항을 지원으로 바꾸어놓는 것이다.

리더의 행동양식은 구성원들의 존경을 받고 광범위한 지지를 이끌어내기 위해서도 반드시 필요하다. 여기서 말하는 리더의 행동양식은, 리더가 언어나 상징을 어떻게 선택하고 활용하며 공공장소에서 어떤 행동을 하는가 등에 관한 것이다. 변화 프로그램이 가동되기 시작한 단계에서 대부분의 구성원들은 리더의 언행에 주의를 기울이게 되는데, 이 시기에 중요한 것은 사소한 것이든 중요한 것이든 혹은 의도적이든 무의식적이든 리더의 언행에서 나타나는 모든 신호가 중요한 의미를 갖는다는 점이다. 그러므로 변화 관리자는 자신의 언행이 미칠 파급효과를 매우 신중하게 고려해야 한다. 구성원들은 변화 관리자가 아무런 신호도 보내지 않을 때에도 무엇인가를 감지하려 하기 때문이다. 혁신 지도부의 구성원들이 무의식중에 내뱉은 불만이나 고충이 와전되어 변화의 커다란 걸림돌이 되는 경우가 많으므로 이는 매우 중요한 일이다.

하지만 이와는 반대로 변화 관리자의 사소한 행동이 변화를 지지하는 강력한 메시지가 되는 경우도 있다. 위기에 처한 기업을 구하기 위해 고용된 한 전문경영자의 예를 보자. 이 기업은 회사의 중요한 정책을 결정할 경우 평소엔 잘 사용하지 않는 비밀 장소를 회의실로 사용했는데 그곳의 문을 걸어 잠그고 보안을 철저히 했다. 하지만 위기를 극복하기 위한 변화 관리자로 선임된 새로운 최고경영자는 취임 2주 만에 회의실의 문을 모두 떼어내버렸다. 이는 자그마한 변화에 불과할 수도 있지만 이러한 그의 행동은 직원들에게 장문의 연설이나 화려한 문장으로는 절대 전달할 수 없는 강력한 메시지를 전했고, 이로 인해 구성원들의 열렬한 지지를 끌어낼 수 있었다.

한국 기업들은 전통적으로 급진적인 혁신보다는 점진적인 변화를 선호하는 경향이 강했다. 이는 제조업을 중심으로 생산 효율성 위주로 발전하였던 산업구조와도 밀접한 관계가 있다. 그러나 기업을 둘러싼 환경변화가 예측할 수 없을 정도로 빨라지고, 기술이 시장을 선도하여 불확실성이 가중될수록 경영혁신은 기업의 일상이 되어버렸다. 코터가 제안한 혁신단계에 대한 논의는 변화를 시도하는 한국 기업의 경영자들이 유념해야 할 내용을 많이 담고 있다. 특히 '빨리 빨리'에 익숙한 한국 기업의 경영자들이 혁신도 빨리 빨리 이룰 수 있다고 착각하여, 혁신의 단계를 대충대충 해서는 안 됨을 강조한다. 아무리 바빠도 실을 바늘허리에 맬 수는 없듯이 혁신도 단계적으로 공감대를 형성하면서 이루어져야 한다.

변화의 리더십 존 코터, 21세기 북스, 2003

코끼리를 춤추게 하라 루이스 V. 거스너 JR, 북앤북스, 2003

잭 웰치 끝없는 도전과 용기 잭 웰치, 청림출판, 2001

21세기 리더의 선택 피터 드러커, 한국경제신문, 2000

저자 소개 및 도서 정보

존 코터 John P. Kotter

《기업이 원하는 변화의 리더 *Leading Change : Why Transformation Effort Fail*》, Harvard Business Review, March ~ April 1995.

존 코터는 현재 코터 사의 최고경영자이자 하버드 경영대학의 마쓰시타 리더십 부문 석좌교수로 재직중이다. 저자는 MIT와 하버드대학을 졸업한 뒤 33세라는, 하버드 역사상 가장 젊은 나이에 종신교수가 되는 기록을 세우기도 했다. 그는 1968년부터 현재에 이르기까지 아메리칸 익스프레스, 브리스톨 마이어스 스킵, 코카콜라, 제너럴 모터스, 제너럴 일렉트릭 등 4백여 개의 기업과 공공기관에 대한 컨설팅과 강연을 해오고 있다. 저서로는 《마쓰시타의 리더십 *Matsushita Leadership*》, 《기업문화와 운용 *The new rules how to succeed in today's post-corporate world*》 등이 있다. 또한 〈하버드 비즈니스 리뷰〉를 통해 발표한 논문들은 20여 년 동안 1백만 부 이상 판매되었으며, 경영대학원 교과 과정을 설계한 공로로 혁신상을, 가장 우수한 논문을 쓴 것으로 맥킨지 상을 수상한 바 있다.

국내에는 《기업이 원하는 변화의 리더 *Leading Change*》란 제목으로 1999년 김영사에서 출간되었다. 이 책은 경영혁신의 실패 원인을 철저히 분석함으로써 성공에 이르는 지름길을 제시하고 있다. 이는 현재 하버드 경영대학 교수로 재직중인 저자가 지난 15년 동안 여러 기업이 실시해온 경영혁신 사례를 지켜보면서 얻은 소중한 자산이요, 결과물이다. 그는 혁신에 실패한 경영자들이 공통적으로 저지르는 실수를 크게 여덟 가지로 정리했다. 이러한 실패 원인의 분석을 바탕으로 변화를 성공으로 이끄는 8단계의 과정을 소개했으며 다가오는 세기에서의 성공은 리더십과 평생학습에 달려 있다고 결론짓는다. 결국 최고경영자의 '큰 지도력'과 조직원이라면 누구나 발휘할 수 있는 '작은 리더십', 그리고 자기계발의 핵심인 '평생학습'이 삼위일체의 조화를 이룰 때 기업의 성공이 보장되는 것이다.

29 성과를 측정하는 새로운 지표

The Balanced Scorecard : Translating Strategy into Action
Robert S. Kaplan, David P. Norton

keyword
균형성과도
성과측정
관리시스템

카테고리 관련성	
경영전략, 경영혁신	★★★
생산관리	
변화관리	★★
조직관리, 인사관리	
마케팅	
리더십	
동기부여, 인간관계	★
기업성공	

핵심 아이디어

"만약 당신이 어떤 것을 측정할 수 없다면 그것을 관리할 수도 없을 것이다."라는 말이 있다. 그만큼 측정 시스템은 조직 안팎의 사람들의 행태에 큰 영향을 미친다. 그런데 놀랍게도 그동안 경영자들은 측정이라는 문제에 좀처럼 관심을 기울이지 않았다. 거창한 비전이나 폼 나는 전략을 만드는 데만 열을 올렸지, 이러한 비전이나 전략이 어떻게 실행되고, 그것이 얼마나 효과적인가에 대해서는 상대적으로 관심을 기울이지 않았던 것이다. 비전이나 전략과 관계가 있는 전략 기획실이나 구조조정 본부가 활개를 칠 때 측정과 관련된 재무나 회계를 담당하는 부서들은 한 켠으로 밀려나 있었다. 《균형성과표*The Balanced Scorecard*》는 기업 경영에서 가장 중요하면서도 등한시되어왔던 측정의 문제를 화려하게 부활시켰다. 특히 뛰어난 전략이 제대로 효과를 보지 못하는 이유는 그것의 실행과 관련된 문제이며, 실행의 문제 한가운데 바로 측정의 문제가 자리잡고 있음을 명확히 했다. 전략의 실행 여부나 효과가 제대로 측정되어 피드백되지 않으니 전략이 제대로 실행되는지를 파악하는 게 어려운 건 너무 당연하다.

캐플란과 노턴은 이러한 문제를 해결하기 위해 새로운 측정 도구인 균형성과표BSC : Balanced Score Card라는 개념을 소개하고 있다. 그동안 많은 기업들이 고객관계, 핵심역량, 그리고 조직의 프로세스 등에 관한 전략들을 신봉하면서도 오로지 재무적인 측정 지표만으로 성과를 측정하려고 했다. 한마디로 성과를 측정하는 지표 자체가 편협하고 바람직하지 못했던 것이다. 물론 재무적인 측정 지표를 소홀히 하라는 뜻은 아니다. 그러나 성과가 제대로 측정되기 위해서는 재무적인 측정 지표뿐만 아니라 비재무적인 측정 지표도 고려되어야 한다. 마찬가지로 장기적 목표와 단기적 목표, 후행 지표와 선행 지표, 성과에 대한 외부적 시각과 내부적 시각 등을 모두 고려해야 한다. 바로 이러한 의미에서 균형 잡힌 도구가 필요한 것이다.

균형성과표에 포함된 지표는 전통적인 재무 지표 외에 고객 지표, 내부 비즈니스 프로세스 지표, 학습과 성장 지표 등 총 네 가지로 구성되어 있다. 재무 지표는 "재무적으로 성공하기 위해 우리는 주주에게 어떻게 보여야 하는가."를 의미한다. 재무 지표들은 회사의 전략과 실행이 순이익의 개선에 얼마나 기여했는지를 나타낸다. 대표적인 지표들로는 투자수익률이나 경제적 부가가치EVA: economic value added 등을 들 수 있다.

고객 지표는 "비전을 달성하기 위해 우리는 고객에게 어떻게 보여야 하는가."를 의미한다. 고객 지표는 사업 단위 경영자들이 미래에 보다 높은 재무적인 수익을 낳게 될, 고객 및 시장에 기반을 둔 전략을 명확히 하도록 한다. 대표적인 지표에는 고객 만족도, 고객 유지율, 시장 점유율 등이 있다.

내부 비즈니스 프로세스 지표는 "주주와 고객을 만족시키기 위해 우리는 어떤 비즈니스 프로세스에서 탁월한 능력을 보여야 하는가."를 의미한다. 내부 비즈니스 프로세스 측정 지표들은 고객 만족과 조직의 재무적인 목표들을 달성하는 데 가장 큰 영향을 미치는 내부 프로세스와 관련이 있다.

대표적인 지표는 품질, 대응 시간, 원가, 신제품 도입 등이다. 특히 전통적인 접근 방식이 현행 비즈니스 프로세스를 모니터하고 개선하려고 시도하는 데 반해, 균형성과표는 고객과 재무적인 목표들을 충족시키기 위해 조직이 탁월한 능력을 보여야만 하는 전적으로 새로운 프로세스들을 만들어낸다.

끝으로 학습과 성장 지표는 "우리의 비전을 달성하기 위해 변화하

균형성과표

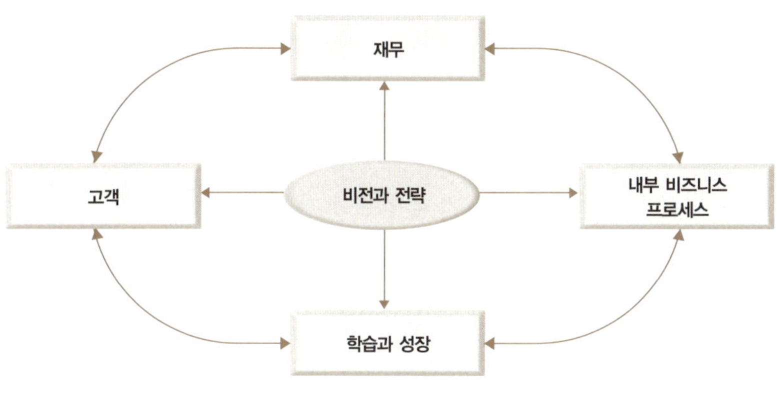

고 개선하는 능력을 어떤 방법으로 길러야 하는가."를 의미한다. 학습과 성장 지표는 조직이 장기적인 성장을 위해 반드시 구축해야 하는 기반을 말하는데 종업원 만족도, 정보 시스템 이용도 등이 대표적인 지표들이다. 이처럼 균형성과표는 경영자에게 회사의 비전과 전략을 응집력을 가진 일단의 성과 측정 지표들로 전환시켜주는 균형 잡힌 틀을 제공한다. 그리고 이 균형성과표는 사명과 전략을 알려주는 하나의 틀과 언어를 제공하고, 종업원에게 현재와 미래의 성공 요인들을 알려주는 역할을 한다.

시놉시스

《균형성과표》는 총 2부로 구성되어 있는데 제1부는 사업 전략의 측정에 대한 내용이고 제2부는 사업 전략의 관리에 대한 내용이다. 1장과 2장은 도입부로 정보 시대에 과연 측정이란 게 어떤 의미를 갖는지, 전통적인 재무 회계 모형의 한계는 무엇이며, 왜 균형성과표가 필요한지를 설명하고 있다.

제1부는 균형성과표의 네 가지 요소인 재무적 시각, 고객 시각, 내부 비즈니스 프로세스 시각, 학습과 성장 시각에 대해 각각 설명하고 있다. 또한 균형성과표의 네 가지 범주의 지표들을 전략과 연결시키는 문제를 다루고 있다. 사실 추상적인 전략의 내용이 균형성과표의 구체적인 지표들과 연계될 때 비로소 전략이 성공적으로 실천될 수 있을 것이다.

제2부에서는 균형성과표를 단순한 측정의 문제를 넘어서는 전통적인 관리 시스템을 대체하는 새로운 관리 시스템으로 소개하고 있다. 전통적인 전략관리 시스템이 갖고 있는 문제는 네 가지로 요약될 수 있다.

첫째, 기업이 비전과 전략을 실행 가능한 용어로 규정하지 못한다. 고상한 비전과 사명 선언문을 행동으로 전환시키는 방법에 대해 근본적인 의견 차이가 있다면 조직 전체의 전략이 일관적으로 연결되지 못할 것이다. 둘째, 사업 전략에서 필요로 하는 장기적인 요구가 부서와 팀, 그리고 개인의 목표로 전환되지 않는다. 그동안 부서의 성과는 전통적인 재무 지표만을 충족시키는 데 초점이 맞춰져 있었다. 따라서 부서 내의 팀과 개인은 그들의 단기적, 전술적 목표를 충족시키는 데만 관심이 있을 뿐 장기적이고 전략적인 목표를 달성하는 데는 무관심했다. 셋째, 장기적인 전략의 우선순위에 활동 프로그램과 자원 할당을 연결시키지 못한다. 즉, 조직의 실제 자금이나 인원이 장기적인 전략과는 별개의 문제인 것처럼 다뤄지는 것이다. 넷째, 전략이 어떻게 이행되는지와 전략 이행이 효과적인지 여부에 대한 피드백이 없다.

제2부에서는 이러한 네 가지 문제에 초점을 맞춰 균형성과표가 이러한 문제를 어떻게 해결하는지를 구체적으로 설명하고 있다.

리뷰 균형성과표는 수립된 전략을 실행시켜주는 매우 강력한 도구다

정확한 성과 측정을 위해서는 균형성과표가 필요하다

단순한 성과 측정 시스템이 어떻게 기업 경영을 실패의 구렁텅이에 빠뜨릴 수 있는지를 복사기산업의 선도 업체인 제록스의 예를 통해 살펴보자. 제록스는 1970년대 중반까지 일반 용지 복사기시장을 실질적으로 독점하고 있었다. 당시만 해도 제록스는 복사기를 판매하는 것이 아니라, 소비자들에게 임대해주었다. 그리고 그 기계들이 복사한 용지의 양에 일정한 가격을 매겨 그것을 통해 매출을 올리고 있었다. 임대료 수익뿐만 아니라 용지와 토너와 같은 소모용품들의 판매 수익 또한 막대했다.

고객들은 당장 별다른 대안이 없었기 때문에 높은 복사 비용에 대해선 어느 정도 수긍했지만, 임대한 비싼 복사기들이 자주 고장이 나고, 잘못 작동되는 것은 수긍할 수 없었다. 제록스의 경영자들은 고객들의 불만 사항을 수렴해 복사기들이 고장나지 않도록 설계를 개선하는 기회로 삼기는커녕 그들의 재무적인 성과를 향상시킬 수 있는 기회로 여겼다. 고장난 복사기들을 빠른 시간 내에 수리해줄 수 있도록 엄청난 규모의 현장 서비스 조직을 구축했던 것이다. 당연히 이 부서는 얼마 되지 않아 제록스의 이익에 큰 기여를 하게 된다. 게다가 기업들

기존 측정 지표의 한계

불행하게도 많은 조직들이 고객관계와 핵심역량, 그리고 내부 프로세스에 관한 전략들은 신봉하면서도 오로지 재무적인 측정 지표만을 갖고 성과를 측정하려는 오류에 빠진다.

은 제록스의 서비스 직원들을 기다리는 동안 아무것도 복사할 수 없게 되자 예비 복사기를 임대하는 지경에까지 이르게 된다.

제록스의 모든 재무적 지표들을 볼 때 제록스는 대단히 성공적으로 경영을 해나가고 있는 것처럼 보였다. 하지만 고객들의 불만은 여전히 매우 컸다. 그들은 제록스가 우수한 현장 서비스 부서를 운영하는 것을 원하지 않았다. 그들이 원하는 것은 고장이 나지 않는 질 높은 복사기였다.

마침내 캐논을 비롯한 일본 기업들이 품질이 좋고, 고장이 잘 나지 않으며, 가격이 저렴한 복사기를 출시하기 시작했다. 평소 제록스에 불만이 많았던 고객들은 즉각 제품을 교체하기 시작했고, 그 결과 1955년부터 1975년까지 가장 성공적인 미국 회사들 중 하나였던 제록스는 큰 곤경에 빠지고 말았다.

이처럼 전통적인 재무 지표들은 과거의 행동에 대해서는 어느 정도 말을 해주지만 미래의 재무적인 가치들을 창조하기 위해 오늘 이후에 취해질 조치들에 대해서는 적절한 지침을 제공하지 못했다. 제록스는 재무적인 시각에서만 보면 성공적인 것처럼 보였지만 고객의 관점 혹은 내부 역량의 관점에서 본다면 실패한 전략을 실행하고 있었다. 따라서 경영자들에게는 특정 기준이나 특정 관점에서만 전략을 진단하는 것이 아니라 종합적인 기준, 균형적인 관점에서 비전이나 전략을 측정할 수 있는 도구가 필요한 것이다. 균형성과표는 이러한 점에서 종합적인 측정 지표들로 구성된 일종의 전략적 관리 시스템이라 할 수 있다.

앞서 언급한 바와 같이 균형성과표는 재무, 고객, 내부 비즈니스 프로세스, 학습과 성장 등 네 가지 유형의 지표로 구성되어 있다. 특히 이들 네 가지 범주의 지표들은 상호 배타적인 지표들이 아니라 서로 연결되어 있는 하나의 시스템이라 할 수 있다. 즉, 재무 지표와 고객 지표, 내부 비즈니스 프로세스 지표, 학습과 성장 지표가 서로 인과관계로 연계되어 있는 것이다. 예컨대, 투하 자본 수익률재무 지표을 높이기 위해서는 고객 충성도고객 지표가 높아야 하고, 높은 고객 충성도를 달성하려면 고객 주문에 맞춰 제품을 적시에 배달하는 것고객 지표이 가장 중요하다. 그리고 적시 배달을 위해서는 기업 내부의 운영 프로세스내부 비즈니스 프로세스 지표가 짧으면서도 탁월해야 한다. 끝으로 내부 프로세스를 탁월하게 만들기 위해서는 이러한 일을 운영하고 있는 종업원들의 역량을 키우고 향상시키는 것학습 및 성장 지표이 필요하다.

또한 균형성과표는 지표들 간의 인과관계뿐만 아니라 장기적인 지표와 단기적인 지표들 간의 균형 혹은 선행 지표와 후행 지표들 간의 균형에도 중점을 두고 있다. 균형성과표는 결과물 측정 지표들과 성과 동인들 간의 조합으로 이뤄져 있다. 그래서 성과 동인들이 없는 결과물 측정 지표들은 그 결과물이 어떠한 방법으로 달성되는지를 알려주지 못한다. 뿐만 아니라 전략이 성공적으로 수행되고 있는지를 가늠할 수 있는 지표들도 제공해주지 못한다.

예를 들어보자. 고객 만족도는 중요한 고객 지표지만 이러한 결과물 측정 지표만으로는 상황을 반전시키는 것이 불가능해진다. 왜냐하면 기업이 잘못된 방향으로 가고 있음을 알게 되었을 때는 이미 시간이 너무 늦었기 때문이다. 또한 이러한 측정 지표들은 기대했던 결과물을 달성하기 위해 직원들이 일상적인 활동에서 어떤 일들을 해야 하는지를 알려주지도 못한다. 따라서 고객들이 무엇을 가치 있게 여기는지, 고객에게 어떤 가치를 제공할지를 결정해서 이를 선행 지표로 균형성과표에 반영해야 한다. 이제 균형성과표의 구체적인 내용들을 살펴보자.

전략에서 재무적 목표는 반드시 설정되어야 한다

재무적 목표는 사업 단위에 투자된 자본에 대해 높은 수익률을 얻으려는 조직의 장기적인 목표를 나타낸다. 그러므로 전략적 사업 단위들은 균형성과표를 통해 회사의 전략에 자신의 재무적 목표들을 반드시 연결시켜야 한다. 재무적 목표들은 균형성과표에 있는 다른 목표나 측정 지표들 가운데서도 핵심에 해당한다. 또한 균형성과표에 포함된 모든 측정 지표들은 인과관계로 연결되어 있고, 궁극적으로 재무적 성과 향상으로 귀결되어야 한다. 그러므로 균형성과표는 장기적으로 지속되는 재무적 목표들에서 출발해 장기적으로 지속될 바람직한 경제적 성과를 전달하기 위해 고객, 내부 프로세스, 그리고 궁극적으로 학습과 성장 지표들을 연결함으로써 비로소 완성된다.

이때 재무적 목표는 사업 라이프사이클의 단계에 따라 달라질 수 있다. 예컨대, 라이프사이클의 초기 단계는 성장 사업이다. 이 단계에 있는 사업은 성장 잠재력이 있는 제품과 서비스를 갖고 있으며, 이 잠재력을 자본화하기 위해 상당한 자원을 투자해야 할 경우도 있다. 그러므로 이 사업은 신제품과 서비스 개발을 비롯해 생산 설비의 건설 및 확장, 운영 역량 구축, 유통망에 대한 투자, 고객과의 관계 계발 등에 역점을 둬야 한다. 따라서 성장 단계의 재무적 목표는 새로운 고객에게 새로운 제품과 서비스를 제공하는 매출 성장률을 강조한다. 또한 제품 및 프로세스의 개발, 직원들의 역량, 그리고 새로운 마케팅과 판매 및 유통경로의 수립에 대해 적정한 투자 수준을 유지해야 한다.

라이프사이클의 초기 단계를 지난 유지 단계의 사업들은 현재의 시장점유율을 유지하거나 혹은 매년 일정한 정도씩 점유율을 높이겠다는 목표를 갖는다. 그리고 이미 투자된 자본에 대해서는 높은 수익률을 올릴 것을 요구받는다. 유지 단계의 재무적 목표는 투하 자본 수익률과 운영 수입, 매출 총이익과 같은 전통적인 재무적 지표들을 강조한다. 이러한 범주에서의 사업 투자 계획은 현금흐름의 현재 가치와 자본 예산 분석에 의해 평가된다.

마지막으로 수확 단계의 사업에서는 이전의 두 단계에서 이뤄졌던 투자를 회수하게 된다. 그러나 수확단계의 사업에서는 광범위한 투자에 대한 회수가 보장되지 않는다. 여기서는 새로운 역량을 구축하기보다는 설비와 역량을 유지하는 것으로 충분하다. 이때 재무적 목표는 현금흐름을 강조한다. 어떤 투자든지 즉각적으로 확실하게 현금 회수가 가능해야 한다. 따라서 과거에 행해진 모든 투자로부터 회사가 회수할 수 있는 현금을 극대화하는 것이 목표가 될 것이다. 이처럼 균형성과표의 개발은 사업 단위의 구체적인 재무적 목표에 대한 각 사업단위의 최고경영자와 회사의 재무 담당 임원 간의 활발한 대화에서 시작된다. 또한 회사의 포트폴리오 내에서는 이러한 대화를 통해 사업단위의 역할을 파악하고, 이에 따라 재무적 목표를 설정해야 한다.

고객의 입장에서 측정되어야 한다

고객 시각은 기업이 고객 만족도, 충성도, 확보율, 유지율, 수익성 등의 핵심적인 고객 성과 측정 지표를 목표 고객과 세분 시장에 맞게 정렬할 수 있게 해주며, 또한 목표 고객과 세분 시장에 전달할 가치 명제를 명확하게 파악하고 측정할 수 있게 해준다. 이때 가치 명제는 핵심고객 성과 측정 지표를 위한 선행 지표의 역할을 한다. 일단 균형성과표를 작성하기 위해서는 세분 시장에서 목표 고객을 파악해야 한다. 세분 시장을 파악하고 목표 고객이 설정되면 그 시장에 대한 측정 지표를 결정할 수 있다.

일반적으로 사업 단위는 고객 시각에서 두 가지 유형의 측정 지표를 선정한다. 첫번째는 모든 회사가 실제로 사용하고 싶어하는 일반 측정 지표로서 시장점유율, 고객 만족도 등의 핵심 성과 지표들이다. 두번째는 결과의 동인을 의미하는 선행 지표들로 "기업은 높은 수준의 만족도와 유지율, 확보율, 그리고 궁극적으로는 높은 시장점유율을 달성하기 위해 고객에게 무엇을 전달해야 할 것인가?"를 의미하는 지표들이다. 첫번째에 해당하는 핵심 측정 지표에는 다섯 가지가 있는데 고객의 만족 수준을 평가하는 고객 만족도, 사업 단위가 새로운 고객을 유인하거나 획득하는 비율인 고객 확보율, 사업 단위가 기존 고객과의 관계를 존속시키거나 유지하는 비율인 고객 유지율, 고객을 지원하는 데 필요한 기본적인 지출을 제외한 후 고객 또는 세분 시장의 순수익을 측정한 고객 수익성, 주어진 시장 내에서 고객의 수와 지출 금액, 판매량에서 사업 단위가 차지하는 비율을 나타내는 시장점유율 등이 그것이다.

고객 시각에는 이처럼 현재 목표 고객과 세분 시장에 대한 성과 측정뿐만 아니라 이러한 측정 지표들의 동인이 되는 선행 지표들도 포함된다. 가치 명제는 목표가 된 고객 세분 시장에서 고객 충성도와 만족도를 창출하기 위해 회사가 제공하는 제품 및 서비스의 속성을 의미한다. 따라서 가치 명제는 앞서 설명한 다섯 가지 핵심 측정 지표들의 중요한 동인이자 선행 지표다. 가치 명제의 구성요인들로는 제품 및 서비스 속성, 고객관계, 이미지와 평판 등이 있다. 이때 제품과 서비스 속성에는 제품이나 서비스의 기능성과 품질, 가격, 시간 등이 포함된다. 고객관계 차원에는 자사로부터의 구매를 고객이 어떻게 생각하는지와 제품 및 서비스 배달, 그리고 대응시간과 배달시간 등이 포함된다. 이미지와 평판은 회사로 고객을 끌어들이는 무형의 요소들을 의미한다. 경영자들은 이 세 가지 부류에 대한 구체적인 목표와 측정 지표를 선정함으로써 목표가 된 고객 세분 시장에 탁월한 가치 명제를 전달하는 과제에 초점을 맞출 수 있을 것이다.

내부 비즈니스 프로세스도 측정되어야 한다

내부 비즈니스 프로세스의 관점에서 경영자는 주주와 고객의 목표를 달성하기 위해 반드시 탁월해야만 하는 주요 프로세스를 파악한다. 전통적인 성과 측정 시스템은 단지 기존 비즈니스 프로세스의 원가, 품질, 시간 측정 지표를 통제하거나 향상시키는 데만 초점이 맞춰져 있다. 반면에 균형성과표에서는 내부 프로세스가 거둔 성과에 대한 요구가 개별적인 외부 고객의 기대로부터 나올 수 있도록 유도한다. 왜냐하면 기존 비즈니스 프로세스에 대한 재무적, 비재무적 성과 측정 지표들을 사용한다고 해서 회사가 경제적인 성과를 탁월하게 개선할 수 있는 것은 아니기 때문이다. 기존 프로세스나 개선된 프로세스에 대한 훌륭한 성과 측정 지표만으로도 특정한 개선을 이끌어낼 수 있을지는 모르지만 고객과 주주의 야심 찬 목표를 달성하기는 어렵다. 따라서 균형성과표에서 내부 비즈니스 프로세스 관점의 측정 지표는 주주와 타깃 고객의 기대를 충족시키겠다는 목표에서 비롯된다.

《균형성과표》의 원서 표지. 1996년판.

회사 및 업종마다 각기 고유의 비즈니스 프로세스를 갖고 있지만, 일반적으로 모든 사업에는 고객의 가치를 창출하고 재무적 결과를 창출하는 세 가지 주요 프로세스들이 있다. 그중 제일 먼저 혁신 프로세스에 대해 살펴보자. 혁신 프로세스에서는 고객의 새로운 욕구나 잠재적 욕구를 조사하고, 그것들을 충족시킬 제품 및 서비스를 개발한다. 고객은 미래의 제품에서 어떤 종류의 효익에 가치를 둘 것인가, 혁신을 통해 이러한 효익을 전달하는 데 있어서 경쟁자들을 어떻게 능가할 수 있는가 등이 혁신 프로세스와 관련된 핵심 질문들이다. 주요 지표로는 기초 연구와 응용 연구에 대한 측정 지표, 제품 개발에 대한 측정 지표 등을 들 수 있다.

두번째 운영 프로세스에서는 기존의 제품과 서비스가 생산되고 고객에게 배달되는 측면을 강조한다. 운영 프로세스는 지금까지 대부분의 조직에서 성과 측정 시스템의 초점이 되어왔으며, 제조와 서비스 배달 프로세스에서의 탁월한 운영과 원가 절감이 중요한 목표였다. 주요 측정 지표로는 원가, 품질, 처리시간 등을 들 수 있다. 세번째는 판매 후 서비스다. 판매 후 서비스 프로세스는 제품이나 서비스가 고객에게 배달된 후에 이뤄지는 주요 서비스를 회사가 적절한 시기에 제공해야 함을 강조한다. 주요 지표로는 운영 프로세스와 마찬가지로 처리시간, 품질, 원가 등의 측정 지표 일부를 적용할 수 있다. 판매 후 서비스의 또 다른 측정 지표로는 송장 작성과 수금 프로세스 등이 있다.

학습과 성장이라는 장기적인 시각이 필요하다

재무, 고객, 내부 비즈니스 프로세스에서 야심적인 목표를 달성하는 데 필요한 힘은 궁극적으로 조직의 학습과 성장 역량에 의해 좌우된다. 기업의 경영자들이 단지 단기적 재무 성과에 의해서만 평가된다면 직원과 시스템, 조직상의 프로세스 능력 등을 강화하기 위한 지속적인 투자를 기대하기는 어려울 것이다.

전통적인 재무 회계 모형에서는 이러한 투자에 대한 지출이 기간 비용으로 다뤄지기 때문에 투자 비용을 삭감하면 단기적인 수익을 쉽게 거둘 수 있었다. 하지만 균형성과표는 전통적인 단기 투자 영역이 아니라, 새로운 설비와 신제품 연구개발과 같은 미래를 위한 투자의 중요성을 강조한다. 설비와 연구개발에 대한 투자는 매우 중요하다. 그러나 그것만으로는 결코 충분하지 않다. 조직이 장기적이고 야심적인 재무적 성장 목표를 달성하려면 하부 구조가 되는 인력과 시스템 및 업무 처리 절차에 투자를 해야만 한다. 학습과 성장 시각에는 다음과 같은 세 가지 중요 영역이 있다.

무형자산의 정량화

기업들의 평균 시장가치 중 75퍼센트 이상이 전통적인 재무 지표가 측정되지 못하는 무형자산으로부터 발생한다. BSC는 무형자산을 정량화할 수 있도록 하는 성과 측정 시스템이다.

첫째, 직원의 역량이다. 현재의 재무적 성과와 고객에 대한 성과 이상으로 성장하고자 한다면 직원들의 마음가짐과 창조적 능력이 조직의 목표달성에 집중될 수 있도록 대대적인 재숙련 과정이 이뤄져야 한다. 또한 고객에 대한 프로세스와 성과를 향상시키기 위한 아이디어도 내부 프로세스와 고객에게 가장 근접해 있는 일선 직원들에게서 나와야 한다.

직원의 역량과 관련된 주요 지표로는 직원들의 사기와 직무 전반에 대한 마음가짐을 측정하는 직원 만족도, 조직이 장기적으로 관계를 유지하고 싶어하는 직원들이 어느 정도 회사에 머무는지를 측정하는 지표인 직원 유지도, 직원들의 기술과 사기 및 혁신 의지로부터 발생하는 결과물 측정 지표인 직원 생산성 등을 들 수 있다.

직원의 역량을 측정하기 위한 핵심 지표가 선정되면 다음으로는 학습과 성장의 시각에서 상황별로 구체적인 동인들을 파악해야 한다. 인력의 재숙련, 정보 시스템의 역량, 동기 부여와 권한이양 등이 중요한 선행 요인들이다. 고객과 내부 프로세스 목표를 달성하기 위해서는 직원들의 뛰어난 기량과 그들에게 동기를 부여하는 것이 필요하다. 그러나 그것만으로는 충분하지 않다. 오늘날과 같이 경쟁적인 환경에서 직원들이 역량을 발휘하기 위해서는 고객과 내부 비즈니스 프로세스, 그리고 그들의 의사결정에 대한 재무적 결과 등에 도움이 될 만한 양질의 정보가 제공되어야 한다. 또한 우수한 정보를 제공받는다 하더라도 숙련된 직원이 조직의 목표를 위해 행동하도록 동기 부여가 되지 못했거나, 그들에게 의사결정을 하고 이를 실행에 옮길 수 있는 권한이 주어지지 않는다면 조직의 성공에 기여할 수 없을 것이다. 따라서 직원들에 대한 동기 부여와 권한이양 역시 학습과 성장 시각에서 중요하게 다뤄야 할 내용들이다.

새로운 관리 시스템으로서의 균형성과표

오늘날처럼 기술이나 시장이 급변하는 상황에서는 전략을 성공적으로 실행하기 위해 요구되는 모든 지엽적인 활동들을 고위 경영층들이 일일이 결정할 수 없다. 전략을 이행하는 데 모든 직원이 기여하기를 원하는 조직은 직원들과 사업 단위의 균형성과표에 포함된 장기적인 비전과 전략을 함께 공유하고, 그것을 달성할 수 있는 방법을 직원들 스스로 제안하도록 적극적으로 격려해야 한다. 이상적인 조직이라면 중역 회의실에서 일선에 이르기까지 조직의 모든 개인들이 전략을 공유하고, 자신의 활동이 총체적인 시스템을 어떻게 지원하는지를 이해할 것이다.

이처럼 균형성과표는 상부에서 하부 조직에 이르기까지 정렬을 가능하게 한다. 즉, 균형성과표는 전략을 전달하고, 전략을 개인적인 목표와 연결시킴으로써 모든 조직 구성원들로부터 공통된 이해와 헌신을 이끌어낸다. 모든 사람들이 사업 단위의 장기적 목표를 이해하고 그러한 목표달성을 위한 전략을 이해할 때 조직의 노력은 변혁 프로세스를 위해 정렬될 것이다. 그리고 개인들은 자신의 특별한 행위가 사업 단위의 목표를 달성하는 데 어떻게 기여되는지를 알게 될 것이다.

이러한 의사소통 프로세스의 목표는 전략을 위해 조직 내의 모든 직원과 사업 단위를 책임지고 있는 사람들을 정렬시키는 것이다. 또한 균형성과표의 목표달성과 개인의 기여가 인정과 승진, 보상 프로그램에 연결될 때 정렬과 책임은 확실히 강화될 것이다.

그러나 이것만으로는 충분하지 않으며, 사업 단위는 재무적 자원도 전략에 정렬시켜야만 한다. 많은 기업들이 새로운 비전과 전략을 조직 내외부의 참여자들에게 전달할 수 있는 목표나 측정 지표로 전환시키는 것을 강조한다. 그러나 이러한 목표달성을 위해 실제로 자원이 사용되지 않는다면 그것은 조직이 전념할 수 있는 구체적인 목표가 아니라 여전히 요원한 목표로만 남아 있을 것이다. 따라서 장기적 자본 예산과 연간 재량 지출 등은 모두 사업 단위의 균형성과표 측정 지표가 이뤄야 할 야심적인 목표달성에 그 방향이 맞춰져야 한다.

끝으로 중역 차원에서 이뤄지는 조직의 학습 역량도 균형성과표의 가장 혁신적인 측면이다. 전략적 학습은 균형성과표를 전략적 관리 시스템으로 어떻게 사용할 것인지를 배우고자 하는 사람들에게 매우 유용하다. 이때 전략에 대한 성과 자료를 수집하고, 전략적 목표 간의 상호관계에 대한 가설 및 검증을 가능하게 해줄 피드백 프로세스가 중요한 역할을 한다. 마찬가지로 성과 자료를 분석하고 학습하며, 최근 발생한 상황과 이슈들에 따라 전략을 변화시키는 팀 문제 해결 프로세스도 중요한 역할을 한다.

현대적 시사점

측정 시스템의 궁극적인 목적은 모든 관리자와 직원이 사업 전략을 성공적으로 이행할 수 있도록 고무시키는 것이어야 한다. 전략을 측정 시스템으로 전환시킬 수 있는 회사는 목적과 목표를 효과적으로 전달할 수 있으므로 그들의 전략을 훨씬 성공적으로 수행할 수 있을 것이다. 측정 시스템은 관리자와 직원들로 하여금 핵심적인 요인들에 초점을 맞추게 하고, 전략적 목표를 달성할 수 있도록 투자와 활동들을 정렬할 수 있게 해준다. 이 책에서 제안하는 균형성과표는 바로 이러한 측면에서 전략의 수립과 실행을 연결시켜주는 가교 역할을 한다. 아무리 좋은 비전이나 전략도 그것의 효과가 제대로 측정되지 않고, 제대로 실행되지 않는다면 소용이 없을 것이다. 이 책은 바로 이러한 전략의 실행 효과나 실행 여부를 간과하는 경영자들의 맹점을 잘 지적하고 이를 실질적으로 보완할 수 있는 강력한 도구를 제공하고 있다.

균형성과표는 전체 직원들에게 조직의 미래 비전을 보여주며, 조직 구성원들 간의 공통의 이해를 창출한다. 균형성과표는 모든 직원들에게 자신이 조직의 성공에 어떤 식으로 기여하는지를 알 수 있게 해주는 전반적인 전략 모형을 만들어낸다. 이러한 연결이 뒤따르지 않는다면 개인과 부서가 지엽적인 성과를 극대화했다 해도 전략적 목표달성에 실패할 수 있다. 균형성과표를 통해 경영자들은 올바른 목표와 측정 지표를 밝혀낼 수 있고, 이렇게 되면 비전이나 전략이 성공적으로 이행될 확률이 높아진다. 특히 균형성과표는 전략과 재무적 목표 간의 연계를 강조하고 있다.

오늘날 대부분의 기업에서는 비전과 전략, 변화 프로그램이 유행처럼 확산되고 있다. 경영자들은 기업을 위해 품질과 고객 만족, 혁신, 직원 권한이양 등과 같은 목표에 열중하기 쉽다. 그러나 명심할 게 있다.

이러한 목표들이 사업 단위의 성과 향상을 유도할 수는 있겠지만 프로그램 자체가 최종적인 목표로 취급된다면 성과 향상을 이루지 못할 수도 있다는 점이다. 또한 궁극적으로, 이러한 노력들이 재무적 성과로 연결되지 않으면 그것은 아무 소용도 없다. 많은 경영자들이 총체적 품질 관리, 사이클 타임의 단축, 리엔지니어링, 권한이양과 같은 프로그램들을 미래의 재무적 성과와 연결시키는 데 실패해왔다. 그 주된 이유는 개선 프로그램 자체가 궁극적인 목표라는 잘못된 인식 때문이다. 개선 프로그램이 고객 만족도의 향상, 그리고 궁극적으로는 재무적 성과를 향상시키기 위한 구체적인 목표와 연결되지 않았던 것이다. 이러한 기업은 결국 변화 프로그램을 통해 그 어떤 실질적인 소득도 얻을 수 없음을 깨닫게 되었다. 균형성과표는 투하 자본 수익률이나 경제적 부가가치 등의 재무적 결과물에 지속적으로 초점을 맞춰야 한다. 균형성과표의 모든 측정 지표들은 재무적 목표와 연결되어 있다. 물론 균형성과표가 재무적 목표만을 강조하지는 않는다. 말 그대로 재무, 고객, 내부 프로세스, 학습과 성장 목표 간의 균형을 강조한다. 그럼에도 불구하고 이러한 다양한 목표들이 최종적으로 재무적 목표로 연계됨을 강조한다. 따라서 균형성과표에서는 인과관계를 중시한다.

예컨대, 직원들의 판매 교육 개선은 다음과 같은 가설들을 통해 수익 향상과 연결될 수 있다. "우리가 직원들에게 제품에 대한 교육을 강화한다면 그들은 판매 가능한 모든 범위의 제품에 대해 더 많은 지식을 얻게 될 것이다. 직원들이 제품에 대해 더 많은 지식을 얻게 된다면 그들의 판매 효과성은 증대될 것이며, 판매 효과성이 증가하면 판매하는 제품의 평균 이익 역시 증가할 것이다."

이처럼 합리적으로 구축된 균형성과표는 네 가지 범주에 속해 있는 목표들 간의 연속적인 인과관계를 통해 사업 단위의 전략을 표현할 수

균형성과표의 역할

BSC는 조직 전체를 비전과 전략 중심으로 동기부여하고, 구체화하고, 조직적으로 정렬하여 실행될 수 있도록 하는 수단으로 자리잡아가고 있다.

《균형성과표》가 출간되던 1996년 컴퓨터가 텔레비전의 판매를 앞지르기 시작했다. 비로소 IT 혁명과 경영의 디지털화가 시작된 것이다. 이 시기를 기점으로 자본보다는 사람, 물질보다는 지능의 승리가 이루어졌다.

있어야 한다. 측정 시스템은 다양한 시각의 목표와 측정 지표들 간의 관계를 명확히 할 때만 타당성을 가질 수 있기 때문이다. 또한 측정 시스템은 결과물 측정 지표와 이 결과물의 성과 동인 간의 관계를 중시한다. 앞서 책의 주요 내용에서도 설명한 바와 같이 좋은 균형성과표는 결과물 측정 지표와 성과 동인이 잘 배합되어 있다.

수익성과 시장점유율, 고객 만족도, 고객 유지율, 직원의 기량 등과 같은 일반적 결과물 측정 지표는 후행 지표가 되는 경향이 있는 반면, 선행 지표에 해당하는 성과 동인은 대개 특수한 사업 단위 고유의 것이다. 대체로 후행 지표가 되는 경향이 있는 결과물 측정 지표는 전략의 최종 목표인 단기적인 노력이 바람직한 결과물을 이끌어내는지를 나타낸다. 그리고 선행 지표인 성과 동인 측정 지표는 조직의 모든 구성원들에게 미래의 가치를 창조하기 위해서 지금 무엇을 해야 하는지를 알려준다. 따라서 성과 동인이 없는 결과물 측정 지표는 그 결과물이 어떻게 성취되는지를 말해주지 못하며, 전략이 성공적으로 이행되고 있는지에 대한 초기 지표도 제공하지 못한다. 이와 반대로 결과물 측정 지표가 없는 성과 동인은 사업 단위가 단기적으로 운영을 개선하도록 할 수는 있겠지만, 운영의 개선이 기존 고객과 새로운 고객을 포함하는 확장된 사업으로 전환되고 있는지, 그리고 최종적으로 재무적 성과 향상으로 이어지고 있는지를 밝히지는 못한다. 그러므로 좋은 균형성과표를 만들기 위해서는 사업 단위 전략에 초점을 맞춘 결과물후행 지표과 성과 동인선행 지표을 적절히 배합해야 한다.

마지막으로 균형성과표의 목표는 일단의 새로운 측정 지표들을 개발하는 것에만 국한되지 않는다. 물론 결과와 목표를 어떻게 기술할 것인가를 나타내는 측정 시스템은 동기 부여와 평가를 위한 매우 강력한 도구다. 그러나 균형성과표는 단순한 측정 시스템보다는 새로운 관리 시스템을 개발하기 위한 것이라야 한다. 측정 시스템과 관리 시스템의 차이는 미묘하지만 매우 중요하다. 측정 시스템은 훨씬 더 중요한 목표, 즉 관리자들이 전략을 이행하고 그에 대한 피드백을 얻는 데 도움을 주는 전략적 관리 시스템을 구축하기 위한 수단일 뿐이다.

기업이 균형성과표를 채택하는 이유는 균형성과표가 단기적인 재무적 결과에 계속해서 초점을 맞추면서도 무형 자산과 경쟁력을 키우는 것의 가치 또한 인식하기 때문이다. 이처럼 균형성과표는 조직으로 하여금 지금까지 달성하기 어려웠던 중요한 과업인 장기적 성공 전략에 초점을 맞추는 데 필요한 새로운 도구를 제공한다. 조직이 관심과 자원을 집중해야 하는 가장 중요한 목표를 구체화함으로써 균형성과표는 이슈와 정보, 그리고 절대적으로 필요한 다양한 관리 프로세스들을 체계화하는 전략적 관리 시스템을 위한 틀을 제공하고 있다. 전략적 관리 시스템을 구성하는 각각의 요소들도 전략적 목표와 연결될 수 있다. 즉, 고객, 내부 비즈니스 프로세스, 직원 및 시스템에 대한 목표는 장기적인 재무적 성과 달성과 연결된다. 나아가서 부서와 팀, 그리고 개인의 목표는 전략적 성과의 달성과 맥을 같이 한다. 자원 할당과 연간 예산은 전략에서 나온다. 또한 관리 점검은 전략에 대한 피드백과 학습 기회를 제공한다. 이렇게 볼 때 균형성과표는 관리 시스템에서 재무적 측정 지표의 역할을 그대로 유지하면서도 단기적 운영 성과와 장기적인 전략 목표를 연결하는 보다 균형 잡힌 관리 시스템을 제공한다고 할 수 있다. 결국 균형성과표는 경영자들의 근시안적 안목을 질타하면서 장기적인 관점을 강조하고, 또한 장기적인 관점만 너무 강조한 나머지 단기적인 재무 성과를 소홀히 하는 부분도 경계하고 있다.

BSC 실천 매뉴얼 김희경 · 성은숙, 시그마인사이트컴, 2001

Strategy Map 로버트 캐플란 · 데이비드 노턴, 21세기북스, 2004

혁신으로 가는 항해 갈렙 앤 컴퍼니, 21세기북스, 2004

저자 소개 및 도서 정보

로버트 캐플란 Robert S. Kaplan
데이비드 노턴 David P. Norton

《균형성과표 *The Balanced Scorecard: Translating Strategy into Action*》, Harvard Business School Press, 1996.

이 책은 1990년 거대 회계 법인인 KPMG의 연구 지부인 놀런 노턴 연구소가 '미래 조직에서의 성과 측정'이라는 주제로 1년간 다국적 기업 연구를 후원한 것을 계기로 출간되었다. 이 연구는 재무회계 측정 지표에 기초한 현재의 성과 측정 방법이 진부해지고 있다는 판단하에 시작되었다. 연구에 참여한 사람들은 요약된 재무적 성과 측정 지표에 의존하는 것은 미래의 경제 가치를 창출하는 조직에 장애가 된다고 믿고 있었다. 이 연구 프로젝트의 책임자는 놀런 노턴 연구소의 최고경영자인 데이비드 노턴이었고, 하버드 경영대학원의 교수인 로버트 캐플란이 자문역을 맡았다. 그리고 새로운 성과 측정 모형을 개발하기 위해 1990년 한 해 동안 12개의 회사—어드밴스드 마이크로 디바이스, 아메리칸 스탠더드, 애플 컴퓨터, 벨 사우스, GIGNA, 코너 퍼리퍼럴스, 크레이 리서치, 듀폰, 일렉트로닉 데이터 시스템스, 제너럴 일렉트릭, 휴렛 패커드, 쉘 캐나다—의 대표자들이 격월로 모임을 가졌다. 그 결과 1990년 12월에 연구 보고서가 제출되었고, 비로소 '균형성과표'라는 개념이 세상에 알려지게 되었다.

이때의 인연으로 같이 연구를 하게 된 노턴과 캐플란은 그동안의 연구 결과를 종합해 1996년 이 책을 출간하게 되었다. 로버트 캐플란은 MIT에서 전자공학으로 학사 및 석사학위를 받았으며, 코넬대학에서 경영과학으로 박사학위를 받았다. 그는 현재 하버드 경영대학원의 회계학 교수로 일하고 있으며, 이 분야의 세계 최고 권위자로 인정받고 있다. 카네기멜론대학의 산업관리대학원의 교수 및 학장을 역임한 바 있는 캐플란은 미국과 유럽에서 많은 선도적 기업에게 성과와 원가관리 시스템 설계에 대한 자문을 해왔으며, 북미와 유럽, 이스라엘 등 전 세계에서 정기적으로 세미나를 개최하고 있다. 또한 그는 BSCol의 공동 창업자이자 회장이기도 하다. BSCol은 균형성과표의 개념을 활용하는 기관으로 균형성과표와 관련된 교육, 훈련, 컨설팅을 담당하고 있다. 이외에도 그는 르네상스 솔루션의 이사, 이스라엘의 기술 연구소인 테크니온의 학술위원회 이사로도 활동했다. 그리고 그의 연구는 급격하게 변화하는 환경에서의 제조기업과 서비스기업을 위한 새로운 원가 측정과 성과관리 시스템에 그 초점이 맞춰져 있다. 컨설팅회사인 액센추어 연구소는 2002년과 2003년에 그를 경영 분야 50명의 최고 사상가들 안에 드는 인물로 선정했다. 〈파이낸셜 타임스〉는 캐플란을 최상위 25명에 드는 비즈니스 사상가로 선정하기도 했다.

공동 저자인 데이비드 노턴은 우스터 폴리테크닉대학에서 전자공학으로 학사를 받고 플로리다 공과대학에서 경영과학으로 석사를, 플로리다 주립대학에서 MBA를, 하버드대학에서 박사학위를 취득했다. 현재 그는 BSCol의 공동 설립자이자 대표 이사 및 사장직을 맡고 있다. BSCol에 합류하기 전에는 성과 측정과 조직 혁신을 전문으로 하는 컨설팅회사인 르네상스 솔루션의 공동 창업자이자 대표로 일했다. 노턴은 또한 놀런 노턴 앤드 컴퍼니의 공동 설립자이기도 하며, 우스터폴리테크닉대학 및 ACME의 이사이기도 하다. 이들의 대표적인 저서로는 전 세계 21개 국어로 번역되고 미국회계협회에서 수여하는 와일드만 메달을 받은 이 책 외에도, 18개 국어로 번역되고 컨설팅 회사인 캡 제미니 언스트 앤드 영에 의해 2000년 최고의 경제경영서로 선정된 《전사적 전략경영을 위한 SFO *The Strategy-Focused Organization*》와 2004년에 출간된 《Strategy Maps》 등이 있다.

지속적인 경쟁우위의 확보는 사람에게서 비롯된다 30

Competitive Advantage Through People
Jeffrey Pfeffer

keyword
인적자원
변화
질경영

카테고리 관련성	
경영전략, 경영혁신	
생산관리	
변화관리	★★
조직관리, 인사관리	★★★
마케팅	
리더십	★
동기부여, 인간관계	★★
기업성공	

핵심 아이디어

기업이 지속적으로 경쟁우위를 확보하는 것을 가능하게 하는 것은 무엇인가? 지금 이 순간에도 전 세계 거의 모든 기업의 경영자들이 가장 신봉하는 성공 원리는 바로 '경제적 이윤을 창출할 수 있는, 경쟁사가 쉽게 모방할 수 없는, 경쟁사와 차별화할 수 있는 요인'을 찾아내는 것이다. 또한 이러한 믿음에 따라 경영자들은 포터의 지적대로 상대적으로 경쟁이 덜하고 수익률이 높은 산업에 진출하거나, 다양한 수단들을 동원해 자사가 공략하고 있는 시장을 보호하거나, 천문학적인 자금을 쏟아 부어 새로운 기술을 개발하거나, 대규모 시설 투자를 통해 규모의 경제를 달성하는 등 일련의 노력들을 기울여왔다.

일견 기업의 이러한 전략들은 성공을 거둔 것처럼 보이기도 한다. 하지만 스탠퍼드대학의 제프리 페퍼 교수는 높은 성과를 달성하는 기

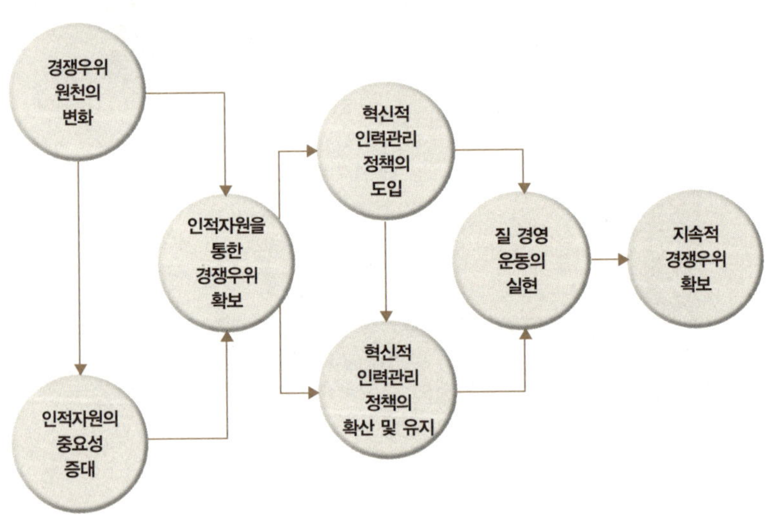

업들이 성공할 수 있었던 궁극적인 요인은 앞서 언급한 업종의 선택이나 기술 개발, 규모의 경제 등이 아니라 바로 '사람', 즉 인적자원의 경쟁력에 있음을 역설하고 있다.

앞의 그림에서 보는 바와 같이 저자의 주장을 간략히 살펴보면 지속적으로 경쟁우위를 유지하는 기업을 성공한 기업이라고 정의할 때 이의 달성을 위한 기반이 바로 인적자원이라는 것이다. 이러한 페퍼의 주장은 전통적으로 강조되어온 산업조직론적인 시각이나 규모의 경제 및 신기술의 개발 등과 같은 요소들을 부정하는 것이 아니라 이러한 경쟁우위의 원천들이 시간의 흐름에 따라 변화한다는 점을 강조하고 있다.

1972년부터 1992년까지 20년 동안 높은 수익률을 기록한 사우스웨스트 항공, 월마트, 플레넘 출판사, 노드스트롬, 링컨 일렉트릭, NUMMI, 타이슨 푸드, 서킷 시티와 같은 기업들은 그 기업이 속한 산업이 그다지 매력적이지도 않았고 특별한 신기술이 개발되지도 않았으며 그 어느 기업도 지배적인 기업이 되어 규모의 경제를 누리지도 않았다. 즉, 페퍼가 말하고자 하는 것은 전통적인 기준이 더 이상 쓸모없게 되었다는 것이 아니라, 시간이 흐름에 따라 경쟁우위의 원천이 변하고 있음에 주목해야 한다는 것이다.

페퍼는 위에서 예시한 성공 기업들을 심층적으로 연구해 이들의 공통점을 인적자원의 관리방법에서 찾아냈다. 이들 기업들은 인적자원을 통해 경쟁우위를 확보한다는 전략을 수립하고 이를 달성하는 데 필요한 인적자원의 관리 정책 및 전략을 수립해 실행에 옮김으로써 높은 성과를 달성할 수 있었던 것이다. 한마디로 말해 성공하는 기업은 사람을 잘 관리한다는 것이다. 성공 기업들은 회사의 으뜸가는 보배가 바로 종업원이라는 사실을 늘 염두에 두고, 그들의 잠재력이 빛을 발할 수 있도록 많은 노력을 기울인다.

페퍼는 《사람이 경쟁력이다*Competitive Advantage Through People*》를 통해 인적자원을 통한 경쟁우위 확보 전략이 매우 성공적이라는 사실을, 사람들에게 널리 알려져 있는 다수의 기업들을 예로 들어 자세히 설명하고 있다. 이러한 기업들 중 대부분은 다른 기업이 모방하기 어려운 혁신적인 인력관리 정책을 적용하고 있는데 저자는 책의 많은 부분을 할애해 이러한 혁신적인 인력관리 정책을 도입하는 데 있어 주의해야 할 사항들을 자세히 기술하고 있다.

질 경영 운동으로 대표되는 혁신적 인력관리 정책의 도입 및 확산을 통해 경쟁우위를 확보하기 위해서는 기업 내부에 널리 퍼져 있는 '사람에 대한 잘못된 인식' 부터 바꿔나가야 한다. 또한 페퍼는 노동조합이, 기업 경영의 걸림돌이 아니라 잠재적으로 긍정적인 역할을 수행하고 있음에도 불구하고, 그 긍정적 측면이 제대로 발휘되지 못하는 이유를 실례를 들어 설명하고 있다.

실제로 인적자원의 중요성이 과거의 어느 때보다 커지고 있음에도 불구하고, 모든 기업들이 이를 제대로 인식하지 못하고 있으며, 설령 이를 인식하고 있다고 해도 여러 가지 요인들로 인해 이의 실천은 매우 제한적일 수밖에 없는 것이 현실이다. 이런 점에서 가장 중요한 것임에도 불구하고 그다지 중요하게 인식되지 못했던 인적자원의 중요성을 방대한 현장 연구를 바탕으로 다시 부각시켰다는 데서 이 책의 의의를 찾을 수 있을 것이다.

기업의 장기적인 성공은 인적자원을 바탕으로 한 경쟁력 향상에 달려 있으며, 이 책은 바로 이러한 '사람이 경쟁력의 핵심'이라는 평범한 진리를 다시금 일깨워주고 있다.

시놉시스

《사람이 경쟁력이다》는 총 3부 10장으로 구성되어 있다. 제1부 1장에서는 과거에 기업의 경쟁력을 좌우했던 요인들이 이제는 더 이상 그런 기능을 발휘하지 못한다는 사실과 더불어 인적자원이 지속적인 성장의 원천으로 부상하게 된 이유를 살펴보고 있다. 1972년부터 1992년 사이에 높은 성과를 달성한 사우스웨스트 항공과 월마트, 그리고 노드스트롬과 같은 기업의 공통점은 다른 기업이 쉽게 모방할 수 없는 인적자원관리 정책을 갖고 있다는 점이라고 한다. 2장과 3장에서는 연구 대상 기업들로부터 배운 효율적인 인력관리 체계의 열여섯 가지 핵심적인 요소에 대한 설명과 더불어 이러한 인력관리 정책들이 성공적인 것으로 판명되었음에도 불구하고 다른 기업들이 이를 쉽게 채택하지 못하는 이유를 NUMMI 사를 포함한 여러 기업을 예로 들어 설명하고 있다.

제2부를 구성하고 있는 4장에서 8장까지는 올바른 인력관리 정책의 도입을 어렵게 만드는 기업의 내부 및 외부의 요인들이 구체적으로 기술되어 있다. 인적자원에 대한 인식 및 사람을 관리하는 데 사용되는 이론, 그리고 용어의 문제에서부터 기업 경영의 역사에서 기인한 잘못된 과거의 유산, 경영상의 여러 가지 걸림돌을 극복하는 데 긍정적인 역할을 수행할 수 있는 잠재력이 충분한 노동조합, 인적자원 관리방식의 변화에 대한 기업 내부의 저항 등이 구체적인 사례와 함께 제시되어 있다.

'변화'라는 주제를 다루고 있는 제3부의 9장과 10장에서는 인력관리의 질적 개선이 상당한 효과를 보고 있다는 점과 몇몇 기업들이 매우 고무적인 결과를 얻은 새로운 인력관리 방식의 틀인 '질 경영 운동quality movement'을 살펴보고 있다. 그리고 끝으로 미국에서 고용관계가 역사적으로 어떻게 변화되어왔는지를 다루고 있다.

경쟁우위의 원천은 사람이다

만약 누군가가 당신에게 1972년으로 돌아가 향후 20년간 주주에게 가장 많은 배당금을 줄 수 있는 회사를 선정하라고 하면 어떻게 할 것인가? 우리가 알고 있듯이 높은 이윤을 창출할 수 있는 기업은 지속적인 경쟁우위를 확보하고 있는 기업일 것이다. 따라서 경쟁사와 자사를 차별화할 수 있는 요인과 경제적 이윤을 창출할 수 있는 요인, 그리고 타 회사가 쉽게 모방할 수 없는 요인을 갖고 있는 기업을 그러한 기업으로 선정해야 할 것이다. 가장 널리 알려져 있는 마이클 포터 교수의 이론에 따라 기업을 선정한다면 아마도 진입장벽이 있고, 구매자와 공급자의 협상력이 낮고, 대체재가 거의 없으며, 기존 기업 간의 경쟁도 치열하지 않은 산업에 속한 기업을 고르게 될 것이다. 그러나 현실은 어떠한가? 이상하게도 포터의 논리에 따르면 절대 높은 수익률을 달성할 수 없을 것 같은 플레넘 출판사, 서킷 시티, 타이슨 푸드, 월마트, 사우스웨스트 항공사와 같은 기업들이 1972년부터 1992년까지 20년 동안 매우 높은 수익률을 달성했다.

이것이 무엇을 의미하는지를 곰곰이 생각해보자. 저자의 주장에 따르면 시간이 흐르면서 과거에 기업의 경쟁력을 결정했던 중요한 요인들이 이제는 더 이상 그런 역할을 하지 못하고 있다. 앞에서 말한 5개의 성공 기업들은 공통적으로 인력관리 방법에 크게 의존하고 있었다. 인적자원을 조직하고 관리하는 방식이 경쟁력을 결정하는 요인으로 점차 부상하고 있는 것이다.

과거에 기업의 경쟁력을 결정했던 대표적인 요인으로는 생산 및 공정 기술, 보호받고 규제되는 시장, 금융 자본 및 규모의 경제 등을 들 수 있다. 그런데 이러한 전통적인 경쟁우위의 원천은 시간이 흐름에 따라 이제 더 이상 그러한 역할을 수행하지 못하고 있다. 제품 수명이 짧아지고 신제품의 등장 속도가 빨라짐에 따라 이제 한 기업이 독점할 수 있는 공정 기술 같은 것은 존재할 수 없게 되었으며, 전문 기술에 대한 투자가 결코 사람을 관리하는 기술을 대체할 수도 없게 되었다. 기술을 이용해 이윤을 남기기 위해서는 효과적으로 그 기술을 적용할 수 있는 능력이 필요한데 이는 인적자원의 창의력과 기술력에 의해 좌우된다. 또한 과거에는 보호받고 규제되는 시장의 존재로 인해 경쟁력을 확보할 수 있었을지 몰라도 자유무역의 증가와 국내 시장의 규제 완화 움직임으로 인해 이제 더 이상 규제 및 보호를 통해 경쟁력을 유지하는 것도 불가능해졌다.

진정한 경쟁우위의 원천
경영전략을 수행할 수 있는 능력은 우수한 인재들을 확보·보유할 수 있는 기업의 능력과 더 나아가 그들의 지식과 경험을 활용할 수 있는 능력에 달려 있다.

또한 자본시장이 비효율적이던 과거에는 자금 확보 능력이 경쟁력의 원천이 되었을지 몰라도 국제적으로 대규모의 자본이 빈번하게 이동하는 최근의 상황은 자금 확보 능력이 더 이상 경쟁우위를 가져다주지 못한다는 사실을 보여준다. 마지막으로, 과거에는 학습효과 및 규모의 경제를 누림으로써 생산 비용을 줄이는 것으로 경쟁우위를 확보할 수 있었다. 그러나 시장이 점점 세분화되고, 차별화된 제품을 경제적으로 제조하는 것이 가능해짐에 따라 규모 경제의 명성은 퇴색하고 있는 것이 사실이다.

따라서 기업의 경쟁우위를 보장해주는 결정적이고 차별적인 요소로 남게 되는 것은 바로 조직과 조직에서 일하는 사람들 그리고 그들이 일을 하는 방식인데, 이와 같은 요소들은 쉽게 모방될 수 없는 특징을 지녔다. 이는 인력과 노사관계에 대한 접근방법을 근본적으로 바꾸는 것을 의미하는데 이러한 노력은 눈에 보이지도 않을 뿐더러 명확하

《사람이 경쟁력이다》의 원서 표지. 1996년판.

게 파악하는 것도 불가능하다.

경쟁에서의 승리가 사람에 의해 좌우된다면 결국 사람들이 갖고 있는 기술이 경쟁우위의 원천이 되는 셈인데 이를 위해서는 끊임없는 훈련과 기술 개발이 필요하다. NUMMI 사의 종업원들이 일반 미국 기업의 종업원들에 비해 4배 정도 많은 교육과 훈련을 받았다는 사실은 NUMMI 사가 경쟁력을 확보하기 위해 조직 구성원의 교육과 훈련에 얼마나 공을 들이는지를 잘 보여준다.

또한 사람을 통해 경쟁에서 승리할 수 있고 인력이 경쟁력을 결정하는 중요한 요소라면 가장 중요한 것은 능력 있고 타사가 쉽게 모방할 수 없는 인력을 확보하는 일이다. 그렇다면 임시직 혹은 계약직 사원의 채용을 늘이고 있는 기업의 인력 정책은 어떻게 봐야 할까? 페퍼는 성공한 할인점인 월마트의 예를 들어 임시직 사원의 고용에 대한 자신의 부정적인 견해를 피력하고 있다.

월마트는 성공의 비결을 고객을 위한 서비스와 고객이 진정으로 원하는 것이 무엇인지를 파악하는 능력에 있다고 생각하고 있다. 그리고 경쟁에서 승리하기 위한 무기가 바로 인적자원이기 때문에 능력 있고 애사심이 높은 사원을 확보할 수 있는 방향으로 인력 정책을 실행해왔다. 따라서 월마트는 단기적인 비용 절감 측면에서는 매력이 있을는지 모르지만 절대로 임시직 사원을 고용하지 않는 정책을 고수해왔다.

이와 같이 교육훈련과 외부 인력 사용에 대해 다시 한번 생각해봄으로써 우리는 사람이 경쟁력의 원천임을 깨달을 수 있고 그를 바탕으로 인력관리를 위한 올바른 정책을 세우고 실행할 수 있다. 노드스트롬, NUMMI, 월마트, 링컨 일렉트로닉, 사우스웨스트 항공사 같은 잘 알려진 기업들의 성공 사례를 통해 우리는 사람을 통해 경쟁에서 이기는 올바른 방법을 선택한 기업들이 어떤 전략을 채택했는지를 알 수 있다.

성공 기업은 어떻게 사람을 관리하는가

널리 알려진 바에 따르면 효과적인 경영전략은 당시의 경영 사조를 반영하는데, 어떤 메커니즘을 통해 좋은 성과가 발휘되는지 이해하기 어렵다는 특징을 갖고 있다. 하지만 저자는 저명한 학술 논문의 이와 같은 주장이 타당하다는 증거는 찾을 수 없다고 주장한다. 인적자원을 활용해 기업의 경쟁력을 향상시킨 대표적인 기업들의 경영전략을 연구한 결과 저자가 내린 결론은 다음과 같은 16개 항목으로 요약될 수 있다. 물론 이러한 정책들을 모두 잘 시행하고 있는 기업은 드물고 16개 정책을 전부 적용하고도 별다른 성과를 얻지 못하는 기업도 있으며 이와 반대로 어떠한 정책도 실시하지 않았음에도 불구하고 성공을 거두는 기업도 있다. 인적자원이 기업의 성공을 결정짓는 중요한 원천이며 그 중요성이 점차 증대되고 있기는 하지만 유일한 성공 요소는 아니라는 점에 유의해야 한다.

그러면 성공하는 기업들이 인적자원을 관리하는 열여섯 가지 방법에 대해 살펴보자.

1. 성공 기업들은 고용 보장을 기본적인 경영 방침의 하나로 삼는다. 세계에서 가장 큰 아크 용접 기구 제조업체인 링컨 일렉트릭은 3년 이상 근무한 직원에 대한 고용을 보장해주는데, 이는 회사가 장기적인 안목으로 종업원을 대하고 있다는 사실을 보여주는 증거가 된다. 상호호혜 규범에 의해 종업원들이 더욱 열심히 일해 회사의 이러한 배려에 보답하려 함에 따라 경쟁력을 확보할 수 있었다.
2. 적합한 사람을 적절한 자리에 배치할 수 있도록 인력 선발에 신중을 기한다. 사우스웨스트 항공사는 인력 선발 과정에 단골 고객을 참여시키곤 한다. 앞서 언급한 링컨 일렉트릭은 지원자들의 열정과 잠재력을 중요한 평가 요소로 삼는다.
3. 성공 기업들은 매우 높은 임금 수준을 보장한다. NUMMI, 코스트코홀세일링, 웬디스 등과 같이 높은 임금을 지불하는 회사들은 노동 비용의 상승 압박으로 인해 고전하는 것이 아니라 높은 노동 생산성으로 인해 오히려 경쟁력을 확보할 수 있었다. 임금 수준이 낮을수록 노동 비용을 감소시킬 수 있다는 생각은 잘못된 것이다. 왜냐하면 임금을 낮춰 노동 비용을 줄이더라도 노동 생산성이 그대로 유지될 것이라고 믿는 것은 말도 안 되는 일이기 때문이다.
4. 돈보다 성과급과 인센티브제도를 적극적으로 활용한다. 다른 사람들로부터 인정받고 고용이 보장되며 공정한 대우를 받는 것이 사람들에게 더 큰 성취 동기를 부여한다는 사실을 알아야 한다. 즉, 성과에 적절한 보상을 해줄 수 있는 임금제도를 적용해야 하는 것이다.
5. 종업원 지주제를 실시한다. 종업원 지주제는 종업원들이 근로자인 동시에 회사에 대한 소유권을 갖고 있으므로 노사 간 갈등을 덜 느끼게 된다. 그리고 회사에 대해 보다 장기적인 시각을 갖게 되며 적대적 기업 인수와 같은 공격에 대해 반대하는 사람들종업원들이 주식을 보유하

게 된다는 이점이 있다. 물론 종업원 지주제가 만병통치약은 아니다. 여러 사례를 보면 시행 방법에 따라 효과의 정도는 다르지만 다양한 측면에서 업무 성과가 향상되는 것으로 나타났다.

6. 비용과 이익과의 관계, 업무 성과 및 전망 등에 대한 정보를 공개해 서로가 이해관계를 갖고 있다는 인식을 심어주는 것은 인적자원을 통한 경쟁력 확보에 있어 필수불가결한 요소다. 사람이 경쟁력의 원천이라고 생각한다면 그들은 분명히 필요한 정보를 갖고 있어야 하기 때문이다. 그런 점에서 뱅크 오브 아메리카의 인사 담당자였던 로버트 벡의 다음과 같은 말은 되새겨볼 만한 가치가 있다. "경쟁사들은 이미 정보를 갖고 있을 가능성이 매우 크며, 오히려 정보를 갖지 못한 사람들은 우리 회사의 종업원들뿐이다."
7. NUMMI, 링컨 일렉트릭 및 리바이스의 사례처럼 종업원의 경영 참여와 권한이양을 실시한다. 종업원의 경영 참여는 종업원들의 만족감과 생산성 모두를 향상시킨다. 위계적 통제체제에서 각 업무 활동이 조화를 이룰 수 있는 자율 경영체제로의 전환이 이뤄져야 한다.
8. 팀의 기대에 부응하기 위해 모든 팀원들이 노력하도록 만드는 팀제를 활용한다. 몬산토와 NUMMI, 존슨빌 소시지의 경우와 같이 팀제를 활용하면 불필요한 관리 계층을 줄일 수 있으며, 팀 단위 작업을 통해 생산성을 증대시킬 수도 있다. 물론 잘못 적용되면 근로자들을 이간시킬 수 있는 위험도 있으므로 조심스럽게 적용해야 한다.
9. 교육훈련과 기술 개발을 위해 노력한다. 새로운 제도를 정착시키기 위해 먼저 교육훈련, 기술 개발 및 기술을 발휘할 수 있는 환경을 조성하는 것이 중요하다. 조직 구성원들에게 보다 많은 정보가 주어진다면 이러한 환경의 조성이 보다 쉬워질 것이다.
10. 다기능화를 위한 순환 근무를 실시한다. 마즈다와 링컨 일렉트릭 및

레크미어의 사례에서처럼 순환 근무를 실시해 종업원들이 다양한 기술이나 업무 능력을 보유하게 되면 일자리를 유지하기가 더 쉬울 것이므로 이는 어떤 의미에서는 고용 보장을 위한 보조 정책이라고 볼 수도 있다.

11. 상징적 평등주의를 실현한다. 종업원들에게 소외감을 느끼게 하는 상징들을 없애 모두가 공동의 목표를 향해 나아간다는 일체감을 갖게 하는 것이 중요하다. NUMMI가 구내식당의 경영진을 위한 특별석을 없애버린 것이라든지, AMD가 임시직과 정규직을 구분하지 않고 월급제로 직원들을 고용한 것이라든지, 솔렉트론이 최고경영자의 집무실을 따로 두지 않는 것 등이 좋은 예다.
12. 임금 격차가 작다. 이를 통해 상호 간의 경쟁 심리를 감소시키고 협력을 조장함으로써 기업의 효율성을 증대시킬 수 있다. 실제로 건강한 기업문화를 가진 기업일수록 임금 격차가 적다.
13. 내부 승진제도를 시행한다. 내부 승진제도는 계층 간의 신뢰를 촉진시켜 의사결정의 분산, 종업원의 경영 참여 및 권한이양 등에 도움이 된다. 노드스트롬에서는 고등교육을 받은 사람도 영업사원에서부터 시작한다는 방침을 따르도록 하고 있는데 이는 노드스트롬만의 독특한 기업문화를 지속시키는 데 도움이 될 뿐만 아니라 업무 인계가 매우 효율적으로 이뤄진다는 장점을 갖고 있다.
14. 장기적인 안목을 갖는다. 인적자원을 통한 경쟁력 제고 방안은 시간이 많이 걸린다는 단점을 갖고 있다. 그러나 달성하는 데 시간이 많이 걸리기는 하지만 경쟁력을 확보하기만 하면 다른 방법에 의해 제고된 경쟁력보다 훨씬 오래 유지되며 경쟁 업체의 모방이 쉽지 않다는 장점이 있다.
15. 경영정책을 측정한다. 기업의 정책 실행에 대한 피드백을 받음으로써

정책의 효과를 판단할 수 있도록 한다.

16. 경영정책을 관장하는 경영철학의 중요성을 인식한다. 경영철학에 대한 이해가 충분하지 않다면 어떤 경영 정책이 도입되어도 여러 가지 문제를 지속적으로 해결하는 데는 한계가 있을 수밖에 없다.

물론 사람이 아닌 다른 요소를 기반으로 경쟁에서 성공할 수도 있다. 그러나 다른 성공의 원천들 가운데 상당 부분이 쉽게 모방될 수 있기 때문에(예를 들면, 저임금, 저급 기술 등에 근거한 경쟁력 제고는 보다 쉽게 모방될 수 있다), 인적자원을 통한 경쟁력 확보 정책은 적어도 한 번은 고려해볼 가치가 있다. 하지만 사실 이런 정책들이 널리 채택되고 있지는 않다.

AMD의 서브마이크론 개발센터나 리바이스의 블루릿지 공장, 링컨 일렉트릭, 노드스트롬 및 NUMMI와 같이 인력관리 정책의 변화를 통해 성공을 거둔 사례들을 실제로 확인할 수 있음에도 이러한 인력관리 정책이 잘 도입되지 않는 것이 현실이다. 새로운 경영 정책 가운데 몇 가지 정책이 효율성을 제고시키고 경쟁력을 향상시킨다 해도 그것이 즉시 기업에 의해 채택될 것이라고 생각해서는 안 된다.

사람을 중시하는 기업의 걸림돌은 무엇인가

그렇다면 지속적인 경쟁우위의 확보를 가능하게 하는 이러한 혁신적인 인력관리 정책을 도입하기 위해 제거해야 할 걸림돌은 무엇일까? 저자는 혁신적 인적자원관리 정책을 도입하는 데 장애가 되는 요인으로 인적자원에 대한 그릇된 인식 및 사람을 관리하는 데 사용되는 이론과 용어의 문제에서부터 기업 경영의 역사에서 비롯된 바람직하지 못한 유산, 경영상의 여러 가지 걸림돌을 극복하는 데 긍정적인 역할을 수행할 잠재력이 충분한 노동조합, 인적자원관리 방식의 변화에 대한 기업 내부의 저항 등을 구체적인 사례를 들어가며 설명하고 있다. 결국 저자의 논지는 인력과 노사관계에 대한 접근방법을 근본적으로 바꾸자는 것인데, 그 내용은 크게 다음과 같이 네 가지로 요약될 수 있다.

첫번째는 잘못된 영웅과 이론 및 언어에 관한 내용이다. 텍사스 항공의 최고경영자 프랭크 로렌조는 컨티넨탈 항공사와 이스턴 항공사를 파산시킨 장본인임에도 불구하고 월스트리트로부터 최고경영자들의 영웅이라는 추앙을 받았다. 왜냐하면 그는 노조 및 근로자들과 무모할 정도로 큰 싸움을 벌였고 회사가 몰락하고 있는데도 자신은 4천만 달러의 수익을 벌어들였기 때문이다. 이런 류의 경영자는 세계 곳곳에서 찾아볼 수 있다. 로렌조 외에도 같은 회사의 로버트 맥나마라, ITT의 헤럴드 제닌도 이와 비슷한 방식으로 회사를 경영했다. 특히 과거 20년 내지 30년 동안 영웅 대접을 받은 인물들은 사람을 관리하는 대신 숫자를 관리했으며, 고용을 축소하는 정책을 즐겨 사용했고, 소기의 성과를 달성하지 못한 경우에도 능력을 높이 인정받았다. 이런 인물들이 영웅으로 대접받는 한, 사람을 통해 경쟁우위를 확보하고자 하는 혁신적인 인적자원관리 정책이 적용될 가능성은 매우 희박하다.

인적자원을 바탕으로 한 경쟁력 확보에 있어 또 하나의 장애 요인은 경영자들이 인간의 행동에 대한 부정확하고 비생산적인 이론을 아무런 거리낌 없이 받아들인다는 것이다. 기업의 경영자들은 신고전파 경제이론에서 가정하고 있듯이 근로자들은 천성적으로 게으르기 때문에 외부적인 통제 혹은 인센티브가 없으면 유용한 일을 하지 않는다고 생각한다. 상황이 이렇게 되면 필연적으로 대리인 문제가 제기되는 데 이는 일하기 싫어하는 종업원과 그들이 열심히 일하기를 바라는 경영자들의 상반된 이해관계에서 비롯된다고 생각하는 경향이 있다. 따라서 이런 이론을 받아들이는 한 상호 신뢰에 바탕을 둔 노사관계를 수립하는 것은 요원한 일이 될 수밖에 없다.

각 개인은 기회주의적으로 행동하기 때문에 반복적 계약 대신 조직을 형성한다는 거래 비용 모델 또한 이와 유사한 논리를 갖고 있다. 하지만 이러한 이론들과는 달리 효율적인 기업이 노사관계를 관리하는 방식과 맥락을 같이 하는 사회심리이론들도 여럿 찾아볼 수 있다. 이러한 사회심리이론에서는 감시가 종업원들의 본능적인 흥미와 일에 대한 즐거움을 반감시킬 뿐만 아니라, 불신과 소외감을 유발시키고, 계속적으로 바람직하지 않은 행동의 빈도를 증가시킨다고 주장한다. 또한 심리적 감응저항이론은 사람들이 자유를 속박하는 작업 환경에 대해 이전보다 더 많은 자유와 자율성을 추구하고 또한 이를 확보하기 위한 방법을 모색함으로써 그러한 작업 환경에 대응한다고 주장한다. 이러한 이론들은 자율성에 근거한 팀제의 유효성에 대한 이론적 토대를 형성한다.

경영에 있어 언어의 중요성을 설파한 칼 웨익의 주장처럼 언어는 사람들이 경영 프로세스를 어떻게 생각하는지를 결정하고 반영한다. 언어는 강력한 사회적 영향력을 가진 수단이므로 경제이론 및 전통적인 경영에서 다루고 있는 많은 언어들은 신중히 다뤄야 한다. 리스트럭처링, 라이트사이징rightsizing, 주인과 대리인 문제, 계약, 태만, 무임승차 등과 같은 언어들을 그 예로 들 수 있다. 결론적으로 사람을 통한 경쟁우위 확보에 장애가 되는 요소를 극복하기 위해서는 노사관계 관리에 있어 이념적이거나 이론적이기보다는 실용적인 입장을 취해야 한다. 불신풍조나 적대적인 분위기에서는 노동력이 능률적이고 효율

인적 자원에 대한 재해석
조직 내 사람들을 단순히 통제의 대상이나 절감해야 할 비용 요인이 아니라 조직의 경쟁력과 성패를 좌우할 수 있는 중요한 전략적 자산 요인으로 인식해야 한다.

적으로 사용되지 못할 것이 뻔하기 때문이다.

두번째는 잘못된 기업 경영의 역사적 산물에서 기인하는 문제점들에 관한 것이다. 미국의 경영 관행이 변화해온 과정을 살펴보면 노동력에 대한 의존도를 줄이기 위해 일을 단순화시키고 근로자들을 비숙련공으로 만들었음을 알 수 있다. 그리고 법률적·제도적 장치를 활용해 근로자들과 그들의 조직력을 제약했고, 작업현장에서 근로자들에 대한 통제를 강화함으로써 사용자의 주장을 관철시켜왔음을 알 수 있다. 이와 같은 역사적 유산은 현재 기업을 경영하고 있는 많은 사람들에게 큰 부담으로 작용하고 있다. 예를 들면, 19세기와 20세기에는 모든 근로자들의 일이 경영진에 의해 계획되고, 근로자는 작업을 위한 수단일 뿐이며, 작업의 세부 사항에 대해서까지도 경영진의 지시를 받는 것이 지배적인 모습이었다. 즉, 수많은 부조리와 불합리가 지배하는 환경이었던 것이다. 일을 비숙련화시키고 밀착 통제하려는 사용자 측의 시도는 근로자들의 저항을 불러일으켰으며 고용주들은 다양한 방식으로 이에 대응했다. 하지만 이러한 대응의 근저에 깔려 있는 지배적인 논리는 강력한 통제였다. 이후 전 세계적으로 노조가 결성되고 근로자들의 공장 운영 참가가 이뤄지면서 통제와 저항보다는 타협과 화해가 훨씬 발전적인 방식이라는 인식이 확산되어갔다.

NUMMI의 사례는 이를 잘 보여준다. 외부적 통제는 반드시 실패하며, 통제를 달성했다 해도 반드시 경쟁에서 이기는 데 필요한 학습과 효율성을 달성한다고 할 수는 없기 때문이다. NUMMI의 성공은 경영자가 자신의 힘의 일부와 전통적인 권한의 일부를 포기했기 때문에 가능했다. 근로자들을 회사에 공헌하도록 만들고 싶은 경영자가 있다면, 그는 자신이 가진 권한의 일부를 포기해야 한다. 경영자들이 근로자들의 믿음을 얻고 싶다면 경영자 자신이 근로자들을 신뢰해야 하는 것이다. NUMMI와 보이스 캐스케이드 및 그 외의 수많은 사례들은 과거의 잘못된 유산을 변화시키기 위해서 어떤 노력을 해야 하는지를 잘 보여준다.

세번째로 노조의 역할에 대해 살펴보자. 작업장의 변화를 보다 깊이 이해하기 위해서는 노조의 역할에 대한 이해가 선행되어야 한다. 저자는 노조의 역할은 좋은 것도 아니고 나쁜 것도 아닌 그 중간으로 봐야 하며 생산성, 경쟁력, 이윤, 임금, 매출액 등과 같은 실용적인 측면에서 평가되어야 한다고 주장한다. 실제로 노조가 기업 경영에 미치는 영향을 평가하기란 쉽지 않다. 하지만 토마스 카리어, 제프리 키프, 로버트 드라고 등은 노조활동이 무역 및 기술혁신에 긍정적 영향을 미치거나 최소한 중립적이라고 주장했다. 그리고 노조활동에 의한 임금 인상은 경제에 아주 작은 순영향만을 줬다는 연구 결과가 발표되기도 했다. 노조가 생산성과 이윤에 미치는 영향을 분석한 연구들의 결론은, 원만하고 뛰어난 지도력이 발휘되었을 때는 노사관계가 기업의 생산성을 향상시킨다는 것이었다.

하지만 노조가 기업 성과에 긍정적이건 중립적이건 간에 노조의 여러 노력들은 기업의 경영자에 의해 부정되는 것이 일반적이다. 노조의 행동은 노조가 처해 있는 상황과 경영자의 태도를 동시에 반영하며, 노조는 경영자의 공격이나 경영진의 인적자원관리 정책의 변화에 적극적으로 저항해왔다. 하지만 원만한 노사관계를 바탕으로 한 노사 협력이 이뤄지면 노조는 최소한 중립적이거나 적극적인 자세로 작업장 개혁에 동참했다. 경영자가 기업이 앞으로 나갈 방향을 결정할 때는 근로자와 노조를 작업장 개혁의 장애 요인으로 볼 것인지 동반자로 볼 것인지부터 먼저 생각해봐야 한다.

네번째로 조직 내부로부터의 저항에 대해 살펴보자. 1988년 서던

컴퍼니가 실시한 혁신적인 그룹별 이익 배분 계획은 상당한 성과를 거뒀음에도 얼마 안 가서 중단되고 말았는데, 이는 작업장에 변화를 가져오는 프로그램은 성공적인 것일지라도 내부가 강하게 저항한다는 것을 보여주는 좋은 예다. 과연 어떤 요인에 의해 내부의 저항이 표출되는 것인지 살펴보도록 하자.

일반적으로 작업장의 변화 프로그램 가운데 가장 일반적인 것은 관리 계층을 축소하는 것인데 이로 인해 직무, 직위 및 금전적 손실을 입는 근로자가 생겨나기 때문에 그것이 긍정적인 작업장 변화 프로그램일지라도 내부 저항에 직면하게 된다. 이를 해결하기 위한 한 가지 방법으로 제너럴 푸드, NUMMI 및 AT&T에서와 같이 실험적으로 변화 프로그램을 적용하는 것이 있다. 사람을 통해 경쟁우위에 서고자 하는 기업은 근로자를 잘 이해하고 또한 직무에도 밝은 사람들을 적당한 위치에 배치해야 한다. 만약 불가피하게 기업조직에 존재하는 엄청난 관성의 힘을 극복해야 한다면 변화를 지지하는 적당한 사람을 적합한 부서에 배치하는 것이 가장 필수적인 선행 조건이다.

사람을 중시하는 기업으로의 변화와 혁신이 필요하다

인적자원은 모방이 불가능하며 상당 기간 활용할 수 있는 속성을 지닌 성공의 필수 요소임에 틀림없다. 성공한 기업들에는 그 기업 특유의 인적자원관리 정책이 존재하는 반면 다른 기업들에서는 그러한 정책을 찾아볼 수 없다. 아마도 이는 여러 가지 장애 요인들 때문일 것이다. 인적자원 활용에 있어서의 근원적인 문제들은 사회적, 정치적 속성을 띠고 있기 때문에 작업장 개혁을 위한 노력에 대한 평가는 실행 가능성이라는 측면에서 내려져야 한다. 이런 의미에서 오랜 기간 동안 '올바른' 관리방식으로 인정받아온 '질 경영 프로그램'의 전망은 매우 밝다고 할 수 있다. 질 경영 운동은 인적자원의 중요성을 인정하며 인간 행동 및 성취동기 유발에 관한 견해를 장려하고 숫자 중심의 사고방식을 비판한다. 효율적 인사관리를 실행하는 데 있어서 질 경영 운동이 장애 요인을 극복하기 위한 유일한 방법은 아니지만 그중 한 가지 방법이라는 것만은 확실하다.

피터 드러커는 자신의 책 《피터 드러커의 미래경영》에서 지식의 중요성을 강조했다. 그만큼 재능 있는 사람들을 보유하고 양성하는 것이 경쟁력에 결정적인 요인임을 제시한 것이다.

인력관리에 있어 효율적 경영기법을 도입해 목표를 달성한 밀리켄 앤드 컴퍼니, 1987년에서 1990년 사이에 교육훈련을 위해 직원 한 명당 약 10만 달러를 투자한 월레스, 직원 교육을 위해 연간 1억 달러 이상을 투자하는 모토롤라, 수익성이 매우 낮은 상황에서도 매년 90시간 이상 직원들을 교육시키는 솔렉트론과 같은 기업들이 바로 올바른 인적자원관리방식인 질 경영 운동의 대표 주자라 할 수 있다. 질 경영 운동에서는 경영의 목표를 주주에 두는 것이 아니라 고객에 두며, 프로세스, 팀워크, 지속적인 개혁, 불규칙성의 극소화와 같은 단어들을 주로 사용한다. 또한 정보의 공유 및 협조 체제 구축을 통해 조직 혁신이 확산될 수 있는 환경을 조성한다.

이러한 질 경영 운동이 확산되기 위해서는 장기적 안목을 갖고, 역사적 전통, 고루한 사고방식, 내부의 저항 등과 같은 여러 가지 현실적이고 잠재적인 저항 요소들을 극복해야 한다. 그리고 기존의 이데올로기, 가치관 및 역사적 경험이라는 장애물을 넘어서야 한다. 마쓰시타 전기의 설립자인 마쓰시타 고노스케의 말을 다시 한번 새겨보자. "생존은 불확실하다. 따라서 회사가 살아남기 위해서는 지속적으로 모든 종업원들의 마음을 사로잡아야 한다. 우리들은 회사에 대한 전 근로자들의 지적인 헌신을 유도하는 것이 경영이라고 생각한다.……기업의 부침과 더불어 운명을 같이하는 모든 종업원들의 지식이 합쳐져야 새로운 환경이 필요로 하는 것들을 얻을 수 있다."

테일러주의와 그 사고방식에 사로잡혀 있는 기업들은 사람을 통해서 성공을 거둔 사우스웨스트 항공, 휴렛 패커드, 링컨 일렉트릭, 노드스트롬과 같은 기업과의 경쟁에서 결코 승리할 수 없다. 이 길은 매우 어려운 길이지만 그 보상은 매우 크다. 그리고 경쟁에서 이길 수 있는 방법은 바로 이 길밖에 없다는 점을 명심해야 한다.

현대적 시사점

인적자원의 중요성이 과거 어느 때보다 커지고 있음에도 불구하고, 모든 기업들이 이를 진지하게 받아들이는 것은 아니다. 또한 이러한 변화의 중요성을 인식하고 있다 해도 여러 가지 요인들로 인해 이를 실행에 옮기는 것은 사실 쉽지 않다. 페퍼는 그러한 문제를 해결하기 위해서는 인적자원에 대한 올바른 이론을 정립하고 그에 기초해 올바른 인적자원관리 정책을 실천해야 함을 여러 기업의 사례를 통해 설명하고 있다.

긍정적인 현상인지는 모르겠지만 최근 들어 기업 인사 담당자들의 역할이 크게 변화하고 있다. 지원 부서라는 개념에서 전략을 수립하고 수행하는 데 있어 핵심적인 역할을 하는 전략 부서로서의 성격이 강화되고 있는 것이다. 따라서 지금까지는 직원이 인사 부서의 최대 고객이었지만 이제는 최고경영자와 부서장이 주요 고객이 되었다. 1990년대 이후 기업들은 인적자원을 새로운 전략적 자산으로 인식하기 시작했고, 디지털 경제 시대의 도래로 인해 인적자원의 중요성은 더욱 부각되고 있다. 이는 디지털 기술이 사회 환경을 비롯해 기업의 경영 환경, 전략 및 조직 운영 방식을 크게 변화시키고 있기 때문이다.

그런데 인적자원이 경쟁력의 원천이라는 이 책의 주장은 조직의 모든 구성원들이 각자의 역량을 발휘할 수 있도록 제도적으로 여건을 마련하고 조직문화를 구축해야 한다는 뜻이지, 몇몇 핵심 인재만을 지원하고 개발하라는 뜻은 아니다. 저자인 페퍼 교수는 핵심 인재관리의 부정적인 효과를 우려하며 다음과 같이 말한 바 있다. "핵심 인재에 대한 지나치게 차별적인 관리는 득보다 오히려 실이 많을 수도 있다. 자칫하면 대다수의 구성원들이 소외감을 느끼고 이로 인해 사기가 꺾이며, 팀워크가 깨지고 생산성이 감소될 뿐만 아니라 파괴적인 조직문화까지도 양산될 수 있기 때문이다."

전체 구성원의 1퍼센트 내지 5퍼센트 이하의 소수 인력에 대한 차별적 관리가 조직의 건강을 해칠 수도 있다는 것이다.

우리나라의 기업에서도 이와 유사한 문제점들을 찾아볼 수 있다. 핵심 인재를 잘못 관리할 경우 나타날 수 있는 잠재적 부작용들이 생각보다 클 수도 있음을 경영자들은 명심해야 한다. 전체 구성원의 사기 저하 및 소외감, 잠재적인 인재의 도태 가능성이 그러한 부작용의 예다. 또한 경영자들은 인재관리에 있어서는 핵심 인재에 대한 명확한 요건 정립, 엄정한 평가와 적합한 보상 제공, 평범한 인재를 위한 충분한 기회 제공 및 리더의 솔선수범이 중요하다는 점을 분명히 인식해야 한다.

저자는 최근, 인재 확보에 대한 기업들의 집착이 일종의 유행으로 끝날 수도 있음을 경고하고 있다. 그는 우수 인재를 확보하려는 기업들의 노력이, 과거에 경영혁신 기법들을 유행처럼 도입했던 것처럼 한

때뿐인 유행에 그치게 되는 것을 우려하고 있다. 구성원들이 잠재력을 100퍼센트 발휘할 때 그것이 얼마나 큰 위력을 발휘할 수 있는지를 기업들이 제대로 인식한다면 소수의 탁월한 인재를 확보하기 위해 치열하게 경쟁하기보다는 평범한 직원들의 잠재력을 극대화해 성공하는 조직을 구축하기 위해 더욱 노력해야 할 것이다.

물론 구성원들의 잠재 역량을 발휘할 수 있는 여건을 마련하는 것이 말처럼 쉽지는 않다. 구성원들이 신바람나게 일하는 것으로 유명한 사우스웨스트 항공사의 켈러허 회장조차도 직원들이 즐거운 마음으로 자신들의 잠재 역량을 발휘하도록 하는 일은 자신이 하는 일들 중에서 가장 어려운 작업임을 고백하고 있다. 그러나 구성원들이 신바람나게 일할 수 있는 여건을 구축하는 것은 다른 기업이 모방할 수 없는 진정한 경쟁력의 근간임을 잊어서는 안 된다. 금전적인 보상을 통해 우수 인재를 확보하는 것은 어느 기업이나 할 수 있는 일이며 금전적 보상 역시 내재적 보상이 갖춰져 있을 때에만 그 효과를 발휘한다.

지금 우리 기업들은 인재 확보를 위한 노력과 함께 현재 자사가 보유하고 있는 인재들을 활용하는 데 있어서 문제점은 없는지, 그리고 인재들을 일에 몰입하도록 하는 여건들이 제대로 갖춰져 있는지 점검해볼 필요가 있다. 이것이 바로 페퍼가 역설하고 있는, 사람이 경쟁력의 원천이라는 주장의 핵심이기 때문이다. 인재를 확보하는 것도 중요하지만 그보다 훨씬 더 중요한 것은 그러한 인재를 활용하는 것이다.

휴먼 이퀘이션 제프리 페퍼, 지샘, 2001

숨겨진 힘 : 사람 제프리 페퍼, 김영사, 2002

왜 지식경영이 실패하는가? 제프리 페퍼 등, 지샘, 2002

제프리 페퍼Jeffrey Pfeffer

《사람이 경쟁력이다*Competitive Advantage Through People*》, Harvard Business School Press, 1994.

인적자원의 중요성을 설파하고 있는 인사 및 조직 분야의 대가인 제프리 페퍼는 1979년부터 지금까지 스탠퍼드대학 경영대학원 조직행동 분야의 교수로 재직해오고 있다. 그는 카네기멜론대학에서 경영학 전공으로 학사학위를, 산업경영학 전공으로 석사학위를 받았으며, 스탠퍼드대학에서 경영학 박사학위를 받았다. 또한 일리노이대학과 버클리대학에서 교수를 역임했으며, 1981년부터 1982년까지 헨리 포드 재단의 지원으로 하버드대학의 초빙교수를 역임했다. 현재 그는 소노사이트, 오더블 매직, 액티피 및 유니크루의 이사회 멤버이며, 유명한 경영 관련 잡지인 〈비즈니스 2.0〉에 매달 기고를 하고 있다. 또 페퍼는 경영학의 학문적 발전에 공헌한 공로를 인정받아 리처드 어윈 상을 수상하기도 했다.

페퍼는 지금까지 10권의 책과 1백 편이 넘는 논문을 발표했으며, 《사람이 경쟁력이다》는 세계적으로 포르투갈어, 인도네시아어, 네덜란드어, 스페인어, 중국어, 터키어 등으로 번역 출판되었다. 그 외의 저서로는 《The External Control of Organizations : A Resource Dependence Perspective》(1978), 《Organizational Design》(1978), 《Power in Organization》(1981), 《New Directions for Organization Theory》(1997), 《휴먼 이퀘이션*The Human Equation*》(1998), 《왜 지식경영에 실패하는가*The Knowing-Doing Gap*》(2000), 《숨겨진 힘 : 사람*Hidden Value*》(2000) 등이 있다.

고전을 통해 경영의 미래와 만난다

30권의 고전을 정리한 《경영의 교양을 읽는다》를 정독한 독자들은 이미 경영의 고수가 되어 있을 것이다. 아마도 경영이라는 개념이 어떻게 형성되었고, 어떤 과정을 통해 발전하였으며, 현재는 어떤 이슈들이 부각되고 있는지에 대한 전반적인 통찰력을 습득하였을 것이다. 21세기 경영이 지향해야 할 청사진도 많은 부분 과거로부터 배운 교훈에서 그 실마리를 찾을 수 있다. 고전에는 그것이 발간되었던 시대의 가장 중요한 고민거리가 숨겨져 있다. 따라서 21세기 경영이 나아가야 할 방향은 직전 시기의 고민거리들을 하나씩 해결하는 방향이 되어야 할 것이다. 이런 차원에서 다시 한번 《경영의 교양을 읽는다》에서 다루었던 고전 30권의 고민을 되씹어보자.

먼저 제1부 초기 경영의 시대에는 경영의 가장 본질적인 의문점들을 해결해주는 책들이 주류를 이루었다. 예를 들어, "어떤 경영자가 바람직한가? 생산성을 높이기 위해서는 조직의 구조와 관리과정은 어떻게 구축해야 할 것인가? 구성원들을 효과적으로 동기유발시키는 방법은 무엇인가? 고객에게는 어떻게 다가가야 할 것인가? 기업의 미래 방향에 대한 전략적 선택은 어떤 과정을 통해서 이루어지는가?"와 같은 본질적인 고민을 해결해주는 책들이었다. 이처럼 초기 저서들은 기업조직이 효율적으로 경영되기 위한 필수요소들을 제시해주고 있다. 그런데 21세기에도 우리는 여전히, 경영을 잘하기 위해서는 어떤 본질적인 요소를 갖추어야 할지에 대한 고민에서 벗어나지 못하고 있다. 따라서 시대가 바뀌고 기업이 직면한 환경이 바뀌었다고 해도, 초기의 고전들이 다루었던 주요 내용들은 여전히 설득력을 지닌다. 다만 상황이 바뀌었기 때문에 이를 조금 다른 각도에서 해석해야 할 뿐이다.

제2부에서는 석유파동을 기점으로 기업경영을 둘러싼 환경이 급격히 변화하면서 이에 적절히 대응하기 위한 전략이 경영의 화두로 등장하였다. 이 시기는 기업이 처음으로 무한경쟁에 직면한 시기이기도 하다. 당시는 내부 조직을 형성하고 경영자와 구성원에 대한 관심을 지녔던 직전 시기와 달리 외부적인 환경변화에 즉시 대응해야 하는 경쟁의 시대였다. 시장경제 시스템의 근간을 이루는 경쟁의 원리를 기업이 어떻게 받아들여야 할 것인가? 어떻게 경쟁을 하는 것이 효과적인가? 경쟁력을 획득하기 위해서는 어떤 전략기획이 필요한가? 경쟁에서 승리한 초우량 기업은 어떤 특성을 지녔는가? 국경 없는 경쟁 시대에는 무엇이 성공요인인가?

이처럼 경쟁에 관련된 주제들이 주요 관심사였다. 이는 이전 시기까지 성장일변도였던 상황에서 경기가 위축되고 글로벌 경쟁이 격화된 결과이기도 하다. 미국 기업 입장에서는 유일한 강자의 위치에서 새로운 경쟁자를 만나면서 시련을 겪게 되는 시기였다. 이에 따라 미국식 경영에 대항해서 협력적 방식으로 경쟁에서 우위를 점한 일본 기업에 대한 관심이 집중되었다. 이러한 시대 분위기를 반영해서 경쟁에서 이기기 위한 다양한 전략서가 인기를 끌었고, 성공한 기업을 탐구하는 책들이 많이 쏟아져나왔다. 특히 일본 기업 경영이 부각되면서 이전의 미국식 경영과는 상이한 관점들이 소개되었다. Z이론, 무형자산 등의 개념은 전통적인 미국 기업에서는 논의되지 않았던 새로운 개념들이다.

이 책들은 "과연 미국식 경영이 효과적인가?"라는 근원적인 의문에서 출발한다. 일본식 경영, 나아가 동양적인 방식에 대한 신비주의적인 관심과 더불어 성공신화를 일구어낸 소니, 캐논, 도요타 등 일본 기업 경영의 본질에 대한 관심이 높아졌다. 그러나 1970년대 이전까지 성장 일변도로 달려온 미국 기업이 1970년대 이후 경쟁력을 상실했다면, 1980년대를 정점으로 일본 기업들도 경쟁력을 상실해갔다. 1980년대에는 서구 기업들이 일본 기업들을 보고 배웠다면, 1990년대 이후에는 다시 일본 기업이 서구 기업으로부터 배울 것이 많아졌다. 1970년대와 1980년대의 고전들에서 우리는 경쟁이라는 시장경제시스템의 본질적인 요소가 기업경영에 있어 어떤 의미를 지니는지를 배울 수 있다. 이는 불확실성이 가중되는 21세기 미래 경영에서 어떤 경쟁적 상황을 고려해야 할 것인가 하는 차원에서 유념해야 할 부분이다.

제3부, 경영의 르네상스 시대에 나타난 책들은 경영의 범위를 크게 확장시키고 있다. 이전의 책들이 주로 기업 차원의 경쟁력에 주안점을 두었다면 이 시기의 책들은 기업의 문제를 다루는 데서 나아가 다른 사회 영역에 접목될 수 있는 논의들에 집중하였다. 핵심역량, 브랜드, 지식, 혁신, 시스템적 사고 등의 개념은 기업의 전유물이 아니라 개인, 비영리 조직, 국가에 이르기까지 전 영역으로 확산되었다. 먼저 기술

발전과 더불어 기업을 비롯한 사회 주체들의 변신 속도가 빨라지면서, 어떻게 하면 본원적인 핵심역량을 잘 구축하고 혁신에 성공할 수 있을 것인가에 관심이 집중되었다. 핵심역량에 대한 논의는 산업 내 경쟁 위주의 상대적인 경쟁력보다는 본원적인 내부 역량 차원에서 기업을 경영해야 한다는 시각을 제시한 것이다. 이에 따라 미래를 위해서는 어떤 핵심역량을 구축해야 할 것인가? 무형의 브랜드 자산을 어떻게 활용해야 할 것인가? 지식으로 대별되는 무형적인 핵심역량은 어떤 과정을 거쳐서 창조되는가? 근원적인 경쟁력 원천인 인적자원을 어떻게 관리해야 할 것인가? 하는 등 핵심역량의 원천에 대한 관심이 집중되었다. 아울러 성공적인 혁신을 이루기 위한 다양한 지침서들이 제시되기도 했다.

기존의 업무 프로세스의 취약점을 개선하기 위해서는 과연 어떤 리엔지니어링이 필요한가? 경영혁신이 성공하기 위해서는 어떤 단계가 필요한가? 경쟁력은 어떤 도구로 측정될 수 있는가? 이런 물음들 속에서 혁신을 위해서는 어떤 노력이 필요한지를 역설한 책들이 베스트셀러가 되었다. 이처럼 역량과 혁신이 강조된 것은 모든 기업과 사회 주체들에게 어떤 형태로든 변화해야 하고, 이 과정에서 변화의 방향을 어떻게 잡아야 할지가 고민거리였기 때문이다. 혁신은 변화를 의미하고, 핵심역량은 변화하는 과정에서 지속적으로 축적해야 할 그 무엇을 의미한다. 이는 결국 핵심적인 경쟁력 원천을 내부에 축적하면서 빠른 속도의 변화에 대응해야 한다는 경영의 이중적인 고충을 의미하기도 한다.

돌이켜보면 경영의 초기 단계에서 논의되었던 경영자, 구성원, 조직구조, 관리방식 등과 같은 본질적인 고민들도 결국 핵심역량을 구축하기 위한 노력으로 해석할 수 있다. 아울러 전략의 시기에 논의되었던 다양한 경쟁우위 확보방식의 변화는 외부적 상황에 능동적으로 대응하기 위한 혁신의 과정이기도 하다. 그러고 보면 시대가 바뀌고 상황이 바뀌어도 경영의 근원적인 고민거리는 여전히 동일선상에 있다고 봐야 할 것이다.

그러면 21세기 경영은 어떤 방향으로 나아가야 할 것인가? 과연 고전으로부터 배운 교훈들이 얼마나 미래 경영에 응용될 수 있을 것인가? 고전의 교훈을 넘어선 전혀 새로운 시각이 필요하지는 않은가? 이에 대한 답을 한마디로 하기는 어렵다. 확실한 것은 과거의 교훈들을 재해석하면 미래에 나아갈 방향에 대한 실마리를 잡을 수 있다는 것이다. 아마도 미래의 환경은 이전과는 비교도 할 수 없을 정도로 불확실할 것이다. 그러나 이러한 불확실한 미래에 대처하는 지식은 우리가 살펴보았던 고전들이 이미 고민했던 문제이기도 하다. 필자는 이 책을 마무리하면서 고전에서 배운 지식을 바탕으로 미래 경영이라는 엔진이 가동되기 위해 필수적인 네 가지 요소를 지적하고자 한다.

첫째, 경영은 미래를 예측하고 이에 적극적으로 대응하기 위해 필요한 것이다. 불확실성이 높아진 1970년대 이후 등장한 경영의 고전들은 환경 변화에 대한 적극적인 대응을 반복적으로 강조하고 있다. 산업구조의 변화, 글로벌 경쟁, 미래 경쟁, 경영혁신 등을 강조하면서 불확실한 미래에 대한 대응력을 키우는 것이 경영의 본질이라고 역설하고 있다. 21세기 기업을 포함한 경영되어야 할 다양한 주체들은 이전 세대와는 비교도 되지 않는 불확실성에 직면해 있다. 기술발전과 이에 따른 정치, 경제, 사회, 문화 요인들의 변화는 미래에 대한 희망과 함께 불안감도 가중시키고 있다. 경영이라는 엔진이 잘 가동되기 위해서는 변화를 감지하는 레이더 장치가 잘 작동해야 한다. 즉 시장과 고객의 변화를 인지하고 이를 주도할 수 있는 예견력을 지녀야 하는 것이다.

미래 경영의 엔진이 가동되기 위한 두번째 요소는 핵심역량을 구축하는 것이다. 핵심역량의 확보는 초기 고전에서부터 이어져오는 경영의 본질이다. 예를 들어, 1910년대 당시의 과학적 관리법에 기초한 과업관리는 현대적인 관점에서 재조명해보면 탁월한 성과를 보장하는 핵심역량을 구축하는 과정이다. 경쟁우위의 확보, 업무 프로세스 재정립, 브랜드 자산 등 이어지는 고전에서 역설하는 내용도 자신만의 핵심역량을 구축해야 하는 당위성으로 재해석할 수 있다. 불확실한 미래에 대응하기 위해서는 예견력만으로는 부족하다. 포착된 기회를 자신의 조직에 접목시키는 냉철한 분석력을 바탕으로 핵심역량을 구축해야 한다. 자신만의 역량이 적절히 구축되지 않으면 아무리 좋은 기회를 발견해도 경영이라는 엔진을 돌릴 수 없다. 상황은 끊임없이 변화하지만, 핵심역량으로 무장한 조직은 상황에 맞게 변신하면서 생존과 번영을 영위할 수 있을 것이다.

셋째, 경영이라는 엔진을 돌리는 힘을 확보해야 한다. 이는 조직 내부에 존재하는 것으로 기업 구성원들이 주도적으로 참여해야 얻을 수 있는 것이다. 성장엔진을 돌리는 것은 사람이다. 아무리 훌륭한 핵심 프로세스가 구축되어 있다 하더라도 구성원들이 자발적으로 참여하지 않으면 추진력이 생기지 않는다. 경영자의 역할 중 가장 중요한 것은 구성원을 동기유발시키고, 이들이 행복할 수 있는 조직으로 만드는 것이다. 매슬로의 욕구단계설, 효과적인 조직구조, 일본식 경영, 조직문화, 사람 중심의 인적자원관리 등을 다룬 고전에서 한결같이 강조하는 것이 사람이다. 기업을 포함한 조직은 사람의 집합이므로 조직의 구성원이 경쟁력의 원천이라는 사실은 변하지 않는 진리다. 어떤 변화가 있더라도 경영이 존재하는 한 구성원사람에 대한 논의는 지속될 것이다. 경영활동의 주체로서 그리고 경쟁력의 원천으로서 지식과 기술을 창조하는 인적자원에 대한 관심은 21세기를 넘어 경영이라는 엔진이 꺼지는 날까지 영원할 것이다.

마지막으로 경영이라는 엔진이 유지되기 위해서는 끊임없는 자기혁신이 필요하다. 성공하는 기업은 기회를 포착하는 능력과 이를 실현시킬 수 있는 핵심역량의 구축, 구성원 만족을 통한 핵심역량의 차별성 강화라는 자신만의 독특한 경영방식을 보유하고 있다. 초기 경영의 고전들은 경영이라는 엔진의 구성요소들을 창조하였다. 그러나 이들이 창조한 엔진이 꺼지지 않기 위해서는 끊임없는 자기혁신이 뒷받침돼야 한다. 1990년대 이후 명저들은, 경쟁력을 유지하고 변화에 적응하기 위해서는 혁신이 필수적임을 역설하고 있다. 경영은 지속되어야 하기 때문이다. 한번 성공한 기업이나 조직이 같은 방법으로 다시 성공할 확률은 적다.

예를 들어, 필름산업의 사업 기회를 포착하는 데 성공했던 코닥은 디지털화라는 변화에는 적절히 대응하지 못했다. 이로 인해 100여 년을 미국의 100대 기업에 속해왔던 저력이 디지털 카메라의 부상과 함께 급락하게 되었다. 이처럼 지속적인 사업기회 포착을 위해서는 끊임없는 자기 혁신이 필요하다. 그리고 한번 구축한 핵심역량은 상황에 맞게 조정되어야 한다. 삼성전자의 핵심역량이 빛나는 것은 내부 혁신을 통해 그들의 핵심역량을 새로운 사업으로 연결했기 때문이다. 구성원을 대하는 방식도 혁신되어야 한다. 기술 발전과 글로벌화의 결과 이전의 구성원과는 다른 의식구조를 지닌 구성원들이 속속 등장하기 때문이다. 경영에 있어 사람의 중요성은 변하지 않겠지만, 사람이 바뀐다면 경영도 변해야 한다. 경영은 안정보다는 혁신에 기반하여 끊임없는 자기 변신을 시도해야만 발전할 수 있는 법이다. 과거 방식에 집착하는 조직은 경영이라는 엔진을 만들 수는 있어도 이를 지속시킬 수는 없을 것이다.

고전들이 알려주는 지식을 키워드로 압축해서 다시 들어보면 미래를 예견하고, 이에 대비한 자신만의 핵심역량을 지속적으로 구축하면서, 조직 구성원을 만족시키고, 지속적으로 혁신하라는 교훈을 발견할 수 있다. 이는 기업조직뿐 아니라 개인, 비영리조직, 정부를 포함한 모든 사회주체들에게 공통적으로 적용될 수 있는 지식이다. 이러한 고전의 교훈을 바탕으로 21세기에는 한국의 모든 개인, 기업, 비영리조직, 정부를 포함한 경영돼야 할 주체들의 본원적인 경쟁력이 높아지길 기대한다.

이윤철

참고문헌

1 경영의 시대를 열다

2 프랑스의 경영관리론

- 김흥길, 〈**산업 및 일반경영관리론**〉, 지문사, 1990.
- 미야타 야하치로, 〈**경영학 100년의 사상**〉, 한빛, 2001.
- Coubrough J.A., 〈**General and Industrial Management**〉, IMI, Geneva, 1930.
- Constance Storrs, 〈**General and Industrial Management**〉, Sir Pitman and Sons, London, 1949.
- Wren D.A., 〈**The Evolution of Management Thought**〉, The Ronald Press Co. N.Y., 1972.
- 山本安次郎, 〈**フェイヨル管理論研究**〉, 有斐閣, 1955.

4 경제와 사회 I

- 박기찬, 〈**조직정치론 : 권력관계의 본질과 조직행위의 정치성**〉, 경문사, 1993.
- 박성환 역, 〈**경제와 사회 I**〉, 제2쇄, 문학과 지성사, 2003.
- Crozier M., 〈**Le phenomene bureaucratique : Essai sur les tendences bureaucratiques des systemes d'oranisations modernes et sur leurs relations en France avec le systeme social at cultuel**〉, Paris : Edition du Seuil, 1963.
- Parsons, T. (1930), "Translator's Preface", in Max Weber, 〈**The Protestant Ethic and the Spirit of Capitalism**〉, Translated by T. Parsons, N.Y.: Charles Scribner's Son, 1930.
- Weber M., 〈**The Theory of Social and Economic Organization**〉, N.Y.: The Free Press of Glencoe, Translated by Talcott Parsons & Henderson A. M., 1921
- Wren D., 〈**The Evolution of Management Thought**〉, N.Y. : The Ronald Press Co., 1972

5 매슬로의 욕구단계설

- 조대봉 역, 〈**인간의 동기와 성격**〉, 교육과학사, 1992.
- 신유근, 〈**인간존중의 경영**〉, 다산출판사, 1997
- Maslow A. H., 〈**Motivation and Personality**〉, 2nd ed., N.Y., Harper & Row, 1970.
- Kinicki A & R. Kreitner, 〈**Organizational Behavior**〉, McGraw-Hill, 2003.

8 관료제의 실상

- 박기찬, 〈**조직정치론: 권력관계의 본질과 조직행위의 정치성**〉, 경문사, 1993.
- Chevalier F., 〈**Cercles de qualite et changement organisationnel**〉, Paris, Economica, 1991.
- Crozier M., 〈**The bureaucratic phenomenon**〉, University of Chicago Press, 1964.
- Crozier M. & Friedberg E., 〈**Actors and systems : The politics of collective action**〉, University of Chicago Press, 1980.
- Greiner L. & Shein V., 〈**Power and organizational development**〉, Addison Wesley, 1988.
- Pfeffer J., 〈**Power in organizations**〉, Massachusetts : Pitman Publishing Inc., 1981.
- Trepo G., 〈**'Dynamics of organizational change : The management of contradictions', Academy of Management**〉, July, Boston, 1997.

2 경영의 전략을 발견하다

12 시장을 선택할 것인가 위계를 선택할 것인가

- 신유근 외공저, 《조직환경론》, 다산출판사, 1987.
- 신유근 외공저, 《신조직환경론》, 다산출판사, 1999.

14 미국 기업을 위한 일본식 경영방식

- 윌리엄 오우치, 박내회 역, 《기업경영의 새로운 지침서 Z理論》, 우이당, 1981.

18 조직에서의 문화의 역할과 기능

- Schein E., **《Organizational Culture and Leadership》**, Jossey-Bass Publishers, 1984, 1992.
- Schein E., **《The Corporate Culture Survival Guide》**, Jossey-Bass Publishers, 1999.
- 김세영 역, **《조직문화와 리더십》**, 교보문고, 1990.

19 경쟁우위에 서기 위한 세 가지 전략

- 마이클 포터, 조동성&정몽준 역, **《경쟁전략》**, 경문사, 1985.
- 마이클 포터, 조동성 역, **《경쟁우위》**, 교보문고, 1991.
- 장세진, 박영사, **《글로벌 경쟁시대의 경영전략》**, 1996.
- 이동현, **《깨달음이 있는 경영》**, 바다출판사, 2003.

20 무형자산을 통한 경쟁우위의 확보

- 이타미 히로유끼, **《무형자산, 경쟁력의 새로운 원천》** 삼성경제연구소, 1993.

21 초국적 기업의 국경 없는 경영

- 스튜어트 크레이너, **《한권으로 읽는 경영 명저 50선》** 세종연구원, 1997.

3 경영의 르네상스가 시작되다

22 시스템적인 사고를 통한 과학적인 문제해결

- 피터 센게, 안중호 역, **《피터 센게의 제5경영》** 세종서적, 1996.

23 강력한 브랜드 자산을 구축하는 방법

- 데이비드 아커, **《브랜드 자산의 전략적 관리》**, 나남출판, 2000.
- 데이비드 아커, **《데이비드 아커의 브랜드 경영》**, 비즈니스북스, 2003.

25 미래의 경쟁은 어떻게 다른가

- G. 하멜 & C.K. 프라할라드, 이경상 역, **《코아 컴피턴스 경영혁명》**, 신구미디어, 1995.

27 지식정보화사회의 새로운 경영 패러다임

- 노나카 이쿠치로 외, 세종서적, **《지식 창조 기업》**, 2002.

28 경영 혁신을 성공으로 이끄는 8단계 과정

- 존 코터, 한정곤 역, 김영사, **《기업이 원하는 변화의 리더》** 1999.

찾아보기

일반용어

ㄴ

ㄷ

ㄹ

ㅁ

찾아보기

ㅇ

ㅈ

찾아보기

인명

기업명